2017

中国教育经费统计年鉴

China Educational Finance Statistical Yearbook

教　育　部　财　务　司
国家统计局社会科技和文化产业统计司　编

中国统计出版社
China Statistics Press

图书在版编目（CIP）数据

中国教育经费统计年鉴. 2017 / 教育部财务司, 国家统计局社会科技和文化产业统计司编. -- 北京 : 中国统计出版社, 2018.3
ISBN 978-7-5037-8447-7

Ⅰ. ①中… Ⅱ. ①教… ②国… Ⅲ. ①教育经费－统计资料－中国－2017－年鉴 Ⅳ. ①G526.72-54

中国版本图书馆 CIP 数据核字(2018)第 042449 号

中国教育经费统计年鉴—2017

作　　者/教育部财务司　国家统计局社会科技和文化产业统计司
责任编辑/尹　伊
封面设计/李雪燕
出版发行/中国统计出版社
通信地址/北京市丰台区西三环南路甲 6 号　邮政编码/100073
电　　话/邮购（010）63376909　书店（010）68783171
网　　址/ http://www.zgtjcbs.com
印　　刷/河北鑫兆源印刷有限公司
经　　销/新华书店
开　　本/880×1230㎜　1/16
字　　数/1300 千字
印　　张/40.75　　彩插 0.25
版　　别/2018 年 3 月第 1 版
版　　次/2018 年 3 月第 1 次印刷
定　　价/268.00 元

中国统计版图书，如有印装错误，本社发行部负责调换。

《中国教育经费统计年鉴—2017》

编辑委员会

前　言

《中国教育经费统计年鉴—2017》比较全面、系统地反映了2016年全国教育经费来源和使用的情况，为国家和地方编制教育发展规划、制定教育财政政策提供了重要的参考依据。它对于研究教育经费结构和使用效益有一定价值；对于各地之间的情况交流，提高教育财务管理水平，也将会起到促进作用。

全国教育经费统计资料的各项数据是从最基层单位开始填报，经过乡（镇）、县（市、区）、地（市）、省（自治区、直辖市）等教育主管部门层层汇总的。各级教育和统计部门对教育经费统计工作十分重视，从人员、时间、设备等方面给予了保证，并认真组织，按照准确、及时、完整的要求编制报表，保证了全国教育经费统计资料汇总工作的顺利完成。

教育部财务司组织了全国教育经费统计资料的审核、整理工作，以及全国教育经费统计分析的计算机程序编制工作。国家统计局社会科技和文化产业统计司对全国教育经费统计工作给予了很大的支持，并与教育部财务司联衔编印出版此年鉴。参加这项工作的除教育部财务司的同志外，还有上海智力开发研究所以及陈永年、周亚君、张利生、苗笑明等地方教育部门的同志。

目前，中国教育经费统计工作还处于充实、完善阶段，加之全国性教育经费统计涉及范围广，工作量大，因此在资料的收集、编排、整理等环节上难免有不足之处，诚望同志们提出批评和建议，以便今后加以改进，把教育经费统计工作做得更好。

编　者

2018年1月

目　录

第一部分　全国教育经费收支

第二部分　各地区按来源分类教育经费收入

第三部分　各地区各级各类教育机构教育经费收入

第五部分　各地区各级各类教育机构财政补助支出明细

第六部分　各地区各级各类教育机构公共财政预算教育事业费和基本建设支出明细

2016 年教育经费简况

2012-2016 年全国教育经费总投入及增长情况

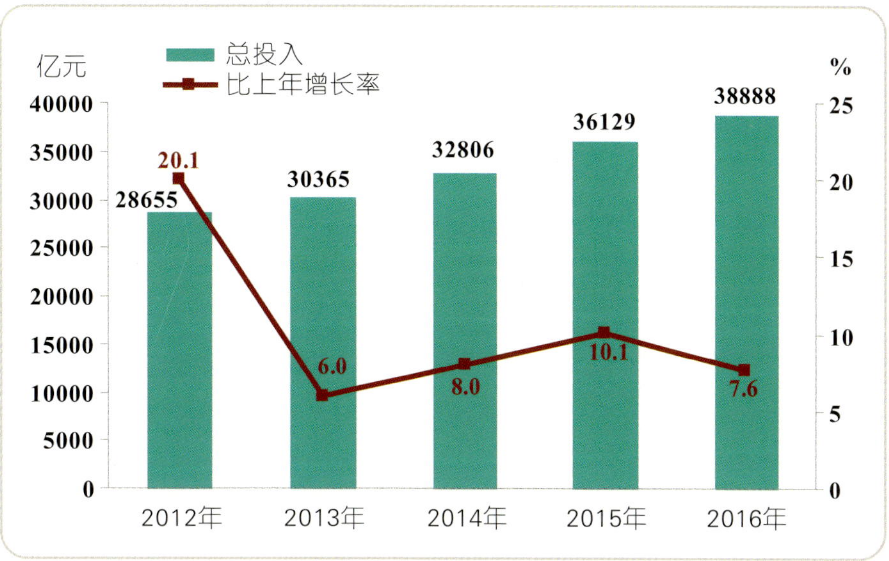

2012-2016 年国家财政性教育经费及占 GDP 比例

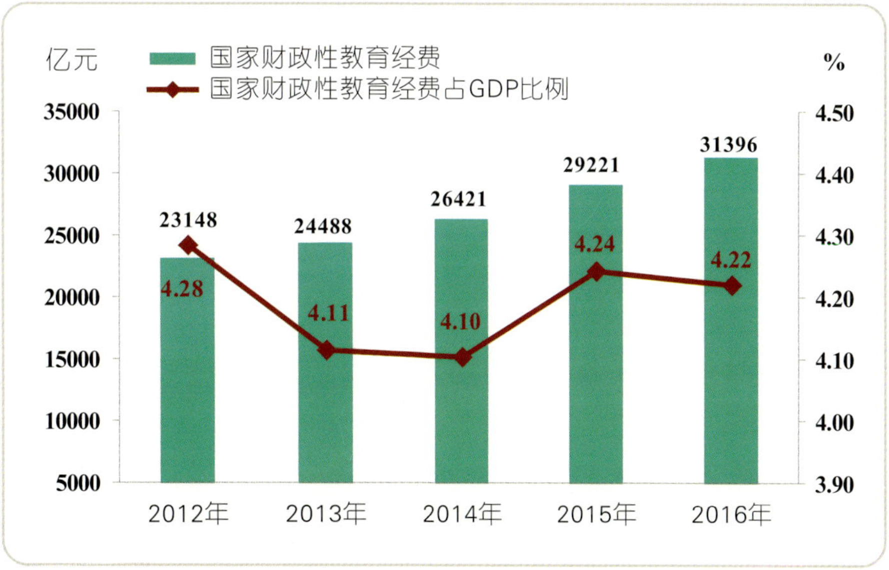

注：《中国教育经费统计年鉴-2016》“2015 年教育经费简况”中，图“2011-2015 年全国教育经费总投入及增长情况”中数据有误，2013 年比上年增长率应为 6.0%，2014 年比上年增长率应为 8.0%，特此更正。

2016 年全国及分省公共财政教育经费占公共财政支出比例比上年增减百分点

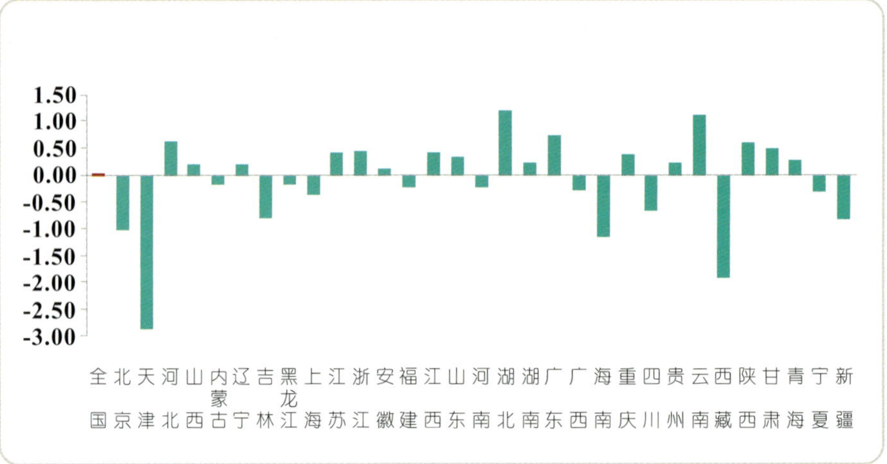

2016 年分省公共财政教育经费与财政经常性收入增长幅度比较

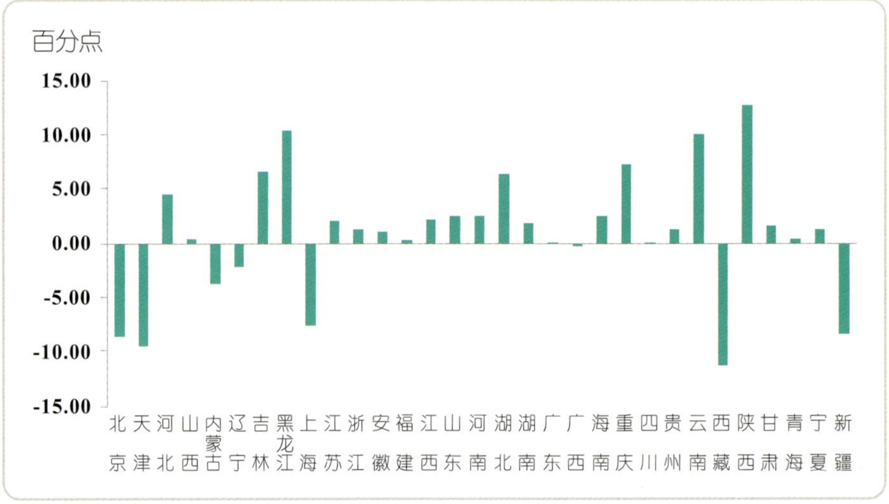

2016 年各级各类学校生均公共财政预算教育事业费支出及增长情况

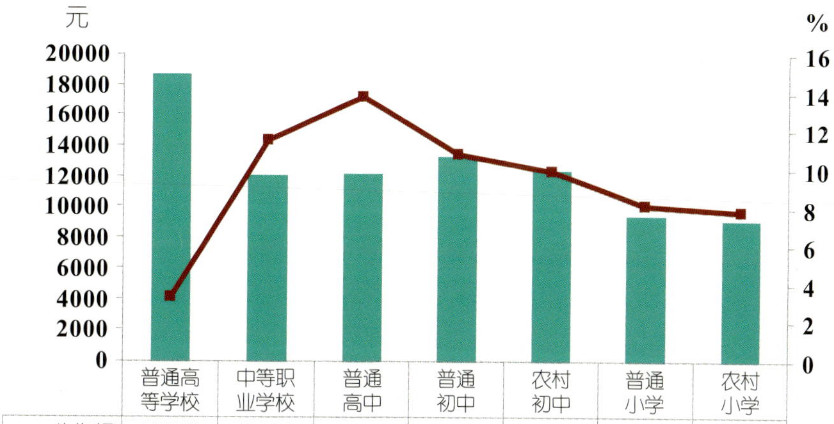

	普通高等学校	中等职业学校	普通高中	普通初中	农村初中	普通小学	农村小学
生均额	18748	12228	12315	13416	12477	9558	9246
增长率	3.3	11.6	13.8	10.8	9.9	8.1	7.8

2016 年各级各类学校生均公共财政预算公用经费支出及增长情况

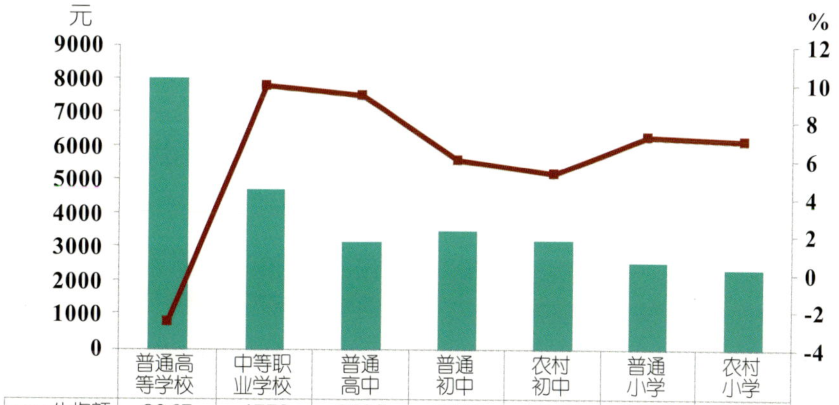

	普通高等学校	中等职业学校	普通高中	普通初中	农村初中	普通小学	农村小学
生均额	8067	4779	3198	3562	3257	2611	2402
增长率	-2.6	9.9	9.4	6.0	5.3	7.3	7.0

第一部分

全国教育经费收支

1-1 全国教育

年份	合计(千元)	国家财政性教育经费	#公共财政教育经费	民办学校中举办者投入	捐赠收入	事业收入	#学费	其他教育经费
1991	73150282	61782860	48217992		6282097		3234756	1850569
1992	86704905	72875058	56493638		6962852		4393193	2473802
1993	105993744	86776183	67661503	333227	7018561		8714769	3151004
1994	148878126	117473956	93112851	1077952	9744871		14692281	5889066
1995	187795011	141152333	109294729	2036715	16284140		20124225	8197598
1996	226233935	167170455	128808414	2619989	18841895		26103612	11497984
1997	253173257	186254163	144126882	3017464	17065876		32607920	14227834
1998	294905918	203245257	165401831	4803140	14185373	60915149	36974735	11756999
1999	334904164	228717561	191136888	6289571	12586942	74971737	46361079	12338353
2000	384908058	256260557	219176521	8585372	11395569	93827167	59483043	14839393
2001	463766262	305700995	270565484	12808952	11288518	115751371	74560135	18216426
2002	548002776	349140475	325494252	17255487	12727910	146091688	92277917	22787216
2003	620826530	385062366	361909774	25901478	10459269	172183991	112149847	27219426
2004	724259892	446585748	424442091	34785288	9342038	201142680	134655173	32404138
2005	841883905	516107593	494603791	45221850	9316129	233999909	155305446	37238424
2006	981530865	634836475	613534811	54905830	8990776	240730422	155233010	42067362
2007	1214806630	828021421	809433686	8093374	9305839	317723573	213090822	51662423
2008	1450073742	1044962956	1021296753	6984793	10266633	336707107	234929828	51152253
2009	1650270650	1223109354	1197497528	7498291	12549905	352759391	251559826	54353709
2010	1956184707	1467006696	1416390290	10542536	10788394	410606635	301555934	57240446
2011	2386929356	1858670092	1782173800	11193198	11186751	442469266	331697419	63410049
2012	2865530519	2314756979	2031416851	12817531	9569193	461984036	350483008	66402780
2013	3036471815	2448821774	2140567150	14740887	8554445	492620868	373768686	71733841
2014	3280646093	2642058205	2257600985	13134764	7967003	542715808	405303926	74770313
2015	3612919267	2922145113	2586187400	18766195	8699601	580972390	431736109	82335968
2016	3888838503	3139625189	2770063252	20327326	8104474	627682918	477093392	93098597

注：1.“其他教育经费”数据1991-1997年包含扣除“学费”后的事业收入；“民办学校中举办者投入”数据1993-2006年为社会团体和公民个人办学总经费；“公共财政教育经费”数据1991-2011年包括教育事业费、基本建设经费、教育费附加、科研经费和其他经费，2012年起仅包括教育事业费、基本建设经费和教育费附加，2015年起教育事业费包含地方教育附加和土地出让收益计提的教育资金。

2.表中“#”表示其中的主要项，以下同；表中“空格”表示无该项数据，以下同。

经费总收入

构成(%)	国家财政性教育经费	#公共财政教育经费	民办学校中举办者投入	捐赠收入	事业收入	#学费	其他教育经费
100.00	84.46	65.92		8.59		4.42	2.53
100.00	84.05	65.16		8.03		5.07	2.85
100.00	81.87	63.84	0.31	6.62		8.22	2.97
100.00	78.91	62.54	0.72	6.55		9.87	3.96
100.00	75.16	58.20	1.08	8.67		10.72	4.37
100.00	73.89	56.94	1.16	8.33		11.54	5.08
100.00	73.57	56.93	1.19	6.74		12.88	5.62
100.00	68.92	56.09	1.63	4.81	20.66	12.54	3.99
100.00	68.29	57.07	1.88	3.76	22.39	13.84	3.68
100.00	66.58	56.94	2.23	2.96	24.38	15.45	3.86
100.00	65.92	58.34	2.76	2.43	24.96	16.08	3.93
100.00	63.71	59.40	3.15	2.32	26.66	16.84	4.16
100.00	62.02	58.29	4.17	1.68	27.73	18.06	4.38
100.00	61.66	58.60	4.80	1.29	27.77	18.59	4.47
100.00	61.30	58.75	5.37	1.11	27.79	18.45	4.42
100.00	64.68	62.51	5.59	0.92	24.53	15.82	4.29
100.00	68.16	66.63	0.67	0.77	26.15	17.54	4.25
100.00	72.06	70.43	0.48	0.71	23.22	16.20	3.53
100.00	74.12	72.56	0.45	0.76	21.38	15.24	3.29
100.00	74.99	72.41	0.54	0.55	20.99	15.42	2.93
100.00	77.87	74.66	0.47	0.47	18.54	13.90	2.66
100.00	80.78	70.89	0.45	0.33	16.12	12.23	2.32
100.00	80.65	70.50	0.49	0.28	16.22	12.31	2.36
100.00	80.53	68.82	0.40	0.24	16.54	12.35	2.28
100.00	80.88	71.58	0.52	0.24	16.08	11.95	2.28
100.00	80.73	71.23	0.52	0.21	16.14	12.27	2.39

1-1 续表

指 标	总 计		
	合 计	中 央	地 方
总 计	3888838503	362276664	3526561839
一、国家财政性教育经费	3139625189	253519877	2886105312
1.公共财政预算安排的教育经费	3075303878	216063100	2859240777
(1)公共财政教育经费	2770063252	148832862	2621230390
①教育事业费	2572038179	143778251	2428259928
②基本建设经费	57175858	5054611	52121247
③教育费附加	140849215		140849215
(2)其他公共财政预算安排的教育经费	305240626	67230239	238010388
①科研经费	19448272	12205768	7242504
②其他	285792354	55024471	230767883
2.政府性基金预算安排的教育经费	18950463	2228689	16721774
#彩票公益金	5453364	2026117	3427247
3.企业办学中的企业拨款	3440997	1564197	1876800
4.校办产业和社会服务收入用于教育的经费	3216666	1856765	1359902
5.其他属于国家财政性教育经费	38713184	31807126	6906059
二、民办学校中举办者投入	20327326		20327326
三、捐赠收入	8104474	3147236	4957238
#港澳台及海外捐赠	633446	106026	527420
四、事业收入	627682918	81387975	546294943
#学费	477093392	28468786	448624605
五、其他教育经费	93098597	24221577	68877020

单位：千元

教育部门和其他部门			企业办学			民办学校
合　计	中　央	地　方	合　计	中　央	地　方	地　方
3504596640	350678976	3153917664	20956598	11597688	9358910	363285265
3078971512	243657514	2835313998	14922189	9862363	5059826	45731487
3018635879	207963452	2810672427	11161598	8099649	3061950	45506401
2714540654	140909566	2573631088	10885486	7923296	2962190	44637111
2520740575	136667471	2384073104	9947440	7110779	2836661	41350164
56311742	4242095	52069648	826317	812517	13800	37799
137488337		137488337	111729		111729	3249148
304095225	67053886	237041339	276112	176353	99760	869289
19348435	12190853	7157582	14975	14915	60	84863
284746790	54863033	229883757	261137	161438	99700	784427
18815481	2221910	16593571	6896	6779	118	128086
5442758	2020010	3422748	6157	6107	50	4449
			3440997	1564197	1876800	
3025091	1783918	1241172	191576	72846	118730	
38495062	31688234	6806828	121122	118892	2230	97001
						20327326
6947671	3043302	3904369	109755	103934	5821	1047047
605219	106026	499193				28228
334410833	80188349	254222484	5169976	1199626	3970350	288102109
209896453	27584416	182312037	3799743	884371	2915372	263397197
84266624	23789812	60476812	754677	431765	322912	8077295

1-2 各级各类教育机构

学校类别	总计	国家财政性教育经费	公共财政预算安排的教育经费	公共财政教育经费	教育事业费	基本建设经费	教育费附加	科研经费
总计	**3888838503**	**3139625189**	**3075303878**	**2770063252**	**2572038179**	**57175858**	**140849215**	**19448272**
一、高等学校	1012464513	628785221	584026095	526970346	502831628	18650148	5488570	18742853
1.普通高等学校	997338623	619883397	575389526	519431017	496083731	18255066	5092219	18740943
高等本科学校	813735616	505111715	463084284	414755922	397091246	15834081	1830595	18574496
高职高专学校	183603006	114771682	112305242	104675095	98992486	2420985	3261624	166447
2.成人高等学校	15125890	8901824	8636569	7539330	6747897	395083	396350	1910
二、中等职业学校	222289874	194873288	192321578	177461483	154682622	4569358	18209502	
1.中等专业学校	103842224	90708181	89374450	82292900	72275273	2127856	7889772	
2.职业高中	80136729	73062450	72279684	67037653	56853122	1722116	8462415	
#农村	35954949	33210010	32942932	30776210	26741745	1027890	3006575	
3.技工学校	28647315	22962631	22584316	21038850	18766602	689275	1582973	
4.成人中专学校	9663605	8140026	8083128	7092079	6787625	30112	274343	
三、中学	1055268412	934753564	927541190	854653152	788452203	15116825	51084123	
1.普通中学	1054578485	934164161	926951829	854088100	787934016	15116825	51037259	
普通高中	393231281	320910703	316929402	291676841	265875193	6519768	19281880	
#农村	165103380	135608345	134350573	124771293	117544846	2188001	5038446	
普通初中	661347203	613253457	610022427	562411259	522058823	8597057	31755379	
#农村	392762433	374913134	373508553	345227074	329292912	4316300	11617863	
2.成人中学	689927	589403	589361	565052	518188		46864	
四、小学	1085484944	1031758474	1027867018	936214227	875378183	12263167	48572877	
1.普通小学	1085468786	1031742317	1027851719	936199260	875363217	12263167	48572877	
#农村	691619727	672067723	669991465	608165642	583313847	6545720	18306075	
2.成人小学	16158	16158	15299	14966	14966			
五、特殊教育	13573878	13268390	13164909	12088005	11261981	83730	742293	
1.特殊教育学校	12911319	12619455	12526004	11526224	10753665	77730	694829	
2.工读学校	662558	648936	638905	561781	508316	6000	47464	
六、幼儿园	280353456	132607178	131188307	124220442	111859440	3066751	9294251	
#农村	127699230	67990947	67615662	64664554	59696642	2158187	2809725	
七、教育行政单位	40116606	37921168	37584786	33261697	30571640	1047271	1642786	
八、教育事业单位	83417562	73086046	69798293	63487027	58169007	1005720	4312300	
九、其他	95869260	92571859	91811701	41706872	38831474	1372886	1502513	705419

教育经费收入情况(全国)

单位：千元

其 他	政府性基金预算安排的教育经费	#彩 票公益金	企业办学中的企业拨款	校办产业和社会服务收入中用于教育的经费	其 他属于国家财政性教育经费	民办学校中举办者投入	捐赠收入	事业收入	#学费	其 他教育经费
285792354	**18950463**	**5453364**	**3440997**	**3216666**	**38713184**	**20327326**	**8104474**	**627682918**	**477093392**	**93098597**
38312896	2426011	391116	1206673	2413257	38713184	4727417	4720737	322382758	217663570	51848380
37217567	2243576	302745	1189840	2347564	38712892	4727417	4718922	316809464	213883097	51199422
29753866	1080097	95519	136015	2163998	38647321	1605235	4471151	257436652	165295157	45110864
7463701	1163478	207226	1053825	183566	65571	3122182	247771	59372812	48587940	6088558
1095330	182436	88371	16833	65693	293		1814	5573293	3780473	648959
14860095	1902830	540655	302927	345953		793485	179512	19532470	11190075	6911118
7081550	1095848	461858	114282	123601		398453	85340	9320578	5230322	3329672
5242031	703040	59445	28381	51345		286182	36089	4692995	2782231	2059013
2166722	239276	13334	21217	6585		114070	15644	1931834	1006762	683391
1545465	89309	14542	136198	152808		57304	12551	4326853	2622479	1287977
991048	14632	4810	24066	18199		51546	45533	1192045	555044	234455
72888039	6750590	731825	426540	35243		5479993	1565264	99458504	80036959	14011086
72863729	6750549	731784	426540	35243		5479993	1564876	99388492	80028548	13980963
25252561	3778080	261137	167979	35243		1831380	898138	62850922	48952042	6740138
9579280	1166495	93589	77041	14237		659181	352142	26110802	19834169	2372911
47611168	2972469	470647	258562			3648613	666738	36537570	31076506	7240825
28281479	1204056	261920	200525			1868839	316182	12461792	10093054	3202485
24310	42	42					389	70012	8410	30123
91652792	3512898	878726	378558			4236901	898790	38552570	33911331	10038208
91652459	3512039	877868	378558			4236901	898790	38552570	33911331	10038208
61825823	1784032	649741	292226			1826490	381444	12487205	10470463	4856865
333	859	859								
1076904	103318	66671		164		2985	29179	90982	46224	182342
999780	93353	66135		98		2985	29171	80464	41353	179245
77124	9964	536		66			8	10518	4871	3097
6967865	339183	31694	1054913	24775		5086545	321452	138452048	134021144	3886233
2951108	100941	15997	272216	2128		2079749	59952	56329865	54615014	1238718
4323089	336382	226364					50010	218180		1927248
6311265	2962370	2547071	1296	324087			331132	6772900		3227484
49399409	616881	39241	70089	73188			8398	2222505	224089	1066497

1-3 各级各类教育机构

学校类别	总 计	国家财政性教育经费	公共财政预算安排的教育经费	公共财政教育经费	教育事业费	基本建设经费	教育费附加	科研经费
总 计	**373448577**	**264691789**	**230208918**	**159192777**	**153841810**	**5132137**	**218830**	**13611590**
一、高等学校	302154417	199888974	168604062	144465601	140034441	4394201	36958	13149590
1.普通高等学校	301041821	199651141	168428171	144310861	139879701	4394201	36958	13149590
高等本科学校	299231291	198559740	167756683	143675928	139244768	4394201	36958	13149590
高职高专学校	1810531	1091401	671488	634933	634933			
2.成人高等学校	1112595	237833	175891	154740	154740			
二、中等职业学校	984726	713848	576117	567343	523582	43501	260	
1.中等专业学校	732545	542468	454930	451402	417841	33561		
2.职业高中	40071	40037	13692	13692	13432		260	
#农村	10875	10841	10841	10841	10581		260	
3.技工学校	195428	117000	93157	87911	77972	9939		
4.成人中专学校	16682	14343	14338	14338	14338			
三、中 学	5853057	4791530	4453072	4441391	3952317	311353	177722	
1.普通中学	5853057	4791530	4453072	4441391	3952317	311353	177722	
普通高中	3130186	2328711	2205365	2201101	1887288	178868	134945	
#农村	746745	561119	487581	487581	450297	37284		
普通初中	2722872	2462819	2247707	2240290	2065029	132485	42776	
#农村	1533903	1494982	1300230	1300230	1203726	96504		
2.成人中学								
四、小 学	3695798	3480627	3180242	3175600	2985407	186383	3810	
1.普通小学	3695798	3480627	3180242	3175600	2985407	186383	3810	
#农村	2591230	2527920	2258006	2257460	2123702	133757		
2.成人小学								
五、特殊教育								
1.特殊教育学校								
2.工读学校								
六、幼儿园	2483446	973289	646756	620865	499245	121540	80	
#农村	621505	502279	419550	418907	322867	96040		
七、教育行政单位	346371	344548	344548	197549	197549			
八、教育事业单位	8644220	5996243	3976317	3677715	3677715			
九、其 他	49286542	48502729	48427805	2046713	1971553	75160		462000

教育经费收入情况(中央)

单位：千元

其 他	政府性基金预算安排的教育经费	#彩票公益金	企业办学中的企业拨款	校办产业和社会服务收入中用于教育的经费	其他属于国家财政性教育经费	民办学校中举办者投入	捐赠收入	事业收入	#学费	其他教育经费
57404551	**2226499**	**2026117**	**1564197**	**1856765**	**28835411**		**3147236**	**81387975**	**28468786**	**24221577**
10988872	248070	48010	481205	1720227	28835411		2706555	77091410	26923147	22467478
10967721	213300	48010	481205	1693104	28835361		2706555	76309939	26314783	22374187
10931166	147290	8610	129515	1690995	28835258		2705728	75630244	25853131	22335579
36555	66010	39400	351690	2109	104		827	679696	461652	38608
21151	34770			27122	50			781471	608363	93291
8774	2090	2090	55784	79857			9	180474	87062	90395
3528	2090	2090	38479	46969			9	116310	38107	73757
				26345				34		
								34		
5246			17300	6543				61860	47934	16569
			5					2270	1020	69
11681	3485	3241	332681	2293			75245	373601	244131	612681
11681	3485	3241	332681	2293			75245	373601	244131	612681
4264	1903	1753	119150	2293			48489	339253	244131	413733
	273	222	73261	5			2459	140869	122014	42298
7417	1582	1488	213531				26756	34349		198948
	1351	1272	193402				5677	2361		30882
4642	2854	2775	297531				33212	5079		176879
4642	2854	2775	297531				33212	5079		176879
546	2696	2653	267218				8466	4749		50095
25891			325611	922			38204	1249657	1163566	222296
643			82729				3200	110363	103191	5662
146999										1823
298602	1970000	1970000	1296	48630			291174	1887203		469600
45919092			70089	4835			2838	600550	50881	180425

1-4 各级各类教育机构

学校类别	总计	国家财政性教育经费	公共财政预算安排的教育经费	公共财政教育经费	教育事业费	基本建设经费	教育费附加	科研经费
总计	**3515389927**	**2874933399**	**2845094960**	**2610870474**	**2418196369**	**52043720**	**140630385**	**5836682**
一、高等学校	710310096	428896247	415422033	382504746	362797187	14255947	5451611	5593263
1.普通高等学校	696296801	420232256	406961355	375120156	356204030	13860864	5055261	5591353
高等本科学校	514504326	306551975	295327601	271079994	257846478	11439880	1793637	5424906
高职高专学校	181792475	113680281	111633754	104040161	98357552	2420985	3261624	166447
2.成人高等学校	14013295	8663991	8460679	7384590	6593157	395083	396350	1910
二、中等职业学校	221305148	194159440	191745461	176894140	154159040	4525858	18209242	
1.中等专业学校	103109680	90165713	88919520	81841498	71857432	2094294	7889772	
2.职业高中	80096658	73022413	72265992	67023961	56839690	1722116	8462155	
#农村	35944075	33199169	32932091	30765369	26731164	1027890	3006315	
3.技工学校	28451887	22845631	22491159	20950939	18688631	679336	1582973	
4.成人中专学校	9646923	8125683	8068790	7077741	6773287	30112	274343	
三、中学	1049415354	929962033	923088119	850211761	784499887	14805473	50906402	
1.普通中学	1048725427	929372631	922498757	849646709	783981699	14805473	50859537	
普通高中	390101096	318581993	314724037	289475740	263987905	6340900	19146935	
#农村	164356635	135047226	133862992	124283712	117094549	2150717	5038446	
普通初中	658624331	610790638	607774720	560170969	519993794	8464573	31712602	
#农村	391228530	373418152	372208324	343926844	328089186	4219796	11617863	
2.成人中学	689927	589403	589361	565052	518188		46864	
四、小学	1081789146	1028277847	1024686776	933038627	872392776	12076784	48569067	
1.普通小学	1081772988	1028261689	1024671477	933023660	872377810	12076784	48569067	
#农村	689028497	669539803	667733459	605908182	581190145	6411962	18306075	
2.成人小学	16158	16158	15299	14966	14966			
五、特殊教育	13573878	13268390	13164909	12088005	11261981	83730	742293	
1.特殊教育学校	12911319	12619455	12526004	11526224	10753665	77730	694829	
2.工读学校	662558	648936	638905	561781	508316	6000	47464	
六、幼儿园	277870010	131633889	130541552	123599577	111360195	2945211	9294171	
#农村	127077725	67488667	67196111	64245647	59373775	2062147	2809725	
七、教育行政单位	39770235	37576620	37240237	33064148	30374091	1047271	1642786	
八、教育事业单位	74773342	67089803	65821976	59809313	54491292	1005720	4312300	
九、其他	46582718	44069130	43383896	39660159	36859920	1297726	1502513	243419

教育经费收入情况(地方)

单位：千元

其 他	政府性基金预算安排的教育经费	#彩 票 公益金	企业办学中的企业拨款	校办产业和社会服务收入中用于教育的经费	其 他 属于国家财政性教育经费	民办学校中举办者投入	捐赠收入	事业收入	#学费	其 他 教育经费
228387803	**16723964**	**3427247**	**1876800**	**1359902**	**9877774**	**20327326**	**4957238**	**546294943**	**448624605**	**68877020**
27324025	2177941	343106	725468	693030	9877774	4727417	2014182	245291348	190740424	29380903
26249846	2030276	254735	708636	654459	9877531	4727417	2012367	240499525	187568314	28825235
18822700	932807	86909	6500	473003	9812064	1605235	1765423	181806408	139442026	22775285
7427146	1097468	167826	702136	181456	65467	3122182	246945	58693117	48126287	6049950
1074179	147666	88371	16833	38571	243		1814	4791822	3172110	555667
14851321	1900740	538565	247143	266096		793485	179503	19351997	11103014	6820723
7078022	1093758	459768	75803	76632		398453	85331	9204268	5192215	3255915
5242031	703040	59445	28381	25000		286182	36089	4692961	2782231	2059013
2166722	239276	13334	21217	6585		114070	15644	1931800	1006762	683391
1540220	89309	14542	118898	146265		57304	12551	4264993	2574544	1271409
991048	14632	4810	24061	18199		51546	45533	1189774	554024	234386
72876358	6747105	728584	93859	32950		5479993	1490019	99084903	79792827	13398405
72852048	6747064	728543	93859	32950		5479993	1489631	99014891	79784417	13368282
25248297	3776177	259384	48828	32950		1831380	849649	62511670	48707911	6326404
9579280	1166222	93367	3780	14232		659181	349683	25969932	19712154	2330614
47603751	2970887	469159	45031			3648613	639982	36503221	31076506	7041878
28281479	1202706	260648	7123			1868839	310505	12459431	10093054	3171602
24310	42	42					389	70012	8410	30123
91648150	3510044	875951	81027			4236901	865578	38547491	33911331	9861330
91647817	3509185	875092	81027			4236901	865578	38547491	33911331	9861330
61825276	1781336	647088	25008			1826490	372979	12482456	10470463	4806770
333	859	859								
1076904	103318	66671		164		2985	29179	90982	46224	182342
999780	93353	66135		98		2985	29171	80464	41353	179245
77124	9964	536		66			8	10518	4871	3097
6941975	339183	31694	729302	23853		5086545	283248	137202391	132857578	3663937
2950465	100941	15997	189487	2128		2079749	56752	56219502	54511823	1233055
4176090	336382	226364					50010	218180		1925425
6012664	992370	577071		275457			39958	4885697		2757884
3480318	616881	39241		68353			5560	1621955	173208	886072

1-5 各级各类教育机构教育经费

学校类别	总 计	国家财政性教育经费	公共财政预算安排的教育经费	公共财政教育经费	教 育 事业费	基本建设 经 费	教育费 附 加	科研经费
总 计	**3503602180**	**3077977052**	**3017641419**	**2713616827**	**2519874689**	**56311541**	**137430598**	**19345864**
一、高等学校	902546825	612136813	568889957	512393682	488452901	18575367	5365415	18640444
1.普通高等学校	887664221	603331792	560330020	504930819	481781470	18180284	4969065	18638534
高等本科学校	732478315	495443835	453807432	405939905	388381819	15759300	1798786	18475044
高职高专学校	155185905	107887957	106522588	98990913	93399650	2420985	3170278	163491
2.成人高等学校	14882604	8805021	8559937	7462864	6671431	395083	396350	1910
二、中等职业学校	208105613	188702035	186590151	171853532	149523524	4512058	17817951	
1.中等专业学校	97915275	87839483	86669689	79635076	69852467	2084294	7698315	
2.职业高中	75663829	71295206	70546922	65332953	55320185	1722116	8290652	
#农村	34174092	32455215	32210371	30055760	26079529	1027890	2948341	
3.技工学校	25690825	21660128	21481950	19982174	17749969	675536	1556670	
4.成人中专学校	8835684	7907219	7891590	6903329	6600904	30112	272313	
三、中 学	970072634	919641971	912922829	840330301	775527844	14803073	49999385	
1.普通中学	969382707	919052568	912333468	839765249	775009656	14803073	49952521	
普通高中	358945694	316199616	312410968	287257853	262076718	6338500	18842635	
#农村	152777774	133344588	132167914	122627226	115581626	2148317	4897283	
普通初中	610437013	602852953	599922500	552507396	512932938	8464573	31109885	
#农村	373129187	369695879	368496488	340277999	324562681	4219796	11495522	
2.成人中学	689927	589403	589361	565052	518188		46864	
四、小 学	1028818894	1019251653	1015754066	924237120	864790847	12076784	47369489	
1.普通小学	1028802736	1019235495	1015738767	924222154	864775881	12076784	47369489	
#农村	670830477	665926845	664146613	602356343	577766661	6411962	18177720	
2.成人小学	16158	16158	15299	14966	14966			
五、特殊教育	13459887	13217921	13114472	12037998	11213023	83730	741245	
1.特殊教育学校	12802441	12569086	12475667	11476317	10704806	77730	693781	
2.工读学校	657446	648836	638805	561681	508216	6000	47464	
六、幼儿园	161697948	121892788	121544442	114677340	103088014	2909812	8679514	
#农村	83062184	63387244	63290064	60408191	55720106	2027827	2660258	
七、教育行政单位	40044521	37850866	37514484	33191396	30501339	1047271	1642786	
八、教育事业单位	83326732	73012707	69726250	63415309	58097289	1005720	4312300	
九、其 他	95529126	92270297	91584768	41480148	38679909	1297726	1502513	705419

收入情况(教育和其他部门)

单位：千元

其　他	政府性基金预算安排的教育经费	#彩　票公益金	企业办学中的企业拨款	校办产业和社会服务收入中用于教育的经费	其　他属于国家财政性教育经费	民办学校中举办者投入	捐赠收入	事业收入	#学费	其　他教育经费
284678727	**18815481**	**5442758**		**3025091**	**38495062**		**6947671**	**334410833**	**209896453**	**84266624**
37855830	2385360	390616		2366434	38495062		4381936	237233945	141313702	48794131
36760667	2202924	302245		2304078	38494769		4380132	231799891	137603663	48152406
29392483	1052320	95019		2150794	38433288		4222712	190019017	104007153	42792753
7368184	1150604	207226		153284	61481		157420	41780874	33596510	5359654
1095163	182436	88371		62356	293		1804	5434054	3710039	641725
14736618	1896638	540482		215247			111387	13003237	6328995	6288954
7034612	1093624	461688		76170			69081	6915679	3463312	3091033
5213969	699752	59442		48532			26043	2469101	1099049	1873478
2154611	238260	13334		6585			11834	1063544	333709	643499
1499776	89309	14542		88868			10103	2886636	1517953	1133959
988261	13953	4810		1676			6160	731822	248680	190483
72592528	6683899	725823		35243			1119511	37341511	25976818	11969641
72568219	6683857	725781		35243			1119123	37271498	25968407	11939518
25153115	3753405	257826		35243			686879	36171161	25968407	5888038
9540688	1162438	92053		14237			313151	16979493	12237579	2140541
47415104	2930452	467955					432243	1100337		6051479
28218490	1199391	259855					239465	345436		2848408
24310	42	42					389	70012	8410	30123
91516946	3497587	875126					632859	521293		8413089
91516613	3496728	874267					632859	521293		8413089
61790271	1780232	646650					347996	187941		4367695
333	859	859								
1076474	103286	66639		164			26407	40433	212	175127
999349	93321	66103		98			26399	34792	212	172165
77124	9964	536		66			8	5641		2961
6867102	333078	31396		15269			286030	37066259	36058249	2452870
2881874	96153	15709		1027			42414	18805274	18435099	827252
4323089	336382	226364					50010	218180		1925464
6310941	2962370	2547071		324087			331132	6771519		3211373
49399200	616881	39241		68648			8398	2214456	218478	1035975

1-6 各级各类教育机构教育经费

学校类别	总计	国家财政性教育经费	公共财政预算安排的教育经费	公共财政教育经费	教育事业费	基本建设经费	教育费附加	科研经费
总计	**361666273**	**254644810**	**221924757**	**151090650**	**146552660**	**4319420**	**218570**	**13596675**
一、高等学校	299129271	197712558	167042990	143077938	138721559	4319420	36958	13134675
1.普通高等学校	298103741	197529446	166921821	142977919	138621541	4319420	36958	13134675
高等本科学校	297387583	197146863	166605766	142681540	138325161	4319420	36958	13134675
高职高专学校	716158	382584	316054	296379	296379			
2.成人高等学校	1025530	183112	121170	100019	100019			
二、中等职业学校	201776	127221	98876	95348	95348			
1.中等专业学校	174181	100876	98876	95348	95348			
2.职业高中	26345	26345						
#农村								
3.技工学校								
4.成人中专学校	1250							
三、中学	2513980	1751820	1749527	1738905	1561183		177722	
1.普通中学	2513980	1751820	1749527	1738905	1561183		177722	
普通高中	1749793	1165852	1163558	1160010	1025065		134945	
#农村	220734	90265	90260	90260	90260			
普通初中	764186	585968	585968	578894	536118		42776	
#农村	9454	7059	7059	7059	7059			
2.成人中学								
四、小学	630077	522092	522092	518709	514899		3810	
1.普通小学	630077	522092	522092	518709	514899		3810	
#农村	30717	19202	19202	19202	19202			
2.成人小学								
五、特殊教育								
1.特殊教育学校								
2.工读学校								
六、幼儿园	1417085	132801	131879	106517	106437		80	
#农村	38413	10751	10751	10201	10201			
七、教育行政单位	274286	274247	274247	127248	127248			
八、教育事业单位	8553390	5922904	3904274	3605997	3605997			
九、其他	48946409	48201167	48200872	1819989	1819989			462000

收入情况(中央教育和其他部门)

单位：千元

其他	政府性基金预算安排的教育经费	#彩票公益金	企业办学中的企业拨款	校办产业和社会服务收入中用于教育的经费	其他属于国家财政性教育经费	民办学校中举办者投入	捐赠收入	事业收入	#学费	其他教育经费
57237432	**2219720**	**2020010**		**1783918**	**28716415**		**3043302**	**80188349**	**27584416**	**23789812**
10830378	247720	48010		1705433	28716415		2705908	76295829	26361729	22414975
10809227	212950	48010		1678310	28716365		2705908	75546562	25778138	22321824
10789552	146940	8610		1677791	28716365		2705083	75239113	25547657	22296524
19675	66010	39400		519			825	307449	230481	25300
21151	34770			27122	50			749267	583591	93151
3528	2000	2000		26345			5	69051	18436	5499
3528	2000	2000					5	67801	18436	5499
				26345						
								1250		
10622				2293			6328	302644	198295	453188
10622				2293			6328	302644	198295	453188
3548				2293			5431	270886	198295	307625
				5			500	104132	97055	25837
7074							897	31758		145563
								391		2004
3384							2045	1587		104352
3384							2045	1587		104352
								1587		9927
25362				922			35004	1040914	960686	208366
550								25257	21671	2406
146999										39
298277	1970000	1970000		48630			291174	1885822		453490
45918883				295			2838	592501	45270	149904

1-7 各级各类教育机构教育经费

学校类别	总 计	国家财政性教育经费	公共财政预算安排的教育经费	公共财政教育经费	教育事业费	基本建设经费	教育费附加	科研经费
总 计	**3141935907**	**2823332241**	**2795716662**	**2562526178**	**2373322029**	**51992121**	**137212028**	**5749189**
一、高等学校	603417554	414424255	401846966	369315745	349731341	14255947	5328456	5505769
1.普通高等学校	589560480	405802345	393408199	361952900	343159929	13860864	4932106	5503860
高等本科学校	435090733	298296972	287201666	263258365	250056658	11439880	1761828	5340369
高职高专学校	154469747	107505373	106206533	98694534	93103271	2420985	3170278	163491
2.成人高等学校	13857075	8621909	8438767	7362845	6571412	395083	396350	1910
二、中等职业学校	207903837	188574814	186491274	171758184	149428176	4512058	17817951	
1.中等专业学校	97741095	87738607	86570812	79539728	69757119	2084294	7698315	
2.职业高中	75637484	71268861	70546922	65332953	55320185	1722116	8290652	
#农村	34174092	32455215	32210371	30055760	26079529	1027890	2948341	
3.技工学校	25690825	21660128	21481950	19982174	17749969	675536	1556670	
4.成人中专学校	8834434	7907219	7891590	6903329	6600904	30112	272313	
三、中 学	967558654	917890151	911173303	838591397	773966661	14803073	49821663	
1.普通中学	966868727	917300749	910583941	838026345	773448473	14803073	49774799	
普通高中	357195901	315033764	311247409	286097843	261051653	6338500	18707690	
#农村	152557040	133254323	132077653	122536966	115491365	2148317	4897283	
普通初中	609672826	602266985	599336532	551928502	512396820	8464573	31067109	
#农村	373119733	369688820	368489429	340270939	324555621	4219796	11495522	
2.成人中学	689927	589403	589361	565052	518188		46864	
四、小 学	1028188817	1018729561	1015231974	923718411	864275948	12076784	47365679	
1.普通小学	1028172659	1018713403	1015216675	923703445	864260982	12076784	47365679	
#农村	670799760	665907643	664127411	602337140	577747458	6411962	18177720	
2.成人小学	16158	16158	15299	14966	14966			
五、特殊教育	13459887	13217921	13114472	12037998	11213023	83730	741245	
1.特殊教育学校	12802441	12569086	12475667	11476317	10704806	77730	693781	
2.工读学校	657446	648836	638805	561681	508216	6000	47464	
六、幼儿园	160280862	121759987	121412563	114570823	102981577	2909812	8679434	
#农村	83023771	63376494	63279313	60397990	55709905	2027827	2660258	
七、教育行政单位	39770235	37576620	37240237	33064148	30374091	1047271	1642786	
八、教育事业单位	74773342	67089803	65821976	59809313	54491292	1005720	4312300	
九、其 他	46582718	44069130	43383896	39660159	36859920	1297726	1502513	243419

收入情况(地方教育和其他部门)

单位：千元

其　他	政府性基金预算安排的教育经费	#彩　票公益金	企业办学中的企业拨款	校办产业和社会服务收入中用于教育的经费	其　他属于国家财政性教育经费	民办学校中举办者投入	捐赠收入	事业收入	#学费	其　他教育经费
227441295	**16595761**	**3422748**		**1241172**	**9778647**		**3904369**	**254222484**	**182312037**	**60476812**
27025452	2137640	342606		661001	9778647		1676028	160938116	114951973	26379156
25951440	1989974	254235		625768	9778404		1674223	156253329	111825526	25830582
18602932	905380	86409		473003	9716923		1517629	114779904	78459497	20496228
7348509	1084594	167826		152765	61481		156595	41473425	33366029	5334354
1074012	147666	88371		35234	243		1804	4684787	3126448	548574
14733090	1894638	538482		188902			111382	12934187	6310558	6283455
7031084	1091624	459688		76170			69076	6847878	3444876	3085534
5213969	699752	59442		22187			26043	2469101	1099049	1873478
2154611	238260	13334		6585			11834	1063544	333709	643499
1499776	89309	14542		88868			10103	2886636	1517953	1133959
988261	13953	4810		1676			6160	730572	248680	190483
72581906	6683899	725823		32950			1113183	37038867	25778523	11516453
72557596	6683857	725781		32950			1112794	36968854	25770113	11486330
25149566	3753405	257826		32950			681448	35900275	25770113	5580413
9540688	1162438	92053		14232			312651	16875361	12140524	2114704
47408030	2930452	467955					431346	1068579		5905917
28218490	1199391	259855					239465	345045		2846404
24310	42	42					389	70012	8410	30123
91513562	3497587	875126					630814	519705		8308737
91513230	3496728	874267					630814	519705		8308737
61790271	1780232	646650					347996	186353		4357768
333	859	859								
1076474	103286	66639		164			26407	40433	212	175127
999349	93321	66103		98			26399	34792	212	172165
77124	9964	536		66			8	5641		2961
6841740	333078	31396		14346			251027	36025344	35097562	2244504
2881324	96153	15709		1027			42414	18780017	18413428	824847
4176090	336382	226364					50010	218180		1925425
6012664	992370	577071		275457			39958	4885697		2757884
3480318	616881	39241		68353			5560	1621955	173208	886072

1-8 各级各类教育机构

学校类别	总计	国家财政性教育经费	公共财政预算安排的教育经费	公共财政教育经费	教育事业费	基本建设经费	教育费附加	科研经费
总计	**21218611**	**15184202**	**11423611**	**11119314**	**10180807**	**826517**	**111989**	**14975**
一、高等学校	7481448	4754780	3379813	3153079	3020628	74781	57670	14975
1.普通高等学校	7252988	4668087	3313289	3086723	2954271	74781	57670	14975
高等本科学校	1897939	1428806	1160345	1003816	929035	74781		14915
高职高专学校	5355050	3239281	2152944	2082907	2025236		57670	60
2.成人高等学校	228460	86693	66523	66356	66356			
二、中等职业学校	3021359	2038520	1604746	1535789	1426467	57301	52021	
1.中等专业学校	1608239	1203399	1041546	1007897	914604	43561	49732	
2.职业高中	190572	83214	52020	51097	50837		260	
#农村	44167	33384	12167	12167	11907		260	
3.技工学校	1141522	686355	486218	452414	436664	13739	2010	
4.成人中专学校	81026	65552	24962	24380	24361		19	
三、中学	3522148	3159857	2729833	2728471	2416961	311353	157	
1.普通中学	3522148	3159857	2729833	2728471	2416961	311353	157	
普通高中	1471326	1218662	1048781	1047976	869060	178868	49	
#农村	555986	480156	402843	402754	365421	37284	49	
普通初中	2050821	1941195	1681052	1680494	1547901	132485	109	
#农村	1567399	1510342	1308467	1308253	1211641	96504	108	
2.成人中学								
四、小学	3229603	3087127	2705647	2699498	2512977	186383	138	
1.普通小学	3229603	3087127	2705647	2699498	2512977	186383	138	
#农村	2629642	2564152	2269230	2268199	2134305	133757	136	
2.成人小学								
五、特殊教育								
1.特殊教育学校								
2.工读学校								
六、幼儿园	3461003	1698715	634296	633733	510191	121540	2002	
#农村	984977	704939	431622	431529	335447	96040	42	
七、教育行政单位	72085	70301	70301	70301	70301			
八、教育事业单位	90831	73339	72043	71718	71718			
九、其他	340133	301563	226933	226724	151564	75160		

教育经费收入情况(企业办)

单位：千元

其 他	政府性基金预算安排的教育经费	#彩票公益金	企业办学中的企业拨款	校办产业和社会服务收入中用于教育的经费	其他属于国家财政性教育经费	民办学校中举办者投入	捐赠收入	事业收入	#学费	其他教育经费
289322	**6896**	**6157**	**3440997**	**191576**	**121122**		**109755**	**5169976**	**3799743**	**754677**
211758	350		1206673	46823	121122		3546	2523214	1616716	199908
211591	350		1189840	43486	121122		3536	2388683	1550800	192682
141614	350		136015	13204	118892		645	421946	326214	46542
69977			1053825	30282	2230		2891	1966737	1224586	146140
167			16833	3337			10	134531	65916	7225
68957	140	140	302927	130707			672	765935	397103	216233
33649	140	140	114282	47430			79	289964	111144	114798
923			28381	2812				93794	36167	13565
			21217					10782	537	
33804			136198	63940			593	375262	243822	79313
582			24066	16524				6916	5969	8558
1362	3485	3241	426540				68917	133429	98367	159945
1362	3485	3241	426540				68917	133429	98367	159945
805	1903	1753	167979				43058	103365	74643	106241
89	273	222	77041				1959	57277	41618	16594
557	1582	1488	258562				25859	30064	23724	53704
214	1351	1272	200525				5677	22181	19056	29198
6149	2922	2775	378558				31191	33612	26787	77673
6149	2922	2775	378558				31191	33612	26787	77673
1031	2696	2653	292226				8490	16252	11002	40748
563			1054913	9506			5430	1704356	1655158	52503
93			272216	1100			3414	259676	253310	16948
										1784
325			1296					1381		16111
209			70089	4540				8049	5611	30522

1-9　各级各类教育机构

学校类别	总　计	国家财政性教育经费	公共财政预算安排的教育经费	公共财政教育经费	教　育事业费	基本建设经　费	教育费附　加	科研经费
总　　计	**11782304**	**10046979**	**8284161**	**8102127**	**7289150**	**812717**	**260**	**14915**
一、高等学校	3025146	2176416	1561072	1387663	1312882	74781		14915
1.普通高等学校	2938081	2121695	1506351	1332942	1258160	74781		14915
高等本科学校	1843708	1412878	1150917	994388	919606	74781		14915
高职高专学校	1094373	708817	355434	338554	338554			
2.成人高等学校	87065	54721	54721	54721	54721			
二、中等职业学校	782950	586627	477241	471995	428234	43501	260	
1.中等专业学校	558364	441592	356054	356054	322493	33561		
2.职业高中	13726	13692	13692	13692	13432		260	
#农村	10875	10841	10841	10841	10581		260	
3.技工学校	195428	117000	93157	87911	77972	9939		
4.成人中专学校	15432	14343	14338	14338	14338			
三、中　学	3339078	3039710	2703545	2702486	2391134	311353		
1.普通中学	3339078	3039710	2703545	2702486	2391134	311353		
普通高中	1380392	1162859	1041806	1041091	862223	178868		
#农村	526011	470854	397320	397320	360036	37284		
普通初中	1958685	1876851	1661738	1661395	1528911	132485		
#农村	1524449	1487923	1293170	1293170	1196667	96504		
2.成人中学								
四、小　学	3065721	2958535	2658150	2656891	2470508	186383		
1.普通小学	3065721	2958535	2658150	2656891	2470508	186383		
#农村	2560514	2508717	2238804	2238257	2104500	133757		
2.成人小学								
五、特殊教育								
1.特殊教育学校								
2.工读学校								
六、幼儿园	1066360	840488	514877	514348	392808	121540		
#农村	583092	491529	408800	408707	312667	96040		
七、教育行政单位	72085	70301	70301	70301	70301			
八、教育事业单位	90831	73339	72043	71718	71718			
九、其　他	340133	301563	226933	226724	151564	75160		

教育经费收入情况(中央企业办)

单位：千元

其他	政府性基金预算安排的教育经费	#彩票公益金	企业办学中的企业拨款	校办产业和社会服务收入中用于教育的经费	其他属于国家财政性教育经费	民办学校中举办者投入	捐赠收入	事业收入	#学费	其他教育经费
167119	**6779**	**6107**	**1564197**	**72846**	**118996**		**103934**	**1199626**	**884371**	**431765**
158494	350		481205	14794	118996		646	795581	561418	52502
158494	350		481205	14794	118996		646	763377	536646	52362
141614	350		129515	13204	118892		645	391131	305474	39055
16880			351690	1590	104		2	372246	231171	13308
								32204	24772	140
5246	90	90	55784	53512			4	111423	68625	84896
	90	90	38479	46969			4	48509	19671	68259
								34		
								34		
5246			17300	6543				61860	47934	16569
			5					1020	1020	69
1059	3485	3241	332681				68917	70958	45837	159493
1059	3485	3241	332681				68917	70958	45837	159493
715	1903	1753	119150				43058	68367	45837	106108
	273	222	73261				1959	36738	24959	16461
343	1582	1488	213531				25859	2591		53385
	1351	1272	193402				5677	1970		28879
1259	2854	2775	297531				31167	3492		72527
1259	2854	2775	297531				31167	3492		72527
546	2696	2653	267218				8466	3162		40169
529			325611				3200	208742	202880	13930
93			82729				3200	85106	81520	3257
										1784
325			1296					1381		16111
209			70089	4540				8049	5611	30522

1-10 各级各类教育机构

学校类别	总 计	国家财政性教育经费	公共财政预算安排的教育经费	公共财政教育经费	教 育 事业费	基本建设经 费	教育费附 加	科研经费
总 计	**9436307**	**5137223**	**3139450**	**3017187**	**2891658**	**13800**	**111729**	**60**
一、高等学校	4456302	2578364	1818741	1765416	1707746		57670	60
1.普通高等学校	4314908	2546392	1806939	1753781	1696111		57670	60
高等本科学校	54231	15929	9429	9429	9429			
高职高专学校	4260677	2530464	1797510	1744353	1686682		57670	60
2.成人高等学校	141394	31972	11802	11635	11635			
二、中等职业学校	2238409	1451893	1127505	1063794	998233	13800	51761	
1.中等专业学校	1049875	761807	685492	651844	592111	10000	49732	
2.职业高中	176846	69522	38328	37405	37405			
#农村	33292	22544	1327	1327	1327			
3.技工学校	946094	569355	393061	364503	358693	3800	2010	
4.成人中专学校	65594	51209	10624	10042	10023		19	
三、中 学	183070	120147	26288	25985	25827		157	
1.普通中学	183070	120147	26288	25985	25827		157	
普通高中	90934	55803	6975	6885	6837		49	
#农村	29975	9302	5522	5433	5384		49	
普通初中	92136	64344	19313	19099	18991		109	
#农村	42950	22420	15297	15083	14974		108	
2.成人中学								
四、小 学	163883	128592	47498	42607	42469		138	
1.普通小学	163883	128592	47498	42607	42469		138	
#农村	69128	55434	30426	29942	29806		136	
2.成人小学								
五、特殊教育								
1.特殊教育学校								
2.工读学校								
六、幼儿园	2394643	858227	119419	119385	117383		2002	
#农村	401886	213410	22823	22823	22780		42	
七、教育行政单位								
八、教育事业单位								
九、其 他								

教育经费收入情况(地方企业办)

单位：千元

其　他	政府性基金预算安排的教育经费	#彩　票公益金	企业办学中的企业拨款	校办产业和社会服务收入中用于教育的经费	其　他属于国家财政性教育经费	民办学校中举办者投入	捐赠收入	事业收入	#学费	其　他教育经费
122203	**118**	**50**	**1876800**	**118730**	**2126**		**5821**	**3970350**	**2915372**	**322912**
53264			725468	32029	2126		2900	1727633	1055298	147405
53097			708636	28692	2126		2890	1625306	1014154	140320
			6500					30815	20739	7487
53097			702136	28692	2126		2890	1594491	993415	132833
167			16833	3337			10	102327	41144	7085
63711	50	50	247143	77194			668	654512	328477	131337
33649	50	50	75803	462			75	241454	91473	46539
923			28381	2812				93760	36167	13565
			21217					10748	537	
28558			118898	57397			593	313402	195888	62744
582			24061	16524				5896	4949	8489
303			93859					62471	52531	452
303			93859					62471	52531	452
89			48828					34998	28807	133
89			3780					20539	16659	133
214			45031					27473	23724	319
214			7123					20211	19056	319
4890	68		81027				24	30121	26787	5146
4890	68		81027				24	30121	26787	5146
484			25008				24	13090	11002	579
34			729302	9506			2230	1495614	1452279	38573
			189487	1100			214	174570	171790	13692

1-11 各级各类教育机构

学校类别	总计	国家财政性教育经费	公共财政预算安排的教育经费	公共财政教育经费	教育事业费	基本建设经费	教育费附加	科研经费
总计	**364017713**	**46463935**	**46238848**	**45327110**	**41982683**	**37799**	**3306628**	**87433**
一、高等学校	102436240	11893628	11756326	11423584	11358100		65485	87433
1.普通高等学校	102421414	11883518	11746216	11413475	11347990		65485	87433
高等本科学校	79359362	8239074	8116506	7812200	7780391		31809	84537
高职高专学校	23062052	3644445	3629710	3601274	3567599		33676	2896
2.成人高等学校	14826	10110	10110	10110	10110			
二、中等职业学校	11162901	4132733	4126681	4072162	3732632		339530	
1.中等专业学校	4318710	1665300	1663216	1649927	1508202		141724	
2.职业高中	4282328	1684031	1680742	1653603	1482100		171503	
#农村	1736691	721410	720394	708282	650308		57974	
3.技工学校	1814968	616148	616148	604262	579969		24293	
4.成人中专学校	746896	167255	166576	164371	162360		2010	
三、中学	81673630	11951735	11888528	11594380	10507399	2400	1084581	
1.普通中学	81673630	11951735	11888528	11594380	10507399	2400	1084581	
普通高中	32814261	3492426	3469653	3371012	2929416	2400	439196	
#农村	11769621	1783600	1779816	1741313	1597799	2400	141114	
普通初中	48859369	8459309	8418875	8223368	7577983		645385	
#农村	18065847	3706913	3703598	3640822	3518590		122232	
2.成人中学								
四、小学	53436447	9419694	9407305	9277608	8074359		1203249	
1.普通小学	53436447	9419694	9407305	9277608	8074359		1203249	
#农村	18159608	3576725	3575621	3541100	3412881		128219	
2.成人小学								
五、特殊教育	113990	50469	50437	50007	48959		1048	
1.特殊教育学校	108878	50369	50337	49907	48859		1048	
2.工读学校	5112	100	100	100	100			
六、幼儿园	115194505	9015675	9009570	8909369	8261235	35399	612735	
#农村	43652069	3898763	3893975	3824834	3641090	34320	149425	
七、教育行政单位								
八、教育事业单位								
九、其他								

教育经费收入情况(民办)

单位：千元

其他	政府性基金预算安排的教育经费	#彩票公益金	企业办学中的企业拨款	校办产业和社会服务收入中用于教育的经费	其他属于国家财政性教育经费	民办学校中举办者投入	捐赠收入	事业收入	#学费	其他教育经费
824304	**128086**	**4449**			**97001**	**20327326**	**1047047**	**288102109**	**263397197**	**8077295**
245308	40301	500			97001	4727417	335254	82625599	74733152	2854342
245308	40301	500			97001	4727417	335254	82620890	74728634	2854333
219769	27427	500			95141	1605235	247794	66995690	60961790	2271570
25540	12874				1860	3122182	87460	15625201	13766843	582764
								4708	4518	8
54519	6052	33				793485	67453	5763298	4463978	405932
13289	2084	30				398453	16180	2114935	1655865	123842
27139	3289	3				286182	10045	2130100	1647015	171971
12112	1016					114070	3811	857508	672516	39892
11886						57304	1855	1064956	860704	74705
2205	680					51546	39373	453307	300394	35414
294149	63207	2761				5479993	376836	61983565	53961773	1881500
294149	63207	2761				5479993	376836	61983565	53961773	1881500
98642	22772	1557				1831380	168201	26576396	22908992	745858
38503	3784	1314				659181	37032	9074032	7554972	215776
195507	40434	1204				3648613	208636	35407169	31052782	1135642
62776	3315	792				1868839	71040	12094175	10073999	324879
129697	12389	825				4236901	234740	37997665	33884544	1547447
129697	12389	825				4236901	234740	37997665	33884544	1547447
34521	1104	438				1826490	24958	12283012	10459460	448422
431	32	32				2985	2772	50549	46012	7215
431	32	32				2985	2772	45673	41141	7079
								4876	4871	136
100201	6105	298				5086545	29992	99681433	96307737	1380860
69141	4788	288				2079749	14124	37264915	35926604	394517

1-12 各级各类教育机构

学校类别	合 计	个人部分	工资福利支出	对个人和家庭的补助支出	#助学金
总 计	**3744469207**	**2286749605**	**1628395562**	**658354043**	**159036611**
一、高等学校	939684529	470506707	300533926	169972781	73247944
1.普通高等学校	925284835	462948373	295042709	167905664	73026076
高等本科学校	751107092	379181799	237610799	141571000	62632802
高职高专学校	174177744	83766574	57431910	26334664	10393274
2.成人高等学校	14399693	7558334	5491217	2067117	221868
二、中等职业学校	217307373	116960978	82569973	34391005	9366636
1.中等专业学校	101457635	53664035	37067657	16596378	4892681
2.职业高中	78590656	42800598	30874211	11926387	3336701
#农村	35385494	19191548	14254099	4937449	1816695
3.技工学校	27714162	14197638	10251439	3946199	1008088
4.成人中专学校	9544920	6298706	4376666	1922040	129166
三、中 学	1043209316	702314388	522499805	179814582	38062486
1.普通中学	1042514965	701927985	522202283	179725701	38062035
普通高中	384776304	248424993	188647517	59777476	12360292
#农村	162318520	107427203	83089548	24337655	7211111
普通初中	657738661	453502992	333554766	119948225	25701743
#农村	391592327	278313868	205057394	73256473	18759070
2.成人中学	694352	386403	297522	88881	451
四、小 学	1083110601	752601426	523969393	228632033	33611485
1.普通小学	1083094443	752588814	523957375	228631440	33611485
#农村	690677010	501459176	344598195	156860982	26503745
2.成人小学	16158	12612	12019	593	
五、特殊教育	13608963	8393306	6222372	2170934	270967
1.特殊教育学校	12932907	7964591	5902821	2061769	266198
2.工读学校	676055	428716	319551	109165	4769
六、幼儿园	278753875	165266370	146411211	18855160	4442880
#农村	127010882	75101776	66044072	9057703	2967770
七、教育行政单位	38015107	19768299	11973873	7794426	
八、教育事业单位	80547451	35302894	24167618	11135277	
九、其 他	50231991	15635235	10047390	5587845	34214

教育经费支出明细(全国)

单位：千元

公用部分	商品和服务支出	其他资本性支出	专项公用支出	专项项目支出	基本建设支出
1398492490	**738268835**	**660223654**	**233562561**	**426661093**	**59227112**
452338436	263543627	188794809	95282056	93512753	16839386
445903963	259072612	186831351	94461502	92369849	16432500
358315679	221209367	137106312	73060106	64046206	13609614
87588284	37863244	49725039	21401396	28323643	2822886
6434473	4471015	1963458	820554	1142904	406886
95352950	44724003	50628947	20589815	30039131	4993445
45590407	21024085	24566322	10518489	14047833	2203193
33654556	14820673	18833883	6464612	12369271	2135502
14944493	6325396	8619096	2802393	5816703	1249453
12894836	6719041	6175795	3237123	2938672	621687
3213151	2160204	1052947	369591	683355	33063
324860106	152277194	172582911	46717802	125865109	16034823
324552157	152101263	172450895	46677196	125773698	16034823
129458483	63407910	66050574	18927768	47122805	6892827
52665335	25459977	27205358	6816084	20389274	2225981
195093674	88693353	106400321	27749428	78650893	9141996
108674079	47807987	60866092	14009890	46856201	4604381
307948	175932	132017	40606	91411	
316659154	148520074	168139080	44737517	123401563	13850021
316655608	148518263	168137345	44736658	123400687	13850021
182335892	82617992	99717900	23946622	75771278	6881942
3546	1811	1735	859	876	
5086756	2497748	2589007	1037362	1551645	128901
4845416	2357459	2487957	995454	1492503	122901
241340	140289	101050	41908	59142	6000
110321986	65484791	44837196	13473216	31363979	3165518
49679387	27158511	22520877	5604406	16916471	2229718
17117476	12414146	4703330	2184473	2518857	1129332
44032504	28677565	15354939	6464911	8890028	1212053
32723123	20129687	12593436	3075409	9518027	1873633

1-13 各级各类教育机构

学校类别	合 计				
		个人部分			
			工资福利支 出	对个人和家庭的补助支出	
					#助学金
总 计	**298569112**	**145576614**	**84373804**	**61202810**	**27641784**
一、高等学校	271550490	134966280	76216963	58749317	27266734
1.普通高等学校	270846653	134648515	75992080	58656435	27266731
高等本科学校	268883901	133608793	75221281	58387512	27189552
高职高专学校	1962751	1039723	770799	268923	77179
2.成人高等学校	703838	317764	224882	92882	3
二、中等职业学校	1071860	575619	403517	172102	58176
1.中等专业学校	737615	368212	253544	114668	28357
2.职业高中	101674	61570	54785	6786	583
#农村	13438	8164	6379	1785	47
3.技工学校	200432	117464	89175	28289	8341
4.成人中专学校	32139	28373	6014	22359	20895
三、中 学	5672772	3648783	2729490	919293	149442
1.普通中学	5672772	3648783	2729490	919293	149442
普通高中	3187263	1935602	1436583	499019	84075
#农村	720254	514113	388608	125505	27136
普通初中	2485510	1713181	1292907	420274	65367
#农村	1580545	1120721	859216	261505	54770
2.成人中学					
四、小 学	3846283	2664385	2052331	612054	98075
1.普通小学	3846283	2664385	2052331	612054	98075
#农村	2734279	1914866	1484547	430318	89440
2.成人小学					
五、特殊教育					
1.特殊教育学校					
2.工读学校					
六、幼儿园	2869213	2070585	1844884	225701	41800
#农村	675196	390387	327457	62930	36477
七、教育行政单位	333879	187921	147848	40072	
八、教育事业单位	8018192	831882	643813	188069	
九、其 他	5206422	631160	334958	296201	27557

教育经费支出明细(中央)

单位：千元

公用部分	商品和服务支出	其他资本性支出	专项公用支出	专项项目支出	基本建设支出
147726530	**109036940**	**38689590**	**24423132**	**14266458**	**5265967**
132053911	95647019	36406892	23423723	12983169	4530300
131667837	95299878	36367959	23398044	12969915	4530300
130882858	94735842	36147016	23264441	12882575	4392250
784979	564036	220943	133603	87340	138050
386073	347141	38933	25679	13254	
454664	310393	144271	72906	71365	41577
335842	212860	122981	56501	66480	33561
40104	30615	9490	8490	1000	
5274	3139	2135	1135	1000	
74952	63357	11595	7711	3885	8016
3766	3561	205	205		
1712001	888802	823199	351565	471635	311988
1712001	888802	823199	351565	471635	311988
1072792	579283	493509	214806	278703	178868
168857	76727	92130	32863	59266	37284
639209	309519	329690	136759	192931	133120
362684	127459	235226	67512	167714	97140
994452	404991	589461	192930	396531	187446
994452	404991	589461	192930	396531	187446
684593	242734	441859	119598	322261	134821
667038	430595	236443	75151	161291	131589
178719	73652	105068	18689	86379	106089
145958	124986	20972	20972		
7176484	7022347	154137	148014	6123	9827
4522023	4207808	314215	137871	176344	53239

1-14 各级各类教育机构

学校类别	合　计	个人部分	工资福利支　出	对个人和家庭的补助支出	#助学金
总　计	**3445900095**	**2141172991**	**1544021758**	**597151233**	**131394827**
一、高等学校	668134038	335540427	224316963	111223464	45981210
1.普通高等学校	654438183	328299857	219050628	109249229	45759345
高等本科学校	482223190	245573006	162389518	83183488	35443251
高职高专学校	172214992	82726851	56661110	26065741	10316095
2.成人高等学校	13695856	7240570	5266335	1974235	221864
二、中等职业学校	216235514	116385360	82166456	34218903	9308459
1.中等专业学校	100720021	53295824	36814113	16481711	4864324
2.职业高中	78488982	42739028	30819427	11919602	3336119
#农村	35372056	19183384	14247721	4935664	1816648
3.技工学校	27513730	14080175	10162264	3917910	999746
4.成人中专学校	9512781	6270333	4370652	1899681	108270
三、中　学	1037536544	698665605	519770316	178895289	37913045
1.普通中学	1036842192	698279202	519472794	178806408	37912593
普通高中	381589041	246489391	187210934	59278457	12276217
#农村	161598266	106913090	82700940	24212150	7183975
普通初中	655253151	451789811	332261860	119527951	25636376
#农村	390011783	277193147	204198179	72994968	18704300
2.成人中学	694352	386403	297522	88881	451
四、小　学	1079264318	749937041	521917063	228019979	33513410
1.普通小学	1079248160	749924429	521905044	228019385	33513410
#农村	687942731	499544311	343113647	156430663	26414305
2.成人小学	16158	12612	12019	593	
五、特殊教育	13608963	8393306	6222372	2170934	270967
1.特殊教育学校	12932907	7964591	5902821	2061769	266198
2.工读学校	676055	428716	319551	109165	4769
六、幼儿园	275884663	163195785	144566327	18629458	4401079
#农村	126335686	74711389	65716616	8994773	2931294
七、教育行政单位	37681228	19580379	11826025	7754353	
八、教育事业单位	72529259	34471012	23523805	10947208	
九、其　他	45025569	15004076	9712432	5291644	6657

教育经费支出明细(地方)

单位：千元

公用部分					基本建设支出
	商品和服务支出	其他资本性支出			
			专项公用支出	专项项目支出	
1250765959	**629231895**	**621534064**	**209139429**	**412394635**	**53961144**
320284525	167896608	152387917	71858333	80529584	12309086
314236126	163772733	150463392	71063458	79399934	11902200
227432821	126473525	100959296	49795666	51163630	9217363
86803305	37299209	49504096	21267793	28236304	2684836
6048400	4123875	1924525	794875	1129650	406886
94898286	44413610	50484675	20516909	29967766	4951868
45254565	20811225	24443340	10461988	13981352	2169632
33614452	14790058	18824393	6456122	12368271	2135502
14939219	6322257	8616961	2801258	5815703	1249453
12819884	6655684	6164200	3229412	2934788	613672
3209385	2156643	1052742	369387	683355	33063
323148105	151388393	171759712	46366237	125393475	15722835
322840156	151212461	171627695	46325632	125302064	15722835
128385691	62828627	65557064	18712963	46844102	6713959
52496478	25383250	27113228	6783221	20330008	2188697
194454465	88383834	106070631	27612669	78457962	9008875
108311394	47680528	60630866	13942378	46688488	4507241
307948	175932	132017	40606	91411	
315664701	148115083	167549619	44544586	123005032	13662575
315661156	148113272	167547884	44543728	123004156	13662575
181651299	82375257	99276042	23827024	75449018	6747121
3546	1811	1735	859	876	
5086756	2497748	2589007	1037362	1551645	128901
4845416	2357459	2487957	995454	1492503	122901
241340	140289	101050	41908	59142	6000
109654949	65054196	44600753	13398065	31202688	3033929
49500668	27084859	22415809	5585717	16830092	2123629
16971518	12289159	4682358	2163501	2518857	1129332
36856020	21655218	15200802	6316897	8883905	1202226
28201100	15921880	12279220	2937538	9341682	1820393

1-15 各级各类教育机构教育经费

学校类别	合计	个人部分	工资福利支出	对个人和家庭的补助支出	#助学金
总计	**3375254362**	**2087825338**	**1453146982**	**634678356**	**144073262**
一、高等学校	839696059	432465926	271432771	161033155	66697289
1.普通高等学校	825538622	425085319	266092392	158992928	66475496
高等本科学校	679802070	351639365	216552621	135086744	57703468
高职高专学校	145736552	73445954	49539771	23906184	8772027
2.成人高等学校	14157437	7380607	5340379	2040227	221793
二、中等职业学校	203320912	109578024	77027122	32550902	8031540
1.中等专业学校	95615429	50752469	34999661	15752807	4300356
2.职业高中	74131285	40310421	28983008	11327413	2818507
#农村	33615473	18151284	13445984	4705300	1620081
3.技工学校	24827460	12642301	8994732	3647569	863559
4.成人中专学校	8746738	5872834	4049721	1823113	49118
三、中学	961470083	654543219	480255357	174287862	35077127
1.普通中学	960775732	654156816	479957835	174198981	35076675
普通高中	353397481	229865849	172110451	57755398	11325434
#农村	150367996	100265043	76735124	23529919	6716789
普通初中	607378251	424290967	307847384	116443583	23751241
#农村	372090071	267105864	195375560	71730304	17773229
2.成人中学	694352	386403	297522	88881	451
四、小学	1026791709	720694003	495972192	224721811	31445379
1.普通小学	1026775551	720681391	495960173	224721217	31445379
#农村	669943387	489338409	334120377	155218033	25441516
2.成人小学	16158	12612	12019	593	
五、特殊教育	13489387	8320934	6157507	2163427	265067
1.特殊教育学校	12819361	7896282	5841808	2054474	260298
2.工读学校	670025	424652	315699	108953	4769
六、幼儿园	162149662	91745486	76250712	15494775	2522647
#农村	82789597	46256953	38619887	7637065	1939200
七、教育行政单位	37944077	19728878	11952155	7776723	
八、教育事业单位	80463384	35236749	24126582	11110167	
九、其他	49929089	15512118	9972583	5539535	34214

支出明细(教育和其他部门)

单位：千元

公用部分					基本建设支出
	商品和服务支出	其他资本性支出	专项公用支出	专项项目支出	
1229532682	**639667284**	**589865398**	**209639038**	**380226360**	**57896342**
390933095	237286729	153646366	83912723	69733643	16297039
384563150	232869368	151693781	83096713	68597069	15890153
315010612	201246877	113763735	66331710	47432025	13152094
69552538	31622491	37930047	16765002	21165044	2738060
6369945	4417361	1952584	816010	1136574	406886
88806947	40406882	48400065	19750622	28649444	4935941
42703328	19341002	23362327	10156449	13205878	2159632
31685362	13480918	18204445	6219061	11985384	2135502
14214736	5829302	8385434	2703804	5681630	1249453
11577416	5700514	5876902	3054661	2822241	607744
2840841	1884449	956392	320451	635941	33063
291240635	131981915	159258720	42766279	116492441	15686229
290932687	131805984	159126703	42725673	116401030	15686229
116854277	55611615	61242663	17453507	43789156	6677354
47916656	22784366	25132290	6292942	18839348	2186297
174078409	76194369	97884040	25272167	72611874	9008875
100476966	43537484	56939482	12989038	43950444	4507241
307948	175932	132017	40606	91411	
292442143	133147236	159294907	41918137	117376770	13655563
292438597	133145425	159293172	41917278	117375894	13655563
173864869	77637488	96227381	22959256	73268125	6740109
3546	1811	1735	859	876	
5039552	2464295	2575257	1032484	1542772	128901
4800178	2325822	2474356	990726	1483630	122901
239373	138473	100901	41759	59142	6000
67373284	33239556	34133728	8559348	25574380	3030891
34410974	16199465	18211509	3798042	14413467	2121670
17085867	12384838	4701029	2182172	2518857	1129332
44014582	28665421	15349161	6461993	8887168	1212053
32596578	20090412	12506165	3055280	9450886	1820393

1-16 各级各类教育机构教育经费

学校类别	合计	个人部分			
			工资福利支出	对个人和家庭的补助支出	
					#助学金
总计	**286624882**	**138003001**	**78750162**	**59252839**	**27136145**
一、高等学校	268513837	133219447	74963208	58256240	27084149
1.普通高等学校	267895028	132964059	74788896	58175163	27084149
高等本科学校	266954392	132533003	74476070	58056933	27056607
高职高专学校	940636	431056	312826	118230	27542
2.成人高等学校	618810	255388	174311	81077	
二、中等职业学校	269701	155492	121658	33834	5954
1.中等专业学校	182261	100711	71342	29369	5954
2.职业高中	85385	52871	48406	4465	
#农村					
3.技工学校					
4.成人中专学校	2055	1910	1910		
三、中学	2211203	1344566	1039721	304845	12205
1.普通中学	2211203	1344566	1039721	304845	12205
普通高中	1713200	1042229	807361	234868	10647
#农村	144689	109720	75926	33794	370
普通初中	498004	302337	232360	69977	1558
#农村	21212	13717	12063	1653	69
2.成人中学					
四、小学	720088	473270	375591	97679	968
1.普通小学	720088	473270	375591	97679	968
#农村	95210	55586	48017	7568	191
2.成人小学					
五、特殊教育					
1.特殊教育学校					
2.工读学校					
六、幼儿园	1809559	1387947	1260926	127021	5311
#农村	61635	49711	47646	2065	34
七、教育行政单位	262848	148499	126130	22370	
八、教育事业单位	7934125	765737	602778	162959	
九、其他	4903520	508042	260151	247891	27557

支出明细(中央教育和其他部门)

单位：千元

公用部分	商品和服务支出	其他资本性支出			基本建设支出
			专项公用支出	专项项目支出	
144167447	**107309558**	**36857889**	**23710826**	**13147063**	**4454435**
130849782	94894297	35955485	23107186	12848299	4444608
130486360	94568228	35918132	23083087	12835045	4444608
130114831	94297239	35817591	23009422	12808169	4306558
371529	270989	100541	73665	26876	138050
363421	326068	37353	24099	13254	
114210	95105	19104	15915	3190	
81550	69810	11740	8550	3190	
32514	25160	7354	7354		
145	135	10	10		
866637	599304	267333	205185	62148	
866637	599304	267333	205185	62148	
670971	456860	214110	156389	57721	
34969	27585	7385	7159	225	
195667	142444	53222	48795	4427	
7495	5332	2163	738	1425	
246818	145046	101773	52159	49613	
246818	145046	101773	52159	49613	
39624	28428	11196	4135	7061	
421612	301393	120219	48873	71347	
11924	9689	2234	1068	1167	
114349	95678	18671	18671		
7158562	7010203	148359	145096	3263	9827
4395477	4168532	226945	117742	109203	

1-17 各级各类教育机构教育经费

学校类别	合计	个人部分	工资福利支出	对个人和家庭的补助支出	#助学金
总计	**3088629479**	**1949822337**	**1374396820**	**575425517**	**116937117**
一、高等学校	571182222	299246478	196469563	102776915	39613140
1.普通高等学校	557643595	292121260	191303495	100817765	39391347
高等本科学校	412847679	219106362	142076551	77029811	30646861
高职高专学校	144795916	73014898	49226945	23787953	8744486
2.成人高等学校	13538627	7125218	5166068	1959150	221793
二、中等职业学校	203051211	109422533	76905465	32517068	8025586
1.中等专业学校	95433168	50651758	34928320	15723438	4294402
2.职业高中	74045900	40257550	28934602	11322948	2818507
#农村	33615473	18151284	13445984	4705300	1620081
3.技工学校	24827460	12642301	8994732	3647569	863559
4.成人中专学校	8744684	5870924	4047811	1823113	49118
三、中学	959258880	653198653	479215636	173983017	35064921
1.普通中学	958564528	652812250	478918114	173894136	35064470
普通高中	351684281	228823620	171303091	57520530	11314787
#农村	150223307	100155323	76659198	23496125	6716419
普通初中	606880247	423988630	307615023	116373607	23749683
#农村	372068860	267092148	195363496	71728651	17773161
2.成人中学	694352	386403	297522	88881	451
四、小学	1026071621	720220733	495596601	224624132	31444411
1.普通小学	1026055463	720208121	495584582	224623539	31444411
#农村	669848178	489282824	334072359	155210464	25441324
2.成人小学	16158	12612	12019	593	
五、特殊教育	13489387	8320934	6157507	2163427	265067
1.特殊教育学校	12819361	7896282	5841808	2054474	260298
2.工读学校	670025	424652	315699	108953	4769
六、幼儿园	160340102	90357539	74989786	15367753	2517336
#农村	82727962	46207242	38572241	7635000	1939165
七、教育行政单位	37681228	19580379	11826025	7754353	
八、教育事业单位	72529259	34471012	23523805	10947208	
九、其他	45025569	15004076	9712432	5291644	6657

支出明细(地方教育和其他部门)

单位：千元

公用部分	商品和服务支出	其他资本性支出			基本建设支出
			专项公用支出	专项项目支出	
1085365236	**532357727**	**553007509**	**185928212**	**367079297**	**53441907**
260083313	142392432	117690881	60805537	56885344	11852431
254076790	138301140	115775650	60013626	55762024	11445545
184895781	106949638	77946143	43322288	34623855	8845535
69181008	31351502	37829506	16691338	21138169	2600010
6006524	4091292	1915231	791911	1123320	406886
88692738	40311777	48380961	19734707	28646254	4935941
42621778	19271191	23350587	10147899	13202688	2159632
31652848	13455758	18197090	6211707	11985384	2135502
14214736	5829302	8385434	2703804	5681630	1249453
11577416	5700514	5876902	3054661	2822241	607744
2840696	1884314	956382	320441	635941	33063
290373998	131382611	158991387	42561094	116430293	15686229
290066049	131206679	158859370	42520488	116338882	15686229
116183307	55154754	61028552	17297117	43731435	6677354
47881687	22756782	25124905	6285782	18839123	2186297
173882743	76051925	97830818	25223371	72607447	9008875
100469471	43532152	56937319	12988301	43949018	4507241
307948	175932	132017	40606	91411	
292195325	133002190	159193135	41865978	117327157	13655563
292191779	133000379	159191400	41865119	117326281	13655563
173825245	77609060	96216185	22955121	73261064	6740109
3546	1811	1735	859	876	
5039552	2464295	2575257	1032484	1542772	128901
4800178	2325822	2474356	990726	1483630	122901
239373	138473	100901	41759	59142	6000
66951672	32938164	34013509	8510476	25503033	3030891
34399050	16189776	18209275	3796974	14412300	2121670
16971518	12289159	4682358	2163501	2518857	1129332
36856020	21655218	15200802	6316897	8883905	1202226
28201100	15921880	12279220	2937538	9341682	1820393

1-18 各级各类教育机构

学校类别	合计	个人部分	工资福利支出	对个人和家庭的补助支出	#助学金
总计	**21088157**	**13457904**	**10505716**	**2952188**	**832924**
一、高等学校	7286855	4236923	3205844	1031080	357858
1.普通高等学校	7056835	4062706	3056007	1006698	357783
高等本科学校	1978778	1110137	771016	339121	136041
高职高专学校	5078057	2952569	2284992	667577	221742
2.成人高等学校	230019	174218	149836	24381	75
二、中等职业学校	2970178	1765161	1309770	455390	176608
1.中等专业学校	1502589	805298	569039	236259	68868
2.职业高中	177355	114071	93396	20675	9318
#农村	46702	21435	18219	3215	125
3.技工学校	1194122	764320	594364	169957	77070
4.成人中专学校	96112	81471	52971	28499	21352
三、中学	3628600	2432420	1797240	635179	142808
1.普通中学	3628600	2432420	1797240	635179	142808
普通高中	1549194	950943	676903	274040	75424
#农村	605426	421636	326973	94663	28651
普通初中	2079405	1481477	1120337	361139	67384
#农村	1601424	1134287	869477	264810	57931
2.成人中学					
四、小学	3290367	2325953	1787045	538908	102529
1.普通小学	3290367	2325953	1787045	538908	102529
#农村	2706362	1911903	1479232	432671	94409
2.成人小学					
五、特殊教育					
1.特殊教育学校					
2.工读学校					
六、幼儿园	3454157	2468764	2268256	200508	53121
#农村	1021464	648719	568958	79761	39292
七、教育行政单位	71030	39421	21718	17703	
八、教育事业单位	84067	66145	41035	25110	
九、其他	302902	123117	74807	48310	

教育经费支出明细(企业办)

单位：千元

公用部分	商品和服务支出	其他资本性支出			基本建设支出
			专项公用支出	专项项目支出	
6803309	**3772567**	**3030742**	**1605764**	**1424978**	**826943**
2964239	1665685	1298555	1023271	275284	85692
2908438	1613250	1295188	1019984	275204	85692
782949	451564	331385	256424	74961	85692
2125488	1161685	963803	763560	200243	
55802	52435	3367	3287	80	
1148030	804416	343614	176954	166660	56988
653730	422186	231544	117561	113983	43561
63283	49432	13851	9968	3883	
25267	23132	2135	1135	1000	
416375	320375	96000	49191	46809	13427
14642	12422	2219	234	1985	
884191	316709	567482	157117	410365	311988
884191	316709	567482	157117	410365	311988
419383	133867	285517	64169	221348	178868
146506	56826	89680	30639	59041	37284
464808	182843	281965	92948	189017	133120
369997	132103	237894	71380	166514	97140
776969	285245	491723	144228	347495	187446
776969	285245	491723	144228	347495	187446
659639	225985	433654	118072	315581	134821
853803	619785	234018	78846	155173	131589
266655	139710	126945	27473	99473	106089
31609	29308	2301	2301		
17922	12144	5778	2918	2860	
126546	39275	87270	20129	67141	53239

1-19 各级各类教育机构

学校类别	合 计	个人部分	工资福利支出	对个人和家庭的补助支出	#助学金
总 计	**11944229**	**7573613**	**5623642**	**1949972**	**505639**
一、高等学校	3036653	1746832	1253755	493077	182585
1.普通高等学校	2951625	1684456	1203184	481272	182581
高等本科学校	1929509	1075790	745211	330579	132944
高职高专学校	1022116	608666	457973	150693	49637
2.成人高等学校	85028	62376	50571	11805	3
二、中等职业学校	802159	420127	281860	138268	52222
1.中等专业学校	555354	267501	182202	85299	22403
2.职业高中	16289	8699	6379	2321	583
#农村	13438	8164	6379	1785	47
3.技工学校	200432	117464	89175	28289	8341
4.成人中专学校	30084	26463	4104	22359	20895
三、中 学	3461569	2304217	1689768	614448	137236
1.普通中学	3461569	2304217	1689768	614448	137236
普通高中	1474063	893373	629222	264151	73428
#农村	575565	404393	312682	91711	26766
普通初中	1987506	1410843	1060546	350297	63808
#农村	1559333	1107004	847152	259852	54701
2.成人中学					
四、小 学	3126196	2191115	1676740	514376	97106
1.普通小学	3126196	2191115	1676740	514376	97106
#农村	2639069	1859280	1436530	422750	89248
2.成人小学					
五、特殊教育					
1.特殊教育学校					
2.工读学校					
六、幼儿园	1059653	682638	583958	98680	36490
#农村	613561	340676	279811	60865	36442
七、教育行政单位	71030	39421	21718	17703	
八、教育事业单位	84067	66145	41035	25110	
九、其 他	302902	123117	74807	48310	

教育经费支出明细(中央企业办)

单位：千元

公用部分	商品和服务支出	其他资本性支出	专项公用支出	专项项目支出	基本建设支出
3559084	**1727383**	**1831701**	**712306**	**1119395**	**811532**
1204129	752722	451407	316537	134870	85692
1181477	731650	449827	314957	134870	85692
768027	438603	329424	255019	74406	85692
413449	293047	120403	59938	60464	
22652	21072	1580	1580		
340454	215288	125167	56991	68175	41577
254291	143050	111241	47951	63291	33561
7590	5455	2135	1135	1000	
5274	3139	2135	1135	1000	
74952	63357	11595	7711	3885	8016
3621	3426	195	195		
845364	289497	555866	146380	409487	311988
845364	289497	555866	146380	409487	311988
401822	122423	279399	58416	220982	178868
133888	49143	84745	25704	59041	37284
443542	167074	276468	87963	188504	133120
355190	122127	233062	66774	166288	97140
747634	259945	487689	140771	346918	187446
747634	259945	487689	140771	346918	187446
644969	214307	430662	115462	315200	134821
245426	129203	116223	26278	89945	131589
166796	63962	102833	17621	85212	106089
31609	29308	2301	2301		
17922	12144	5778	2918	2860	
126546	39275	87270	20129	67141	53239

1-20 各级各类教育机构

学校类别	合 计	个人部分	工资福利支出	对个人和家庭的补助支出	#助学金
总 计	**9143927**	**5884291**	**4882075**	**1002217**	**327285**
一、高等学校	4250201	2490091	1952089	538002	175273
1.普通高等学校	4105210	2378249	1852823	525426	175202
高等本科学校	49269	34347	25805	8542	3097
高职高专学校	4055941	2343902	1827018	516884	172105
2.成人高等学校	144991	111842	99265	12576	71
二、中等职业学校	2168020	1345033	1027911	317123	124385
1.中等专业学校	947236	537797	386837	150960	46465
2.职业高中	161065	105372	87017	18355	8735
#农村	33264	13271	11841	1430	78
3.技工学校	993690	646857	505189	141667	68728
4.成人中专学校	66028	55008	48867	6140	457
三、中 学	167031	128203	107472	20731	5572
1.普通中学	167031	128203	107472	20731	5572
普通高中	75131	57570	47681	9889	1996
#农村	29861	17243	14291	2952	1886
普通初中	91899	70633	59791	10842	3576
#农村	42091	27284	22325	4958	3230
2.成人中学					
四、小 学	164172	134837	110305	24532	5423
1.普通小学	164172	134837	110305	24532	5423
#农村	67293	52623	42702	9921	5161
2.成人小学					
五、特殊教育					
1.特殊教育学校					
2.工读学校					
六、幼儿园	2394504	1786127	1684298	101829	16631
#农村	407903	308044	289147	18897	2850
七、教育行政单位					
八、教育事业单位					
九、其 他					

教育经费支出明细(地方企业办)

单位：千元

公用部分	商品和服务支出	其他资本性支出	专项公用支出	专项项目支出	基本建设支出
3244225	**2045185**	**1199040**	**893458**	**305582**	**15411**
1760110	912963	847148	706734	140414	
1726961	881600	845361	705027	140334	
14922	12962	1960	1405	555	
1712039	868639	843400	703622	139778	
33150	31363	1787	1707	80	
807575	589128	218448	119963	98485	15411
399439	279136	120303	69611	50692	10000
55693	43977	11716	8833	2883	
19993	19993				
341423	257018	84405	41480	42924	5411
11021	8997	2024	39	1985	
38828	27212	11616	10737	878	
38828	27212	11616	10737	878	
17562	11444	6118	5753	365	
12618	7683	4935	4935		
21266	15768	5498	4985	513	
14807	9976	4832	4606	226	
29334	25300	4035	3457	578	
29334	25300	4035	3457	578	
14670	11679	2991	2610	381	
608377	490582	117795	52567	65228	
99859	75747	24112	9851	14261	

1-21 各级各类教育机构

学校类别	合计	个人部分	工资福利支出	对个人和家庭的补助支出	#助学金
总计	**348126688**	**185466363**	**164742864**	**20723499**	**14130425**
一、高等学校	92701615	33803858	25895311	7908547	6192797
1.普通高等学校	92689378	33800348	25894310	7906038	6192797
高等本科学校	69326243	26432297	20287162	6145135	4793293
高职高专学校	23363135	7368051	5607147	1760903	1399504
2.成人高等学校	12237	3510	1002	2509	
二、中等职业学校	11016283	5617793	4233081	1384713	1158488
1.中等专业学校	4339617	2106269	1498956	607312	523457
2.职业高中	4282017	2376106	1797807	578299	508877
#农村	1723319	1018829	789896	228934	196488
3.技工学校	1692580	791017	662344	128674	67460
4.成人中专学校	702069	344401	273974	70428	58695
三、中学	78110633	45338749	40447208	4891541	2842551
1.普通中学	78110633	45338749	40447208	4891541	2842551
普通高中	29829629	17608201	15860162	1748038	959434
#农村	11345098	6740524	6027451	713073	465671
普通初中	48281005	27730548	24587045	3143503	1883117
#农村	17900832	10073716	8812357	1261359	927910
2.成人中学					
四、小学	53028525	29581471	26210156	3371315	2063577
1.普通小学	53028525	29581471	26210156	3371315	2063577
#农村	18027260	10208864	8998586	1210278	967820
2.成人小学					
五、特殊教育	119576	72372	64865	7507	5900
1.特殊教育学校	113546	68309	61013	7295	5900
2.工读学校	6030	4064	3852	212	
六、幼儿园	113150057	71052120	67892243	3159877	1867112
#农村	43199821	28196104	26855227	1340877	989278
七、教育行政单位					
八、教育事业单位					
九、其他					

教育经费支出明细(民办)

单位：千元

公用部分	商品和服务支出	其他资本性支出	专项公用支出	专项项目支出	基本建设支出
162156498	**94828984**	**67327514**	**22317759**	**45009756**	**503827**
58441102	24591213	33849889	10346062	23503827	456655
58432375	24589993	33842382	10344806	23497577	456655
42522118	19510925	23011192	6471972	16539220	371828
15910258	5079068	10831190	3872833	6958356	84827
8726	1220	7507	1257	6250	
5397973	3512706	1885267	662239	1223028	517
2233349	1260898	972451	244479	727972	
1905910	1290323	615588	235583	380004	
704490	472962	231528	97454	134073	
901046	698153	202893	133271	69623	517
357668	263332	94336	48907	45429	
32735279	19978570	12756710	3794406	8962304	36605
32735279	19978570	12756710	3794406	8962304	36605
12184823	7662428	4522394	1410093	3112301	36605
4602173	2618785	1983388	492503	1490885	2400
20550457	12316141	8234315	2384313	5850002	
7827116	4138400	3688715	949472	2739243	
23440042	15087593	8352450	2675152	5677298	7012
23440042	15087593	8352450	2675152	5677298	7012
7811384	4754519	3056865	869293	2187572	7012
47204	33453	13750	4877	8873	
45237	31637	13601	4728	8873	
1966	1817	150	150		
42094899	31625450	10469449	4835022	5634427	3038
15001758	10819336	4182423	1778891	2403531	1959

1-22 各级各类教育机构

学校类别	合计	个人部分	工资福利支出	对个人和家庭的补助支出	#助学金
总计	**3010682609**	**1937672456**	**1338215035**	**599457421**	**140503960**
一、高等学校	567882526	309963503	184674367	125289136	58163273
1.普通高等学校	559029103	304451699	180752745	123698955	57994071
高等本科学校	448474205	246154374	143045413	103108961	49272887
高职高专学校	110554898	58297325	37707332	20589993	8721184
2.成人高等学校	8853423	5511804	3921622	1590181	169201
二、中等职业学校	189083275	105649693	73309529	32340164	8834776
1.中等专业学校	87694386	48141797	32795538	15346258	4543587
2.职业高中	71254179	40215336	28584534	11630802	3243955
#农村	32500519	18172289	13358549	4813739	1780793
3.技工学校	22100057	11623823	8097084	3526740	932346
4.成人中专学校	8034652	5668737	3832374	1836363	114889
三、中学	927066961	646846412	473397821	173448590	36200431
1.普通中学	926477962	646486401	473121990	173364411	36199979
普通高中	317443875	219196814	163512224	55684589	11254223
#农村	134107317	96291177	73576847	22714330	6717589
普通初中	609034087	427289587	309609766	117679822	24945756
#农村	373133107	269005638	196653785	72351853	18453424
2.成人中学	588999	360011	275831	84179	451
四、小学	1027405210	723923191	497661278	226261914	32985395
1.普通小学	1027389052	723910579	497649259	226261320	32985395
#农村	669637221	490739823	335083916	155655907	26217784
2.成人小学	16158	12612	12019	593	
五、特殊教育	13250440	8277636	6141400	2136235	261279
1.特殊教育学校	12591710	7855493	5826188	2029305	256761
2.工读学校	658730	422143	315212	106931	4517
六、幼儿园	131784249	74733030	58497249	16235780	4027871
#农村	67732001	39456977	31237799	8219178	2750830
七、教育行政单位	36080183	19464569	11874152	7590417	
八、教育事业单位	71151415	33802345	23009858	10792487	
九、其他	46978351	15012078	9649380	5362698	30936

财政补助支出明细(全国)

单位：千元

公用部分	商品和服务支出	其他资本性支出	专项公用支出	专项项目支出	基本建设支出
1013783041	**491286351**	**522496690**	**183289690**	**339206999**	**59227112**
241079637	133080236	107999401	65592707	42406694	16839386
238144903	131297672	106847231	65092687	41754544	16432500
188710217	110619322	78090895	50373021	27717875	13609614
49434686	20678351	28756335	14719666	14036669	2822886
2934733	1782563	1152170	500020	652150	406886
78440137	34908847	43531289	18091494	25439796	4993445
37349396	16504287	20845109	9303024	11542085	2203193
28903342	12302586	16600756	5767248	10833508	2135502
13078778	5237060	7841718	2531331	5310387	1249453
9854547	4658268	5196279	2744364	2451915	621687
2332852	1443706	889146	276858	612288	33063
264185726	114119458	150066268	39251085	110815183	16034823
263956738	114012959	149943779	39218386	110725393	16034823
91354234	37294694	54059540	14428220	39631320	6892827
35590159	13765455	21824704	4906682	16918022	2225981
172602504	76718265	95884239	24790166	71094073	9141996
99523088	43692994	55830094	12748177	43081917	4604381
228988	106499	122489	32699	89790	
289631997	133565978	156066019	41231203	114834816	13850021
289628451	133564167	156064284	41230344	114833940	13850021
172015457	77578518	94436939	22578568	71858371	6881942
3546	1811	1735	859	876	
4843903	2376655	2467248	988605	1478643	128901
4613316	2244965	2368351	948478	1419874	122901
230587	131690	98897	40127	58770	6000
53885701	21625937	32259764	7439025	24820739	3165518
26045305	8723899	17321406	3161646	14159759	2229718
15486282	11206737	4279545	2016126	2263419	1129332
36137017	21990539	14146478	5834763	8311715	1212053
30092641	18411964	11680677	2844683	8835995	1873633

1-23 各级各类教育机构

学校类别	合 计	个人部分	工资福利支出	对个人和家庭的补助支出	#助学金
总 计	**179322269**	**95642045**	**50283440**	**45358605**	**22163618**
一、高等学校	159873121	88855547	45168631	43686916	21813774
1.普通高等学校	159642704	88733273	45103012	43630261	21813771
高等本科学校	158668831	88307258	44830843	43476415	21754516
高职高专学校	973872	426014	272168	153846	59255
2.成人高等学校	230418	122274	65620	56654	3
二、中等职业学校	684249	405430	270654	134776	54573
1.中等专业学校	466989	256097	173910	82186	24779
2.职业高中	101640	61570	54785	6786	583
#农村	13404	8164	6379	1785	47
3.技工学校	86648	61766	38079	23687	8316
4.成人中专学校	28973	25997	3881	22117	20895
三、中 学	4123024	2750836	2101403	649433	136944
1.普通中学	4123024	2750836	2101403	649433	136944
普通高中	1978007	1244122	912927	331195	74850
#农村	495843	357801	278790	79011	25425
普通初中	2145017	1506714	1188476	318238	62094
#农村	1355318	985309	806377	178932	53884
2.成人中学					
四、小 学	3271559	2324354	1858386	465968	96633
1.普通小学	3271559	2324354	1858386	465968	96633
#农村	2349111	1690921	1377275	313645	88902
2.成人小学					
五、特殊教育					
1.特殊教育学校					
2.工读学校					
六、幼儿园	681510	390711	318640	72072	37032
#农村	451887	238217	189417	48800	34036
七、教育行政单位	321527	183161	146938	36224	
八、教育事业单位	5924728	316284	200661	115622	
九、其 他	4442551	415722	218127	197595	24661

财政补助支出明细(中央)

单位：千元

公用部分					基本建设支出
	商品和服务支出	其他资本性支出			
			专项公用支出	专项项目支出	
78414256	**55926491**	**22487765**	**17246826**	**5240939**	**5265967**
66487274	45336473	21150802	16640335	4510467	4530300
66379131	45243568	21135563	16637399	4498164	4530300
65969323	44964654	21004669	16542549	4462120	4392250
409808	278914	130894	94850	36044	138050
108144	92905	15239	2936	12303	
237242	156012	81230	49804	31426	41577
177331	110211	67120	36693	30426	33561
40070	30581	9490	8490	1000	
5240	3105	2135	1135	1000	
16866	12382	4483	4483		8016
2975	2838	138	138		
1060199	659830	400369	186469	213900	311988
1060199	659830	400369	186469	213900	311988
555017	396973	158044	99666	58377	178868
100758	52636	48122	17936	30186	37284
505183	262857	242326	86803	155523	133120
272869	99041	173828	37163	136665	97140
759758	297551	462208	122887	339320	187446
759758	297551	462208	122887	339320	187446
523370	175620	347750	69266	278484	134821
159209	66864	92345	19944	72401	131589
107580	32384	75196	9703	65493	106089
138366	117407	20959	20959		
5598617	5473839	124779	118656	6123	9827
3973589	3818515	155074	87773	67301	53239

1-24 各级各类教育机构

学校类别	合　计	个人部分	工资福利支　出	对个人和家庭的补助支出	#助学金
总　计	**2831360340**	**1842030411**	**1287931595**	**554098816**	**118340342**
一、高等学校	408009404	221107956	139505736	81602220	36349498
1.普通高等学校	399386399	215718427	135649733	80068693	36180301
高等本科学校	289805373	157847115	98214570	59632546	27518371
高职高专学校	109581026	57871311	37435164	20436148	8661930
2.成人高等学校	8623005	5389530	3856003	1533527	169198
二、中等职业学校	188399025	105244263	73038875	32205388	8780203
1.中等专业学校	87227397	47885700	32621628	15264072	4518808
2.职业高中	71152539	40153766	28529749	11624017	3243372
#农村	32487115	18164125	13352171	4811954	1780746
3.技工学校	22013410	11562057	8059005	3503052	924030
4.成人中专学校	8005680	5642740	3828493	1814247	93993
三、中　学	922943937	644095576	471296419	172799157	36063487
1.普通中学	922354938	643735565	471020587	172714978	36063035
普通高中	315465868	217952692	162599298	55353394	11179372
#农村	133611475	95933377	73298057	22635319	6692164
普通初中	606889070	425782873	308421290	117361584	24883663
#农村	371777789	268020329	195847408	72172921	18399541
2.成人中学	588999	360011	275831	84179	451
四、小　学	1024133651	721598837	495802892	225795945	32888762
1.普通小学	1024117493	721586225	495790873	225795352	32888762
#农村	667288110	489048902	333706640	155342261	26128882
2.成人小学	16158	12612	12019	593	
五、特殊教育	13250440	8277636	6141400	2136235	261279
1.特殊教育学校	12591710	7855493	5826188	2029305	256761
2.工读学校	658730	422143	315212	106931	4517
六、幼儿园	131102739	74342318	58178610	16163708	3990838
#农村	67280114	39218760	31048382	8170378	2716793
七、教育行政单位	35758656	19281408	11727215	7554193	
八、教育事业单位	65226687	33486061	22809196	10676865	
九、其　他	42535801	14596356	9431253	5165103	6275

财政补助支出明细(地方)

单位：千元

公用部分	商品和服务支出	其他资本性支出			基本建设支出
			专项公用支出	专项项目支出	
935368785	**435359860**	**500008925**	**166042865**	**333966060**	**53961144**
174592362	87743763	86848599	48952372	37896227	12309086
171765773	86054104	85711668	48455288	37256380	11902200
122740894	65654668	57086226	33830472	23255754	9217363
49024878	20399437	28625442	14624816	14000626	2684836
2826590	1689659	1136931	497084	639847	406886
78202894	34752835	43450059	18041690	25408369	4951868
37172065	16394076	20777989	9266331	11511658	2169632
28863271	12272005	16591266	5758758	10832508	2135502
13073538	5233955	7839583	2530196	5309387	1249453
9837681	4645886	5191795	2739880	2451915	613672
2329877	1440868	889008	276720	612288	33063
263125527	113459628	149665899	39064616	110601283	15722835
262896539	113353129	149543410	39031917	110511493	15722835
90799217	36897721	53901496	14328554	39572942	6713959
35489401	13712819	21776582	4888747	16887835	2188697
172097322	76455408	95641914	24703363	70938551	9008875
99250219	43593953	55656266	12711014	42945252	4507241
228988	106499	122489	32699	89790	
288872239	133268427	155603811	41108316	114495496	13662575
288868693	133266617	155602076	41107457	114494620	13662575
171492087	77402899	94089189	22509303	71579886	6747121
3546	1811	1735	859	876	
4843903	2376655	2467248	988605	1478643	128901
4613316	2244965	2368351	948478	1419874	122901
230587	131690	98897	40127	58770	6000
53726492	21559073	32167419	7419081	24748338	3033929
25937725	8691516	17246209	3151943	14094266	2123629
15347916	11089329	4258586	1995168	2263419	1129332
30538400	16516700	14021700	5716108	8305592	1202226
26119052	14593449	11525603	2756910	8768693	1820393

1-25 各级各类教育机构财政补助

学校类别	合计	个人部分	工资福利支出	对个人和家庭的补助支出	#助学金
总　计	**2951951424**	**1907788712**	**1323316248**	**584472464**	**129225253**
一、高等学校	552163966	302671797	182845055	119826742	53439505
1.普通高等学校	543386042	297223179	178971228	118251951	53270307
高等本科学校	438873322	241421546	142109276	99312270	45901801
高职高专学校	104512720	55801633	36861952	18939681	7368505
2.成人高等学校	8777924	5448618	3873827	1574791	169198
二、中等职业学校	183440146	102471918	71679735	30792183	7625854
1.中等专业学校	85065573	46652724	32022498	14630226	4008875
2.职业高中	69545714	39253341	28135517	11117824	2773546
#农村	31778309	17742667	13129928	4612740	1600811
3.技工学校	21003666	11008687	7718785	3289902	801818
4.成人中专学校	7825193	5557166	3802935	1754231	41615
三、中　学	912124743	638547446	468055605	170491841	34218398
1.普通中学	911535744	638187435	467779773	170407662	34217947
普通高中	312746312	216268982	161536176	54732806	10642180
#农村	131766985	94780646	72508474	22272171	6406664
普通初中	598789432	421918453	306243597	115674856	23575767
#农村	367967155	266046903	194740853	71306050	17666614
2.成人中学	588999	360011	275831	84179	451
四、小　学	1014994723	717395489	493853548	223541941	31240466
1.普通小学	1014978565	717382877	493841529	223541348	31240466
#农村	663710731	487410901	333014669	154396231	25303659
2.成人小学	16158	12612	12019	593	
五、特殊教育	13199439	8254706	6124468	2130239	256356
1.特殊教育学校	12540809	7832664	5809356	2023308	251839
2.工读学校	658630	422043	315112	106931	4517
六、幼儿园	122170909	70365021	56349787	14015234	2413738
#农村	63363995	37315607	30140404	7175203	1863759
七、教育行政单位	36021504	19429907	11853344	7576562	
八、教育事业单位	71082822	33747029	22969337	10777693	
九、其　他	46753172	14905399	9585370	5320029	30936

支出明细(教育和其他部门)

单位：千元

公用部分	商品和服务支出	其他资本性支出	专项公用支出	专项项目支出	基本建设支出
986266370	**476302220**	**509964150**	**177477167**	**332486983**	**57896342**
233195130	130935971	102259159	62371679	39887481	16297039
230272710	129159181	101113529	61871949	39241580	15890153
184299683	109464841	74834842	49370509	25464334	13152094
45973027	19694340	26278687	12501440	13777247	2738060
2922420	1776790	1145630	499730	645900	406886
76032288	33316919	42715369	17730324	24985045	4935941
36253218	15800754	20452464	9135612	11316852	2159632
28156871	11822453	16334419	5659011	10675408	2135502
12786189	5067850	7718339	2487193	5231146	1249453
9387235	4330447	5056788	2666904	2389884	607744
2234964	1363266	871698	268797	602901	33063
257891067	110183721	147707346	38589122	109118224	15686229
257662079	110077222	147584857	38556423	109028434	15686229
89799975	36520700	53279276	14276851	39002424	6677354
34800042	13435861	21364181	4851579	16512602	2186297
167862104	73556523	94305581	24279572	70026010	9008875
97413010	42345285	55067725	12509563	42558162	4507241
228988	106499	122489	32699	89790	
283943671	129497725	154445946	40586350	113859596	13655563
283940125	129495914	154444211	40585491	113858720	13655563
169559722	75902478	93657243	22342805	71314438	6740109
3546	1811	1735	859	876	
4815832	2357273	2458559	985375	1473184	128901
4585245	2225582	2359662	945248	1414415	122901
230587	131690	98897	40127	58770	6000
48774997	18450823	30324175	6535082	23789093	3030891
23926718	7609111	16317607	2777199	13540407	2121670
15462265	11185008	4277258	2013839	2263419	1129332
36123740	21981255	14142485	5833629	8308855	1212053
30027380	18393526	11633854	2831767	8802087	1820393

1-26 各级各类教育机构财政补助

学校类别	合 计	个人部分	工资福利支出	对个人和家庭的补助支出	#助学金
总 计	**170667185**	**89885532**	**45989871**	**43895661**	**21704779**
一、高等学校	158177528	87834574	44525824	43308750	21663737
1.普通高等学校	158000698	87760898	44498690	43262207	21663737
高等本科学校	157380038	87576851	44360994	43215857	21649351
高职高专学校	620660	184046	137696	46350	14385
2.成人高等学校	176830	73676	27134	46543	
二、中等职业学校	188854	118669	91510	27159	5529
1.中等专业学校	103469	65798	43104	22695	5529
2.职业高中	85385	52871	48406	4465	
#农村					
3.技工学校					
4.成人中专学校					
三、中 学	1324640	776591	576452	200140	6915
1.普通中学	1324640	776591	576452	200140	6915
普通高中	907580	520414	383275	137139	6065
#农村	90757	59089	45492	13597	348
普通初中	417060	256177	193176	63001	850
#农村	7474	6703	6004	699	65
2.成人中学					
四、小 学	510591	346954	272705	74249	963
1.普通小学	510591	346954	272705	74249	963
#农村	19502	17287	15080	2207	191
2.成人小学					
五、特殊教育					
1.特殊教育学校					
2.工读学校					
六、幼儿园	129216	90234	82993	7240	2973
#农村	10824	9216	9084	132	24
七、教育行政单位	262848	148499	126130	22370	
八、教育事业单位	5856135	260968	160141	100827	
九、其 他	4217372	309043	154117	154926	24661

支出明细(中央教育和其他部门)

单位：千元

公用部分	商品和服务支出	其他资本性支出			基本建设支出
			专项公用支出	专项项目支出	
76327218	**54965819**	**21361399**	**16776794**	**4584605**	**4454435**
65898347	45003395	20894952	16404447	4490505	4444608
65795193	44915190	20880003	16401802	4478201	4444608
65496629	44703603	20793026	16338485	4454540	4306558
298564	211587	86977	63316	23661	138050
103154	88205	14949	2645	12303	
70185	55035	15151	12464	2687	
37671	29875	7796	5109	2687	
32514	25160	7354	7354		
548049	432409	115640	106451	9189	
548049	432409	115640	106451	9189	
387166	307584	79582	73581	6002	
31668	24459	7209	7036	174	
160883	124825	36058	32870	3187	
772	410	362	176	186	
163637	84729	78908	36076	42831	
163637	84729	78908	36076	42831	
2215	1644	571	247	324	
38983	29940	9042	6306	2737	
1608	1194	414	14	400	
114349	95678	18671	18671		
5585340	5464555	120785	117522	3263	9827
3908329	3800078	108251	74857	33394	

1-27 各级各类教育机构财政补助

学校类别	合 计	个人部分	工资福利支出	对个人和家庭的补助支出	#助学金
总 计	**2781284239**	**1817903180**	**1277326377**	**540576803**	**107520475**
一、高等学校	393986438	214837223	138319231	76517992	31775768
1.普通高等学校	385385344	209462282	134472538	74989744	31606570
高等本科学校	281493284	153844694	97748282	56096412	24252450
高职高专学校	103892060	55617587	36724256	18893331	7354120
2.成人高等学校	8601093	5374942	3846693	1528249	169198
二、中等职业学校	183251292	102353249	71588225	30765024	7620324
1.中等专业学校	84962104	46586925	31979394	14607531	4003345
2.职业高中	69460329	39200470	28087111	11113359	2773546
#农村	31778309	17742667	13129928	4612740	1600811
3.技工学校	21003666	11008687	7718785	3289902	801818
4.成人中专学校	7825193	5557166	3802935	1754231	41615
三、中 学	910800102	637770855	467479153	170291702	34211483
1.普通中学	910211104	637410844	467203322	170207522	34211032
普通高中	311838732	215748568	161152901	54595668	10636114
#农村	131676228	94721557	72462983	22258574	6406316
普通初中	598372372	421662275	306050421	115611855	23574917
#农村	367959680	266040201	194734849	71305352	17666549
2.成人中学	588999	360011	275831	84179	451
四、小 学	1014484132	717048535	493580843	223467692	31239503
1.普通小学	1014467974	717035923	493568824	223467098	31239503
#农村	663691230	487393614	332999589	154394025	25303468
2.成人小学	16158	12612	12019	593	
五、特殊教育	13199439	8254706	6124468	2130239	256356
1.特殊教育学校	12540809	7832664	5809356	2023308	251839
2.工读学校	658630	422043	315112	106931	4517
六、幼儿园	122041693	70274787	56266793	14007994	2410766
#农村	63353171	37306392	30131320	7175072	1863734
七、教育行政单位	35758656	19281408	11727215	7554193	
八、教育事业单位	65226687	33486061	22809196	10676865	
九、其 他	42535801	14596356	9431253	5165103	6275

支出明细(地方教育和其他部门)

单位：千元

公用部分					基本建设支出
	商品和服务支出	其他资本性支出			
			专项公用支出	专项项目支出	
909939153	**421336402**	**488602751**	**160700372**	**327902378**	**53441907**
167296783	85932576	81364208	45967232	35396976	11852431
164477518	84243991	80233527	45470147	34763379	11445545
118803055	64761238	54041817	33032023	21009793	8845535
45674463	19482753	26191710	12438124	13753586	2600010
2819266	1688585	1130681	497084	633597	406886
75962103	33261885	42700218	17717860	24982358	4935941
36215547	15770879	20444668	9130502	11314165	2159632
28124357	11797293	16327064	5651656	10675408	2135502
12786189	5067850	7718339	2487193	5231146	1249453
9387235	4330447	5056788	2666904	2389884	607744
2234964	1363266	871698	268797	602901	33063
257343019	109751312	147591706	38482672	109109035	15686229
257114031	109644814	147469217	38449972	109019245	15686229
89412809	36213116	53199693	14203271	38996423	6677354
34768374	13411402	21356971	4844543	16512428	2186297
167701221	73431698	94269524	24246701	70022822	9008875
97412238	42344876	55067363	12509387	42557976	4507241
228988	106499	122489	32699	89790	
283780034	129412996	154367038	40550273	113816765	13655563
283776488	129411185	154365303	40549415	113815889	13655563
169557507	75900834	93656672	22342558	71314114	6740109
3546	1811	1735	859	876	
4815832	2357273	2458559	985375	1473184	128901
4585245	2225582	2359662	945248	1414415	122901
230587	131690	98897	40127	58770	6000
48736015	18420882	30315132	6528776	23786356	3030891
23925110	7607917	16317193	2777186	13540007	2121670
15347916	11089329	4258586	1995168	2263419	1129332
30538400	16516700	14021700	5716108	8305592	1202226
26119052	14593449	11525603	2756910	8768693	1820393

1-28 各级各类教育机构

学校类别	合 计	个人部分	工资福利支 出	对个人和家庭的补助支出	#助学金
总 计	**11710860**	**7462830**	**5372223**	**2090606**	**749579**
一、高等学校	3461498	1953218	1238191	715027	302860
1.普通高等学校	3396109	1892824	1191396	701427	302856
高等本科学校	1294124	734731	469849	264882	108262
高职高专学校	2101985	1158093	721547	436545	194594
2.成人高等学校	65390	60394	46794	13600	3
二、中等职业学校	1594974	958963	602189	356774	162782
1.中等专业学校	1001837	571601	383854	187747	61964
2.职业高中	55239	31100	16678	14422	8265
#农村	14706	8242	6379	1863	125
3.技工学校	495941	320313	191159	129154	71201
4.成人中专学校	41957	35949	10498	25451	21352
三、中 学	2824665	1990905	1532728	458177	135545
1.普通中学	2824665	1990905	1532728	458177	135545
普通高中	1077404	728486	531582	196904	70764
#农村	410611	302812	235173	67639	26963
普通初中	1747261	1262418	1001146	261272	64781
#农村	1363130	988829	806163	182666	57049
2.成人中学					
四、小 学	2807927	2009750	1604290	405460	100780
1.普通小学	2807927	2009750	1604290	405460	100780
#农村	2359429	1694081	1375542	318539	93558
2.成人小学					
五、特殊教育					
1.特殊教育学校					
2.工读学校					
六、幼儿园	669345	353338	269487	83850	47613
#农村	465004	243530	191353	52176	36633
七、教育行政单位	58679	34662	20808	13854	
八、教育事业单位	68593	55316	40521	14795	
九、其 他	225179	106679	64010	42669	

财政补助支出明细(企业办)

单位：千元

公用部分	商品和服务支出	其他资本性支出	专项公用支出	专项项目支出	基本建设支出
3421087	**1567515**	**1853572**	**1102729**	**750843**	**826943**
1422589	617990	804598	769709	34889	85692
1417593	613285	804308	769419	34889	85692
473701	261165	212536	204956	7580	85692
943892	352120	591772	564463	27309	
4996	4706	290	290		
579024	359638	219385	120578	98807	56988
386675	226396	160279	88974	71305	43561
24139	16446	7694	5462	2232	
6464	4329	2135	1135	1000	
162201	111332	50870	26004	24866	13427
6008	5465	543	138	405	
521772	234033	287739	82538	205201	311988
521772	234033	287739	82538	205201	311988
170049	90784	79265	26889	52376	178868
70514	28798	41716	11704	30013	37284
351722	143249	208474	55648	152825	133120
277162	101942	175220	38515	136704	97140
610730	224254	386476	89410	297067	187446
610730	224254	386476	89410	297067	187446
530528	180757	349771	71229	278542	134821
184418	82150	102268	24158	78111	131589
115385	37945	77440	11395	66045	106089
24017	21729	2288	2288		
13277	9284	3994	1134	2860	
65261	18438	46823	12916	33907	53239

1-29 各级各类教育机构

学校类别	合计	个人部分	工资福利支出	对个人和家庭的补助支出	#助学金
总计	**8655084**	**5756513**	**4293569**	**1462944**	**458839**
一、高等学校	1695593	1020973	642807	378166	150038
1.普通高等学校	1642005	972375	604321	368054	150034
高等本科学校	1288793	730407	469849	260558	105165
高职高专学校	353212	241968	134472	107496	44869
2.成人高等学校	53588	48598	38486	10112	3
二、中等职业学校	495395	286761	179145	107616	49043
1.中等专业学校	363520	190298	130807	59492	19250
2.职业高中	16255	8699	6379	2321	583
#农村	13404	8164	6379	1785	47
3.技工学校	86648	61766	38079	23687	8316
4.成人中专学校	28973	25997	3881	22117	20895
三、中学	2798384	1974245	1524951	449293	130029
1.普通中学	2798384	1974245	1524951	449293	130029
普通高中	1070427	723708	529651	194056	68785
#农村	405086	298712	233298	65414	25077
普通初中	1727957	1250537	995300	255237	61244
#农村	1347843	978607	800373	178234	53819
2.成人中学					
四、小学	2760968	1977400	1585681	391719	95670
1.普通小学	2760968	1977400	1585681	391719	95670
#农村	2329609	1673634	1362195	311439	88710
2.成人小学					
五、特殊教育					
1.特殊教育学校					
2.工读学校					
六、幼儿园	552293	300477	235646	64831	34060
#农村	441063	229002	180334	48668	34012
七、教育行政单位	58679	34662	20808	13854	
八、教育事业单位	68593	55316	40521	14795	
九、其他	225179	106679	64010	42669	

财政补助支出明细(中央企业办)

单位：千元

公用部分					基本建设支出
	商品和服务支出	其他资本性支出			
			专项公用支出	专项项目支出	
2087038	**960673**	**1126366**	**470031**	**656335**	**811532**
588928	333078	255850	235888	19963	85692
583938	328378	255560	235597	19963	85692
472694	261051	211643	204063	7580	85692
111244	67327	43917	31534	12383	
4990	4700	290	290		
167057	100977	66080	37340	28740	41577
139660	80337	59324	31584	27740	33561
7556	5421	2135	1135	1000	
5240	3105	2135	1135	1000	
16866	12382	4483	4483		8016
2975	2838	138	138		
512151	227421	284729	80018	204711	311988
512151	227421	284729	80018	204711	311988
167851	89389	78461	26086	52376	178868
69090	28177	40913	10900	30013	37284
344300	138032	206268	53932	152335	133120
272097	98632	173466	36987	136478	97140
596121	212822	383300	86811	296489	187446
596121	212822	383300	86811	296489	187446
521155	173975	347179	69019	278160	134821
120227	36924	83303	13638	69665	131589
105972	31189	74782	9689	65093	106089
24017	21729	2288	2288		
13277	9284	3994	1134	2860	
65261	18438	46823	12916	33907	53239

1-30 各级各类教育机构

学校类别	合 计	个人部分	工资福利支出	对个人和家庭的补助支出	#助学金
总 计	**3055777**	**1706317**	**1078655**	**627662**	**290740**
一、高等学校	1765905	932245	595383	336861	152822
1.普通高等学校	1754103	920449	587075	333373	152822
高等本科学校	5331	4324		4324	3097
高职高专学校	1748773	916125	587075	329050	149725
2.成人高等学校	11802	11796	8308	3488	
二、中等职业学校	1099579	672202	423044	249157	113739
1.中等专业学校	638317	381303	253048	128255	42715
2.职业高中	38984	22401	10299	12102	7682
#农村	1302	78		78	78
3.技工学校	409293	258547	153080	105466	62885
4.成人中专学校	12984	9952	6617	3334	457
三、中 学	26281	16660	7777	8883	5517
1.普通中学	26281	16660	7777	8883	5517
普通高中	6977	4778	1930	2848	1979
#农村	5525	4100	1875	2225	1886
普通初中	19304	11881	5846	6035	3537
#农村	15287	10222	5790	4432	3230
2.成人中学					
四、小 学	46959	32350	18609	13741	5110
1.普通小学	46959	32350	18609	13741	5110
#农村	29820	20447	13347	7100	4848
2.成人小学					
五、特殊教育					
1.特殊教育学校					
2.工读学校					
六、幼儿园	117052	52861	33841	19019	13553
#农村	23942	14528	11020	3508	2621
七、教育行政单位					
八、教育事业单位					
九、其 他					

财政补助支出明细(地方企业办)

单位：千元

公用部分	商品和服务支出	其他资本性支出			基本建设支出
			专项公用支出	专项项目支出	
1334049	**606843**	**727206**	**632698**	**94508**	**15411**
833661	284913	548748	533821	14927	
833655	284907	548748	533821	14927	
1007	114	893	893		
832648	284792	547856	532929	14927	
6	6				
411966	258661	153306	83238	70068	15411
247015	146059	100955	57391	43565	10000
16583	11025	5559	4327	1232	
1224	1224				
145336	98949	46386	21521	24866	5411
3033	2627	405		405	
9621	6611	3010	2520	490	
9621	6611	3010	2520	490	
2199	1395	804	804		
1425	621	804	804		
7422	5217	2206	1716	490	
5065	3311	1754	1528	226	
14609	11432	3176	2599	578	
14609	11432	3176	2599	578	
9373	6781	2592	2211	381	
64191	45226	18966	10520	8446	
9414	6756	2658	1706	951	

1-31 各级各类教育机构

学校类别	合　计	个人部分	工资福利支　出	对个人和家庭的补助支出	#助学金
总　计	**47020325**	**22420914**	**9526564**	**12894350**	**10529128**
一、高等学校	12257061	5338488	591122	4747367	4420908
1.普通高等学校	12246951	5335697	590120	4745576	4420908
高等本科学校	8306758	3998097	466288	3531810	3262824
高职高专学校	3940193	1337599	123832	1213767	1158085
2.成人高等学校	10110	2792	1002	1790	
二、中等职业学校	4048155	2218813	1027606	1191207	1046140
1.中等专业学校	1626975	917472	389186	528286	472748
2.职业高中	1653226	930895	432339	498556	462144
#农村	707504	421379	222243	199136	179857
3.技工学校	600451	294823	187139	107684	59327
4.成人中专学校	167502	75623	18941	56681	51921
三、中　学	12117554	6308061	3809489	2498572	1846487
1.普通中学	12117554	6308061	3809489	2498572	1846487
普通高中	3620159	2199345	1444466	754879	541279
#农村	1929722	1207720	833200	374520	283962
普通初中	8497394	4108716	2365023	1743694	1305208
#农村	3802822	1969906	1106769	863138	729762
2.成人中学					
四、小　学	9602560	4517952	2203440	2314512	1644149
1.普通小学	9602560	4517952	2203440	2314512	1644149
#农村	3567061	1634841	693705	941136	820567
2.成人小学					
五、特殊教育	51001	22929	16933	5997	4923
1.特殊教育学校	50901	22829	16833	5997	4923
2.工读学校	100	100	100		
六、幼儿园	8943995	4014671	1877975	2136695	1566520
#农村	3903001	1897840	906042	991798	850438
七、教育行政单位					
八、教育事业单位					
九、其　他					

财政补助支出明细(民办)

单位：千元

公用部分	商品和服务支出	其他资本性支出			基本建设支出
			专项公用支出	专项项目支出	
24095584	**13416615**	**10678968**	**4709795**	**5969173**	**503827**
6461918	1526275	4935643	2451319	2484324	456655
6454600	1525207	4929393	2451319	2478074	456655
3936833	893316	3043517	797556	2245961	371828
2517767	631891	1885876	1653763	232113	84827
7318	1068	6250		6250	
1828825	1232290	596535	240592	355943	517
709504	477138	232366	78438	153928	
722331	463688	258644	102775	155869	
286124	164881	121244	43002	78242	
305111	216490	88621	51456	37165	517
91880	74975	16905	7924	8981	
5772887	3701704	2071183	579425	1491758	36605
5772887	3701704	2071183	579425	1491758	36605
1384209	683210	700999	124479	576520	36605
719603	300796	418807	43400	375407	2400
4388678	3018494	1370184	454946	915238	
1832916	1245767	587149	200099	387050	
5077596	3843999	1233597	555443	678153	7012
5077596	3843999	1233597	555443	678153	7012
1925208	1495283	429924	164534	265390	7012
28072	19383	8689	3230	5459	
28072	19383	8689	3230	5459	
4926286	3092965	1833321	879785	953536	3038
2003202	1076843	926359	373052	553307	1959

1-32 各级各类教育机构公共财政预算

学校类别	合计	个人部分	工资福利支出	对个人和家庭的补助支出	#助学金
总计	**2589381621**	**1706727581**	**1268570529**	**438157052**	**135750610**
一、高等学校	503896856	277398313	173820268	103578044	56727923
1.普通高等学校	496800112	272877872	170339024	102538848	56570006
高等本科学校	398943961	220744241	134936642	85807599	48117219
高职高专学校	97856151	52133631	35402382	16731249	8452788
2.成人高等学校	7096745	4520441	3481244	1039196	157916
二、中等职业学校	155548623	92142928	68651725	23491203	8222768
1.中等专业学校	72228040	41835476	30401805	11433671	4241898
2.职业高中	57659629	35279179	27032062	8247117	3033106
#农村	27256239	16319101	12711282	3607819	1720941
3.技工学校	18890351	10292487	7590243	2702244	836706
4.成人中专学校	6770603	4735786	3627614	1108172	111058
三、中　学	796938234	573979462	449844913	124134549	34788337
1.普通中学	796425674	573639911	449577738	124062173	34787886
普通高中	269546731	194783440	155169620	39613820	10695703
#农村	118523291	87465591	70476233	16989358	6402571
普通初中	526878943	378856471	294408118	84448353	24092183
#农村	331773989	241242154	188615151	52627004	17949150
2.成人中学	512560	339551	267175	72376	451
四、小　学	883477900	631673879	474282616	157391263	31768738
1.普通小学	883462934	631661600	474270780	157390819	31768738
#农村	587385802	429111147	321252231	107858916	25612417
2.成人小学	14966	12279	11835	444	
五、特殊教育	11300192	7265534	5769089	1496445	244769
1.特殊教育学校	10770807	6921196	5479944	1441252	240259
2.工读学校	529385	344338	289145	55193	4509
六、幼儿园	114580090	67202844	54573370	12629474	3967139
#农村	61799660	36488953	29766632	6722321	2709980
七、教育行政单位	30009767	15957934	11137703	4820231	
八、教育事业单位	55147053	28722518	21501906	7220612	
九、其　他	38482905	12384171	8988941	3395230	30936

教育事业费和基本建设支出明细(全国)

单位：千元

公用部分	商品和服务支出	其他资本性支出	专项公用支出	专项项目支出	基本建设支出
829332374	**429840227**	**399492146**	**145705727**	**253786419**	**53321667**
210722486	116993118	93729368	58965114	34764254	15776058
208509786	115614213	92895573	58576246	34319327	15412454
165401201	96685712	68715490	45425534	23289956	12798519
43108585	18928501	24180084	13150713	11029371	2613935
2212700	1378905	833795	388868	444926	363604
59242619	29588074	29654545	12472826	17181718	4163076
28354144	13956532	14397612	6381346	8016265	2038421
20840918	10191062	10649855	3747285	6902570	1539532
10054402	4605074	5449328	1806746	3642582	882737
8045804	4185778	3860026	2114931	1745095	552060
2001754	1254702	747051	229263	517788	33063
208002191	101522637	106479554	28108810	78370745	14956581
207829182	101432466	106396716	28100287	78296429	14956581
68572541	32601059	35971482	9828321	26143161	6190750
28936832	12607441	16329391	3763354	12566037	2120868
139256641	68831407	70425234	18271966	52153268	8765831
86114272	40999495	45114778	10559207	34555570	4417562
173009	90171	82838	8522	74316	
240006618	120977481	119029137	31333958	87695179	11797404
240003931	120975670	119028261	31333958	87694303	11797404
151806634	73166380	78640254	19059562	59580692	6468020
2687	1811	876		876	
3911757	2138527	1773230	764820	1008410	122901
3732710	2020024	1712686	735809	976877	116901
179047	118503	60544	29011	31533	6000
44303732	18953751	25349981	5993077	19356904	3073514
23133371	8083188	15050183	2762985	12287198	2177336
13010524	9802714	3207810	1547835	1659974	1041309
25244471	14722515	10521956	4118927	6403029	1180065
24887975	15141410	9746566	2400359	7346207	1210759

1-33 各级各类教育机构公共财政预算

学校类别	合 计	个人部分	工资福利支出	对个人和家庭的补助支出	#助学金
总 计	**149772396**	**86307821**	**48080156**	**38227665**	**21564717**
一、高等学校	138023598	79789774	43126477	36663297	21216753
1.普通高等学校	137867889	79682704	43060857	36621847	21216749
高等本科学校	137088595	79302483	42788689	36513794	21157495
高职高专学校	779294	380221	272168	108053	59255
2.成人高等学校	155708	107070	65620	41450	3
二、中等职业学校	670595	398515	268986	129529	53007
1.中等专业学校	456075	250846	173907	76939	23213
2.职业高中	101380	61570	54785	6786	583
#农村	13144	8164	6379	1785	47
3.技工学校	84167	60101	36414	23687	8316
4.成人中专学校	28973	25997	3881	22117	20895
三、中 学	4007498	2737614	2096422	641192	136631
1.普通中学	4007498	2737614	2096422	641192	136631
普通高中	1889836	1238651	911914	326737	74850
#农村	495153	357801	278790	79011	25425
普通初中	2117661	1498963	1184509	314455	61781
#农村	1350060	985295	806377	178918	53884
2.成人中学					
四、小 学	3254717	2319154	1857839	461315	96633
1.普通小学	3254717	2319154	1857839	461315	96633
#农村	2338536	1690358	1377275	313083	88902
2.成人小学					
五、特殊教育					
1.特殊教育学校					
2.工读学校					
六、幼儿园	653623	367401	298646	68755	37032
#农村	451011	237414	188727	48687	34036
七、教育行政单位	181715	100892	85285	15606	
八、教育事业单位	866193	183435	128373	55062	
九、其 他	2114458	411036	218127	192909	24661

教育事业费和基本建设支出明细(中央)

单位：千元

公用部分	商品和服务支出	其他资本性支出	专项公用支出	专项项目支出	基本建设支出
58470115	**40205988**	**18264126**	**14342218**	**3921908**	**4994460**
53975031	36964950	17010081	13810460	3199622	4258792
53926393	36916604	17009789	13810168	3199622	4258792
53665370	36718102	16947269	13760029	3187239	4120742
261023	198502	62521	50138	12383	138050
48638	48346	292	292		
230503	154636	75867	44441	31426	41577
171667	109651	62017	31590	30426	33561
39810	30581	9230	8230	1000	
4980	3105	1875	875	1000	
16051	11567	4483	4483		8016
2975	2838	138	138		
957895	563687	394208	182304	211903	311988
957895	563687	394208	182304	211903	311988
472318	315551	156767	98897	57869	178868
100068	51974	48094	17908	30186	37284
485577	248136	237441	83407	154034	133120
267625	97669	169956	34556	135400	97140
748117	294971	453146	116752	336394	187446
748117	294971	453146	116752	336394	187446
513357	173616	339741	63745	275995	134821
154632	62830	91802	19400	72401	131589
107507	32311	75196	9703	65493	106089
80823	77702	3121	3121		
672931	591684	81248	78388	2860	9827
1650183	1495529	154653	87352	67301	53239

1-34 各级各类教育机构公共财政预算

学校类别	合 计	个人部分	工资福利支出	对个人和家庭的补助支出	#助学金
总 计	**2439609226**	**1620419760**	**1220490373**	**399929387**	**114185893**
一、高等学校	365873259	197608538	130693791	66914747	35511170
1.普通高等学校	358932223	193195168	127278167	65917001	35353257
高等本科学校	261855366	141441758	92147953	49293805	26959724
高职高专学校	97076857	51753409	35130213	16623196	8393533
2.成人高等学校	6941036	4413371	3415625	997746	157913
二、中等职业学校	154878029	91744414	68382739	23361675	8169761
1.中等专业学校	71771966	41584629	30227898	11356731	4218685
2.职业高中	57558249	35217609	26977278	8240331	3032524
#农村	27243095	16310937	12704903	3606034	1720894
3.技工学校	18806184	10232386	7553829	2678557	828390
4.成人中专学校	6741630	4709789	3623734	1086055	90163
三、中 学	792930736	571241848	447748490	123493357	34651706
1.普通中学	792418176	570902297	447481316	123420981	34651255
普通高中	267656894	193544789	154257706	39287083	10620852
#农村	118028137	87107790	70197443	16910347	6377146
普通初中	524761282	377357508	293223610	84133898	24030402
#农村	330423929	240256859	187808774	52448085	17895267
2.成人中学	512560	339551	267175	72376	451
四、小 学	880223183	629354725	472424776	156929948	31672105
1.普通小学	880208217	629342446	472412941	156929504	31672105
#农村	585047266	427420789	319874956	107545833	25523516
2.成人小学	14966	12279	11835	444	
五、特殊教育	11300192	7265534	5769089	1496445	244769
1.特殊教育学校	10770807	6921196	5479944	1441252	240259
2.工读学校	529385	344338	289145	55193	4509
六、幼儿园	113926468	66835442	54274724	12560719	3930107
#农村	61348649	36251538	29577904	6673634	2675944
七、教育行政单位	29828052	15857042	11052417	4804625	
八、教育事业单位	54280860	28539083	21373533	7165550	
九、其 他	36368447	11973135	8770814	3202321	6275

教育事业费和基本建设支出明细(地方)

单位：千元

公用部分	商品和服务支出	其他资本性支出	专项公用支出	专项项目支出	基本建设支出
770862259	**389634239**	**381228020**	**131363509**	**249864511**	**48327207**
156747455	80028168	76719287	45154655	31564632	11517266
154583393	78697609	75885784	44766079	31119705	11153662
111735831	59967610	51768221	31665504	20102717	8677777
42847562	18729999	24117563	13100575	11016988	2475885
2164062	1330559	833503	388576	444926	363604
59012116	29433438	29578678	12428386	17150292	4121499
28182477	13846882	14335595	6349756	7985839	2004859
20801108	10160482	10640626	3739056	6901570	1539532
10049422	4601969	5447453	1805871	3641582	882737
8029753	4174210	3855543	2110448	1745095	544044
1998779	1251865	746914	229126	517788	33063
207044297	100958950	106085347	27926505	78158841	14644592
206871288	100868779	106002508	27917983	78084525	14644592
68100223	32285508	35814715	9729424	26085291	6011882
28836764	12555467	16281297	3745446	12535851	2083584
138771064	68583271	70187793	18188559	51999234	8632710
85846647	40901826	44944822	10524651	34420171	4320422
173009	90171	82838	8522	74316	
239258501	120682510	118575991	31217206	87358785	11609958
239255814	120680699	118575115	31217206	87357908	11609958
151293277	72992764	78300513	18995817	59304696	6333200
2687	1811	876		876	
3911757	2138527	1773230	764820	1008410	122901
3732710	2020024	1712686	735809	976877	116901
179047	118503	60544	29011	31533	6000
44149101	18890921	25258180	5973676	19284503	2941925
23025864	8050877	14974987	2753282	12221705	2071246
12929701	9725013	3204688	1544714	1659974	1041309
24571540	14130831	10440709	4040540	6400169	1170238
23237793	13645880	9591912	2313007	7278906	1157519

1-35 各级各类教育机构公共财政预算

学校类别	合计	个人部分	工资福利支出	对个人和家庭的补助支出	#助学金
总　计	**2536311841**	**1678931870**	**1254728689**	**424203181**	**125065165**
一、高等学校	489519625	270683544	172421866	98261678	52057341
1.普通高等学校	482498213	266226122	168988417	97237705	51899429
高等本科学校	390438404	216446992	134359618	82087374	44776144
高职高专学校	92059809	49779130	34628799	15150331	7123285
2.成人高等学校	7021412	4457422	3433449	1023974	157913
二、中等职业学校	150466124	89160395	67150663	22009732	7059620
1.中等专业学校	69847465	40424539	29690515	10734024	3714937
2.职业高中	56159977	34388828	26621115	7767713	2588673
#农村	26602457	15922282	12505121	3417161	1546462
3.技工学校	17889383	9715603	7236738	2478865	715507
4.成人中专学校	6569299	4631424	3602295	1029129	40503
三、中　学	783515837	566205486	444706209	121499277	32960051
1.普通中学	783003277	565865935	444439034	121426901	32959600
普通高中	265396541	192028660	153268441	38760219	10127391
#农村	116370153	86002302	69431113	16571189	6095159
普通初中	517606736	373837275	291170593	82666682	22832208
#农村	326909485	238377736	186750072	51627664	17170871
2.成人中学	512560	339551	267175	72376	451
四、小　学	872533759	625757838	470645529	155112309	30346107
1.普通小学	872518793	625745558	470633694	155111865	30346107
#农村	581642345	425839458	319212896	106626561	24709060
2.成人小学	14966	12279	11835	444	
五、特殊教育	11250640	7243175	5752315	1490860	239905
1.特殊教育学校	10721355	6898938	5463270	1435667	235396
2.工读学校	529285	344238	289045	55193	4509
六、幼儿园	105736297	63012891	52548897	10463994	2371204
#农村	57670491	34420564	28718865	5701699	1834451
七、教育行政单位	29951417	15923363	11116895	4806469	
八、教育事业单位	55079211	28667527	21461385	7206142	
九、其　他	38258931	12277651	8924931	3352720	30936

教育事业费和基本建设支出明细(教育和其他部门)

单位：千元

公用部分	商品和服务支出	其他资本性支出	专项公用支出	专项项目支出	基本建设支出
805035550	**416448976**	**388586574**	**140468332**	**248118242**	**52344422**
203290122	115064171	88225951	55956247	32269704	15545959
201089736	113691039	87398697	55567669	31831028	15182355
161338165	95703991	65634174	44585620	21048553	12653247
39751571	17987048	21764523	10982049	10782475	2529108
2200386	1373132	827254	388578	438676	363604
57200098	28111881	29088217	12189011	16899206	4105631
27428066	13291852	14136215	6250968	7885247	1994859
20231616	9750202	10481414	3672584	6808830	1539532
9797438	4446675	5350763	1776281	3574482	882737
7635603	3894772	3740831	2044159	1696672	538177
1904812	1175055	729757	221300	508457	33063
202668159	97937880	104730279	27559132	77171147	14642192
202495150	97847709	104647440	27550610	77096830	14642192
67358399	31945336	35413063	9710281	25702782	6009482
28286667	12314823	15971844	3716706	12255138	2081184
135136750	65902373	69234377	17840329	51394049	8632710
84211326	39687296	44524030	10350107	34173924	4320422
173009	90171	82838	8522	74316	
235165964	117442250	117723714	30766312	86957402	11609958
235163277	117440439	117722837	30766312	86956526	11609958
149469687	71523878	77945809	18841534	59104275	6333200
2687	1811	876		876	
3884563	2120022	1764541	761590	1002951	122901
3705516	2001519	1703997	732579	971418	116901
179047	118503	60544	29011	31533	6000
39784519	16154552	23629966	5184576	18445391	2938887
21180639	7040441	14140198	2400659	11739539	2069288
12986744	9781152	3205593	1545619	1659974	1041309
25231619	14713469	10518150	4117981	6400169	1180065
24823761	15123598	9700163	2387864	7312299	1157519

1-36 各级各类教育机构公共财政预算

学校类别	合计	个人部分	工资福利支出	对个人和家庭的补助支出	#助学金
总计	**141520238**	**80826958**	**44003586**	**36823373**	**21106191**
一、高等学校	136690159	79032205	42693060	36339145	21066715
1.普通高等学校	136588039	78973733	42665927	36307806	21066715
高等本科学校	136145077	78818600	42528230	36290369	21052330
高职高专学校	442962	155133	137696	17437	14385
2.成人高等学校	102121	58472	27134	31339	
二、中等职业学校	183134	113572	91510	22062	3963
1.中等专业学校	97749	60701	43104	17598	3963
2.职业高中	85385	52871	48406	4465	
#农村					
3.技工学校					
4.成人中专学校					
三、中学	1224906	770057	576298	193759	6915
1.普通中学	1224906	770057	576298	193759	6915
普通高中	824415	516983	383242	133741	6065
#农村	90755	59089	45492	13597	348
普通初中	400492	253073	193056	60017	850
#农村	7472	6703	6004	699	65
2.成人中学					
四、小学	507291	343700	272580	71120	963
1.普通小学	507291	343700	272580	71120	963
#农村	19502	17287	15080	2207	191
2.成人小学					
五、特殊教育					
1.特殊教育学校					
2.工读学校					
六、幼儿园	102548	68143	63690	4453	2973
#农村	10731	9196	9084	112	24
七、教育行政单位	123364	66321	64478	1844	
八、教育事业单位	798350	128444	87853	40592	
九、其他	1890485	304516	154117	150399	24661

教育事业费和基本建设支出明细(中央教育和其他部门)

单位：千元

公用部分	商品和服务支出	其他资本性支出			基本建设支出
			专项公用支出	专项项目支出	
56510353	**39298197**	**17212156**	**13934080**	**3278076**	**4182927**
53484854	36676815	16808039	13620800	3187239	4173100
53441205	36633168	16808037	13620798	3187239	4173100
53291426	36501994	16789433	13602194	3187239	4035050
149779	131175	18604	18604		138050
43648	43646	2	2		
69562	54571	14991	12304	2687	
37048	29411	7637	4950	2687	
32514	25160	7354	7354		
454850	339709	115140	105951	9189	
454850	339709	115140	105951	9189	
307431	227862	79569	73568	6002	
31666	24456	7209	7036	174	
147418	111847	35571	32384	3187	
770	408	362	176	186	
163591	84701	78890	36059	42831	
163591	84701	78890	36059	42831	
2215	1644	571	247	324	
34405	25906	8499	5762	2737	
1535	1121	414	14	400	
57043	56139	904	904		
660079	582638	77442	77442		9827
1585969	1477718	108251	74857	33394	

1-37 各级各类教育机构公共财政预算

学校类别	合计	个人部分	工资福利支出	对个人和家庭的补助支出	#助学金
总计	**2394791603**	**1598104911**	**1210725103**	**387379808**	**103958974**
一、高等学校	352829466	191651339	129728805	61922534	30990626
1.普通高等学校	345910174	187252389	126322490	60929899	30832714
高等本科学校	254293327	137628392	91831387	45797005	23723814
高职高专学校	91616847	49623997	34491103	15132894	7108899
2.成人高等学校	6919292	4398950	3406315	992635	157913
二、中等职业学校	150282990	89046823	67059153	21987670	7055657
1.中等专业学校	69749716	40363838	29647411	10716427	3710974
2.职业高中	56074592	34335958	26572709	7763248	2588673
#农村	26602457	15922282	12505121	3417161	1546462
3.技工学校	17889383	9715603	7236738	2478865	715507
4.成人中专学校	6569299	4631424	3602295	1029129	40503
三、中学	782290931	565435429	444129911	121305519	32953136
1.普通中学	781778371	565095879	443862736	121233143	32952684
普通高中	264572126	191511677	152885200	38626477	10121326
#农村	116279398	85943213	69385622	16557592	6094810
普通初中	517206244	373584202	290977536	82606665	22831358
#农村	326902012	238371034	186744068	51626966	17170806
2.成人中学	512560	339551	267175	72376	451
四、小学	872026468	625414138	470372949	155041189	30345144
1.普通小学	872011502	625401858	470361113	155040745	30345144
#农村	581622843	425822171	319197816	106624355	24708869
2.成人小学	14966	12279	11835	444	
五、特殊教育	11250640	7243175	5752315	1490860	239905
1.特殊教育学校	10721355	6898938	5463270	1435667	235396
2.工读学校	529285	344238	289045	55193	4509
六、幼儿园	105633749	62944748	52485207	10459541	2368231
#农村	57659760	34411369	28709781	5701587	1834427
七、教育行政单位	29828052	15857042	11052417	4804625	
八、教育事业单位	54280860	28539083	21373533	7165550	
九、其他	36368447	11973135	8770814	3202321	6275

教育事业费和基本建设支出明细(地方教育和其他部门)

单位：千元

公用部分	商品和服务支出	其他资本性支出	专项公用支出	专项项目支出	基本建设支出
748525197	**377150779**	**371374418**	**126534252**	**244840166**	**48161495**
149805268	78387356	71417912	42335447	29082465	11372859
147648531	77057871	70590660	41946871	28643789	11009255
108046738	59201998	48844741	30983426	17861314	8618196
39601792	17855873	21745919	10963445	10782475	2391058
2156738	1329485	827253	388576	438676	363604
57130536	28057310	29073226	12176707	16896519	4105631
27391019	13262440	14128578	6246018	7882560	1994859
20199102	9725042	10474059	3665230	6808830	1539532
9797438	4446675	5350763	1776281	3574482	882737
7635603	3894772	3740831	2044159	1696672	538177
1904812	1175055	729757	221300	508457	33063
202213309	97598171	104615138	27453181	77161957	14642192
202040300	97508000	104532300	27444659	77087641	14642192
67050968	31717474	35333494	9636713	25696780	6009482
28255001	12290366	15964635	3709671	12254964	2081184
134989332	65790526	69198806	17807945	51390861	8632710
84210556	39686888	44523668	10349931	34173738	4320422
173009	90171	82838	8522	74316	
235002373	117357549	117644824	30730253	86914571	11609958
234999686	117355738	117643948	30730253	86913695	11609958
149467473	71522234	77945238	18841287	59103951	6333200
2687	1811	876		876	
3884563	2120022	1764541	761590	1002951	122901
3705516	2001519	1703997	732579	971418	116901
179047	118503	60544	29011	31533	6000
39750114	16128646	23621467	5178813	18442654	2938887
21179104	7039320	14139784	2400645	11739139	2069288
12929701	9725013	3204688	1544714	1659974	1041309
24571540	14130831	10440709	4040540	6400169	1170238
23237793	13645880	9591912	2313007	7278906	1157519

1-38 各级各类教育机构公共财政预算

学校类别	合　计	个人部分	工资福利支　出	对个人和家庭的补助支出	#助学金
总　计	**11057136**	**7050632**	**5067306**	**1983327**	**741254**
一、高等学校	2979691	1614165	981730	632435	297708
1.普通高等学校	2914468	1553938	934936	619002	297705
高等本科学校	948849	488207	260458	227749	108262
高职高专学校	1965619	1065731	674478	391253	189443
2.成人高等学校	65223	60227	46794	13433	3
二、中等职业学校	1463999	902593	560543	342050	160131
1.中等专业学校	926757	536012	355625	180387	61963
2.职业高中	54057	30177	16678	13500	8265
#农村	14446	8242	6379	1863	125
3.技工学校	441740	300966	177938	123029	68663
4.成人中专学校	41445	35437	10302	25135	21240
三、中　学	2808413	1983854	1527901	455953	135170
1.普通中学	2808413	1983854	1527901	455953	135170
普通高中	1072261	726357	530602	195755	70764
#农村	409786	302723	235173	67550	26963
普通初中	1736151	1257496	997298	260198	64406
#农村	1357554	988540	806163	182377	56987
2.成人中学					
四、小　学	2789291	2002734	1603806	398928	100666
1.普通小学	2789291	2002734	1603806	398928	100666
#农村	2348235	1692922	1375480	317442	93444
2.成人小学					
五、特殊教育					
1.特殊教育学校					
2.工读学校					
六、幼儿园	665577	351205	267987	83217	47578
#农村	464157	242747	190663	52083	36633
七、教育行政单位	58350	34570	20808	13762	
八、教育事业单位	67843	54991	40521	14470	
九、其　他	223974	106520	64010	42510	

教育事业费和基本建设支出明细(企业办)

单位：千元

公用部分	商品和服务支出	其他资本性支出			基本建设支出
			专项公用支出	专项项目支出	
3179561	**1467018**	**1712543**	**991284**	**721259**	**826943**
1279834	554420	725414	698104	27309	85692
1274838	549715	725123	697814	27309	85692
374950	216222	158728	158728		85692
899887	333492	566395	539086	27309	
4996	4706	290	290		
504418	331199	173218	91407	81812	56988
347184	219241	127943	64834	63109	43561
23879	16446	7434	5202	2232	
6204	4329	1875	875	1000	
127347	90048	37299	21233	16066	13427
6008	5465	543	138	405	
512571	230494	282077	78873	203204	311988
512571	230494	282077	78873	203204	311988
167036	89035	78001	26133	51868	178868
69779	28090	41688	11676	30013	37284
345535	141459	204076	52739	151337	133120
271874	100526	171348	35908	135440	97140
599111	221678	377433	83292	294141	187446
599111	221678	377433	83292	294141	187446
520493	178731	341762	65709	276053	134821
182782	80806	101976	23951	78025	131589
115321	37903	77418	11373	66045	106089
23780	21563	2217	2217		
12852	9046	3806	946	2860	
64214	17811	46402	12495	33907	53239

1-39 各级各类教育机构公共财政预算

学校类别	合 计	个人部分	工资福利支 出	对个人和家庭的补助支出	#助学金
总 计	**8252158**	**5480863**	**4076571**	**1404293**	**458526**
一、高等学校	1333438	757569	433416	324153	150038
1.普通高等学校	1279851	708971	394930	314041	150034
高等本科学校	943519	483883	260458	223425	105165
高职高专学校	336332	225088	134472	90616	44869
2.成人高等学校	53588	48598	38486	10112	3
二、中等职业学校	487460	284942	177476	107466	49043
1.中等专业学校	358326	190145	130804	59341	19250
2.职业高中	15995	8699	6379	2321	583
#农村	13144	8164	6379	1785	47
3.技工学校	84167	60101	36414	23687	8316
4.成人中专学校	28973	25997	3881	22117	20895
三、中 学	2782591	1967558	1520124	447433	129716
1.普通中学	2782591	1967558	1520124	447433	129716
普通高中	1065422	721668	528672	192996	68785
#农村	404399	298712	233298	65414	25077
普通初中	1717169	1245890	991452	254438	60931
#农村	1342588	978593	800373	178220	53819
2.成人中学					
四、小 学	2747426	1975454	1585259	390195	95670
1.普通小学	2747426	1975454	1585259	390195	95670
#农村	2319034	1673071	1362195	310876	88710
2.成人小学					
五、特殊教育					
1.特殊教育学校					
2.工读学校					
六、幼儿园	551075	299259	234956	64303	34060
#农村	440280	228219	179644	48575	34012
七、教育行政单位	58350	34570	20808	13762	
八、教育事业单位	67843	54991	40521	14470	
九、其 他	223974	106520	64010	42510	

教育事业费和基本建设支出明细(中央企业办)

单位：千元

公用部分	商品和服务支出	其他资本性支出	其他资本性支出：专项公用支出	其他资本性支出：专项项目支出	基本建设支出
1959762	**907792**	**1051970**	**408138**	**643832**	**811532**
490177	288135	202043	189660	12383	85692
485188	283435	201752	189370	12383	85692
373944	216108	157836	157836		85692
111244	67327	43917	31534	12383	
4990	4700	290	290		
160941	100065	60876	32136	28740	41577
134619	80239	54380	26640	27740	33561
7296	5421	1875	875	1000	
4980	3105	1875	875	1000	
16051	11567	4483	4483		8016
2975	2838	138	138		
503045	223978	279067	76353	202714	311988
503045	223978	279067	76353	202714	311988
164886	87689	77197	25330	51868	178868
68403	27518	40885	10872	30013	37284
338159	136289	201870	51023	150847	133120
266855	97261	169594	34380	135214	97140
584526	210270	374256	80693	293563	187446
584526	210270	374256	80693	293563	187446
511142	171972	339170	63499	275671	134821
120227	36924	83303	13638	69665	131589
105972	31189	74782	9689	65093	106089
23780	21563	2217	2217		
12852	9046	3806	946	2860	
64214	17811	46402	12495	33907	53239

1-40 各级各类教育机构公共财政预算

学校类别	合 计	个人部分	工资福利支出	对个人和家庭的补助支出	#助学金
总 计	**2804979**	**1569769**	**990735**	**579034**	**282727**
一、高等学校	1646253	856596	548314	308282	147671
1.普通高等学校	1634618	844967	540006	304961	147671
高等本科学校	5331	4324		4324	3097
高职高专学校	1629287	840643	540006	300637	144574
2.成人高等学校	11635	11629	8308	3321	
二、中等职业学校	976538	617651	383066	234584	111087
1.中等专业学校	568432	345867	224822	121045	42713
2.职业高中	38061	21478	10299	11179	7682
#农村	1302	78		78	78
3.技工学校	357573	240866	141524	99342	60347
4.成人中专学校	12472	9440	6421	3018	345
三、中 学	25822	16296	7777	8519	5454
1.普通中学	25822	16296	7777	8519	5454
普通高中	6839	4690	1930	2759	1979
#农村	5387	4011	1875	2136	1886
普通初中	18982	11606	5846	5760	3475
#农村	14966	9947	5790	4157	3168
2.成人中学					
四、小 学	41865	27280	18547	8734	4996
1.普通小学	41865	27280	18547	8734	4996
#农村	29201	19850	13284	6566	4734
2.成人小学					
五、特殊教育					
1.特殊教育学校					
2.工读学校					
六、幼儿园	114502	51946	33031	18915	13519
#农村	23877	14528	11020	3508	2621
七、教育行政单位					
八、教育事业单位					
九、其 他					

教育事业费和基本建设支出明细(地方企业办)

单位：千元

公用部分	商品和服务支出	其他资本性支出	专项公用支出	专项项目支出	基本建设支出
1219799	**559226**	**660573**	**583146**	**77427**	**15411**
789656	266286	523371	508444	14927	
789650	266280	523371	508444	14927	
1007	114	893	893		
788643	266165	522478	507551	14927	
6	6				
343477	231134	112342	59270	53072	15411
212564	139002	73563	38194	35369	10000
16583	11025	5559	4327	1232	
1224	1224				
111296	78481	32816	16749	16066	5411
3033	2627	405		405	
9526	6516	3010	2520	490	
9526	6516	3010	2520	490	
2150	1346	804	804		
1376	572	804	804		
7376	5170	2206	1716	490	
5019	3265	1754	1528	226	
14584	11408	3176	2599	578	
14584	11408	3176	2599	578	
9351	6759	2592	2211	381	
62556	43882	18673	10313	8361	
9350	6714	2636	1684	951	

1-41 各级各类教育机构公共财政预算

学校类别	合 计	个人部分	工资福利支出	对个人和家庭的补助支出	#助学金
总 计	**42012644**	**20745079**	**8774535**	**11970544**	**9944191**
一、高等学校	11397540	5100603	416672	4683931	4372873
1.普通高等学校	11387431	5097811	415671	4682141	4372873
高等本科学校	7556708	3809042	316566	3492476	3232813
高职高专学校	3830722	1288769	99105	1189665	1140060
2.成人高等学校	10110	2792	1002	1790	
二、中等职业学校	3618500	2079940	940520	1139421	1003017
1.中等专业学校	1453818	874924	355665	519259	464997
2.职业高中	1445596	860173	394269	465904	436168
#农村	639336	388577	199782	188794	174354
3.技工学校	559228	275917	175568	100350	52536
4.成人中专学校	159859	68925	15018	53908	49315
三、中 学	10613984	5790122	3610803	2179319	1693116
1.普通中学	10613984	5790122	3610803	2179319	1693116
普通高中	3077928	2028422	1370576	657846	497547
#农村	1743352	1160565	809946	350619	280450
普通初中	7536056	3761700	2240227	1521473	1195569
#农村	3506951	1875878	1058916	816963	721293
2.成人中学					
四、小 学	8154850	3913307	2033281	1880026	1321965
1.普通小学	8154850	3913307	2033281	1880026	1321965
#农村	3395222	1578767	663855	914912	809913
2.成人小学					
五、特殊教育	49552	22358	16774	5585	4864
1.特殊教育学校	49452	22258	16674	5585	4864
2.工读学校	100	100	100		
六、幼儿园	8178217	3838748	1756485	2082263	1548357
#农村	3665011	1825642	857103	968539	838896
七、教育行政单位					
八、教育事业单位					
九、其 他					

教育事业费和基本建设支出明细(民办)

单位：千元

公用部分	商品和服务支出	其他资本性支出			基本建设支出
			专项公用支出	专项项目支出	
21117263	**11924234**	**9193030**	**4246112**	**4946918**	**150301**
6152530	1374527	4778003	2310764	2467240	144407
6145212	1373459	4771753	2310764	2460990	144407
3688086	765498	2922588	681185	2241403	59580
2457126	607961	1849165	1629578	219587	84827
7318	1068	6250		6250	
1538103	1144994	393109	192408	200701	457
578894	445440	133454	65544	67910	
585422	424414	161008	69499	91509	
250759	154069	96690	29590	67100	
282854	200958	81896	49540	32356	457
90934	74182	16751	7825	8926	
4821462	3354263	1467199	470805	996394	2400
4821462	3354263	1467199	470805	996394	2400
1047106	566688	480418	91907	388511	2400
580387	264528	315859	34972	280887	2400
3774356	2787575	986781	378898	607883	
1631072	1211673	419399	173192	246207	
4241543	3313553	927991	484354	443636	
4241543	3313553	927991	484354	443636	
1816454	1463771	352683	152320	200363	
27194	18505	8689	3230	5459	
27194	18505	8689	3230	5459	
4336431	2718392	1618039	784550	833488	3038
1837411	1004843	832567	350953	481615	1959

1-42 各级各类学校生均教育经费支出(教育和其他部门)

单位：元

学校类别	教育经费支出	个人和公用部分支出	个人部分	公用部分	基本建设支出
总　计	**16214.19**	**15936.07**	**10029.58**	**5906.48**	**278.12**
一、高等学校	29991.48	29409.40	15446.41	13962.98	582.08
1.普通高等学校	30505.15	29917.98	15707.67	14210.30	587.17
高等本科学校	34094.73	33435.10	17636.09	15799.01	659.63
高职高专学校	20458.13	20073.77	10310.16	9763.61	384.36
2.成人高等学校	15132.81	14697.89	7889.09	6808.80	434.92
二、中等职业学校	16986.47	16574.09	9154.71	7419.39	412.37
1.中等专业学校	16334.03	15965.10	8670.07	7295.03	368.93
2.职业高中	18005.31	17486.64	9790.76	7695.87	518.68
#农村	14816.39	14265.68	8000.38	6265.30	550.71
3.技工学校	14452.25	14098.48	7359.18	6739.30	353.77
4.成人中专学校	31155.94	31038.17	20919.07	10119.09	117.77
三、中　学	16285.83	16020.13	11086.96	4933.17	265.70
1.普通中学	16284.28	16018.41	11087.37	4931.05	265.87
普通高中	16778.65	16461.63	10913.60	5548.02	317.03
#农村	13365.72	13171.38	8912.23	4259.15	194.33
普通初中	16009.82	15772.35	11183.84	4588.51	237.46
#农村	14391.98	14217.65	10331.32	3886.32	174.33
2.成人中学	18748.18	18748.18	10433.27	8314.92	
四、小　学	11399.44	11247.84	8001.14	3246.69	151.60
1.普通小学	11399.36	11247.75	8001.07	3246.68	151.61
#农村	10766.90	10658.57	7864.33	2794.24	108.32
2.成人小学	21241.67	21241.67	16580.31	4661.36	
五、特殊教育	62043.85	61450.97	38271.77	23179.20	592.87
1.特殊教育学校	61394.72	60806.12	37817.02	22989.10	588.60
2.工读学校	77777.28	77080.80	49294.06	27786.74	696.49
六、幼儿园	8629.68	8468.37	4882.74	3585.64	161.31
#农村	6072.71	5917.08	3393.00	2524.08	155.63

1-43　各级各类学校生均公共财政预算教育经费支出(教育和其他部门)

单位：元

学校类别	公共财政预算教育经费支出	事业费支出			基本建设支出
			个人部分	公用部分	
总　计	**12358.56**	**12103.50**	**8180.84**	**3922.65**	**255.06**
一、高等学校	19535.20	18914.80	10802.13	8112.67	620.39
1.普通高等学校	19356.74	18747.65	10680.39	8067.26	609.08
高等本科学校	21701.43	20998.13	12030.60	8967.53	703.30
高职高专学校	13274.17	12909.49	7177.69	5731.81	364.67
2.成人高等学校	53309.32	50548.70	33842.50	16706.20	2760.62
二、中等职业学校	12570.71	12227.70	7448.91	4778.79	343.01
1.中等专业学校	11932.07	11591.29	6905.74	4685.55	340.78
2.职业高中	13640.37	13266.44	8352.50	4913.94	373.93
#农村	11725.33	11336.25	7017.92	4318.33	389.08
3.技工学校	10413.55	10100.27	5655.53	4444.74	313.28
4.成人中专学校	23399.88	23282.11	16497.16	6784.95	117.77
三、中　学	13271.56	13023.54	9590.65	3432.89	248.02
1.普通中学	13271.20	13023.03	9590.92	3432.11	248.17
普通高中	12600.53	12315.21	9117.16	3198.05	285.32
#农村	10343.76	10158.77	7644.46	2514.31	184.99
普通初中	13643.54	13415.99	9853.94	3562.05	227.55
#农村	12644.45	12477.35	9220.16	3257.19	167.11
2.成人中学	13839.63	13839.63	9168.21	4671.42	
四、小　学	9686.87	9557.98	6947.16	2610.81	128.89
1.普通小学	9686.79	9557.89	6947.09	2610.80	128.89
#农村	9347.78	9246.00	6843.82	2402.18	101.78
2.成人小学	19675.08	19675.08	16142.62	3532.45	
五、特殊教育	51746.83	51181.55	33314.67	17866.88	565.28
1.特殊教育学校	51346.91	50787.05	33040.52	17746.53	559.86
2.工读学校	61439.99	60743.50	39959.51	20784.00	696.49
六、幼儿园	5627.33	5470.92	3353.57	2117.35	156.41
#农村	4230.19	4078.41	2524.79	1553.62	151.78

1-44 各级各类学校生均教育经费支出(中央教育和其他部门)

单位：元

学校类别	教育经费支出	个人和公用部分支出			基本建设支出
			个人部分	公用部分	
总　计	**55682.71**	**54817.34**	**26809.89**	**28007.46**	**865.36**
一、高等学校	54835.82	53928.15	27206.04	26722.11	907.68
1.普通高等学校	54777.28	53868.48	27187.55	26680.93	908.80
高等本科学校	54933.24	54047.05	27272.33	26774.72	886.19
高职高专学校	30335.58	25883.46	13901.60	11981.86	4452.12
2.成人高等学校	-	-	-	-	-
二、中等职业学校	71431.37	71431.37	41182.53	30248.84	
1.中等专业学校	48272.57	48272.57	26673.67	21598.90	
2.职业高中					
#农村					
3.技工学校					
4.成人中专学校					
三、中　学	35514.49	35514.49	21595.29	13919.20	
1.普通中学	35514.49	35514.49	21595.29	13919.20	
普通高中	45917.56	45917.56	27934.06	17983.50	
#农村	25132.71	25132.71	19058.51	6074.19	
普通初中	19958.74	19958.74	12116.91	7841.82	
#农村	24915.78	24915.78	16112.17	8803.60	
2.成人中学					
四、小　学	15477.99	15477.99	10172.74	5305.25	
1.普通小学	15477.99	15477.99	10172.74	5305.25	
#农村	24521.73	24521.73	14316.43	10205.31	
2.成人小学					
五、特殊教育					
1.特殊教育学校					
2.工读学校					
六、幼儿园	13225.10	13225.10	10143.76	3081.34	
#农村	10662.25	10662.25	8599.54	2062.71	

1-45　各级各类学校生均公共财政预算教育经费支出(中央教育和其他部门)

单位：元

学校类别	公共财政预算教育经费支出	事业费支出			基本建设支出
			个人部分	公用部分	
总　计	**30390.23**	**29491.98**	**17356.88**	**12135.10**	**898.25**
一、高等学校	31023.73	30076.58	17937.45	12139.13	947.14
1.普通高等学校	31024.71	30076.83	17938.16	12138.68	947.88
高等本科学校	31143.45	30220.42	18029.90	12190.52	923.03
高职高专学校	14285.57	9833.45	5003.06	4830.38	4452.12
2.成人高等学校	-	-	-	-	-
二、中等职业学校	48503.81	48503.81	30080.03	18423.79	
1.中等专业学校	25889.23	25889.23	16077.00	9812.23	
2.职业高中					
#农村					
3.技工学校					
4.成人中专学校					
三、中　学	19673.42	19673.42	12368.00	7305.41	
1.普通中学	19673.42	19673.42	12368.00	7305.41	
普通高中	22096.14	22096.14	13856.30	8239.85	
#农村	15764.22	15764.22	10263.81	5500.41	
普通初中	16050.70	16050.70	10142.55	5908.15	
#农村	8777.02	8777.02	7872.97	904.05	
2.成人中学					
四、小　学	10904.01	10904.01	7387.69	3516.32	
1.普通小学	10904.01	10904.01	7387.69	3516.32	
#农村	5022.75	5022.75	4452.28	570.46	
2.成人小学					
五、特殊教育					
1.特殊教育学校					
2.工读学校					
六、幼儿园	749.47	749.47	498.02	251.45	
#农村	1856.33	1856.33	1590.77	265.55	

1-46　各级各类学校生均教育经费支出(地方教育和其他部门)

单位：元

学校类别	教育经费支出	个人和公用部分支出			基本建设支出
			个人部分	公用部分	
总　计	**15213.48**	**14950.25**	**9604.13**	**5346.12**	**263.24**
一、高等学校	24725.29	24212.22	12953.76	11258.47	513.07
1.普通高等学校	25151.20	24634.97	13175.44	11459.53	516.22
高等本科学校	27378.97	26792.35	14530.55	12261.80	586.61
高职高专学校	20414.95	20048.37	10294.46	9753.91	366.58
2.成人高等学校	14565.78	14128.03	7665.80	6462.23	437.76
二、中等职业学校	16969.29	16556.78	9144.60	7412.18	412.50
1.中等专业学校	16313.41	15944.25	8658.45	7285.80	369.17
2.职业高中	17984.58	17465.90	9777.92	7687.98	518.68
#农村	14816.39	14265.68	8000.38	6265.30	550.71
3.技工学校	14452.25	14098.48	7359.18	6739.30	353.77
4.成人中专学校	31148.62	31030.85	20912.27	10118.58	117.77
三、中　学	16265.53	15999.55	11075.86	4923.68	265.98
1.普通中学	16263.97	15997.82	11076.27	4921.55	266.15
普通高中	16726.95	16409.35	10883.40	5525.96	317.59
#农村	13359.69	13165.26	8907.04	4258.22	194.43
普通初中	16007.22	15769.60	11183.22	4586.37	237.62
#农村	14391.64	14217.30	10331.13	3886.16	174.34
2.成人中学	18748.18	18748.18	10433.27	8314.92	
四、小　学	11397.33	11245.65	8000.02	3245.63	151.68
1.普通小学	11397.25	11245.57	7999.95	3245.62	151.68
#农村	10766.04	10657.71	7863.93	2793.78	108.33
2.成人小学	21241.67	21241.67	16580.31	4661.36	
五、特殊教育	62043.85	61450.97	38271.77	23179.20	592.87
1.特殊教育学校	61394.72	60806.12	37817.02	22989.10	588.60
2.工读学校	77777.28	77080.80	49294.06	27786.74	696.49
六、幼儿园	8595.97	8433.48	4844.14	3589.34	162.49
#农村	6070.76	5915.07	3390.79	2524.28	155.69

1-47 各级各类学校生均公共财政预算教育经费支出(地方教育和其他部门)

单位：元

学校类别	公共财政预算教育经费支出	事业费支出			基本建设支出
			个人部分	公用部分	
总　计	**11939.90**	**11699.78**	**7967.80**	**3731.98**	**240.12**
一、高等学校	17084.22	16533.54	9279.88	7253.67	550.68
1.普通高等学校	16853.87	16317.47	9123.55	7193.92	536.41
高等本科学校	18670.83	18038.06	10105.01	7933.05	632.77
高职高专学校	13269.62	12923.31	7187.45	5735.85	346.32
2.成人高等学校	53939.44	51104.96	34292.08	16812.88	2834.48
二、中等职业学校	12559.37	12216.26	7441.77	4774.48	343.11
1.中等专业学校	11923.07	11582.06	6899.82	4682.24	341.00
2.职业高中	13619.63	13245.70	8339.66	4906.04	373.93
#农村	11725.33	11336.25	7017.92	4318.33	389.08
3.技工学校	10413.55	10100.27	5655.53	4444.74	313.28
4.成人中专学校	23399.88	23282.11	16497.16	6784.95	117.77
三、中　学	13264.80	13016.52	9587.72	3428.80	248.28
1.普通中学	13264.44	13016.00	9587.98	3428.02	248.43
普通高中	12583.68	12297.86	9108.75	3189.10	285.83
#农村	10340.98	10155.90	7643.12	2512.78	185.08
普通初中	13641.95	13414.26	9853.75	3560.51	227.70
#农村	12644.58	12477.47	9220.20	3257.27	167.11
2.成人中学	13839.63	13839.63	9168.21	4671.42	
四、小　学	9686.24	9557.28	6946.94	2610.34	128.96
1.普通小学	9686.16	9557.19	6946.86	2610.34	128.96
#农村	9348.05	9246.26	6843.97	2402.29	101.79
2.成人小学	19675.08	19675.08	16142.62	3532.45	
五、特殊教育	51746.83	51181.55	33314.67	17866.88	565.28
1.特殊教育学校	51346.91	50787.05	33040.52	17746.53	559.86
2.工读学校	61439.99	60743.50	39959.51	20784.00	696.49
六、幼儿园	5663.11	5505.56	3374.52	2131.04	157.56
#农村	4231.20	4079.35	2525.18	1554.17	151.85

第二部分

各地区按来源分类
教育经费收入

2-1 教育经费总收入

单位：千元

地区	总计			教育部门和其他部门			企业办学			民办学校
	合计	中央	地方	合计	中央	地方	合计	中央	地方	地方
合计	**3844784503**	**318222664**	**3526561839**	**3460542640**	**306624976**	**3153917664**	**20956598**	**11597688**	**9358910**	**363285265**
北京	214809382	95462140	119347242	205353790	95445063	109908728	352916	17077	335839	9102676
天津	61929689	8278399	53651290	56592194	8267788	48324407	2284202	10611	2273591	3053293
河北	144004824	1966487	142038337	131346513	1890579	129455934	738163	75908	662255	11920148
山西	79531239	109281	79421958	72011711	109281	71902431	321790		321790	7197738
内蒙古	76395353	147290	76248063	73651530	147290	73504240	125904		125904	2617919
辽宁	101632678	9563611	92069067	92963279	9563611	83399668	391740		391740	8277659
吉林	71731163	7332797	64398366	66521817	7332797	59189020	117812		117812	5091533
黑龙江	83637273	10271204	73366070	78702416	8933868	69768548	1408280	1337336	70945	3526577
上海	140970596	28781136	112189460	129659016	28752254	100906761	369309	28881	340428	10942271
江苏	262478098	22269552	240208546	241438392	22243052	219195340	199825	26500	173324	20839882
浙江	200761630	11680588	189081042	171938547	11680588	160257959	38439		38439	28784643
安徽	130090190	6510878	123579313	117951079	6508460	111442619	443861	2418	441443	11695251
福建	110702345	5962596	104739749	99888794	5962596	93926199	17249		17249	10796302
江西	104927138	238767	104688371	95126193	231355	94894838	98654	7412	91243	9702290
山东	234155239	9925540	224229700	212648405	9925540	202722866	1484199		1484199	20022635
河南	190175243	1149422	189025821	163052877	1044330	162008547	459168	105092	354075	26663199
湖北	153471694	23379055	130092639	139303811	23158050	116145761	437007	221005	216002	13730875
湖南	144655446	6835857	137819589	128949265	6826491	122122775	221417	9366	212051	15484763
广东	350580706	13826947	336753759	281003209	13579651	267423558	357938	247296	110642	69219559
广西	109305226	162817	109142409	101212321	162817	101049505	32867		32867	8060037
海南	30762991	75325	30687665	26679536	75325	26604211	48306		48306	4035149
重庆	95528209	6896125	88632085	85319204	6894722	78424482	61129	1403	59726	10147876
四川	192370039	16160577	176209462	170827359	15882680	154944679	680193	277898	402295	20862488
贵州	103502365	148946	103353418	97328310	148946	97179363	119188		119188	6054867
云南	119173381	308918	118864464	110935664	308918	110626746	324300		324300	7913418
西藏	18587382	10240	18577142	18368200	10240	18357960				219182
陕西	117404223	16913078	100491144	105371297	16913078	88458219	341713		341713	11691213
甘肃	70756997	3695632	67061365	68386080	3695632	64690449	89375		89375	2281542
青海	21679321	49596	21629725	20991286	49596	20941691	40357		40357	647678
宁夏	21446595	721157	20725438	19940241	721157	19219084	90423		90423	1415931
新疆	87627849	9388708	78239140	77080302	159224	76921078	9260872	9229484	31388	1286674
大连	14315255	36658	14278597	13216426	36658	13179768	16584		16584	1082244
宁波	28002978	5800	27997178	22873524	5800	22867724				5129454
厦门	14790123	4900	14785223	13136547	4900	13131646				1653576
青岛	28878895		28878895	26146747		26146747	162330		162330	2569819
深圳	52790245	161372	52628873	40588305	161372	40426932				12201940

注：辽宁数据包含大连，浙江数据包含宁波，福建数据包含厦门，山东数据包含青岛，广东数据包含深圳，以下同。

2-2 国家财政性教育经费

单位：千元

地区	总计			教育部门和其他部门			企业办学			民办学校
	合计	中央	地方	合计	中央	地方	合计	中央	地方	地方
合计	**3095571189**	**209465877**	**2886105312**	**3034917512**	**199603514**	**2835313998**	**14922189**	**9862363**	**5059826**	**45731487**
北京	166774678	61857501	104917177	166233214	61845319	104387895	195109	12182	182927	346355
天津	50949169	5644156	45305013	49146757	5643651	43503106	1763312	505	1762807	39100
河北	120310080	1428538	118881541	119025835	1397253	117628582	302161	31285	270875	982084
山西	66435021	104373	66330648	65277850	104373	65173478	156002		156002	1001169
内蒙古	66630469	140840	66489628	66102114	140840	65961273	73598		73598	454757
辽宁	81229069	7010328	74218742	80839122	7010328	73828795	152283		152283	237664
吉林	59121031	5083553	54037479	58658820	5083553	53575267	79968		79968	382243
黑龙江	70316032	6459072	63856960	69168805	5375990	63792815	1114616	1083083	31534	32611
上海	109850019	17479770	92370249	108434416	17451599	90982817	170841	28171	142670	1244762
江苏	208099024	15762178	192336846	206390223	15752541	190637681	73941	9636	64305	1634860
浙江	148078188	5721077	142357111	143725802	5721077	138004725	16135		16135	4336250
安徽	108086557	5043498	103043059	106684355	5041489	101642865	189730	2009	187721	1212472
福建	87613061	3580548	84032513	86771204	3580548	83190656	14376		14376	827481
江西	88393741	232000	88161741	87437365	231355	87206010	16913	645	16268	939463
山东	193629788	6085192	187544596	187746816	6085192	181661624	857669		857669	5025304
河南	150190807	966415	149224392	146236942	911400	145325542	167123	55015	112109	3786741
湖北	121098829	16634786	104464043	120227403	16563875	103663528	195820	70911	124909	675605
湖南	113247405	4883017	108364387	111575396	4876270	106699126	104935	6747	98188	1567074
广东	256431589	7673954	248757635	245467646	7454045	238013601	254456	219909	34546	10709488
广西	91533428	162817	91370612	90916381	162817	90753564	3806		3806	613242
海南	25014806	49899	24964907	24813387	49899	24763488	27463		27463	173956
重庆	75026171	4480407	70545765	73087800	4479412	68608388	31263	995	30269	1907108
四川	153764958	9532984	144231974	151129055	9362325	141766730	350901	170659	180242	2285002
贵州	89241609	148222	89093387	88567461	148222	88419239	56406		56406	617742
云南	102575988	298543	102277445	101242466	298543	100943922	154509		154509	1179014
西藏	18309431	10240	18299191	18134342	10240	18124102				175089
陕西	91985957	11116864	80869093	89455359	11116864	78338495	165195		165195	2365402
甘肃	63577823	2921581	60656243	63093049	2921581	60171468	19327		19327	465448
青海	19221109	35977	19185131	18998345	35977	18962367	17131		17131	205633
宁夏	18557983	607089	17950894	18349338	607089	17742249	21474		21474	187171
新疆	80277367	8310457	71966910	71980445	139845	71840600	8175725	8170612	5113	121198
大连	12453407	11315	12442092	12438076	11315	12426761	2943		2943	12388
宁波	21450245	5800	21444445	20408702	5800	20402902				1041544
厦门	12046310	1200	12045110	11802005	1200	11800805				244305
青岛	25392142		25392142	25102242		25102242	67406		67406	222494
深圳	40549586	161372	40388214	37624364	161372	37462992				2925222

2-3 公共财政预算安排的教育经费

单位：千元

地区	总计			教育部门和其他部门			企业办学			民办学校
	合计	中央	地方	合计	中央	地方	合计	中央	地方	地方
合计	**3031249878**	**172009100**	**2859240777**	**2974581879**	**163909452**	**2810672427**	**11161598**	**8099649**	**3061950**	**45506401**
北京	154536835	51169894	103366941	154077706	51169894	102907813	114779		114779	344349
天津	49610117	4584149	45025968	47920977	4584149	43336828	1650040		1650040	39100
河北	118870459	1203169	117667289	117712866	1203169	116509696	176144		176144	981449
山西	65408559	185	65408374	64392393	185	64392208	16129		16129	1000038
内蒙古	66215406	105900	66109506	65757635	105900	65651735	3165		3165	454607
辽宁	79121583	5393977	73727606	78868156	5393977	73474179	16839		16839	236588
吉林	58067173	4505409	53561763	57684817	4505409	53179408	112		112	382243
黑龙江	68703092	4995419	63707673	68139947	4486945	63653002	530534	508474	22061	32611
上海	105900804	14625119	91275685	104547049	14625119	89921930	112085		112085	1241670
江苏	203043427	12757348	190286079	201380851	12751124	188629727	45242	6225	39017	1617335
浙江	143710187	3459502	140250685	139498847	3459502	136039345	1187		1187	4210153
安徽	106056745	3709438	102347307	104757179	3707968	101049211	87440	1469	85971	1212126
福建	86239864	2928128	83311736	85416104	2928128	82487976	1202		1202	822558
江西	87363283	2631	87360652	86420374	1986	86418388	4570	645	3926	938338
山东	190524593	5210440	185314153	185252786	5210440	180042346	249977		249977	5021830
河南	148923245	468224	148455021	145108117	468224	144639893	37489		37489	3777639
湖北	116161720	13621879	102539841	115396049	13584631	101811418	96079	37248	58831	669592
湖南	111984083	4292551	107691532	110346306	4287435	106058871	81338	5116	76222	1556439
广东	254157136	7124700	247032436	243275263	6942600	236332662	190009	182100	7909	10691865
广西	90828878	2910	90825968	90215512	2910	90212602	1019		1019	612347
海南	24796798	32909	24763889	24620978	32909	24588069	3709		3709	172111
重庆	72900100	3906208	68993892	70976304	3905213	67071091	16950	995	15955	1906845
四川	151192364	8291981	142900383	148658190	8165645	140492545	253512	126335	127177	2280661
贵州	87847279	18988	87828291	87180254	18988	87161266	53763		53763	613262
云南	101899911	7174	101892737	100662308	7174	100655134	64327		64327	1173276
西藏	18208734		18208734	18033645		18033645				175089
陕西	89563393	9309168	80254225	87105535	9309168	77796366	94932		94932	2362927
甘肃	62845440	2477402	60368037	62377629	2477402	59900227	2429		2429	465381
青海	19128562	1120	19127442	18910617	1120	18909496	12312		12312	205633
宁夏	18467080	564939	17902141	18269116	564939	17704177	10794		10794	187171
新疆	78973028	7238239	71734789	71618370	7196	71611174	7233492	7231043	2448	121166
大连	12407525	333	12407192	12392194	333	12391861	2943		2943	12388
宁波	21185517	5600	21179917	20158326	5600	20152726				1027191
厦门	11787797	1200	11786597	11545396	1200	11544196				242401
青岛	25280428		25280428	25044732		25044732	13236		13236	222459
深圳	40237689		40237689	37312467		37312467				2925222

2-4 公共财政教育经费

单位：千元

地区	总计			教育部门和其他部门			企业办学			民办学校
	合计	中央	地方	合计	中央	地方	合计	中央	地方	地方
合计	**2770063252**	**148832862**	**2621230390**	**2714540654**	**140909566**	**2573631088**	**10885486**	**7923296**	**2962190**	**44637111**
北京	132806478	44577582	88228895	132347488	44577582	87769906	114691		114691	344299
天津	46540501	3960506	42579995	44890156	3960506	40929650	1611245		1611245	39100
河北	112600307	1042564	111557744	111443152	1042564	110400588	176144		176144	981012
山西	60758734	47	60758687	59750657	47	59750610	16129		16129	991948
内蒙古	54346016	17039	54328977	53890315	17039	53873276	3165		3165	452536
辽宁	67845825	4561362	63284464	67592502	4561362	63031140	16839		16839	236485
吉林	53798316	4206548	49591768	53415961	4206548	49209413	112		112	382243
黑龙江	63865823	4268872	59596951	63313671	3761362	59552308	519542	507509	12033	32611
上海	92193243	11994995	80198248	90882722	11994995	78887727	87830		87830	1222691
江苏	194731109	10536930	184194180	193080220	10530705	182549515	45207	6225	38983	1605682
浙江	134451938	3086469	131365469	130319887	3086469	127233418	1187		1187	4130865
安徽	93704414	2617162	91087251	92415682	2615693	89799989	79517	1469	78048	1209215
福建	81568389	2631990	78936399	80755054	2631990	78123065	1202		1202	812133
江西	84018824	2631	84016193	83109814	1986	83107827	4510	645	3866	904501
山东	186965383	4646951	182318432	181707433	4646951	177060482	248677		248677	5009274
河南	124663756	162960	124500796	120927776	162960	120764816	31509		31509	3704472
湖北	110099515	12120335	97979180	109340158	12083087	97257071	96079	37248	58831	663278
湖南	106441500	3702660	102738840	104835665	3697544	101138121	81338	5116	76222	1524497
广东	229605143	5214906	224390237	219108292	5032806	214075486	189720	182100	7620	10307131
广西	85081351	2910	85078441	84479741	2910	84476831	1019		1019	600591
海南	21424446	32909	21391537	21249174	32909	21216265	3709		3709	171563
重庆	60207605	3681677	56525928	58317595	3680682	54636913	16950	995	15955	1873060
四川	135388445	7643456	127744989	132922723	7534001	125388722	227230	109455	117774	2238492
贵州	84043780	18577	84025204	83395212	18577	83376635	52850		52850	595718
云南	86418069	5782	86412287	85238544	5782	85232762	64327		64327	1115198
西藏	17583362		17583362	17408273		17408273				175089
陕西	85790000	8161069	77628932	83333003	8161069	75171935	94241		94241	2362756
甘肃	57201331	2322988	54878343	56734825	2322988	54411837	2429		2429	464077
青海	16879861	1120	16878740	16666869	1120	16665749	12312		12312	200680
宁夏	15501923	530531	14971392	15322679	530531	14792149	10794		10794	168450
新疆	73537863	7079334	66458529	66345413	6800	66338614	7074983	7072535	2448	117467
大连	10933866	333	10933534	10918536	333	10918203	2943		2943	12388
宁波	20039913		20039913	19039797		19039797				1000116
厦门	10853421	1200	10852221	10619189	1200	10617989				234233
青岛	25082775		25082775	24847080		24847080	13236		13236	222459
深圳	37032001		37032001	34296245		34296245				2735756

2-5 教育事业费

单位：千元

地区	总计			教育部门和其他部门			企业办学			民办学校
	合计	中央	地方	合计	中央	地方	合计	中央	地方	地方
合计	**2572038179**	**143778251**	**2428259928**	**2520740575**	**136667471**	**2384073104**	**9947440**	**7110779**	**2836661**	**41350164**
北京	119829489	43148232	76681257	119379952	43148232	76231719	114691		114691	334847
天津	44082149	3960506	40121643	42520304	3960506	38559798	1522745		1522745	39100
河北	107386178	1042564	106343614	106280096	1042564	105237532	172344		172344	933738
山西	57579192	47	57579145	56587033	47	56586986	15943		15943	976216
内蒙古	51018882	17039	51001843	50576097	17039	50559058	2602		2602	440184
辽宁	63638985	4412482	59226503	63390942	4412482	58978460	16839		16839	231204
吉林	50574150	4141398	46432752	50252172	4141398	46110774	93		93	321885
黑龙江	61433607	4217480	57216127	60898326	3726742	57171584	502770	490738	12033	32511
上海	75255984	11456345	63799639	74375748	11456345	62919403	87830		87830	792406
江苏	177037332	10161360	166875972	175579374	10155135	165424239	44345	6225	38120	1413613
浙江	122256878	3068379	119188499	118829580	3068379	115761200	1187		1187	3426112
安徽	86941081	2587742	84353339	85722004	2586273	83135731	79351	1469	77882	1139726
福建	76145302	2556680	73588622	75365488	2556680	72808809	1202		1202	778612
江西	79564026	2631	79561395	78679564	1986	78677578	4510	645	3866	879952
山东	174120168	4245161	169875007	169033883	4245161	164788722	229786		229786	4856499
河南	117674400	162960	117511440	113984027	162960	113821067	30309		30309	3660065
湖北	109595155	11615975	97979180	108835798	11578727	97257071	96079	37248	58831	663278
湖南	99206751	3598040	95608711	97642946	3592924	94050021	81338	5116	76222	1482467
广东	206780543	5152696	201627847	197383976	4970596	192413379	189709	182100	7610	9206857
广西	79865985	2910	79863075	79269561	2910	79266651	1019		1019	595405
海南	20486980	32444	20454535	20311761	32444	20279316	3709		3709	171510
重庆	55910700	3611527	52299173	54029355	3610532	50418823	16950	995	15955	1864395
四川	126649762	7422116	119227646	124232007	7312661	116919346	227160	109455	117704	2190595
贵州	80030583	18577	80012007	79395965	18577	79377389	51741		51741	582877
云南	81634565	5782	81628783	80651597	5782	80645815	54175		54175	928793
西藏	15749028		15749028	15573939		15573939				175089
陕西	80946227	8025269	72920959	78526595	8025269	70501326	94241		94241	2325392
甘肃	53974283	2296668	51677615	53509591	2296668	51212923	2429		2429	462263
青海	14586133	1120	14585013	14407461	1120	14406341	12312		12312	166360
宁夏	14541512	530531	14010982	14362449	530531	13831919	10794		10794	168270
新疆	67542165	6283589	61258576	61152985	6800	61146185	6279238	6276790	2448	109943
大连	9991476	333	9991143	9980426	333	9980093	2943		2943	8107
宁波	17781950		17781950	16980354		16980354				801596
厦门	9679956	1200	9678756	9447453	1200	9446253				232503
青岛	21830205		21830205	21598435		21598435	12236		12236	219534
深圳	25821805		25821805	23846453		23846453				1975352

2-6 基本建设经费

单位：千元

地 区	总 计			教育部门和其他部门			企业办学			民办学校
	合 计	中 央	地 方	合 计	中 央	地 方	合 计	中 央	地 方	地 方
合 计	**57175858**	**5054611**	**52121247**	**56311742**	**4242095**	**52069648**	**826317**	**812517**	**13800**	**37799**
北 京	5109170	1429350	3679820	5109170	1429350	3679820				
天 津	395646		395646	395646		395646				
河 北	960487		960487	956687		956687	3800		3800	
山 西	724438		724438	722038		722038				2400
内蒙古	841013		841013	840953		840953				60
辽 宁	799052	148880	650172	799052	148880	650172				
吉 林	977511	65150	912361	977511	65150	912361				
黑龙江	790576	51392	739184	773804	34620	739184	16772	16772		
上 海	4722378	538650	4183728	4722378	538650	4183728				
江 苏	818522	375570	442952	818522	375570	442952				
浙 江	2050585	18090	2032495	2050585	18090	2032495				
安 徽	2095725	29420	2066305	2095725	29420	2066305				
福 建	812015	75310	736705	812015	75310	736705				
江 西	1762951		1762951	1762951		1762951				
山 东	994146	401790	592356	994146	401790	592356				
河 南	1943012		1943012	1943012		1943012				
湖 北	504360	504360		504360	504360					
湖 南	1078636	104620	974016	1078636	104620	974016				
广 东	8289090	62210	8226880	8289090	62210	8226880				
广 西	2810040		2810040	2810040		2810040				
海 南	347219	465	346755	347219	465	346755				
重 庆	1525674	70150	1455524	1525674	70150	1455524				
四 川	2854223	221340	2632883	2854223	221340	2632883				
贵 州	1239607		1239607	1239607		1239607				
云 南	1362584		1362584	1352584		1352584	10000		10000	
西 藏	1463349		1463349	1463349		1463349				
陕 西	2348174	135800	2212374	2348174	135800	2212374				
甘 肃	1386833	26320	1360513	1386833	26320	1360513				
青 海	1831350		1831350	1797030		1797030				34320
宁 夏	327600		327600	327600		327600				
新 疆	4009892	795745	3214147	3213128		3213128	795745	795745		1019
大 连	31762		31762	31762		31762				
宁 波	276953		276953	276953		276953				
厦 门	120500		120500	120500		120500				
青 岛										
深 圳	6532821		6532821	6532821		6532821				

2-7 教育费附加

单位：千元

地区	总计			教育部门和其他部门			企业办学			民办学校
	合计	中央	地方	合计	中央	地方	合计	中央	地方	地方
合计	**140849215**		**140849215**	**137488337**		**137488337**	**111729**		**111729**	**3249148**
北京	7867818		7867818	7858366		7858366				9452
天津	2062706		2062706	1974206		1974206	88500		88500	
河北	4253643		4253643	4206369		4206369				47274
山西	2455104		2455104	2441586		2441586	186		186	13332
内蒙古	2486121		2486121	2473266		2473266	563		563	12292
辽宁	3407788		3407788	3402507		3402507				5281
吉林	2246655		2246655	2186278		2186278	19		19	60358
黑龙江	1641640		1641640	1641540		1641540				100
上海	12214881		12214881	11784596		11784596				430285
江苏	16875256		16875256	16682324		16682324	863		863	192069
浙江	10144475		10144475	9439722		9439722				704753
安徽	4667607		4667607	4597952		4597952	167		167	69488
福建	4611073		4611073	4577551		4577551				33521
江西	2691847		2691847	2667299		2667299				24549
山东	11851069		11851069	11679404		11679404	18891		18891	152775
河南	5046344		5046344	5000737		5000737	1200		1200	44407
湖北										
湖南	6156113		6156113	6114083		6114083				42030
广东	14535510		14535510	13435226		13435226	10		10	1100273
广西	2405326		2405326	2400140		2400140				5186
海南	590247		590247	590194		590194				53
重庆	2771231		2771231	2762566		2762566				8666
四川	5884460		5884460	5836493		5836493	70		70	47897
贵州	2773590		2773590	2759639		2759639	1109		1109	12841
云南	3420920		3420920	3234363		3234363	152		152	186405
西藏	370984		370984	370984		370984				
陕西	2495599		2495599	2458234		2458234				37364
甘肃	1840215		1840215	1838401		1838401				1814
青海	462377		462377	462377		462377				
宁夏	632810		632810	632630		632630				180
新疆	1985806		1985806	1979301		1979301				6505
大连	910629		910629	906348		906348				4281
宁波	1981009		1981009	1782489		1782489				198520
厦门	1052965		1052965	1051236		1051236				1730
青岛	3252570		3252570	3248645		3248645	1000		1000	2925
深圳	4677375		4677375	3916970		3916970				760405

2-8 其他公共财政预算安排的教育经费

单位：千元

地区	总计			教育部门和其他部门			企业办学			民办学校
	合计	中央	地方	合计	中央	地方	合计	中央	地方	地方
合计	**261186626**	**23176239**	**238010388**	**260041225**	**22999886**	**237041339**	**276112**	**176353**	**99760**	**869289**
北京	21730357	6592311	15138046	21730218	6592311	15137907	89		89	50
天津	3069616	623643	2445973	3030821	623643	2407179	38795		38795	
河北	6270151	160606	6109546	6269714	160606	6109108				438
山西	4649825	138	4649687	4641736	138	4641598				8090
内蒙古	11869390	88861	11780529	11867319	88861	11778458				2071
辽宁	11275758	832615	10443142	11275654	832615	10443039				103
吉林	4268857	298861	3969995	4268857	298861	3969995				
黑龙江	4837269	726547	4110722	4826276	725583	4100694	10992	964	10028	
上海	13707561	2630124	11077437	13664327	2630124	11034203	24255		24255	18979
江苏	8312318	2220418	6091900	8300631	2220418	6080213	34		34	11653
浙江	9258249	373033	8885216	9178960	373033	8805928				79288
安徽	12352331	1092275	11260056	12341497	1092275	11249222	7922		7922	2912
福建	4671475	296138	4375336	4661050	296138	4364912				10425
江西	3344458		3344458	3310561		3310561	60		60	33838
山东	3559210	563489	2995720	3545353	563489	2981863	1300		1300	12557
河南	24259489	305264	23954225	24180341	305264	23875077	5981		5981	73167
湖北	6062205	1501544	4560660	6055891	1501544	4554346				6314
湖南	5542583	589891	4952692	5510641	589891	4920751				31942
广东	24551994	1909794	22642200	24166971	1909794	22257177	289		289	384734
广西	5747527		5747527	5735771		5735771				11756
海南	3372352		3372352	3371804		3371804				549
重庆	12692495	224531	12467964	12658709	224531	12434178				33785
四川	15803919	648525	15155395	15735468	631645	15103823	26283	16880	9403	42169
贵州	3803499	411	3803087	3785042	411	3784631	913		913	17544
云南	15481843	1392	15480451	15423764	1392	15422372				58078
西藏	625372		625372	625372		625372				
陕西	3773393	1148100	2625293	3772531	1148100	2624431	691		691	171
甘肃	5644109	154414	5489695	5642804	154414	5488390				1305
青海	2248701		2248701	2243748		2243748				4953
宁夏	2965158	34408	2930750	2946436	34408	2912028				18721
新疆	5435165	158905	5276260	5272957	396	5272561	158509	158509		3699
大连	1473658		1473658	1473658		1473658				
宁波	1145604	5600	1140004	1118529	5600	1112929				27075
厦门	934375		934375	926207		926207				8168
青岛	197652		197652	197652		197652				
深圳	3205688		3205688	3016223		3016223				189465

2-9 科研经费

单位：千元

地区	总计			教育部门和其他部门			企业办学			民办学校
	合计	中央	地方	合计	中央	地方	合计	中央	地方	地方
合计	**19448272**	**12205768**	**7242504**	**19348435**	**12190853**	**7157582**	**14975**	**14915**	**60**	**84863**
北京	2769371	2421620	347751	2769371	2421620	347751				
天津	435139	310872	124266	435139	310872	124266				
河北	168454		168454	168454		168454				
山西	157334		157334	157334		157334				
内蒙古	196939	87276	109662	196939	87276	109662				
辽宁	187619	138394	49225	187619	138394	49225				
吉林	291135	137721	153414	291135	137721	153414				
黑龙江	678089	625928	52161	678089	625928	52161				
上海	2765477	2129761	635717	2765477	2129761	635717				
江苏	1818096	1324874	493221	1817684	1324874	492809				412
浙江	834009	260028	573981	810630	260028	550603				23379
安徽	1068819	993451	75368	1068819	993451	75368				
福建	387275	139292	247983	386927	139292	247635				349
江西	221491		221491	221032		221032	60		60	399
山东	458802	138630	320172	458652	138630	320022				150
河南	322005	39122	282883	320278	39122	281156				1728
湖北	522579	443514	79064	519579	443514	76065				3000
湖南	623330	442244	181086	617103	442244	174859				6227
广东	3787827	1612677	2175150	3744071	1612677	2131394				43756
广西	26761		26761	24382		24382				2379
海南	130758		130758	130444		130444				314
重庆	114283	101401	12883	111582	101401	10181				2701
四川	390741	205390	185351	390724	205390	185335				17
贵州	27848		27848	27824		27824				24
云南	219904		219904	219875		219875				29
西藏	51787		51787	51787		51787				
陕西	604176	589529	14647	604176	589529	14647				
甘肃	64815	49129	15686	64815	49129	15686				
青海	9104		9104	9104		9104				
宁夏	57666		57666	57666		57666				
新疆	56639	14915	41724	41724		41724	14915	14915		
大连	2708		2708	2708		2708				
宁波	38545		38545	26237		26237				12308
厦门	1380		1380	1380		1380				
青岛	22400		22400	22400		22400				
深圳	321811		321811	289734		289734				32077

2-10 其他经费

单位：千元

地区	总计			教育部门和其他部门			企业办学			民办学校
	合计	中央	地方	合计	中央	地方	合计	中央	地方	地方
合计	**241738354**	**10970471**	**230767883**	**240692790**	**10809033**	**229883757**	**261137**	**161438**	**99700**	**784427**
北京	18960986	4170692	14790295	18960847	4170692	14790156	89		89	50
天津	2634478	312770	2321707	2595683	312770	2282912	38795		38795	
河北	6101697	160606	5941092	6101260	160606	5940654				438
山西	4492491	138	4492353	4484401	138	4484263				8090
内蒙古	11672451	1585	11670866	11670381	1585	11668796				2071
辽宁	11088139	694222	10393917	11088036	694222	10393814				103
吉林	3977722	161140	3816581	3977722	161140	3816581				
黑龙江	4159179	100618	4058561	4148187	99654	4048533	10992	964	10028	
上海	10942084	500363	10441721	10898850	500363	10398487	24255		24255	18979
江苏	6494222	895544	5598678	6482947	895544	5587403	34		34	11241
浙江	8424240	113005	8311234	8368330	113005	8255325				55909
安徽	11283513	98824	11184688	11272679	98824	11173854	7922		7922	2912
福建	4284200	156847	4127353	4274123	156847	4117277				10076
江西	3122967		3122967	3089529		3089529				33439
山东	3100408	424859	2675549	3086701	424859	2661842	1300		1300	12407
河南	23937483	266142	23671341	23860063	266142	23593921	5981		5981	71439
湖北	5539626	1058030	4481596	5536311	1058030	4478281				3314
湖南	4919253	147646	4771607	4893538	147646	4745892				25715
广东	20764166	297117	20467050	20422899	297117	20125783	289		289	340978
广西	5720765		5720765	5711388		5711388				9377
海南	3241595		3241595	3241360		3241360				235
重庆	12578211	123130	12455081	12547127	123130	12423997				31084
四川	15413179	443135	14970044	15344743	426255	14918488	26283	16880	9403	42153
贵州	3775651	411	3775240	3757218	411	3756807	913		913	17520
云南	15261938	1392	15260546	15203889	1392	15202497				58049
西藏	573585		573585	573585		573585				
陕西	3169217	558571	2610646	3168356	558571	2609784	691		691	171
甘肃	5579293	105285	5474009	5577989	105285	5472704				1305
青海	2239597		2239597	2234643		2234643				4953
宁夏	2907492	34408	2873084	2888770	34408	2854362				18721
新疆	5378526	143990	5234536	5231233	396	5230837	143594	143594		3699
大连	1470950		1470950	1470950		1470950				
宁波	1107059	5600	1101459	1092292	5600	1086692				14767
厦门	932995		932995	924827		924827				8168
青岛	175252		175252	175252		175252				
深圳	2883877		2883877	2726489		2726489				157389

2-11 政府性基金预算安排的教育经费

单位：千元

地区	总计			教育部门和其他部门			企业办学			民办学校
	合计	中央	地方	合计	中央	地方	合计	中央	地方	地方
合计	**18950463**	**2228689**	**16721774**	**18815481**	**2221910**	**16593571**	**6896**	**6779**	**118**	**128086**
北京	2484113	2054780	429333	2484113	2054780	429333				
天津	73164	56620	16544	73164	56620	16544				
河北	1041142		1041142	1040962		1040962				180
山西	769474		769474	769134		769134				340
内蒙古	233713		233713	233563		233563				150
辽宁	151446		151446	151446		151446				
吉林	136709		136709	136709		136709				
黑龙江	88447	120	88327	88327		88327	120	120		
上海	425377	21110	404267	425377	21110	404267				
江苏	987342		987342	980894		980894				6448
浙江	1677531		1677531	1579663		1579663				97869
安徽	366618		366618	366592		366592				26
福建	512050		512050	510878		510878				1172
江西	571218		571218	571218		571218				
山东	1253568	2190	1251378	1251597	2190	1249407				1971
河南	573070		573070	572570		572570				500
湖北	1444960		1444960	1444930		1444930				30
湖南	360880		360880	352030		352030				8850
广东	1164762	5500	1159262	1164373	5500	1158873				389
广西	349218		349218	349218		349218				
海南	168617		168617	168617		168617				
重庆	1337620		1337620	1337620		1337620				
四川	926319	81710	844609	922205	81710	840495	68		68	4046
贵州	1111571		1111571	1107091		1107091				4480
云南	176310		176310	174705		174705				1605
西藏	84139		84139	84139		84139				
陕西	137698		137698	137698		137698				
甘肃	115520		115520	115520		115520				
青海	14053		14053	14003		14003	50		50	
宁夏	31329		31329	31329		31329				
新疆	182485	6659	175827	175795		175795	6659	6659		32
大连	29184		29184	29184		29184				
宁波	224418		224418	224418		224418				
厦门	249751		249751	249751		249751				
青岛	57544		57544	57510		57510				35
深圳	50856		50856	50856		50856				

2-12 彩票公益金

单位：千元

地区	总计			教育部门和其他部门			企业办学			民办学校
	合计	中央	地方	合计	中央	地方	合计	中央	地方	地方
合计	**5453364**	**2026117**	**3427247**	**5442758**	**2020010**	**3422748**	**6157**	**6107**	**50**	**4449**
北京	2053884	2020010	33874	2053884	2020010	33874				
天津	16544		16544	16544		16544				
河北	78556		78556	78406		78406				150
山西	104786		104786	104516		104516				270
内蒙古	169994		169994	169844		169844				150
辽宁	97827		97827	97827		97827				
吉林	69712		69712	69712		69712				
黑龙江	68523	120	68403	68403		68403	120	120		
上海	30029		30029	30029		30029				
江苏	276770		276770	276720		276720				50
浙江	131426		131426	131299		131299				127
安徽	95473		95473	95447		95447				26
福建	52027		52027	51524		51524				503
江西	165216		165216	165216		165216				
山东	286665		286665	284909		284909				1756
河南	276823		276823	276323		276323				500
湖北	76508		76508	76478		76478				30
湖南	144627		144627	144547		144547				80
广东	235308		235308	235178		235178				130
广西	98843		98843	98843		98843				
海南	25604		25604	25604		25604				
重庆	62763		62763	62763		62763				
四川	294423		294423	293828		293828				595
贵州	142813		142813	142803		142803				10
云南	115496		115496	115456		115456				40
西藏	48693		48693	48693		48693				
陕西	78531		78531	78531		78531				
甘肃	62459		62459	62459		62459				
青海	4150		4150	4100		4100	50		50	
宁夏	20867		20867	20867		20867				
新疆	68026	5987	62039	62007		62007	5987	5987		32
大连	10644		10644	10644		10644				
宁波	21009		21009	21009		21009				
厦门	1548		1548	1548		1548				
青岛	18233		18233	18233		18233				
深圳	43822		43822	43822		43822				

2-13 企业办学中的企业拨款

单位：千元

地区	总计			教育部门和其他部门			企业办学			民办学校
	合计	中央	地方	合计	中央	地方	合计	中央	地方	地方
合计	**3440997**	**1564197**	**1876800**				**3440997**	**1564197**	**1876800**	
北京	74803	11593	63211				74803	11593	63211	
天津	77294	505	76789				77294	505	76789	
河北	125140	31285	93854				125140	31285	93854	
山西	137470		137470				137470		137470	
内蒙古	67503		67503				67503		67503	
辽宁	134870		134870				134870		134870	
吉林	79856		79856				79856		79856	
黑龙江	583962	574489	9473				583962	574489	9473	
上海	15399		15399				15399		15399	
江苏	28700	3412	25288				28700	3412	25288	
浙江	14949		14949				14949		14949	
安徽	99511	540	98971				99511	540	98971	
福建	13174		13174				13174		13174	
江西	9477		9477				9477		9477	
山东	599684		599684				599684		599684	
河南	124488	55015	69473				124488	55015	69473	
湖北	98151	32073	66078				98151	32073	66078	
湖南	21179		21179				21179		21179	
广东	46140	19503	26637				46140	19503	26637	
广西	2787		2787				2787		2787	
海南	23754		23754				23754		23754	
重庆	8379		8379				8379		8379	
四川	75704	40000	35704				75704	40000	35704	
贵州	2644		2644				2644		2644	
云南	80242		80242				80242		80242	
西藏										
陕西	70264		70264				70264		70264	
甘肃	15918		15918				15918		15918	
青海	4769		4769				4769		4769	
宁夏	6340		6340				6340		6340	
新疆	798447	795783	2664				798447	795783	2664	
大连										
宁波										
厦门										
青岛	54170		54170				54170		54170	
深圳										

2-14 校办产业和社会服务收入用于教育的经费

单位：千元

地区	总计			教育部门和其他部门			企业办学			民办学校
	合计	中央	地方	合计	中央	地方	合计	中央	地方	地方
合计	**3216666**	**1856765**	**1359902**	**3025091**	**1783918**	**1241172**	**191576**	**72846**	**118730**	
北京	544016	446337	97679	538490	445748	92742	5526	589	4937	
天津	75960	14571	61389	39982	14571	25411	35979		35979	
河北	11320	1276	10044	10443	1276	9167	877		877	
山西	10607		10607	8203		8203	2404		2404	
内蒙古	8958		8958	6028		6028	2930		2930	
辽宁	472025	466928	5097	471451	466928	4523	574		574	
吉林	18905		18905	18905		18905				
黑龙江	32590	28110	4480	32590	28110	4480				
上海	240744	187417	53327	197387	159246	38142	43356	28171	15186	
江苏	497254	248396	248858	497254	248396	248858				
浙江	176249	22608	153641	176249	22608	153641				
安徽	7834		7834	6734		6734	1100		1100	
福建	34714	15630	19084	34714	15630	19084				
江西	9417		9417	6552		6552	2865		2865	
山东	111555	38033	73522	103546	38033	65513	8009		8009	
河南	65154		65154	60007		60007	5146		5146	
湖北	123216	103760	19456	121626	102170	19456	1590	1590		
湖南	50532	23961	26571	48424	22330	26094	2108	1631	477	
广东	132722	21261	111461	114415	2954	111461	18307	18307		
广西	56966		56966	56966		56966				
海南	5748	134	5614	5748	134	5614				
重庆	64199	36	64163	58265	36	58229	5934		5934	
四川	72248	14300	57948	50871	9976	40895	21377	4324	17054	
贵州	11314		11314	11314		11314				
云南	62758		62758	52819		52819	9939		9939	
西藏										
陕西	151417	107603	43813	151417	107603	43813				
甘肃	85053	71824	13229	84074	71824	12249	979		979	
青海	3908		3908	3908		3908				
宁夏	5818		5818	1477		1477	4340		4340	
新疆	73468	44580	28888	55233	26345	28888	18235	18235		
大连	57		57	57		57				
宁波	9760		9760	9760		9760				
厦门	5244		5244	5244		5244				
青岛										
深圳	1101		1101	1101		1101				

2-15 其他属于国家财政性教育经费

单位：千元

地区	总计			教育部门和其他部门			企业办学			民办学校
	合计	中央	地方	合计	中央	地方	合计	中央	地方	地方
合计	**38713184**	**31807126**	**6906059**	**38495062**	**31688234**	**6806828**	**121122**	**118892**	**2230**	**97001**
北京	9134911	8174897	960014	9132906	8174897	958009				2005
天津	1112634	988311	124322	1112634	988311	124322				
河北	262020	192808	69212	261565	192808	68757				455
山西	108912	104188	4724	108121	104188	3933				791
内蒙古	104889	34940	69948	104889	34940	69948				
辽宁	1349145	1149422	199723	1348069	1149422	198647				1076
吉林	818388	578144	240245	818388	578144	240245				
黑龙江	907941	860934	47007	907941	860934	47007				
上海	3267696	2646124	621571	3264603	2646124	618479				3092
江苏	3542301	2753022	789279	3531224	2753022	778202				11077
浙江	2499272	2238966	260305	2471043	2238966	232077				28229
安徽	1555850	1333521	222329	1553850	1333521	220329	1680		1680	320
福建	813259	636790	176469	809508	636790	172717				3752
江西	440345	229369	210976	439221	229369	209852				1125
山东	1140389	834529	305860	1138886	834529	304357				1503
河南	504850	443176	61674	496248	443176	53071				8603
湖北	3270782	2877074	393708	3264799	2877074	387725				5983
湖南	830731	566506	264225	828636	566506	262130	310		310	1785
广东	930830	502990	427839	913595	502990	410605				17234
广西	295579	159907	135673	294684	159907	134778				895
海南	19889	16856	3033	18044	16856	1188				1845
重庆	715873	574163	141710	715611	574163	141448				263
四川	1498322	1104993	393329	1497788	1104993	392795	240		240	295
贵州	268802	129234	139567	268802	129234	139567				
云南	356767	291369	65398	352634	291369	61265				4133
西藏	16558	10240	6318	16558	10240	6318				
陕西	2063185	1700092	363092	2060709	1700092	360617				2475
甘肃	515892	372354	143538	515826	372354	143471				66
青海	69817	34857	34960	69817	34857	34960				
宁夏	47416	42150	5266	47416	42150	5266				
新疆	249940	225197	24743	131048	106305	24743	118892	118892		
大连	16640	10982	5659	16640	10982	5659				
宁波	30551	200	30351	16198	200	15998				14353
厦门	3519		3519	1615		1615				1904
青岛										
深圳	259940	161372	98568	259940	161372	98568				

2-16 民办学校中举办者投入

单位：千元

地区	总计			教育部门和其他部门			企业办学			民办学校
	合计	中央	地方	合计	中央	地方	合计	中央	地方	地方
合计	**20327326**		**20327326**							**20327326**
北京	92606		92606							92606
天津	21679		21679							21679
河北	494183		494183							494183
山西	214782		214782							214782
内蒙古	161815		161815							161815
辽宁	130993		130993							130993
吉林	175002		175002							175002
黑龙江	75206		75206							75206
上海	59553		59553							59553
江苏	1368625		1368625							1368625
浙江	1452152		1452152							1452152
安徽	575041		575041							575041
福建	534133		534133							534133
江西	438131		438131							438131
山东	1141504		1141504							1141504
河南	1174662		1174662							1174662
湖北	1263046		1263046							1263046
湖南	821335		821335							821335
广东	5059116		5059116							5059116
广西	356479		356479							356479
海南	719543		719543							719543
重庆	1177915		1177915							1177915
四川	1267479		1267479							1267479
贵州	448192		448192							448192
云南	638757		638757							638757
西藏	1848		1848							1848
陕西	161570		161570							161570
甘肃	71261		71261							71261
青海	49665		49665							49665
宁夏	144637		144637							144637
新疆	36417		36417							36417
大连	34660		34660							34660
宁波	48644		48644							48644
厦门	112101		112101							112101
青岛	114353		114353							114353
深圳	275935		275935							275935

2-17 捐赠收入

单位：千元

地区	总计			教育部门和其他部门			企业办学			民办学校
	合计	中央	地方	合计	中央	地方	合计	中央	地方	地方
合计	**8104474**	**3147236**	**4957238**	**6947671**	**3043302**	**3904369**	**109755**	**103934**	**5821**	**1047047**
北京	1144692	1035905	108787	1052870	1035905	16965	136		136	91686
天津	111479	74921	36558	104250	74921	29330	3524		3524	3705
河北	73897	1731	72166	52958	1731	51227				20938
山西	13490		13490	12876		12876	35		35	579
内蒙古	37947		37947	37606		37606				341
辽宁	62819	23885	38933	57549	23885	33664				5269
吉林	82307	45871	36435	73991	45871	28119				8316
黑龙江	38039	25392	12647	36634	25392	11242	10		10	1395
上海	504193	419159	85035	435339	419159	16181				68854
江苏	1101084	180275	920809	863964	180275	683689				237120
浙江	448486	99768	348718	315850	99768	216082	18		18	132618
安徽	143714	45004	98711	132877	45004	87873				10838
福建	972464	413365	559100	917989	413365	504625				54475
江西	133376	4	133372	81302		81302	4	4		52070
山东	237105	47061	190044	174787	47061	127726	1044		1044	61274
河南	60321		60321	40059		40059	3		3	20259
湖北	147911	78933	68978	132708	78933	53775	920		920	14283
湖南	94103	24220	69884	85741	24220	61521				8362
广东	1170239	239261	930978	1088267	239134	849133	161	127	34	81810
广西	93859		93859	64565		64565	3		3	29291
海南	28139		28139	5762		5762				22376
重庆	165959	34177	131782	150725	34177	116548				15234
四川	491971	129344	362627	433375	129342	304033	2	2		58594
贵州	90001		90001	87842		87842				2159
云南	221103		221103	199183		199183				21920
西藏	1720		1720	1720		1720				
陕西	194783	118169	76614	192443	118169	74274	95		95	2244
甘肃	69198	6992	62207	65008	6992	58017				4190
青海	20651		20651	20641		20641				10
宁夏	32421		32421	15600		15600				16821
新疆	117004	103801	13203	13189		13189	103801	103801		14
大连	3163		3163	3117		3117				46
宁波	35497		35497	25884		25884				9612
厦门	38347		38347	37527		37527				820
青岛	50464		50464	49025		49025	953		953	486
深圳	54399		54399	33800		33800				20600

2-18 港澳台及海外捐赠

单位：千元

地区	总计			教育部门和其他部门			企业办学			民办学校
	合计	中央	地方	合计	中央	地方	合计	中央	地方	地方
合计	**633446**	**106026**	**527420**	**605219**	**106026**	**499193**				**28228**
北京	33130	28117	5012	28117	28117					5012
天津	2480	1553	928	2480	1553	928				
河北	840		840	90		90				750
山西	41		41	41		41				
内蒙古										
辽宁	1618	944	674	1540	944	595				79
吉林	779		779	779		779				
黑龙江										
上海	55829	48582	7247	49353	48582	771				6475
江苏	4715	2676	2039	3976	2676	1300				739
浙江	7960	18	7942	7828	18	7810				132
安徽	815		815	600		600				215
福建	41044		41044	38244		38244				2800
江西	2156		2156	2036		2036				120
山东	1737	1637	100	1737	1637	100				
河南	391		391	391		391				
湖北	14589	14469	120	14556	14469	87				33
湖南	4694	190	4504	4694	190	4504				
广东	433428	2593	430835	426959	2593	424366				6469
广西	4648		4648	2736		2736				1912
海南	54		54	54		54				
重庆	4214	4214		4214	4214					
四川	4824	568	4256	1953	568	1386				2870
贵州	3755		3755	3755		3755				
云南	5730		5730	5130		5130				600
西藏										
陕西	1409	290	1119	1389	290	1099				20
甘肃	1820	176	1644	1820	176	1644				
青海										
宁夏	446		446	446		446				
新疆	300		300	300		300				
大连										
宁波	5316		5316	5274		5274				42
厦门	2191		2191	2191		2191				
青岛										
深圳										

2-19 事业收入

单位：千元

地区	总计			教育部门和其他部门			企业办学			民办学校
	合计	中央	地方	合计	中央	地方	合计	中央	地方	地方
合计	**627682918**	**81387975**	**546294943**	**334410833**	**80188349**	**254222484**	**5169976**	**1199626**	**3970350**	**288102109**
北京	36760555	23768506	12992049	28290888	23763616	4527272	146004	4890	141114	8323663
天津	9515449	2152774	7362675	6117057	2146101	3970957	456307	6673	449634	2942085
河北	21535591	472882	21062709	10780925	428283	10352642	418496	44600	373897	10336170
山西	12236792	4908	12231884	6153004	4908	6148096	165284		165284	5918504
内蒙古	5983801	6450	5977351	3938063	6450	3931613	52304		52304	1993434
辽宁	19241225	2302363	16938863	11270197	2302363	8967834	219029		219029	7751999
吉林	11011931	1932863	9079068	6520051	1932863	4587188	26617		26617	4465262
黑龙江	12213398	3182164	9031234	8556311	2940118	5616193	280586	242046	38540	3376500
上海	24564348	8909133	15655215	15815494	8908571	6906923	178434	562	177872	8570420
江苏	43689313	5404719	38284594	26647342	5392650	21254692	117987	12069	105919	16923983
浙江	38787097	2389563	36397535	17227383	2389563	14837821	20535		20535	21539179
安徽	19341450	894677	18446773	9327166	894282	8432884	247685	395	247291	9766599
福建	18765001	1664248	17100753	9664278	1664248	8000030	2670		2670	9098054
江西	15235409	1283	15234127	7037437		7037437	73590	1283	72307	8124382
山东	36107711	3342992	32764719	21907313	3342992	18564322	571470		571470	13628927
河南	36038734	107602	35931132	14420476	57524	14362952	277902	50078	227825	21340356
湖北	27609501	5094994	22514506	15879871	4946734	10933137	223066	148260	74806	11506563
湖南	27244566	1629894	25614672	14340278	1627296	12712982	115224	2598	112625	12789065
广东	82500402	5087878	77412525	30228197	5064805	25163393	95038	23073	71965	52177167
广西	15952451		15952451	9037331		9037331	28829		28829	6886291
海南	4414376	21583	4392794	1331114	21583	1309532	16275		16275	3066986
重庆	16352880	2044467	14308412	9563863	2044059	7519803	11529	408	11121	6777488
四川	33772992	5246954	28526038	16670932	5149846	11521086	306481	97108	209372	16795580
贵州	10732560	725	10731835	5771898	725	5771173	51866		51866	4908797
云南	12273536	10374	12263161	6245723	10374	6235349	161183		161183	5866629
西藏	222498		222498	180484		180484				42014
陕西	22226080	4399643	17826437	13057597	4399643	8657954	163665		163665	9004819
甘肃	6214717	623707	5591010	4419960	623707	3796252	69421		69421	1725336
青海	1042930	7022	1035908	678370	7022	671349	14827		14827	349733
宁夏	2094433	106506	1987928	988788	106506	882282	67039		67039	1038607
新疆	4001189	577100	3424089	2343042	11518	2331524	590630	565582	25047	1067518
大连	1691213	24027	1667186	647438	24027	623410	13639		13639	1030137
宁波	5602351		5602351	1814653		1814653				3787699
厦门	1875980	3700	1872280	614326	3700	610626				1261654
青岛	3142060		3142060	874962		874962	75688		75688	2191409
深圳	10949030		10949030	2148328		2148328				8800702

2-20 学 费

单位：千元

地 区	总计			教育部门和其他部门			企业办学			民办学校
	合 计	中 央	地 方	合 计	中 央	地 方	合 计	中 央	地 方	地 方
合 计	**477093392**	**28468786**	**448624605**	**209896453**	**27584416**	**182312037**	**3799743**	**884371**	**2915372**	**263397197**
北 京	18657143	8315263	10341880	10633066	8314479	2318587	107707	784	106923	7916369
天 津	6755294	646567	6108727	3566028	643927	2922100	381656	2640	379016	2807610
河 北	17833203	280901	17552302	8110806	246984	7863822	231069	33916	197152	9491328
山 西	9994686	4908	9989778	4464852	4908	4459944	147596		147596	5382237
内蒙古	4863010	6450	4856560	2926376	6450	2919926	44336		44336	1892298
辽 宁	14925133	1040844	13884289	7589025	1040844	6548182	134744		134744	7201363
吉 林	8514427	652690	7861737	4265382	652690	3612692	26617		26617	4222428
黑龙江	8500458	585910	7914549	5172961	442682	4730279	176496	143227	33269	3151001
上 海	14819600	2262952	12556647	6548722	2262396	4286325	47640	556	47084	8223238
江 苏	32414926	1874210	30540717	16702029	1866003	14836026	84962	8206	76755	15627936
浙 江	29817171	482039	29335132	10235123	482039	9753084	20535		20535	19561513
安 徽	15671751	464957	15206795	6608369	464568	6143801	175053	389	174663	8888330
福 建	14682009	589561	14092448	6147111	589561	5557549	2670		2670	8532229
江 西	12676964	1028	12675936	5356149		5356149	59777	1028	58750	7261037
山 东	29135337	1058133	28077204	16173442	1058133	15115309	406509		406509	12555387
河 南	30793254	95105	30698149	11175810	50592	11125217	262520	44513	218007	19354924
湖 北	20942755	2556117	18386638	10525338	2450810	8074528	169646	105306	64339	10247770
湖 南	21238738	819195	20419543	9765051	817915	8947136	63890	1280	62610	11409796
广 东	67472485	1358725	66113760	19517120	1341334	18175786	78845	17392	61454	47876520
广 西	12664729		12664729	6330047		6330047	28399		28399	6306284
海 南	3593168	18327	3574841	1012966	18327	994639	10531		10531	2569671
重 庆	12304692	951858	11352833	5920421	951460	4968961	10717	398	10319	6373553
四 川	24823467	2059913	22763554	9467185	1976091	7491093	234558	83822	150735	15121725
贵 州	8505801	725	8505077	4252065	725	4251341	49111		49111	4204625
云 南	9936892	7424	9929467	4396174	7424	4388749	133617		133617	5407100
西 藏	164348		164348	122334		122334				42014
陕 西	15220611	1354558	13866052	7064574	1354558	5710015	157372		157372	7998665
甘 肃	4841528	446673	4394855	3203738	446673	2757066	59776		59776	1578014
青 海	700879	5140	695739	351713	5140	346573	9134		9134	340032
宁 夏	1657873	78076	1579798	676726	78076	598650	19450		19450	961697
新 疆	2971060	450538	2520522	1615750	9626	1606125	464807	440912	23895	890503
大 连	1437411	23727	1413683	477258	23727	453530	13639		13639	946514
宁 波	4698054		4698054	1263676		1263676				3434378
厦 门	1709331	3700	1705631	515654	3700	511954				1193677
青 岛	2898930		2898930	773367		773367	46097		46097	2079466
深 圳	9425838		9425838	1361941		1361941				8063897

2-21 其他教育经费

单位：千元

地 区	总计			教育部门和其他部门			企业办学			民办学校
	合 计	中 央	地 方	合 计	中 央	地 方	合 计	中 央	地 方	地 方
合 计	**93098597**	**24221577**	**68877020**	**84266624**	**23789812**	**60476812**	**754677**	**431765**	**322912**	**8077295**
北 京	10036851	8800228	1236623	9776818	8800223	976595	11668	6	11662	248366
天 津	1331913	406548	925365	1224130	403115	821015	61059	3433	57626	46724
河 北	1591073	63335	1527738	1486794	63312	1423482	17506	23	17483	86773
山 西	631154		631154	567981		567981	469		469	62704
内蒙古	3581321		3581321	3573748		3573748	2		2	7572
辽 宁	968572	227036	741536	796410	227036	569374	20428		20428	151734
吉 林	1340893	270510	1070383	1268956	270510	998445	11227		11227	60710
黑龙江	994599	604576	390023	940666	592369	348297	13067	12207	861	40866
上 海	5992483	1973074	4019408	4973767	1972926	3000841	20034	148	19886	998681
江 苏	8220053	922381	7297672	7536863	917585	6619277	7896	4795	3101	675294
浙 江	11995706	3470180	8525526	10669511	3470180	7199332	1751		1751	1324444
安 徽	1943428	527699	1415729	1806681	527685	1278997	6445	14	6431	130301
福 建	2817685	304434	2513251	2535323	304434	2230889	204		204	282159
江 西	726481	5480	721000	570090		570090	8147	5480	2667	148244
山 东	3039131	450295	2588836	2819490	450295	2369195	54016		54016	165625
河 南	2710720	75405	2635314	2355400	75405	2279995	14139		14139	341181
湖 北	3352408	1570342	1782066	3063829	1568507	1495321	17200	1834	15366	271378
湖 南	3248036	298726	2949310	2947850	298705	2649145	1259	21	1238	298927
广 东	5419359	825854	4593505	4219098	821667	3397431	8283	4187	4096	1191978
广 西	1369009		1369009	1194045		1194045	229		229	174734
海 南	586127	3844	582283	529272	3844	525429	4567		4567	52287
重 庆	2805284	337074	2468211	2516817	337074	2179743	18336		18336	270131
四 川	3072639	1251295	1821344	2593997	1241166	1352831	22809	10129	12681	455833
贵 州	2990004		2990004	2901110		2901110	10916		10916	77978
云 南	3463997		3463997	3248292		3248292	8608		8608	207097
西 藏	51883		51883	51653		51653				231
陕 西	2835834	1278403	1557431	2665899	1278403	1387496	12758		12758	157177
甘 肃	823997	143352	680645	808064	143352	664712	627		627	15306
青 海	1344966	6597	1338370	1293930	6597	1287333	8399		8399	42637
宁 夏	617120	7562	609558	586515	7562	578952	1910		1910	28696
新 疆	3195871	397349	2798522	2743627	7861	2735766	390717	389489	1228	61527
大 连	132812	1316	131496	127796	1316	126480	2		2	5014
宁 波	866240		866240	624285		624285				241955
厦 门	717384		717384	682688		682688				34696
青 岛	179877		179877	120517		120517	18282		18282	41077
深 圳	961295		961295	781813		781813				179482

第三部分

各地区各级各类教育机构教育经费收入

3-1 教育经费收入情况

地区	总计	国家财政性教育经费	公共财政预算安排的教育经费	公共财政教育经费	教育事业费	基本建设经费	教育费附加	科研经费	其他
合计	**3844784503**	**3095571189**	**3031249878**	**2770063252**	**2572038179**	**57175858**	**140849215**	**19448272**	**241738354**
北京	214809382	166774678	154536835	132806478	119829489	5109170	7867818	2769371	18960986
天津	61929689	50949169	49610117	46540501	44082149	395646	2062706	435139	2634478
河北	144004824	120310080	118870459	112600307	107386178	960487	4253643	168454	6101697
山西	79531239	66435021	65408559	60758734	57579192	724438	2455104	157334	4492491
内蒙古	76395353	66630469	66215406	54346016	51018882	841013	2486121	196939	11672451
辽宁	101632678	81229069	79121583	67845825	63638985	799052	3407788	187619	11088139
吉林	71731163	59121031	58067173	53798316	50574150	977511	2246655	291135	3977722
黑龙江	83637273	70316032	68703092	63865823	61433607	790576	1641640	678089	4159179
上海	140970596	109850019	105900804	92193243	75255984	4722378	12214881	2765477	10942084
江苏	262478098	208099024	203043427	194731109	177037332	818522	16875256	1818096	6494222
浙江	200761630	148078188	143710187	134451938	122256878	2050585	10144475	834009	8424240
安徽	130090190	108086557	106056745	93704414	86941081	2095725	4667607	1068819	11283513
福建	110702345	87613061	86239864	81568389	76145302	812015	4611073	387275	4284200
江西	104927138	88393741	87363283	84018824	79564026	1762951	2691847	221491	3122967
山东	234155239	193629788	190524593	186965383	174120168	994146	11851069	458802	3100408
河南	190175243	150190807	148923245	124663756	117674400	1943012	5046344	322005	23937483
湖北	153471694	121098829	116161720	110099515	109595155	504360		522579	5539626
湖南	144655446	113247405	111984083	106441500	99206751	1078636	6156113	623330	4919253
广东	350580706	256431589	254157136	229605143	206780543	8289090	14535510	3787827	20764166
广西	109305226	91533428	90828878	85081351	79865985	2810040	2405326	26761	5720765
海南	30762991	25014806	24796798	21424446	20486980	347219	590247	130758	3241595
重庆	95528209	75026171	72900100	60207605	55910700	1525674	2771231	114283	12578211
四川	192370039	153764958	151192364	135388445	126649762	2854223	5884460	390741	15413179
贵州	103502365	89241609	87847279	84043780	80030583	1239607	2773590	27848	3775651
云南	119173381	102575988	101899911	86418069	81634565	1362584	3420920	219904	15261938
西藏	18587382	18309431	18208734	17583362	15749028	1463349	370984	51787	573585
陕西	117404223	91985957	89563393	85790000	80946227	2348174	2495599	604176	3169217
甘肃	70756997	63577823	62845440	57201331	53974283	1386833	1840215	64815	5579293
青海	21679321	19221109	19128562	16879861	14586133	1831350	462377	9104	2239597
宁夏	21446595	18557983	18467080	15501923	14541512	327600	632810	57666	2907492
新疆	87627849	80277367	78973028	73537863	67542165	4009892	1985806	56639	5378526
大连	14315255	12453407	12407525	10933866	9991476	31762	910629	2708	1470950
宁波	28002978	21450245	21185517	20039913	17781950	276953	1981009	38545	1107059
厦门	14790123	12046310	11787797	10853421	9679956	120500	1052965	1380	932995
青岛	28878895	25392142	25280428	25082775	21830205		3252570	22400	175252
深圳	52790245	40549586	40237689	37032001	25821805	6532821	4677375	321811	2883877

(各级各类教育机构)

单位：千元

政府性基金预算安排的教育经费	#彩票公益金	企业办学中的企业拨款	校办产业和社会服务收入中用于教育的经费	其他属于国家财政性教育经费	民办学校中举办者投入	捐赠收入	事业收入	#学费	其他教育经费
18950463	**5453364**	**3440997**	**3216666**	**38713184**	**20327326**	**8104474**	**627682918**	**477093392**	**93098597**
2484113	2053884	74803	544016	9134911	92606	1144692	36760555	18657143	10036851
73164	16544	77294	75960	1112634	21679	111479	9515449	6755294	1331913
1041142	78556	125140	11320	262020	494183	73897	21535591	17833203	1591073
769474	104786	137470	10607	108912	214782	13490	12236792	9994686	631154
233713	169994	67503	8958	104889	161815	37947	5983801	4863010	3581321
151446	97827	134870	472025	1349145	130993	62819	19241225	14925133	968572
136709	69712	79856	18905	818388	175002	82307	11011931	8514427	1340893
88447	68523	583962	32590	907941	75206	38039	12213398	8500458	994599
425377	30029	15399	240744	3267696	59553	504193	24564348	14819600	5992483
987342	276770	28700	497254	3542301	1368625	1101084	43689313	32414926	8220053
1677531	131426	14949	176249	2499272	1452152	448486	38787097	29817171	11995706
366618	95473	99511	7834	1555850	575041	143714	19341450	15671751	1943428
512050	52027	13174	34714	813259	534133	972464	18765001	14682009	2817685
571218	165216	9477	9417	440345	438131	133376	15235409	12676964	726481
1253568	286665	599684	111555	1140389	1141504	237105	36107711	29135337	3039131
573070	276823	124488	65154	504850	1174662	60321	36038734	30793254	2710720
1444960	76508	98151	123216	3270782	1263046	147911	27609501	20942755	3352408
360880	144627	21179	50532	830731	821335	94103	27244566	21238738	3248036
1164762	235308	46140	132722	930830	5059116	1170239	82500402	67472485	5419359
349218	98843	2787	56966	295579	356479	93859	15952451	12664729	1369009
168617	25604	23754	5748	19889	719543	28139	4414376	3593168	586127
1337620	62763	8379	64199	715873	1177915	165959	16352880	12304692	2805284
926319	294423	75704	72248	1498322	1267479	491971	33772992	24823467	3072639
1111571	142813	2644	11314	268802	448192	90001	10732560	8505801	2990004
176310	115496	80242	62758	356767	638757	221103	12273536	9936892	3463997
84139	48693			16558	1848	1720	222498	164348	51883
137698	78531	70264	151417	2063185	161570	194783	22226080	15220611	2835834
115520	62459	15918	85053	515892	71261	69198	6214717	4841528	823997
14053	4150	4769	3908	69817	49665	20651	1042930	700879	1344966
31329	20867	6340	5818	47416	144637	32421	2094433	1657873	617120
182485	68026	798447	73468	249940	36417	117004	4001189	2971060	3195871
29184	10644		57	16640	34660	3163	1691213	1437411	132812
224418	21009		9760	30551	48644	35497	5602351	4698054	866240
249751	1548		5244	3519	112101	38347	1875980	1709331	717384
57544	18233	54170			114353	50464	3142060	2898930	179877
50856	43822		1101	259940	275935	54399	10949030	9425838	961295

3-2 教育经费收入情况

地区	总计	国家财政性教育经费	公共财政预算安排的教育经费	公共财政教育经费	教育事业费	基本建设经费	教育费附加	科研经费	其他
合计	**3515389927**	**2874933399**	**2845094960**	**2610870474**	**2418196369**	**52043720**	**140630385**	**5836682**	**228387803**
北京	115033231	100603166	99495330	85339678	73959971	3679820	7699886	97503	14058150
天津	53634298	45288021	44940897	42439847	39981495	395646	2062706	214174	2286875
河北	142253170	119096374	117692353	111574300	106360171	960487	4253643	168454	5949599
山西	79526146	66434836	65408374	60758687	57579145	724438	2455104	157334	4492353
内蒙古	76387845	66629410	66214348	54346016	51018882	841013	2486121	196939	11671393
辽宁	92413659	74563334	73718173	63284781	59226900	650172	3407708	51220	10382172
吉林	63993526	53632639	53235075	49350704	46191688	912361	2246655	136830	3747541
黑龙江	73258471	63749361	63580830	59457192	57076828	738983	1641380	65379	4058259
上海	108570651	88751440	87155878	76871102	60555066	4151108	12164927	135745	10149031
江苏	239976314	192104614	189794317	183666841	166348633	442952	16875256	576673	5550804
浙江	188331088	141607157	139324993	130685969	118514204	2027895	10143870	386489	8252536
安徽	123508964	102972709	102261186	90974365	84240452	2066305	4667607	89910	11196912
福建	104572972	83865735	82998689	78745955	73398178	736705	4611073	195296	4057438
江西	104919726	88393096	87362638	84018180	79563382	1762951	2691847	221491	3122967
山东	224306811	187621707	185199420	182152995	169709570	592356	11851069	379194	2667230
河南	189512462	149711033	148498847	124505500	117516144	1943012	5046344	322005	23671341
湖北	129404445	103775849	102066001	97932695	97932695			86963	4046343
湖南	137697665	108242463	107623610	102683183	95553054	974016	6156113	244275	4696152
广东	334294570	246298446	244087401	222894520	200132130	8226880	14535510	1312037	19880844
广西	109305226	91533428	90828878	85081351	79865985	2810040	2405326	26761	5720765
海南	30706928	24984170	24766296	21393944	20456478	347219	590247	130758	3241595
重庆	88525252	70438931	68892095	56419703	52192947	1455524	2771231	17301	12455091
四川	176013155	144035667	142844227	127688624	119171281	2632883	5884460	185351	14970252
贵州	103501640	89241609	87847279	84043780	80030583	1239607	2773590	27848	3775651
云南	119159875	102572856	101896779	86416329	81632825	1362584	3420920	219904	15260546
西藏	18587382	18309431	18208734	17583362	15749028	1463349	370984	51787	573585
陕西	100003189	80381138	80025302	77394793	72727390	2171804	2495599	14882	2615627
甘肃	67196232	60791109	60345217	54855522	51654795	1360513	1840215	15686	5474009
青海	21664988	19220394	19127847	16879146	14585419	1831350	462377	9104	2239597
宁夏	20783226	18008682	17917779	14971902	14011492	327600	632810	57666	2888211
新疆	78346821	72074591	71736165	66459509	61259557	3214147	1985806	41724	5234932
大连	14285501	12448996	12403114	10929456	9987065	31762	910629	2708	1470950
宁波	28002978	21450245	21185517	20039913	17781950	276953	1981009	38545	1107059
厦门	14785223	12045110	11786597	10852221	9678756	120500	1052965	1380	932995
青岛	28878895	25392142	25280428	25082775	21830205		3252570	22400	175252
深圳	52790245	40549586	40237689	37032001	25821805	6532821	4677375	321811	2883877

(地方各级各类教育机构)

单位：千元

政府性基金预算安排的教育经费	#彩票公益金	企业办学中的企业拨款	校办产业和社会服务收入中用于教育的经费	其他属于国家财政性教育经费	民办学校中举办者投入	捐赠收入	事业收入	#学费	其他教育经费
16723964	**3427247**	**1876800**	**1359902**	**9877774**	**20327326**	**4957238**	**546294943**	**448624605**	**68877020**
429333	33874	63211	97679	517614	92606	108787	12992049	10341880	1236623
16544	16544	76789	61389	192402	21679	36558	7362675	6108727	925365
1041142	78556	93854	10044	258981	494183	72166	21062709	17552302	1527738
769474	104786	137470	10607	108912	214782	13490	12231884	9989778	631154
233713	169994	67503	8958	104889	161815	37947	5977351	4856560	3581321
151446	97827	134870	5097	553749	130993	38933	16938863	13884289	741536
136709	69712	79856	18905	162094	175002	36435	9079068	7861737	1070383
88327	68403	9473	4480	66252	75206	12647	9031234	7914549	390023
404267	30029	15399	53327	1122570	59553	85035	15655215	12556647	4019408
987342	276770	25288	248858	1048810	1368625	920809	38284594	30540717	7297672
1677531	131426	14949	153641	436043	1452152	348718	36397535	29335132	8525526
366618	95473	98971	7834	238101	575041	98711	18446773	15206795	1415729
512050	52027	13174	19084	322738	534133	559100	17100753	14092448	2513251
571218	165216	9477	9417	440345	438131	133372	15234127	12675936	721000
1253568	286665	599684	73522	495514	1141504	190044	32764719	28077204	2588836
573070	276823	69473	65154	504489	1174662	60321	35931132	30698149	2635314
1444960	76508	66078	19456	179354	1263046	68978	22514506	18386638	1782066
360880	144627	21179	26571	210223	821335	69884	25614672	20419543	2949310
1159262	235308	26637	111461	913685	5059116	930978	77412525	66113760	4593505
349218	98843	2787	56966	295579	356479	93859	15952451	12664729	1369009
168617	25604	23754	5614	19889	719543	28139	4392794	3574841	582283
1337620	62763	8379	64163	136674	1177915	131782	14308412	11352833	2468211
844609	294423	35704	57948	253179	1267479	362627	28526038	22763554	1821344
1111571	142813	2644	11314	268802	448192	90001	10731835	8505077	2990004
176310	115496	80242	62758	356767	638757	221103	12263161	9929467	3463997
84139	48693			16558	1848	1720	222498	164348	51883
137698	78531	70264	43813	104060	161570	76614	17826437	13866052	1557431
115520	62459	15918	13229	301225	71261	62207	5591010	4394855	680645
14053	4150	4769	3908	69817	49665	20651	1035908	695739	1338370
31329	20867	6340	5818	47416	144637	32421	1987928	1579798	609558
175827	62039	2664	28888	131048	36417	13203	3424089	2520522	2798522
29184	10644		57	16640	34660	3163	1667186	1413683	131496
224418	21009		9760	30551	48644	35497	5602351	4698054	866240
249751	1548		5244	3519	112101	38347	1872280	1705631	717384
57544	18233	54170			114353	50464	3142060	2898930	179877
50856	43822		1101	259940	275935	54399	10949030	9425838	961295

3-3 教育经费收入情况

地区	总计	国家财政性教育经费	公共财政预算安排的教育经费	公共财政教育经费	教育事业费	基本建设经费	教育费附加	科研经费	其他
合计	**1012464513**	**628785221**	**584026095**	**526970346**	**502831628**	**18650148**	**5488570**	**18742853**	**38312896**
北京	109330716	74811752	65140786	59365207	56867921	2323198	174087	2298306	3477273
天津	24053507	16122816	14901382	13786962	13606936	80000	100026	434889	679532
河北	29444747	17881893	17519115	16371793	16143581	191961	36251	150374	996948
山西	17537568	11297185	10927548	9975988	9861994	109309	4685	154050	797511
内蒙古	14319805	10690940	10570326	8949581	8699971	128982	120627	194861	1425884
辽宁	34811941	21795524	19858033	16566497	15851833	497584	217080	183877	3107660
吉林	23655229	15580262	14743427	13847928	13209774	507097	131057	290955	604544
黑龙江	26070021	16183791	14854305	13656002	13412005	208282	35715	677959	520343
上海	61763243	42350830	38879619	32824592	28748962	4027435	48195	2744892	3310135
江苏	76278866	46080474	42072081	38714828	37352922	399533	962373	1796363	1560890
浙江	50940445	26782989	23767356	20505590	18771922	900026	833642	828405	2433361
安徽	28464722	19600364	17976744	15209817	14286102	846891	76824	1066815	1700111
福建	26757651	14946266	14011007	12675056	12048123	209224	417710	382139	953812
江西	21666418	13848842	13083544	12598067	12461786	129600	6681	216001	269476
山东	51955656	31638690	30016667	28830561	28179306	515621	135634	455658	730447
河南	41093762	25161948	24527429	21440935	21017252	269211	154472	319520	2766974
湖北	52294064	32305949	28829204	26609595	26105235	504360		517473	1702135
湖南	32843353	19556766	18655157	17143541	16490050	192058	461434	613831	897785
广东	79921448	46163840	45090891	39134794	35696142	2779610	659042	3778323	2177774
广西	20343380	11395496	11076818	10675724	10362472	231512	81741	24939	376154
海南	5439558	2808929	2713481	2459870	2295663	164207		73518	180092
重庆	26405016	14086451	13267200	12640846	12535696	100150	5000	113073	513281
四川	46027452	26158138	24395563	21698814	20746643	855375	96795	383072	2313677
贵州	14831290	10251883	9558654	9067955	8704418	215688	147849	16232	474467
云南	16872484	9195972	8740139	8107201	7982507	123426	1268	219236	413702
西藏	1738311	1533042	1516485	1391989	1140994	213000	37995	51787	72708
陕西	42966792	25586267	23399700	20914728	19835916	961793	117019	599141	1885831
甘肃	15918182	11806895	11213667	10249906	9718147	232620	299139	64235	899525
青海	3367739	2323077	2249352	1890184	1682812	196170	11202	8792	350375
宁夏	4128253	2955210	2902134	2455869	2374693	20000	61177	40326	405938
新疆	11222897	7882740	7568284	7209924	6639850	516226	53848	43809	314551
大连	1052203	770279	753614	674131	579353	2700	92079	2708	76775
宁波	5164650	2488403	2413115	2236403	2229969		6434	38545	138167
厦门	2069831	1060370	1004679	927405	739150	120500	67755	1380	75894
青岛	1987981	1026633	972463	949342	925379		23963	22400	720
深圳	10600850	8635071	8374030	7454469	4533059	2689607	231802	316031	603531

(高等学校)

单位：千元

政府性基金预算安排的教育经费	#彩票公益金	企业办学中的企业拨款	校办产业和社会服务收入中用于教育的经费	其他属于国家财政性教育经费	民办学校中举办者投入	捐赠收入	事业收入	#学费	其他教育经费
2426011	**391116**	**1206673**	**2413257**	**38713184**	**4727417**	**4720737**	**322382758**	**217663570**	**51848380**
82780	48010	6500	446774	9134911	19500	717535	25678168	10663072	8103761
61500	4880		47300	1112634		96981	6943582	4499907	890128
34965	1041	58642	7150	262020	18284	7077	10553228	8476075	984266
228997	6650	28586	3142	108912	23590	2368	5840209	4607200	374216
14835	14666		891	104889	3991	5086	3225327	2558653	394460
21963	21143	97291	469091	1349145	4295	35311	12347307	8853495	629504
1250	850	4206	12991	818388	3000	48089	7441542	5249613	582336
1123	1113	391184	29238	907941	46348	30719	9076153	5649895	733009
35243	14133		168273	3267696		457528	15761481	6865656	3193404
83046	100		383046	3542301	500220	710928	23325693	15264942	5661551
387282	6420		129079	2499272	36323	194780	17273752	11265713	6652600
6514	6484	60808	449	1555850	155437	55923	7508714	5652646	1144284
94874	1581		27126	813259	258590	674294	9940866	6913095	937634
317821	220	48	7085	440345	7000	41016	7462080	6161651	307480
74642	45402	358229	48763	1140389	253178	104796	18117009	13284991	1841983
89869	33602		39800	504850	127849	31342	13843202	11737447	1929421
24960	24960	65073	115930	3270782	401842	94156	17215833	12314991	2276284
41209	28240		29669	830731	115500	32723	11741735	8792252	1396629
53348	6386		88771	930830	946959	765770	29291550	20284724	2753331
120	120		22979	295579	112680	37094	8283878	6468290	514233
69947			5613	19889	531000	22703	1888340	1556118	188587
46360	780		57018	715873	772666	51105	9376476	6789894	2118318
192589	89236	50121	21543	1498322	293786	147375	17378097	11272676	2050055
420976			3452	268802		39418	4038557	3125457	501432
8700	5748	64904	25462	356767	76380	103158	6415507	4880543	1081467
				16558		100	157938	113800	47231
2130	2130		121252	2063185		164399	14929629	9002142	2286496
1400		3133	72803	515892		40490	3718087	2783680	352710
			3908	69817		81	481723	270282	562858
			5660	47416	19000	3308	1093388	812934	57347
27570	27220	17947	18999	249940		5085	2033708	1491735	1301364
24	24			16640			270938	174756	10986
34977	24		9760	30551		23347	2208174	1616119	444727
49739			2433	3519		1878	862376	724382	145208
		54170				275	936793	820087	24280
			1101	259940		49817	1521972	961027	393990

3-4 教育经费收入情况

地区	总计	国家财政性教育经费	公共财政预算安排的教育经费	公共财政教育经费	教育事业费	基本建设经费	教育费附加	科研经费	其他
合计	**710310096**	**428896247**	**415422033**	**382504746**	**362797187**	**14255947**	**5451611**	**5593263**	**27324025**
北京	25359331	20216416	19639965	18820986	17753051	893848	174087	88438	730541
天津	15847183	10498341	10268330	9718667	9538641	80000	100026	213924	335739
河北	27800937	16711068	16352605	15354391	15126179	191961	36251	150374	847840
山西	17537568	11297185	10927548	9975988	9861994	109309	4685	154050	797511
内蒙古	14319805	10690940	10570326	8949581	8699971	128982	120627	194861	1425884
辽宁	25721862	15140674	14465108	12009943	11444159	348704	217080	47478	2407688
吉林	16005676	10143529	9962989	9451076	8878072	441947	131057	136650	375263
黑龙江	16527545	10393620	10325117	9818029	9608652	173662	35715	65249	441839
上海	30153592	21574652	20428627	17733704	14265698	3456165	11842	115159	2579764
江苏	53906786	30129920	28863414	27672282	26685946	23963	962373	554940	636193
浙江	38518621	20315375	19385579	16739629	15029257	877336	833037	380885	2265065
安徽	21901767	14489254	14183383	12481462	11587167	817471	76824	87907	1614014
福建	20824832	11263074	10833966	9912630	9361006	133914	417710	190159	731177
江西	21666418	13848842	13083544	12598067	12461786	129600	6681	216001	269476
山东	42113904	25637285	24698170	24018173	23768708	113831	135634	376051	303945
河南	40608799	24762921	24128763	21304007	20880324	269211	154472	319520	2505235
湖北	28679167	15288885	15039401	14732779	14732779			81857	224765
湖南	25914457	14561292	14302521	13390909	12842038	87438	461434	234775	676836
广东	63896156	36250608	35203259	32606275	29229832	2717400	659042	1302532	1294452
广西	20343380	11395496	11076818	10675724	10362472	231512	81741	24939	376154
海南	5439558	2808929	2713481	2459870	2295663	164207		73518	180092
重庆	19584798	9619615	9379599	8972101	8937101	30000	5000	16091	391408
四川	29824935	16483445	16097700	14024941	13294110	634035	96795	177683	1895076
贵州	14830565	10251883	9558654	9067955	8704418	215688	147849	16232	474467
云南	16872484	9195972	8740139	8107201	7982507	123426	1268	219236	413702
西藏	1738311	1533042	1516485	1391989	1140994	213000	37995	51787	72708
陕西	25814615	14195907	14076067	12719555	11817113	785423	117019	9847	1346665
甘肃	12404925	9058226	8751489	7935828	7430389	206300	299139	15106	800555
青海	3367739	2323077	2249352	1890184	1682812	196170	11202	8792	350375
宁夏	3468614	2405909	2352832	1925848	1844672	20000	61177	40326	386658
新疆	9315767	6410865	6246803	6044972	5549680	441444	53848	28894	172937
大连	1052203	770279	753614	674131	579353	2700	92079	2708	76775
宁波	5164650	2488403	2413115	2236403	2229969		6434	38545	138167
厦门	2069831	1060370	1004679	927405	739150	120500	67755	1380	75894
青岛	1987981	1026633	972463	949342	925379		23963	22400	720
深圳	10600850	8635071	8374030	7454469	4533059	2689607	231802	316031	603531

（地方高等学校）

单位：千元

政府性基金预算安排的教育经费	#彩票公益金	企业办学中的企业拨款	校办产业和社会服务收入中用于教育的经费	其他属于国家财政性教育经费	民办学校中举办者投入	捐赠收入	事业收入	#学费	其他教育经费
2177941	**343106**	**725468**	**693030**	**9877774**	**4727417**	**2014182**	**245291348**	**190740424**	**29380903**
		6500	52338	517614	19500	2585	4731477	2922746	389353
4880	4880		32729	192402		22133	4837991	3896144	488718
34965	1041	58642	5875	258981	18284	5346	10145286	8238978	920954
228997	6650	28586	3142	108912	23590	2368	5840209	4607200	374216
14835	14666		891	104889	3991	5086	3225327	2558653	394460
21963	21143	97291	2563	553749	4295	11446	10140901	7904446	424546
1250	850	4206	12991	162094	3000	2217	5534019	4622263	322911
1123	1113		1128	66252	46348	5473	5953664	5123108	128441
14133	14133		9322	1122570		39235	7245455	4760424	1294251
83046	100		134650	1048810	500220	537103	17987092	13450129	4752451
387282	6420		106471	436043	36323	95146	14889357	10788841	3182420
6514	6484	60808	449	238101	155437	10919	6622728	5196375	623429
94874	1581		11496	322738	258590	260939	8404601	6333059	637627
317821	220	48	7085	440345	7000	41016	7462080	6161651	307480
74642	45402	358229	10730	495514	253178	57735	14774018	12226858	1391689
89869	33602		39800	504489	127849	31342	13827442	11724754	1859246
24960	24960	33000	12170	179354	401842	17050	12214974	9826605	756417
41209	28240		7339	210223	115500	8503	10129543	7987018	1099618
47848	6386		85817	913685	946959	526635	24239420	18954381	1932534
120	120		22979	295579	112680	37094	8283878	6468290	514233
69947			5613	19889	531000	22703	1888340	1556118	188587
46360	780		56983	136674	772666	18834	7359223	5862930	1814459
110879	89236	10121	11567	253179	293786	22671	12185690	9260163	839342
420976			3452	268802		39418	4037832	3124732	501432
8700	5748	64904	25462	356767	76380	103158	6415507	4880543	1081467
				16558		100	157938	113800	47231
2130	2130		13649	104060		46600	10546077	7660436	1026031
1400		3133	979	301225		33498	3102861	2345390	210340
			3908	69817		81	481723	270282	562858
			5660	47416	19000	3308	990612	738589	49785
27220	27220		5795	131048		4440	1636085	1175521	1264377
24	24			16640			270938	174756	10986
34977	24		9760	30551		23347	2208174	1616119	444727
49739			2433	3519		1878	862376	724382	145208
		54170				275	936793	820087	24280
			1101	259940		49817	1521972	961027	393990

3-5 教育经费收入情况

地区	总计	国家财政性教育经费	公共财政预算安排的教育经费	公共财政教育经费	教育事业费	基本建设经费	教育费附加	科研经费	其他
合计	**997338623**	**619883397**	**575389526**	**519431017**	**496083731**	**18255066**	**5092219**	**18740943**	**37217567**
北京	107340681	73826865	64225800	58605431	56177596	2320485	107350	2298301	3322068
天津	23706436	15872988	14656303	13568850	13390040	80000	98810	434869	652584
河北	28932396	17541179	17187112	16061203	15837811	191961	31431	150066	975842
山西	17262289	11134862	10765225	9824793	9712874	109309	2610	154010	786422
内蒙古	14175787	10618607	10497993	8895455	8645895	128982	120577	194861	1407677
辽宁	34270281	21517651	19580745	16326849	15639390	478474	208985	183877	3070020
吉林	22986871	15062698	14230068	13408794	12833762	477097	97936	290955	530319
黑龙江	25590058	15851693	14523335	13379886	13139709	208282	31895	677959	465489
上海	60664341	41598778	38135494	32183438	28119527	4027435	36476	2744892	3207164
江苏	75883177	45755221	41746828	38390858	37079690	399533	911636	1796363	1559607
浙江	49536372	25875830	22907278	19683146	18290144	600026	792977	828310	2395821
安徽	28054721	19368271	17744651	15003208	14082284	846891	74033	1066815	1674627
福建	26336128	14753734	13822403	12500425	11916576	206224	377625	382099	939879
江西	21265115	13589655	12824357	12352235	12217673	129600	4961	215831	256291
山东	51714271	31502332	29880308	28694777	28045962	515621	133194	455658	729873
河南	40855788	25053562	24419043	21364441	20940757	269211	154472	319422	2735180
湖北	52110727	32197973	28721227	26508293	26003933	504360		516873	1696061
湖南	32254645	19279619	18378013	16887926	16266054	192058	429815	613591	876496
广东	78595792	45371669	44304129	38425106	35012528	2779610	632968	3778323	2100700
广西	19875844	11089065	10776571	10389283	10116290	191252	81741	24939	362349
海南	5358325	2761197	2665834	2416909	2252702	164207		73468	175457
重庆	26359032	14061855	13245842	12624280	12524130	100150		112923	508639
四川	44985213	25489944	23824540	21411818	20464143	855375	92300	383072	2029650
贵州	14631343	10184240	9491011	9003670	8640480	215688	147502	16232	471110
云南	16528931	9049875	8594042	7963163	7838469	123426	1268	219142	411737
西藏	1738311	1533042	1516485	1391989	1140994	213000	37995	51787	72708
陕西	42320885	25340036	23153887	20687803	19667028	961793	58982	599141	1866944
甘肃	15693849	11702950	11114255	10165527	9633767	232620	299139	64235	884493
青海	3343996	2309551	2235826	1876658	1669286	196170	11202	8792	350375
宁夏	4128253	2955210	2902134	2455869	2374693	20000	61177	40326	405938
新疆	10838762	7633245	7318788	6978933	6409546	516226	53162	43809	296046
大连	887751	665065	648424	584750	492916	2700	89133	2708	60967
宁波	4912157	2333424	2263212	2096440	2095683		757	38545	128226
厦门	2068557	1059096	1003405	926418	738173	120500	67744	1380	75608
青岛	1933910	995523	941353	918233	896710		21523	22400	720
深圳	10511459	8582172	8321131	7405444	4494144	2689607	221693	316031	599657

(普通高等学校)

单位：千元

政府性基金预算安排的教育经费	#彩票公益金	企业办学中的企业拨款	校办产业和社会服务收入中用于教育的经费	其他属于国家财政性教育经费	民办学校中举办者投入	捐赠收入	事业收入	#学费	其他教育经费
2243576	**302745**	**1189840**	**2347564**	**38712892**	**4727417**	**4718922**	**316809464**	**213883097**	**51199422**
48010	48010	6500	411694	9134862	19500	717535	24789783	9962731	7986997
61500	4880		42551	1112634		96981	6869943	4440945	866524
26255	1041	58642	7150	262020	18284	7077	10385421	8321074	980436
228997	6650	28586	3142	108912	23590	2368	5727581	4530673	373888
14835	14666		891	104889	3991	5086	3153653	2534707	394450
21939	21119	97077	468745	1349145	4295	35311	12087387	8812701	625638
1250	850		12991	818388	3000	48089	7339842	5166646	533242
1123	1113	391184	28110	907941	46348	30709	8956694	5578471	704614
35243	14133		160345	3267696		457528	15454832	6785290	3153203
83046	100		383046	3542301	500220	710928	23256147	15220458	5660661
341701	6400		127579	2499272	36323	194780	16897911	11019386	6531528
6514	6484	60808	449	1555850	155437	55923	7336530	5515641	1138561
93973	680		24099	813259	258590	674293	9728821	6749566	920690
317821	220	48	7085	440345	7000	41016	7320874	6032233	306571
74642	45402	358229	48763	1140389	253178	104796	18022594	13203968	1831372
89869	33602		39800	504850	127849	31342	13737625	11699201	1905411
24960	24960	65073	115930	3270782	401842	94156	17140781	12279594	2275976
41209	28240		29666	830731	115500	30964	11446040	8626313	1382523
53185	6386		83525	930830	946959	765730	28770019	19889226	2741416
120	120		16903	295471	112680	37094	8137566	6344272	499439
69947			5613	19804	531000	22703	1858651	1536666	184774
43122	780		57018	715873	772666	51105	9355467	6771453	2117939
104939	1810	40842	21300	1498322	293786	147375	17063428	11017585	1990680
420976			3452	268802		39418	3908113	3005274	499572
8700	5748	64904	25462	356767	76380	103158	6220618	4832123	1078900
				16558		100	157938	113800	47231
2130	2130		120884	2063135		164397	14614125	8728544	2202327
			72803	515892		40490	3599833	2682189	350576
			3908	69817		81	473378	261937	560987
			5660	47416	19000	3308	1093388	812934	57347
27570	27220	17947	18999	249940		5084	1904484	1407497	1295949
				16640			211750	165597	10936
31402	24		8260	30551		23347	2124059	1552173	431327
49739			2433	3519		1878	862376	724382	145208
		54170				275	913832	805087	24280
			1101	259940		49817	1485485	939565	393986

3-6 教育经费收入情况

地区	总计	国家财政性教育经费	公共财政预算安排的教育经费	公共财政教育经费	教育事业费	基本建设经费	教育费附加	科研经费	其他
合计	**696296801**	**420232256**	**406961355**	**375120156**	**356204030**	**13860864**	**5055261**	**5591353**	**26249846**
北京	24387102	19414641	18846148	18161229	17162744	891135	107350	88433	596486
天津	15500112	10248513	10023251	9500555	9321745	80000	98810	213904	308791
河北	27288586	16370354	16020602	15043801	14820408	191961	31431	150066	826735
山西	17262289	11134862	10765225	9824793	9712874	109309	2610	154010	786422
内蒙古	14175787	10618607	10497993	8895455	8645895	128982	120577	194861	1407677
辽宁	25187202	14862800	14187819	11770294	11231716	329594	208985	47478	2370047
吉林	15337318	9625966	9449631	9011942	8502060	411947	97936	136650	301039
黑龙江	16047583	10061522	9994147	9541913	9336356	173662	31895	65249	386985
上海	29054690	20822600	19684502	17092550	13636263	3456165	122	115159	2476793
江苏	53511097	29804667	28538161	27348312	26412714	23963	911636	554940	634909
浙江	37114548	19408217	18525501	15917186	14547478	577336	792372	380790	2227525
安徽	21491766	14257161	13951290	12274852	11383348	817471	74033	87907	1588531
福建	20403310	11070542	10645362	9737999	9229460	130914	377625	190119	717244
江西	21265115	13589655	12824357	12352235	12217673	129600	4961	215831	256291
山东	41872518	25500926	24561811	23882389	23635364	113831	133194	376051	303371
河南	40370826	24654534	24020377	21227513	20803829	269211	154472	319422	2473442
湖北	28495831	15180909	14931425	14631477	14631477			81257	218691
湖南	25325749	14284145	14025376	13135294	12618042	87438	429815	234535	655547
广东	62570500	35458438	34416497	31896587	28546219	2717400	632968	1302532	1217378
广西	19875844	11089065	10776571	10389283	10116290	191252	81741	24939	362349
海南	5358325	2761197	2665834	2416909	2252702	164207		73468	175457
重庆	19538813	9595019	9358241	8955534	8925534	30000		15941	386766
四川	28782696	15815251	15526678	13737945	13011610	634035	92300	177683	1611050
贵州	14631343	10184240	9491011	9003670	8640480	215688	147502	16232	471110
云南	16528931	9049875	8594042	7963163	7838469	123426	1268	219142	411737
西藏	1738311	1533042	1516485	1391989	1140994	213000	37995	51787	72708
陕西	25168708	13949676	13830254	12492629	11648224	785423	58982	9847	1327778
甘肃	12180592	8954281	8652077	7851449	7346010	206300	299139	15106	785522
青海	3343996	2309551	2235826	1876658	1669286	196170	11202	8792	350375
宁夏	3468614	2405909	2352832	1925848	1844672	20000	61177	40326	386658
新疆	9018697	6216091	6052028	5868702	5374096	441444	53162	28894	154432
大连	887751	665065	648424	584750	492916	2700	89133	2708	60967
宁波	4912157	2333424	2263212	2096440	2095683		757	38545	128226
厦门	2068557	1059096	1003405	926418	738173	120500	67744	1380	75608
青岛	1933910	995523	941353	918233	896710		21523	22400	720
深圳	10511459	8582172	8321131	7405444	4494144	2689607	221693	316031	599657

（地方普通高等学校）

单位：千元

政府性基金预算安排的教育经费	#彩票公益金	企业办学中的企业拨款	校办产业和社会服务收入中用于教育的经费	其他属于国家财政性教育经费	民办学校中举办者投入	捐赠收入	事业收入	#学费	其他教育经费
2030276	**254735**	**708636**	**654459**	**9877531**	**4727417**	**2012367**	**240499525**	**187568314**	**28825235**
		6500	44380	517614	19500	2585	4586028	2800218	364347
4880	4880		27980	192402		22133	4764352	3837181	465114
26255	1041	58642	5875	258981	18284	5346	9977478	8083976	917124
228997	6650	28586	3142	108912	23590	2368	5727581	4530673	373888
14835	14666		891	104889	3991	5086	3153653	2534707	394450
21939	21119	97077	2217	553749	4295	11446	9886588	7868706	422073
1250	850		12991	162094	3000	2217	5432319	4539296	273816
1123	1113			66252	46348	5463	5834205	5051684	100045
14133	14133		1395	1122570		39235	6938806	4680057	1254050
83046	100		134650	1048810	500220	537103	17917546	13405646	4751561
341701	6400		104971	436043	36323	95146	14513515	10542515	3061348
6514	6484	60808	449	238101	155437	10919	6450544	5059369	617705
93973	680		8469	322738	258590	260938	8192556	6169530	620684
317821	220	48	7085	440345	7000	41016	7320874	6032233	306571
74642	45402	358229	10730	495514	253178	57735	14679602	12145835	1381077
89869	33602		39800	504489	127849	31342	13721864	11686508	1835236
24960	24960	33000	12170	179354	401842	17050	12139922	9791207	756109
41209	28240		7336	210223	115500	6744	9833848	7821079	1085512
47685	6386		80571	913685	946959	526595	23717889	18558882	1920619
120	120		16903	295471	112680	37094	8137566	6344272	499439
69947			5613	19804	531000	22703	1858651	1536666	184774
43122	780		56983	136674	772666	18834	7338215	5844489	1814080
23229	1810	842	11324	253179	293786	22671	11871021	9005071	779967
420976			3452	268802		39418	3908113	3005274	499572
8700	5748	64904	25462	356767	76380	103158	6220618	4832123	1078900
				16558		100	157938	113800	47231
2130	2130		13281	104010		46598	10230572	7386839	941862
			979	301225		33498	2984607	2243898	208206
			3908	69817		81	473378	261937	560987
			5660	47416	19000	3308	990612	738589	49785
27220	27220		5795	131048		4439	1539065	1116055	1259102
				16640			211750	165597	10936
31402	24		8260	30551		23347	2124059	1552173	431327
49739			2433	3519		1878	862376	724382	145208
		54170				275	913832	805087	24280
			1101	259940		49817	1485485	939565	393986

3-7 教育经费收入情况

地区	总计	国家财政性教育经费	公共财政预算安排的教育经费	公共财政教育经费	教育事业费	基本建设经费	教育费附加	科研经费	其他
合计	**813735616**	**505111715**	**463084284**	**414755922**	**397091246**	**15834081**	**1830595**	**18574496**	**29753866**
北京	103578480	70743828	61187360	55796423	53545727	2250696		2296743	3094194
天津	19948699	13127232	11939041	10941478	10871478	70000		434619	562945
河北	22481898	13772185	13505341	12505612	12311351	191961	2299	147576	852152
山西	13284134	8504129	8209599	7748209	7667482	80000	727	153242	308148
内蒙古	8907142	6550914	6443664	5437656	5337116	85781	14759	191140	814869
辽宁	29454111	18330638	16498386	13834494	13372201	400091	62203	181877	2482015
吉林	20506388	13364031	12533273	11833927	11358330	475597		290915	408432
黑龙江	21579253	13151917	12090855	11197790	10994998	202792		677959	215106
上海	56830398	39275332	35848826	30088852	26500064	3552435	36353	2744892	3015082
江苏	59735875	35486991	31574638	28491183	27667729	394290	429165	1749759	1333695
浙江	39586275	20279699	17550855	15137479	14026246	544200	567033	802054	1611321
安徽	20405780	13977375	12423312	10027944	9605439	410779	11727	1064437	1330930
福建	21478244	11935102	11051480	9853030	9462865	206224	183940	380578	817873
江西	16197714	10216436	9458348	9050166	8946169	100650	3347	213321	194861
山东	39844737	24270054	23034438	22040503	21515513	508440	16550	446700	547235
河南	31237699	18502064	17948463	15645629	15361769	250501	33359	312547	1990287
湖北	43618331	26678967	23293280	21188585	20684225	504360		516046	1588648
湖南	23980440	14432471	13576402	12348704	12003576	126451	218677	606328	621370
广东	60113547	35213996	34226480	28772699	26079405	2516773	176521	3742597	1711185
广西	14863741	8240873	7935150	7587458	7380638	191252	15568	22549	325143
海南	3743920	2225492	2195316	1984887	1844887	140000		73158	137270
重庆	19151198	10973535	10202666	9729938	9659788	70150		111952	360776
四川	36689218	20943522	19340561	17304790	16614859	679366	10564	379384	1656386
贵州	10122700	6999333	6658828	6315929	6129771	180688	5469	15389	327510
云南	13302322	7119547	6741189	6210772	6146837	63263	672	213790	316627
西藏	1413748	1247607	1231049	1118034	875038	205000	37995	51787	61229
陕西	36566252	21768652	19582708	17432792	16695610	736220	962	597674	1552242
甘肃	11797593	8674564	8086887	7336001	7150677	182620	2704	63375	687511
青海	2448585	1638733	1569799	1265662	1099292	166370		8792	295345
宁夏	3144488	2216113	2168697	1839975	1839975			39706	289017
新疆	7722707	5250385	4977392	4689321	4342190	347132		43609	244461
大连	647288	479139	462499	418183	355959	2700	59525	2708	41608
宁波	3698666	1446665	1382558	1248610	1248080		530	35375	98574
厦门	1529814	861296	808143	749634	580633	120500	48501	1380	57129
青岛	1417118	701154	701154	682133	681133		1000	18300	720
深圳	8580518	7030118	6770770	5971590	3532663	2437902	1024	308534	490646

（普通高等本科学校）

单位：千元

政府性基金预算安排的教育经费	#彩票公益金	企业办学中的企业拨款	校办产业和社会服务收入中用于教育的经费	其他属于国家财政性教育经费	民办学校中举办者投入	捐赠收入	事业收入	#学费	其他教育经费
1080097	**95519**	**136015**	**2163998**	**38647321**	**1605235**	**4471151**	**257436652**	**165295157**	**45110864**
8610	8610	6500	406656	9134702		716739	24208712	9498472	7909201
61500	4880		14647	1112043		91678	5935921	3661394	793868
1201	941		4239	261404	500	3735	7802013	6285606	903466
183097			2521	108912	23590	2278	4460818	3454200	293318
1470	1301		891	104889		3099	2193778	1757866	159351
14376	13656		468745	1349130		35096	10501003	7525181	587375
850	850		11520	818388		48003	6573699	4481528	520655
345	336	124665	28110	907941	46348	26624	7723942	4552420	630421
			160157	3266348		456015	14128848	5706094	2970203
9524			369871	3532959	450220	667642	18118845	11154242	5012177
169558	394		76331	2482955		162376	13458131	8260783	5686069
			280	1553783	120000	55035	5345075	3913806	908294
50419	680		20905	812298	135394	664572	7912974	5264352	830203
317821	220		9	440258		36921	5685123	4692501	259234
52692	43502		42534	1140389	38745	64043	13896131	9742487	1575764
30899	5157		19229	503473	42000	30272	11034163	9393349	1629201
1765	1765		113238	3270684	401842	92610	14344665	10009841	2100247
3829	860		22709	829531		29326	8386267	6107950	1132375
7212	6086		74914	905391	119000	744116	21513846	13884086	2522588
120	120		10322	295281		35679	6192640	4746694	394548
5000			5613	19564		117	1392357	1158958	125954
913	780		56718	713238	100000	48193	6984365	4710083	1045105
85049	1810		19865	1498047	60596	137834	13777942	8305126	1769323
69616			3013	267876		36354	2743067	2070871	343947
1750	1440		19841	356767	48000	100447	5061404	3907181	972924
				16558		100	118810	86597	47231
2130	2130		120679	2063135		162470	12517411	7049795	2117719
			71824	515852		13791	2840519	2054578	268720
				68934		60	364505	195009	445286
				47416	19000	1192	870864	680098	37319
350		4850	18618	249176		4734	1348814	984011	1118773
				16640			157213	128306	10936
28142	24		8260	27705		23137	1852276	1317067	376588
49739			454	2960		939	541557	440907	126022
							709511	653922	6453
			1101	258247		49617	1107988	670617	392795

3-8 教育经费收入情况

地区	总计	国家财政性教育经费	公共财政预算安排的教育经费	公共财政教育经费	教育事业费	基本建设经费	教育费附加	科研经费	其他
合计	**514504326**	**306551975**	**295327601**	**271079994**	**257846478**	**11439880**	**1793637**	**5424906**	**18822700**
北京	20789735	16465756	15902192	15434581	14613235	821346		86875	380736
天津	11742375	7502757	7305989	6873183	6803183	70000		213654	219153
河北	20838088	12601360	12338831	11488209	11293949	191961	2299	147576	703045
山西	13284134	8504129	8209599	7748209	7667482	80000	727	153242	308148
内蒙古	8907142	6550914	6443664	5437656	5337116	85781	14759	191140	814869
辽宁	20371032	11675787	11105460	9277940	8964526	251211	62203	45478	1782043
吉林	12856836	7927299	7752836	7437074	7026628	410447		136610	179151
黑龙江	12501599	7712765	7646168	7444316	7276144	168172		65249	136602
上海	25396510	18586597	17464168	15056746	12075581	2981165		115159	2292262
江苏	37363796	19536437	18365971	17448637	17000753	18720	429165	508336	408997
浙江	27164452	13812085	13169078	11371519	10283580	521510	566428	354534	1443025
安徽	13842825	8866265	8629951	7299589	6906503	381359	11727	85529	1244833
福建	15545426	8251910	7874439	7090603	6775749	130914	183940	188598	595238
江西	16197714	10216436	9458348	9050166	8946169	100650	3347	213321	194861
山东	30002984	18268648	17715941	17228115	17104915	106650	16550	367093	120733
河南	30752737	18103037	17549796	15508701	15224841	250501	33359	312547	1728549
湖北	20217922	9729639	9537550	9345842	9345842			80430	111278
湖南	17174626	9477390	9264159	8636465	8395957	21831	218677	227273	400421
广东	44335106	25421170	24453502	22358833	19727750	2454563	176521	1266806	827863
广西	14863741	8240873	7935150	7587458	7380638	191252	15568	22549	325143
海南	3743920	2225492	2195316	1984887	1844887	140000		73158	137270
重庆	12330980	6506699	6315066	6061192	6061192			14970	238903
四川	20713717	11430142	11163907	9735246	9266655	458026	10564	173995	1254666
贵州	10122700	6999333	6658828	6315929	6129771	180688	5469	15389	327510
云南	13302322	7119547	6741189	6210772	6146837	63263	672	213790	316627
西藏	1413748	1247607	1231049	1118034	875038	205000	37995	51787	61229
陕西	19414075	10378291	10259074	9237619	8676807	559850	962	8380	1013075
甘肃	8284336	5925895	5624710	5021923	4862919	156300	2704	14246	588541
青海	2448585	1638733	1569799	1265662	1099292	166370		8792	295345
宁夏	2484849	1666812	1619396	1309954	1309954			39706	269736
新疆	6096315	3962173	3826475	3694934	3422584	272350		28694	102847
大连	647288	479139	462499	418183	355959	2700	59525	2708	41608
宁波	3698666	1446665	1382558	1248610	1248080		530	35375	98574
厦门	1529814	861296	808143	749634	580633	120500	48501	1380	57129
青岛	1417118	701154	701154	682133	681133		1000	18300	720
深圳	8580518	7030118	6770770	5971590	3532663	2437902	1024	308534	490646

(地方普通高等本科学校)

单位：千元

政府性基金预算安排的教育经费	#彩票公益金	企业办学中的企业拨款	校办产业和社会服务收入中用于教育的经费	其他属于国家财政性教育经费	民办学校中举办者投入	捐赠收入	事业收入	#学费	其他教育经费
932807	**86909**	**6500**	**473003**	**9812064**	**1605235**	**1765423**	**181806408**	**139442026**	**22775285**
		6500	39611	517454		2585	4029718	2357125	291676
4880	4880		76	191811		16830	3830330	3057631	392458
1201	941		2963	258365	500	2004	7394070	6048508	840154
183097			2521	108912	23590	2278	4460818	3454200	293318
1470	1301		891	104889		3099	2193778	1757866	159351
14376	13656		2217	553734		11231	8300204	6581185	383810
850	850		11520	162094		2132	4666176	3854178	261229
345	336			66252	46348	1378	4708411	4067505	32698
			1206	1121223		37722	5700854	3657752	1071338
9524			121475	1039467	450220	493817	12780245	9339429	4103077
169558	394		53723	419726		62742	11073735	7783911	2215889
			280	236034	120000	10032	4459090	3457535	387439
50419	680		5275	321776	135394	251217	6376709	4684315	530196
317821	220		9	440258		36921	5685123	4692501	259234
52692	43502		4501	495514	38745	16982	10553140	8684353	1125470
30899	5157		19229	503112	42000	30272	11018402	9380656	1559026
1765	1765		11068	179256	401842	15504	9489078	7620906	581860
3829	860		379	209023		5136	6840045	5350704	852055
7212	6086		72211	888246	119000	504982	16584966	12656084	1704987
120	120		10322	295281		35679	6192640	4746694	394548
5000			5613	19564		117	1392357	1158958	125954
913	780		56682	134039	100000	15922	4967113	3783118	741246
3339	1810		9888	253007	60596	13132	8649410	6344478	560439
69616			3013	267876		36354	2743067	2070871	343947
1750	1440		19841	356767	48000	100447	5061404	3907181	972924
				16558		100	118810	86597	47231
2130	2130		13076	104010		44671	8133859	5708089	857255
				301185		6799	2225292	1616288	126350
				68934		60	364505	195009	445286
				47416	19000	1192	768088	605752	29757
			5414	130284		4089	1044973	732646	1085080
				16640			157213	128306	10936
28142	24		8260	27705		23137	1852276	1317067	376588
49739			454	2960		939	541557	440907	126022
							709511	653922	6453
			1101	258247		49617	1107988	670617	392795

3-9 教育经费收入情况

地区	总计	国家财政性教育经费	公共财政预算安排的教育经费	公共财政教育经费	教育事业费	基本建设经费	教育费附加	科研经费	其他
合计	**183603006**	**114771682**	**112305242**	**104675095**	**98992486**	**2420985**	**3261624**	**166447**	**7463701**
北京	3762201	3083038	3038440	2809008	2631869	69789	107350	1558	227874
天津	3757738	2745756	2717262	2627373	2518563	10000	98810	250	89639
河北	6450499	3768994	3681771	3555592	3526459		29132	2490	123690
山西	3978156	2630733	2555626	2076584	2045392	29309	1884	768	478274
内蒙古	5268645	4067693	4054328	3457799	3308779	43201	105819	3721	592809
辽宁	4816170	3187013	3082359	2492355	2267189	78383	146782	2000	588004
吉林	2480482	1698667	1696795	1574868	1475432	1500	97936	40	121888
黑龙江	4010805	2699776	2432479	2182096	2144711	5490	31895		250383
上海	3833944	2323446	2286668	2094586	1619463	475000	122		192082
江苏	16147302	10268230	10172190	9899675	9411961	5243	482471	46603	225912
浙江	9950097	5596132	5356423	4545667	4263898	55826	225944	26256	784500
安徽	7648941	5390896	5321339	4975264	4476845	436112	62306	2378	343697
福建	4857884	2818632	2770923	2647396	2453711		193685	1521	122006
江西	5067401	3373219	3366009	3302069	3271505	28950	1614	2510	61430
山东	11869534	7232278	6845870	6654274	6530449	7181	116644	8958	182638
河南	9618089	6551498	6470580	5718812	5578989	18710	121113	6876	744893
湖北	8492396	5519006	5427948	5319708	5319708			827	107413
湖南	8274205	4847148	4801611	4539222	4262478	65607	211138	7262	255126
广东	18482246	10157673	10077649	9652408	8933123	262837	456447	35726	389515
广西	5012103	2848192	2841421	2801824	2735651		66173	2391	37206
海南	1614405	535705	470518	432021	407815	24207		310	38186
重庆	7207834	3088320	3043176	2894342	2864342	30000		971	147863
四川	8295996	4546422	4483979	4107028	3849283	176009	81735	3688	373264
贵州	4508643	3184908	2832183	2687741	2510708	35000	142033	843	143599
云南	3226610	1930328	1852853	1752391	1691632	60164	596	5353	95109
西藏	324563	285435	285435	273956	265956	8000			11479
陕西	5754633	3571385	3571180	3255010	2971417	225573	58020	1467	314702
甘肃	3896256	3028387	3027367	2829526	2483091	50000	296435	860	196982
青海	895412	670818	666026	610995	569993	29800	11202		55031
宁夏	983765	739097	733436	615894	534718	20000	61177	620	116922
新疆	3116055	2382859	2341397	2289612	2067356	169094	53162	200	51585
大连	240463	185926	185926	166566	136958		29609		19359
宁波	1213491	886760	880654	847831	847603		227	3171	29653
厦门	538743	197800	195262	176784	157540		19243		18479
青岛	516793	294370	240200	236100	215577		20523	4100	
深圳	1930942	1552054	1550361	1433854	961481	251704	220669	7497	109010

（普通高职高专学校）

单位：千元

政府性基金预算安排的教育经费	#彩票公益金	企业办学中的企业拨款	校办产业和社会服务收入中用于教育的经费	其他属于国家财政性教育经费	民办学校中举办者投入	捐赠收入	事业收入	#学费	其他教育经费
1163478	**207226**	**1053825**	**183566**	**65571**	**3122182**	**247771**	**59372812**	**48587940**	**6088558**
39400	39400		5037	160	19500	796	581071	464260	77796
			27904	591		5303	934023	779550	72656
25054	100	58642	2911	616	17784	3342	2583408	2035468	76970
45900	6650	28586	621			90	1266763	1076473	80570
13365	13365				3991	1987	959875	776841	235098
7563	7463	97077		15	4295	215	1586384	1287521	38263
400			1471		3000	86	766143	685118	12587
778	778	266520				4085	1232752	1026051	74192
35243	14133		188	1347		1513	1325984	1079195	183000
73522	100		13175	9342	50000	43286	5137302	4066217	648484
172143	6006		51248	16317	36323	32404	3439780	2758603	845458
6514	6484	60808	169	2067	35437	887	1991454	1601835	230266
43554			3194	962	123197	9721	1815847	1485214	90488
		48	7076	87	7000	4094	1635751	1339732	47337
21950	1900	358229	6229		214432	40753	4126463	3461481	255608
58970	28445		20570	1377	85849	1070	2703463	2305851	276210
23195	23195	65073	2692	98		1546	2796116	2269753	175729
37380	27380		6957	1200	115500	1637	3059772	2518362	250148
45973	300		8611	25439	827959	21614	7256173	6005139	218828
			6580	190	112680	1415	1944926	1597578	104890
64947				240	531000	22586	466294	377708	58820
42209			301	2635	672666	2912	2371102	2061370	1072834
19889		40842	1435	276	233190	9541	3285486	2712460	221357
351360			439	926		3064	1165046	934404	155625
6950	4308	64904	5621		28380	2712	1159215	924942	105975
							39128	27203	
			205			1927	2096713	1678750	84607
			979	40		26699	759314	627611	81856
			3908	883		21	108873	66928	115700
			5660			2116	222524	132836	20028
27220	27220	13097	382	764		350	555670	423486	177176
							54537	37292	
3260				2846		210	271782	235106	54740
			1979	558		938	320819	283475	19186
		54170				275	204321	151165	17827
				1693		200	377497	268948	1191

3-10 教育经费收入情况

地区	总计	国家财政性教育经费						科研经费	其他
			公共财政预算安排的教育经费						
				公共财政教育经费					
					教育事业费	基本建设经费	教育费附加		
合计	**181792475**	**113680281**	**111633754**	**104040161**	**98357552**	**2420985**	**3261624**	**166447**	**7427146**
北京	3597367	2948886	2943957	2726648	2549509	69789	107350	1558	215750
天津	3757738	2745756	2717262	2627373	2518563	10000	98810	250	89639
河北	6450499	3768994	3681771	3555592	3526459		29132	2490	123690
山西	3978156	2630733	2555626	2076584	2045392	29309	1884	768	478274
内蒙古	5268645	4067693	4054328	3457799	3308779	43201	105819	3721	592809
辽宁	4816170	3187013	3082359	2492355	2267189	78383	146782	2000	588004
吉林	2480482	1698667	1696795	1574868	1475432	1500	97936	40	121888
黑龙江	3545983	2348757	2347980	2097597	2060211	5490	31895		250383
上海	3658180	2236003	2220335	2035804	1560681	475000	122		184531
江苏	16147302	10268230	10172190	9899675	9411961	5243	482471	46603	225912
浙江	9950097	5596132	5356423	4545667	4263898	55826	225944	26256	784500
安徽	7648941	5390896	5321339	4975264	4476845	436112	62306	2378	343697
福建	4857884	2818632	2770923	2647396	2453711		193685	1521	122006
江西	5067401	3373219	3366009	3302069	3271505	28950	1614	2510	61430
山东	11869534	7232278	6845870	6654274	6530449	7181	116644	8958	182638
河南	9618089	6551498	6470580	5718812	5578989	18710	121113	6876	744893
湖北	8277909	5451270	5393875	5285635	5285635			827	107413
湖南	8151122	4806755	4761218	4498829	4222085	65607	211138	7262	255126
广东	18235394	10037267	9962995	9537754	8818469	262837	456447	35726	389515
广西	5012103	2848192	2841421	2801824	2735651		66173	2391	37206
海南	1614405	535705	470518	432021	407815	24207		310	38186
重庆	7207834	3088320	3043176	2894342	2864342	30000		971	147863
四川	8068979	4385110	4362771	4002699	3744955	176009	81735	3688	356384
贵州	4508643	3184908	2832183	2687741	2510708	35000	142033	843	143599
云南	3226610	1930328	1852853	1752391	1691632	60164	596	5353	95109
西藏	324563	285435	285435	273956	265956	8000			11479
陕西	5754633	3571385	3571180	3255010	2971417	225573	58020	1467	314702
甘肃	3896256	3028387	3027367	2829526	2483091	50000	296435	860	196982
青海	895412	670818	666026	610995	569993	29800	11202		55031
宁夏	983765	739097	733436	615894	534718	20000	61177	620	116922
新疆	2922382	2253918	2225553	2173769	1951513	169094	53162	200	51585
大连	240463	185926	185926	166566	136958		29609		19359
宁波	1213491	886760	880654	847831	847603		227	3171	29653
厦门	538743	197800	195262	176784	157540		19243		18479
青岛	516793	294370	240200	236100	215577		20523	4100	
深圳	1930942	1552054	1550361	1433854	961481	251704	220669	7497	109010

(地方普通高职高专学校)

单位：千元

政府性基金预算安排的教育经费	#彩票公益金	企业办学中的企业拨款	校办产业和社会服务收入中用于教育的经费	其他属于国家财政性教育经费	民办学校中举办者投入	捐赠收入	事业收入	#学费	其他教育经费
1097468	**167826**	**702136**	**181456**	**65467**	**3122182**	**246945**	**58693117**	**48126287**	**6049950**
			4769	160	19500		556310	443093	72671
			27904	591		5303	934023	779550	72656
25054	100	58642	2911	616	17784	3342	2583408	2035468	76970
45900	6650	28586	621			90	1266763	1076473	80570
13365	13365				3991	1987	959875	776841	235098
7563	7463	97077		15	4295	215	1586384	1287521	38263
400			1471		3000	86	766143	685118	12587
778	778					4085	1125794	984179	67347
14133	14133		188	1347		1513	1237951	1022305	182712
73522	100		13175	9342	50000	43286	5137302	4066217	648484
172143	6006		51248	16317	36323	32404	3439780	2758603	845458
6514	6484	60808	169	2067	35437	887	1991454	1601835	230266
43554			3194	962	123197	9721	1815847	1485214	90488
		48	7076	87	7000	4094	1635751	1339732	47337
21950	1900	358229	6229		214432	40753	4126463	3461481	255608
58970	28445		20570	1377	85849	1070	2703463	2305851	276210
23195	23195	33000	1102	98		1546	2650844	2170301	174249
37380	27380		6957	1200	115500	1608	2993803	2470375	233457
40473	300		8360	25439	827959	21614	7132923	5902798	215632
			6580	190	112680	1415	1944926	1597578	104890
64947				240	531000	22586	466294	377708	58820
42209			301	2635	672666	2912	2371102	2061370	1072834
19889		842	1435	172	233190	9539	3221611	2660594	219529
351360			439	926		3064	1165046	934404	155625
6950	4308	64904	5621		28380	2712	1159215	924942	105975
							39128	27203	
			205			1927	2096713	1678750	84607
			979	40		26699	759314	627611	81856
			3908	883		21	108873	66928	115700
			5660			2116	222524	132836	20028
27220	27220		382	764		350	494092	383408	174022
							54537	37292	
3260				2846		210	271782	235106	54740
			1979	558		938	320819	283475	19186
		54170				275	204321	151165	17827
				1693		200	377497	268948	1191

3-11 教育经费收入情况

地区	总计	国家财政性教育经费	公共财政预算安排的教育经费	公共财政教育经费	教育事业费	基本建设经费	教育费附加	科研经费	其他
合计	**15125890**	**8901824**	**8636569**	**7539330**	**6747897**	**395083**	**396350**	**1910**	**1095330**
北京	1990035	984886	914986	759775	690325	2713	66737	5	155206
天津	347071	249828	245079	218112	216896		1216	20	26948
河北	512351	340714	332004	310590	305770		4820	308	21106
山西	275279	162323	162323	151195	149120		2074	40	11089
内蒙古	144018	72333	72333	54127	54077		50		18207
辽宁	541659	277873	277289	239648	212443	19110	8095		37640
吉林	668358	517564	513358	439134	376012	30000	33122		74225
黑龙江	479962	332098	330970	276116	272296		3820		54854
上海	1098902	752052	744125	641154	629435		11720		102970
江苏	395689	325253	325253	323969	273232		50738		1284
浙江	1404073	907159	860078	822444	481778	300000	40665	95	37540
安徽	410001	232093	232093	206609	203819		2791		25484
福建	421522	192532	188604	174631	131546	3000	40084	40	13933
江西	401302	259187	259187	245833	244113		1720	170	13184
山东	241385	136358	136358	135784	133344		2440		574
河南	237973	108386	108386	76494	76494			98	31794
湖北	183337	107976	107976	101302	101302			600	6074
湖南	588708	277147	277144	255615	223996		31619	240	21289
广东	1325656	792171	786762	709688	683614		26074		77075
广西	467536	306431	300247	286442	246182	40259			13805
海南	81234	47732	47647	42962	42962			50	4635
重庆	45984	24596	21358	16566	11566		5000	150	4642
四川	1042239	668194	571022	286996	282500		4496		284026
贵州	199946	67643	67643	64285	63938		347		3357
云南	343552	146097	146097	144038	144038			94	1965
西藏									
陕西	645907	246231	245813	226926	168889		58037		18888
甘肃	224333	103945	99412	84379	84379				15033
青海	23742	13526	13526	13526	13526				
宁夏									
新疆	384136	249496	249496	230990	230305		686		18505
大连	164452	105214	105190	89382	86437		2945		15808
宁波	252493	154978	149903	139963	134286		5677		9940
厦门	1274	1274	1274	988	977		11		286
青岛	54070	31109	31109	31109	28669		2440		
深圳	89391	52899	52899	49025	38915		10109		3874

（成人高等学校）

单位：千元

政府性基金预算安排的教育经费	#彩票公益金	企业办学中的企业拨款	校办产业和社会服务收入中用于教育的经费	其他属于国家财政性教育经费	民办学校中举办者投入	捐赠收入	事业收入	#学费	其他教育经费
182436	**88371**	**16833**	**65693**	**293**		**1814**	**5573293**	**3780473**	**648959**
34770			35081	50			888385	700341	116764
			4749				73639	58963	23604
8710							167808	155001	3829
							112628	76526	328
							71674	23946	10
24	24	215	346				259920	40793	3866
		4206					101700	82967	49094
			1128			10	119459	71424	28396
			7927				306649	80367	40201
							69546	44483	890
45580	20		1500				375841	246326	121073
							172184	137005	5723
901	901		3027			2	212045	163529	16943
							141206	129418	909
							94416	81024	10611
							105577	38247	24010
							75052	35398	308
			3			1759	295695	165939	14106
163			5246			40	521530	395498	11915
			6076	108			146312	124018	14794
				85			29689	19453	3812
3238							21009	18441	379
87650	87426	9279	243				314669	255091	59375
							130444	120182	1860
							194888	48420	2567
			368	50		2	315505	273597	84169
1400		3133					118254	101491	2134
							8345	8345	1872
						1	129224	84238	5415
24	24						59188	9159	50
3575			1500				84115	63946	13400
							22961	15000	
							36487	21462	5

3-12 教育经费收入情况

地区	总计	国家财政性教育经费	公共财政预算安排的教育经费	公共财政教育经费	教育事业费	基本建设经费	教育费附加	科研经费	其他
合计	**14013295**	**8663991**	**8460679**	**7384590**	**6593157**	**395083**	**396350**	**1910**	**1074179**
北京	972229	801775	793817	659757	590306	2713	66737	5	134055
天津	347071	249828	245079	218112	216896		1216	20	26948
河北	512351	340714	332004	310590	305770		4820	308	21106
山西	275279	162323	162323	151195	149120		2074	40	11089
内蒙古	144018	72333	72333	54127	54077		50		18207
辽宁	534660	277873	277289	239648	212443	19110	8095		37640
吉林	668358	517564	513358	439134	376012	30000	33122		74225
黑龙江	479962	332098	330970	276116	272296		3820		54854
上海	1098902	752052	744125	641154	629435		11720		102970
江苏	395689	325253	325253	323969	273232		50738		1284
浙江	1404073	907159	860078	822444	481778	300000	40665	95	37540
安徽	410001	232093	232093	206609	203819		2791		25484
福建	421522	192532	188604	174631	131546	3000	40084	40	13933
江西	401302	259187	259187	245833	244113		1720	170	13184
山东	241385	136358	136358	135784	133344		2440		574
河南	237973	108386	108386	76494	76494			98	31794
湖北	183337	107976	107976	101302	101302			600	6074
湖南	588708	277147	277144	255615	223996		31619	240	21289
广东	1325656	792171	786762	709688	683614		26074		77075
广西	467536	306431	300247	286442	246182	40259			13805
海南	81234	47732	47647	42962	42962			50	4635
重庆	45984	24596	21358	16566	11566		5000	150	4642
四川	1042239	668194	571022	286996	282500		4496		284026
贵州	199222	67643	67643	64285	63938		347		3357
云南	343552	146097	146097	144038	144038			94	1965
西藏									
陕西	645907	246231	245813	226926	168889		58037		18888
甘肃	224333	103945	99412	84379	84379				15033
青海	23742	13526	13526	13526	13526				
宁夏									
新疆	297070	194774	194774	176269	175583		686		18505
大连	164452	105214	105190	89382	86437		2945		15808
宁波	252493	154978	149903	139963	134286		5677		9940
厦门	1274	1274	1274	988	977		11		286
青岛	54070	31109	31109	31109	28669		2440		
深圳	89391	52899	52899	49025	38915		10109		3874

(地方成人高等学校)

单位：千元

政府性基金预算安排的教育经费	#彩票公益金	企业办学中的企业拨款	校办产业和社会服务收入中用于教育的经费	其他属于国家财政性教育经费	民办学校中举办者投入	捐赠收入	事业收入	#学费	其他教育经费
147666	**88371**	**16833**	**38571**	**243**		**1814**	**4791822**	**3172110**	**555667**
			7958				145449	122528	25005
			4749				73639	58963	23604
8710							167808	155001	3829
							112628	76526	328
							71674	23946	10
24	24	215	346				254313	35740	2474
		4206					101700	82967	49094
			1128			10	119459	71424	28396
			7927				306649	80367	40201
							69546	44483	890
45580	20		1500				375841	246326	121073
							172184	137005	5723
901	901		3027			2	212045	163529	16943
							141206	129418	909
							94416	81024	10611
							105577	38247	24010
							75052	35398	308
			3			1759	295695	165939	14106
163			5246			40	521530	395498	11915
			6076	108			146312	124018	14794
				85			29689	19453	3812
3238							21009	18441	379
87650	87426	9279	243				314669	255091	59375
							129719	119458	1860
							194888	48420	2567
			368	50		2	315505	273597	84169
1400		3133					118254	101491	2134
							8345	8345	1872
						1	97020	59466	5275
24	24						59188	9159	50
3575			1500				84115	63946	13400
							22961	15000	
							36487	21462	5

3-13 教育经费收入情况

地区	总计	国家财政性教育经费	公共财政预算安排的教育经费	公共财政教育经费	教育事业费	基本建设经费	教育费附加	科研经费	其他
合计	**222289874**	**194873288**	**192321578**	**177461483**	**154682622**	**4569358**	**18209502**		**14860095**
北京	7627071	7119151	7063034	6042915	4965753	152805	924358		1020119
天津	2789581	2591898	2529460	2406112	2229482	31200	145430		123348
河北	9600917	8696910	8519460	8151761	7444799	133107	573855		367699
山西	5630289	5289247	4979302	4650011	4321472	84364	244175		329291
内蒙古	4506868	3964085	3937409	3356354	3103441	82303	170610		581055
辽宁	5783594	5200377	5171704	4450333	3766363	109718	574253		721371
吉林	4837083	4523943	4510928	3892150	3325289	130363	436498		618777
黑龙江	4342786	3945849	3921971	3645132	3347414	119853	177865		276840
上海	6775740	6118123	6048897	5419463	2978733	32374	2408356		629434
江苏	16809869	14733236	14452485	13600312	11900114	92857	1607341		852173
浙江	13246561	11569991	11398170	10755497	9521176	75538	1158782		642673
安徽	7815837	6548788	6532760	6040099	5154687	145836	739575		492661
福建	6328945	5851423	5778652	5380247	4423593	29500	927154		398405
江西	4563175	3749291	3741057	3603182	3247835	167912	187434		137875
山东	17584365	16128555	15912424	15571610	12993033	12090	2566488		340814
河南	10772384	9484014	9386100	7811743	7057221	130171	624351		1574357
湖北	6830036	5973548	5958032	5683412	5683412				274620
湖南	8271466	6774470	6754414	6525709	5880861	147690	497159		228705
广东	23490822	20157675	19801587	18558914	15692988	620029	2245898		1242673
广西	7115935	6344795	6314586	5950388	4993282	687679	269427		364199
海南	1965909	1821815	1803472	1646163	1566364	57585	22215		157308
重庆	5794166	4870711	4801643	4010875	3597125	267892	145858		790768
四川	9817332	8271606	8115415	7360227	6699177	321672	339377		755188
贵州	6222908	4828828	4816097	4644458	4223791	77255	343412		171640
云南	7906866	6803916	6748988	5934152	5449419	171925	312808		814836
西藏	570187	566562	560659	550384	502854	47530			10275
陕西	4488679	3400008	3347504	3205966	2978748	91370	135848		141537
甘肃	3311349	3064155	3044980	2731135	2529769	116261	85105		313845
青海	1231150	1097381	1097331	989028	848279	124668	16080		108303
宁夏	1244169	1023894	1015914	899812	821127	60000	18685		116102
新疆	5013833	4359046	4257145	3993940	3435023	247813	311104		263205
大连	1205783	1146380	1146244	1061665	948836	6569	106260		84578
宁波	2449429	2308579	2279991	2115742	1897642	14939	203160		164250
厦门	1125180	1071425	1016181	890013	632869		257143		126169
青岛	3359130	3205931	3189690	3136442	2166833		969610		53248
深圳	2597639	2339444	2336050	2211053	1435565	364232	411256		124997

(中等职业学校)

单位：千元

政府性基金预算安排的教育经费	#彩票公益金	企业办学中的企业拨款	校办产业和社会服务收入中用于教育的经费	其他属于国家财政性教育经费	民办学校中举办者投入	捐赠收入	事业收入	#学费	其他教育经费
1902830	**540655**	**302927**	**345953**		**793485**	**179512**	**19532470**	**11190075**	**6911118**
25747	17747	11593	18777		4405	37520	384836	216241	81158
2510	2510	42967	16961			844	133184	96705	63656
163213	4079	12253	1984		38488	1439	723651	429760	140429
287487	16716	21217	1241		6284	3510	297229	104509	34019
15745	9670	7096	3834		2288	645	180909	98547	358941
16175	15295	12270	228		4030	233	488936	299877	90017
11662	11662	976	377		5466	5776	155520	126964	146379
20602	20452	1276	2000		6716	86	309374	244957	80761
13887	13887	10740	44599			771	452571	290820	204275
272868	100066	5785	2098		13594	8050	1734602	1000519	320388
147708	17890		24113		33989	5123	801858	303327	835600
13137	13137	712	2179		44148	3523	860848	528681	358530
67521	6499		5250		14432	7350	248787	62359	206953
8190	8190	7	37		13552	2344	746096	482993	51892
131262	29202	32254	52614		71029	3243	1148865	639664	232673
36541	20652	44811	16562		85476	2116	976974	440005	223804
15191	15191	300	25		35651	166	613643	346041	207028
9773	5908	8062	2220		21810	2775	1279146	780534	193265
317593	66865	2390	36106		74492	12353	2980103	1932924	266199
24759	3048	1476	3973		26948	627	536655	150520	206911
806		17538			2833	1444	59782	22279	80034
56112	17423	6683	6273		14521	867	640959	274318	267108
116535	57703	14419	25237		51033	43388	1287278	812738	164027
5547	4431	165	7018		17674	1337	366616	188834	1008454
38031	24598	2878	14020		41096	2624	724404	489617	334826
5903	5903						3601	74	24
20040	11807	5824	26640		10942	5077	882087	583721	190565
12240	8104	6550	384		36321	1850	171705	91603	37318
50	50				7428	10560	53417	19614	62365
7980	7980				108838	13317	75462	42305	22658
38015	3990	32684	31202			554	213373	89025	440860
137	97				100	233	55744	25944	3326
28587	11501				100	476	98575	24391	41700
53827	892		1417		4112		18900	7840	30744
16241	2				3267		126750	87135	23183
3394	3394				1100	255	244273	175848	12566

3-14 教育经费收入情况

地区	总计	国家财政性教育经费	公共财政预算安排的教育经费	公共财政教育经费	教育事业费	基本建设经费	教育费附加	科研经费	其他
合计	**221305148**	**194159440**	**191745461**	**176894140**	**154159040**	**4525858**	**18209242**		**14851321**
北京	7475435	7015655	6973720	5957129	4879967	152805	924358		1016591
天津	2771898	2584321	2522388	2402792	2226162	31200	145430		119596
河北	9561831	8686942	8512592	8144893	7437930	133107	573855		367699
山西	5630289	5289247	4979302	4650011	4321472	84364	244175		329291
内蒙古	4506868	3964085	3937409	3356354	3103441	82303	170610		581055
辽宁	5783594	5200377	5171704	4450333	3766363	109718	574253		721371
吉林	4837083	4523943	4510928	3892150	3325289	130363	436498		618777
黑龙江	4266904	3874825	3852197	3575357	3287839	109913	177605		276840
上海	6744628	6087722	6046667	5417233	2976503	32374	2408356		629434
江苏	16783369	14723599	14446260	13594088	11893890	92857	1607341		852173
浙江	13246561	11569991	11398170	10755497	9521176	75538	1158782		642673
安徽	7813419	6546779	6531291	6038630	5153218	145836	739575		492661
福建	6328945	5851423	5778652	5380247	4423593	29500	927154		398405
江西	4555763	3748646	3740412	3602537	3247191	167912	187434		137875
山东	17584365	16128555	15912424	15571610	12993033	12090	2566488		340814
河南	10764120	9481314	9386100	7811743	7057221	130171	624351		1574357
湖北	6803311	5967588	5952072	5677452	5677452				274620
湖南	8262100	6767723	6749298	6520593	5875745	147690	497159		228705
广东	23430298	20104016	19766234	18523562	15657635	620029	2245898		1242673
广西	7115935	6344795	6314586	5950388	4993282	687679	269427		364199
海南	1965909	1821815	1803472	1646163	1566364	57585	22215		157308
重庆	5792763	4869716	4800648	4009880	3596130	267892	145858		790768
四川	9746695	8240216	8088349	7334655	6673605	321672	339377		753694
贵州	6222908	4828828	4816097	4644458	4223791	77255	343412		171640
云南	7905616	6803916	6748988	5934152	5449419	171925	312808		814836
西藏	570187	566562	560659	550384	502854	47530			10275
陕西	4488679	3400008	3347504	3205966	2978748	91370	135848		141537
甘肃	3311098	3064155	3044980	2731135	2529769	116261	85105		313845
青海	1231150	1097381	1097331	989028	848279	124668	16080		108303
宁夏	1244169	1023894	1015914	899812	821127	60000	18685		116102
新疆	4559257	3981405	3939114	3675909	3150554	214252	311104		263205
大连	1205783	1146380	1146244	1061665	948836	6569	106260		84578
宁波	2449429	2308579	2279991	2115742	1897642	14939	203160		164250
厦门	1125180	1071425	1016181	890013	632869		257143		126169
青岛	3359130	3205931	3189690	3136442	2166833		969610		53248
深圳	2597639	2339444	2336050	2211053	1435565	364232	411256		124997

(地方中等职业学校)

单位：千元

政府性基金预算安排的教育经费	#彩票公益金	企业办学中的企业拨款	校办产业和社会服务收入中用于教育的经费	其他属于国家财政性教育经费	民办学校中举办者投入	捐赠收入	事业收入	#学费	其他教育经费
1900740	538565	247143	266096		793485	179503	19351997	11103014	6820723
23747	15747		18189		4405	37515	341486	202097	76373
2510	2510	42462	16961			844	126510	94065	60223
163213	4079	9153	1984		38488	1439	694555	421738	140407
287487	16716	21217	1241		6284	3510	297229	104509	34019
15745	9670	7096	3834		2288	645	180909	98547	358941
16175	15295	12270	228		4030	233	488936	299877	90017
11662	11662	976	377		5466	5776	155520	126964	146379
20602	20452	26	2000		6716	86	304517	240134	80761
13887	13887	10740	16428			771	452008	290264	204127
272868	100066	2373	2098		13594	8050	1722533	992313	315593
147708	17890		24113		33989	5123	801858	303327	835600
13137	13137	172	2179		44148	3523	860454	528291	358516
67521	6499		5250		14432	7350	248787	62359	206953
8190	8190	7	37		13552	2340	744813	481965	46412
131262	29202	32254	52614		71029	3243	1148865	639664	232673
36541	20652	42111	16562		85476	2116	971409	440005	223804
15191	15191	300	25		35651	166	593764	340411	206142
9773	5908	8062	589		21810	2775	1276547	779254	193245
317593	66865	2390	17799		74492	12353	2975853	1930010	263584
24759	3048	1476	3973		26948	627	536655	150520	206911
806		17538			2833	1444	59782	22279	80034
56112	17423	6683	6273		14521	867	640551	273920	267108
116535	57703	14419	20914		51033	43388	1256331	783069	155727
5547	4431	165	7018		17674	1337	366616	188834	1008454
38031	24598	2878	14020		41096	2624	723154	489617	334826
5903	5903						3601	74	24
20040	11807	5824	26640		10942	5077	882087	583721	190565
12240	8104	6550	384		36321	1850	171582	91579	37190
50	50				7428	10560	53417	19614	62365
7980	7980				108838	13317	75462	42305	22658
37925	3900		4366			554	196205	81688	381093
137	97				100	233	55744	25944	3326
28587	11501				100	476	98575	24391	41700
53827	892		1417		4112		18900	7840	30744
16241	2				3267		126750	87135	23183
3394	3394				1100	255	244273	175848	12566

3-15 教育经费收入情况

地区	总计	国家财政性教育经费	公共财政预算安排的教育经费	公共财政教育经费	教育事业费	基本建设经费	教育费附加	科研经费	其他
合计	103842224	90708181	89374450	82292900	72275273	2127856	7889772		7081550
北京	2875824	2673739	2645016	2316270	2295158	2611	18501		328746
天津	1412115	1316700	1283874	1235913	1154816		81097		47961
河北	2780479	2273749	2265241	2149121	2051061	9376	88684		116120
山西	2322558	2159656	2149536	1964472	1808989	16152	139331		185065
内蒙古	1806165	1520083	1510026	1290519	1260773	7288	22457		219508
辽宁	2844005	2566076	2539711	2067367	1726709	54994	285664		472343
吉林	1649856	1476521	1467249	1255317	1112717	11100	131500		211932
黑龙江	1353350	1136127	1115600	1036749	988576	35724	12448		78850
上海	4125862	3694696	3648394	3230861	1731629	5686	1493545		417533
江苏	11364520	10057718	9789648	9171699	8005132	80857	1085711		617949
浙江	2082250	1778813	1742439	1548738	1427778	11500	109461		193701
安徽	4630194	3824672	3816153	3518212	2927952	109928	480332		297941
福建	4709187	4366787	4294966	3978629	3267013	29500	682115		316337
江西	2211047	1799597	1795954	1738686	1634840	71364	32482		57267
山东	7968930	7322448	7166295	6975999	6073622	9630	892747		190296
河南	4416734	3862480	3836534	3197777	2850726	101432	245619		638757
湖北	4591976	3954887	3939371	3739219	3739219				200152
湖南	1866309	1444841	1443253	1389699	1325219	2000	62480		53554
广东	11768515	10308099	10012641	9392232	7855261	249990	1286980		620409
广西	5273349	4754348	4726165	4478061	3791719	442435	243907		248104
海南	1111509	1042604	1025066	942855	890319	52536			82211
重庆	867915	657180	655011	553808	494336	55874	3598		101203
四川	3977334	3180893	3118593	2756273	2548892	137123	70258		362320
贵州	2964279	2462085	2453058	2375562	2249697	23780	102085		77495
云南	3645023	2994820	2975754	2715898	2561638	102296	51964		259856
西藏	570187	566562	560659	550384	502854	47530			10275
陕西	957591	749932	730041	643742	626849	16488	405		86299
甘肃	2434832	2264207	2249995	1996840	1877221	67440	52179		253154
青海	1221539	1092708	1092658	984564	843815	124668	16080		108094
宁夏	722704	533392	527862	443625	411160	20000	12464		84237
新疆	3316087	2871760	2797688	2653809	2239580	228553	185675		143879
大连	396257	375897	375857	339745	302812		36933		36112
宁波	545750	532723	520821	460773	439807		20966		60048
厦门	1000716	952757	898463	787375	552986		234389		111087
青岛	432100	400456	384217	343072	245504		97568		41144
深圳	554531	530379	528289	495590	289456	15453	190681		32699

（中等专业学校）

单位：千元

政府性基金预算安排的教育经费	#彩 票公益金	企业办学中的企业拨款	校办产业和社会服务收入中用于教育的经费	其 他属于国家财 政 性教育经费	民办学校中举办者投入	捐赠收入	事业收入	#学费	其 他教育经费
1095848	**461858**	**114282**	**123601**		**398453**	**85340**	**9320578**	**5230322**	**3329672**
25677	17677		3046			5	169270	87780	32809
2510	2510	30316				285	57724	41790	37406
4843	2879	3100	565		21817	593	407768	283104	76552
8936	7346		1184				149154	31397	13748
10057	6657				1218		120036	73207	164828
14389	14299	11976			1000		228045	152568	48885
9272	9272					320	77793	63267	95222
20502	20352	26			5717	40	190310	156130	21156
13887	13887		32415			25	317820	169816	113321
266112	96430		1959		944	6178	1075202	630013	224477
36373	17718					249	183013	85936	120176
6209	6209	172	2138		23318	185	469419	314125	312600
67521	6499		4301		12779	7274	178762	43369	143585
3600	3600	7	37		500	244	390157	245914	20549
112940	27364	10090	33123		24539	2475	496927	267169	122542
18948	18948	2700	4298		41832	463	357792	143247	154167
15191	15191	300	25		32882	133	440982	248472	163092
998	998		589		2000	165	378664	228195	40638
272626	65456		22833		17716	9066	1324580	754387	109055
24209	2498		3973		26948	547	334497	71228	157010
		17538				1444	29533	9326	37928
2169	1303					141	155973	51420	54621
61336	57218		964		27554	30720	641175	407955	96992
3546	3356		5481		1603	300	139948	41988	360343
14582	9832	2878	1606		32862	124	483684	346133	133533
5903	5903						3601	74	24
19891	11691						107893	74173	99766
11328	7197	2500	384		6958	43	130276	71980	33348
50	50				7428	10560	52907	19614	57936
5530	5530				108838	13317	56621	33816	10536
36715	3990	32679	4679			444	171053	82728	272830
40							17320	6659	3040
11901	11501						10629	4349	2399
53827	892		468		4112		13567	5427	30280
16239							26861	23258	4784
2090	2090						20123	16171	4028

3-16 教育经费收入情况

地区	总计	国家财政性教育经费	公共财政预算安排的教育经费	公共财政教育经费	教育事业费	基本建设经费	教育费附加	科研经费	其他
合计	**103109680**	**90165713**	**88919520**	**81841498**	**71857432**	**2094294**	**7889772**		**7078022**
北京	2741266	2582425	2555701	2230484	2209371	2611	18501		325217
天津	1412115	1316700	1283874	1235913	1154816		81097		47961
河北	2741392	2263780	2258373	2142253	2044193	9376	88684		116120
山西	2322558	2159656	2149536	1964472	1808989	16152	139331		185065
内蒙古	1806165	1520083	1510026	1290519	1260773	7288	22457		219508
辽宁	2844005	2566076	2539711	2067367	1726709	54994	285664		472343
吉林	1649856	1476521	1467249	1255317	1112717	11100	131500		211932
黑龙江	1353350	1136127	1115600	1036749	988576	35724	12448		78850
上海	4094751	3664295	3646164	3228631	1729399	5686	1493545		417533
江苏	11364520	10057718	9789648	9171699	8005132	80857	1085711		617949
浙江	2082250	1778813	1742439	1548738	1427778	11500	109461		193701
安徽	4630194	3824672	3816153	3518212	2927952	109928	480332		297941
福建	4709187	4366787	4294966	3978629	3267013	29500	682115		316337
江西	2203636	1798953	1795309	1738042	1634195	71364	32482		57267
山东	7968930	7322448	7166295	6975999	6073622	9630	892747		190296
河南	4408469	3859780	3836534	3197777	2850726	101432	245619		638757
湖北	4565250	3948927	3933411	3733258	3733258				200152
湖南	1866309	1444841	1443253	1389699	1325219	2000	62480		53554
广东	11707991	10254440	9977288	9356879	7819908	249990	1286980		620409
广西	5273349	4754348	4726165	4478061	3791719	442435	243907		248104
海南	1111509	1042604	1025066	942855	890319	52536			82211
重庆	867915	657180	655011	553808	494336	55874	3598		101203
四川	3968203	3172449	3110149	2747829	2540449	137123	70258		362320
贵州	2964279	2462085	2453058	2375562	2249697	23780	102085		77495
云南	3645023	2994820	2975754	2715898	2561638	102296	51964		259856
西藏	570187	566562	560659	550384	502854	47530			10275
陕西	957591	749932	730041	643742	626849	16488	405		86299
甘肃	2434581	2264207	2249995	1996840	1877221	67440	52179		253154
青海	1221539	1092708	1092658	984564	843815	124668	16080		108094
宁夏	722704	533392	527862	443625	411160	20000	12464		84237
新疆	2900608	2532384	2491572	2347692	1967025	194992	185675		143879
大连	396257	375897	375857	339745	302812		36933		36112
宁波	545750	532723	520821	460773	439807		20966		60048
厦门	1000716	952757	898463	787375	552986		234389		111087
青岛	432100	400456	384217	343072	245504		97568		41144
深圳	554531	530379	528289	495590	289456	15453	190681		32699

（地方中等专业学校）

单位：千元

政府性基金预算安排的教育经费	#彩票公益金	企业办学中的企业拨款	校办产业和社会服务收入中用于教育的经费	其他属于国家财政性教育经费	民办学校中举办者投入	捐赠收入	事业收入	#学费	其他教育经费
1093758	**459768**	**75803**	**76632**		**398453**	**85331**	**9204268**	**5192215**	**3255915**
23677	15677		3046				130811	74420	28030
2510	2510	30316				285	57724	41790	37406
4843	2879		565		21817	593	378672	275083	76530
8936	7346		1184				149154	31397	13748
10057	6657				1218		120036	73207	164828
14389	14299	11976			1000		228045	152568	48885
9272	9272					320	77793	63267	95222
20502	20352	26			5717	40	190310	156130	21156
13887	13887		4244			25	317258	169260	113173
266112	96430		1959		944	6178	1075202	630013	224477
36373	17718					249	183013	85936	120176
6209	6209	172	2138		23318	185	469419	314125	312600
67521	6499		4301		12779	7274	178762	43369	143585
3600	3600	7	37		500	240	388874	244886	15069
112940	27364	10090	33123		24539	2475	496927	267169	122542
18948	18948		4298		41832	463	352227	143247	154167
15191	15191	300	25		32882	133	421102	242842	162206
998	998		589		2000	165	378664	228195	40638
272626	65456		4526		17716	9066	1320330	751472	106440
24209	2498		3973		26948	547	334497	71228	157010
		17538				1444	29533	9326	37928
2169	1303					141	155973	51420	54621
61336	57218		964		27554	30720	640487	407955	96992
3546	3356		5481		1603	300	139948	41988	360343
14582	9832	2878	1606		32862	124	483684	346133	133533
5903	5903						3601	74	24
19891	11691						107893	74173	99766
11328	7197	2500	384		6958	43	130153	71956	33220
50	50				7428	10560	52907	19614	57936
5530	5530				108838	13317	56621	33816	10536
36625	3900		4188			444	154648	76154	213131
40							17320	6659	3040
11901	11501						10629	4349	2399
53827	892		468		4112		13567	5427	30280
16239							26861	23258	4784
2090	2090						20123	16171	4028

3-17 教育经费收入情况

地区	总计	国家财政性教育经费	公共财政预算安排的教育经费	公共财政教育经费	教育事业费	基本建设经费	教育费附加	科研经费	其他
合计	**80136729**	**73062450**	**72279684**	**67037653**	**56853122**	**1722116**	**8462415**		**5242031**
北京	3106746	2957271	2955153	2280994	1402087	622	878285		674158
天津	770833	729346	729346	681013	644680		36333		48333
河北	5016799	4832287	4675475	4530114	3994343	119931	415840		145361
山西	2506161	2371154	2074586	1992056	1831038	66512	94506		82530
内蒙古	2210364	1981450	1975715	1730757	1526431	68805	135521		244958
辽宁	2438232	2194052	2191744	2011326	1709960	47930	253436		180418
吉林	1920656	1826731	1823964	1527443	1287489	118542	121412		296521
黑龙江	1782161	1736637	1736536	1621930	1459777	68613	93539		114607
上海	2178580	2050973	2050973	1883324	1018099	1688	863537		167648
江苏	2944772	2776985	2771737	2710773	2375709	12000	323064		60964
浙江	9334262	8317486	8210007	7887159	6949878	49100	888181		322848
安徽	2843896	2490608	2484413	2321705	2030486	35908	255311		162708
福建	870155	848724	848724	826793	625994		200799		21931
江西	1780536	1445606	1441726	1383406	1134066	96548	152792		58320
山东	6115603	5810997	5795349	5722052	4122762	1260	1598030		73297
河南	3842774	3546716	3524970	2896846	2552212	27049	317586		628123
湖北	1702541	1569891	1569891	1521021	1521021				48871
湖南	5147272	4335763	4325987	4214390	3677358	123590	413442		111597
广东	4631748	4326018	4319131	3946637	3366769	244678	335190		372494
广西	113400	112149	112149	105553	90523	5853	9176		6596
海南	558453	512382	511576	456902	430161	4526	22215		54674
重庆	3329584	3094737	3048564	2608778	2305325	196053	107400		439786
四川	4820856	4373963	4322603	3987435	3568023	161550	257863		335168
贵州	2825624	2131135	2129133	2048227	1754196	53475	240557		80906
云南	2786578	2589428	2581549	2212511	1984073	40170	188268		369038
西藏									
陕西	2247563	1953669	1953554	1931788	1727845	69633	134309		21766
甘肃	794514	727480	726588	681038	600791	48821	31426		45551
青海	5188	4673	4673	4463	4463				209
宁夏	521465	490501	488051	456187	409966	40000	6221		31864
新疆	989412	923641	895817	855032	747596	19260	88176		40785
大连	674298	638636	638540	598657	534471		64186		39882
宁波	1440350	1396763	1382249	1322738	1167347		155391		59511
厦门									
青岛	2689378	2580531	2580529	2569413	1697378		872035		11115
深圳	1171624	1127971	1126667	1065801	709755	243419	112627		60866

(职业高中)

单位：千元

政府性基金预算安排的教育经费	#彩票公益金	企业办学中的企业拨款	校办产业和社会服务收入中用于教育的经费	其他属于国家财政性教育经费	民办学校中举办者投入	捐赠收入	事业收入	#学费	其他教育经费
703040	**59445**	**28381**	**51345**		**286182**	**36089**	**4692995**	**2782231**	**2059013**
70	70		2049		4405	30	132105	110025	12935
							31131	28005	10356
156813	40				15431	719	149174	74540	19187
275351	6170	21217			6284	5	118975	67069	9743
5689	3013		46		1070	645	35836	16298	191364
1787	997	293	228		2990	233	211399	123929	29558
2390	2390		377		5376	269	61483	51301	26796
100	100					30	43905	32328	1589
						746	87804	81909	39057
5248	2128				12000	1283	138952	68867	15553
107479	172				33889	4664	374938	123854	603286
6155	6155		41		14012	3339	317603	191616	18334
						14	16991	6404	4425
3880	3880				13052	2100	310324	221161	9454
1875	1751	1881	11892		27535	362	246418	155938	30291
7593	1705	3990	10163		28901	15	242974	130553	24168
					94		119039	67619	13516
8775	4910	1000			8924	2292	723622	455495	76671
6887	1304				12196	880	205324	132796	87331
							931	76	321
806					2833		22981	12344	20258
46173	16120				9100	625	154984	72735	70137
51360	485				23479	12658	383364	214551	27393
2002	1075				16071	1037	122680	48097	554701
7853	3529		26		8234	2256	100131	61891	86529
115	115				10942	31	271183	203369	11737
891	886				29363	1807	32048	16425	3817
							510		6
2450	2450						18841	8489	12122
1300			26523			50	17342	4547	48379
97	97				100	233	35044	19113	286
14513						296	25616	968	17676
2	2				3267		92247	60961	13334
1304	1304						35550	23052	8103

3-18 教育经费收入情况

地区	总计	国家财政性教育经费	公共财政预算安排的教育经费	公共财政教育经费	教育事业费	基本建设经费	教育费附加	科研经费	其他
合计	**80096658**	**73022413**	**72265992**	**67023961**	**56839690**	**1722116**	**8462155**		**5242031**
北京	3106746	2957271	2955153	2280994	1402087	622	878285		674158
天津	770833	729346	729346	681013	644680		36333		48333
河北	5016799	4832287	4675475	4530114	3994343	119931	415840		145361
山西	2506161	2371154	2074586	1992056	1831038	66512	94506		82530
内蒙古	2210364	1981450	1975715	1730757	1526431	68805	135521		244958
辽宁	2438232	2194052	2191744	2011326	1709960	47930	253436		180418
吉林	1920656	1826731	1823964	1527443	1287489	118542	121412		296521
黑龙江	1768435	1722945	1722844	1608238	1446345	68613	93279		114607
上海	2178580	2050973	2050973	1883324	1018099	1688	863537		167648
江苏	2944772	2776985	2771737	2710773	2375709	12000	323064		60964
浙江	9334262	8317486	8210007	7887159	6949878	49100	888181		322848
安徽	2843896	2490608	2484413	2321705	2030486	35908	255311		162708
福建	870155	848724	848724	826793	625994		200799		21931
江西	1780536	1445606	1441726	1383406	1134066	96548	152792		58320
山东	6115603	5810997	5795349	5722052	4122762	1260	1598030		73297
河南	3842774	3546716	3524970	2896846	2552212	27049	317586		628123
湖北	1702541	1569891	1569891	1521021	1521021				48871
湖南	5147272	4335763	4325987	4214390	3677358	123590	413442		111597
广东	4631748	4326018	4319131	3946637	3366769	244678	335190		372494
广西	113400	112149	112149	105553	90523	5853	9176		6596
海南	558453	512382	511576	456902	430161	4526	22215		54674
重庆	3329584	3094737	3048564	2608778	2305325	196053	107400		439786
四川	4820856	4373963	4322603	3987435	3568023	161550	257863		335168
贵州	2825624	2131135	2129133	2048227	1754196	53475	240557		80906
云南	2786578	2589428	2581549	2212511	1984073	40170	188268		369038
西藏									
陕西	2247563	1953669	1953554	1931788	1727845	69633	134309		21766
甘肃	794514	727480	726588	681038	600791	48821	31426		45551
青海	5188	4673	4673	4463	4463				209
宁夏	521465	490501	488051	456187	409966	40000	6221		31864
新疆	963067	897296	895817	855032	747596	19260	88176		40785
大连	674298	638636	638540	598657	534471		64186		39882
宁波	1440350	1396763	1382249	1322738	1167347		155391		59511
厦门									
青岛	2689378	2580531	2580529	2569413	1697378		872035		11115
深圳	1171624	1127971	1126667	1065801	709755	243419	112627		60866

(地方职业高中)

单位：千元

政府性基金预算安排的教育经费	#彩票公益金	企业办学中的企业拨款	校办产业和社会服务收入中用于教育的经费	其他属于国家财政性教育经费	民办学校中举办者投入	捐赠收入	事业收入	#学费	其他教育经费
703040	**59445**	**28381**	**25000**		**286182**	**36089**	**4692961**	**2782231**	**2059013**
70	70		2049		4405	30	132105	110025	12935
							31131	28005	10356
156813	40				15431	719	149174	74540	19187
275351	6170	21217			6284	5	118975	67069	9743
5689	3013		46		1070	645	35836	16298	191364
1787	997	293	228		2990	233	211399	123929	29558
2390	2390		377		5376	269	61483	51301	26796
100	100					30	43871	32328	1589
						746	87804	81909	39057
5248	2128				12000	1283	138952	68867	15553
107479	172				33889	4664	374938	123854	603286
6155	6155		41		14012	3339	317603	191616	18334
						14	16991	6404	4425
3880	3880				13052	2100	310324	221161	9454
1875	1751	1881	11892		27535	362	246418	155938	30291
7593	1705	3990	10163		28901	15	242974	130553	24168
					94		119039	67619	13516
8775	4910	1000			8924	2292	723622	455495	76671
6887	1304				12196	880	205324	132796	87331
							931	76	321
806					2833		22981	12344	20258
46173	16120				9100	625	154984	72735	70137
51360	485				23479	12658	383364	214551	27393
2002	1075				16071	1037	122680	48097	554701
7853	3529		26		8234	2256	100131	61891	86529
115	115				10942	31	271183	203369	11737
891	886				29363	1807	32048	16425	3817
							510		6
2450	2450						18841	8489	12122
1300			178			50	17342	4547	48379
97	97				100	233	35044	19113	286
14513						296	25616	968	17676
2	2				3267		92247	60961	13334
1304	1304						35550	23052	8103

3-19 教育经费收入情况

地区	总计	国家财政性教育经费	公共财政预算安排的教育经费	公共财政教育经费	教育事业费	基本建设经费	教育费附加	科研经费	其他
合计	**35954949**	**33210010**	**32942932**	**30776210**	**26741745**	**1027890**	**3006575**		**2166722**
北京	515591	486661	484648	434935	216879		218056		49712
天津									
河北	2905512	2831347	2674743	2589732	2253837	115692	220203		85011
山西	1387737	1315447	1287060	1233650	1094163	66512	72975		53409
内蒙古	1419711	1300572	1297889	1167045	1039501	67392	60152		130844
辽宁	589279	514348	514308	480089	392118	43700	44270		34219
吉林	720566	693292	693292	594569	500137	50351	44081		98723
黑龙江	721132	707616	707590	677294	584862	43133	49299		30296
上海	137097	131409	131409	111472	84831		26640		19937
江苏	1231535	1164858	1159738	1139710	1081651		58059		20028
浙江	3762180	3442077	3414697	3277040	2751530	32300	493210		137657
安徽	2178054	1948854	1947964	1821557	1587925	35908	197725		126407
福建	152100	146389	146389	146100	86958		59142		289
江西	1106688	977258	976378	945710	750039	60149	135522		30668
山东	1687795	1627514	1626790	1612357	1291477		320880		14433
河南	2422343	2262171	2251748	1790548	1565778	10119	214651		461200
湖北	598664	553808	553808	541825	541825				11983
湖南	2751385	2425776	2419281	2354123	1997569	120590	235964		65158
广东	514616	482830	482830	457365	406538	711	50117		25464
广西	105316	104065	104065	97469	82439	5853	9176		6596
海南	143233	141164	140508	112263	107577		4686		28245
重庆	1410390	1323368	1316602	1186731	1077054	80759	28919		129870
四川	2924402	2626834	2616364	2408867	2219249	69560	120058		207497
贵州	1740440	1433779	1431777	1365754	1219002	47945	98808		66023
云南	1723373	1617511	1612764	1382647	1275322	34670	72656		230116
西藏									
陕西	1508958	1415898	1415898	1401087	1246303	68038	86746		14811
甘肃	636083	606582	605811	570475	514080	39250	17145		35336
青海	5188	4673	4673	4463	4463				209
宁夏	274590	261115	261115	242533	219711	20000	2822		18581
新疆	680991	662796	662796	628798	548925	15260	64613		33997
大连	85812	85812	85772	81368	63354		18014		4404
宁波	468784	452613	438200	423232	347672		75559		14968
厦门									
青岛	64111	61457	61457	61457	50812		10645		
深圳									

（农村职业高中）

单位：千元

政府性基金预算安排的教育经费	#彩票公益金	企业办学中的企业拨款	校办产业和社会服务收入中用于教育的经费	其他属于国家财政性教育经费	民办学校中举办者投入	捐赠收入	事业收入	#学费	其他教育经费
239276	**13334**	**21217**	**6585**		**114070**	**15644**	**1931834**	**1006762**	**683391**
10	10		2004		405		28077	24122	448
156604	40				8980	719	59755	24669	4712
7170	170	21217			2346	5	66631	34599	3308
2675			8		500	10	20092	8503	98536
40	40				930		71248	25573	2754
					880	34	21606	15904	4754
25	25						13332	6478	184
							320		5368
5120	2000				12000	310	46661	22300	7707
27381	125				8909	3618	170522	66672	137054
850	850		41		11541	680	202931	129556	14047
							5711	4457	
880	880				6686	2100	113721	74491	6923
724	723				2660	362	52614	29224	4645
5890	1565		4532		9348	13	143756	75742	7056
							38302	13972	6553
6496	2630				4449	936	276298	134664	43926
					2702	232	24990	15118	3863
							931	76	321
656							1510	807	559
6766	120				1200	100	68424	23718	17298
10469	285				17544	3166	261074	163081	15785
2002	1075				14084	1037	75408	19322	216132
4748	2030				609	2215	45323	28663	57714
					4180		84644	51889	4235
771	766				4116	57	21513	6561	3815
							510		6
							11668	3724	1808
						50	4264	2878	13881
40	40								
14413							11966	912	4205
							2534	1821	120

3-20 教育经费收入情况

地区	总计	国家财政性教育经费	公共财政预算安排的教育经费	公共财政教育经费	教育事业费	基本建设经费	教育费附加	科研经费	其他
合计	**35944075**	**33199169**	**32932091**	**30765369**	**26731164**	**1027890**	**3006315**		**2166722**
北京	515591	486661	484648	434935	216879		218056		49712
天津									
河北	2905512	2831347	2674743	2589732	2253837	115692	220203		85011
山西	1387737	1315447	1287060	1233650	1094163	66512	72975		53409
内蒙古	1419711	1300572	1297889	1167045	1039501	67392	60152		130844
辽宁	589279	514348	514308	480089	392118	43700	44270		34219
吉林	720566	693292	693292	594569	500137	50351	44081		98723
黑龙江	710257	696775	696750	666453	574281	43133	49039		30296
上海	137097	131409	131409	111472	84831		26640		19937
江苏	1231535	1164858	1159738	1139710	1081651		58059		20028
浙江	3762180	3442077	3414697	3277040	2751530	32300	493210		137657
安徽	2178054	1948854	1947964	1821557	1587925	35908	197725		126407
福建	152100	146389	146389	146100	86958		59142		289
江西	1106688	977258	976378	945710	750039	60149	135522		30668
山东	1687795	1627514	1626790	1612357	1291477		320880		14433
河南	2422343	2262171	2251748	1790548	1565778	10119	214651		461200
湖北	598664	553808	553808	541825	541825				11983
湖南	2751385	2425776	2419281	2354123	1997569	120590	235964		65158
广东	514616	482830	482830	457365	406538	711	50117		25464
广西	105316	104065	104065	97469	82439	5853	9176		6596
海南	143233	141164	140508	112263	107577		4686		28245
重庆	1410390	1323368	1316602	1186731	1077054	80759	28919		129870
四川	2924402	2626834	2616364	2408867	2219249	69560	120058		207497
贵州	1740440	1433779	1431777	1365754	1219002	47945	98808		66023
云南	1723373	1617511	1612764	1382647	1275322	34670	72656		230116
西藏									
陕西	1508958	1415898	1415898	1401087	1246303	68038	86746		14811
甘肃	636083	606582	605811	570475	514080	39250	17145		35336
青海	5188	4673	4673	4463	4463				209
宁夏	274590	261115	261115	242533	219711	20000	2822		18581
新疆	680991	662796	662796	628798	548925	15260	64613		33997
大连	85812	85812	85772	81368	63354		18014		4404
宁波	468784	452613	438200	423232	347672		75559		14968
厦门									
青岛	64111	61457	61457	61457	50812		10645		
深圳									

(地方农村职业高中)

单位：千元

政府性基金预算安排的教育经费	#彩票公益金	企业办学中的企业拨款	校办产业和社会服务收入中用于教育的经费	其他属于国家财政性教育经费	民办学校中举办者投入	捐赠收入	事业收入	#学费	其他教育经费
239276	**13334**	**21217**	**6585**		**114070**	**15644**	**1931800**	**1006762**	**683391**
10	10		2004		405		28077	24122	448
156604	40				8980	719	59755	24669	4712
7170	170	21217			2346	5	66631	34599	3308
2675			8		500	10	20092	8503	98536
40	40				930		71248	25573	2754
					880	34	21606	15904	4754
25	25						13298	6478	184
							320		5368
5120	2000				12000	310	46661	22300	7707
27381	125				8909	3618	170522	66672	137054
850	850		41		11541	680	202931	129556	14047
							5711	4457	
880	880				6686	2100	113721	74491	6923
724	723				2660	362	52614	29224	4645
5890	1565		4532		9348	13	143756	75742	7056
							38302	13972	6553
6496	2630				4449	936	276298	134664	43926
					2702	232	24990	15118	3863
							931	76	321
656							1510	807	559
6766	120				1200	100	68424	23718	17298
10469	285				17544	3166	261074	163081	15785
2002	1075				14084	1037	75408	19322	216132
4748	2030				609	2215	45323	28663	57714
					4180		84644	51889	4235
771	766				4116	57	21513	6561	3815
							510		6
							11668	3724	1808
						50	4264	2878	13881
40	40								
14413							11966	912	4205
							2534	1821	120

3-21 教育经费收入情况

地区	总计	国家财政性教育经费	公共财政预算安排的教育经费	公共财政教育经费	教育事业费	基本建设经费	教育费附加	科研经费	其他
合计	**28647315**	**22962631**	**22584316**	**21038850**	**18766602**	**689275**	**1582973**		**1545465**
北京	1500775	1394091	1368816	1358558	1208987	149572			10258
天津	539320	482543	469454	445822	386622	31200	28000		23633
河北	817688	691235	680663	636141	580478	3800	51863		44522
山西	445226	411917	408660	380271	373494	1700	5077		28389
内蒙古	136357	121774	110890	90273	90093		179		20617
辽宁	457765	400131	400131	352434	310712	6569	35152		47697
吉林	458465	436533	436533	402971	225210	721	177040		33562
黑龙江	808660	697494	694244	643039	580134	9939	52966		51205
上海	289232	218646	195721	165686	91106	25000	49580		30036
江苏	2039367	1533008	1527223	1371762	1186460		185303		155461
浙江	1237417	1009854	983837	890630	748500	14939	127191		93207
安徽	116824	73424	72884	58757	56604		2153		14127
福建	692139	585167	584218	524617	480460		44157		59602
江西	151596	115484	115484	115370	115370				114
山东	3018108	2606391	2568149	2504166	2434804	1200	68162		63983
河南	1543358	1388553	1344131	1181878	1150107	322	31449		162253
湖北	347845	285574	285574	261787	261787				23787
湖南	676482	523781	515088	484923	458309	20000	6614		30165
广东	6834517	5315406	5261664	5042855	4333792	111000	598063		218809
广西	1700050	1451529	1450052	1352720	1096985	239391	16344		97332
海南	289603	262731	262731	243013	242491	523			19717
重庆	863524	514908	494183	366944	347752	15692	3500		127238
四川	747502	586775	558782	514414	481130	23000	10284		44369
贵州	357096	175576	175576	175576	174806		770		
云南	1042056	805688	777708	706609	620555	29458	56596		71099
西藏									
陕西	1078339	552352	519854	490229	483979	5249	1000		29625
甘肃	5068	4435	4435	4435	4435				
青海									
宁夏									
新疆	452935	317632	317632	272973	241443		31530		44658
大连	127138	123758	123758	115896	104186	6569	5141		7862
宁波	127863	105263	104563	78865	58054	14939	5872		25698
厦门	124465	118668	117719	102637	79883		22754		15081
青岛	231404	219313	219313	219313	219306		7		
深圳	816142	637938	637938	612273	413524	91000	107748		25665

(技工学校)

单位：千元

政府性基金预算安排的教育经费	#彩票公益金	企业办学中的企业拨款	校办产业和社会服务收入中用于教育的经费	其他属于国家财政性教育经费	民办学校中举办者投入	捐赠收入	事业收入	#学费	其他教育经费
89309	**14542**	**136198**	**152808**		**57304**	**12551**	**4326853**	**2622479**	**1287977**
		11593	13682			64	74432	17951	32187
		12651	437			559	40575	26649	15643
		9153	1419				101657	51881	24795
3200	3200		57			3505	19892	5263	9912
		7096	3788				14184	5876	399
					40		48717	22605	8877
					90		9477	8500	12366
		1250	2000		999		64889	49798	45278
		10740	12184				36745	30624	33841
		5785			650	588	444051	272092	61070
1903			24113			110	152577	78032	74875
		540					23061	3891	20339
			949		1653	62	47955	11619	57301
							19647	12962	16466
10360		20283	7600		2955	6	338567	180057	70189
10000		32322	2100		973	150	118222	24473	35460
							36535	21619	25736
		7062	1631				87400	57168	65301
38080	105	2390	13273		44581	2030	1403403	1022230	69097
		1476				80	198908	77066	49534
							7269	609	19603
7770		6683	6273		5364	37	218808	97959	124408
2370		1349	24273			10	132040	94014	28678
							97203	97203	84318
15593	11237		12388			244	126607	77878	109517
33		5824	26640			5046	446624	272893	74317
							633	580	
						60	16773	986	118471
							3381	171	
700						80	20985	18638	1535
			949				5333	2413	464
							7308	2583	4783
					1100		176678	127967	427

3-22 教育经费收入情况

地区	总计	国家财政性教育经费	公共财政预算安排的教育经费	公共财政教育经费	教育事业费	基本建设经费	教育费附加	科研经费	其他
合计	**28451887**	**22845631**	**22491159**	**20950939**	**18688631**	**679336**	**1582973**		**1540220**
北京	1483697	1381909	1368816	1358558	1208987	149572			10258
天津	521637	474966	462382	442502	383302	31200	28000		19881
河北	817688	691235	680663	636141	580478	3800	51863		44522
山西	445226	411917	408660	380271	373494	1700	5077		28389
内蒙古	136357	121774	110890	90273	90093		179		20617
辽宁	457765	400131	400131	352434	310712	6569	35152		47697
吉林	458465	436533	436533	402971	225210	721	177040		33562
黑龙江	749185	642586	640586	589380	536415		52966		51205
上海	289232	218646	195721	165686	91106	25000	49580		30036
江苏	2012866	1523372	1520998	1365538	1180235		185303		155461
浙江	1237417	1009854	983837	890630	748500	14939	127191		93207
安徽	114406	71415	71415	57288	55135		2153		14127
福建	692139	585167	584218	524617	480460		44157		59602
江西	151596	115484	115484	115370	115370				114
山东	3018108	2606391	2568149	2504166	2434804	1200	68162		63983
河南	1543358	1388553	1344131	1181878	1150107	322	31449		162253
湖北	347845	285574	285574	261787	261787				23787
湖南	667116	517034	509972	479807	453193	20000	6614		30165
广东	6834517	5315406	5261664	5042855	4333792	111000	598063		218809
广西	1700050	1451529	1450052	1352720	1096985	239391	16344		97332
海南	289603	262731	262731	243013	242491	523			19717
重庆	862122	513913	493188	365950	346758	15692	3500		127238
四川	685997	563829	540161	497286	464002	23000	10284		42875
贵州	357096	175576	175576	175576	174806		770		
云南	1042056	805688	777708	706609	620555	29458	56596		71099
西藏									
陕西	1078339	552352	519854	490229	483979	5249	1000		29625
甘肃	5068	4435	4435	4435	4435				
青海									
宁夏									
新疆	452935	317632	317632	272973	241443		31530		44658
大连	127138	123758	123758	115896	104186	6569	5141		7862
宁波	127863	105263	104563	78865	58054	14939	5872		25698
厦门	124465	118668	117719	102637	79883		22754		15081
青岛	231404	219313	219313	219313	219306		7		
深圳	816142	637938	637938	612273	413524	91000	107748		25665

（地方技工学校）

单位：千元

政府性基金预算安排的教育经费	#彩票公益金	企业办学中的企业拨款	校办产业和社会服务收入中用于教育的经费	其他属于国家财政性教育经费	民办学校中举办者投入	捐赠收入	事业收入	#学费	其他教育经费
89309	**14542**	**118898**	**146265**		**57304**	**12551**	**4264993**	**2574544**	**1271409**
			13093			64	69542	17167	32181
		12146	437			559	33902	24009	12210
		9153	1419				101657	51881	24795
3200	3200		57			3505	19892	5263	9912
		7096	3788				14184	5876	399
					40		48717	22605	8877
					90		9477	8500	12366
			2000		999		60323	45231	45278
		10740	12184				36745	30624	33841
		2373			650	588	431982	263885	56275
1903			24113			110	152577	78032	74875
							22666	3502	20325
			949		1653	62	47955	11619	57301
							19647	12962	16466
10360		20283	7600		2955	6	338567	180057	70189
10000		32322	2100		973	150	118222	24473	35460
							36535	21619	25736
		7062					84802	55888	65280
38080	105	2390	13273		44581	2030	1403403	1022230	69097
		1476				80	198908	77066	49534
							7269	609	19603
7770		6683	6273		5364	37	218400	97560	124408
2370		1349	19949			10	101780	64345	20378
							97203	97203	84318
15593	11237		12388			244	126607	77878	109517
33		5824	26640			5046	446624	272893	74317
							633	580	
						60	16773	986	118471
							3381	171	
700						80	20985	18638	1535
			949				5333	2413	464
							7308	2583	4783
					1100		176678	127967	427

3-23 教育经费收入情况

地区	总计	国家财政性教育经费	公共财政预算安排的教育经费	公共财政教育经费	教育事业费	基本建设经费	教育费附加	科研经费	其他
合计	**9663605**	**8140026**	**8083128**	**7092079**	**6787625**	**30112**	**274343**		**991048**
北京	143726	94050	94050	87093	59521		27571		6957
天津	67313	63308	46785	43364	43364				3421
河北	985951	899639	898081	836386	818917		17468		61696
山西	356344	346520	346520	313213	307952		5261		33308
内蒙古	353982	340778	340778	244806	226143	6210	12452		95972
辽宁	43592	40119	40119	19206	18981	225			20913
吉林	808106	784158	783182	706419	699873		6546		76763
黑龙江	398615	375591	375591	343414	318926	5576	18912		32177
上海	182065	153809	153809	139592	137899		1694		14216
江苏	461210	365524	363877	346078	332814		13264		17799
浙江	592632	463838	461886	428969	395020		33949		32917
安徽	224923	160083	159310	141425	139646		1779		17885
福建	57465	50744	50744	50209	50125		83		535
江西	419995	388603	387893	365719	363559		2160		22174
山东	481723	388719	382631	369393	361845		7549		13238
河南	969519	686264	680464	535240	504176	1367	29697		145224
湖北	187675	163196	163196	161387	161387				1810
湖南	581403	470085	470085	436697	419975	2100	14623		33388
广东	256042	208152	208152	177191	137166	14360	25665		30961
广西	29136	26770	26220	14054	14054				12166
海南	6345	4099	4099	3393	3393				706
重庆	733142	603885	603885	481344	449711	273	31360		122541
四川	271639	129976	115436	102105	101132		973		13331
贵州	75909	60033	58331	45093	45093				13238
云南	433209	413980	413977	299133	283154		15979		114843
西藏									
陕西	205187	144055	144055	140207	140074		133		3847
甘肃	76935	68034	63962	48822	47322		1500		15140
青海	4423								
宁夏									
新疆	255399	246013	246008	212126	206403		5723		33882
大连	8089	8089	8089	7367	7367				722
宁波	335466	273831	272358	253365	232435		20931		18993
厦门									
青岛	6248	5632	5632	4644	4644				988
深圳	55341	43156	43156	37389	22829	14360	200		5767

（成人中等专业学校）

单位：千元

政府性基金预算安排的教育经费	#彩票公益金	企业办学中的企业拨款	校办产业和社会服务收入中用于教育的经费	其他属于国家财政性教育经费	民办学校中举办者投入	捐赠收入	事业收入	#学费	其他教育经费
14632	**4810**	**24066**	**18199**		**51546**	**45533**	**1192045**	**555044**	**234455**
						37421	9028	484	3227
			16524				3753	261	251
1558	1160				1240	126	65051	20235	19895
							9207	780	616
							10853	3166	2351
							775	775	2698
		976				5187	6767	3896	11994
						16	10270	6702	12738
							10201	8471	18056
1508	1508		139				76398	29548	19289
1952					100	100	91330	15504	37264
773	773				6818		50765	19049	7257
							5079	966	1643
710	710						25969	2955	5423
6087	87				16000	400	66953	36500	9651
		5800			13770	1489	257986	141732	10009
					2675	33	17087	8332	4684
					10887	317	89459	39676	10655
						378	46796	23511	716
550	550						2319	2150	47
									2245
					57	65	111194	52205	17942
1469		13070					130700	96218	10964
		165	1537				6784	1546	9092
4							13982	3714	5247
							56387	33286	4745
21	21	4050					8748	2618	153
									4423
		5					8206	764	1180
1473					100	100	41346	436	20090
							333	333	283
						255	11922	8659	8

3-24 教育经费收入情况

地区	总计	国家财政性教育经费	公共财政预算安排的教育经费	公共财政教育经费	教育事业费	基本建设经费	教育费附加	科研经费	其他
合计	**9646923**	**8125683**	**8068790**	**7077741**	**6773287**	**30112**	**274343**		**991048**
北京	143726	94050	94050	87093	59521		27571		6957
天津	67313	63308	46785	43364	43364				3421
河北	985951	899639	898081	836386	818917		17468		61696
山西	356344	346520	346520	313213	307952		5261		33308
内蒙古	353982	340778	340778	244806	226143	6210	12452		95972
辽宁	43592	40119	40119	19206	18981	225			20913
吉林	808106	784158	783182	706419	699873		6546		76763
黑龙江	395935	373167	373167	340990	316502	5576	18912		32177
上海	182065	153809	153809	139592	137899		1694		14216
江苏	461210	365524	363877	346078	332814		13264		17799
浙江	592632	463838	461886	428969	395020		33949		32917
安徽	224923	160083	159310	141425	139646		1779		17885
福建	57465	50744	50744	50209	50125		83		535
江西	419995	388603	387893	365719	363559		2160		22174
山东	481723	388719	382631	369393	361845		7549		13238
河南	969519	686264	680464	535240	504176	1367	29697		145224
湖北	187675	163196	163196	161387	161387				1810
湖南	581403	470085	470085	436697	419975	2100	14623		33388
广东	256042	208152	208152	177191	137166	14360	25665		30961
广西	29136	26770	26220	14054	14054				12166
海南	6345	4099	4099	3393	3393				706
重庆	733142	603885	603885	481344	449711	273	31360		122541
四川	271639	129976	115436	102105	101132		973		13331
贵州	75909	60033	58331	45093	45093				13238
云南	431959	413980	413977	299133	283154		15979		114843
西藏									
陕西	205187	144055	144055	140207	140074		133		3847
甘肃	76935	68034	63962	48822	47322		1500		15140
青海	4423								
宁夏									
新疆	242647	234094	234094	200211	194489		5723		33882
大连	8089	8089	8089	7367	7367				722
宁波	335466	273831	272358	253365	232435		20931		18993
厦门									
青岛	6248	5632	5632	4644	4644				988
深圳	55341	43156	43156	37389	22829	14360	200		5767

（地方成人中等专业学校）

单位：千元

政府性基金预算安排的教育经费	#彩票公益金	企业办学中的企业拨款	校办产业和社会服务收入中用于教育的经费	其他属于国家财政性教育经费	民办学校中举办者投入	捐赠收入	事业收入	#学费	其他教育经费
14632	**4810**	**24061**	**18199**		**51546**	**45533**	**1189774**	**554024**	**234386**
						37421	9028	484	3227
			16524				3753	261	251
1558	1160				1240	126	65051	20235	19895
							9207	780	616
							10853	3166	2351
							775	775	2698
		976				5187	6767	3896	11994
						16	10013	6445	12738
							10201	8471	18056
1508	1508		139				76398	29548	19289
1952					100	100	91330	15504	37264
773	773				6818		50765	19049	7257
							5079	966	1643
710	710						25969	2955	5423
6087	87				16000	400	66953	36500	9651
		5800			13770	1489	257986	141732	10009
					2675	33	17087	8332	4684
					10887	317	89459	39676	10655
						378	46796	23511	716
550	550						2319	2150	47
									2245
					57	65	111194	52205	17942
1469		13070					130700	96218	10964
		165	1537				6784	1546	9092
4							12732	3714	5247
							56387	33286	4745
21	21	4050					8748	2618	153
									4423
							7442		1112
1473					100	100	41346	436	20090
							333	333	283
						255	11922	8659	8

3-25 教育经费收入情况

地区	总计	国家财政性教育经费	公共财政预算安排的教育经费	公共财政教育经费	教育事业费	基本建设经费	教育费附加	科研经费	其他
合计	1055268412	934753564	927541190	854653152	788452203	15116825	51084123		72888039
北京	32038022	28862281	28604740	23853157	19162959	1486126	3204073		4751583
天津	14413275	13482067	13462156	12773310	11881195	150840	741275		688846
河北	41480497	37496511	36881681	35300558	33161494	387908	1751157		1581123
山西	23752971	20586860	20479628	19315811	18017416	267377	1031018		1163818
内蒙古	22416057	20581202	20523801	17494535	16264308	334800	895427		3029266
辽宁	25472399	23614270	23555128	20672157	19360708	94353	1217095		2882971
吉林	17300554	15940034	15891213	14696579	13703476	231754	761349		1194634
黑龙江	23033223	22025197	21991231	20604680	19555075	205985	843619		1386551
上海	27047185	23037927	23037042	20294683	16142232	393265	3759186		2742359
江苏	69265399	61944334	61588602	59451754	53229459	211792	6010502		2136848
浙江	54820143	43982693	43436640	41240431	37768572	487502	2984357		2196209
安徽	40344611	33926060	33801208	30309289	27615538	760929	1932822		3491919
福建	29987811	26522000	26331507	25106787	23320589	284672	1501526		1224720
江西	31763053	28672744	28573152	27592273	25662383	709666	1220224		980879
山东	74140484	67878356	67308898	66281377	61606416	247448	4427513		1027521
河南	57910990	50445036	50249353	41309441	38395685	705630	2208126		8939912
湖北	40187645	35815686	34838382	33298172	33298172				1540210
湖南	44286407	37817511	37688163	36084780	33231317	362059	2491404		1603383
广东	97140701	79471286	78993907	72303900	66056641	1847149	4400110		6690007
广西	31833963	29313794	29115129	27347327	25355685	975945	1015698		1767802
海南	9382447	8533030	8494715	7284149	6866571	64504	353074		1210566
重庆	27006590	23959054	23191812	19026184	17280402	523530	1222253		4165628
四川	55331856	48492355	48235388	43082444	40418433	714663	1949348		5152943
贵州	34810682	30887005	30349064	29034453	27448125	555122	1031205		1314611
云南	36945493	33967786	33934980	29264254	27635559	434743	1193952		4670726
西藏	5105222	5092001	5055019	4887309	4487710	199459	200140		167710
陕西	27188000	24549016	24506348	24047930	22576321	506929	964680		458418
甘肃	19878535	18885134	18839967	17655080	16733451	322712	598917		1184887
青海	6457142	6089621	6087790	5351841	4792579	347702	211560		735949
宁夏	6707348	6225864	6206614	5257536	4913473	159550	184512		949078
新疆	27819705	26656849	26287930	24430970	22510259	1142712	778000		1856959
大连	5203133	4742940	4722384	4100777	3768109		332668		621606
宁波	7829163	6329399	6309104	5972389	5354334	23460	594594		336715
厦门	4000324	3596423	3505039	3174734	2770457		404277		330305
青岛	9995917	9274286	9265813	9224326	8153938		1070388		41488
深圳	13336047	11043451	11021548	10160646	7610454	1330527	1219665		860902

(中学)

单位：千元

政府性基金预算安排的教育经费	#彩票公益金	企业办学中的企业拨款	校办产业和社会服务收入中用于教育的经费	其他属于国家财政性教育经费	民办学校中举办者投入	捐赠收入	事业收入	#学费	其他教育经费
6750590	**731825**	**426540**	**35243**		**5479993**	**1565264**	**99458504**	**80036959**	**14011086**
226196	10210	26091	5254		7499	60924	2333720	1958606	773597
30	30	15154	4727		5600	7255	716842	626591	201511
614830	11935				124648	41254	3641010	2882128	177072
101870	8901	1713	3649		96913	4112	2989991	2478997	75096
57214	39788		187		15381	24175	448914	298077	1346385
59142	9399				41123	21526	1703709	1451836	91770
48820	14623				24814	10782	1148053	1010796	176871
33738	20557	130	98		10928	2541	890145	792386	104412
885	885				25223	21582	3095079	2987928	867373
355732	47827				465962	182005	5813275	4635102	859823
535156	24554	10896			731296	165951	7949603	6675059	1990601
108835	18881	16017			167626	61809	6007141	4889832	181976
190444	6858		49		26079	151868	2809172	2484537	478693
94182	51852	5410			265140	57496	2564656	1981190	203017
569458	61263				312073	63656	5509503	4600890	376896
195016	74248	476	191		274420	17217	6906790	5422661	267527
977304	10610				314121	35426	3645654	2700277	376758
113557	47751		15790		281626	29579	5445172	3658157	712519
456220	48292	20873	285		1419962	154601	15260235	12818174	834617
198665	32857				38821	36983	2183685	1515462	260679
32595	3724	5715	5		21431	3564	665439	514154	158983
766334	13235		908		100207	50757	2718786	1860493	177786
254445	34945		2522		260850	157266	6077088	4467174	344298
537941	49186				176580	30077	2743915	2119027	973105
32185	21368	621			240414	47050	1936246	1668715	753996
36982	2951					250	11080	8728	1891
41633	22445	1034			26411	16865	2390744	2022368	204964
45145	22725		22		3240	18426	813558	717589	158177
1831	1678				94	5325	129580	81423	232522
12879	5364	6340	32		945	12336	270116	228123	198087
51326	12882	316070	1523		568	72602	639603	480476	450084
20557	3259				13540	629	395875	328394	50149
20295	1895				21099	6623	1314860	1203957	157182
91385	334				9365	15470	231294	220553	147772
8473	2030				32003	26317	617463	553334	45849
21903	21206				123623	338	1973342	1762289	195293

3-26 教育经费收入情况

地区	总计	国家财政性教育经费	公共财政预算安排的教育经费	公共财政教育经费	教育事业费	基本建设经费	教育费附加	科研经费	其他
合计	**1049415354**	**929962033**	**923088119**	**850211761**	**784499887**	**14805473**	**50906402**		**72876358**
北京	30333456	27683921	27428668	22681016	18158539	1486126	3036351		4747652
天津	14413275	13482067	13462156	12773310	11881195	150840	741275		688846
河北	41480497	37496511	36881681	35300558	33161494	387908	1751157		1581123
山西	23752971	20586860	20479628	19315811	18017416	267377	1031018		1163818
内蒙古	22416057	20581202	20523801	17494535	16264308	334800	895427		3029266
辽宁	25472399	23614270	23555128	20672157	19360708	94353	1217095		2882971
吉林	17250154	15889634	15840813	14646179	13653076	231754	761349		1194634
黑龙江	22787732	21782997	21749060	20362509	19312905	205985	843619		1386551
上海	26847481	22930523	22929638	20193970	16051519	393265	3749186		2735668
江苏	69265399	61944334	61588602	59451754	53229459	211792	6010502		2136848
浙江	54820143	43982693	43436640	41240431	37768572	487502	2984357		2196209
安徽	40344611	33926060	33801208	30309289	27615538	760929	1932822		3491919
福建	29987811	26522000	26331507	25106787	23320589	284672	1501526		1224720
江西	31763053	28672744	28573152	27592273	25662383	709666	1220224		980879
山东	74140484	67878356	67308898	66281377	61606416	247448	4427513		1027521
河南	57903350	50439260	50243577	41303665	38389909	705630	2208126		8939912
湖北	39941091	35625735	34648432	33108221	33108221				1540210
湖南	44277570	37817048	37687701	36084317	33230854	362059	2491404		1603383
广东	97049683	79391631	78930863	72240856	65993598	1847149	4400110		6690007
广西	31833963	29313794	29115129	27347327	25355685	975945	1015698		1767802
海南	9375573	8527881	8489571	7279005	6861427	64504	353074		1210566
重庆	26883191	23863353	23096111	18930483	17184701	523530	1222253		4165628
四川	55311602	48492355	48235388	43082444	40418433	714663	1949348		5152943
贵州	34810682	30887005	30349064	29034453	27448125	555122	1031205		1314611
云南	36945493	33967786	33934980	29264254	27635559	434743	1193952		4670726
西藏	5105222	5092001	5055019	4887309	4487710	199459	200140		167710
陕西	27052130	24439601	24396934	23938516	22466906	506929	964680		458418
甘肃	19868654	18875933	18830766	17645879	16724250	322712	598917		1184887
青海	6457142	6089621	6087790	5351841	4792579	347702	211560		735949
宁夏	6707348	6225864	6206614	5257536	4913473	159550	184512		949078
新疆	24817136	23938993	23889599	22033698	20424339	831359	778000		1855901
大连	5203133	4742940	4722384	4100777	3768109		332668		621606
宁波	7829163	6329399	6309104	5972389	5354334	23460	594594		336715
厦门	4000324	3596423	3505039	3174734	2770457		404277		330305
青岛	9995917	9274286	9265813	9224326	8153938		1070388		41488
深圳	13336047	11043451	11021548	10160646	7610454	1330527	1219665		860902

(地方中学)

单位：千元

政府性基金预算安排的教育经费	#彩票公益金	企业办学中的企业拨款	校办产业和社会服务收入中用于教育的经费	其他属于国家财政性教育经费	民办学校中举办者投入	捐赠收入	事业收入	#学费	其他教育经费
6747105	**728584**	**93859**	**32950**		**5479993**	**1490019**	**99084903**	**79792827**	**13398405**
226196	10210	26091	2966		7499	55894	2149694	1860380	436447
30	30	15154	4727		5600	7255	716842	626591	201511
614830	11935				124648	41254	3641010	2882128	177072
101870	8901	1713	3649		96913	4112	2989991	2478997	75096
57214	39788		187		15381	24175	448914	298077	1346385
59142	9399				41123	21526	1703709	1451836	91770
48820	14623				24814	10782	1148053	1010796	176871
33708	20527	130	98		10928	2541	886855	789614	104412
885	885				25223	21084	3042994	2937508	827657
355732	47827				465962	182005	5813275	4635102	859823
535156	24554	10896			731296	165951	7949603	6675059	1990601
108835	18881	16017			167626	61809	6007141	4889832	181976
190444	6858		49		26079	151868	2809172	2484537	478693
94182	51852	5410			265140	57496	2564656	1981190	203017
569458	61263				312073	63656	5509503	4600890	376896
195016	74248	476	191		274420	17217	6906790	5422661	265663
977304	10610				314121	34926	3617746	2680634	348562
113557	47751		15790		281626	29579	5436967	3651801	712350
456220	48292	4263	285		1419962	154508	15249940	12810528	833642
198665	32857				38821	36983	2183685	1515462	260679
32595	3724	5715			21431	3564	664532	513961	158165
766334	13235		908		100207	50757	2702462	1846481	166412
254445	34945		2522		260850	157266	6076054	4466646	325077
537941	49186				176580	30077	2743915	2119027	973105
32185	21368	621			240414	47050	1936246	1668715	753996
36982	2951					250	11080	8728	1891
41633	22445	1034			26411	16565	2379002	2013864	190550
45145	22725		22		3240	18426	813145	717176	157909
1831	1678				94	5325	129580	81423	232522
12879	5364	6340	32		945	12336	270116	228123	198087
47872	9671		1523		568	3779	582230	445057	291566
20557	3259				13540	629	395875	328394	50149
20295	1895				21099	6623	1314860	1203957	157182
91385	334				9365	15470	231294	220553	147772
8473	2030				32003	26317	617463	553334	45849
21903	21206				123623	338	1973342	1762289	195293

3-27 教育经费收入情况

地 区	总 计	国家财政性教育经费	公共财政预算安排的教育经费	公共财政教育经费	教育事业费	基本建设经费	教育费附加	科研经费	其 他
合 计	**1054578485**	**934164161**	**926951829**	**854088100**	**787934016**	**15116825**	**51037259**		**72863729**
北 京	31993863	28819901	28562360	23810777	19150995	1486126	3173656		4751583
天 津	14384433	13453242	13433331	12744914	11852799	150840	741275		688417
河 北	41479794	37495809	36880979	35299856	33161161	387908	1750787		1581123
山 西	23752922	20586811	20479579	19315762	18017367	267377	1031018		1163818
内蒙古	22416057	20581202	20523801	17494535	16264308	334800	895427		3029266
辽 宁	25472399	23614270	23555128	20672157	19360708	94353	1217095		2882971
吉 林	17296669	15936168	15887348	14692973	13699870	231754	761349		1194375
黑龙江	23033223	22025197	21991231	20604680	19555075	205985	843619		1386551
上 海	27009671	23001780	23000895	20262505	16110142	393265	3759099		2738390
江 苏	69013625	61741763	61386032	59251234	53040330	211792	5999111		2134798
浙 江	54585810	43784768	43238757	41051378	37582412	487502	2981464		2187379
安 徽	40344611	33926060	33801208	30309289	27615538	760929	1932822		3491919
福 建	29987715	26521904	26331411	25106691	23320493	284672	1501526		1224720
江 西	31763053	28672744	28573152	27592273	25662383	709666	1220224		980879
山 东	74115014	67852886	67283428	66255907	61580955	247448	4427503		1027521
河 南	57910990	50445036	50249353	41309441	38395685	705630	2208126		8939912
湖 北	40178758	35806798	34829495	33289284	33289284				1540210
湖 南	44283522	37816000	37686653	36083270	33229806	362059	2491404		1603383
广 东	97089371	79430311	78952932	72271697	66026135	1847149	4398413		6681235
广 西	31833963	29313794	29115129	27347327	25355685	975945	1015698		1767802
海 南	9382447	8533030	8494715	7284149	6866571	64504	353074		1210566
重 庆	27006590	23959054	23191812	19026184	17280402	523530	1222253		4165628
四 川	55331856	48492355	48235388	43082444	40418433	714663	1949348		5152943
贵 州	34810682	30887005	30349064	29034453	27448125	555122	1031205		1314611
云 南	36945493	33967786	33934980	29264254	27635559	434743	1193952		4670726
西 藏	5105222	5092001	5055019	4887309	4487710	199459	200140		167710
陕 西	27188000	24549016	24506348	24047930	22576321	506929	964680		458418
甘 肃	19878535	18885134	18839967	17655080	16733451	322712	598917		1184887
青 海	6457142	6089621	6087790	5351841	4792579	347702	211560		735949
宁 夏	6707348	6225864	6206614	5257536	4913473	159550	184512		949078
新 疆	27819705	26656849	26287930	24430970	22510259	1142712	778000		1856959
大 连	5203133	4742940	4722384	4100777	3768109		332668		621606
宁 波	7827577	6327815	6307520	5970805	5352754	23460	594591		336715
厦 门	4000324	3596423	3505039	3174734	2770457		404277		330305
青 岛	9995917	9274286	9265813	9224326	8153938		1070388		41488
深 圳	13336047	11043451	11021548	10160646	7610454	1330527	1219665		860902

(普通中学)

单位：千元

政府性基金预算安排的教育经费	#彩票公益金	企业办学中的企业拨款	校办产业和社会服务收入中用于教育的经费	其他属于国家财政性教育经费	民办学校中举办者投入	捐赠收入	事业收入	#学费	其他教育经费
6750549	**731784**	**426540**	**35243**		**5479993**	**1564876**	**99388492**	**80028548**	**13980963**
226196	10210	26091	5254		7499	60924	2331941	1958606	773597
30	30	15154	4727		5600	7238	716842	626591	201510
614830	11935				124648	41254	3641010	2882128	177072
101870	8901	1713	3649		96913	4112	2989991	2478997	75096
57214	39788		187		15381	24175	448914	298077	1346385
59142	9399				41123	21526	1703709	1451836	91770
48820	14623				24814	10782	1148044	1010796	176861
33738	20557	130	98		10928	2541	890145	792386	104412
885	885				25223	21582	3093883	2987668	867203
355732	47827				465962	182005	5766089	4632529	857806
535115	24512	10896			731296	165579	7939680	6674376	1964488
108835	18881	16017			167626	61809	6007141	4889832	181976
190444	6858		49		26079	151868	2809172	2484537	478693
94182	51852	5410			265140	57496	2564656	1981190	203017
569458	61263				312073	63656	5509503	4600890	376896
195016	74248	476	191		274420	17217	6906790	5422661	267527
977304	10610				314121	35426	3645654	2700277	376758
113557	47751		15790		281626	29579	5443798	3656903	712519
456220	48292	20873	285		1419962	154601	15251691	12814534	832806
198665	32857				38821	36983	2183685	1515462	260679
32595	3724	5715	5		21431	3564	665439	514154	158983
766334	13235		908		100207	50757	2718786	1860493	177786
254445	34945		2522		260850	157266	6077088	4467174	344298
537941	49186				176580	30077	2743915	2119027	973105
32185	21368	621			240414	47050	1936246	1668715	753996
36982	2951					250	11080	8728	1891
41633	22445	1034			26411	16865	2390744	2022368	204964
45145	22725		22		3240	18426	813558	717589	158177
1831	1678				94	5325	129580	81423	232522
12879	5364	6340	32		945	12336	270116	228123	198087
51326	12882	316070	1523		568	72602	639603	480476	450084
20557	3259				13540	629	395875	328394	50149
20295	1895				21099	6623	1314860	1203957	157181
91385	334				9365	15470	231294	220553	147772
8473	2030				32003	26317	617463	553334	45849
21903	21206				123623	338	1973342	1762289	195293

3-28 教育经费收入情况

地区	总计	国家财政性教育经费	公共财政预算安排的教育经费	公共财政教育经费	教育事业费	基本建设经费	教育费附加	科研经费	其他
合计	**1048725427**	**929372631**	**922498757**	**849646709**	**783981699**	**14805473**	**50859537**		**72852048**
北京	30289296	27641541	27386288	22638636	18146576	1486126	3005935		4747652
天津	14384433	13453242	13433331	12744914	11852799	150840	741275		688417
河北	41479794	37495809	36880979	35299856	33161161	387908	1750787		1581123
山西	23752922	20586811	20479579	19315762	18017367	267377	1031018		1163818
内蒙古	22416057	20581202	20523801	17494535	16264308	334800	895427		3029266
辽宁	25472399	23614270	23555128	20672157	19360708	94353	1217095		2882971
吉林	17246269	15885768	15836948	14642573	13649470	231754	761349		1194375
黑龙江	22787732	21782997	21749060	20362509	19312905	205985	843619		1386551
上海	26809967	22894376	22893491	20161792	16019428	393265	3749099		2731699
江苏	69013625	61741763	61386032	59251234	53040330	211792	5999111		2134798
浙江	54585810	43784768	43238757	41051378	37582412	487502	2981464		2187379
安徽	40344611	33926060	33801208	30309289	27615538	760929	1932822		3491919
福建	29987715	26521904	26331411	25106691	23320493	284672	1501526		1224720
江西	31763053	28672744	28573152	27592273	25662383	709666	1220224		980879
山东	74115014	67852886	67283428	66255907	61580955	247448	4427503		1027521
河南	57903350	50439260	50243577	41303665	38389909	705630	2208126		8939912
湖北	39932204	35616848	34639544	33099334	33099334				1540210
湖南	44274686	37815538	37686190	36082807	33229343	362059	2491404		1603383
广东	96998353	79350657	78889889	72208654	65963091	1847149	4398413		6681235
广西	31833963	29313794	29115129	27347327	25355685	975945	1015698		1767802
海南	9375573	8527881	8489571	7279005	6861427	64504	353074		1210566
重庆	26883191	23863353	23096111	18930483	17184701	523530	1222253		4165628
四川	55311602	48492355	48235388	43082444	40418433	714663	1949348		5152943
贵州	34810682	30887005	30349064	29034453	27448125	555122	1031205		1314611
云南	36945493	33967786	33934980	29264254	27635559	434743	1193952		4670726
西藏	5105222	5092001	5055019	4887309	4487710	199459	200140		167710
陕西	27052130	24439601	24396934	23938516	22466906	506929	964680		458418
甘肃	19868654	18875933	18830766	17645879	16724250	322712	598917		1184887
青海	6457142	6089621	6087790	5351841	4792579	347702	211560		735949
宁夏	6707348	6225864	6206614	5257536	4913473	159550	184512		949078
新疆	24817136	23938993	23889599	22033698	20424339	831359	778000		1855901
大连	5203133	4742940	4722384	4100777	3768109		332668		621606
宁波	7827577	6327815	6307520	5970805	5352754	23460	594591		336715
厦门	4000324	3596423	3505039	3174734	2770457		404277		330305
青岛	9995917	9274286	9265813	9224326	8153938		1070388		41488
深圳	13336047	11043451	11021548	10160646	7610454	1330527	1219665		860902

(地方普通中学)

单位：千元

政府性基金预算安排的教育经费	#彩票公益金	企业办学中的企业拨款	校办产业和社会服务收入中用于教育的经费	其他属于国家财政性教育经费	民办学校中举办者投入	捐赠收入	事业收入	#学费	其他教育经费
6747064	**728543**	**93859**	**32950**		**5479993**	**1489631**	**99014891**	**79784417**	**13368282**
226196	10210	26091	2966		7499	55894	2147915	1860380	436447
30	30	15154	4727		5600	7238	716842	626591	201510
614830	11935				124648	41254	3641010	2882128	177072
101870	8901	1713	3649		96913	4112	2989991	2478997	75096
57214	39788		187		15381	24175	448914	298077	1346385
59142	9399				41123	21526	1703709	1451836	91770
48820	14623				24814	10782	1148044	1010796	176861
33708	20527	130	98		10928	2541	886855	789614	104412
885	885				25223	21084	3041798	2937249	827486
355732	47827				465962	182005	5766089	4632529	857806
535115	24512	10896			731296	165579	7939680	6674376	1964488
108835	18881	16017			167626	61809	6007141	4889832	181976
190444	6858		49		26079	151868	2809172	2484537	478693
94182	51852	5410			265140	57496	2564656	1981190	203017
569458	61263				312073	63656	5509503	4600890	376896
195016	74248	476	191		274420	17217	6906790	5422661	265663
977304	10610				314121	34926	3617746	2680634	348562
113557	47751		15790		281626	29579	5435593	3650547	712350
456220	48292	4263	285		1419962	154508	15241395	12806888	831831
198665	32857				38821	36983	2183685	1515462	260679
32595	3724	5715			21431	3564	664532	513961	158165
766334	13235		908		100207	50757	2702462	1846481	166412
254445	34945		2522		260850	157266	6076054	4466646	325077
537941	49186				176580	30077	2743915	2119027	973105
32185	21368	621			240414	47050	1936246	1668715	753996
36982	2951					250	11080	8728	1891
41633	22445	1034			26411	16565	2379002	2013864	190550
45145	22725		22		3240	18426	813145	717176	157909
1831	1678				94	5325	129580	81423	232522
12879	5364	6340	32		945	12336	270116	228123	198087
47872	9671		1523		568	3779	582230	445057	291566
20557	3259				13540	629	395875	328394	50149
20295	1895				21099	6623	1314860	1203957	157181
91385	334				9365	15470	231294	220553	147772
8473	2030				32003	26317	617463	553334	45849
21903	21206				123623	338	1973342	1762289	195293

3-29 教育经费收入情况

地区	总计	国家财政性教育经费	公共财政预算安排的教育经费	公共财政教育经费	教育事业费	基本建设经费	教育费附加	科研经费	其他
合计	**393231281**	**320910703**	**316929402**	**291676841**	**265875193**	**6519768**	**19281880**		**25252561**
北京	14035257	12112733	12031072	10131903	7854954	987841	1289107		1899169
天津	5884794	5291667	5281271	4979090	4733814	1139	244136		302181
河北	15429806	13047987	12610465	12028481	11149596	138807	740078		581984
山西	9921529	7963076	7893797	7482683	6817202	158601	506880		411114
内蒙古	9151368	8189187	8169906	6964086	6467993	188841	307252		1205820
辽宁	9168420	7766487	7717134	6868787	6345173	50990	472623		848348
吉林	6296235	5502829	5494004	5007004	4535897	186649	284458		487000
黑龙江	7654340	6912981	6901967	6422776	6034281	88770	299726		479191
上海	10257242	8400359	8400359	7433599	5474293	321468	1637838		966760
江苏	25571532	21578961	21376449	20471107	18160251	70597	2240259		905342
浙江	21602067	15485007	15201527	14418197	13194697	227856	995644		783330
安徽	15414557	11251557	11232144	10096416	8769089	492770	834557		1135728
福建	10670745	8771949	8727840	8235285	7695421	48588	491277		492555
江西	12005614	9769922	9723563	9404909	8606009	230190	568709		318654
山东	25876709	21862638	21579253	21133639	19726664	93000	1313975		445615
河南	18464673	14037523	13924905	11949289	10903728	223804	821757		1975616
湖北	15738079	12777534	11821105	11346653	11346653				474452
湖南	15469762	11437971	11373571	10961932	9730331	103845	1127756		411639
广东	39678544	30281033	30014336	27268953	25278952	532077	1457924		2745383
广西	10855142	9078101	8941878	8313981	7566351	383730	363901		627897
海南	3397126	2941709	2927584	2503979	2364130	36552	103298		423605
重庆	11179023	8969892	8798366	7230550	6563864	174977	491709		1567817
四川	19659342	15979872	15817723	14060670	13113928	198568	748174		1757052
贵州	13159539	10388743	10076430	9646779	8870497	281980	494302		429651
云南	11761374	9970812	9951562	8246470	7700397	169531	376543		1705092
西藏	1856922	1846029	1812144	1756249	1580939	77133	98177		55896
陕西	11111713	9487461	9457533	9299865	8616857	337563	345445		157668
甘肃	7866249	7014949	6995085	6484528	6109502	159701	215325		510557
青海	2200562	2035629	2035405	1763006	1615983	76146	70877		272399
宁夏	2517170	2203375	2195020	1855379	1689033	105000	61347		339640
新疆	9375844	8552730	8446004	7910599	7258715	373057	278827		535405
大连	1960324	1583105	1565732	1356964	1252878		104086		208768
宁波	3210011	2278469	2270960	2090970	1868804	15000	207166		179990
厦门	1474244	1243828	1232502	1083871	964309		119562		148631
青岛	3498783	3020790	3018348	3014483	2704093		310390		3865
深圳	5540381	4185176	4172716	3814856	2998489	409916	406450		357860

（普通高中）

单位：千元

政府性基金预算安排的教育经费	#彩票公益金	企业办学中的企业拨款	校办产业和社会服务收入中用于教育的经费	其他属于国家财政性教育经费	民办学校中举办者投入	捐赠收入	事业收入	#学费	其他教育经费
3778080	**261137**	**167979**	**35243**		**1831380**	**898138**	**62850922**	**48952042**	**6740138**
61813	2178	14594	5254		2395	30602	1309441	1089042	580086
		5669	4727			5060	456702	376072	131365
437521	1895				27966	29803	2241984	1678282	82067
65630	4124		3649		28944	3421	1895672	1507712	30414
19094	15032		187		10869	19929	316129	181930	615253
49352	404				12390	21020	1316377	1114158	52147
8825	1274				18369	8568	713826	621047	52644
10916	2603		98		9235	2197	660086	578542	69842
					6280	11359	1466879	1404165	372366
202512	15366				214400	96970	3212505	2515551	468695
272584	3648	10896			160251	97782	5042478	4184152	816549
8375	2746	11038			77828	49422	3925627	3089508	110125
44060	1679		49		7750	65215	1663781	1452348	162050
46359	26837				185978	24086	1901799	1424552	123829
283385	9202				49008	21286	3776354	3092699	167423
112427	36219		191		39429	10516	4226519	3108773	150687
956428	3756				61551	24144	2673824	1974568	201026
48610	6989		15790		55965	16294	3663271	2409460	296261
249915	25593	16496	285		580401	75751	8322596	6862208	418764
136223	4548				19081	25989	1606301	1097008	125671
11269	1999	2851	5		7007	1966	397182	308117	49262
170618	347		908		199	31922	2069558	1301118	107452
159627	16562		2522		86921	97188	3372867	2221900	122495
312314	36668				68654	22445	2055223	1588783	624473
19250	11265				87073	22264	1460102	1233930	221123
33884	1376						10021	8256	872
29928	12320				11381	14386	1464284	1204558	134201
19842	13863		22		1881	11058	745550	656494	92810
224	224				94	2785	122030	79215	40025
4544	190	3780	32			9113	195371	157167	109311
2550	2229	102654	1523		82	45597	566586	430728	210849
17372	277				1540	293	349300	291431	26085
7510	310				20668	3902	813377	735075	93595
11326					5254	6693	174902	164204	43566
2442					15414	7297	427221	368796	28061
12460	12460				99724	25	1146414	1003254	109042

3-30 教育经费收入情况

地区	总计	国家财政性教育经费	公共财政预算安排的教育经费	公共财政教育经费	教育事业费	基本建设经费	教育费附加	科研经费	其他
合计	**390101096**	**318581993**	**314724037**	**289475740**	**263987905**	**6340900**	**19146935**		**25248297**
北京	12864011	11317331	11237958	9340999	7188996	987841	1164162		1896958
天津	5884794	5291667	5281271	4979090	4733814	1139	244136		302181
河北	15429806	13047987	12610465	12028481	11149596	138807	740078		581984
山西	9921529	7963076	7893797	7482683	6817202	158601	506880		411114
内蒙古	9151368	8189187	8169906	6964086	6467993	188841	307252		1205820
辽宁	9168420	7766487	7717134	6868787	6345173	50990	472623		848348
吉林	6296235	5502829	5494004	5007004	4535897	186649	284458		487000
黑龙江	7552647	6814577	6803563	6324372	5935877	88770	299726		479191
上海	10096696	8326376	8326376	7360953	5411647	321468	1627838		965422
江苏	25571532	21578961	21376449	20471107	18160251	70597	2240259		905342
浙江	21602067	15485007	15201527	14418197	13194697	227856	995644		783330
安徽	15414557	11251557	11232144	10096416	8769089	492770	834557		1135728
福建	10670745	8771949	8727840	8235285	7695421	48588	491277		492555
江西	12005614	9769922	9723563	9404909	8606009	230190	568709		318654
山东	25876709	21862638	21579253	21133639	19726664	93000	1313975		445615
河南	18464673	14037523	13924905	11949289	10903728	223804	821757		1975616
湖北	15523842	12618738	11662310	11187857	11187857				474452
湖南	15461879	11437667	11373266	10961627	9730026	103845	1127756		411639
广东	39651193	30263572	30013372	27267989	25277988	532077	1457924		2745383
广西	10855142	9078101	8941878	8313981	7566351	383730	363901		627897
海南	3392719	2938468	2924349	2500743	2360894	36552	103298		423605
重庆	11100952	8914704	8743178	7175361	6508675	174977	491709		1567817
四川	19649992	15979872	15817723	14060670	13113928	198568	748174		1757052
贵州	13159539	10388743	10076430	9646779	8870497	281980	494302		429651
云南	11761374	9970812	9951562	8246470	7700397	169531	376543		1705092
西藏	1856922	1846029	1812144	1756249	1580939	77133	98177		55896
陕西	11012223	9412575	9382647	9224979	8541972	337563	345445		157668
甘肃	7861686	7010898	6991034	6480478	6105452	159701	215325		510557
青海	2200562	2035629	2035405	1763006	1615983	76146	70877		272399
宁夏	2517170	2203375	2195020	1855379	1689033	105000	61347		339640
新疆	8124497	7505736	7503566	6968876	6495860	194189	278827		534689
大连	1960324	1583105	1565732	1356964	1252878		104086		208768
宁波	3210011	2278469	2270960	2090970	1868804	15000	207166		179990
厦门	1474244	1243828	1232502	1083871	964309		119562		148631
青岛	3498783	3020790	3018348	3014483	2704093		310390		3865
深圳	5540381	4185176	4172716	3814856	2998489	409916	406450		357860

(地方普通高中)

单位：千元

政府性基金预算安排的教育经费	#彩票公益金	企业办学中的企业拨款	校办产业和社会服务收入中用于教育的经费	其他属于国家财政性教育经费	民办学校中举办者投入	捐赠收入	事业收入	#学费	其他教育经费
3776177	**259384**	**48828**	**32950**		**1831380**	**849649**	**62511670**	**48707911**	**6326404**
61813	2178	14594	2966		2395	25971	1156183	990816	362132
		5669	4727			5060	456702	376072	131365
437521	1895				27966	29803	2241984	1678282	82067
65630	4124		3649		28944	3421	1895672	1507712	30414
19094	15032		187		10869	19929	316129	181930	615253
49352	404				12390	21020	1316377	1114158	52147
8825	1274				18369	8568	713826	621047	52644
10916	2603		98		9235	2197	656796	575770	69842
					6280	11359	1414793	1353746	337888
202512	15366				214400	96970	3212505	2515551	468695
272584	3648	10896			160251	97782	5042478	4184152	816549
8375	2746	11038			77828	49422	3925627	3089508	110125
44060	1679		49		7750	65215	1663781	1452348	162050
46359	26837				185978	24086	1901799	1424552	123829
283385	9202				49008	21286	3776354	3092699	167423
112427	36219		191		39429	10516	4226519	3108773	150687
956428	3756				61551	23644	2645916	1954925	173993
48610	6989		15790		55965	16294	3655800	2403103	296153
249915	25593		285		580401	75751	8313382	6854562	418087
136223	4548				19081	25989	1606301	1097008	125671
11269	1999	2851			7007	1966	396530	307924	48748
170618	347		908		199	31922	2053234	1287105	100893
159627	16562		2522		86921	97188	3371833	2221372	114178
312314	36668				68654	22445	2055223	1588783	624473
19250	11265				87073	22264	1460102	1233930	221123
33884	1376						10021	8256	872
29928	12320				11381	14086	1452542	1196054	121638
19842	13863		22		1881	11058	745138	656082	92711
224	224				94	2785	122030	79215	40025
4544	190	3780	32			9113	195371	157167	109311
647	476		1523		82	2539	510722	395309	105418
17372	277				1540	293	349300	291431	26085
7510	310				20668	3902	813377	735075	93595
11326					5254	6693	174902	164204	43566
2442					15414	7297	427221	368796	28061
12460	12460				99724	25	1146414	1003254	109042

3-31 教育经费收入情况

地区	总计	国家财政性教育经费	公共财政预算安排的教育经费	公共财政教育经费	教育事业费	基本建设经费	教育费附加	科研经费	其他
合计	**165103380**	**135608345**	**134350573**	**124771293**	**117544846**	**2188001**	**5038446**		**9579280**
北京	1593346	1205996	1205652	1078532	837418	38652	202462		127120
天津	1033076	920840	920840	913676	884874		28803		7163
河北	8324408	7032959	6773070	6530689	6098566	126155	305968		242381
山西	5037194	4116085	4075997	3888126	3537931	128840	221356		187871
内蒙古	4332750	3886555	3877799	3435330	3259196	17353	158781		442469
辽宁	2235923	1792675	1773283	1639434	1575768	30000	33666		133849
吉林	1792544	1659147	1652244	1577954	1529566	12788	35600		74291
黑龙江	2864587	2633634	2624009	2499873	2398913	72283	28677		124136
上海	1027379	898518	898518	743755	665635		78120		154763
江苏	9021321	7654193	7648914	7327317	6785371		541947		321597
浙江	8442671	6259146	6168369	5935876	5364214	119627	452035		232493
安徽	9402013	6679272	6675468	6037557	5696198	35374	305986		637911
福建	5202912	4372814	4341688	4174187	3992825	36588	144775		167501
江西	6398248	5206382	5200382	5027565	4716849	81412	229305		172817
山东	9346680	7625247	7614348	7531461	7055151	75000	401311		82887
河南	10486603	7861495	7761503	6714093	6340555	116328	257210		1047409
湖北	4540857	3610466	3609316	3511586	3511586				97731
湖南	8872608	6412344	6363818	6098618	5758951	63022	276645		265200
广东	9334827	7224483	7086074	6477725	6257915	36702	183108		608349
广西	5241630	4439336	4432857	4171437	3937407	180597	53433		261420
海南	1185118	1113383	1111077	910289	897005	11219	2065		200789
重庆	4204617	3532236	3388434	2858775	2759184	42587	57005		529659
四川	10963912	9242710	9109080	8044453	7630609	106015	307829		1064627
贵州	8201550	6515227	6457445	6161709	5726436	251884	183389		295736
云南	6889859	6022833	6012813	4893390	4699844	62280	131266		1119423
西藏	1152356	1149516	1116987	1087799	928503	76687	82609		29188
陕西	6511279	5893023	5881456	5803988	5431073	237436	135479		77468
甘肃	4903653	4410573	4393392	4102959	3973989	67955	61015		290433
青海	1372800	1290959	1290909	1112801	1023065	56970	32766		178108
宁夏	763760	688832	685022	584913	564376		20537		100109
新疆	4422902	4257467	4199808	3895425	3705876	104249	85300		304382
大连	351567	164903	164863	143976	143506		469		20887
宁波	1050625	779565	773446	742440	661691		80749		31007
厦门	106423	99508	99508	87943	80125		7818		11565
青岛	322147	281359	281349	281322	270235		11087		27
深圳									

(农村高中)

单位：千元

政府性基金预算安排的教育经费	#彩票公益金	企业办学中的企业拨款	校办产业和社会服务收入中用于教育的经费	其他属于国家财政性教育经费	民办学校中举办者投入	捐赠收入	事业收入	#学费	其他教育经费
1166495	**93589**	**77041**	**14237**		**659181**	**352142**	**26110802**	**19834169**	**2372911**
344	344					17480	364784	331070	5086
						226	111349	87702	661
259888	1318				20424	8253	1242956	915982	19817
39318	3341		770		22075	3058	880375	674598	15601
8588	5176		167		10023	19620	100407	34611	316146
19392	40				1250	109	438048	339555	3841
6902	107					3753	126229	100855	3415
9625	1856				7676	1021	197628	167077	24628
					335	383	108685	95860	19457
5279	3879				49684	25405	1202214	945566	89826
90778	1472				72178	24363	1756603	1420176	330381
3804	1176				55311	14094	2592622	2076036	60714
31126	201				500	19223	738526	625459	71848
6000	2122				34985	7949	1113041	797534	35890
10899	3936				32787	8704	1604462	1342454	75480
99805	31577		188		24141	7902	2501073	1881699	91993
1150	1150				6380	8003	863529	609717	52479
38249	1646		10277		23219	12704	2178213	1415194	246128
121627	519	16496	285		204534	31002	1828892	1513571	45916
6480	3584				9164	16865	697606	462189	78658
2300			5		1358	1923	53352	39585	15102
143802	125				199	6763	660831	354885	4587
131109	9429		2522		58511	68849	1540457	1008372	53385
57782	1321				9741	12295	1234046	967480	430241
10020	5707				4054	10352	747481	642578	105139
32528	20						2786	2699	54
11567	1567				8998	4941	556984	416365	47334
17159	11217		22		1655	9092	440975	392554	41358
50	50					1596	43794	25629	36451
30	30	3780				2663	54140	47160	18125
895	679	56765				3549	128713	99956	33173
40	40					109	183156	141442	3399
6119	260					3892	228570	201206	38597
							6915	6247	
10					4078		35067	31601	1642

3-32 教育经费收入情况

地　区	总　计	国家财政性教育经费	公共财政预算安排的教育经费	公共财政教育经费	教育事业费	基本建设经费	教育费附加	科研经费	其　他
合　计	**164356635**	**135047226**	**133862992**	**124283712**	**117094549**	**2150717**	**5038446**		**9579280**
北　京	1507718	1205996	1205652	1078532	837418	38652	202462		127120
天　津	1033076	920840	920840	913676	884874		28803		7163
河　北	8324408	7032959	6773070	6530689	6098566	126155	305968		242381
山　西	5037194	4116085	4075997	3888126	3537931	128840	221356		187871
内蒙古	4332750	3886555	3877799	3435330	3259196	17353	158781		442469
辽　宁	2235923	1792675	1773283	1639434	1575768	30000	33666		133849
吉　林	1792544	1659147	1652244	1577954	1529566	12788	35600		74291
黑龙江	2839442	2609554	2599929	2475793	2374833	72283	28677		124136
上　海	1027379	898518	898518	743755	665635		78120		154763
江　苏	9021321	7654193	7648914	7327317	6785371		541947		321597
浙　江	8442671	6259146	6168369	5935876	5364214	119627	452035		232493
安　徽	9402013	6679272	6675468	6037557	5696198	35374	305986		637911
福　建	5202912	4372814	4341688	4174187	3992825	36588	144775		167501
江　西	6398248	5206382	5200382	5027565	4716849	81412	229305		172817
山　东	9346680	7625247	7614348	7531461	7055151	75000	401311		82887
河　南	10486603	7861495	7761503	6714093	6340555	116328	257210		1047409
湖　北	4414720	3527492	3526342	3428612	3428612				97731
湖　南	8872608	6412344	6363818	6098618	5758951	63022	276645		265200
广　东	9307476	7207023	7085110	6476761	6256951	36702	183108		608349
广　西	5241630	4439336	4432857	4171437	3937407	180597	53433		261420
海　南	1180711	1110142	1107842	907053	893769	11219	2065		200789
重　庆	4204617	3532236	3388434	2858775	2759184	42587	57005		529659
四　川	10963912	9242710	9109080	8044453	7630609	106015	307829		1064627
贵　州	8201550	6515227	6457445	6161709	5726436	251884	183389		295736
云　南	6889859	6022833	6012813	4893390	4699844	62280	131266		1119423
西　藏	1152356	1149516	1116987	1087799	928503	76687	82609		29188
陕　西	6511279	5893023	5881456	5803988	5431073	237436	135479		77468
甘　肃	4899091	4406522	4389341	4098908	3969938	67955	61015		290433
青　海	1372800	1290959	1290909	1112801	1023065	56970	32766		178108
宁　夏	763760	688832	685022	584913	564376		20537		100109
新　疆	3949386	3828154	3827531	3523149	3370884	66965	85300		304382
大　连	351567	164903	164863	143976	143506		469		20887
宁　波	1050625	779565	773446	742440	661691		80749		31007
厦　门	106423	99508	99508	87943	80125		7818		11565
青　岛	322147	281359	281349	281322	270235		11087		27
深　圳									

(地方农村高中)

单位：千元

政府性基金预算安排的教育经费	#彩票公益金	企业办学中的企业拨款	校办产业和社会服务收入中用于教育的经费	其他属于国家财政性教育经费	民办学校中举办者投入	捐赠收入	事业收入	#学费	其他教育经费
1166222	**93367**	**3780**	**14232**		**659181**	**349683**	**25969932**	**19712154**	**2330614**
344	344					17480	279220	249141	5022
						226	111349	87702	661
259888	1318				20424	8253	1242956	915982	19817
39318	3341		770		22075	3058	880375	674598	15601
8588	5176		167		10023	19620	100407	34611	316146
19392	40				1250	109	438048	339555	3841
6902	107					3753	126229	100855	3415
9625	1856				7676	1021	196563	166171	24628
					335	383	108685	95860	19457
5279	3879				49684	25405	1202214	945566	89826
90778	1472				72178	24363	1756603	1420176	330381
3804	1176				55311	14094	2592622	2076036	60714
31126	201				500	19223	738526	625459	71848
6000	2122				34985	7949	1113041	797534	35890
10899	3936				32787	8704	1604462	1342454	75480
99805	31577		188		24141	7902	2501073	1881699	91993
1150	1150				6380	7503	846026	595197	27319
38249	1646		10277		23219	12704	2178213	1415194	246128
121627	519		285		204534	31002	1819679	1505925	45239
6480	3584				9164	16865	697606	462189	78658
2300					1358	1923	52701	39391	14588
143802	125				199	6763	660831	354885	4587
131109	9429		2522		58511	68849	1540457	1008372	53385
57782	1321				9741	12295	1234046	967480	430241
10020	5707				4054	10352	747481	642578	105139
32528	20						2786	2699	54
11567	1567				8998	4941	556984	416365	47334
17159	11217		22		1655	9092	440563	392141	41259
50	50					1596	43794	25629	36451
30	30	3780				2663	54140	47160	18125
622	456					1590	102253	83549	17389
40	40					109	183156	141442	3399
6119	260					3892	228570	201206	38597
							6915	6247	
10					4078		35067	31601	1642

3-33 教育经费收入情况

地区	总计	国家财政性教育经费	公共财政预算安排的教育经费	公共财政教育经费	教育事业费	基本建设经费	教育费附加	科研经费	其他
合计	**661347203**	**613253457**	**610022427**	**562411259**	**522058823**	**8597057**	**31755379**		**47611168**
北京	17958606	16707167	16531288	13678875	11296041	498284	1884549		2852413
天津	8499639	8161575	8152060	7765824	7118984	149701	497139		386236
河北	26049988	24447823	24270514	23271374	22011565	249101	1010708		999139
山西	13831394	12623735	12585782	11833079	11200166	108776	524138		752703
内蒙古	13264689	12392015	12353895	10530449	9796315	145959	588175		1823446
辽宁	16303979	15847783	15837993	13803370	13015535	43363	744472		2034623
吉林	11000434	10433340	10393344	9685969	9163973	45105	476891		707376
黑龙江	15378882	15112216	15089264	14181903	13520795	117215	543893		907360
上海	16752429	14601422	14600537	12828906	10635848	71797	2121261		1771630
江苏	43442093	40162802	40009582	38780127	34880080	141196	3758852		1229455
浙江	32983743	28299760	28037230	26633181	24387715	259646	1985820		1404049
安徽	24930054	22674503	22569065	20212873	18846449	268159	1098265		2356191
福建	19316970	17749955	17603571	16871406	15625072	236084	1010249		732165
江西	19757439	18902822	18849589	18187365	17056374	479476	651515		662225
山东	48238305	45990248	45704174	45122268	41854292	154448	3113529		581906
河南	39446317	36407514	36324448	29360152	27491957	481826	1386369		6964296
湖北	24440678	23029265	23008389	21942631	21942631				1065758
湖南	28813761	26378029	26313082	25121338	23499475	258215	1363648		1191744
广东	57410827	49149278	48938596	45002744	40747182	1315072	2940490		3935852
广西	20978821	20235693	20173251	19033346	17789334	592215	651797		1139905
海南	5985321	5591321	5567131	4780170	4502442	27952	249776		786961
重庆	15827567	14989161	14393446	11795635	10716538	348553	730544		2597811
四川	35672514	32512483	32417665	29021774	27304505	516095	1201174		3395891
贵州	21651144	20498262	20272634	19387674	18577628	273142	536904		884960
云南	25184119	23996974	23983418	21017784	19935162	265212	817410		2965635
西藏	3248300	3245972	3242874	3131060	2906771	122327	101962		111814
陕西	16076287	15061555	15048815	14748065	13959464	169367	619235		300750
甘肃	12012286	11870185	11844882	11170552	10623949	163011	383591		674330
青海	4256579	4053992	4052385	3588835	3176596	271556	140684		463549
宁夏	4190178	4022489	4011594	3402156	3224441	54550	123166		609438
新疆	18443861	18104118	17841926	16520372	15251544	769655	499173		1321554
大连	3242809	3159836	3156651	2743813	2515231		228582		412838
宁波	4617566	4049345	4036560	3879835	3483950	8460	387424		156725
厦门	2526081	2352595	2272536	2090862	1806148		284715		181674
青岛	6497135	6253496	6247465	6209842	5449844		759998		37623
深圳	7795666	6858276	6848832	6345789	4611965	920610	813214		503042

(普通初中)

单位：千元

政府性基金预算安排的教育经费	#彩票公益金	企业办学中的企业拨款	校办产业和社会服务收入中用于教育的经费	其他属于国家财政性教育经费	民办学校中举办者投入	捐赠收入	事业收入	#学费	其他教育经费
2972469	**470647**	**258562**			**3648613**	**666738**	**36537570**	**31076506**	**7240825**
164383	8032	11497			5105	30322	1022501	869564	193512
30	30	9485			5600	2179	260140	250520	70145
177309	10040				96683	11452	1399026	1203846	95005
36240	4776	1713			67968	691	1094319	971285	44681
38120	24757				4512	4246	132785	116147	731132
9790	8995				28733	506	387332	337678	39623
39995	13349				6445	2214	434219	389750	124217
22822	17954	130			1693	345	230059	213844	34570
885	885				18943	10223	1627005	1583503	494837
153220	32462				251562	85035	2553583	2116979	389111
262530	20864				571044	67798	2897202	2490223	1147938
100460	16135	4979			89798	12388	2081514	1800324	71851
146384	5179				18329	86653	1145391	1032190	316642
47823	25015	5410			79163	33410	662857	556638	79187
286074	52061				263065	42370	1733149	1508190	209473
82590	38030	476			234991	6702	2680271	2313888	116839
20875	6854				252570	11282	971831	725709	175731
64947	40763				225661	13284	1780528	1247443	416258
206305	22700	4377			839561	78850	6929095	5952325	414042
62442	28309				19740	10994	577385	418455	135008
21327	1725	2864			14424	1598	268257	206038	109721
595716	12888				100008	18836	649229	559376	70333
94818	18382				173929	60078	2704221	2245274	221804
225628	12518				107926	7632	688692	530244	348632
12934	10103	621			153341	24787	476144	434785	532873
3098	1575					250	1059	471	1018
11705	10125	1034			15030	2479	926460	817811	70763
25303	8862				1359	7368	68007	61095	65367
1608	1454					2540	7550	2208	192497
8335	5174	2560			945	3223	74745	70956	88776
48776	10653	213416			486	27005	73017	49748	239235
3184	2981				12000	335	46575	36963	24063
12785	1585				431	2721	501483	468882	63586
80059	334				4111	8777	56392	56350	104207
6031	2030				16589	19020	190242	184538	17788
9444	8747				23899	313	826928	759035	86251

3-34 教育经费收入情况

地区	总计	国家财政性教育经费	公共财政预算安排的教育经费	公共财政教育经费	教育事业费	基本建设经费	教育费附加	科研经费	其他
合计	**658624331**	**610790638**	**607774720**	**560170969**	**519993794**	**8464573**	**31712602**		**47603751**
北京	17425285	16324210	16148331	13297637	10957580	498284	1841773		2850694
天津	8499639	8161575	8152060	7765824	7118984	149701	497139		386236
河北	26049988	24447823	24270514	23271374	22011565	249101	1010708		999139
山西	13831394	12623735	12585782	11833079	11200166	108776	524138		752703
内蒙古	13264689	12392015	12353895	10530449	9796315	145959	588175		1823446
辽宁	16303979	15847783	15837993	13803370	13015535	43363	744472		2034623
吉林	10950034	10382940	10342944	9635569	9113573	45105	476891		707376
黑龙江	15235086	14968419	14945497	14038137	13377028	117215	543893		907360
上海	16713271	14568000	14567115	12800839	10607781	71797	2121261		1766276
江苏	43442093	40162802	40009582	38780127	34880080	141196	3758852		1229455
浙江	32983743	28299760	28037230	26633181	24387715	259646	1985820		1404049
安徽	24930054	22674503	22569065	20212873	18846449	268159	1098265		2356191
福建	19316970	17749955	17603571	16871406	15625072	236084	1010249		732165
江西	19757439	18902822	18849589	18187365	17056374	479476	651515		662225
山东	48238305	45990248	45704174	45122268	41854292	154448	3113529		581906
河南	39438677	36401738	36318672	29354376	27486181	481826	1386369		6964296
湖北	24408362	22998110	22977235	21911476	21911476				1065758
湖南	28812807	26377871	26312924	25121180	23499317	258215	1363648		1191744
广东	57347159	49087084	48876517	44940665	40685103	1315072	2940490		3935852
广西	20978821	20235693	20173251	19033346	17789334	592215	651797		1139905
海南	5982854	5589413	5565222	4778261	4500533	27952	249776		786961
重庆	15782239	14948649	14352933	11755122	10676026	348553	730544		2597811
四川	35661610	32512483	32417665	29021774	27304505	516095	1201174		3395891
贵州	21651144	20498262	20272634	19387674	18577628	273142	536904		884960
云南	25184119	23996974	23983418	21017784	19935162	265212	817410		2965635
西藏	3248300	3245972	3242874	3131060	2906771	122327	101962		111814
陕西	16039907	15027026	15014286	14713537	13924935	169367	619235		300750
甘肃	12006967	11865035	11839732	11165401	10618799	163011	383591		674330
青海	4256579	4053992	4052385	3588835	3176596	271556	140684		463549
宁夏	4190178	4022489	4011594	3402156	3224441	54550	123166		609438
新疆	16692640	16433258	16386033	15064822	13928479	637170	499173		1321211
大连	3242809	3159836	3156651	2743813	2515231		228582		412838
宁波	4617566	4049345	4036560	3879835	3483950	8460	387424		156725
厦门	2526081	2352595	2272536	2090862	1806148		284715		181674
青岛	6497135	6253496	6247465	6209842	5449844		759998		37623
深圳	7795666	6858276	6848832	6345789	4611965	920610	813214		503042

(地方普通初中)

单位：千元

政府性基金预算安排的教育经费	#彩票公益金	企业办学中的企业拨款	校办产业和社会服务收入中用于教育的经费	其他属于国家财政性教育经费	民办学校中举办者投入	捐赠收入	事业收入	#学费	其他教育经费
2970887	**469159**	**45031**			**3648613**	**639982**	**36503221**	**31076506**	**7041878**
164383	8032	11497			5105	29923	991732	869564	74316
30	30	9485			5600	2179	260140	250520	70145
177309	10040				96683	11452	1399026	1203846	95005
36240	4776	1713			67968	691	1094319	971285	44681
38120	24757				4512	4246	132785	116147	731132
9790	8995				28733	506	387332	337678	39623
39995	13349				6445	2214	434219	389750	124217
22792	17924	130			1693	345	230059	213844	34570
885	885				18943	9725	1627005	1583503	489598
153220	32462				251562	85035	2553583	2116979	389111
262530	20864				571044	67798	2897202	2490223	1147938
100460	16135	4979			89798	12388	2081514	1800324	71851
146384	5179				18329	86653	1145391	1032190	316642
47823	25015	5410			79163	33410	662857	556638	79187
286074	52061				263065	42370	1733149	1508190	209473
82590	38030	476			234991	6702	2680271	2313888	114975
20875	6854				252570	11282	971831	725709	174570
64947	40763				225661	13284	1779793	1247443	416197
206305	22700	4263			839561	78757	6928012	5952325	413745
62442	28309				19740	10994	577385	418455	135008
21327	1725	2864			14424	1598	268002	206038	109417
595716	12888				100008	18836	649229	559376	65519
94818	18382				173929	60078	2704221	2245274	210900
225628	12518				107926	7632	688692	530244	348632
12934	10103	621			153341	24787	476144	434785	532873
3098	1575					250	1059	471	1018
11705	10125	1034			15030	2479	926460	817811	68912
25303	8862				1359	7368	68007	61095	65199
1608	1454					2540	7550	2208	192497
8335	5174	2560			945	3223	74745	70956	88776
47224	9195				486	1240	71509	49748	186148
3184	2981				12000	335	46575	36963	24063
12785	1585				431	2721	501483	468882	63586
80059	334				4111	8777	56392	56350	104207
6031	2030				16589	19020	190242	184538	17788
9444	8747				23899	313	826928	759035	86251

3-35 教育经费收入情况

地区	总计	国家财政性教育经费	公共财政预算安排的教育经费	公共财政教育经费	教育事业费	基本建设经费	教育费附加	科研经费	其他
合计	**392762433**	**374913134**	**373508553**	**345227074**	**329292912**	**4316300**	**11617863**		**28281479**
北京	3623380	3483646	3483082	2991986	2276164	138960	576861		491096
天津	2346589	2299192	2299162	2265777	2137802		127975		33385
河北	17477574	16649524	16523563	15884487	15195176	184168	505143		639077
山西	9061084	8398604	8389326	7972357	7573436	90028	308894		416969
内蒙古	8133125	7692552	7667328	6616446	6198924	83920	333601		1050883
辽宁	6814235	6708368	6702149	5991159	5758040	29814	203305		710989
吉林	6311394	6138787	6114169	5776203	5613451	40585	122168		337966
黑龙江	8655206	8585940	8575895	8157955	7980513	104767	72675		417940
上海	2539421	2413473	2412688	2009153	1840882		168271		403535
江苏	19744013	18636261	18621522	18181041	16933176	9181	1238684		440481
浙江	16395488	14735528	14627956	14001177	12946451	235396	819331		626779
安徽	19492545	17981815	17974261	16121399	15232410	243056	645933		1852861
福建	11487658	10846133	10742417	10411919	9993414	82760	335745		330497
江西	14567228	14067670	14058044	13523965	12855239	349721	319006		534079
山东	28178382	27168613	27085835	26819107	25493542	72407	1253158		266728
河南	28786247	26711145	26697154	21357087	20455730	167636	733721		5340067
湖北	14164625	13848871	13834287	13227471	13227471				606816
湖南	21091364	19601625	19541731	18624728	17834379	220199	570149		917003
广东	22243251	20828392	20691793	18880880	18537119	47558	296204		1810913
广西	15247325	14935168	14919466	14065179	13522605	232574	309999		854287
海南	3756124	3678201	3665688	3111377	2919447	16354	175576		554310
重庆	9241699	9106178	9014358	7549608	7225760	123806	200043		1464750
四川	26006501	24690209	24637933	22024594	21093979	359978	570637		2613339
贵州	17517512	16856251	16631440	15930633	15327745	227018	375870		700807
云南	19508826	19077568	19068715	16746511	16130081	167975	448455		2322203
西藏	2482565	2481460	2478560	2377818	2166769	122327	88722		100743
陕西	10965665	10774241	10766294	10524562	10174745	56463	293354		241732
甘肃	9240601	9176586	9153733	8649313	8317651	158958	172704		504419
青海	3129224	2956786	2955275	2633062	2318363	226236	88463		322213
宁夏	2416153	2360169	2354079	2031086	1966973	12330	51783		322994
新疆	12137430	12024179	11820653	10769035	10045474	512125	211436		1051618
大连	871119	869636	867478	773512	706481		67031		93966
宁波	1722630	1658933	1651444	1564513	1417558		146956		86930
厦门	427248	422118	380564	354199	328492		25707		26365
青岛	2047289	2042795	2040196	2031968	1933982		97986		8228
深圳									

(农村初中)

单位：千元

政府性基金预算安排的教育经费	#彩票公益金	企业办学中的企业拨款	校办产业和社会服务收入中用于教育的经费	其他属于国家财政性教育经费	民办学校中举办者投入	捐赠收入	事业收入	#学费	其他教育经费
1204056	**261920**	**200525**			**1868839**	**316182**	**12461792**	**10093054**	**3202485**
564	564				3108	18299	110925	86627	7401
30	30					422	46324	44370	652
125961	6127				59988	10877	698962	605792	58223
8182	3967	1095			65044	501	578071	491444	18863
25224	15120				1606	2689	15496	12340	420783
6219	6078					306	103174	83936	2387
24618	11327				1116	1863	121463	113760	48166
9915	8672	130			731	244	59354	52582	8937
785	785				2100	122	73252	65097	50474
14739	11299				38798	4700	914385	678190	149868
107572	8906				320788	37419	897767	733170	403985
7554	4310				73387	11046	1383527	1195316	42770
103716	1776				11610	44765	451093	374774	134058
9626	6819				9874	20852	429804	349202	39029
82778	35404				170466	10302	775300	632759	53702
13991	13472				218723	747	1813567	1543230	42066
14585	3159				71993	3454	186970	127734	53337
59894	36709				186538	11713	969787	657131	321700
133769	7835	2831			423031	29753	882403	723482	79672
15702	6500				12155	9908	206539	132665	83554
12514	1053				8010	1572	21462	15966	46878
91819	12444				5558	5134	98951	62525	25879
52276	12773				89836	50644	1022628	835690	153184
224811	11984				82809	7303	334152	248638	236997
8232	5406	621			1861	13577	88708	81709	327111
2900	1377					250	471	471	383
7947	7246				7596	2384	154366	131918	27078
22853	6755				1345	7134	7795	5860	47742
1511	1358					744	1369	528	170325
3529	3529	2560			645	1113	6951	5118	47274
10239	9136	193287			123	6346	6776	1030	100006
2158	2158					178			1306
7489	374				150	459	50308	45905	12780
41554	84						5105	5105	25
2599	574				411	1856	1538	1523	689

3-36 教育经费收入情况

地区	总计	国家财政性教育经费	公共财政预算安排的教育经费	公共财政教育经费	教育事业费	基本建设经费	教育费附加	科研经费	其他
合计	**391228530**	**373418152**	**372208324**	**343926844**	**328089186**	**4219796**	**11617863**		**28281479**
北京	3621712	3483646	3483082	2991986	2276164	138960	576861		491096
天津	2346589	2299192	2299162	2265777	2137802		127975		33385
河北	17477574	16649524	16523563	15884487	15195176	184168	505143		639077
山西	9061084	8398604	8389326	7972357	7573436	90028	308894		416969
内蒙古	8133125	7692552	7667328	6616446	6198924	83920	333601		1050883
辽宁	6814235	6708368	6702149	5991159	5758040	29814	203305		710989
吉林	6311394	6138787	6114169	5776203	5613451	40585	122168		337966
黑龙江	8578706	8509441	8499426	8081486	7904044	104767	72675		417940
上海	2539421	2413473	2412688	2009153	1840882		168271		403535
江苏	19744013	18636261	18621522	18181041	16933176	9181	1238684		440481
浙江	16395488	14735528	14627956	14001177	12946451	235396	819331		626779
安徽	19492545	17981815	17974261	16121399	15232410	243056	645933		1852861
福建	11487658	10846133	10742417	10411919	9993414	82760	335745		330497
江西	14567228	14067670	14058044	13523965	12855239	349721	319006		534079
山东	28178382	27168613	27085835	26819107	25493542	72407	1253158		266728
河南	28786247	26711145	26697154	21357087	20455730	167636	733721		5340067
湖北	14164625	13848871	13834287	13227471	13227471				606816
湖南	21091364	19601625	19541731	18624728	17834379	220199	570149		917003
广东	22184158	20770195	20633710	18822797	18479036	47558	296204		1810913
广西	15247325	14935168	14919466	14065179	13522605	232574	309999		854287
海南	3753656	3676293	3663779	3109468	2917538	16354	175576		554310
重庆	9241699	9106178	9014358	7549608	7225760	123806	200043		1464750
四川	26006501	24690209	24637933	22024594	21093979	359978	570637		2613339
贵州	17517512	16856251	16631440	15930633	15327745	227018	375870		700807
云南	19508826	19077568	19068715	16746511	16130081	167975	448455		2322203
西藏	2482565	2481460	2478560	2377818	2166769	122327	88722		100743
陕西	10965665	10774241	10766294	10524562	10174745	56463	293354		241732
甘肃	9235282	9171435	9148582	8644163	8312501	158958	172704		504419
青海	3129224	2956786	2955275	2633062	2318363	226236	88463		322213
宁夏	2416153	2360169	2354079	2031086	1966973	12330	51783		322994
新疆	10748574	10670953	10662034	9610416	8983359	415621	211436		1051618
大连	871119	869636	867478	773512	706481		67031		93966
宁波	1722630	1658933	1651444	1564513	1417558		146956		86930
厦门	427248	422118	380564	354199	328492		25707		26365
青岛	2047289	2042795	2040196	2031968	1933982		97986		8228
深圳									

（地方农村初中）

单位：千元

政府性基金预算安排的教育经费	#彩票公益金	企业办学中的企业拨款	校办产业和社会服务收入中用于教育的经费	其他属于国家财政性教育经费	民办学校中举办者投入	捐赠收入	事业收入	#学费	其他教育经费
1202706	**260648**	**7123**			**1868839**	**310505**	**12459431**	**10093054**	**3171602**
564	564				3108	18299	110790	86627	5869
30	30					422	46324	44370	652
125961	6127				59988	10877	698962	605792	58223
8182	3967	1095			65044	501	578071	491444	18863
25224	15120				1606	2689	15496	12340	420783
6219	6078					306	103174	83936	2387
24618	11327				1116	1863	121463	113760	48166
9885	8642	130			731	244	59354	52582	8937
785	785				2100	122	73252	65097	50474
14739	11299				38798	4700	914385	678190	149868
107572	8906				320788	37419	897767	733170	403985
7554	4310				73387	11046	1383527	1195316	42770
103716	1776				11610	44765	451093	374774	134058
9626	6819				9874	20852	429804	349202	39029
82778	35404				170466	10302	775300	632759	53702
13991	13472				218723	747	1813567	1543230	42066
14585	3159				71993	3454	186970	127734	53337
59894	36709				186538	11713	969787	657131	321700
133769	7835	2716			423031	29719	881825	723482	79388
15702	6500				12155	9908	206539	132665	83554
12514	1053				8010	1572	21207	15966	46575
91819	12444				5558	5134	98951	62525	25879
52276	12773				89836	50644	1022628	835690	153184
224811	11984				82809	7303	334152	248638	236997
8232	5406	621			1861	13577	88708	81709	327111
2900	1377					250	471	471	383
7947	7246				7596	2384	154366	131918	27078
22853	6755				1345	7134	7795	5860	47574
1511	1358					744	1369	528	170325
3529	3529	2560			645	1113	6951	5118	47274
8918	7894				123	702	5383	1030	71412
2158	2158					178			1306
7489	374				150	459	50308	45905	12780
41554	84						5105	5105	25
2599	574				411	1856	1538	1523	689

3-37 教育经费收入情况

地区	总计	国家财政性教育经费	公共财政预算安排的教育经费	公共财政教育经费	教育事业费	基本建设经费	教育费附加	科研经费	其他
合计	**689927**	**589403**	**589361**	**565052**	**518188**		**46864**		**24310**
北京	44159	42380	42380	42380	11963		30417		
天津	28843	28825	28825	28396	28396				429
河北	702	702	702	702	332		370		
山西	49	49	49	49	49				
内蒙古									
辽宁									
吉林	3885	3865	3865	3607	3607				259
黑龙江									
上海	37514	36147	36147	32178	32091		87		3969
江苏	251774	202570	202570	200520	189128		11391		2050
浙江	234333	197925	197883	189053	186160		2893		8830
安徽									
福建	96	96	96	96	96				
江西									
山东	25470	25470	25470	25470	25460		10		
河南									
湖北	8888	8888	8888	8888	8888				
湖南	2884	1510	1510	1510	1510				
广东	51330	40975	40975	32203	30507		1696		8772
广西									
海南									
重庆									
四川									
贵州									
云南									
西藏									
陕西									
甘肃									
青海									
宁夏									
新疆									
大连									
宁波	1586	1584	1584	1584	1580		4		
厦门									
青岛									
深圳									

（成人中学）

单位：千元

政府性基金预算安排的教育经费	#彩票公益金	企业办学中的企业拨款	校办产业和社会服务收入中用于教育的经费	其他属于国家财政性教育经费	民办学校中举办者投入	捐赠收入	事业收入	#学费	其他教育经费
42	**42**					**389**	**70012**	**8410**	**30123**
							1779		
						17			1
							9		10
							1196	259	171
							47187	2573	2017
42	42					372	9923	684	26113
							1374	1254	
							8545	3640	1811
									2

3-38 教育经费收入情况

地区	总计	国家财政性教育经费	公共财政预算安排的教育经费	公共财政教育经费	教育事业费	基本建设经费	教育费附加	科研经费	其他
合计	**1085484944**	**1031758474**	**1027867018**	**936214227**	**875378183**	**12263167**	**48572877**		**91652792**
北京	30832984	28958199	28851787	23141614	19656569	1007548	2477497		5710173
天津	12523415	12212901	12197492	11698042	10791158		906884		499450
河北	47714408	45737688	45602145	42939149	41145542	168818	1624790		2662996
山西	23235921	22563368	22518828	20817727	19805250	79029	933448		1701101
内蒙古	24577664	23412066	23340715	18031546	16972979	178993	879574		5309169
辽宁	24106472	23701500	23686217	20301609	19315591	62102	923917		3384608
吉林	18902006	18316340	18259271	17026166	16167731	91652	766783		1233106
黑龙江	22697620	22560897	22533492	21016574	20266067	210559	539948		1516919
上海	23095638	20692369	20319948	18035854	14638199	27021	3370634		2284095
江苏	70520270	67253393	67085991	65737698	59459340	34733	6243625		1348292
浙江	52225760	47121635	46896539	44617986	40850855	488734	3278397		2278553
安徽	42555205	41454899	41286485	36270414	34438942	262512	1568960		5016071
福建	32189447	30856073	30731234	29524503	27948692	190384	1385426		1206731
江西	36438880	35792209	35734607	34255248	32583411	531013	1140824		1479359
山东	65173199	62751385	62376144	61545777	57404179	93423	4048174		830367
河南	59124023	54851294	54712286	45450239	43024859	705142	1720238		9262047
湖北	36215956	34769029	34647700	33173221	33173221				1474479
湖南	43545455	41476720	41311097	39417334	37060998	326690	2029646		1893763
广东	101540647	87241955	87041109	78321833	71306618	1684149	5331066		8719276
广西	38391046	37612660	37564122	34774383	33030089	780086	964208		2789740
海南	10210389	9567915	9538132	8130123	7910578	55120	164426		1408009
重庆	27656237	27205974	26863766	20401978	18665831	604207	1131940		6461788
四川	57944283	55583002	55327664	49552154	46952836	736775	1862543		5775510
贵州	36235599	35380347	35293714	33836313	32606456	267717	962141		1457401
云南	44313103	43237726	43169929	34949668	33239561	341019	1369088		8220261
西藏	8090147	8082668	8064109	7818769	7143067	562275	113427		245339
陕西	27527614	26490578	26455781	25934546	24526413	452596	955536		521235
甘肃	23326446	23160518	23119309	20369673	19293168	361613	714891		2749636
青海	7409077	7240906	7226388	6451368	5406771	872875	171722		775020
宁夏	7012000	6762226	6752016	5614904	5187468	88050	339386		1137112
新疆	30154034	29710034	29359000	27057813	25405744	998332	653736		2301187
大连	4466113	4351804	4347930	3828542	3526256	20093	282194		519388
宁波	7669483	7097673	7043801	6731167	5921206	163950	646011		312634
厦门	4263485	3916749	3865068	3604594	3311649		292945		260474
青岛	9317896	9011243	8993024	8929263	7833036		1096228		63760
深圳	15849935	13020132	13002641	12158812	8821955	1196380	2140477		843829

(小学)

单位：千元

政府性基金预算安排的教育经费	#彩票公益金	企业办学中的企业拨款	校办产业和社会服务收入中用于教育的经费	其他属于国家财政性教育经费	民办学校中举办者投入	捐赠收入	事业收入	#学费	其他教育经费
3512898	**878726**	**378558**			**4236901**	**898790**	**38552570**	**33911331**	**10038208**
90485	6845	15927			3656	13143	1677845	1530670	180142
1700	1700	13709				5460	244777	236866	60276
131337	31637	4206			197191	20507	1535826	1380955	223195
38320	19234	6220			19690	2689	604276	516680	45898
71351	38728				9983	6915	111933	102739	1036767
15282	13459				48460	2627	281611	215683	72274
57069	26269				23386	14294	320298	307113	227688
22973	17478	4432			1881	388	88754	73083	45700
372420	1124				22737	21100	1531196	1461257	828236
167402	52053				192279	108411	2231228	2028574	734958
225096	38055				249925	63206	3338677	2881771	1452316
163699	24792	4715			69170	14706	956858	839292	59573
124840	16005				78737	95653	604336	542597	554648
54314	43990	3288			44780	19640	493924	419741	88327
369500	93825	5741			362078	35827	1780743	1598762	243166
138286	60455	722			347205	7188	3741988	3202945	176347
121329	12995				365442	14580	825453	593018	241452
165623	48698				167259	22175	1214357	884563	664943
185706	47201	15141			1567179	167927	11905260	10905253	658326
48537	29541				57752	13490	547007	444885	160138
29783	3448				40647	423	508319	390291	93085
342207	29641				19031	39638	289833	245848	101760
255338	59111				212522	100232	1841875	1606247	206653
86633	33435				66198	12303	511909	424963	264841
66181	42099	1616			30103	44676	331871	279570	668727
18559	17144				249	1213	4774	3274	1243
30386	21763	4411			35722	5917	911449	711552	83949
41209	22699				1100	6525	24916	20060	133388
10877	2332	3641			168	929	6275	4123	160799
10210	7285				1596	2653	26025	22142	219501
56245	15685	294789			776	34354	58978	36812	349893
3874	2672				14000	1572	50722	38047	48015
53872	3521				4829	2671	487760	457879	76549
51682	322				57317	10526	179840	176776	99053
18219	5438				42460	19971	226077	223150	18145
17491	16890				73030	836	2548491	2405065	207447

3-39 教育经费收入情况

地区	总计	国家财政性教育经费	公共财政预算安排的教育经费	公共财政教育经费	教育事业费	基本建设经费	教育费附加	科研经费	其他
合计	**1081789146**	**1028277847**	**1024686776**	**933038627**	**872392776**	**12076784**	**48569067**		**91648150**
北京	30509687	28708785	28602374	22893651	19408815	1007548	2477287		5708723
天津	12494264	12184063	12168654	11669204	10762320		906884		499450
河北	47714408	45737688	45602145	42939149	41145542	168818	1624790		2662996
山西	23235921	22563368	22518828	20817727	19805250	79029	933448		1701101
内蒙古	24577664	23412066	23340715	18031546	16972979	178993	879574		5309169
辽宁	24106472	23701500	23686217	20301609	19315591	62102	923917		3384608
吉林	18902006	18316340	18259271	17026166	16167731	91652	766783		1233106
黑龙江	22511913	22375190	22348361	20831988	20088515	203525	539948		1516372
上海	23083261	20680082	20307662	18024254	14630199	27021	3367034		2283408
江苏	70520270	67253393	67085991	65737698	59459340	34733	6243625		1348292
浙江	52225760	47121635	46896539	44617986	40850855	488734	3278397		2278553
安徽	42555205	41454899	41286485	36270414	34438942	262512	1568960		5016071
福建	32189447	30856073	30731234	29524503	27948692	190384	1385426		1206731
江西	36438880	35792209	35734607	34255248	32583411	531013	1140824		1479359
山东	65173199	62751385	62376144	61545777	57404179	93423	4048174		830367
河南	59111781	54842039	54703031	45440984	43015604	705142	1720238		9262047
湖北	36106604	34676285	34554956	33080476	33080476				1474479
湖南	43545046	41476686	41311063	39417300	37060964	326690	2029646		1893763
广东	101453608	87155995	86957406	78238130	71222915	1684149	5331066		8719276
广西	38391046	37612660	37564122	34774383	33030089	780086	964208		2789740
海南	10202163	9561552	9531769	8123761	7904215	55120	164426		1408009
重庆	27631045	27182265	26840058	20379517	18643369	604207	1131940		6460541
四川	57934734	55582807	55327470	49551959	46952641	736775	1862543		5775510
贵州	36235599	35380347	35293714	33836313	32606456	267717	962141		1457401
云南	44313103	43237726	43169929	34949668	33239561	341019	1369088		8220261
西藏	8090147	8082668	8064109	7818769	7143067	562275	113427		245339
陕西	27440755	26404162	26369365	25848130	24439998	452596	955536		521235
甘肃	23313020	23147678	23106469	20356833	19280329	361613	714891		2749636
青海	7409077	7240906	7226388	6451368	5406771	872875	171722		775020
宁夏	7012000	6762226	6752016	5614904	5187468	88050	339386		1137112
新疆	27361060	27023166	26969685	24669210	23196492	818983	653736		2300475
大连	4466113	4351804	4347930	3828542	3526256	20093	282194		519388
宁波	7669483	7097673	7043801	6731167	5921206	163950	646011		312634
厦门	4263485	3916749	3865068	3604594	3311649		292945		260474
青岛	9317896	9011243	8993024	8929263	7833036		1096228		63760
深圳	15849935	13020132	13002641	12158812	8821955	1196380	2140477		843829

(地方小学)

单位：千元

政府性基金预算安排的教育经费	#彩票公益金	企业办学中的企业拨款	校办产业和社会服务收入中用于教育的经费	其他属于国家财政性教育经费	民办学校中举办者投入	捐赠收入	事业收入	#学费	其他教育经费
3510044	**875951**	**81027**			**4236901**	**865578**	**38547491**	**33911331**	**9861330**
90485	6845	15927			3656	12009	1677108	1530670	108129
1700	1700	13709				5460	244777	236866	59964
131337	31637	4206			197191	20507	1535826	1380955	223195
38320	19234	6220			19690	2689	604276	516680	45898
71351	38728				9983	6915	111933	102739	1036767
15282	13459				48460	2627	281611	215683	72274
57069	26269				23386	14294	320298	307113	227688
22883	17388	3947			1881	388	88754	73083	45700
372420	1124				22737	21010	1531196	1461257	828236
167402	52053				192279	108411	2231228	2028574	734958
225096	38055				249925	63206	3338677	2881771	1452316
163699	24792	4715			69170	14706	956858	839292	59573
124840	16005				78737	95653	604336	542597	554648
54314	43990	3288			44780	19640	493924	419741	88327
369500	93825	5741			362078	35827	1780743	1598762	243166
138286	60455	722			347205	7188	3741988	3202945	173360
121329	12995				365442	13876	825453	593018	225548
165623	48698				167259	22175	1214357	884563	664569
185706	47201	12883			1567179	167893	11904298	10905253	658243
48537	29541				57752	13490	547007	444885	160138
29783	3448				40647	423	507467	390291	92074
342207	29641				19031	39541	289833	245848	100375
255338	59111				212522	100232	1841875	1606247	197298
86633	33435				66198	12303	511909	424963	264841
66181	42099	1616			30103	44676	331871	279570	668727
18559	17144				249	1213	4774	3274	1243
30386	21763	4411			35722	5897	911449	711552	83525
41209	22699				1100	6525	24916	20060	132801
10877	2332	3641			168	929	6275	4123	160799
10210	7285				1596	2653	26025	22142	219501
53481	12999				776	3221	56448	36812	277449
3874	2672				14000	1572	50722	38047	48015
53872	3521				4829	2671	487760	457879	76549
51682	322				57317	10526	179840	176776	99053
18219	5438				42460	19971	226077	223150	18145
17491	16890				73030	836	2548491	2405065	207447

3-40 教育经费收入情况

地区	总计	国家财政性教育经费	公共财政预算安排的教育经费	公共财政教育经费	教育事业费	基本建设经费	教育费附加	科研经费	其他
合计	**1085468786**	**1031742317**	**1027851719**	**936199260**	**875363217**	**12263167**	**48572877**		**91652459**
北京	30832984	28958199	28851787	23141614	19656569	1007548	2477497		5710173
天津	12523415	12212901	12197492	11698042	10791158		906884		499450
河北	47714408	45737688	45602145	42939149	41145542	168818	1624790		2662996
山西	23235921	22563368	22518828	20817727	19805250	79029	933448		1701101
内蒙古	24577664	23412066	23340715	18031546	16972979	178993	879574		5309169
辽宁	24106472	23701500	23686217	20301609	19315591	62102	923917		3384608
吉林	18902006	18316340	18259271	17026166	16167731	91652	766783		1233106
黑龙江	22697620	22560897	22533492	21016574	20266067	210559	539948		1516919
上海	23095638	20692369	20319948	18035854	14638199	27021	3370634		2284095
江苏	70520270	67253393	67085991	65737698	59459340	34733	6243625		1348292
浙江	52225760	47121635	46896539	44617986	40850855	488734	3278397		2278553
安徽	42555205	41454899	41286485	36270414	34438942	262512	1568960		5016071
福建	32179801	30846426	30721587	29514856	27939045	190384	1385426		1206731
江西	36438880	35792209	35734607	34255248	32583411	531013	1140824		1479359
山东	65173199	62751385	62376144	61545777	57404179	93423	4048174		830367
河南	59124023	54851294	54712286	45450239	43024859	705142	1720238		9262047
湖北	36215956	34769029	34647700	33173221	33173221				1474479
湖南	43545455	41476720	41311097	39417334	37060998	326690	2029646		1893763
广东	101540647	87241955	87041109	78321833	71306618	1684149	5331066		8719276
广西	38387490	37609104	37561425	34771685	33027392	780086	964208		2789740
海南	10210389	9567915	9538132	8130123	7910578	55120	164426		1408009
重庆	27653944	27203681	26861473	20399855	18663707	604207	1131940		6461619
四川	57943621	55582339	55327002	49551655	46952337	736775	1862543		5775346
贵州	36235599	35380347	35293714	33836313	32606456	267717	962141		1457401
云南	44313103	43237726	43169929	34949668	33239561	341019	1369088		8220261
西藏	8090147	8082668	8064109	7818769	7143067	562275	113427		245339
陕西	27527614	26490578	26455781	25934546	24526413	452596	955536		521235
甘肃	23326446	23160518	23119309	20369673	19293168	361613	714891		2749636
青海	7409077	7240906	7226388	6451368	5406771	872875	171722		775020
宁夏	7012000	6762226	6752016	5614904	5187468	88050	339386		1137112
新疆	30154034	29710034	29359000	27057813	25405744	998332	653736		2301187
大连	4466113	4351804	4347930	3828542	3526256	20093	282194		519388
宁波	7669483	7097673	7043801	6731167	5921206	163950	646011		312634
厦门	4263485	3916749	3865068	3604594	3311649		292945		260474
青岛	9317896	9011243	8993024	8929263	7833036		1096228		63760
深圳	15849935	13020132	13002641	12158812	8821955	1196380	2140477		843829

(普通小学)

单位：千元

政府性基金预算安排的教育经费	#彩票公益金	企业办学中的企业拨款	校办产业和社会服务收入中用于教育的经费	其他属于国家财政性教育经费	民办学校中举办者投入	捐赠收入	事业收入	#学费	其他教育经费
3512039	**877868**	**378558**			**4236901**	**898790**	**38552570**	**33911331**	**10038208**
90485	6845	15927			3656	13143	1677845	1530670	180142
1700	1700	13709				5460	244777	236866	60276
131337	31637	4206			197191	20507	1535826	1380955	223195
38320	19234	6220			19690	2689	604276	516680	45898
71351	38728				9983	6915	111933	102739	1036767
15282	13459				48460	2627	281611	215683	72274
57069	26269				23386	14294	320298	307113	227688
22973	17478	4432			1881	388	88754	73083	45700
372420	1124				22737	21100	1531196	1461257	828236
167402	52053				192279	108411	2231228	2028574	734958
225096	38055				249925	63206	3338677	2881771	1452316
163699	24792	4715			69170	14706	956858	839292	59573
124840	16005				78737	95653	604336	542597	554648
54314	43990	3288			44780	19640	493924	419741	88327
369500	93825	5741			362078	35827	1780743	1598762	243166
138286	60455	722			347205	7188	3741988	3202945	176347
121329	12995				365442	14580	825453	593018	241452
165623	48698				167259	22175	1214357	884563	664943
185706	47201	15141			1567179	167927	11905260	10905253	658326
47679	28683				57752	13490	547007	444885	160138
29783	3448				40647	423	508319	390291	93085
342207	29641				19031	39638	289833	245848	101760
255338	59111				212522	100232	1841875	1606247	206653
86633	33435				66198	12303	511909	424963	264841
66181	42099	1616			30103	44676	331871	279570	668727
18559	17144				249	1213	4774	3274	1243
30386	21763	4411			35722	5917	911449	711552	83949
41209	22699				1100	6525	24916	20060	133388
10877	2332	3641			168	929	6275	4123	160799
10210	7285				1596	2653	26025	22142	219501
56245	15685	294789			776	34354	58978	36812	349893
3874	2672				14000	1572	50722	38047	48015
53872	3521				4829	2671	487760	457879	76549
51682	322				57317	10526	179840	176776	99053
18219	5438				42460	19971	226077	223150	18145
17491	16890				73030	836	2548491	2405065	207447

3-41 教育经费收入情况

地区	总计	国家财政性教育经费	公共财政预算安排的教育经费	公共财政教育经费	教育事业费	基本建设经费	教育费附加	科研经费	其他
合计	**1081772988**	**1028261689**	**1024671477**	**933023660**	**872377810**	**12076784**	**48569067**		**91647817**
北京	30509687	28708785	28602374	22893651	19408815	1007548	2477287		5708723
天津	12494264	12184063	12168654	11669204	10762320		906884		499450
河北	47714408	45737688	45602145	42939149	41145542	168818	1624790		2662996
山西	23235921	22563368	22518828	20817727	19805250	79029	933448		1701101
内蒙古	24577664	23412066	23340715	18031546	16972979	178993	879574		5309169
辽宁	24106472	23701500	23686217	20301609	19315591	62102	923917		3384608
吉林	18902006	18316340	18259271	17026166	16167731	91652	766783		1233106
黑龙江	22511913	22375190	22348361	20831988	20088515	203525	539948		1516372
上海	23083261	20680082	20307662	18024254	14630199	27021	3367034		2283408
江苏	70520270	67253393	67085991	65737698	59459340	34733	6243625		1348292
浙江	52225760	47121635	46896539	44617986	40850855	488734	3278397		2278553
安徽	42555205	41454899	41286485	36270414	34438942	262512	1568960		5016071
福建	32179801	30846426	30721587	29514856	27939045	190384	1385426		1206731
江西	36438880	35792209	35734607	34255248	32583411	531013	1140824		1479359
山东	65173199	62751385	62376144	61545777	57404179	93423	4048174		830367
河南	59111781	54842039	54703031	45440984	43015604	705142	1720238		9262047
湖北	36106604	34676285	34554956	33080476	33080476				1474479
湖南	43545046	41476686	41311063	39417300	37060964	326690	2029646		1893763
广东	101453608	87155995	86957406	78238130	71222915	1684149	5331066		8719276
广西	38387490	37609104	37561425	34771685	33027392	780086	964208		2789740
海南	10202163	9561552	9531769	8123761	7904215	55120	164426		1408009
重庆	27628752	27179972	26837765	20377393	18641246	604207	1131940		6460372
四川	57934072	55582145	55326807	49551461	46952143	736775	1862543		5775346
贵州	36235599	35380347	35293714	33836313	32606456	267717	962141		1457401
云南	44313103	43237726	43169929	34949668	33239561	341019	1369088		8220261
西藏	8090147	8082668	8064109	7818769	7143067	562275	113427		245339
陕西	27440755	26404162	26369365	25848130	24439998	452596	955536		521235
甘肃	23313020	23147678	23106469	20356833	19280329	361613	714891		2749636
青海	7409077	7240906	7226388	6451368	5406771	872875	171722		775020
宁夏	7012000	6762226	6752016	5614904	5187468	88050	339386		1137112
新疆	27361060	27023166	26969685	24669210	23196492	818983	653736		2300475
大连	4466113	4351804	4347930	3828542	3526256	20093	282194		519388
宁波	7669483	7097673	7043801	6731167	5921206	163950	646011		312634
厦门	4263485	3916749	3865068	3604594	3311649		292945		260474
青岛	9317896	9011243	8993024	8929263	7833036		1096228		63760
深圳	15849935	13020132	13002641	12158812	8821955	1196380	2140477		843829

（地方普通小学）

单位：千元

政府性基金预算安排的教育经费	#彩票公益金	企业办学中的企业拨款	校办产业和社会服务收入中用于教育的经费	其他属于国家财政性教育经费	民办学校中举办者投入	捐赠收入	事业收入	#学费	其他教育经费
3509185	**875092**	**81027**			**4236901**	**865578**	**38547491**	**33911331**	**9861330**
90485	6845	15927			3656	12009	1677108	1530670	108129
1700	1700	13709				5460	244777	236866	59964
131337	31637	4206			197191	20507	1535826	1380955	223195
38320	19234	6220			19690	2689	604276	516680	45898
71351	38728				9983	6915	111933	102739	1036767
15282	13459				48460	2627	281611	215683	72274
57069	26269				23386	14294	320298	307113	227688
22883	17388	3947			1881	388	88754	73083	45700
372420	1124				22737	21010	1531196	1461257	828236
167402	52053				192279	108411	2231228	2028574	734958
225096	38055				249925	63206	3338677	2881771	1452316
163699	24792	4715			69170	14706	956858	839292	59573
124840	16005				78737	95653	604336	542597	554648
54314	43990	3288			44780	19640	493924	419741	88327
369500	93825	5741			362078	35827	1780743	1598762	243166
138286	60455	722			347205	7188	3741988	3202945	173360
121329	12995				365442	13876	825453	593018	225548
165623	48698				167259	22175	1214357	884563	664569
185706	47201	12883			1567179	167893	11904298	10905253	658243
47679	28683				57752	13490	547007	444885	160138
29783	3448				40647	423	507467	390291	92074
342207	29641				19031	39541	289833	245848	100375
255338	59111				212522	100232	1841875	1606247	197298
86633	33435				66198	12303	511909	424963	264841
66181	42099	1616			30103	44676	331871	279570	668727
18559	17144				249	1213	4774	3274	1243
30386	21763	4411			35722	5897	911449	711552	83525
41209	22699				1100	6525	24916	20060	132801
10877	2332	3641			168	929	6275	4123	160799
10210	7285				1596	2653	26025	22142	219501
53481	12999				776	3221	56448	36812	277449
3874	2672				14000	1572	50722	38047	48015
53872	3521				4829	2671	487760	457879	76549
51682	322				57317	10526	179840	176776	99053
18219	5438				42460	19971	226077	223150	18145
17491	16890				73030	836	2548491	2405065	207447

3-42 教育经费收入情况

地区	总计	国家财政性教育经费	公共财政预算安排的教育经费	公共财政教育经费	教育事业费	基本建设经费	教育费附加	科研经费	其他
合计	**691619727**	**672067723**	**669991465**	**608165642**	**583313847**	**6545720**	**18306075**		**61825823**
北京	5573578	5345968	5343178	4465218	3553101	174656	737460		877960
天津	3065975	3062752	3061112	3001333	2935473		65861		59779
河北	36391819	35000323	34902248	32735720	31532639	152654	1050427		2166528
山西	16742748	16377829	16341537	15123285	14588374	54449	480463		1218252
内蒙古	17948830	17279770	17218532	13005289	12277923	118288	609078		4213242
辽宁	11484561	11415420	11405924	9772372	9511464	32858	228049		1633552
吉林	12179802	11873491	11851317	11081657	10788893	63782	228983		769660
黑龙江	14929839	14894160	14873408	14048059	13819891	117286	110882		825349
上海	3570452	3195556	3194813	2669192	2508998		160195		525620
江苏	36146667	34855622	34799167	34330905	31816089	10646	2504171		468262
浙江	27675681	25917999	25785529	24568451	22813325	254189	1500937		1217079
安徽	34184934	33305282	33266099	29081734	27946772	230343	904618		4184365
福建	19594390	19055210	18942930	18226906	17491214	138620	597073		716023
江西	28666777	28312343	28276319	27037457	26038776	415279	583402		1238863
山东	39871826	38703577	38458228	38052585	36147743	90423	1814419		405643
河南	45094344	42067139	41994580	34740378	33719199	213776	807402		7254202
湖北	22106640	21660516	21632636	20827517	20827517				805120
湖南	30996034	29770654	29628480	28130664	27112322	275547	742796		1497815
广东	40713348	38557681	38436061	33593980	32816936	64462	712582		4842081
广西	30032514	29762708	29726125	27419953	26501916	490742	427295		2306172
海南	7258384	7062859	7051330	5952089	5809823	49279	92988		1099240
重庆	17341792	17238448	17088401	12831986	12425127	124443	282416		4256415
四川	44912089	44030279	43886923	39212736	37795032	490886	926818		4674188
贵州	30119314	29652115	29575248	28395770	27683311	244387	468072		1179478
云南	36767129	36201215	36154348	28989942	27963304	185681	840957		7164406
西藏	7031657	7027116	7013474	6787549	6200200	482275	105074		225925
陕西	19592783	19341187	19316207	18884129	18056137	327086	500906		432078
甘肃	18881540	18798775	18764707	16400004	15779300	284877	335827		2364703
青海	5819442	5721613	5712645	5119561	4397761	636566	85234		593084
宁夏	4559838	4445942	4438755	3677028	3572263	32940	71825		761727
新疆	22365000	22134173	21851205	20002194	18883026	789303	329865		1849011
大连	1051959	1047864	1047391	933803	857153		76651		113588
宁波	3180844	3057750	3025833	2839919	2495710		344209		185915
厦门	776044	767876	725134	670377	618273		52104		54757
青岛	2765503	2750778	2743625	2735186	2593438		141748		8439
深圳									

(农村小学)

单位：千元

政府性基金预算安排的教育经费	#彩票公益金	企业办学中的企业拨款	校办产业和社会服务收入中用于教育的经费	其他属于国家财政性教育经费	民办学校中举办者投入	捐赠收入	事业收入	#学费	其他教育经费
1784032	649741	292226			1826490	381444	12487205	10470463	4856865
2790	2790				3142	2561	170772	122455	51136
1640	1640					1299	1766	1641	158
98075	22577				158777	19466	1111766	1016525	101487
30777	17386	5515			10117	2479	331348	274930	20974
61238	33010				3464	4226	24498	19878	636872
9496	8958					679	63269	44179	5193
22174	21374				20084	10299	147620	141762	128309
16320	14688	4432			391	207	17276	11016	17805
743	743				5565	319	91480	64353	277533
56455	35755				82598	8161	897307	795604	302979
132470	27949				70865	27299	1032513	815750	627004
38869	16731	315			65956	6914	769376	684919	37406
112281	12537				11169	55080	201939	163662	270992
36023	36023				9662	13740	277985	225166	53046
244919	68405	430			254319	13044	828893	730120	71993
72559	50513				268873	3768	2687259	2241522	67304
27880	9562				155908	6889	222536	151495	60792
142174	40338				98821	16266	612075	443978	498218
113395	12602	8224			421768	57719	1576665	1393243	99516
36583	17637				9073	9774	162137	110899	88822
11530	3177				29162	361	109199	77181	56802
150047	25999				3540	8507	51873	34834	39424
143356	53388				77274	46717	631893	539639	125926
76868	25829				47261	12168	218044	174516	189726
45251	24200	1616			1792	30552	33955	30740	499616
13642	12227					1213	3274	3274	53
23620	15336	1360			14015	2955	184353	140152	50272
34068	17064				1100	4789	5297	3448	71579
5327	1782	3641				357	454	132	97019
7187	5268				1596	2183	6654	5322	103464
16276	14251	266692			197	11456	13731	8129	205443
473	456					258	818	713	3019
31917	1676					252	101608	95025	21234
42742	262						8121	8121	47
7153	4509				3719	4968	5468	5241	569

3-43 教育经费收入情况

地区	总计	国家财政性教育经费							
			公共财政预算安排的教育经费						
				公共财政教育经费					其他
					教育事业费	基本建设经费	教育费附加	科研经费	
合计	**689028497**	**669539803**	**667733459**	**605908182**	**581190145**	**6411962**	**18306075**		**61825276**
北京	5564513	5345968	5343178	4465218	3553101	174656	737460		877960
天津	3065975	3062752	3061112	3001333	2935473		65861		59779
河北	36391819	35000323	34902248	32735720	31532639	152654	1050427		2166528
山西	16742748	16377829	16341537	15123285	14588374	54449	480463		1218252
内蒙古	17948830	17279770	17218532	13005289	12277923	118288	609078		4213242
辽宁	11484561	11415420	11405924	9772372	9511464	32858	228049		1633552
吉林	12179802	11873491	11851317	11081657	10788893	63782	228983		769660
黑龙江	14802713	14767034	14746857	13922055	13694400	116773	110882		824802
上海	3570452	3195556	3194813	2669192	2508998		160195		525620
江苏	36146667	34855622	34799167	34330905	31816089	10646	2504171		468262
浙江	27675681	25917999	25785529	24568451	22813325	254189	1500937		1217079
安徽	34184934	33305282	33266099	29081734	27946772	230343	904618		4184365
福建	19594390	19055210	18942930	18226906	17491214	138620	597073		716023
江西	28666777	28312343	28276319	27037457	26038776	415279	583402		1238863
山东	39871826	38703577	38458228	38052585	36147743	90423	1814419		405643
河南	45094344	42067139	41994580	34740378	33719199	213776	807402		7254202
湖北	22106640	21660516	21632636	20827517	20827517				805120
湖南	30996034	29770654	29628480	28130664	27112322	275547	742796		1497815
广东	40638219	38483631	38362052	33519970	32742926	64462	712582		4842081
广西	30032514	29762708	29726125	27419953	26501916	490742	427295		2306172
海南	7250158	7056497	7044967	5945726	5803460	49279	92988		1099240
重庆	17341792	17238448	17088401	12831986	12425127	124443	282416		4256415
四川	44912089	44030279	43886923	39212736	37795032	490886	926818		4674188
贵州	30119314	29652115	29575248	28395770	27683311	244387	468072		1179478
云南	36767129	36201215	36154348	28989942	27963304	185681	840957		7164406
西藏	7031657	7027116	7013474	6787549	6200200	482275	105074		225925
陕西	19592783	19341187	19316207	18884129	18056137	327086	500906		432078
甘肃	18868114	18785936	18751868	16387165	15766461	284877	335827		2364703
青海	5819442	5721613	5712645	5119561	4397761	636566	85234		593084
宁夏	4559838	4445942	4438755	3677028	3572263	32940	71825		761727
新疆	20006742	19826632	19812961	17963951	16978027	656058	329865		1849011
大连	1051959	1047864	1047391	933803	857153		76651		113588
宁波	3180844	3057750	3025833	2839919	2495710		344209		185915
厦门	776044	767876	725134	670377	618273		52104		54757
青岛	2765503	2750778	2743625	2735186	2593438		141748		8439
深圳									

(地方农村小学)

单位：千元

政府性基金预算安排的教育经费	#彩票公益金	企业办学中的企业拨款	校办产业和社会服务收入中用于教育的经费	其他属于国家财政性教育经费	民办学校中举办者投入	捐赠收入	事业收入	#学费	其他教育经费
1781336	**647088**	**25008**			**1826490**	**372979**	**12482456**	**10470463**	**4806770**
2790	2790				3142	2561	170036	122455	42807
1640	1640					1299	1766	1641	158
98075	22577				158777	19466	1111766	1016525	101487
30777	17386	5515			10117	2479	331348	274930	20974
61238	33010				3464	4226	24498	19878	636872
9496	8958					679	63269	44179	5193
22174	21374				20084	10299	147620	141762	128309
16230	14598	3947			391	207	17276	11016	17805
743	743				5565	319	91480	64353	277533
56455	35755				82598	8161	897307	795604	302979
132470	27949				70865	27299	1032513	815750	627004
38869	16731	315			65956	6914	769376	684919	37406
112281	12537				11169	55080	201939	163662	270992
36023	36023				9662	13740	277985	225166	53046
244919	68405	430			254319	13044	828893	730120	71993
72559	50513				268873	3768	2687259	2241522	67304
27880	9562				155908	6889	222536	151495	60792
142174	40338				98821	16266	612075	443978	498218
113395	12602	8184			421768	57685	1575703	1393243	99433
36583	17637				9073	9774	162137	110899	88822
11530	3177				29162	361	108348	77181	55791
150047	25999				3540	8507	51873	34834	39424
143356	53388				77274	46717	631893	539639	125926
76868	25829				47261	12168	218044	174516	189726
45251	24200	1616			1792	30552	33955	30740	499616
13642	12227					1213	3274	3274	53
23620	15336	1360			14015	2955	184353	140152	50272
34068	17064				1100	4789	5297	3448	70992
5327	1782	3641				357	454	132	97019
7187	5268				1596	2183	6654	5322	103464
13670	11688				197	3024	11531	8129	165359
473	456					258	818	713	3019
31917	1676					252	101608	95025	21234
42742	262						8121	8121	47
7153	4509				3719	4968	5468	5241	569

3-44 教育经费收入情况

地区	总计	国家财政性教育经费	公共财政预算安排的教育经费	公共财政教育经费	教育事业费	基本建设经费	教育费附加	科研经费	其他
合计	**16158**	**16158**	**15299**	**14966**	**14966**				**333**
北京									
天津									
河北									
山西									
内蒙古									
辽宁									
吉林									
黑龙江									
上海									
江苏									
浙江									
安徽									
福建	9647	9647	9647	9647	9647				
江西									
山东									
河南									
湖北									
湖南									
广东									
广西	3556	3556	2697	2697	2697				
海南									
重庆	2293	2293	2293	2124	2124				169
四川	662	662	662	499	499				164
贵州									
云南									
西藏									
陕西									
甘肃									
青海									
宁夏									
新疆									
大连									
宁波									
厦门									
青岛									
深圳									

（成人小学）

单位：千元

政府性基金预算安排的教育经费	#彩票公益金	企业办学中的企业拨款	校办产业和社会服务收入中用于教育的经费	其他属于国家财政性教育经费	民办学校中举办者投入	捐赠收入	事业收入	#学费	其他教育经费
859	**859**								
859	859								

3-45 教育经费收入情况

地区	总计	国家财政性教育经费	公共财政预算安排的教育经费	公共财政教育经费	教育事业费	基本建设经费	教育费附加	科研经费	其他
合计	**13573878**	**13268390**	**13164909**	**12088005**	**11261981**	**83730**	**742293**		**1076904**
北京	502332	501175	501011	402137	374163	5880	22093		98874
天津	336247	335077	335077	324296	310603	3098	10595		10781
河北	487259	478106	477586	458036	444234	450	13352		19551
山西	275896	272514	271957	257820	253270		4550		14137
内蒙古	274243	264640	257932	220707	219584		1123		37225
辽宁	568373	564728	564696	468472	455067		13405		96223
吉林	331898	322649	322619	293525	279075		14450		29094
黑龙江	442813	442101	440905	406693	396353		10340		34212
上海	825053	814044	814044	721798	584272	12071	125456		92246
江苏	997582	982888	981644	943409	833797		109611		38236
浙江	771419	727061	704444	659406	610096	3619	45692		45038
安徽	407241	396433	395906	368101	353093		15008		27806
福建	448674	434298	434050	414796	367636	5600	41559		19255
江西	287855	283496	282998	271817	261445	3215	7156		11181
山东	1061370	1041580	1017708	1006953	953463		53489		10755
河南	512862	508838	506128	410950	391688		19262		95178
湖北	477992	473741	473491	444709	444709				28782
湖南	436080	418247	416623	405103	328534	14000	62570		11519
广东	1465565	1419186	1413535	1261699	1202250	10820	48628		151836
广西	294412	288932	277403	267233	251524	6282	9427		10170
海南	93264	93044	82332	72723	72251		473		9608
重庆	226031	225252	223711	183697	179903		3794		40014
四川	516310	512221	507969	455755	439094	7600	9061		52214
贵州	394591	379683	378217	365152	298823	767	65562		13065
云南	343353	327332	325846	292905	288106		4799		32941
西藏	89160	89124	89124	87468	82468	5000			1655
陕西	248036	226942	225815	220006	199151		20855		5810
甘肃	140630	136253	134749	122215	117188	620	4407		12534
青海	65978	65714	65714	59460	54751	4709			6254
宁夏	73531	72811	72811	63675	61885		1790		9136
新疆	177829	170281	168864	157290	153504		3786		11575
大连	108290	106811	106791	93325	92494		831		13466
宁波	118187	116305	116305	112448	105571		6877		3857
厦门	62512	60934	60934	54843	50972		3871		6091
青岛	202385	201045	200183	199366	174882		24484		818
深圳	147617	146722	146617	138306	114571	3800	19935		8310

（特殊教育）

单位：千元

政府性基金预算安排的教育经费	#彩票公益金	企业办学中的企业拨款	校办产业和社会服务收入中用于教育的经费	其他属于国家财政性教育经费	民办学校中举办者投入	捐赠收入	事业收入	#学费	其他教育经费
103318	**66671**		**164**		**2985**	**29179**	**90982**	**46224**	**182342**
			164			10	742	413	406
						176			994
520	520				300	398	4746	4746	3709
557	416					39	1151	889	2192
6708	6708					353	798	434	8452
32	32					171	1476		1998
30	30					1714	700		6834
1196	1196					173	320		219
						225	200		10584
1244	1154					3278	1535	1328	9881
22617	5454					556	3445	1436	40357
526	526				900	1733	983	600	7192
248	100					3337	3997		7043
498	498					1748	370	77	2241
23872	18102				642	2041	10022	8779	7084
2711	2711					473	1941	963	1609
250	120				98	344	632		3176
1624	1406					816	9201	3024	7817
5652	3813					5935	34801	19844	5642
11529	11529				56	702	1554	274	3168
10712	100						61		159
1541	1528						317		462
4252	3740					1027	199		2862
1466	1466					669	46	20	14194
1486	1486					2971	656	560	12394
									36
1127	1117				989	132	10515	2593	9458
1504	1504					35			4342
							52		212
						21	220	46	479
1417	1417					101	302	200	7146
20	20					166			1314
							11		1871
						370	14		1193
861	6								1340
105	105					120	169		606

3-46 教育经费收入情况

地区	总计	国家财政性教育经费	公共财政预算安排的教育经费	公共财政教育经费	教育事业费	基本建设经费	教育费附加	科研经费	其他
合计	**12911319**	**12619455**	**12526004**	**11526224**	**10753665**	**77730**	**694829**		**999780**
北京	394727	393818	393720	323302	301135	5880	16287		70418
天津	308979	308216	308216	298407	284714	3098	10595		9809
河北	487259	478106	477586	458036	444234	450	13352		19551
山西	257311	254010	253453	239699	236459		3240		13754
内蒙古	274243	264640	257932	220707	219584		1123		37225
辽宁	515657	512013	511981	425971	414371		11600		86010
吉林	317770	308522	308492	280035	271942		8093		28457
黑龙江	437692	436981	435786	403240	392900		10340		32545
上海	678969	669865	669865	595016	466132	12071	116813		74848
江苏	997582	982888	981644	943409	833797		109611		38236
浙江	731132	686901	673696	629747	592098	3619	34029		43949
安徽	395600	384809	384283	359024	345596		13428		25259
福建	448674	434298	434050	414796	367636	5600	41559		19255
江西	281850	277491	276993	266277	255905	3215	7156		10716
山东	1061370	1041580	1017708	1006953	953463		53489		10755
河南	497172	493368	490658	399681	381959		17723		90977
湖北	461799	457628	457378	429432	429432				27946
湖南	421704	406159	404535	393071	316501	14000	62570		11464
广东	1415531	1372213	1366667	1215582	1158433	10820	46329		151084
广西	288070	282600	271473	261481	245865	6282	9334		9992
海南	93264	93044	82332	72723	72251		473		9608
重庆	218667	217888	216347	178389	174777		3612		37958
四川	462391	458303	454094	404273	395143	1600	7530		49821
贵州	352346	338147	336681	325170	261436	767	62967		11511
云南	333399	317389	315903	283631	278833		4798		32273
西藏	89160	89124	89124	87468	82468	5000			1655
陕西	234336	217696	216569	211366	192572		18794		5203
甘肃	140630	136253	134749	122215	117188	620	4407		12534
青海	65978	65714	65714	59460	54751	4709			6254
宁夏	73531	72811	72811	63675	61885		1790		9136
新疆	174528	166980	165563	153989	150203		3786		11575
大连	100150	98671	98651	86411	85580		831		12239
宁波	118187	116305	116305	112448	105571		6877		3857
厦门	62512	60934	60934	54843	50972		3871		6091
青岛	202385	201045	200183	199366	174882		24484		818
深圳	140170	139460	139460	131544	108403	3800	19341		7916

(特殊教育学校)

单位：千元

政府性基金预算安排的教育经费	#彩票公益金	企业办学中的企业拨款	校办产业和社会服务收入中用于教育的经费	其他属于国家财政性教育经费	民办学校中举办者投入	捐赠收入	事业收入	#学费	其他教育经费
93353	**66135**		**98**		**2985**	**29171**	**80464**	**41353**	**179245**
			98			10	498	413	401
						176			587
520	520				300	398	4746	4746	3709
557	416					39	1071	889	2191
6708	6708					353	798	434	8452
32	32					171	1476		1997
30	30					1714	700		6834
1196	1196					173	320		218
						220			8885
1244	1154					3278	1535	1328	9881
13205	5454					556	3445	1436	40231
526	526				900	1733	983	600	7175
248	100					3337	3997		7043
498	498					1748	370	77	2241
23872	18102				642	2041	10022	8779	7084
2711	2711					473	1721	963	1609
250	120				98	344	552		3176
1624	1406					816	6912	735	7817
5546	3708					5935	31893	17282	5490
11126	11126				56	702	1549	274	3163
10712	100						61		159
1541	1528						317		462
4209	3712					1027	199		2861
1466	1466					666	20		13512
1486	1486					2971	644	560	12394
									36
1127	1117				989	132	6061	2593	9458
1504	1504					35			4342
							52		212
						21	220	46	479
1417	1417					101	302	200	7146
20	20					166			1314
							11		1871
						370	14		1193
861	6								1340
						120			590

3-47 教育经费收入情况

地区	总计	国家财政性教育经费	公共财政预算安排的教育经费	公共财政教育经费	教育事业费	基本建设经费	教育费附加	科研经费	其他
合计	**662558**	**648936**	**638905**	**561781**	**508316**	**6000**	**47464**		**77124**
北京	107605	107357	107291	78835	73028		5806		28456
天津	27269	26861	26861	25889	25889				972
河北									
山西	18585	18504	18504	18121	16812		1310		382
内蒙古									
辽宁	52715	52714	52714	42501	40696		1806		10213
吉林	14128	14127	14127	13490	7133		6357		637
黑龙江	5121	5119	5119	3453	3453				1666
上海	146084	144180	144180	126782	118139		8643		17398
江苏									
浙江	40287	40161	30748	29660	17997		11662		1088
安徽	11640	11623	11623	9077	7497		1580		2547
福建									
江西	6004	6004	6004	5540	5540				464
山东									
河南	15690	15470	15470	11268	9729		1540		4201
湖北	16193	16113	16113	15277	15277				836
湖南	14377	12088	12088	12032	12032				56
广东	50033	46973	46868	46116	43817		2299		752
广西	6342	6332	5929	5751	5659		93		178
海南									
重庆	7364	7364	7364	5308	5126		182		2057
四川	53919	53919	53875	51482	43951	6000	1531		2393
贵州	42246	41536	41536	39982	37387		2595		1554
云南	9955	9943	9943	9274	9274		1		668
西藏									
陕西	13700	9246	9246	8640	6579		2061		606
甘肃									
青海									
宁夏									
新疆	3301	3301	3301	3301	3301				
大连	8140	8140	8140	6914	6914				1226
宁波									
厦门									
青岛									
深圳	7446	7262	7156	6762	6168		594		394

（工读学校）

单位：千元

政府性基金预算安排的教育经费	#彩票公益金	企业办学中的企业拨款	校办产业和社会服务收入中用于教育的经费	其他属于国家财政性教育经费	民办学校中举办者投入	捐赠收入	事业收入	#学费	其他教育经费
9964	**536**		**66**			**8**	**10518**	**4871**	**3097**
			66				244		5
									407
							80		1
									1
									1
									1
						5	200		1699
9413									126
									17
							220		
							80		
							2289	2289	
105	105						2908	2562	152
403	403						5		5
44	28								
						3	26	20	682
							12		
							4454		
105	105						169		16

3-48 教育经费收入情况

地区	总计	国家财政性教育经费	公共财政预算安排的教育经费	公共财政教育经费	教育事业费	基本建设经费	教育费附加	科研经费	其他
合计	**280353456**	**132607178**	**131188307**	**124220442**	**111859440**	**3066751**	**9294251**		**6967865**
北京	11233509	6606563	6535804	5957122	5518471	81443	357209		578682
天津	3927903	2590179	2584703	2412962	2264517		148445		171740
河北	10848418	5946138	5882333	5693313	5508186	28329	156799		189020
山西	4623673	2200341	2110393	2029111	1936905	4210	87996		81281
内蒙古	6400445	4256728	4192657	3721206	3391217	84942	245047		471451
辽宁	5873611	1533993	1506178	1408061	1273723	441	133897		98117
吉林	3714729	1643282	1566939	1498101	1440254	14345	43503		68838
黑龙江	3553951	1733701	1544549	1448792	1413805	11135	23852		95757
上海	13807981	10266752	10262093	9082255	7113365	158126	1810764		1179838
江苏	20693303	10432397	10378021	10234545	8601353	32940	1600252		143476
浙江	18381186	8640294	8566643	8176779	7128375	22894	1025510		389864
安徽	7288573	3306879	3261396	3099088	2809481	43353	246254		162309
福建	10425748	5276194	5251806	5092107	4782657	62108	247342		159699
江西	7121351	3075460	3073767	2977494	2765877	139287	72330		96273
山东	15622686	6261567	6050799	6000517	5595625	41167	363725		50282
河南	14479819	3706791	3608775	3269498	3121987	6273	141238		339277
湖北	8787964	3359883	3324871	3216368	3216368				108503
湖南	10479699	2841021	2816194	2761623	2368559	10740	382323		54571
广东	31689092	7478988	7448796	7109721	6572713	91079	445929		339075
广西	7211329	2802611	2797692	2674237	2566645	73844	33748		123455
海南	2605271	1202185	1196561	1112828	1058465	5804	48559		83733
重庆	5334817	1842722	1833949	1647859	1616869	9396	21594		186090
四川	14219961	6642855	6591497	6190324	5122765	111985	955574		401173
贵州	6875678	3723125	3720250	3580852	3420609	81964	78279		139398
云南	6586497	3471014	3457786	3017682	2847345	45704	124634		440105
西藏	1824962	1784482	1784122	1746400	1307680	432825	5895		37722
陕西	9541356	6407763	6347019	6300713	5868402	234787	197525		46305
甘肃	5482175	4125847	4113820	3980037	3733394	141268	105374		133783
青海	1736128	1220355	1218277	1114326	829286	241311	43728		103951
宁夏	1453343	823907	823670	680172	672989		7183		143498
新疆	8528299	7403162	7336948	6986349	5991553	855052	139745		350599
大连	1394712	475020	474963	446697	434333		12364		28266
宁波	3281824	1762407	1759234	1651274	1351009	14550	285715		107960
厦门	2163734	1462089	1458971	1405290	1387028		18262		53680
青岛	2587192	1279123	1279123	1270780	1228238		42541		8344
深圳	6527814	1742306	1742254	1718181	1520976	55581	141624		24073

(幼儿园)

单位：千元

政府性基金预算安排的教育经费	#彩票公益金	企业办学中的企业拨款	校办产业和社会服务收入中用于教育的经费	其他属于国家财政性教育经费	民办学校中举办者投入	捐赠收入	事业收入	#学费	其他教育经费
339183	**31694**	**1054913**	**24775**		**5086545**	**321452**	**138452048**	**134021144**	**3886233**
55639	32	14693	427		57546	21786	4363194	4235264	184420
		5464	12		16079	490	1300699	1282375	20456
13767	161	50038			115271	2670	4755216	4657817	29123
7680	239	79733	2535		68304	450	2326132	2280718	28445
2816	1150	60407	848		130172	372	1824825	1783314	188348
		25309	2506		33085	2896	4243492	4104229	60147
1668	68	74674			118335	598	1854290	1819940	98225
2212	2212	186940			9333	474	1807173	1740028	3271
		4659			11593	2576	3243057	3213939	284004
31461	1482	22915			196569	81388	9668258	9460045	314691
68885	2194	4053	714		400619	14620	8804325	8686361	521328
27124	30	17259	1100		137762	5557	3785956	3755907	52420
11213	21	13174			156295	14883	4749416	4679206	228960
968	968	725			107658	701	3908522	3631197	29009
7309	1853	203459			142506	25673	9078523	8992236	114418
19538	218	78479			339712	1758	10364289	9984615	67269
1039	1005	32778	1195		145892	3148	5166948	4987417	112093
10929	774	13117	781		235140	3483	7341981	7096446	58073
16462	8828	7736	5994		1050525	60800	22534114	21493708	564666
3608	2049	1311			120223	599	4192800	4084233	95097
4993	67	501	130		123632	5	1243071	1110325	36378
7077	50	1696			271491	19828	3150438	3124289	50338
33333	2030	11164	6862		449289	39053	6912995	6648659	175769
397	250	2479			187740	835	2884180	2644952	79796
1724	640	10223	1280		250763	8458	2751190	2617387	105072
360	360				1599	157	38473	38473	251
1751	1583	58994			87506	2342	3014330	2895941	29415
5791	2850	6236			30600	446	1302264	1228359	23018
950	90	1128			41975	1550	329431	325080	142818
237	237				14258	323	562721	551523	52135
252	252	65571	391		35073	3534	949746	867163	136782
			57		7020	564	898162	870269	13946
3172	35				22617	2380	1414451	1395709	79970
3119					41307	3658	583557	579779	73122
					36623	3892	1215272	1215224	52282
53	53				78183	3034	4578197	4121610	126094

3-49 教育经费收入情况

地区	总计	国家财政性教育经费	公共财政预算安排的教育经费	公共财政教育经费	教育事业费	基本建设经费	教育费附加	科研经费	其他
合计	**277870010**	**131633889**	**130541552**	**123599577**	**111360195**	**2945211**	**9294171**		**6941975**
北京	10636949	6591532	6521166	5951882	5513231	81443	357209		569284
天津	3885670	2589921	2584444	2412762	2264317		148445		171683
河北	10782652	5916217	5880596	5691576	5506449	28329	156799		189020
山西	4618717	2200294	2110346	2029064	1936858	4210	87996		81281
内蒙古	6393445	4256178	4192107	3721206	3391217	84942	245047		470901
辽宁	5747986	1526423	1499008	1403571	1269312	441	133817		95437
吉林	3677944	1642922	1566579	1497741	1439894	14345	43503		68838
黑龙江	3278716	1510139	1502557	1407328	1372341	11135	23852		95228
上海	13642277	10220893	10216235	9048523	7079633	158126	1810764		1167711
江苏	20608820	10416899	10362523	10219048	8585855	32940	1600252		143476
浙江	18375876	8640285	8566634	8176770	7128366	22894	1025510		389864
安徽	7273223	3306655	3261172	3098863	2809257	43353	246254		162309
福建	10414114	5274994	5250606	5090907	4781457	62108	247342		159699
江西	7121351	3075460	3073767	2977494	2765877	139287	72330		96273
山东	15622686	6261567	6050799	6000517	5595625	41167	363725		50282
河南	14334551	3648180	3602478	3263201	3115691	6273	141238		339277
湖北	8734155	3358534	3323522	3215019	3215019				108503
湖南	10471577	2840949	2816122	2761551	2368487	10740	382323		54571
广东	31666831	7478349	7448793	7109718	6572710	91079	445929		339075
广西	7211329	2802611	2797692	2674237	2566645	73844	33748		123455
海南	2564308	1183061	1177566	1093833	1039470	5804	48559		83733
重庆	5302071	1842722	1833949	1647859	1616869	9396	21594		186090
四川	14188866	6642673	6591314	6190141	5122583	111985	955574		401173
贵州	6875678	3723125	3720250	3580852	3420609	81964	78279		139398
云南	6575633	3469274	3456046	3015942	2845605	45704	124634		440105
西藏	1824962	1784482	1784122	1746400	1307680	432825	5895		37722
陕西	9529653	6403559	6342815	6296510	5864198	234787	197525		46305
甘肃	5463989	4115607	4103580	3970347	3723704	141268	105374		133233
青海	1721795	1219640	1217562	1113611	828572	241311	43728		103951
宁夏	1449613	823907	823670	680172	672989		7183		143498
新疆	7874574	6866838	6863531	6512932	5639675	733512	139745		350599
大连	1364957	470609	470552	442286	429922		12364		28266
宁波	3281824	1762407	1759234	1651274	1351009	14550	285715		107960
厦门	2158834	1460889	1457771	1404090	1385828		18262		53680
青岛	2587192	1279123	1279123	1270780	1228238		42541		8344
深圳	6527814	1742306	1742254	1718181	1520976	55581	141624		24073

(地方幼儿园)

单位：千元

政府性基金预算安排的教育经费	#彩票公益金	企业办学中的企业拨款	校办产业和社会服务收入中用于教育的经费	其他属于国家财政性教育经费	民办学校中举办者投入	捐赠收入	事业收入	#学费	其他教育经费
339183	**31694**	**729302**	**23853**		**5086545**	**283248**	**137202391**	**132857578**	**3663937**
55639	32	14693	34		57546	724	3895642	3817967	91505
		5464	12		16079	417	1260189	1242211	19063
13767	161	21853			115271	2670	4719371	4622036	29123
7680	239	79733	2535		68304	450	2321224	2275810	28445
2816	1150	60407	848		130172	372	1818375	1776864	188348
		25309	2106		33085	2876	4147534	4012434	38068
1668	68	74674			118335	598	1828950	1794600	87140
2212	2212	5371			9333	329	1755651	1688506	3264
		4659			11593	2576	3136312	3107194	270903
31461	1482	22915			196569	74938	9614208	9408855	306205
68885	2194	4053	714		400619	14486	8799158	8681194	521328
27124	30	17259	1100		137762	5557	3777659	3747610	45590
11213	21	13174			156295	14883	4739891	4669682	228051
968	968	725			107658	701	3908522	3631197	29009
7309	1853	203459			142506	25673	9078523	8992236	114418
19538	218	26164			339712	1758	10278012	9902202	66889
1039	1005	32778	1195		145892	2525	5120600	4944959	106603
10929	774	13117	781		235140	3483	7335082	7090121	56923
16462	8828	7101	5994		1050525	60800	22513874	21475887	563283
3608	2049	1311			120223	599	4192800	4084233	95097
4993	67	501	1		123632	5	1223247	1092191	34363
7077	50	1696			271491	18020	3139956	3113806	29883
33333	2030	11164	6862		449289	34413	6890428	6631457	172063
397	250	2479			187740	835	2884180	2644952	79796
1724	640	10223	1280		250763	8458	2742065	2609963	105072
360	360				1599	157	38473	38473	251
1751	1583	58994			87506	2292	3009981	2891593	26315
5791	2850	6236			30600	446	1294319	1220413	23018
950	90	1128			41975	1550	322409	319940	136222
237	237				14258	323	558991	547793	52135
252	252	2664	391		35073	334	856763	781201	115565
			57		7020	564	874135	846542	12630
3172	35				22617	2380	1414451	1395709	79970
3119					41307	3658	579856	576079	73122
					36623	3892	1215272	1215224	52282
53	53				78183	3034	4578197	4121610	126094

3-50 教育经费收入情况

地区	总计	国家财政性教育经费	公共财政预算安排的教育经费	公共财政教育经费	教育事业费	基本建设经费	教育费附加	科研经费	其他
合计	**127699230**	**67990947**	**67615662**	**64664554**	**59696642**	**2158187**	**2809725**		**2951108**
北京	1872666	1579692	1579670	1480379	1359425	30950	90004		99291
天津	542763	376751	376751	376139	365436		10703		611
河北	7155347	4261050	4250854	4126800	4007513	27257	92030		124055
山西	2507637	1431606	1399057	1355634	1306859	2210	46565		43424
内蒙古	3676458	2679967	2675421	2399756	2182054	54859	162843		275666
辽宁	1228442	376710	376710	359599	328977		30622		17111
吉林	1590892	838937	773756	749677	725849	7813	16015		24079
黑龙江	1418446	807949	805989	769967	753594	11135	5237		36022
上海	2024443	1549461	1549461	1316501	1170740		145760		232960
江苏	8140791	4145875	4139225	4096391	3445425	1940	649026		42834
浙江	7511874	3569286	3540374	3377715	2990926	2030	384759		162659
安徽	4665337	2231582	2226223	2124395	1958681	39424	126290		101828
福建	4714633	2440037	2435120	2380432	2240838	25532	114063		54688
江西	4778809	2217615	2216657	2133427	1968983	138834	25610		83230
山东	7274525	3371594	3333136	3314583	3148767		165815		18554
河南	8545194	2168464	2142565	1981795	1918503	2633	60659		160770
湖北	3866219	1535936	1513038	1487366	1487366				25672
湖南	6236662	1738266	1731724	1714018	1667140	10740	36138		17706
广东	7187193	1991525	1989204	1916663	1870410		46253		72541
广西	4255762	1693941	1690211	1618948	1550120	50706	18122		71263
海南	1452103	869159	866882	802715	769641	5804	27270		64167
重庆	2208388	1024994	1017918	957846	950031	802	7013		60072
四川	7985866	4286010	4259473	3989788	3660658	86794	242335		269686
贵州	4707955	2815119	2814043	2710882	2584542	67974	58367		103161
云南	3603367	2077559	2073154	1801704	1752639	32542	16524		271450
西藏	1376194	1376194	1375854	1346143	908374	432825	4944		29711
陕西	5699816	4555427	4549181	4533469	4329801	99371	104297		15712
甘肃	3866567	3245602	3236518	3153600	3000290	128268	25043		82918
青海	1204816	973521	972570	881970	674515	184127	23328		90601
宁夏	628939	364256	364019	329127	325307		3820		34892
新疆	5771125	5396863	5340903	5077128	4293240	713618	70271		263774
大连	117085	73325	73325	71507	71507				1818
宁波	1159664	646969	646969	604668	501277		103392		42301
厦门	145645	104085	103492	99177	94721		4456		4315
青岛	575981	460564	460564	460562	445567		14994		2
深圳									

（农村幼儿园）

单位：千元

政府性基金预算安排的教育经费	#彩票公益金	企业办学中的企业拨款	校办产业和社会服务收入中用于教育的经费	其他属于国家财政性教育经费	民办学校中举办者投入	捐赠收入	事业收入	#学费	其他教育经费
100941	**15997**	**272216**	**2128**		**2079749**	**59952**	**56329865**	**54615014**	**1238718**
23	23				12665	468	267687	247478	12153
						138	165871	159749	4
911	161	9285			46229	1332	2833478	2794295	13258
4731	239	27743	75		15281	329	1038969	1023300	21452
1150	1150	2548	848		67110	340	805433	800355	123608
					1580	66	847169	832115	2917
1668	68	63513			54783	128	666038	660077	31006
1960	1960				2444	8	606071	583005	1974
					1400	174	432404	432133	41004
2468	467	4182			64514	5913	3838420	3790693	86070
28913	922				157572	6718	3613620	3568896	164678
184	30	4075	1100		102496	500	2322986	2302171	7774
2029	21	2887			67420	4972	2137049	2106785	65155
958	958				68411	495	2481172	2280299	11116
4488	793	33971			46174	13531	3822378	3784407	20848
192	192	25706			164822	751	6203826	5966662	7332
180	180	22718			81651	335	2226123	2134265	22174
2559	404	3983			115967	2922	4341957	4176288	37549
790	760	1427	104		182458	2653	4932235	4752139	78321
3565	2006	164			62140	426	2460266	2374003	38990
1985	59	292			48015	5	511746	450012	23178
7077	50				117646	175	1057710	1049872	7863
26256	1380	281			293493	8271	3338114	3276332	59977
397	250	679			95978	782	1730341	1585346	65736
1196	230	3209			139407	4218	1338182	1281986	44000
340	340								
521	493	5725			30172	365	1099117	1032730	14735
5199	2518	3884			17594	426	585947	567686	16998
950	90				3284	27	105805	103846	122180
237	237				13521	205	231580	228004	19377
16	16	55944			5523	3281	288168	270085	77290
						54	42414	42410	1292
					6928	1535	488769	480629	15462
593					6456		35026	35026	78
					1040	480	112402	112402	1496

3-51 教育经费收入情况

地区	总计	国家财政性教育经费	公共财政预算安排的教育经费	公共财政教育经费	教育事业费	基本建设经费	教育费附加	科研经费	其他
合计	**127077725**	**67488667**	**67196111**	**64245647**	**59373775**	**2062147**	**2809725**		**2950465**
北京	1866937	1579016	1578993	1479702	1358748	30950	90004		99291
天津	540320	376751	376751	376139	365436		10703		611
河北	7143409	4253602	4250854	4126800	4007513	27257	92030		124055
山西	2507617	1431606	1399057	1355634	1306859	2210	46565		43424
内蒙古	3676458	2679967	2675421	2399756	2182054	54859	162843		275666
辽宁	1228442	376710	376710	359599	328977		30622		17111
吉林	1589593	838937	773756	749677	725849	7813	16015		24079
黑龙江	1392967	783198	781238	745309	728936	11135	5237		35929
上海	2024443	1549461	1549461	1316501	1170740		145760		232960
江苏	8140791	4145875	4139225	4096391	3445425	1940	649026		42834
浙江	7511874	3569286	3540374	3377715	2990926	2030	384759		162659
安徽	4665337	2231582	2226223	2124395	1958681	39424	126290		101828
福建	4712721	2440037	2435120	2380432	2240838	25532	114063		54688
江西	4778809	2217615	2216657	2133427	1968983	138834	25610		83230
山东	7274525	3371594	3333136	3314583	3148767		165815		18554
河南	8506974	2149762	2142565	1981795	1918503	2633	60659		160770
湖北	3865967	1535936	1513038	1487366	1487366				25672
湖南	6236404	1738214	1731672	1713966	1667088	10740	36138		17706
广东	7178610	1990887	1989201	1916660	1870407		46253		72541
广西	4255762	1693941	1690211	1618948	1550120	50706	18122		71263
海南	1451191	868609	866332	802165	769091	5804	27270		64167
重庆	2208388	1024994	1017918	957846	950031	802	7013		60072
四川	7981219	4286010	4259473	3989788	3660658	86794	242335		269686
贵州	4707955	2815119	2814043	2710882	2584542	67974	58367		103161
云南	3603367	2077559	2073154	1801704	1752639	32542	16524		271450
西藏	1376194	1376194	1375854	1346143	908374	432825	4944		29711
陕西	5699506	4555373	4549128	4533416	4329747	99371	104297		15712
甘肃	3855802	3236308	3227224	3144856	2991545	128268	25043		82368
青海	1204816	973521	972570	881970	674515	184127	23328		90601
宁夏	628939	364256	364019	329127	325307		3820		34892
新疆	5262390	4956748	4956732	4692958	4005110	617578	70271		263774
大连	117085	73325	73325	71507	71507				1818
宁波	1159664	646969	646969	604668	501277		103392		42301
厦门	145645	104085	103492	99177	94721		4456		4315
青岛	575981	460564	460564	460562	445567		14994		2
深圳									

(地方农村幼儿园)

单位：千元

政府性基金预算安排的教育经费	#彩　票公益金	企业办学中的企业拨款	校办产业和社会服务收入中用于教育的经费	其　他属于国家财政性教育经费	民办学校中举办者投入	捐赠收入	事业收入	#学费	其　他教育经费
100941	**15997**	**189487**	**2128**		**2079749**	**56752**	**56219502**	**54511823**	**1233055**
23	23				12665	468	263239	243090	11549
						138	163427	157305	4
911	161	1837			46229	1332	2828989	2789805	13258
4731	239	27743	75		15281	329	1038949	1023280	21452
1150	1150	2548	848		67110	340	805433	800355	123608
					1580	66	847169	832115	2917
1668	68	63513			54783	128	665938	659977	29806
1960	1960				2444	8	605343	582276	1974
					1400	174	432404	432133	41004
2468	467	4182			64514	5913	3838420	3790693	86070
28913	922				157572	6718	3613620	3568896	164678
184	30	4075	1100		102496	500	2322986	2302171	7774
2029	21	2887			67420	4972	2135357	2105093	64935
958	958				68411	495	2481172	2280299	11116
4488	793	33971			46174	13531	3822378	3784407	20848
192	192	7004			164822	751	6184308	5947144	7332
180	180	22718			81651	335	2225871	2134013	22174
2559	404	3983			115967	2922	4341752	4176088	37549
790	760	792	104		182458	2653	4924803	4745597	77807
3565	2006	164			62140	426	2460266	2374003	38990
1985	59	292			48015	5	511485	449750	23078
7077	50				117646	175	1057710	1049872	7863
26256	1380	281			293493	8271	3333548	3275131	59896
397	250	679			95978	782	1730341	1585346	65736
1196	230	3209			139407	4218	1338182	1281986	44000
340	340								
521	493	5725			30172	365	1099060	1032673	14535
5199	2518	3884			17594	426	584476	566214	16998
950	90				3284	27	105805	103846	122180
237	237				13521	205	231580	228004	19377
16	16				5523	81	225491	210260	74546
						54	42414	42410	1292
					6928	1535	488769	480629	15462
593					6456		35026	35026	78
					1040	480	112402	112402	1496

3-52 教育经费收入情况

地区	总计	国家财政性教育经费	公共财政预算安排的教育经费	公共财政教育经费	教育事业费	基本建设经费	教育费附加	科研经费	其他
合计	**40116606**	**37921168**	**37584786**	**33261697**	**30571640**	**1047271**	**1642786**		**4323089**
北京	916528	911507	911507	611120	575476		35644		300387
天津	603271	599656	599656	516360	515644		716		83295
河北	970536	956572	947154	869888	860383		9505		77266
山西	1072298	1032699	1028066	913096	874342	11097	27657		114970
内蒙古	1410256	1255919	1236577	921938	848639	17781	55518		314639
辽宁	759735	755124	753345	554246	539654	2400	12192		199100
吉林	635527	613439	613439	561860	541868		19991		51580
黑龙江	1396277	1366233	1364735	1242358	1237344	4714	300		122377
上海	323780	283816	283816	214069	214069				69747
江苏	1690492	1600776	1586007	1502008	1461989		40019		83999
浙江	1337985	1258793	1244244	1143050	1050998	965	91087		101195
安徽	1200198	1108763	1096162	937219	903300		33919		158944
福建	922313	656362	651739	576868	552011	1000	23857		74870
江西	747123	723902	706144	654332	640079	412	13841		51812
山东	2254435	2154548	2138997	2099634	2009886		89748		39363
河南	1833963	1815957	1765106	1499590	1399782	30660	69148		265516
湖北	1559372	1518223	1514745	1389438	1389438				125306
湖南	2105175	1958824	1955716	1828889	1823389		5500		126828
广东	5411646	5251690	5191720	4640106	3440454	600438	599215		551614
广西	462086	445468	445327	407357	407164	193			37970
海南	490583	478262	475685	385770	384269		1501		89915
重庆	1010001	942876	938838	773347	708225		65122		165491
四川	2398019	2337781	2299169	1907071	1721533	2400	183138		392098
贵州	2074162	1914602	1871005	1722557	1571862	29095	121600		148448
云南	1954501	1803667	1796628	1560081	1411345	49384	99353		236547
西藏	287392	287171	287171	282306	280291	600	1414		4865
陕西	946446	930585	928567	914659	796420	100698	17541		13908
甘肃	1197543	1102111	1098585	981143	873359	98669	9115		117442
青海	557722	430618	430618	373476	331241	42235			57142
宁夏	265442	220023	220000	172607	170134		2474		47393
新疆	1321801	1205200	1204314	1105253	1037050	54531	13672		99061
大连	135445	135000	135000	78432	74050	2400	1982		56568
宁波	135727	129417	125986	112226	106517		5709		13760
厦门	334904	123947	123947	103616	103616				20331
青岛	333456	324723	320828	319888	319888				940
深圳	1601468	1589127	1583883	1516743	645911	575888	294944		67140

(教育行政单位)

单位：千元

政府性基金预算安排的教育经费	#彩票公益金	企业办学中的企业拨款	校办产业和社会服务收入中用于教育的经费	其他属于国家财政性教育经费	民办学校中举办者投入	捐赠收入	事业收入	#学费	其他教育经费
336382	**226364**					**50010**	**218180**		**1927248**
									5021
									3616
9418	150					37			13927
4632	1142					21	4512		35066
19342	18402					130	22405		131802
1779	1500								4611
						25			22063
1498	498					2640	2808		24596
									39964
14768	13464								89716
14548	5863					1500	5211		72482
12600	12600						27892		63543
4623	4573					15115	1808		249029
17758	16658					6973			16248
15551	6597					1633	36557		61697
50851	49045					95	2904		15007
3478	120					90	2996		38063
3108	1894					650	20813		124887
59970	15417					2537			157419
140						231			16387
2577	1321								12321
4038	106					3502	17316		46307
38612	23179					3339	8296		48603
43597	42880					5360	48283		105917
7039	5674					4505	13732		132596
									221
2018	1350					50			15810
3527	3047					345	1674		93412
						140	975		125989
23						464			44954
886	885					626			115975
									445
3430	2756						1594		4717
									210957
3895	1780								8733
5244	1025								12341

3-53 教育经费收入情况

地区	总计	国家财政性教育经费	公共财政预算安排的教育经费	公共财政教育经费	教育事业费	基本建设经费	教育费附加	科研经费	其他
合计	**39770235**	**37576620**	**37240237**	**33064148**	**30374091**	**1047271**	**1642786**		**4176090**
北京	642242	637260	637260	483872	448228		35644		153388
天津	603271	599656	599656	516360	515644		716		83295
河北	970536	956572	947154	869888	860383		9505		77266
山西	1072298	1032699	1028066	913096	874342	11097	27657		114970
内蒙古	1410256	1255919	1236577	921938	848639	17781	55518		314639
辽宁	759735	755124	753345	554246	539654	2400	12192		199100
吉林	635527	613439	613439	561860	541868		19991		51580
黑龙江	1388139	1358095	1356597	1234220	1229206	4714	300		122377
上海	323780	283816	283816	214069	214069				69747
江苏	1690492	1600776	1586007	1502008	1461989		40019		83999
浙江	1337985	1258793	1244244	1143050	1050998	965	91087		101195
安徽	1200198	1108763	1096162	937219	903300		33919		158944
福建	922313	656362	651739	576868	552011	1000	23857		74870
江西	747123	723902	706144	654332	640079	412	13841		51812
山东	2254435	2154548	2138997	2099634	2009886		89748		39363
河南	1833963	1815957	1765106	1499590	1399782	30660	69148		265516
湖北	1559372	1518223	1514745	1389438	1389438				125306
湖南	2105175	1958824	1955716	1828889	1823389		5500		126828
广东	5411646	5251690	5191720	4640106	3440454	600438	599215		551614
广西	462086	445468	445327	407357	407164	193			37970
海南	490583	478262	475685	385770	384269		1501		89915
重庆	1010001	942876	938838	773347	708225		65122		165491
四川	2398019	2337781	2299169	1907071	1721533	2400	183138		392098
贵州	2074162	1914602	1871005	1722557	1571862	29095	121600		148448
云南	1954501	1803667	1796628	1560081	1411345	49384	99353		236547
西藏	287392	287171	287171	282306	280291	600	1414		4865
陕西	946446	930585	928567	914659	796420	100698	17541		13908
甘肃	1197543	1102111	1098585	981143	873359	98669	9115		117442
青海	557722	430618	430618	373476	331241	42235			57142
宁夏	265442	220023	220000	172607	170134		2474		47393
新疆	1257854	1143037	1142151	1043089	974887	54531	13672		99061
大连	135445	135000	135000	78432	74050	2400	1982		56568
宁波	135727	129417	125986	112226	106517		5709		13760
厦门	334904	123947	123947	103616	103616				20331
青岛	333456	324723	320828	319888	319888				940
深圳	1601468	1589127	1583883	1516743	645911	575888	294944		67140

(地方教育行政单位)

单位：千元

政府性基金预算安排的教育经费	#彩票公益金	企业办学中的企业拨款	校办产业和社会服务收入中用于教育的经费	其他属于国家财政性教育经费	民办学校中举办者投入	捐赠收入	事业收入	#学费	其他教育经费
336382	**226364**					**50010**	**218180**		**1925425**
									4982
									3616
9418	150					37			13927
4632	1142					21	4512		35066
19342	18402					130	22405		131802
1779	1500								4611
						25			22063
1498	498					2640	2808		24596
									39964
14768	13464								89716
14548	5863					1500	5211		72482
12600	12600						27892		63543
4623	4573					15115	1808		249029
17758	16658					6973			16248
15551	6597					1633	36557		61697
50851	49045					95	2904		15007
3478	120					90	2996		38063
3108	1894					650	20813		124887
59970	15417					2537			157419
140						231			16387
2577	1321								12321
4038	106					3502	17316		46307
38612	23179					3339	8296		48603
43597	42880					5360	48283		105917
7039	5674					4505	13732		132596
									221
2018	1350					50			15810
3527	3047					345	1674		93412
						140	975		125989
23						464			44954
886	885					626			114191
									445
3430	2756						1594		4717
									210957
3895	1780								8733
5244	1025								12341

3-54 教育经费收入情况

地区	总计	国家财政性教育经费	公共财政预算安排的教育经费	公共财政教育经费	教育事业费	基本建设经费	教育费附加	科研经费	其他
合计	**83417562**	**73086046**	**69798293**	**63487027**	**58169007**	**1005720**	**4312300**		**6311265**
北京	14387663	11488977	9416201	8202201	7518698	29936	653567		1214000
天津	2449372	2203473	2192126	1832888	1823554		9334		359237
河北	2467097	2172339	2128395	1987396	1901201		86195		140999
山西	2227473	2072160	1980557	1860101	1658695	119897	81509		120456
内蒙古	1713237	1532954	1487270	1141241	1010785	12811	117645		346029
辽宁	2797395	2642445	2612377	2184511	1992879	557	191076		427866
吉林	1613793	1472658	1453808	1357747	1284723		73024		96061
黑龙江	1534381	1497341	1491070	1376472	1358471	8000	10001		114599
上海	5986856	5282948	5253516	4782367	4075295	14782	692291		471149
江苏	4256818	3386756	3213873	3031667	2812273	44890	174504		182206
浙江	5184848	4443453	4264784	4057824	3650711		407112		206960
安徽	1100889	938349	909492	792008	744144		47864		117484
福建	2607759	2267943	2248761	2082654	2008573	10756	63324		166108
江西	1502038	1446621	1405031	1343783	1237973	65498	40312		61248
山东	3622256	3226476	3181545	3149173	2995220	19396	134557		32371
河南	2602766	2405071	2366057	1957189	1842112	21677	93399		408868
湖北	2885212	2684135	2667882	2551307	2551307				116576
湖南	1373795	1172268	1160746	1121618	1031145	11000	79473		39128
广东	6561736	6034446	6001229	5467893	4517943	393038	556912		533336
广西	2114505	1844066	1784502	1658612	1645628	10329	2655		125890
海南	278453	223602	206658	177960	177960				28698
重庆	1484669	1307123	1194295	1058767	883097		175670		135529
四川	3289426	3055844	3013752	2706300	2506991		199309		307451
贵州	582570	503211	493881	479275	457359		21916		14606
云南	2663714	2285588	2245518	2024512	1618234	153785	252494		221006
西藏	736735	730586	708250	679890	665117	2660	12112		28361
陕西	2007785	1917885	1890963	1849220	1766365		82855		41743
甘肃	636811	506202	492804	431907	375019	35000	21888		60897
青海	482148	430184	430184	372005	368788	1380	1837		58178
宁夏	286396	235652	235526	177334	174512		2822		58192
新疆	1978963	1675290	1667241	1591207	1514234	50330	26644		76034
大连	396572	378339	374126	330380	279744		50636		43747
宁波	847121	736290	730516	704144	596467		107677		26371
厦门	676955	661612	661612	617131	608419		8712		44481
青岛	885802	863914	854059	849054	823697		25357		5005
深圳	1404870	1342111	1339445	1111868	623482	273365	215021		227577

(教育事业单位)

单位：千元

政府性基金预算安排的教育经费	#彩票公益金	企业办学中的企业拨款	校办产业和社会服务收入中用于教育的经费	其他属于国家财政性教育经费	民办学校中举办者投入	捐赠收入	事业收入	#学费	其他教育经费
2962370	**2547071**	**1296**	**324087**			**331132**	**6772900**		**3227484**
2003266	1971040		69510			291224	2055788		551674
7424	7424		3923			272	162884		82743
41759	29032		2185			438	277553		16767
91563	51487		40			300	121527		33486
44779	40781		906			115	117713		62455
29868	29795		200			55	144148		10747
16210	16210		2640			556	74601		65979
5017	5017		1254			12	34853		2174
2941			26491			135	169870		533903
60774	60625		112110			7024	720921		142117
157819	22315		20850			2751	415867		322778
25004	19023		3853				105986		56555
18288	16390		894			9765	223265		106785
41557	41557		33			3458	28966		22993
34753	30250		10178			237	330344		65198
31999	30899		7015			31	171307		26358
10186	9276		6066				120949		80128
10576	9906		946			1902	142614		57012
32591	29374		625			256	364981		162053
59564	19699					1132	165305		104003
16944	16944						47960		6891
112828						238	140437		36870
26008	23636		16084			276	177474		55831
8486	8486		844				74297		5063
18164	12464		21907			7661	36473		333993
22336	22336						5162		987
23398	15940		3524				75478		14422
1555	1530		11843			1082	120935		8592
						2066	26117		23782
			125				41192		9553
6714	5635	1296	39			148	77932		225594
4213	4213						13694		4538
5775	1276						55773		55058
						6445			8898
9855	8977					10	18211		3667
2666	1149						51600		11158

3-55　教育经费收入情况

地区	总计	国家财政性教育经费	公共财政预算安排的教育经费	公共财政教育经费	教育事业费	基本建设经费	教育费附加	科研经费	其他
合计	**74773342**	**67089803**	**65821976**	**59809313**	**54491292**	**1005720**	**4312300**		**6012664**
北京	5834273	5566073	5511927	4596204	3912702	29936	653567		915723
天津	2449372	2203473	2192126	1832888	1823554		9334		359237
河北	2467097	2172339	2128395	1987396	1901201		86195		140999
山西	2227473	2072160	1980557	1860101	1658695	119897	81509		120456
内蒙古	1713237	1532954	1487270	1141241	1010785	12811	117645		346029
辽宁	2797395	2642445	2612377	2184511	1992879	557	191076		427866
吉林	1613793	1472658	1453808	1357747	1284723		73024		96061
黑龙江	1511753	1474713	1468443	1354169	1336168	8000	10001		114274
上海	5986856	5282948	5253516	4782367	4075295	14782	692291		471149
江苏	4256818	3386756	3213873	3031667	2812273	44890	174504		182206
浙江	5184848	4443453	4264784	4057824	3650711		407112		206960
安徽	1100889	938349	909492	792008	744144		47864		117484
福建	2607759	2267943	2248761	2082654	2008573	10756	63324		166108
江西	1502038	1446621	1405031	1343783	1237973	65498	40312		61248
山东	3622256	3226476	3181545	3149173	2995220	19396	134557		32371
河南	2602766	2405071	2366057	1957189	1842112	21677	93399		408868
湖北	2885212	2684135	2667882	2551307	2551307				116576
湖南	1373795	1172268	1160746	1121618	1031145	11000	79473		39128
广东	6561736	6034446	6001229	5467893	4517943	393038	556912		533336
广西	2114505	1844066	1784502	1658612	1645628	10329	2655		125890
海南	278453	223602	206658	177960	177960				28698
重庆	1484669	1307123	1194295	1058767	883097		175670		135529
四川	3289426	3055844	3013752	2706300	2506991		199309		307451
贵州	582570	503211	493881	479275	457359		21916		14606
云南	2663714	2285588	2245518	2024512	1618234	153785	252494		221006
西藏	736735	730586	708250	679890	665117	2660	12112		28361
陕西	2007785	1917885	1890963	1849220	1766365		82855		41743
甘肃	636811	506202	492804	431907	375019	35000	21888		60897
青海	482148	430184	430184	372005	368788	1380	1837		58178
宁夏	286396	235652	235526	177334	174512		2822		58192
新疆	1910760	1624579	1617826	1541792	1464818	50330	26644		76034
大连	396572	378339	374126	330380	279744		50636		43747
宁波	847121	736290	730516	704144	596467		107677		26371
厦门	676955	661612	661612	617131	608419		8712		44481
青岛	885802	863914	854059	849054	823697		25357		5005
深圳	1404870	1342111	1339445	1111868	623482	273365	215021		227577

(地方教育事业单位)

单位：千元

政府性基金预算安排的教育经费	#彩票公益金	企业办学中的企业拨款	校办产业和社会服务收入中用于教育的经费	其他属于国家财政性教育经费	民办学校中举办者投入	捐赠收入	事业收入	#学费	其他教育经费
992370	**577071**		**275457**			**39958**	**4885697**		**2757884**
33266	1040		20880			50	169966		98184
7424	7424		3923			272	162884		82743
41759	29032		2185			438	277553		16767
91563	51487		40			300	121527		33486
44779	40781		906			115	117713		62455
29868	29795		200			55	144148		10747
16210	16210		2640			556	74601		65979
5017	5017		1254			12	34853		2174
2941			26491			135	169870		533903
60774	60625		112110			7024	720921		142117
157819	22315		20850			2751	415867		322778
25004	19023		3853				105986		56555
18288	16390		894			9765	223265		106785
41557	41557		33			3458	28966		22993
34753	30250		10178			237	330344		65198
31999	30899		7015			31	171307		26358
10186	9276		6066				120949		80128
10576	9906		946			1902	142614		57012
32591	29374		625			256	364981		162053
59564	19699					1132	165305		104003
16944	16944						47960		6891
112828						238	140437		36870
26008	23636		16084			276	177474		55831
8486	8486		844				74297		5063
18164	12464		21907			7661	36473		333993
22336	22336						5162		987
23398	15940		3524				75478		14422
1555	1530		11843			1082	120935		8592
						2066	26117		23782
			125				41192		9553
6714	5635		39			148	76551		209483
4213	4213						13694		4538
5775	1276						55773		55058
						6445			8898
9855	8977					10	18211		3667
2666	1149						51600		11158

3-56 教育经费收入情况

地区	总计	国家财政性教育经费	公共财政预算安排的教育经费	公共财政教育经费	教育事业费	基本建设经费	教育费附加	科研经费	其他
合计	**51815260**	**48517859**	**47757701**	**41706872**	**38831474**	**1372886**	**1502513**	**705419**	**5345409**
北京	7940558	7515074	7511965	5231005	5189479	22236	19290	471065	1809895
天津	833117	811102	808066	789568	659060	130508		250	18247
河北	990945	943922	912590	828414	776760	49914	1740	18080	66096
山西	1175149	1120647	1112279	939069	849847	49156	40066	3285	169926
内蒙古	776779	671934	668719	508908	507959	400	549	2078	157733
辽宁	1459158	1421108	1413904	1239938	1083168	31897	124873	3742	170223
吉林	740344	708425	705528	624260	621960	2300		180	81088
黑龙江	566202	560922	560833	469121	447073	22048		130	91582
上海	1345120	1003209	1001828	818160	760856	57304		20585	163082
江苏	1965501	1684771	1684724	1514888	1386084	1777	127027	21733	148103
浙江	3853283	3551280	3431367	3295376	2904172	71309	319895	5604	130387
安徽	912914	806023	796591	678380	635794	36205	6381	2003	116208
福建	1033997	802503	801108	715372	693428	18770	3174	5137	80599
江西	837246	801176	762983	722628	703236	16348	3045	5490	34864
山东	2740789	2548631	2521411	2479780	2383040	65000	31740	3144	38487
河南	1844674	1811858	1802013	1514172	1423813	74249	16110	2485	285355
湖北	4233452	4198635	3907413	3733293	3733293			5106	169014
湖南	1314016	1231579	1225973	1152902	991899	14399	146604	9500	63571
广东	3359048	3212524	3174362	2806282	2294793	262777	248711	9504	358576
广西	1538569	1485607	1453298	1326091	1253497	44172	28422	1822	125386
海南	297116	286023	285763	154859	154859			57239	73665
重庆	610681	586008	584885	464052	443552	20500		1210	119623
四川	2825401	2711155	2705948	2435356	2042290	103752	289314	7668	262923
贵州	1474885	1372925	1366396	1312766	1299140	12000	1626	11616	42014
云南	1587371	1482986	1480097	1267614	1162490	42599	62525	668	211815
西藏	145266	143796	143796	138845	138845				4951
陕西	2489513	2476911	2461696	2402231	2398491		3740	5035	54430
甘肃	865328	790709	787559	680237	600788	78070	1379	580	106743
青海	372237	323254	322909	278173	271626	300	6247	312	44425
宁夏	276113	238397	238397	180014	165232		14782	17340	41043
新疆	1410487	1214766	1123302	1005118	854949	144897	5272	12830	105354
大连	353005	346834	346474	319917	288301		31616		26557
宁波	507394	481774	407464	404119	219234	60055	124830		3345
厦门	93198	92762	91367	75796	75796				15571
青岛	209136	205244	205244	204315	204315				929
深圳	724005	691221	691221	561924	515832	43442	2650	5780	123517

(其他教育机构)

单位：千元

政府性基金预算安排的教育经费	#彩票公益金	企业办学中的企业拨款	校办产业和社会服务收入中用于教育的经费	其他属于国家财政性教育经费	民办学校中举办者投入	捐赠收入	事业收入	#学费	其他教育经费
616881	**39241**	**70089**	**73188**			**8398**	**2222505**	**224089**	**1066497**
			3109			2550	266263	52876	156672
			3037				13481	12850	8534
31332						77	44361	1721	2585
8368							51766	5693	2736
924	100		2291			156	50979	21246	53711
7204	7204						30547	13	7504
			2897			473	16928		14518
89						1005	3819	109	457
			1381			278	310894		30740
47							193802	24416	86928
118420	8681		1493				194360	3504	107644
9180			252			464	87072	4795	19356
			1394			198	183354	215	47942
35931	1285		2263				30795	116	5275
27220	170						96143	10015	96016
8260	4993		1586			100	29338	4618	3378
291222	2230						17392	1010	17426
4481	50		1125				49547	23762	32890
37221	9131		941			60	129358	17857	17106
2295			30015			3000	41567	1066	8394
260							1404		9689
1123						22	18316	9848	6335
5207	843					14	89690	15972	24541
6529	2680						64758	2549	37202
2800	1420		89				63458	500	40926
							1470		
15215	395						11849	2294	754
3150							61578	237	13040
345							15362	357	33621
							25309	800	12406
60	60	70089	21315				27546	5649	168175
360	360						6077		94
74310							21154		4467
			1394						436
							1494		2398
							30985		1799

3-57 教育经费收入情况

地区	总计	国家财政性教育经费	公共财政预算安排的教育经费	公共财政教育经费	教育事业费	基本建设经费	教育费附加	科研经费	其他
合计	**46582718**	**44069130**	**43383896**	**39660159**	**36859920**	**1297726**	**1502513**	**243419**	**3480318**
北京	3739526	3682349	3679240	3552801	3511276	22236	19290	9065	117374
天津	833117	811102	808066	789568	659060	130508		250	18247
河北	987954	940931	909599	828414	776760	49914	1740	18080	63105
山西	1175011	1120509	1112141	939069	849847	49156	40066	3285	169788
内蒙古	776271	671426	668210	508908	507959	400	549	2078	157225
辽宁	1455843	1417793	1410589	1239938	1083168	31897	124873	3742	166908
吉林	739444	707525	704628	624260	621960	2300		180	80188
黑龙江	542956	537681	537593	466898	444850	22048		130	70565
上海	963723	876759	875673	735183	677878	57304		20585	119905
江苏	1946780	1666050	1666003	1514888	1386084	1777	127027	21733	129382
浙江	3849875	3547872	3427959	3295376	2904172	71309	319895	5604	126979
安徽	912410	805519	796087	678380	635794	36205	6381	2003	115704
福建	849076	739569	738174	656565	634621	18770	3174	5137	76473
江西	837246	801176	762983	722628	703236	16348	3045	5490	34864
山东	2734114	2541955	2514735	2479780	2383040	65000	31740	3144	31812
河南	1840270	1807454	1797609	1514172	1423813	74249	16110	2485	280951
湖北	4217540	4182723	3891501	3733293	3733293			5106	153102
湖南	1311864	1229427	1223821	1152902	991899	14399	146604	9500	61419
广东	3359048	3212524	3174362	2806282	2294793	262777	248711	9504	358576
广西	1538569	1485607	1453298	1326091	1253497	44172	28422	1822	125386
海南	297116	286023	285763	154859	154859			57239	73665
重庆	610681	586008	584885	464052	443552	20500		1210	119623
四川	2802568	2688323	2683116	2435356	2042290	103752	289314	7668	240091
贵州	1474885	1372925	1366396	1312766	1299140	12000	1626	11616	42014
云南	1585979	1481594	1478705	1267614	1162490	42599	62525	668	210423
西藏	145266	143796	143796	138845	138845				4951
陕西	2475089	2462487	2447272	2402231	2398491		3740	5035	40006
甘肃	859563	784945	781795	680237	600788	78070	1379	580	100978
青海	372237	323254	322909	278173	271626	300	6247	312	44425
宁夏	276113	238397	238397	180014	165232		14782	17340	41043
新疆	1072583	915427	898592	780617	705608	69737	5272	12830	105145
大连	353005	346834	346474	319917	288301		31616		26557
宁波	507394	481774	407464	404119	219234	60055	124830		3345
厦门	93198	92762	91367	75796	75796				15571
青岛	209136	205244	205244	204315	204315				929
深圳	724005	691221	691221	561924	515832	43442	2650	5780	123517

(地方其他教育机构)

单位：千元

政府性基金预算安排的教育经费	#彩票公益金	企业办学中的企业拨款	校办产业和社会服务收入中用于教育的经费	其他属于国家财政性教育经费	民办学校中举办者投入	捐赠收入	事业收入	#学费	其他教育经费
616881	**39241**		**68353**			**5560**	**1621955**	**173208**	**886072**
			3109				25934	7607	31243
			3037				13481	12850	8534
31332						77	44361	1721	2585
8368							51766	5693	2736
924	100		2291			156	50979	21246	53711
7204	7204						30547	13	7504
			2897			473	16928		14518
89						1005	3812	102	457
			1086				77180		9784
47							193802	24416	86928
118420	8681		1493				194360	3504	107644
9180			252			464	87072	4795	19356
			1394			188	64895	215	44423
35931	1285		2263				30795	116	5275
27220	170						96143	10015	96016
8260	4993		1586			100	29338	4618	3378
291222	2230						17392	1010	17426
4481	50		1125				49547	23762	32890
37221	9131		941			60	129358	17857	17106
2295			30015			3000	41567	1066	8394
260							1404		9689
1123						22	18316	9848	6335
5207	843					14	89690	15972	24541
6529	2680						64758	2549	37202
2800	1420		89				63458	500	40926
							1470		
15215	395						11849	2294	754
3150							61578	237	13040
345							15362	357	33621
							25309	800	12406
60	60		16775				19503	44	137653
360	360						6077		94
74310							21154		4467
			1394						436
							1494		2398
							30985		1799

第四部分

各地区各级各类教育机构教育经费支出明细

4-1 教育经费支出明细

地区	合计	个人部分	工资福利支出	对个人和家庭的补助支出	#助学金
合计	**3744469207**	**2286749605**	**1628395562**	**658354043**	**159036611**
北京	203757121	99176909	60156240	39020670	13321940
天津	59256841	36820775	24493698	12327077	1607441
河北	143383675	94985111	69554282	25430829	4493455
山西	79795370	51643185	39958336	11684849	2888373
内蒙古	74859991	48635459	33153482	15481977	3831807
辽宁	98525316	64968474	43359007	21609467	2739987
吉林	68212847	42431857	27477550	14954307	2098359
黑龙江	83223714	54417146	33943825	20473321	2483046
上海	134506767	70391116	61444281	8946835	4662873
江苏	256068007	160399418	110105982	50293437	7759998
浙江	196466212	122077508	97335910	24741598	5510689
安徽	127854341	75643351	50652596	24990755	5040949
福建	104740111	65443757	52336356	13107401	2729564
江西	103026399	59814758	42213945	17600813	4109456
山东	229361573	144100446	110983350	33117096	5758072
河南	184599375	106923726	75816039	31107687	8626527
湖北	147300360	91663396	61902029	29761367	6009830
湖南	143028772	86947198	64734409	22212790	6506762
广东	340392396	206782430	146411067	60371363	8790987
广西	107420930	65595715	44158197	21437517	6283285
海南	30763159	16875057	14010697	2864360	947685
重庆	92545619	53234939	34986700	18248239	4749064
四川	189737921	122218024	93139486	29078538	11795666
贵州	98517186	66238093	42906593	23331500	7412300
云南	118266208	77864914	53478580	24386334	9723512
西藏	18537650	11437415	7363275	4074140	2317834
陕西	113474249	63714675	43307554	20407121	6819695
甘肃	68233692	44475016	26768647	17706370	4091831
青海	21363183	12394131	8766738	3627393	1187027
宁夏	20772928	12129767	8879789	3249978	949619
新疆	86477294	57305836	44596921	12708915	3788981
大连	14271455	9550559	7680029	1870530	155958
宁波	27577199	16798069	13318666	3479403	711737
厦门	13696794	8546667	6662397	1884271	162012
青岛	28852332	17781118	13306473	4474645	310082
深圳	52166540	26527831	18987521	7540310	1229378

(各级各类教育机构)

单位：千元

公用部分	商品和服务支出	其他资本性支出			基本建设支出
			专项公用支出	专项项目支出	
1398492490	**738268835**	**660223654**	**233562561**	**426661093**	**59227112**
98389500	70103064	28286436	16930541	11355894	6190712
22027821	13163619	8864202	3916206	4947996	408245
47379368	23385839	23993529	9734018	14259511	1019196
27549897	13919968	13629929	4735838	8894091	602288
25363445	11880962	13482483	4553522	8928961	861086
32677609	21341123	11336486	5761282	5575204	879233
25114674	12756165	12358509	5046353	7312156	666316
27855671	17044902	10810769	4386038	6424731	950897
61197396	44616858	16580538	9536793	7043745	2918255
94845214	43324682	51520532	13789229	37731303	823375
71898182	38928944	32969238	9483874	23485363	2490522
49915479	20252604	29662875	9641285	20021590	2295512
38603129	18156551	20446579	7358427	13088152	693225
41498570	14627300	26871270	6504742	20366527	1713071
84242330	35414127	48828203	11937417	36890785	1018798
75083475	39419550	35663925	10774386	24889539	2592174
55033544	27429438	27604106	8423418	19180688	603419
54531965	28456647	26075317	8059925	18015393	1549608
125271388	77416351	47855036	23969325	23885712	8338578
39066438	16843216	22223222	8622256	13600966	2758777
13463639	5374883	8088756	3108910	4979846	424463
37669790	19774546	17895245	7055689	10839556	1640890
64380062	35308344	29071718	10423126	18648592	3139835
30769097	15568796	15200302	5211771	9988530	1509996
39025382	18430658	20594724	5368009	15226715	1375911
5635998	2192870	3443128	791541	2651587	1464237
47517023	25692582	21824441	7086170	14738271	2242551
22348871	9503350	12845520	3571545	9273975	1409805
6815908	2795253	4020655	1348272	2672383	2153144
8312662	3452383	4860279	1731640	3128639	330500
25008966	11693262	13315704	4701011	8614694	4162491
4626298	2913089	1713209	906891	806318	94598
10501567	5051140	5450427	1157387	4293040	277564
5125366	2671564	2453802	1231057	1222745	24761
11071214	4554001	6517214	1706201	4811013	
19098680	15019145	4079535	3541573	537962	6540030

4-2 教育经费支出明细

地区	合计	个人部分	工资福利支出	对个人和家庭的补助支出	#助学金
合计	3445900095	2141172991	1544021758	597151233	131394827
北京	112872892	58698895	40312996	18385899	1433396
天津	50970279	32573422	22024526	10548896	1048250
河北	141618842	93965745	68845282	25120463	4393482
山西	79787598	51636773	39952371	11684402	2888326
内蒙古	74849366	48626827	33145097	15481730	3831807
辽宁	90233103	60987100	40974967	20012133	2086059
吉林	60864648	38773196	25247440	13525756	1550849
黑龙江	73284347	50045064	31190518	18854546	1855613
上海	107534556	58148049	52265681	5882368	2718106
江苏	235152192	149188850	103963813	45225037	5884423
浙江	187659309	118254280	95159351	23094930	4974799
安徽	122203493	73226258	49343595	23882663	4494688
福建	99236246	62656211	50597310	12058900	2295859
江西	103018988	59810051	42209943	17600109	4109364
山东	220566955	140011914	108663600	31348314	5162644
河南	184259890	106688793	75622113	31066680	8622007
湖北	124943448	79576144	55528707	24047437	3873489
湖南	136559895	83262941	62508602	20754339	5945181
广东	325705703	199639203	142341800	57297403	7940118
广西	107420930	65595715	44158197	21437517	6283285
海南	30721382	16844703	13986603	2858100	946026
重庆	85650198	49728041	32811381	16916661	4201556
四川	173806267	113288529	87296072	25992457	10541079
贵州	98516462	66237793	42906293	23331500	7412300
云南	118251152	77853610	53467469	24386142	9723512
西藏	18537650	11437415	7363275	4074140	2317834
陕西	98498999	56259489	38840544	17418944	5632563
甘肃	64754738	42645194	25613009	17032185	3792087
青海	21346681	12382891	8756418	3626473	1186675
宁夏	20198681	11849990	8689839	3160151	907741
新疆	76875204	51279907	40234949	11044959	3341707
大连	14232139	9519513	7651863	1867651	155927
宁波	27577199	16798069	13318666	3479403	711737
厦门	13692266	8543539	6659268	1884271	162012
青岛	28852332	17781118	13306473	4474645	310082
深圳	52166540	26527831	18987521	7540310	1229378

(地方各级各类教育机构)

单位：千元

公用部分	商品和服务支出	其他资本性支出	专项公用支出	专项项目支出	基本建设支出
1250765959	**629231895**	**621534064**	**209139429**	**412394635**	**53961144**
49549383	32377483	17171900	10325158	6846742	4624615
17988612	10077949	7910663	3294180	4616484	408245
46750930	22999707	23751223	9585657	14165566	902167
27548537	13919061	13629475	4735692	8893783	602288
25361453	11879775	13481678	4553358	8928320	861086
28500282	18631468	9868814	4752383	5116432	745721
21486925	10083104	11403821	4516716	6887105	604526
22342732	12900197	9442534	3594529	5848006	896552
46981981	33772915	13209066	7305867	5903200	2404526
85397409	36430429	48966980	11977170	36989810	565933
66943817	35162672	31781145	8766060	23015085	2461212
46807348	18144884	28662463	8790853	19871611	2169887
35957319	16575838	19381482	6774019	12607462	622716
41495865	14626000	26869865	6503762	20366103	1713071
79939723	32397829	47541894	11345479	36196415	615318
74978923	39332352	35646571	10764520	24882051	2592174
45355567	20370666	24984901	6654115	18330786	11736
51883828	26423624	25460205	7650845	17809360	1413125
117796101	71719432	46076669	22583172	23493497	8270400
39066438	16843216	22223222	8622256	13600966	2758777
13452217	5369274	8082942	3108301	4974642	424463
34356417	17243313	17113104	6492421	10620683	1565740
57476356	30268487	27207869	8847379	18360490	3041381
30768673	15568371	15200302	5211771	9988530	1509996
39021631	18427079	20594552	5367838	15226715	1375911
5635998	2192870	3443128	791541	2651587	1464237
40138591	20338262	19800329	5886686	13913643	2100919
20724575	8506123	12218451	3289166	8929286	1384969
6810647	2792863	4017784	1347668	2670116	2153144
8018191	3301496	4716696	1636223	3080472	330500
22229490	10555158	11674333	4064643	7609689	3365807
4618027	2905809	1712218	906015	806204	94598
10501567	5051140	5450427	1157387	4293040	277564
5123966	2670164	2453802	1231057	1222745	24761
11071214	4554001	6517214	1706201	4811013	
19098680	15019145	4079535	3541573	537962	6540030

4-3 教育经费支出明细

地区	合计	个人部分	工资福利支出	对个人和家庭的补助支出	#助学金
合计	**939684529**	**470506707**	**300533926**	**169972781**	**73247944**
北京	98574973	48195606	25235505	22960101	12913919
天津	22772997	11688390	7362011	4326378	1336461
河北	29683598	16046871	10083388	5963482	1999098
山西	18202885	8982660	6449839	2532821	1356792
内蒙古	13485756	7681808	4558630	3123177	1714381
辽宁	32517543	17194928	10500447	6694482	2199821
吉林	21981223	10797657	6699572	4098086	1404758
黑龙江	24929559	12067985	6808485	5259500	1740219
上海	53607511	23696715	18540484	5156231	3297741
江苏	71219141	36501523	21561774	14939749	4910181
浙江	46556102	23316562	16782689	6533873	2654524
安徽	26948353	12891234	7776135	5115100	2268208
福建	23843757	12557691	8669976	3887715	1868209
江西	20086372	11768991	7429069	4339922	1558165
山东	49201571	26099114	16839896	9259218	2999000
河南	36755129	17840159	11788048	6052111	2622473
湖北	47663589	25738297	15487371	10250926	3823621
湖南	31926886	16891535	11990616	4900919	2333576
广东	73890240	33553388	21000826	12552562	4066019
广西	19259695	8968316	6153238	2815078	1824856
海南	5581328	2172841	1671849	500991	338742
重庆	24348253	10835955	6710425	4125530	2043158
四川	44088603	23168081	16655263	6512818	3376135
贵州	12718333	7127949	4126888	3001060	1340655
云南	16819108	9078035	6899334	2178701	1429602
西藏	1678059	868976	573155	295820	164031
陕西	39049028	18906310	11644601	7261709	3196197
甘肃	14895636	7010577	4208542	2802034	1217651
青海	3011426	1244016	863840	380177	131210
宁夏	3993314	1866902	1292763	574140	277802
新疆	10394565	5747636	4169265	1578371	840738
大连	968373	538628	404612	134016	42092
宁波	4945777	2344103	1689764	654339	252469
厦门	2004699	936094	699007	237087	84227
青岛	1937350	825339	632190	193150	60837
深圳	10392810	3079050	2344255	734796	337352

(高等学校)

单位：千元

公用部分	商品和服务支出	其他资本性支出	专项公用支出	专项项目支出	基本建设支出
452338436	**263543627**	**188794809**	**95282056**	**93512753**	**16839386**
48469581	33543227	14926355	9001710	5924645	1909785
11082476	6582300	4500176	2562523	1937652	2132
13327737	6400027	6927710	4064622	2863088	308990
9129708	3490705	5639002	2007548	3631454	90517
5664821	2736981	2927841	1391782	1536059	139127
14898839	9300190	5598648	3048433	2550215	423776
10861282	6329684	4531598	2633469	1898129	322284
12568382	8654181	3914201	2028382	1885819	293191
27641685	21858426	5783259	3921572	1861687	2269110
34280340	20747785	13532555	6120973	7411582	437278
22309276	13769814	8539462	3728611	4810850	930264
13176725	6112826	7063899	4122812	2941087	880394
11167911	6045907	5122004	2738999	2383005	118154
8195437	4229617	3965820	2220427	1745393	121943
22594017	11617553	10976464	3870926	7105538	508440
18504387	9245853	9258534	4887541	4370992	410583
21330608	13342792	7987816	4039577	3948239	594683
14322395	8363077	5959317	2689844	3269474	712957
37550789	21789053	15761736	8986300	6775436	2786063
10018531	4700111	5318420	3009712	2308707	272848
3217082	1115432	2101650	853448	1248202	191405
13402148	6751040	6651109	3045494	3605615	110150
20364006	11751585	8612421	4485699	4126722	556516
5396474	2486935	2909539	1384847	1524693	193910
7608963	4212198	3396765	1498274	1898491	132110
596083	356483	239601	197600	42000	213000
19285086	11289480	7995606	3617863	4377743	857632
7644489	3089642	4554848	1127526	3427322	240570
1531069	506133	1024936	491931	533005	236341
2106411	951386	1155025	615388	539637	20000
4091696	2173202	1918493	888224	1030269	555233
424479	275645	148834	117328	31506	5266
2601674	1425972	1175702	304066	871636	
1043844	510313	533531	208494	325037	24761
1112011	544271	567740	151706	416034	
4623681	3317801	1305879	1297991	7888	2690079

4-4 教育经费支出明细

地 区	合 计	个人部分	工资福利支出	对个人和家庭的补助支出	#助学金
合 计	**668134038**	**335540427**	**224316963**	**111223464**	**45981210**
北 京	22792804	10749576	7674622	3074954	1060422
天 津	14603278	7532877	4969483	2563394	777691
河 北	28041906	15117964	9461973	5655991	1899145
山 西	18202885	8982660	6449839	2532821	1356792
内蒙古	13485756	7681808	4558630	3123177	1714381
辽 宁	24389488	13346210	8225567	5120643	1545925
吉 林	14722066	7201070	4527607	2673463	857255
黑龙江	15794045	8281304	4514711	3766592	1118344
上 海	27460895	11761143	9644009	2117134	1355775
江 苏	50454910	25396454	15514385	9882069	3037166
浙 江	37761359	19500987	14612316	4888671	2118634
安 徽	21323712	10494169	6484404	4009765	1723298
福 建	18495357	9807030	6962708	2844322	1434504
江 西	20086372	11768991	7429069	4339922	1558165
山 东	40413628	22010582	14520146	7490436	2403572
河 南	36609225	17751415	11723096	6028319	2618565
湖 北	25785876	13979820	9367542	4612278	1689574
湖 南	25491478	13224131	9780539	3443592	1772921
广 东	59462101	26604242	17105107	9499136	3217934
广 西	19259695	8968316	6153238	2815078	1824856
海 南	5581328	2172841	1671849	500991	338742
重 庆	17679312	7464804	4648248	2816556	1496783
四 川	28341223	14332012	10894974	3437038	2126374
贵 州	12717608	7127649	4126588	3001060	1340655
云 南	16819108	9078035	6899334	2178701	1429602
西 藏	1678059	868976	573155	295820	164031
陕 西	24350127	11657253	7353933	4303320	2014199
甘 肃	11467685	5219928	3089804	2130124	919241
青 海	3011426	1244016	863840	380177	131210
宁 夏	3422646	1590337	1105594	484742	235925
新 疆	8428682	4623828	3410649	1213179	699529
大 连	968373	538628	404612	134016	42092
宁 波	4945777	2344103	1689764	654339	252469
厦 门	2004699	936094	699007	237087	84227
青 岛	1937350	825339	632190	193150	60837
深 圳	10392810	3079050	2344255	734796	337352

(地方高等学校)

单位：千元

公用部分	商品和服务支出	其他资本性支出			基本建设支出
			专项公用支出	专项项目支出	
320284525	**167896608**	**152387917**	**71858333**	**80529584**	**12309086**
11689714	7250160	4439554	2872964	1566590	353515
7068269	3515354	3552916	1942809	1610107	2132
12731981	6043910	6688071	3918198	2769873	191961
9129708	3490705	5639002	2007548	3631454	90517
5664821	2736981	2927841	1391782	1536059	139127
10753014	6613469	4139545	2044576	2094969	290264
7260501	3678763	3581739	2108111	1473628	260494
7259046	4646500	2612546	1265799	1346747	253695
13944370	11424972	2519399	1726113	793285	1755381
24878621	13892383	10986238	4314853	6671385	179836
17359418	10007879	7351538	3010919	4340619	900954
10074773	4007645	6067128	3275085	2792043	754769
8640682	4571653	4069028	2164086	1904942	47645
8195437	4229617	3965820	2220427	1745393	121943
18298086	8607931	9690155	3278988	6411167	104960
18447227	9204028	9243199	4878685	4364514	410583
11803056	6405184	5397872	2286382	3111490	3000
11690874	6341434	5349440	2283974	3065465	576473
30139974	16140717	13999257	7606295	6392962	2717885
10018531	4700111	5318420	3009712	2308707	272848
3217082	1115432	2101650	853448	1248202	191405
10179508	4248243	5931265	2505398	3425866	35000
13551149	6798921	6752229	2913380	3838849	458062
5396050	2486510	2909539	1384847	1524693	193910
7608963	4212198	3396765	1498274	1898491	132110
596083	356483	239601	197600	42000	213000
11976874	5999821	5977053	2423420	3553633	716000
6032024	2101199	3930825	847088	3083737	215734
1531069	506133	1024936	491931	533005	236341
1812309	800867	1011442	519971	491471	20000
3335313	1761407	1573906	615669	958237	469541
424479	275645	148834	117328	31506	5266
2601674	1425972	1175702	304066	871636	
1043844	510313	533531	208494	325037	24761
1112011	544271	567740	151706	416034	
4623681	3317801	1305879	1297991	7888	2690079

4-5 教育经费支出明细

地区	合计	个人部分	工资福利支出	对个人和家庭的补助支出	#助学金
合计	**925284835**	**462948373**	**295042709**	**167905664**	**73026076**
北京	97026982	47377696	24687948	22689748	12913491
天津	22428497	11444743	7195812	4248931	1333156
河北	29166413	15697997	9823441	5874556	1992694
山西	17906176	8810265	6321969	2488296	1349382
内蒙古	13355755	7605884	4506164	3099719	1709405
辽宁	31978033	16903211	10290580	6612631	2199151
吉林	21381086	10437920	6497470	3940450	1379493
黑龙江	24434104	11718776	6603866	5114911	1737803
上海	52536634	23144261	18034142	5110119	3291616
江苏	70829460	36399855	21484685	14915170	4905242
浙江	45128729	22784747	16346461	6438286	2644838
安徽	26544037	12677933	7632122	5045811	2260238
福建	23465721	12365289	8508771	3856518	1867858
江西	19672152	11534307	7294432	4239874	1526953
山东	48985452	25969248	16750717	9218531	2996470
河南	36533609	17713402	11698645	6014757	2621187
湖北	47490365	25632331	15425410	10206921	3821975
湖南	31341503	16674832	11825638	4849193	2331345
广东	72600748	32821088	20509423	12311665	4053574
广西	18811203	8728924	5976718	2752206	1803535
海南	5516490	2135244	1641838	493406	334698
重庆	24301759	10816037	6695706	4120331	2043108
四川	43074171	22624560	16202661	6421899	3373013
贵州	12535768	7048966	4079017	2969949	1329651
云南	16463039	8857428	6724626	2132802	1395430
西藏	1678059	868976	573155	295820	164031
陕西	38462572	18676918	11483917	7193001	3179568
甘肃	14659148	6906570	4134643	2771927	1217520
青海	2975878	1224058	849491	374566	131210
宁夏	3993314	1866902	1292763	574140	277802
新疆	10007976	5480005	3950476	1529529	840639
大连	798828	446911	328969	117942	41888
宁波	4705035	2203496	1579212	624284	247513
厦门	2003425	934956	698181	236775	84227
青岛	1906073	801148	615809	185339	60837
深圳	10290536	3013932	2300449	713483	333802

（普通高等学校）

单位：千元

公用部分	商品和服务支出	其他资本性支出			基本建设支出
			专项公用支出	专项项目支出	
445903963	**259072612**	**186831351**	**94461502**	**92369849**	**16432500**
47742213	32904202	14838011	8932758	5905254	1907072
10981622	6519584	4462038	2538756	1923282	2132
13159427	6262895	6896531	4042460	2854071	308990
9005394	3432447	5572947	1941593	3631354	90517
5610744	2689745	2920999	1389557	1531443	139127
14651046	9081490	5569557	3028963	2540594	423776
10638513	6196750	4441763	2591648	1850115	304653
12422136	8530370	3891766	2013392	1878374	293191
27123263	21425038	5698224	3856326	1841898	2269110
33992328	20707674	13284654	6104051	7180603	437278
21752000	13453068	8298931	3672165	4626766	591982
12985710	5983227	7002484	4111856	2890628	880394
10985278	5880951	5104327	2726522	2377805	115154
8015902	4118050	3897852	2192043	1705809	121943
22507764	11542262	10965502	3860622	7104880	508440
18409624	9177781	9231843	4877040	4354804	410583
21263351	13290556	7972795	4030896	3941899	594683
13953715	8146274	5807440	2631958	3175483	712957
36993597	21387559	15606038	8892026	6714012	2786063
9849690	4606825	5242865	2944057	2298809	232589
3189841	1094800	2095042	849129	1245913	191405
13380572	6734012	6646560	3041085	3605474	105150
19893095	11390074	8503021	4443817	4059204	556516
5292892	2398497	2894394	1376483	1517912	193910
7473502	4105044	3368457	1478099	1890358	132110
596083	356483	239601	197600	42000	213000
18928022	11100886	7827137	3600569	4226568	857632
7512008	3032956	4479053	1120463	3358590	240570
1515480	493640	1021840	488835	533005	236341
2106411	951386	1155025	615388	539637	20000
3972738	2078086	1894652	871348	1023305	555233
346650	203826	142824	111318	31506	5266
2501539	1349634	1151905	294148	857757	
1043708	510179	533529	208492	325037	24761
1104925	539268	565657	149623	416034	
4586525	3287842	1298683	1291924	6759	2690079

4-6 教育经费支出明细

地区	合计	个人部分	工资福利支出	对个人和家庭的补助支出	#助学金
合计	**654438183**	**328299857**	**219050628**	**109249229**	**45759345**
北京	21848207	10175613	7290070	2885543	1059994
天津	14258778	7289231	4803283	2485947	774386
河北	27524722	14769090	9202026	5567064	1892741
山西	17906176	8810265	6321969	2488296	1349382
内蒙古	13355755	7605884	4506164	3099719	1709405
辽宁	23864670	13065635	8026707	5038928	1545255
吉林	14121928	6841333	4325506	2515827	831990
黑龙江	15298590	7932095	4310092	3622003	1115927
上海	26390018	11208689	9137667	2071022	1349650
江苏	50065229	25294785	15437296	9857489	3032227
浙江	36333986	18969172	14176088	4793084	2108948
安徽	20919397	10280868	6340392	3940477	1715328
福建	18117322	9614628	6801503	2813125	1434154
江西	19672152	11534307	7294432	4239874	1526953
山东	40197509	21880716	14430967	7449749	2401042
河南	36387705	17624658	11633693	5990965	2617280
湖北	25612652	13873854	9305581	4568273	1687928
湖南	24906095	13007428	9615561	3391866	1770690
广东	58172609	25871942	16613703	9258239	3205489
广西	18811203	8728924	5976718	2752206	1803535
海南	5516490	2135244	1641838	493406	334698
重庆	17632818	7444887	4633530	2811357	1496733
四川	27326792	13788491	10442372	3346119	2123252
贵州	12535768	7048966	4079017	2969949	1329651
云南	16463039	8857428	6724626	2132802	1395430
西藏	1678059	868976	573155	295820	164031
陕西	23763671	11427860	7193249	4234611	1997570
甘肃	11231198	5115921	3015904	2100017	919110
青海	2975878	1224058	849491	374566	131210
宁夏	3422646	1590337	1105594	484742	235925
新疆	8127121	4418573	3242431	1176142	699434
大连	798828	446911	328969	117942	41888
宁波	4705035	2203496	1579212	624284	247513
厦门	2003425	934956	698181	236775	84227
青岛	1906073	801148	615809	185339	60837
深圳	10290536	3013932	2300449	713483	333802

(地方普通高等学校)

单位：千元

公用部分	商品和服务支出	其他资本性支出		基本建设支出
		专项公用支出	专项项目支出	

公用部分	商品和服务支出	其他资本性支出	专项公用支出	专项项目支出	基本建设支出
314236126	**163772733**	**150463392**	**71063458**	**79399934**	**11902200**
11321793	6934979	4386814	2827236	1559578	350802
6967416	3452638	3514778	1919041	1595737	2132
12563670	5906778	6656892	3896036	2760856	191961
9005394	3432447	5572947	1941593	3631354	90517
5610744	2689745	2920999	1389557	1531443	139127
10508771	6396567	4112203	2025980	2086223	290264
7037732	3545829	3491904	2066290	1425614	242863
7112800	4522689	2590112	1250810	1339302	253695
13425948	10991584	2434364	1660868	773496	1755381
24590608	13852272	10738336	4297931	6440406	179836
16802142	9691134	7111008	2954473	4156535	562672
9883759	3878046	6005713	3264129	2741585	754769
8458048	4406697	4051352	2151610	1899742	44645
8015902	4118050	3897852	2192043	1705809	121943
18211833	8532640	9679193	3268684	6410509	104960
18352464	9135956	9216508	4868183	4348325	410583
11735798	6352948	5382851	2277701	3105150	3000
11322194	6124631	5197562	2226088	2971474	576473
29582782	15739223	13843559	7512021	6331538	2717885
9849690	4606825	5242865	2944057	2298809	232589
3189841	1094800	2095042	849129	1245913	191405
10157931	4231216	5926715	2500990	3425725	30000
13080239	6437410	6642829	2871498	3771331	458062
5292892	2398497	2894394	1376483	1517912	193910
7473502	4105044	3368457	1478099	1890358	132110
596083	356483	239601	197600	42000	213000
11619811	5811227	5808584	2406125	3402458	716000
5899543	2044513	3855030	840025	3015005	215734
1515480	493640	1021840	488835	533005	236341
1812309	800867	1011442	519971	491471	20000
3239008	1687362	1551645	600372	951273	469541
346650	203826	142824	111318	31506	5266
2501539	1349634	1151905	294148	857757	
1043708	510179	533529	208492	325037	24761
1104925	539268	565657	149623	416034	
4586525	3287842	1298683	1291924	6759	2690079

4-7 教育经费支出明细

地区	合计	个人部分			
			工资福利支出	对个人和家庭的补助支出	
					#助学金
合计	**751107092**	**379181799**	**237610799**	**141571000**	**62632802**
北京	93082008	45641291	23417193	22224098	12793905
天津	19053578	9643079	5967613	3675465	1197695
河北	22750949	12129016	7307039	4821977	1631983
山西	14221288	6801485	4881989	1919496	1093311
内蒙古	8572785	4996570	2924182	2072388	1170853
辽宁	27535259	14421790	8666603	5755187	1977258
吉林	19228127	9286365	5776372	3509993	1266216
黑龙江	20604988	9571433	5341280	4230153	1507527
上海	48746079	21772595	16834337	4938258	3193919
江苏	55641185	28819016	16437725	12381292	4146803
浙江	35227564	17904704	12543980	5360725	2202095
安徽	19651260	9577550	5674001	3903549	1713312
福建	19018417	10212102	6961921	3250182	1523924
江西	14853302	8888816	5656415	3232402	1159509
山东	37851397	20116847	12632067	7484780	2398517
河南	28128503	13770466	9009582	4760883	2124686
湖北	39611631	21677205	12854661	8822544	3363525
湖南	22976378	12566047	8899990	3666057	1856685
广东	54551668	24833762	14944141	9889621	3239686
广西	14040452	6572490	4481529	2090961	1437771
海南	3577574	1693265	1315494	377771	260728
重庆	17954422	8526362	5260901	3265462	1550175
四川	34844021	18780602	13324010	5456593	2832295
贵州	8441680	5026125	2878417	2147708	944862
云南	13277960	7179270	5491152	1688118	1127704
西藏	1358635	695811	437143	258669	146298
陕西	33070637	16181893	9920074	6261819	2776406
甘肃	10957105	5684794	3420757	2264037	1025050
青海	2282352	965429	661960	303469	101879
宁夏	3008582	1372395	914963	457432	245753
新疆	6987305	3873222	2773307	1099915	622471
大连	576468	336219	249373	86846	29855
宁波	3356588	1733967	1249521	484445	201799
厦门	1470996	687920	507603	180317	57030
青岛	1362220	476044	369205	106839	44232
深圳	8381177	2072744	1554728	518016	227521

(普通高等本科学校)

单位：千元

公用部分	商品和服务支出	其他资本性支出	专项公用支出	专项项目支出	基本建设支出
358315679	**221209367**	**137106312**	**73060106**	**64046206**	**13609614**
45732679	31627386	14105293	8414838	5690455	1708038
9408368	5798233	3610135	1785473	1824662	2132
10312944	4916862	5396082	3226466	2169616	308990
7344014	2671606	4672409	1622790	3049619	75789
3482112	1785860	1696252	787381	908871	94104
12766964	7884814	4882149	2575538	2306611	346505
9638609	5683903	3954706	2343833	1610872	303153
10741847	7436258	3305589	1675225	1630364	291707
25216460	20009085	5207376	3622292	1585083	1757024
26469718	17056599	9413120	4705500	4707620	352451
16788549	11076962	5711587	2725758	2985829	534311
9588419	4831550	4756870	3226586	1530284	485290
8700436	4864397	3836039	2166018	1670020	105879
5871493	3210529	2660964	1768552	892412	92993
17237540	9308792	7928747	2697741	5231007	497010
14111354	7370327	6741027	3332034	3408992	246684
17339743	11454252	5885491	3458552	2426939	594683
9766506	6174371	3592135	1848049	1744087	643825
27196378	17690051	9506327	5613380	3892947	2521528
7253134	3616435	3636699	1967600	1669099	214828
1722380	832163	890217	478516	411701	161929
9352910	5563920	3788989	2130135	1658855	75150
15733950	9647097	6086852	3479151	2607702	329469
3231565	1818759	1412806	945053	467753	183991
6035598	3466292	2569306	1229686	1339620	63093
457823	283042	174781	142585	32197	205000
16253686	9950137	6303549	2980275	3323274	635058
5080326	2565227	2515099	761910	1753190	191984
1159648	411616	748032	316491	431541	157276
1636187	772020	864167	422481	441686	
2684342	1430824	1253517	610218	643299	429741
234983	119117	115866	97099	18767	5266
1622621	1069131	553489	222337	331153	
758315	338710	419606	147543	272063	24761
886176	370981	515195	111881	403314	
3870531	2824324	1046207	1039448	6759	2437902

4-8 教育经费支出明细

地区	合计	个人部分	工资福利支出	对个人和家庭的补助支出	#助学金
合计	**482223190**	**245573006**	**162389518**	**83183488**	**35443251**
北京	18249444	8498758	6058234	2440524	945064
天津	10883859	5487566	3575085	1912481	638925
河北	21109258	11200109	6685624	4514485	1532031
山西	14221288	6801485	4881989	1919496	1093311
内蒙古	8572785	4996570	2924182	2072388	1170853
辽宁	19421895	10584214	6402730	4181484	1323362
吉林	11968969	5689778	3604408	2085370	718712
黑龙江	11914177	6019191	3252554	2766637	889776
上海	22742725	9923926	8004183	1919743	1261429
江苏	34876954	17713947	10390336	7323611	2273789
浙江	26432821	14089130	10373607	3715523	1666205
安徽	14026619	7180485	4382271	2798214	1168402
福建	13670018	7461442	5254653	2206789	1090220
江西	14853302	8888816	5656415	3232402	1159509
山东	29063454	16028315	10312317	5715998	1803089
河南	27982599	13681721	8944630	4737091	2120778
湖北	17933427	10052530	6840116	3212413	1247113
湖南	16694862	9008671	6772099	2236572	1297482
广东	40416559	18056888	11171769	6885119	2403355
广西	14040452	6572490	4481529	2090961	1437771
海南	3577574	1693265	1315494	377771	260728
重庆	11285481	5155212	3198724	1956488	1003799
四川	19312298	10069982	7642617	2427364	1595964
贵州	8441680	5026125	2878417	2147708	944862
云南	13277960	7179270	5491152	1688118	1127704
西藏	1358635	695811	437143	258669	146298
陕西	18371736	8932835	5629406	3303430	1594408
甘肃	7529154	3894145	2302019	1592126	726640
青海	2282352	965429	661960	303469	101879
宁夏	2437914	1095829	727794	368035	203876
新疆	5272937	2929070	2136060	793010	495915
大连	576468	336219	249373	86846	29855
宁波	3356588	1733967	1249521	484445	201799
厦门	1470996	687920	507603	180317	57030
青岛	1362220	476044	369205	106839	44232
深圳	8381177	2072744	1554728	518016	227521

(地方普通高等本科学校)

单位：千元

公用部分	商品和服务支出	其他资本性支出			基本建设支出
			专项公用支出	专项项目支出	
227432821	**126473525**	**100959296**	**49795666**	**51163630**	**9217363**
9462081	5802510	3659572	2314793	1344779	288604
5394161	2731286	2662875	1165759	1497116	2132
9717187	4560745	5156443	3080042	2076401	191961
7344014	2671606	4672409	1622790	3049619	75789
3482112	1785860	1696252	787381	908871	94104
8624688	5199892	3424796	1572556	1852240	212993
6037828	3032982	3004847	1818475	1186371	241363
5642776	3558516	2084259	940312	1143947	252211
11575504	9609378	1966127	1442040	524087	1243295
17067998	10201197	6866802	2899379	3967423	95009
11838691	7315027	4523664	2008066	2515598	505001
6486468	2726369	3760099	2378858	1381241	359666
6173206	3390143	2783063	1591106	1191958	35370
5871493	3210529	2660964	1768552	892412	92993
12941608	6299170	6642439	2105802	4536636	93531
14054194	7328502	6725691	3323178	3402514	246684
7877897	4573807	3304090	1707833	1596257	3000
7178850	4188374	2990476	1447340	1543136	507342
19905108	12097706	7807403	4280675	3526728	2454563
7253134	3616435	3636699	1967600	1669099	214828
1722380	832163	890217	478516	411701	161929
6130269	3061124	3069145	1590039	1479106	
9011301	4772166	4239135	1919306	2319829	231015
3231565	1818759	1412806	945053	467753	183991
6035598	3466292	2569306	1229686	1339620	63093
457823	283042	174781	142585	32197	205000
8945474	4660478	4284996	1785832	2499164	493427
3467860	1576784	1891077	481472	1409605	167148
1159648	411616	748032	316491	431541	157276
1342085	621501	720584	327064	393520	
1999819	1069569	930249	357084	573165	344049
234983	119117	115866	97099	18767	5266
1622621	1069131	553489	222337	331153	
758315	338710	419606	147543	272063	24761
886176	370981	515195	111881	403314	
3870531	2824324	1046207	1039448	6759	2437902

4-9 教育经费支出明细

地区	合计	个人部分			
			工资福利支出	对个人和家庭的补助支出	#助学金
合计	**174177744**	**83766574**	**57431910**	**26334664**	**10393274**
北京	3944974	1736406	1270755	465651	119586
天津	3374919	1801665	1228199	573466	135460
河北	6415464	3568981	2516402	1052579	360710
山西	3684887	2008780	1439980	568800	256071
内蒙古	4782969	2609314	1581982	1027332	538552
辽宁	4442775	2481421	1623977	857444	221893
吉林	2152959	1151555	721098	430457	113277
黑龙江	3829116	2147343	1262585	884757	230276
上海	3790555	1371666	1199805	171861	97697
江苏	15188275	7580839	5046960	2533878	758438
浙江	9901165	4880043	3802481	1077562	442743
安徽	6892778	3100383	1958121	1142263	546925
福建	4447304	2153186	1546850	606336	343934
江西	4818850	2645490	1638018	1007472	367444
山东	11134055	5852401	4118650	1733751	597953
河南	8405106	3942936	2689063	1253873	496502
湖北	7878734	3955126	2570749	1384378	458450
湖南	8365124	4108784	2925648	1183136	474660
广东	18049081	7987326	5565282	2422044	813888
广西	4770751	2156434	1495189	661245	365764
海南	1938917	441979	326344	115635	73971
重庆	6347337	2289674	1434806	854869	492933
四川	8230150	3843957	2878651	965306	540718
贵州	4094088	2022842	1200600	822242	384789
云南	3185079	1678158	1233473	444684	267726
西藏	319424	173164	136013	37152	17734
陕西	5391935	2495025	1563843	931182	403162
甘肃	3702043	1221776	713886	507890	192470
青海	693526	258629	187531	71098	29331
宁夏	984732	494507	377800	116707	32049
新疆	3020671	1606783	1177169	429614	218169
大连	222360	110692	79596	31096	12032
宁波	1348447	469529	329691	139838	45714
厦门	532429	247036	190577	56458	27197
青岛	543853	325104	246605	78500	16606
深圳	1909359	941188	745721	195467	106281

(普通高职高专学校)

单位：千元

公用部分	商品和服务支出	其他资本性支出			基本建设支出
			专项公用支出	专项项目支出	
87588284	**37863244**	**49725039**	**21401396**	**28323643**	**2822886**
2009535	1276816	732718	517919	214799	199034
1573254	721352	851903	753283	98620	
2846483	1346033	1500449	815994	684455	
1661379	760841	900538	318803	581736	14728
2128632	903885	1224748	602175	622572	45023
1884083	1196675	687407	453425	233983	77271
999904	512847	487057	247815	239243	1500
1680290	1094112	586178	338168	248010	1484
1906803	1415954	490849	234034	256815	512087
7522610	3651075	3871535	1398552	2472983	84827
4963451	2376106	2587344	946407	1640938	57672
3397291	1151677	2245614	885270	1360344	395103
2284842	1016554	1268288	560504	707784	9275
2144409	907521	1236889	423491	813398	28950
5270224	2233470	3036755	1162882	1873873	11430
4298271	1807454	2490817	1545006	945811	163899
3923608	1836304	2087304	572343	1514960	
4187208	1971904	2215305	783909	1431396	69132
9797220	3697509	6099711	3278646	2821065	264535
2596556	990390	1606166	976456	629710	17761
1467461	262637	1204825	370613	834212	29476
4027662	1170092	2857570	910951	1946619	30000
4159146	1742977	2416169	964666	1451503	227047
2061327	579739	1481588	431429	1050159	9919
1437904	638752	799151	248413	550738	69017
138260	73440	64819	55016	9803	8000
2674336	1150749	1523588	620294	903294	222573
2431682	467729	1963953	358553	1605400	48586
355832	82024	273808	172344	101464	79066
470225	179366	290859	192907	97951	20000
1288396	647261	641135	261130	380005	125492
111668	84709	26958	14219	12739	
878918	280503	598415	71811	526604	
285393	171470	113923	60949	52974	
218748	168287	50461	37742	12720	
715995	463518	252476	252476		252177

4-10 教育经费支出明细

地区	合计	个人部分	工资福利支出	对个人和家庭的补助支出	#助学金
合计	**172214992**	**82726851**	**56661110**	**26065741**	**10316095**
北京	3598763	1676854	1231835	445019	114929
天津	3374919	1801665	1228199	573466	135460
河北	6415464	3568981	2516402	1052579	360710
山西	3684887	2008780	1439980	568800	256071
内蒙古	4782969	2609314	1581982	1027332	538552
辽宁	4442775	2481421	1623977	857444	221893
吉林	2152959	1151555	721098	430457	113277
黑龙江	3384413	1912904	1057539	855366	226151
上海	3647293	1284762	1133484	151278	88221
江苏	15188275	7580839	5046960	2533878	758438
浙江	9901165	4880043	3802481	1077562	442743
安徽	6892778	3100383	1958121	1142263	546925
福建	4447304	2153186	1546850	606336	343934
江西	4818850	2645490	1638018	1007472	367444
山东	11134055	5852401	4118650	1733751	597953
河南	8405106	3942936	2689063	1253873	496502
湖北	7679226	3821324	2465464	1355860	440815
湖南	8211232	3998757	2843462	1155295	473207
广东	17756049	7815054	5441935	2373119	802134
广西	4770751	2156434	1495189	661245	365764
海南	1938917	441979	326344	115635	73971
重庆	6347337	2289674	1434806	854869	492933
四川	8014494	3718509	2799755	918755	527288
贵州	4094088	2022842	1200600	822242	384789
云南	3185079	1678158	1233473	444684	267726
西藏	319424	173164	136013	37152	17734
陕西	5391935	2495025	1563843	931182	403162
甘肃	3702043	1221776	713886	507890	192470
青海	693526	258629	187531	71098	29331
宁夏	984732	494507	377800	116707	32049
新疆	2854184	1489503	1106370	383132	203519
大连	222360	110692	79596	31096	12032
宁波	1348447	469529	329691	139838	45714
厦门	532429	247036	190577	56458	27197
青岛	543853	325104	246605	78500	16606
深圳	1909359	941188	745721	195467	106281

(地方普通高职高专学校)

单位：千元

公用部分	商品和服务支出	其他资本性支出			基本建设支出
			专项公用支出	专项项目支出	
86803305	**37299209**	**49504096**	**21267793**	**28236304**	**2684836**
1859712	1132470	727242	512443	214799	62197
1573254	721352	851903	753283	98620	
2846483	1346033	1500449	815994	684455	
1661379	760841	900538	318803	581736	14728
2128632	903885	1224748	602175	622572	45023
1884083	1196675	687407	453425	233983	77271
999904	512847	487057	247815	239243	1500
1470025	964173	505852	310498	195355	1484
1850444	1382206	468237	218828	249409	512087
7522610	3651075	3871535	1398552	2472983	84827
4963451	2376106	2587344	946407	1640938	57672
3397291	1151677	2245614	885270	1360344	395103
2284842	1016554	1268288	560504	707784	9275
2144409	907521	1236889	423491	813398	28950
5270224	2233470	3036755	1162882	1873873	11430
4298271	1807454	2490817	1545006	945811	163899
3857901	1779141	2078761	569868	1508893	
4143344	1936258	2207086	778748	1428338	69132
9677674	3641517	6036157	3231347	2804810	263322
2596556	990390	1606166	976456	629710	17761
1467461	262637	1204825	370613	834212	29476
4027662	1170092	2857570	910951	1946619	30000
4068937	1665243	2403694	952192	1451503	227047
2061327	579739	1481588	431429	1050159	9919
1437904	638752	799151	248413	550738	69017
138260	73440	64819	55016	9803	8000
2674336	1150749	1523588	620294	903294	222573
2431682	467729	1963953	358553	1605400	48586
355832	82024	273808	172344	101464	79066
470225	179366	290859	192907	97951	20000
1239189	617793	621396	243289	378107	125492
111668	84709	26958	14219	12739	
878918	280503	598415	71811	526604	
285393	171470	113923	60949	52974	
218748	168287	50461	37742	12720	
715995	463518	252476	252476		252177

4-11 教育经费支出明细

地区	合计	个人部分	工资福利支出	对个人和家庭的补助支出	#助学金
合计	**14399693**	**7558334**	**5491217**	**2067117**	**221868**
北京	1547991	817910	547557	270353	428
天津	344500	243646	166199	77447	3305
河北	517184	348874	259947	88927	6404
山西	296709	172395	127870	44525	7411
内蒙古	130001	75924	52466	23458	4976
辽宁	539510	291717	209867	81851	671
吉林	600137	359737	202101	157636	25265
黑龙江	495455	349209	204619	144590	2416
上海	1070877	552454	506342	46112	6126
江苏	389681	101668	77089	24579	4939
浙江	1427372	531815	436228	95586	9686
安徽	404315	213301	144013	69288	7970
福建	378036	192402	161205	31198	351
江西	414219	234685	134637	100048	31212
山东	216119	129866	89180	40687	2530
河南	221520	126757	89403	37354	1285
湖北	173223	105966	61962	44005	1646
湖南	585383	216703	164977	51726	2231
广东	1289492	732300	491403	240897	12445
广西	448492	239392	176520	62872	21321
海南	64837	37596	30011	7585	4044
重庆	46494	19918	14719	5199	50
四川	1014432	543521	452602	90919	3122
贵州	182565	78983	47871	31111	11004
云南	356069	220607	174708	45899	34173
西藏					
陕西	586456	229392	160684	68709	16629
甘肃	236488	104007	73900	30107	131
青海	35548	19959	14348	5610	
宁夏					
新疆	386589	267631	218790	48842	98
大连	169545	91717	75643	16074	204
宁波	240742	140607	110552	30055	4956
厦门	1274	1138	826	312	
青岛	31278	24191	16380	7811	
深圳	102274	65119	43806	21313	3550

（成人高等学校）

单位：千元

公用部分	商品和服务支出	其他资本性支出	专项公用支出	专项项目支出	基本建设支出
6434473	**4471015**	**1963458**	**820554**	**1142904**	**406886**
727368	639025	88344	68952	19391	2713
100853	62716	38138	23768	14370	
168310	137132	31179	22162	9017	
124314	58259	66055	65955	100	
54077	47236	6841	2226	4616	
247793	218701	29092	19471	9621	
222769	132934	89835	41821	48014	17631
146246	123812	22434	14989	7445	
518422	433387	85035	65246	19789	
288013	40111	247901	16922	230979	
557276	316746	240530	56446	184084	338282
191014	129599	61415	10956	50459	
182633	164957	17677	12476	5200	3000
179535	111567	67968	28384	39584	
86253	75291	10962	10304	658	
94763	68072	26690	10502	16189	
67257	52236	15021	8681	6340	
368680	216803	151877	57886	93991	
557192	401494	155698	94274	61424	
168841	93286	75554	65656	9899	40259
27241	20633	6608	4319	2289	
21577	17027	4549	4408	141	5000
470911	361511	109400	41882	67518	
103582	88437	15145	8364	6781	
135462	107154	28308	20175	8133	
357063	188594	168469	17294	151175	
132481	56686	75795	7063	68732	
15589	12493	3096	3096		
118958	95116	23841	16877	6965	
77828	71818	6010	6010		
100135	76337	23798	9918	13879	
136	134	2	2		
7086	5003	2083	2083		
37155	29959	7196	6067	1129	

4-12 教育经费支出明细

地区	合计	个人部分	工资福利支出	对个人和家庭的补助支出	#助学金
合计	**13695856**	**7240570**	**5266335**	**1974235**	**221864**
北京	944597	573963	384552	189411	428
天津	344500	243646	166199	77447	3305
河北	517184	348874	259947	88927	6404
山西	296709	172395	127870	44525	7411
内蒙古	130001	75924	52466	23458	4976
辽宁	524819	280575	198860	81715	671
吉林	600137	359737	202101	157636	25265
黑龙江	495455	349209	204619	144590	2416
上海	1070877	552454	506342	46112	6126
江苏	389681	101668	77089	24579	4939
浙江	1427372	531815	436228	95586	9686
安徽	404315	213301	144013	69288	7970
福建	378036	192402	161205	31198	351
江西	414219	234685	134637	100048	31212
山东	216119	129866	89180	40687	2530
河南	221520	126757	89403	37354	1285
湖北	173223	105966	61962	44005	1646
湖南	585383	216703	164977	51726	2231
广东	1289492	732300	491403	240897	12445
广西	448492	239392	176520	62872	21321
海南	64837	37596	30011	7585	4044
重庆	46494	19918	14719	5199	50
四川	1014432	543521	452602	90919	3122
贵州	181840	78683	47571	31111	11004
云南	356069	220607	174708	45899	34173
西藏					
陕西	586456	229392	160684	68709	16629
甘肃	236488	104007	73900	30107	131
青海	35548	19959	14348	5610	
宁夏					
新疆	301561	205255	168219	37037	95
大连	169545	91717	75643	16074	204
宁波	240742	140607	110552	30055	4956
厦门	1274	1138	826	312	
青岛	31278	24191	16380	7811	
深圳	102274	65119	43806	21313	3550

(地方成人高等学校)

单位：千元

公用部分					基本建设支出
	商品和服务支出	其他资本性支出			
			专项公用支出	专项项目支出	
6048400	**4123875**	**1924525**	**794875**	**1129650**	**406886**
367921	315180	52740	45728	7013	2713
100853	62716	38138	23768	14370	
168310	137132	31179	22162	9017	
124314	58259	66055	65955	100	
54077	47236	6841	2226	4616	
244244	216901	27342	18596	8746	
222769	132934	89835	41821	48014	17631
146246	123812	22434	14989	7445	
518422	433387	85035	65246	19789	
288013	40111	247901	16922	230979	
557276	316746	240530	56446	184084	338282
191014	129599	61415	10956	50459	
182633	164957	17677	12476	5200	3000
179535	111567	67968	28384	39584	
86253	75291	10962	10304	658	
94763	68072	26690	10502	16189	
67257	52236	15021	8681	6340	
368680	216803	151877	57886	93991	
557192	401494	155698	94274	61424	
168841	93286	75554	65656	9899	40259
27241	20633	6608	4319	2289	
21577	17027	4549	4408	141	5000
470911	361511	109400	41882	67518	
103158	88013	15145	8364	6781	
135462	107154	28308	20175	8133	
357063	188594	168469	17294	151175	
132481	56686	75795	7063	68732	
15589	12493	3096	3096		
96305	74044	22261	15297	6965	
77828	71818	6010	6010		
100135	76337	23798	9918	13879	
136	134	2	2		
7086	5003	2083	2083		
37155	29959	7196	6067	1129	

4-13 教育经费支出明细

地区	合计	个人部分	工资福利支出	对个人和家庭的补助支出	#助学金
合计	**217307373**	**116960978**	**82569973**	**34391005**	**9366636**
北京	6973489	3647124	2453004	1194120	83081
天津	2673516	1841369	1171969	669399	92594
河北	9616160	6046236	4614513	1431723	300458
山西	5404133	3132148	2411947	720202	205396
内蒙古	4471554	2578916	1691135	887781	308679
辽宁	5893879	3390294	2171973	1218321	230399
吉林	4210196	2490354	1453801	1036554	114025
黑龙江	4439107	2684390	1547235	1137155	175446
上海	6574887	3166663	2685429	481234	289402
江苏	16416173	9435710	6873891	2561819	315358
浙江	13274937	7532614	6218491	1314122	226589
安徽	7919365	3420816	2232487	1188329	432171
福建	6074448	3167169	2542526	624643	88343
江西	4404500	2285292	1502631	782661	315938
山东	17231934	8889131	6821073	2068058	320155
河南	10743284	5228975	3684807	1544168	448763
湖北	6610132	3417831	2277605	1140226	285328
湖南	8153588	4129639	3005069	1124570	453396
广东	22603941	12452502	8447002	4005500	550477
广西	6981039	3286153	2256252	1029901	374056
海南	1990051	867884	697751	170132	89486
重庆	5539031	2882269	1756316	1125954	421544
四川	9522489	5558008	4211917	1346091	692074
贵州	5886462	2713275	1528123	1185152	668439
云南	7860582	4256469	2729208	1527262	725936
西藏	573718	298243	190527	107716	62022
陕西	4438361	2579481	1733456	846025	339517
甘肃	3300560	2055354	1205883	849471	199602
青海	1185017	489146	318127	171019	75429
宁夏	1328965	497260	347676	149584	68382
新疆	5011874	2540263	1788148	752115	414151
大连	1252997	601878	481130	120748	18641
宁波	2456589	1403902	1134749	269153	23093
厦门	1112660	579958	440228	139729	10546
青岛	3374221	1729557	1304758	424799	30288
深圳	2615526	1074159	693570	380589	77442

(中等职业学校)

单位：千元

公用部分	商品和服务支出	其他资本性支出	专项公用支出	专项项目支出	基本建设支出
95352950	**44724003**	**50628947**	**20589815**	**30039131**	**4993445**
3208204	1739703	1468501	1122215	346286	118161
806520	578447	228072	110559	117514	25627
3448871	1635501	1813371	736481	1076890	121053
2187888	1084116	1103772	456239	647533	84098
1831733	861943	969791	442953	526837	60905
2337546	1524721	812826	432647	380178	166039
1608589	598445	1010144	391280	618865	111252
1597677	733761	863916	278201	585715	157040
3399669	1937736	1461934	1276549	185385	8554
6909469	3025623	3883846	1337751	2546095	70993
5572030	2549567	3022463	908252	2114211	170294
4329154	1332668	2996486	670541	2325944	169395
2872590	1078281	1794309	669195	1125114	34690
2004756	805761	1198994	335831	863163	114453
8266881	3152493	5114388	1397092	3717296	75922
5129252	2490601	2638651	961838	1676813	385058
3187565	1241521	1946044	570638	1375406	4736
3890730	2046520	1844210	648371	1195839	133218
9419149	5492358	3926791	2429618	1497173	732291
3125686	1179601	1946084	1283661	662423	569200
1050952	537655	513297	363464	149833	71215
2393988	1436573	957415	414944	542472	262773
3679566	2079297	1600268	716745	883524	284915
2973466	1018493	1954973	519952	1435021	199721
3402429	1465317	1937112	655289	1281823	201684
227945	105933	122012	54676	67336	47530
1768971	1017581	751390	297451	453939	89909
1124122	568803	555319	199103	356216	121084
602076	195027	407049	248147	158902	93795
771705	216381	555324	185649	369675	60000
2223771	993578	1230193	474484	755709	247840
632863	370383	262480	71137	191342	18256
1037142	599523	437619	171855	265764	15545
532703	219604	313099	125619	187480	
1644664	554527	1090137	323458	766679	
1177136	863601	313535	286713	26821	364232

4-14 教育经费支出明细

地区	合计	个人部分	工资福利支出	对个人和家庭的补助支出	#助学金
合计	**216235514**	**116385360**	**82166456**	**34218903**	**9308459**
北京	6823709	3558965	2393882	1165083	78633
天津	2662659	1833642	1165119	668523	92173
河北	9565162	6018020	4588228	1429792	300438
山西	5404133	3132148	2411947	720202	205396
内蒙古	4471554	2578916	1691135	887781	308679
辽宁	5893879	3390294	2171973	1218321	230399
吉林	4210196	2490354	1453801	1036554	114025
黑龙江	4363101	2637930	1520488	1117443	172740
上海	6557920	3158356	2677696	480660	289402
江苏	16390231	9416454	6856185	2560269	314353
浙江	13274937	7532614	6218491	1314122	226589
安徽	7917022	3418727	2231749	1186978	430820
福建	6074448	3167169	2542526	624643	88343
江西	4397089	2280585	1498628	781957	315846
山东	17231934	8889131	6821073	2068058	320155
河南	10734729	5223068	3680484	1542584	448463
湖北	6589302	3403482	2268057	1135425	283327
湖南	8144271	4125601	3001131	1124470	453396
广东	22548299	12427866	8428461	3999405	549617
广西	6981039	3286153	2256252	1029901	374056
海南	1990051	867884	697751	170132	89486
重庆	5536978	2880616	1754738	1125878	421504
四川	9433377	5522194	4182107	1340087	687285
贵州	5886462	2713275	1528123	1185152	668439
云南	7858528	4254559	2727298	1527262	725936
西藏	573718	298243	190527	107716	62022
陕西	4438361	2579481	1733456	846025	339517
甘肃	3300300	2055217	1205883	849334	199465
青海	1185017	489146	318127	171019	75429
宁夏	1328965	497260	347676	149584	68382
新疆	4468142	2258010	1603462	654548	374144
大连	1252997	601878	481130	120748	18641
宁波	2456589	1403902	1134749	269153	23093
厦门	1112660	579958	440228	139729	10546
青岛	3374221	1729557	1304758	424799	30288
深圳	2615526	1074159	693570	380589	77442

(地方中等职业学校)

单位：千元

公用部分	商品和服务支出	其他资本性支出	专项公用支出	专项项目支出	基本建设支出
94898286	**44413610**	**50484675**	**20516909**	**29967766**	**4951868**
3146582	1687642	1458940	1115341	343600	118161
803390	577328	226062	110559	115503	25627
3426088	1615085	1811004	734843	1076160	121053
2187888	1084116	1103772	456239	647533	84098
1831733	861943	969791	442953	526837	60905
2337546	1524721	812826	432647	380178	166039
1608589	598445	1010144	391280	618865	111252
1576146	718591	857555	272840	584715	149025
3391010	1929076	1461934	1276549	185385	8554
6902785	3018938	3883846	1337751	2546095	70993
5572030	2549567	3022463	908252	2114211	170294
4328900	1332415	2996486	670541	2325944	169395
2872590	1078281	1794309	669195	1125114	34690
2002051	804462	1197589	334851	862739	114453
8266881	3152493	5114388	1397092	3717296	75922
5126604	2487953	2638651	961838	1676813	385058
3181084	1237219	1943865	568962	1374903	4736
3885452	2044709	1840743	646778	1193965	133218
9388142	5463917	3924225	2427262	1496963	732291
3125686	1179601	1946084	1283661	662423	569200
1050952	537655	513297	363464	149833	71215
2393589	1436173	957415	414944	542472	262773
3626268	2027932	1598336	714812	883524	284915
2973466	1018493	1954973	519952	1435021	199721
3402284	1465182	1937102	655279	1281823	201684
227945	105933	122012	54676	67336	47530
1768971	1017581	751390	297451	453939	89909
1123999	568679	555319	199103	356216	121084
602076	195027	407049	248147	158902	93795
771705	216381	555324	185649	369675	60000
1995854	878073	1117781	423999	693782	214278
632863	370383	262480	71137	191342	18256
1037142	599523	437619	171855	265764	15545
532703	219604	313099	125619	187480	
1644664	554527	1090137	323458	766679	
1177136	863601	313535	286713	26821	364232

4-15 教育经费支出明细

地区	合计	个人部分			
			工资福利支出	对个人和家庭的补助支出	
					#助学金
合计	101457635	53664035	37067657	16596378	4892681
北京	2232866	1311454	967470	343984	56512
天津	1333137	942650	615676	326973	49531
河北	2914180	1899572	1388394	511178	155972
山西	2371406	1301224	976078	325147	83911
内蒙古	1784277	937770	571068	366701	176383
辽宁	2981363	1797988	1123979	674009	90694
吉林	1426728	838317	491584	346733	41911
黑龙江	1413635	805255	451604	353650	90715
上海	4087684	1863079	1576001	287078	180934
江苏	11155279	6506951	4730584	1776367	194523
浙江	2059639	1225892	987532	238360	48771
安徽	4764988	1963718	1263748	699970	268108
福建	4508100	2405889	1922243	483646	66883
江西	2095494	1162909	713703	449206	204414
山东	7914984	4004762	3033022	971740	161846
河南	4444157	2027400	1271785	755615	265357
湖北	4427323	2078525	1419500	659025	202298
湖南	1826380	990216	691208	299008	131180
广东	11084504	6129244	4133679	1995564	303450
广西	5176489	2440134	1655686	784448	284761
海南	1147439	496719	407397	89322	45936
重庆	902437	435965	241899	194066	79472
四川	3733429	2085562	1551934	533627	281246
贵州	2763532	1292924	679717	613207	328099
云南	3633834	1850885	1081911	768974	448532
西藏	573718	298243	190527	107716	62022
陕西	913639	553291	310845	242446	89467
甘肃	2436984	1523618	883563	640055	129267
青海	1175420	481414	314366	167048	73880
宁夏	883679	286942	198712	88230	43419
新疆	3290913	1725523	1222240	503283	253187
大连	433344	238908	193698	45209	5660
宁波	565922	319392	255337	64055	3173
厦门	994269	514700	396458	118243	9863
青岛	429359	231929	169277	62652	7441
深圳	578196	243366	164767	78599	9918

(中等专业学校)

单位：千元

公用部分	商品和服务支出	其他资本性支出			基本建设支出
			专项公用支出	专项项目支出	
45590407	**21024085**	**24566322**	**10518489**	**14047833**	**2203193**
892984	590270	302714	245179	57535	28427
390487	284257	106230	45575	60655	
1003834	632580	371254	185289	185965	10773
1047876	489404	558472	198052	360420	22305
839219	407023	432196	186207	245989	7288
1083553	775427	308126	232945	75180	99822
577311	245599	331712	179789	151923	11100
581046	320687	260358	137964	122395	27334
2217738	1141965	1075773	1027446	48327	6866
4589335	2021349	2567986	968771	1599215	58993
819192	436017	383175	172928	210247	14556
2669023	781196	1887828	413098	1474730	132247
2067621	791484	1276137	502326	773811	34590
914680	474646	440034	189256	250778	17905
3897862	1467683	2430179	607794	1822385	12360
2321577	1019148	1302429	456154	846275	95179
2344062	946065	1397997	429066	968931	4736
833636	490477	343159	102537	240621	2528
4719172	2606405	2112768	1255180	857588	236088
2318905	848617	1470288	924217	546071	417450
584352	344156	240195	148445	91751	66369
410598	251008	159591	104126	55464	55874
1542832	867763	675069	294740	380329	105035
1327754	415297	912457	205046	707412	142853
1639703	689390	950313	303366	646947	143246
227945	105933	122012	54676	67336	47530
344860	181337	163523	93645	69878	15488
841102	463823	377279	164739	212540	72264
600211	193245	406966	248080	158886	93795
576737	114041	462696	121604	341092	20000
1365199	627793	737407	320249	417158	200191
182742	142337	40405	37514	2891	11695
246530	114259	132271	29599	102673	
479568	182259	297310	117067	180243	
197431	102989	94442	35559	58882	
319377	209081	110296	104876	5420	15453

4-16 教育经费支出明细

地区	合计	个人部分			
			工资福利支出	对个人和家庭的补助支出	
					#助学金
合计	**100720021**	**53295824**	**36814113**	**16481711**	**4864324**
北京	2095989	1235763	918146	317617	52081
天津	1333137	942650	615676	326973	49531
河北	2863181	1871357	1362109	509248	155952
山西	2371406	1301224	976078	325147	83911
内蒙古	1784277	937770	571068	366701	176383
辽宁	2981363	1797988	1123979	674009	90694
吉林	1426728	838317	491584	346733	41911
黑龙江	1413635	805255	451604	353650	90715
上海	4070717	1854772	1568268	286504	180934
江苏	11155279	6506951	4730584	1776367	194523
浙江	2059639	1225892	987532	238360	48771
安徽	4764988	1963718	1263748	699970	268108
福建	4508100	2405889	1922243	483646	66883
江西	2088082	1158202	709700	448502	204322
山东	7914984	4004762	3033022	971740	161846
河南	4435602	2021494	1267462	754031	265057
湖北	4406493	2064176	1409952	654224	200298
湖南	1826380	990216	691208	299008	131180
广东	11028861	6104608	4115139	1989469	302590
广西	5176489	2440134	1655686	784448	284761
海南	1147439	496719	407397	89322	45936
重庆	902437	435965	241899	194066	79472
四川	3724298	2084157	1551934	532222	279841
贵州	2763532	1292924	679717	613207	328099
云南	3633834	1850885	1081911	768974	448532
西藏	573718	298243	190527	107716	62022
陕西	913639	553291	310845	242446	89467
甘肃	2436724	1523481	883563	639918	129130
青海	1175420	481414	314366	167048	73880
宁夏	883679	286942	198712	88230	43419
新疆	2859971	1520666	1088451	432214	234075
大连	433344	238908	193698	45209	5660
宁波	565922	319392	255337	64055	3173
厦门	994269	514700	396458	118243	9863
青岛	429359	231929	169277	62652	7441
深圳	578196	243366	164767	78599	9918

(地方中等专业学校)

单位：千元

公用部分	商品和服务支出	其他资本性支出	专项公用支出	专项项目支出	基本建设支出
45254565	**20811225**	**24443340**	**10461988**	**13981352**	**2169632**
831799	538645	293153	238305	54848	28427
390487	284257	106230	45575	60655	
981051	612164	368887	183652	185235	10773
1047876	489404	558472	198052	360420	22305
839219	407023	432196	186207	245989	7288
1083553	775427	308126	232945	75180	99822
577311	245599	331712	179789	151923	11100
581046	320687	260358	137964	122395	27334
2209079	1133306	1075773	1027446	48327	6866
4589335	2021349	2567986	968771	1599215	58993
819192	436017	383175	172928	210247	14556
2669023	781196	1887828	413098	1474730	132247
2067621	791484	1276137	502326	773811	34590
911975	473346	438629	188276	250353	17905
3897862	1467683	2430179	607794	1822385	12360
2318929	1016500	1302429	456154	846275	95179
2337581	941763	1395818	427390	968428	4736
833636	490477	343159	102537	240621	2528
4688166	2577964	2110202	1252824	857378	236088
2318905	848617	1470288	924217	546071	417450
584352	344156	240195	148445	91751	66369
410598	251008	159591	104126	55464	55874
1535106	860037	675069	294740	380329	105035
1327754	415297	912457	205046	707412	142853
1639703	689390	950313	303366	646947	143246
227945	105933	122012	54676	67336	47530
344860	181337	163523	93645	69878	15488
840979	463700	377279	164739	212540	72264
600211	193245	406966	248080	158886	93795
576737	114041	462696	121604	341092	20000
1172675	540172	632503	277272	355231	166630
182742	142337	40405	37514	2891	11695
246530	114259	132271	29599	102673	
479568	182259	297310	117067	180243	
197431	102989	94442	35559	58882	
319377	209081	110296	104876	5420	15453

4-17 教育经费支出明细

地区	合计	个人部分	工资福利支出	对个人和家庭的补助支出	#助学金
合计	**78590656**	**42800598**	**30874211**	**11926387**	**3336701**
北京	3177173	1688270	966273	721996	12395
天津	768958	460834	260424	200410	25014
河北	4938932	2901349	2264168	637181	123737
山西	2224247	1291717	1038745	252972	96158
内蒙古	2186637	1238780	845654	393126	129010
辽宁	2405375	1303175	863796	439379	124550
吉林	1609092	849619	536754	312866	20657
黑龙江	1856352	1170596	674448	496148	74081
上海	2041376	1076827	904123	172704	101204
江苏	2833067	1614768	1164988	449780	75332
浙江	9441976	5326118	4449549	876569	153130
安徽	2797493	1248408	838890	409518	141806
福建	791053	337798	275559	62240	11545
江西	1747063	781543	544057	237487	108131
山东	5972286	3097503	2449286	648217	70380
河南	3819622	1916163	1447298	468865	148575
湖北	1692174	1084660	679609	405050	77424
湖南	5096572	2523866	1871495	652371	285291
广东	4625103	2768902	1840236	928666	68288
广西	110922	70373	36689	33684	7964
海南	538835	262331	202874	59456	32554
重庆	3115683	1727162	1074324	652838	306383
四川	4756635	2855426	2182398	673028	327898
贵州	2801204	1203820	723553	480267	259991
云南	2786716	1542482	1047504	494978	197636
西藏					
陕西	2236818	1250328	895067	355262	147248
甘肃	780361	463370	283461	179908	68801
青海	5191	3651	1398	2253	1549
宁夏	445286	210318	148964	61354	24963
新疆	988455	530443	362629	167815	115010
大连	674548	307957	247672	60285	6663
宁波	1440353	849066	693582	155484	16855
厦门					
青岛	2706912	1367295	1030980	336315	18522
深圳	1187389	493187	314038	179149	33915

(职业高中)

单位：千元

公用部分					基本建设支出
	商品和服务支出	其他资本性支出			
			专项公用支出	专项项目支出	
33654556	**14820673**	**18833883**	**6464612**	**12369271**	**2135502**
1440170	709534	730636	463641	266995	48734
308123	225940	82184	40804	41379	
1932920	708005	1224915	400476	824439	104663
873895	444520	429376	218425	210950	58635
900450	379442	521008	245068	275940	47407
1042771	569874	472897	175018	297879	59430
661111	222758	438353	151883	286470	98361
572594	241430	331165	110897	220268	113162
962861	613174	349687	218083	131604	1688
1206299	361513	844785	186124	658661	12000
3981505	1689762	2291743	582513	1709230	134354
1511937	455283	1056654	231402	825252	37148
453255	118664	334592	65657	268935	
868972	235251	633721	121128	512593	96548
2812421	856679	1955742	543050	1412692	62362
1617277	765885	851392	290754	560638	286182
607515	220458	387057	84583	302474	
2464116	1263264	1200852	449620	751232	108590
1611523	1023578	587946	404836	183109	244678
34696	8173	26523	14035	12488	5853
271978	143466	128512	102365	26147	4526
1205169	697119	508050	179447	328603	183352
1749128	933914	815214	345112	470102	152081
1540515	506209	1034307	311962	722344	56868
1209064	484140	724924	211049	513875	35170
916856	486586	430270	131295	298975	69633
268171	92806	175365	33202	142163	48821
1540	1473	67	67		
194968	102340	92628	64045	28583	40000
432755	259435	173320	88071	85249	25257
366591	155094	211497	24356	187141	
581126	329189	251938	103463	148475	10160
1339617	388106	951511	268215	683296	
450783	345371	105412	100963	4449	243419

4-18 教育经费支出明细

地区	合计	个人部分	工资福利支出	对个人和家庭的补助支出	#助学金
合计	**78488982**	**42739028**	**30819427**	**11919602**	**3336119**
北京	3177173	1688270	966273	721996	12395
天津	768958	460834	260424	200410	25014
河北	4938932	2901349	2264168	637181	123737
山西	2224247	1291717	1038745	252972	96158
内蒙古	2186637	1238780	845654	393126	129010
辽宁	2405375	1303175	863796	439379	124550
吉林	1609092	849619	536754	312866	20657
黑龙江	1840062	1161897	668070	493827	73498
上海	2041376	1076827	904123	172704	101204
江苏	2833067	1614768	1164988	449780	75332
浙江	9441976	5326118	4449549	876569	153130
安徽	2797493	1248408	838890	409518	141806
福建	791053	337798	275559	62240	11545
江西	1747063	781543	544057	237487	108131
山东	5972286	3097503	2449286	648217	70380
河南	3819622	1916163	1447298	468865	148575
湖北	1692174	1084660	679609	405050	77424
湖南	5096572	2523866	1871495	652371	285291
广东	4625103	2768902	1840236	928666	68288
广西	110922	70373	36689	33684	7964
海南	538835	262331	202874	59456	32554
重庆	3115683	1727162	1074324	652838	306383
四川	4756635	2855426	2182398	673028	327898
贵州	2801204	1203820	723553	480267	259991
云南	2786716	1542482	1047504	494978	197636
西藏					
陕西	2236818	1250328	895067	355262	147248
甘肃	780361	463370	283461	179908	68801
青海	5191	3651	1398	2253	1549
宁夏	445286	210318	148964	61354	24963
新疆	903070	477573	314223	163350	115010
大连	674548	307957	247672	60285	6663
宁波	1440353	849066	693582	155484	16855
厦门					
青岛	2706912	1367295	1030980	336315	18522
深圳	1187389	493187	314038	179149	33915

(地方职业高中)

单位：千元

公用部分	商品和服务支出	其他资本性支出	专项公用支出	专项项目支出	基本建设支出
33614452	**14790058**	**18824393**	**6456122**	**12368271**	**2135502**
1440170	709534	730636	463641	266995	48734
308123	225940	82184	40804	41379	
1932920	708005	1224915	400476	824439	104663
873895	444520	429376	218425	210950	58635
900450	379442	521008	245068	275940	47407
1042771	569874	472897	175018	297879	59430
661111	222758	438353	151883	286470	98361
565004	235975	329030	109762	219268	113162
962861	613174	349687	218083	131604	1688
1206299	361513	844785	186124	658661	12000
3981505	1689762	2291743	582513	1709230	134354
1511937	455283	1056654	231402	825252	37148
453255	118664	334592	65657	268935	
868972	235251	633721	121128	512593	96548
2812421	856679	1955742	543050	1412692	62362
1617277	765885	851392	290754	560638	286182
607515	220458	387057	84583	302474	
2464116	1263264	1200852	449620	751232	108590
1611523	1023578	587946	404836	183109	244678
34696	8173	26523	14035	12488	5853
271978	143466	128512	102365	26147	4526
1205169	697119	508050	179447	328603	183352
1749128	933914	815214	345112	470102	152081
1540515	506209	1034307	311962	722344	56868
1209064	484140	724924	211049	513875	35170
916856	486586	430270	131295	298975	69633
268171	92806	175365	33202	142163	48821
1540	1473	67	67		
194968	102340	92628	64045	28583	40000
400240	234275	165965	80716	85249	25257
366591	155094	211497	24356	187141	
581126	329189	251938	103463	148475	10160
1339617	388106	951511	268215	683296	
450783	345371	105412	100963	4449	243419

4-19 教育经费支出明细

地区	合计	个人部分	工资福利支出	对个人和家庭的补助支出	#助学金
合计	**35385494**	**19191548**	**14254099**	**4937449**	**1816695**
北京	577250	215355	163780	51575	2237
天津					
河北	2824565	1603539	1265554	337984	86308
山西	1327066	812734	660082	152652	58498
内蒙古	1379986	794572	565111	229461	71568
辽宁	596483	350692	250353	100339	26209
吉林	560676	314997	207757	107241	8557
黑龙江	741678	421077	266092	154986	10635
上海	179199	93508	81634	11874	7802
江苏	1219693	768947	560018	208928	54798
浙江	3789413	2184207	1852286	331921	82577
安徽	2132676	913433	614004	299429	114975
福建	139741	52746	42500	10246	1458
江西	1110485	468209	327770	140438	52976
山东	1656235	861639	726192	135447	29811
河南	2393985	1112864	874589	238275	72804
湖北	596015	345934	237713	108221	38742
湖南	2728292	1336369	992915	343453	161931
广东	505362	304352	225571	78781	7975
广西	101345	66468	36689	29779	4059
海南	151836	95221	75324	19897	7732
重庆	1358471	780221	511992	268229	155140
四川	2887931	1785973	1374940	411033	224157
贵州	1702555	784661	495493	289168	149162
云南	1722093	1047816	711464	336352	140017
西藏					
陕西	1501385	821843	595423	226419	79665
甘肃	615439	368570	230837	137733	45741
青海	5191	3651	1398	2253	1549
宁夏	237894	123693	88471	35221	13358
新疆	642552	358260	218146	140114	106256
大连	83907	55039	45526	9513	47
宁波	470232	292560	251150	41410	7886
厦门					
青岛	64147	29742	23127	6615	1018
深圳					

（农村职业高中）

单位：千元

公用部分	商品和服务支出	其他资本性支出			基本建设支出
			专项公用支出	专项项目支出	
14944493	**6325396**	**8619096**	**2802393**	**5816703**	**1249453**
361895	96916	264979	113845	151134	
1120603	399193	721410	191137	530273	100423
460697	270169	190528	106400	84128	53635
541272	233097	308176	180225	127951	44143
199592	124166	75425	57950	17475	46200
226110	85739	140371	53244	87127	19569
233779	102448	131331	33618	97713	86821
85691	38881	46810	2890	43920	
450746	146363	304383	110499	193884	
1487651	680476	807176	252218	554958	117554
1183335	352469	830867	179225	651642	35908
86995	21290	65705	5894	59811	
582127	133054	449072	78440	370632	60149
794596	210436	584160	171570	412590	
1018269	424007	594262	153570	440692	262852
250081	79406	170675	25461	145214	
1286333	671187	615146	219722	395424	105590
200300	111340	88961	45357	43603	710
29024	7941	21083	13752	7330	5853
56615	34664	21951	20544	1407	
554313	278171	276142	85993	190149	23937
1044546	574358	470188	225142	245046	57412
866557	374792	491765	157896	333869	51338
644608	252642	391966	141013	250952	29670
611504	302780	308724	83336	225388	68038
207620	73137	134483	22904	111579	39250
1540	1473	67	67		
94201	51080	43121	33472	9649	20000
263893	193723	70170	37008	33162	20400
28867	26713	2155	552	1603	
167511	92376	75135	27569	47566	10160
34405	4657	29748	15587	14161	

4-20 教育经费支出明细

地 区	合 计	个人部分	工资福利支出	对个人和家庭的补助支出	#助学金
合 计	**35372056**	**19183384**	**14247721**	**4935664**	**1816648**
北 京	577250	215355	163780	51575	2237
天 津					
河 北	2824565	1603539	1265554	337984	86308
山 西	1327066	812734	660082	152652	58498
内蒙古	1379986	794572	565111	229461	71568
辽 宁	596483	350692	250353	100339	26209
吉 林	560676	314997	207757	107241	8557
黑龙江	728240	412914	259713	153200	10588
上 海	179199	93508	81634	11874	7802
江 苏	1219693	768947	560018	208928	54798
浙 江	3789413	2184207	1852286	331921	82577
安 徽	2132676	913433	614004	299429	114975
福 建	139741	52746	42500	10246	1458
江 西	1110485	468209	327770	140438	52976
山 东	1656235	861639	726192	135447	29811
河 南	2393985	1112864	874589	238275	72804
湖 北	596015	345934	237713	108221	38742
湖 南	2728292	1336369	992915	343453	161931
广 东	505362	304352	225571	78781	7975
广 西	101345	66468	36689	29779	4059
海 南	151836	95221	75324	19897	7732
重 庆	1358471	780221	511992	268229	155140
四 川	2887931	1785973	1374940	411033	224157
贵 州	1702555	784661	495493	289168	149162
云 南	1722093	1047816	711464	336352	140017
西 藏					
陕 西	1501385	821843	595423	226419	79665
甘 肃	615439	368570	230837	137733	45741
青 海	5191	3651	1398	2253	1549
宁 夏	237894	123693	88471	35221	13358
新 疆	642552	358260	218146	140114	106256
大 连	83907	55039	45526	9513	47
宁 波	470232	292560	251150	41410	7886
厦 门					
青 岛	64147	29742	23127	6615	1018
深 圳					

(地方农村职业高中)

单位：千元

公用部分	商品和服务支出	其他资本性支出			基本建设支出
			专项公用支出	专项项目支出	
14939219	**6322257**	**8616961**	**2801258**	**5815703**	**1249453**
361895	96916	264979	113845	151134	
1120603	399193	721410	191137	530273	100423
460697	270169	190528	106400	84128	53635
541272	233097	308176	180225	127951	44143
199592	124166	75425	57950	17475	46200
226110	85739	140371	53244	87127	19569
228506	99309	129196	32483	96713	86821
85691	38881	46810	2890	43920	
450746	146363	304383	110499	193884	
1487651	680476	807176	252218	554958	117554
1183335	352469	830867	179225	651642	35908
86995	21290	65705	5894	59811	
582127	133054	449072	78440	370632	60149
794596	210436	584160	171570	412590	
1018269	424007	594262	153570	440692	262852
250081	79406	170675	25461	145214	
1286333	671187	615146	219722	395424	105590
200300	111340	88961	45357	43603	710
29024	7941	21083	13752	7330	5853
56615	34664	21951	20544	1407	
554313	278171	276142	85993	190149	23937
1044546	574358	470188	225142	245046	57412
866557	374792	491765	157896	333869	51338
644608	252642	391966	141013	250952	29670
611504	302780	308724	83336	225388	68038
207620	73137	134483	22904	111579	39250
1540	1473	67	67		
94201	51080	43121	33472	9649	20000
263893	193723	70170	37008	33162	20400
28867	26713	2155	552	1603	
167511	92376	75135	27569	47566	10160
34405	4657	29748	15587	14161	

4-21 教育经费支出明细

地区	合计	个人部分			
			工资福利支出	对个人和家庭的补助支出	#助学金
合计	**27714162**	**14197638**	**10251439**	**3946199**	**1008088**
北京	1446688	592485	479804	112682	13464
天津	508651	385899	262622	123276	17956
河北	789150	453516	360566	92950	19783
山西	454203	241159	176418	64741	23647
内蒙古	143136	103175	76855	26320	3253
辽宁	464843	257915	165202	92713	14036
吉林	363825	151842	58060	93782	49756
黑龙江	769554	384771	237651	147120	9718
上海	263438	165212	148829	16383	7262
江苏	1976612	1021328	787949	233379	41330
浙江	1175582	641657	517916	123741	19734
安徽	125664	68805	39906	28899	11406
福建	721658	406378	330560	75819	9910
江西	138516	89626	60055	29571	3365
山东	2887913	1437705	1056604	381101	85189
河南	1531328	707595	527184	180411	20786
湖北	310674	200965	141368	59598	4097
湖南	667024	260819	190144	70675	16068
广东	6645290	3392980	2367755	1025225	171706
广西	1664632	760447	553133	207314	81293
海南	296031	105845	84847	20998	10995
重庆	813592	384366	234461	149905	34487
四川	757831	444899	337398	107502	63727
贵州	248896	173035	100095	72940	72940
云南	1005394	505880	353120	152760	79768
西藏					
陕西	1081386	656522	448353	208169	99175
甘肃	5037	4532	1440	3093	1530
青海					
宁夏					
新疆	457613	198279	153145	45134	21709
大连	137045	51716	37048	14668	6317
宁波	111156	39889	33477	6412	664
厦门	118392	65257	43771	21487	682
青岛	231386	124974	99991	24983	4044
深圳	793952	311387	199043	112344	27158

(技工学校)

单位：千元

公用部分	商品和服务支出	其他资本性支出			基本建设支出
			专项公用支出	专项项目支出	
12894836	**6719041**	**6175795**	**3237123**	**2938672**	**621687**
813203	397382	415821	394064	21757	41000
97125	58824	38302	22822	15479	25627
330018	149892	180126	127753	52373	5617
209887	100996	108891	34855	74036	3157
39961	30882	9080	6988	2092	
200366	168738	31629	24510	7119	6562
210191	36933	173258	27136	146123	1791
376767	117347	259420	22244	237176	8016
98226	64668	33558	28105	5453	
955284	529938	425346	167100	258246	
512540	218009	294530	129903	164627	21385
56859	28908	27951	15390	12561	
315180	165116	150064	101068	48996	100
48890	18843	30048	14526	15522	
1449008	756216	692792	234297	458496	1200
821404	406005	415399	180731	234668	2329
109708	60101	49608	10072	39535	
386205	133875	252330	76862	175468	20000
3015145	1808058	1207087	759094	447994	237165
758287	310133	448154	344590	103564	145897
189865	45786	144079	112655	31425	320
405950	225316	180635	91589	89046	23276
285132	211670	73463	53791	19672	27799
75861	75861				
476245	223348	252897	135984	116913	23268
420077	303156	116921	65250	51671	4787
505	505				
236943	72537	164406	55744	108661	22391
78768	68222	10545	9235	1310	6562
65882	39224	26658	25925	733	5385
53134	37345	15789	8553	7237	
106412	62246	44166	19666	24500	
391565	298777	92788	76583	16205	91000

4-22 教育经费支出明细

地区	合计	个人部分	工资福利支出	对个人和家庭的补助支出	#助学金
合计	**27513730**	**14080175**	**10162264**	**3917910**	**999746**
北京	1433785	580018	470005	110012	13447
天津	497794	378172	255772	122399	17536
河北	789150	453516	360566	92950	19783
山西	454203	241159	176418	64741	23647
内蒙古	143136	103175	76855	26320	3253
辽宁	464843	257915	165202	92713	14036
吉林	363825	151842	58060	93782	49756
黑龙江	712517	348948	218894	130054	7594
上海	263438	165212	148829	16383	7262
江苏	1950670	1002071	770243	231828	40325
浙江	1175582	641657	517916	123741	19734
安徽	123322	66716	39168	27548	10054
福建	721658	406378	330560	75819	9910
江西	138516	89626	60055	29571	3365
山东	2887913	1437705	1056604	381101	85189
河南	1531328	707595	527184	180411	20786
湖北	310674	200965	141368	59598	4097
湖南	657707	256780	186206	70574	16068
广东	6645290	3392980	2367755	1025225	171706
广西	1664632	760447	553133	207314	81293
海南	296031	105845	84847	20998	10995
重庆	811539	382713	232884	149829	34447
四川	677850	410490	307587	102903	60343
贵州	248896	173035	100095	72940	72940
云南	1005394	505880	353120	152760	79768
西藏					
陕西	1081386	656522	448353	208169	99175
甘肃	5037	4532	1440	3093	1530
青海					
宁夏					
新疆	457613	198279	153145	45134	21709
大连	137045	51716	37048	14668	6317
宁波	111156	39889	33477	6412	664
厦门	118392	65257	43771	21487	682
青岛	231386	124974	99991	24983	4044
深圳	793952	311387	199043	112344	27158

(地方技工学校)

单位：千元

公用部分	商品和服务支出	其他资本性支出		基本建设支出
		专项公用支出	专项项目支出	

公用部分	商品和服务支出	其他资本性支出	专项公用支出	专项项目支出	基本建设支出
12819884	**6655684**	**6164200**	**3229412**	**2934788**	**613672**
812767	396946	415821	394064	21757	41000
93995	57704	36291	22822	13469	25627
330018	149892	180126	127753	52373	5617
209887	100996	108891	34855	74036	3157
39961	30882	9080	6988	2092	
200366	168738	31629	24510	7119	6562
210191	36933	173258	27136	146123	1791
363568	108334	255235	18059	237176	
98226	64668	33558	28105	5453	
948599	523253	425346	167100	258246	
512540	218009	294530	129903	164627	21385
56606	28655	27951	15390	12561	
315180	165116	150064	101068	48996	100
48890	18843	30048	14526	15522	
1449008	756216	692792	234297	458496	1200
821404	406005	415399	180731	234668	2329
109708	60101	49608	10072	39535	
380927	132064	248863	75269	173594	20000
3015145	1808058	1207087	759094	447994	237165
758287	310133	448154	344590	103564	145897
189865	45786	144079	112655	31425	320
405551	224916	180635	91589	89046	23276
239561	168031	71530	51859	19672	27799
75861	75861				
476245	223348	252897	135984	116913	23268
420077	303156	116921	65250	51671	4787
505	505				
236943	72537	164406	55744	108661	22391
78768	68222	10545	9235	1310	6562
65882	39224	26658	25925	733	5385
53134	37345	15789	8553	7237	
106412	62246	44166	19666	24500	
391565	298777	92788	76583	16205	91000

4-23 教育经费支出明细

地区	合计	个人部分	工资福利支出	对个人和家庭的补助支出	#助学金
合计	**9544920**	**6298706**	**4376666**	**1922040**	**129166**
北京	116762	54915	39457	15458	710
天津	62770	51986	33247	18739	93
河北	973898	791798	601385	190413	966
山西	354278	298049	220707	77342	1681
内蒙古	357504	299191	197558	101633	33
辽宁	42297	31216	18996	12220	1120
吉林	810552	650576	367403	283172	1700
黑龙江	399567	323769	183532	140237	932
上海	182390	61545	56476	5070	2
江苏	451216	292663	190370	102293	4174
浙江	597740	338947	263495	75452	4955
安徽	231219	139885	89943	49942	10852
福建	53637	17103	14164	2939	5
江西	423427	251214	184816	66398	27
山东	456751	349162	282161	67001	2740
河南	948178	577817	438540	139277	14046
湖北	179960	53680	37128	16553	1508
湖南	563612	354739	252222	102517	20857
广东	249045	161377	105331	56046	7034
广西	28996	15199	10744	4455	39
海南	7745	2988	2633	356	
重庆	707319	334776	205632	129144	1203
四川	274594	172121	140187	31934	19204
贵州	72831	43495	24758	18737	7409
云南	434638	357222	246672	110549	
西藏					
陕西	206518	119340	79192	40148	3628
甘肃	78178	63833	37419	26414	4
青海	4406	4081	2363	1718	
宁夏					
新疆	274892	86018	50135	35883	24245
大连	8060	3298	2712	586	
宁波	339158	195555	152353	43201	2400
厦门					
青岛	6564	5360	4511	849	281
深圳	55990	26219	15721	10497	6451

（成人中等专业学校）

单位：千元

公用部分	商品和服务支出	其他资本性支出			基本建设支出
			专项公用支出	专项项目支出	
3213151	**2160204**	**1052947**	**369591**	**683355**	**33063**
61847	42517	19331	19331		
10784	9427	1357	1357		
182100	145024	37075	22963	14113	
56229	49196	7033	4907	2126	
52103	44597	7506	4690	2816	6210
10856	10682	174	174		225
159976	93155	66821	32472	34349	
67269	54297	12973	7096	5877	8529
120844	117929	2916	2916		
158552	112823	45730	15756	29973	
258793	205779	53014	22908	30106	
91334	67281	24053	10651	13402	
36534	3017	33517	144	33372	
172213	77022	95191	10921	84271	
107589	71914	35675	11952	23723	
368994	299563	69431	34199	35232	1367
126280	14898	111382	46916	64466	
206773	158904	47869	19352	28517	2100
73308	54318	18990	10508	8483	14360
13797	12678	1119	819	300	
4757	4247	510		510	
372271	263131	109140	39781	69359	272
102473	65950	36523	23101	13422	
29335	21126	8209	2944	5265	
77416	68439	8978	4891	4087	
87178	46503	40676	7261	33415	
14345	11669	2675	1162	1513	
325	308	17		17	
188874	33813	155061	10420	144641	
4762	4730	32	32		
143604	116852	26752	12869	13883	
1204	1186	19	19		
15411	10372	5039	4291	747	14360

4-24 教育经费支出明细

地区	合计	个人部分	工资福利支出	对个人和家庭的补助支出	#助学金
合计	**9512781**	**6270333**	**4370652**	**1899681**	**108270**
北京	116762	54915	39457	15458	710
天津	62770	51986	33247	18739	93
河北	973898	791798	601385	190413	966
山西	354278	298049	220707	77342	1681
内蒙古	357504	299191	197558	101633	33
辽宁	42297	31216	18996	12220	1120
吉林	810552	650576	367403	283172	1700
黑龙江	396887	321831	181919	139912	932
上海	182390	61545	56476	5070	2
江苏	451216	292663	190370	102293	4174
浙江	597740	338947	263495	75452	4955
安徽	231219	139885	89943	49942	10852
福建	53637	17103	14164	2939	5
江西	423427	251214	184816	66398	27
山东	456751	349162	282161	67001	2740
河南	948178	577817	438540	139277	14046
湖北	179960	53680	37128	16553	1508
湖南	563612	354739	252222	102517	20857
广东	249045	161377	105331	56046	7034
广西	28996	15199	10744	4455	39
海南	7745	2988	2633	356	
重庆	707319	334776	205632	129144	1203
四川	274594	172121	140187	31934	19204
贵州	72831	43495	24758	18737	7409
云南	432583	355312	244763	110549	
西藏					
陕西	206518	119340	79192	40148	3628
甘肃	78178	63833	37419	26414	4
青海	4406	4081	2363	1718	
宁夏					
新疆	247488	61493	47643	13850	3350
大连	8060	3298	2712	586	
宁波	339158	195555	152353	43201	2400
厦门					
青岛	6564	5360	4511	849	281
深圳	55990	26219	15721	10497	6451

(地方成人中等专业学校)

单位：千元

公用部分	商品和服务支出	其他资本性支出			基本建设支出
			专项公用支出	专项项目支出	
3209385	**2156643**	**1052742**	**369387**	**683355**	**33063**
61847	42517	19331	19331		
10784	9427	1357	1357		
182100	145024	37075	22963	14113	
56229	49196	7033	4907	2126	
52103	44597	7506	4690	2816	6210
10856	10682	174	174		225
159976	93155	66821	32472	34349	
66527	53595	12932	7055	5877	8529
120844	117929	2916	2916		
158552	112823	45730	15756	29973	
258793	205779	53014	22908	30106	
91334	67281	24053	10651	13402	
36534	3017	33517	144	33372	
172213	77022	95191	10921	84271	
107589	71914	35675	11952	23723	
368994	299563	69431	34199	35232	1367
126280	14898	111382	46916	64466	
206773	158904	47869	19352	28517	2100
73308	54318	18990	10508	8483	14360
13797	12678	1119	819	300	
4757	4247	510		510	
372271	263131	109140	39781	69359	272
102473	65950	36523	23101	13422	
29335	21126	8209	2944	5265	
77271	68304	8968	4881	4087	
87178	46503	40676	7261	33415	
14345	11669	2675	1162	1513	
325	308	17		17	
185996	31089	154907	10266	144641	
4762	4730	32	32		
143604	116852	26752	12869	13883	
1204	1186	19	19		
15411	10372	5039	4291	747	14360

4-25 教育经费支出明细

地区	合计	个人部分	工资福利支出	对个人和家庭的补助支出	#助学金
合计	**1043209316**	**702314388**	**522499805**	**179814582**	**38062486**
北京	31854465	18147357	12041009	6106349	138995
天津	13905905	10234606	7001484	3233123	97032
河北	41175554	28548865	22061226	6487639	1362843
山西	23559623	16626221	13612298	3013923	763933
内蒙古	22067489	14609527	10749847	3859680	1075888
辽宁	25193348	18978985	13508255	5470730	227553
吉林	16692189	11640636	7848235	3792401	354976
黑龙江	23359075	17093059	11893744	5199315	274073
上海	27990946	16986348	15644942	1341406	461537
江苏	68282173	48077737	35070050	13007688	1477868
浙江	54779691	38115272	31455246	6660026	1255298
安徽	39737927	25230431	18371396	6859035	1291257
福建	29033460	20145337	16767373	3377964	434741
江西	31767750	18061296	13339982	4721315	1239062
山东	73184668	50033392	39853794	10179598	1273416
河南	57507206	35356610	24367100	10989510	2819752
湖北	39355345	28165939	19950674	8215266	942926
湖南	43828561	28745909	21378815	7367094	1774902
广东	95180235	64353286	47222149	17131137	1614557
广西	31421584	20256715	13824495	6432219	2306682
海南	9296127	5290924	4421359	869565	234739
重庆	26542734	17190894	12149324	5041569	1277970
四川	54571158	39469937	31268518	8201418	3258763
贵州	33734003	22999557	15469202	7530355	3077846
云南	36593746	25250070	17663268	7586802	3536484
西藏	5098760	3456510	2265701	1190809	672968
陕西	27208120	17268341	12644400	4623941	1523618
甘肃	19269363	13899254	8961664	4937591	1139925
青海	6573213	4295311	3164513	1130798	384490
宁夏	6480079	4218427	3156135	1062292	311342
新疆	27964818	19567634	15373609	4194026	1457050
大连	5253495	3890574	3129328	761246	51206
宁波	7634940	5198480	4127622	1070857	238860
厦门	3681442	2574542	1961879	612663	28290
青岛	9958243	6619114	4955795	1663319	104113
深圳	13032200	7793913	5350596	2443316	202955

(中学)

单位：千元

公用部分	商品和服务支出	其他资本性支出			基本建设支出
			专项公用支出	专项项目支出	
324860106	**152277194**	**172582911**	**46717802**	**125865109**	**16034823**
12026691	7547923	4478768	2510586	1968181	1680417
3513021	1844950	1668071	504546	1163525	158278
12278969	5822633	6456336	1846848	4609488	347720
6735730	3815829	2919901	874393	2045508	197672
7119850	3087378	4032472	1051447	2981026	338111
6094038	4057191	2036846	900072	1136774	120325
4912474	2168040	2744434	768924	1975511	139078
6061027	3316497	2744531	948493	1796038	204989
10625692	6617152	4008540	1707721	2300819	378906
20003671	6683253	13320418	2280827	11039591	200765
16033613	7769325	8264288	1831049	6433239	630806
13622834	5385341	8237493	2139051	6098442	884662
8614546	3649738	4964808	1542425	3422383	273578
12996976	3545967	9451009	1702527	7748482	709478
22916026	7862450	15053576	2743852	12309724	235251
21285810	10512752	10773059	2224371	8548688	864785
11189406	4454168	6735238	1469189	5266049	
14743365	7170954	7572411	1957094	5615317	339287
29002844	17942722	11060123	4638959	6421164	1824105
10123459	4132493	5990966	1603064	4387902	1041410
3914570	1303396	2611175	841987	1769187	90633
8818555	4244605	4573950	1698375	2875576	533285
14359187	7793434	6565753	1885587	4680166	742034
10053536	4798482	5255054	1585587	3669468	680910
10921322	4771667	6149655	1225644	4924011	422354
1442790	477513	965277	225599	739678	199459
9432850	4651410	4781441	1171561	3609879	506929
5037601	2179648	2857954	772046	2085908	332507
1754395	696824	1057571	186135	871436	523507
2101602	840805	1260797	425513	835285	160050
7123654	3132657	3990997	1454333	2536664	1273530
1314338	810979	503359	245067	258291	48583
2412996	1068945	1344052	232898	1111153	23464
1106900	648471	458428	301775	156654	
3339130	1208169	2130961	446590	1684370	
3905957	3011459	894498	717637	176861	1332330

4-26 教育经费支出明细

地区	合计	个人部分	工资福利支出	对个人和家庭的补助支出	#助学金
合计	**1037536544**	**698665605**	**519770316**	**178895289**	**37913045**
北京	30544207	17396670	11487145	5909525	134867
天津	13905905	10234606	7001484	3233123	97032
河北	41175554	28548865	22061226	6487639	1362843
山西	23559623	16626221	13612298	3013923	763933
内蒙古	22067489	14609527	10749847	3859680	1075888
辽宁	25193348	18978985	13508255	5470730	227553
吉林	16640689	11605356	7816195	3789161	354969
黑龙江	23106701	16909128	11757266	5151862	271433
上海	27765289	16853885	15519630	1334255	460563
江苏	68282173	48077737	35070050	13007688	1477868
浙江	54779691	38115272	31455246	6660026	1255298
安徽	39737927	25230431	18371396	6859035	1291257
福建	29033460	20145337	16767373	3377964	434741
江西	31767750	18061296	13339982	4721315	1239062
山东	73184668	50033392	39853794	10179598	1273416
河南	57499566	35349925	24364214	10985712	2819752
湖北	39090543	27981244	19819890	8161354	942633
湖南	43816388	28738668	21372491	7366178	1773986
广东	95090014	64282102	47159024	17123079	1613334
广西	31421584	20256715	13824495	6432219	2306682
海南	9290416	5286085	4418232	867854	234657
重庆	26384410	17102079	12076475	5025603	1276880
四川	54550904	39453630	31252211	8201418	3258763
贵州	33734003	22999557	15469202	7530355	3077846
云南	36593746	25250070	17663268	7586802	3536484
西藏	5098760	3456510	2265701	1190809	672968
陕西	27063409	17159838	12556954	4602883	1518981
甘肃	19259192	13890203	8952880	4937322	1139846
青海	6573213	4295311	3164513	1130798	384490
宁夏	6480079	4218427	3156135	1062292	311342
新疆	24845845	17518532	13883443	3635089	1323677
大连	5253495	3890574	3129328	761246	51206
宁波	7634940	5198480	4127622	1070857	238860
厦门	3681442	2574542	1961879	612663	28290
青岛	9958243	6619114	4955795	1663319	104113
深圳	13032200	7793913	5350596	2443316	202955

(地方中学)

单位：千元

公用部分					基本建设支出
	商品和服务支出	其他资本性支出			
			专项公用支出	专项项目支出	
323148105	**151388393**	**171759712**	**46366237**	**125393475**	**15722835**
11467120	7150697	4316423	2351588	1964835	1680417
3513021	1844950	1668071	504546	1163525	158278
12278969	5822633	6456336	1846848	4609488	347720
6735730	3815829	2919901	874393	2045508	197672
7119850	3087378	4032472	1051447	2981026	338111
6094038	4057191	2036846	900072	1136774	120325
4896254	2154349	2741905	766394	1975511	139078
5992583	3275840	2716743	936866	1779877	204989
10532498	6554774	3977724	1689919	2287805	378906
20003671	6683253	13320418	2280827	11039591	200765
16033613	7769325	8264288	1831049	6433239	630806
13622834	5385341	8237493	2139051	6098442	884662
8614546	3649738	4964808	1542425	3422383	273578
12996976	3545967	9451009	1702527	7748482	709478
22916026	7862450	15053576	2743852	12309724	235251
21284855	10511823	10773032	2224345	8548688	864785
11109298	4389188	6720110	1460332	5259779	
14738432	7166294	7572139	1956821	5615317	339287
28983806	17932932	11050874	4636986	6413888	1824105
10123459	4132493	5990966	1603064	4387902	1041410
3913698	1302629	2611069	841942	1769128	90633
8749046	4227866	4521180	1684683	2836498	533285
14355240	7789688	6565552	1885386	4680166	742034
10053536	4798482	5255054	1585587	3669468	680910
10921322	4771667	6149655	1225644	4924011	422354
1442790	477513	965277	225599	739678	199459
9396642	4617747	4778895	1169095	3609800	506929
5036482	2179122	2857360	771752	2085608	332507
1754395	696824	1057571	186135	871436	523507
2101602	840805	1260797	425513	835285	160050
6365772	2893605	3472167	1321553	2150614	961542
1314338	810979	503359	245067	258291	48583
2412996	1068945	1344052	232898	1111153	23464
1106900	648471	458428	301775	156654	
3339130	1208169	2130961	446590	1684370	
3905957	3011459	894498	717637	176861	1332330

4-27 教育经费支出明细

地区	合计	个人部分	工资福利支出	对个人和家庭的补助支出	#助学金
合计	**1042514965**	**701927985**	**522202283**	**179725701**	**38062035**
北京	31812344	18147357	12041009	6106349	138995
天津	13877080	10205785	6980498	3225287	97032
河北	41174702	28548865	22061226	6487639	1362843
山西	23559574	16626221	13612298	3013923	763933
内蒙古	22067489	14609527	10749847	3859680	1075888
辽宁	25193348	18978985	13508255	5470730	227553
吉林	16688404	11637032	7846962	3790070	354976
黑龙江	23359075	17093059	11893744	5199315	274073
上海	27953761	16958217	15618870	1339347	461241
江苏	68024425	47964656	34995836	12968820	1477712
浙江	54544408	37974597	31335375	6639223	1255298
安徽	39737927	25230431	18371396	6859035	1291257
福建	29033423	20145300	16767336	3377964	434741
江西	31767750	18061296	13339982	4721315	1239062
山东	73159198	50008520	39831731	10176789	1273416
河南	57507206	35356610	24367100	10989510	2819752
湖北	39346458	28158154	19943382	8214772	942926
湖南	43825676	28744321	21377420	7366900	1774902
广东	95129013	64315480	47197830	17117649	1614557
广西	31421584	20256715	13824495	6432219	2306682
海南	9296127	5290924	4421359	869565	234739
重庆	26542734	17190894	12149324	5041569	1277970
四川	54571158	39469937	31268518	8201418	3258763
贵州	33734003	22999557	15469202	7530355	3077846
云南	36593746	25250070	17663268	7586802	3536484
西藏	5098760	3456510	2265701	1190809	672968
陕西	27208120	17268341	12644400	4623941	1523618
甘肃	19269363	13899254	8961664	4937591	1139925
青海	6573213	4295311	3164513	1130798	384490
宁夏	6480079	4218427	3156135	1062292	311342
新疆	27964818	19567634	15373609	4194026	1457050
大连	5253495	3890574	3129328	761246	51206
宁波	7633247	5197228	4126535	1070693	238860
厦门	3681442	2574542	1961879	612663	28290
青岛	9958243	6619114	4955795	1663319	104113
深圳	13032200	7793913	5350596	2443316	202955

(普通中学)

单位：千元

公用部分	商品和服务支出	其他资本性支出	专项公用支出	专项项目支出	基本建设支出
324552157	**152101263**	**172450895**	**46677196**	**125773698**	**16034823**
11984569	7535359	4449210	2488436	1960775	1680417
3513017	1844946	1668071	504546	1163525	158278
12278117	5821811	6456306	1846818	4609488	347720
6735681	3815780	2919901	874393	2045508	197672
7119850	3087378	4032472	1051447	2981026	338111
6094038	4057191	2036846	900072	1136774	120325
4912293	2167866	2744427	768916	1975511	139078
6061027	3316497	2744531	948493	1796038	204989
10616638	6608586	4008052	1707233	2300819	378906
19859004	6608821	13250183	2271991	10978192	200765
15939005	7703159	8235846	1823889	6411957	630806
13622834	5385341	8237493	2139051	6098442	884662
8614546	3649738	4964808	1542425	3422383	273578
12996976	3545967	9451009	1702527	7748482	709478
22915427	7861909	15053518	2743810	12309709	235251
21285810	10512752	10773059	2224371	8548688	864785
11188303	4453073	6735230	1469181	5266049	
14742069	7169724	7572345	1957027	5615317	339287
28989429	17932432	11056997	4637142	6419855	1824105
10123459	4132493	5990966	1603064	4387902	1041410
3914570	1303396	2611175	841987	1769187	90633
8818555	4244605	4573950	1698375	2875576	533285
14359187	7793434	6565753	1885587	4680166	742034
10053536	4798482	5255054	1585587	3669468	680910
10921322	4771667	6149655	1225644	4924011	422354
1442790	477513	965277	225599	739678	199459
9432850	4651410	4781441	1171561	3609879	506929
5037601	2179648	2857954	772046	2085908	332507
1754395	696824	1057571	186135	871436	523507
2101602	840805	1260797	425513	835285	160050
7123654	3132657	3990997	1454333	2536664	1273530
1314338	810979	503359	245067	258291	48583
2412555	1068599	1343955	232802	1111153	23464
1106900	648471	458428	301775	156654	
3339130	1208169	2130961	446590	1684370	
3905957	3011459	894498	717637	176861	1332330

4-28 教育经费支出明细

地区	合计	个人部分	工资福利支出	对个人和家庭的补助支出	#助学金
合计	**1036842192**	**698279202**	**519472794**	**178806408**	**37912593**
北京	30502085	17396670	11487145	5909525	134867
天津	13877080	10205785	6980498	3225287	97032
河北	41174702	28548865	22061226	6487639	1362843
山西	23559574	16626221	13612298	3013923	763933
内蒙古	22067489	14609527	10749847	3859680	1075888
辽宁	25193348	18978985	13508255	5470730	227553
吉林	16636904	11601752	7814922	3786830	354969
黑龙江	23106701	16909128	11757266	5151862	271433
上海	27728103	16825753	15493558	1332196	460267
江苏	68024425	47964656	34995836	12968820	1477712
浙江	54544408	37974597	31335375	6639223	1255298
安徽	39737927	25230431	18371396	6859035	1291257
福建	29033423	20145300	16767336	3377964	434741
江西	31767750	18061296	13339982	4721315	1239062
山东	73159198	50008520	39831731	10176789	1273416
河南	57499566	35349925	24364214	10985712	2819752
湖北	39081655	27973459	19812598	8160861	942633
湖南	43813503	28737080	21371096	7365984	1773986
广东	95038792	64244296	47134705	17109591	1613334
广西	31421584	20256715	13824495	6432219	2306682
海南	9290416	5286085	4418232	867854	234657
重庆	26384410	17102079	12076475	5025603	1276880
四川	54550904	39453630	31252211	8201418	3258763
贵州	33734003	22999557	15469202	7530355	3077846
云南	36593746	25250070	17663268	7586802	3536484
西藏	5098760	3456510	2265701	1190809	672968
陕西	27063409	17159838	12556954	4602883	1518981
甘肃	19259192	13890203	8952880	4937322	1139846
青海	6573213	4295311	3164513	1130798	384490
宁夏	6480079	4218427	3156135	1062292	311342
新疆	24845845	17518532	13883443	3635089	1323677
大连	5253495	3890574	3129328	761246	51206
宁波	7633247	5197228	4126535	1070693	238860
厦门	3681442	2574542	1961879	612663	28290
青岛	9958243	6619114	4955795	1663319	104113
深圳	13032200	7793913	5350596	2443316	202955

(地方普通中学)

单位：千元

公用部分	商品和服务支出	其他资本性支出			基本建设支出
			专项公用支出	专项项目支出	
322840156	**151212461**	**171627695**	**46325632**	**125302064**	**15722835**
11424999	7138133	4286866	2329438	1957428	1680417
3513017	1844946	1668071	504546	1163525	158278
12278117	5821811	6456306	1846818	4609488	347720
6735681	3815780	2919901	874393	2045508	197672
7119850	3087378	4032472	1051447	2981026	338111
6094038	4057191	2036846	900072	1136774	120325
4896073	2154176	2741897	766387	1975511	139078
5992583	3275840	2716743	936866	1779877	204989
10523444	6546208	3977236	1689431	2287805	378906
19859004	6608821	13250183	2271991	10978192	200765
15939005	7703159	8235846	1823889	6411957	630806
13622834	5385341	8237493	2139051	6098442	884662
8614546	3649738	4964808	1542425	3422383	273578
12996976	3545967	9451009	1702527	7748482	709478
22915427	7861909	15053518	2743810	12309709	235251
21284855	10511823	10773032	2224345	8548688	864785
11108196	4388093	6720102	1460324	5259779	
14737136	7165064	7572072	1956755	5615317	339287
28970391	17922643	11047748	4635169	6412580	1824105
10123459	4132493	5990966	1603064	4387902	1041410
3913698	1302629	2611069	841942	1769128	90633
8749046	4227866	4521180	1684683	2836498	533285
14355240	7789688	6565552	1885386	4680166	742034
10053536	4798482	5255054	1585587	3669468	680910
10921322	4771667	6149655	1225644	4924011	422354
1442790	477513	965277	225599	739678	199459
9396642	4617747	4778895	1169095	3609800	506929
5036482	2179122	2857360	771752	2085608	332507
1754395	696824	1057571	186135	871436	523507
2101602	840805	1260797	425513	835285	160050
6365772	2893605	3472167	1321553	2150614	961542
1314338	810979	503359	245067	258291	48583
2412555	1068599	1343955	232802	1111153	23464
1106900	648471	458428	301775	156654	
3339130	1208169	2130961	446590	1684370	
3905957	3011459	894498	717637	176861	1332330

4-29 教育经费支出明细

地区	合计	个人部分	工资福利支出	对个人和家庭的补助支出	#助学金
合计	**384776304**	**248424993**	**188647517**	**59777476**	**12360292**
北京	13698042	7502489	5100886	2401603	31635
天津	5684801	4010549	2768808	1241741	28911
河北	15316288	10235996	7998756	2237240	487908
山西	9734307	6526811	5380214	1146597	359008
内蒙古	8896621	5647436	4068183	1579252	539769
辽宁	9044848	6394238	4749174	1645064	180566
吉林	5870340	3827698	2602157	1225540	184069
黑龙江	7801718	5518545	3974187	1544358	158579
上海	10509282	5869445	5443105	426339	97510
江苏	24892732	16968132	12966215	4001917	276282
浙江	21298517	14493557	12270919	2222638	311956
安徽	15011808	9222083	7013883	2208201	460413
福建	10335286	7339748	6097322	1242426	126867
江西	11943623	6352563	4656206	1696358	417588
山东	25171851	16855386	13580247	3275140	384484
河南	18217826	10250578	7729421	2521157	790982
湖北	15089589	9797435	7358378	2439057	347333
湖南	15141916	9430282	7403049	2027232	458401
广东	38453438	25218235	18341509	6876725	569080
广西	10511155	6435098	4490328	1944770	609375
海南	3431203	1825781	1526802	298979	79935
重庆	10854008	7026748	4992208	2034540	620876
四川	19234277	13841216	11091491	2749724	1210480
贵州	12359966	7795165	5211150	2584015	983123
云南	11673795	7592090	5436119	2155970	675269
西藏	1827248	1142166	753779	388386	177268
陕西	11094474	6399694	4834213	1565481	568056
甘肃	7541834	5264180	3400250	1863930	415851
青海	2247663	1483926	1129834	354093	100378
宁夏	2450046	1656533	1254746	401787	115305
新疆	9437802	6501191	5023976	1477215	593036
大连	2023037	1416337	1159762	256575	30836
宁波	3025939	1994067	1620295	373772	72966
厦门	1425379	1000450	775554	224896	7288
青岛	3464807	2257713	1728986	528728	38136
深圳	5260161	3054803	2136099	918704	54167

(普通高中)

单位：千元

公用部分	商品和服务支出	其他资本性支出			基本建设支出
			专项公用支出	专项项目支出	
129458483	**63407910**	**66050574**	**18927768**	**47122805**	**6892827**
5125551	3176334	1949217	1074884	874333	1070002
1673090	920916	752174	177852	574322	1161
4942560	2321041	2621519	597954	2023566	137732
3098877	1770385	1328492	390464	938028	108619
3060414	1404125	1656289	400364	1255925	188771
2570657	1773778	796879	265050	531829	79953
1929140	913890	1015251	347119	668132	113502
2229642	1351501	878142	361479	516663	53531
4342729	2500182	1842547	673179	1169368	297108
7857455	2838626	5018829	950597	4068232	67145
6514841	3341927	3172914	857941	2314973	290120
5177624	2210372	2967252	811126	2156126	612101
2958349	1472887	1485462	541941	943521	37188
5368279	1486065	3882214	851695	3030518	222781
8243629	3350177	4893451	1035759	3857692	72836
7631531	4252819	3378712	969014	2409698	335717
5292154	2108347	3183807	636833	2546974	
5623326	2812808	2810518	811275	1999243	88309
12711137	7589286	5121851	1953831	3168019	524067
3659670	1502497	2157173	749802	1407370	416387
1550062	534353	1015710	371492	644217	55359
3685844	1854931	1830912	632784	1198129	141417
5191081	3145642	2045439	742651	1302788	201980
4230406	1831263	2399143	755444	1643698	334395
3924581	1739575	2185007	472024	1712983	157124
607950	153076	454874	116726	338148	77133
4357217	2277779	2079438	530792	1548646	337563
2112321	946599	1165722	285784	879938	165333
633466	276631	356836	58784	298051	130271
688513	295041	393472	132242	261230	105000
2466387	1255057	1211330	370886	840444	470225
558117	396252	161865	47449	114416	48583
1016868	483998	532870	106446	426424	15004
424929	266218	158711	116343	42368	
1207094	531028	676065	172548	503518	
1794166	1387282	406884	319808	87077	411192

4-30 教育经费支出明细

地区	合计	个人部分	工资福利支出	对个人和家庭的补助支出	#助学金
合计	**381589041**	**246489391**	**187210934**	**59278457**	**12276217**
北京	12657740	6898194	4648078	2250116	28055
天津	5684801	4010549	2768808	1241741	28911
河北	15316288	10235996	7998756	2237240	487908
山西	9734307	6526811	5380214	1146597	359008
内蒙古	8896621	5647436	4068183	1579252	539769
辽宁	9044848	6394238	4749174	1645064	180566
吉林	5870340	3827698	2602157	1225540	184069
黑龙江	7696549	5437590	3919227	1518363	156090
上海	10316674	5758156	5337400	420756	96536
江苏	24892732	16968132	12966215	4001917	276282
浙江	21298517	14493557	12270919	2222638	311956
安徽	15011808	9222083	7013883	2208201	460413
福建	10335286	7339748	6097322	1242426	126867
江西	11943623	6352563	4656206	1696358	417588
山东	25171851	16855386	13580247	3275140	384484
河南	18217826	10250578	7729421	2521157	790982
湖北	14858834	9632145	7243096	2389049	347042
湖南	15134518	9425869	7399201	2026667	457836
广东	38427908	25196820	18323485	6873336	568423
广西	10511155	6435098	4490328	1944770	609375
海南	3427611	1822738	1524835	297903	79884
重庆	10736197	6965732	4942120	2023611	620067
四川	19225281	13833990	11084266	2749724	1210480
贵州	12359966	7795165	5211150	2584015	983123
云南	11673795	7592090	5436119	2155970	675269
西藏	1827248	1142166	753779	388386	177268
陕西	10987478	6318177	4767716	1550461	563719
甘肃	7537094	5260040	3396311	1863729	415810
青海	2247663	1483926	1129834	354093	100378
宁夏	2450046	1656533	1254746	401787	115305
新疆	8094440	5710187	4467738	1242449	522754
大连	2023037	1416337	1159762	256575	30836
宁波	3025939	1994067	1620295	373772	72966
厦门	1425379	1000450	775554	224896	7288
青岛	3464807	2257713	1728986	528728	38136
深圳	5260161	3054803	2136099	918704	54167

(地方普通高中)

单位：千元

公用部分	商品和服务支出	其他资本性支出	专项公用支出	专项项目支出	基本建设支出
128385691	**62828627**	**65557064**	**18712963**	**46844102**	**6713959**
4689544	2865099	1824445	952218	872226	1070002
1673090	920916	752174	177852	574322	1161
4942560	2321041	2621519	597954	2023566	137732
3098877	1770385	1328492	390464	938028	108619
3060414	1404125	1656289	400364	1255925	188771
2570657	1773778	796879	265050	531829	79953
1929140	913890	1015251	347119	668132	113502
2205428	1331334	874094	358707	515387	53531
4261409	2447338	1814071	657718	1156353	297108
7857455	2838626	5018829	950597	4068232	67145
6514841	3341927	3172914	857941	2314973	290120
5177624	2210372	2967252	811126	2156126	612101
2958349	1472887	1485462	541941	943521	37188
5368279	1486065	3882214	851695	3030518	222781
8243629	3350177	4893451	1035759	3857692	72836
7631531	4252819	3378712	969014	2409698	335717
5226689	2054294	3172395	628690	2543705	
5620340	2809987	2810353	811110	1999243	88309
12707021	7585921	5121099	1953311	3167788	524067
3659670	1502497	2157173	749802	1407370	416387
1549514	533870	1015643	371464	644180	55359
3629048	1845110	1783939	624888	1159051	141417
5189311	3143959	2045352	742563	1302788	201980
4230406	1831263	2399143	755444	1643698	334395
3924581	1739575	2185007	472024	1712983	157124
607950	153076	454874	116726	338148	77133
4331738	2254187	2077551	528984	1548567	337563
2111721	946269	1165452	285649	879802	165333
633466	276631	356836	58784	298051	130271
688513	295041	393472	132242	261230	105000
2092896	1156166	936730	315762	620968	291357
558117	396252	161865	47449	114416	48583
1016868	483998	532870	106446	426424	15004
424929	266218	158711	116343	42368	
1207094	531028	676065	172548	503518	
1794166	1387282	406884	319808	87077	411192

4-31 教育经费支出明细

地区	合计	个人部分	工资福利支出	对个人和家庭的补助支出	#助学金
合计	**162318520**	**107427203**	**83089548**	**24337655**	**7211111**
北京	1475193	774166	598609	175557	4103
天津	982846	731627	544350	187277	7468
河北	8102611	5212658	4134209	1078450	281742
山西	4925071	3361581	2762934	598647	207230
内蒙古	4274465	2652535	1947216	705319	233852
辽宁	2209454	1574216	1253229	320987	41206
吉林	1758700	1189649	848526	341122	63395
黑龙江	2995759	2051293	1519270	532023	74663
上海	1044217	772908	717017	55890	20385
江苏	8663911	6347055	5025007	1322048	120309
浙江	8363755	6043171	5139408	903763	169295
安徽	9130003	5725388	4415056	1310331	296747
福建	5104500	3727749	3106016	621732	75614
江西	6332532	3462750	2675052	787698	216608
山东	9154650	6286193	5355116	931077	177903
河南	10372392	5665830	4387502	1278328	480129
湖北	4441956	3107719	2439470	668249	173731
湖南	8687664	5596945	4446988	1149957	329617
广东	9176829	5861181	4546922	1314259	190586
广西	5188691	3510690	2414566	1096124	390066
海南	1225282	711391	603147	108244	34710
重庆	4149014	2785025	1972422	812603	313334
四川	10734778	7806649	6182991	1623658	771372
贵州	7944277	5003202	3348903	1654299	739241
云南	6870093	4721519	3391887	1329632	482808
西藏	1146060	687998	473851	214147	118617
陕西	6550181	3738212	2795686	942526	387473
甘肃	4694800	3395752	2289188	1106565	300664
青海	1406241	966320	725350	240971	80071
宁夏	739317	582730	446707	136023	45724
新疆	4473277	3373103	2582954	790148	382451
大连	366905	230463	204525	25938	334
宁波	998390	732226	595982	136243	41299
厦门	95482	78722	62887	15835	951
青岛	321494	257055	204213	52842	4472
深圳					

（农村高中）

单位：千元

公用部分	商品和服务支出	其他资本性支出			基本建设支出
			专项公用支出	专项项目支出	
52665335	**25459977**	**27205358**	**6816084**	**20389274**	**2225981**
665120	346121	318999	119910	199088	35908
251219	138839	112379	49923	62456	
2795051	1207604	1587447	315506	1271941	94902
1462886	913475	549410	169146	380265	100605
1605772	680934	924837	244619	680218	16158
605156	414232	190924	36929	153996	30082
560876	264697	296179	91556	204623	8175
900422	524601	375822	141250	234572	44044
271309	206597	64712	36673	28039	
2316856	887770	1429086	280710	1148376	
2136748	1197337	939411	271589	667822	183837
3369241	1416797	1952444	476863	1475582	35374
1342662	596017	746646	214143	532502	34089
2788370	960732	1827638	270104	1557535	81412
2808402	1219845	1588557	336153	1252404	60055
4588994	2517644	2071350	509415	1561934	117568
1334238	609059	725179	164652	560527	
3027697	1614748	1412949	418456	994493	63022
3278946	1752940	1526006	442385	1083621	36702
1475949	730365	745584	262937	482647	202053
492876	179409	313467	63445	250022	21015
1346637	729725	616912	182949	433963	17353
2832294	1690914	1141379	382508	758871	95835
2628004	1182375	1445629	351601	1094028	313072
2086710	814227	1272484	217209	1055275	61863
381375	77741	303634	91038	212596	76687
2574533	1319557	1254976	259916	995061	237436
1236201	565977	670224	164497	505727	62846
349504	151664	197840	29796	168044	90416
156587	98092	58495	26679	31816	
994699	449940	544759	193527	351232	105475
136441	82702	53739	5487	48252	
266164	133971	132193	34427	97766	
16760	14016	2744	2734	9	
64439	41470	22968	15481	7488	

4-32 教育经费支出明细

地区	合计	个人部分	工资福利支出	对个人和家庭的补助支出	#助学金
合计	**161598266**	**106913090**	**82700940**	**24212150**	**7183975**
北京	1474662	773912	598356	175556	4103
天津	982846	731627	544350	187277	7468
河北	8102611	5212658	4134209	1078450	281742
山西	4925071	3361581	2762934	598647	207230
内蒙古	4274465	2652535	1947216	705319	233852
辽宁	2209454	1574216	1253229	320987	41206
吉林	1758700	1189649	848526	341122	63395
黑龙江	2970526	2032074	1502259	529815	74303
上海	1044217	772908	717017	55890	20385
江苏	8663911	6347055	5025007	1322048	120309
浙江	8363755	6043171	5139408	903763	169295
安徽	9130003	5725388	4415056	1310331	296747
福建	5104500	3727749	3106016	621732	75614
江西	6332532	3462750	2675052	787698	216608
山东	9154650	6286193	5355116	931077	177903
河南	10372392	5665830	4387502	1278328	480129
湖北	4306131	3005436	2369704	635733	173453
湖南	8687664	5596945	4446988	1149957	329617
广东	9151298	5839767	4528898	1310869	189929
广西	5188691	3510690	2414566	1096124	390066
海南	1221690	708348	601180	107168	34659
重庆	4149014	2785025	1972422	812603	313334
四川	10734778	7806649	6182991	1623658	771372
贵州	7944277	5003202	3348903	1654299	739241
云南	6870093	4721519	3391887	1329632	482808
西藏	1146060	687998	473851	214147	118617
陕西	6550181	3738212	2795686	942526	387473
甘肃	4690059	3391612	2285248	1106364	300623
青海	1406241	966320	725350	240971	80071
宁夏	739317	582730	446707	136023	45724
新疆	3948476	3009343	2305307	704035	356702
大连	366905	230463	204525	25938	334
宁波	998390	732226	595982	136243	41299
厦门	95482	78722	62887	15835	951
青岛	321494	257055	204213	52842	4472
深圳					

(地方农村高中)

单位：千元

公用部分	商品和服务支出	其他资本性支出	专项公用支出	专项项目支出	基本建设支出
52496478	**25383250**	**27113228**	**6783221**	**20330008**	**2188697**
664842	345919	318923	119887	199037	35908
251219	138839	112379	49923	62456	
2795051	1207604	1587447	315506	1271941	94902
1462886	913475	549410	169146	380265	100605
1605772	680934	924837	244619	680218	16158
605156	414232	190924	36929	153996	30082
560876	264697	296179	91556	204623	8175
894408	519566	374842	141056	233786	44044
271309	206597	64712	36673	28039	
2316856	887770	1429086	280710	1148376	
2136748	1197337	939411	271589	667822	183837
3369241	1416797	1952444	476863	1475582	35374
1342662	596017	746646	214143	532502	34089
2788370	960732	1827638	270104	1557535	81412
2808402	1219845	1588557	336153	1252404	60055
4588994	2517644	2071350	509415	1561934	117568
1300695	582489	718206	157680	560527	
3027697	1614748	1412949	418456	994493	63022
3274830	1749575	1525255	441865	1083389	36702
1475949	730365	745584	262937	482647	202053
492328	178927	313401	63416	249984	21015
1346637	729725	616912	182949	433963	17353
2832294	1690914	1141379	382508	758871	95835
2628004	1182375	1445629	351601	1094028	313072
2086710	814227	1272484	217209	1055275	61863
381375	77741	303634	91038	212596	76687
2574533	1319557	1254976	259916	995061	237436
1235601	565648	669953	164362	505591	62846
349504	151664	197840	29796	168044	90416
156587	98092	58495	26679	31816	
870942	409197	461744	168536	293208	68191
136441	82702	53739	5487	48252	
266164	133971	132193	34427	97766	
16760	14016	2744	2734	9	
64439	41470	22968	15481	7488	

4-33 教育经费支出明细

地区	合计	个人部分	工资福利支出	对个人和家庭的补助支出	#助学金
合计	**657738661**	**453502992**	**333554766**	**119948225**	**25701743**
北京	18114302	10644869	6940123	3704746	107360
天津	8192279	6195236	4211690	1983546	68121
河北	25858414	18312869	14062470	4250399	874936
山西	13825267	10099410	8232084	1867326	404926
内蒙古	13170868	8962091	6681664	2280427	536119
辽宁	16148500	12584747	8759081	3825666	46987
吉林	10818063	7809334	5244805	2564529	170907
黑龙江	15557357	11574514	7919557	3654957	115495
上海	17444479	11088772	10175764	913008	363731
江苏	43131693	30996524	22029621	8966902	1201430
浙江	33245891	23481040	19064456	4416585	943342
安徽	24726119	16008348	11357514	4650834	830844
福建	18698137	12805552	10670014	2135538	307874
江西	19824128	11708733	8683776	3024957	821473
山东	47987347	33153134	26251484	6901650	888931
河南	39289380	25106032	16637679	8468353	2028770
湖北	24256869	18360719	12585004	5775715	595592
湖南	28683760	19314039	13974371	5339668	1316501
广东	56675575	39097245	28856321	10240924	1045477
广西	20910430	13821617	9334167	4487450	1697307
海南	5864924	3465143	2894557	570586	154804
重庆	15688726	10164146	7157116	3007030	657095
四川	35336881	25628721	20177027	5451694	2048283
贵州	21374036	15204391	10258051	4946340	2094723
云南	24919952	17657980	12227149	5430831	2861215
西藏	3271511	2314345	1511922	802423	495700
陕西	16113646	10868646	7810187	3058460	955562
甘肃	11727528	8635074	5561413	3073661	724074
青海	4325550	2811385	2034679	776705	284112
宁夏	4030033	2561894	1901389	660505	196037
新疆	18527015	13066443	10349633	2716811	864014
大连	3230458	2474237	1969566	504671	20370
宁波	4607307	3203161	2506240	696921	165894
厦门	2256063	1574092	1186325	387767	21002
青岛	6493436	4361400	3226809	1134591	65977
深圳	7772039	4739109	3214497	1524612	148787

(普通初中)

单位：千元

公用部分					基本建设支出
	商品和服务支出	其他资本性支出			
			专项公用支出	专项项目支出	
195093674	**88693353**	**106400321**	**27749428**	**78650893**	**9141996**
6859018	4359025	2499993	1413552	1086441	610415
1839927	924030	915897	326694	589203	157117
7335557	3500770	3834787	1248864	2585923	209988
3636804	2045394	1591409	483929	1107480	89053
4059436	1683253	2376183	651082	1725101	149341
3523381	2283413	1239967	635022	604945	40373
2983153	1253977	1729176	421797	1307379	25576
3831385	1964996	1866389	587014	1279375	151458
6273909	4108404	2165505	1034054	1131451	81797
12001549	3770195	8231355	1321394	6909961	133620
9424164	4361232	5062932	965948	4096984	340686
8445210	3174969	5270241	1327925	3942316	272561
5656196	2176851	3479346	1000484	2478862	236390
7628697	2059902	5568795	850832	4717964	486698
14671798	4511732	10160067	1708050	8452016	162414
13654279	6259932	7394347	1255357	6138990	529069
5896150	2344726	3551423	832348	2719075	
9118743	4356917	4761826	1145752	3616074	250978
16278292	10343146	5935146	2683310	3251836	1300038
6463790	2629996	3833793	853261	2980532	625023
2364508	769043	1595465	470495	1124970	35274
5132711	2389673	2743038	1065591	1677447	391869
9168106	4647792	4520313	1142936	3377378	540054
5823130	2967219	2855912	830142	2025769	346515
6996741	3032093	3964648	753620	3211028	265231
834840	324436	510403	108873	401530	122327
5075633	2373631	2702003	640769	2061233	169367
2925280	1233049	1692231	486262	1205970	167174
1120929	420193	700735	127351	573385	393237
1413090	545764	867326	293271	574055	55050
4657267	1877600	2779667	1083447	1696220	803305
756221	414727	341494	197619	143875	
1395686	584601	811086	126356	684729	8460
681971	382254	299718	185432	114286	
2132036	677140	1454895	274043	1180853	
2111791	1624178	487614	397830	89784	921138

4-34 教育经费支出明细

地区	合计	个人部分	工资福利支出	对个人和家庭的补助支出	#助学金
合计	**655253151**	**451789811**	**332261860**	**119527951**	**25636376**
北京	17844345	10498476	6839067	3659408	106812
天津	8192279	6195236	4211690	1983546	68121
河北	25858414	18312869	14062470	4250399	874936
山西	13825267	10099410	8232084	1867326	404926
内蒙古	13170868	8962091	6681664	2280427	536119
辽宁	16148500	12584747	8759081	3825666	46987
吉林	10766563	7774054	5212764	2561290	170901
黑龙江	15410152	11471538	7838039	3633499	115343
上海	17411429	11067597	10156158	911439	363731
江苏	43131693	30996524	22029621	8966902	1201430
浙江	33245891	23481040	19064456	4416585	943342
安徽	24726119	16008348	11357514	4650834	830844
福建	18698137	12805552	10670014	2135538	307874
江西	19824128	11708733	8683776	3024957	821473
山东	47987347	33153134	26251484	6901650	888931
河南	39281740	25099347	16634793	8464554	2028770
湖北	24222821	18341314	12569502	5771812	595590
湖南	28678986	19311212	13971895	5339317	1316150
广东	56610884	39047475	28811220	10236255	1044912
广西	20910430	13821617	9334167	4487450	1697307
海南	5862805	3463347	2893397	569951	154774
重庆	15648213	10136347	7134355	3001992	656813
四川	35325623	25619639	20167945	5451694	2048283
贵州	21374036	15204391	10258051	4946340	2094723
云南	24919952	17657980	12227149	5430831	2861215
西藏	3271511	2314345	1511922	802423	495700
陕西	16075931	10841661	7789238	3052423	955262
甘肃	11722098	8630163	5556570	3073593	724036
青海	4325550	2811385	2034679	776705	284112
宁夏	4030033	2561894	1901389	660505	196037
新疆	16751406	11808345	9415705	2392640	800923
大连	3230458	2474237	1969566	504671	20370
宁波	4607307	3203161	2506240	696921	165894
厦门	2256063	1574092	1186325	387767	21002
青岛	6493436	4361400	3226809	1134591	65977
深圳	7772039	4739109	3214497	1524612	148787

(地方普通初中)

单位：千元

公用部分	商品和服务支出	其他资本性支出			基本建设支出
			专项公用支出	专项项目支出	
194454465	**88383834**	**106070631**	**27612669**	**78457962**	**9008875**
6735455	4273034	2462421	1377219	1085202	610415
1839927	924030	915897	326694	589203	157117
7335557	3500770	3834787	1248864	2585923	209988
3636804	2045394	1591409	483929	1107480	89053
4059436	1683253	2376183	651082	1725101	149341
3523381	2283413	1239967	635022	604945	40373
2966933	1240286	1726647	419268	1307379	25576
3787155	1944506	1842649	578159	1264490	151458
6262035	4098870	2163165	1031713	1131451	81797
12001549	3770195	8231355	1321394	6909961	133620
9424164	4361232	5062932	965948	4096984	340686
8445210	3174969	5270241	1327925	3942316	272561
5656196	2176851	3479346	1000484	2478862	236390
7628697	2059902	5568795	850832	4717964	486698
14671798	4511732	10160067	1708050	8452016	162414
13653324	6259004	7394320	1255330	6138990	529069
5881507	2333800	3547707	831634	2716074	
9116796	4355077	4761719	1145644	3616074	250978
16263370	10336721	5926649	2681858	3244791	1300038
6463790	2629996	3833793	853261	2980532	625023
2364184	768758	1595426	470478	1124948	35274
5119998	2382756	2737242	1059795	1677447	391869
9165929	4645729	4520200	1142822	3377378	540054
5823130	2967219	2855912	830142	2025769	346515
6996741	3032093	3964648	753620	3211028	265231
834840	324436	510403	108873	401530	122327
5064904	2363560	2701344	640111	2061233	169367
2924761	1232853	1691908	486102	1205806	167174
1120929	420193	700735	127351	573385	393237
1413090	545764	867326	293271	574055	55050
4272876	1737439	2535437	1005791	1529645	670185
756221	414727	341494	197619	143875	
1395686	584601	811086	126356	684729	8460
681971	382254	299718	185432	114286	
2132036	677140	1454895	274043	1180853	
2111791	1624178	487614	397830	89784	921138

4-35 教育经费支出明细

地区	合计	个人部分	工资福利支出	对个人和家庭的补助支出	#助学金
合计	**391592327**	**278313868**	**205057394**	**73256473**	**18759070**
北京	3942091	2198190	1417300	780890	33432
天津	2317713	1950360	1433694	516666	4050
河北	17337346	12029835	9611763	2418072	397902
山西	8968152	6665432	5432691	1232741	322966
内蒙古	8073965	5563015	4139415	1423600	351512
辽宁	6752685	5390715	3827914	1562801	22759
吉林	6242392	4614741	3192490	1422251	146642
黑龙江	8796509	6391115	4478350	1912764	109448
上海	2740224	2093324	1931359	161965	60254
江苏	19710189	15002246	10978038	4024208	125115
浙江	16446203	11989775	9786814	2202961	498604
安徽	19274279	12582844	8819924	3762919	688385
福建	11380906	8119829	6786832	1332998	247738
江西	14546613	8646184	6658104	1988081	431491
山东	28088783	19561026	15768624	3792402	639510
河南	28763360	18753200	12132641	6620559	1646456
湖北	14031409	10905568	7455706	3449862	499914
湖南	21009254	14754639	10645476	4109163	885341
广东	22045823	15723397	12116856	3606542	341438
广西	15211112	10846289	7186016	3660273	1541842
海南	3691647	2227106	1856304	370802	107093
重庆	9151456	6400873	4563640	1837232	529726
四川	25827553	19233070	14893589	4339481	1741247
贵州	17491965	12580006	8496076	4083930	1976846
云南	19442774	14574458	10016255	4558203	2616186
西藏	2486169	1825898	1231411	594487	370691
陕西	10946650	7787203	5436027	2351176	791785
甘肃	9119679	6823263	4500496	2322767	669842
青海	3185575	2101679	1485986	615693	262684
宁夏	2346147	1648729	1218955	429774	145002
新疆	12223707	9329860	7558648	1771212	553169
大连	865775	626826	504615	122210	5254
宁波	1765493	1261674	1006324	255350	60170
厦门	333004	243095	177808	65287	4357
青岛	2048866	1465511	1116312	349200	10472
深圳					

(农村初中)

单位：千元

公用部分					基本建设支出
	商品和服务支出	其他资本性支出			
			专项公用支出	专项项目支出	
108674079	**47807987**	**60866092**	**14009890**	**46856201**	**4604381**
1551625	789892	761734	359478	402256	192276
367353	190327	177026	106616	70410	
5145456	2475000	2670457	843806	1826651	162054
2238759	1285393	953366	272256	681111	63961
2424560	952559	1472001	397042	1074959	86390
1334493	877328	457165	270924	186241	27477
1608843	700466	908378	201835	706542	18807
2263583	1148032	1115550	310866	804684	141812
646900	504976	141924	101940	39984	
4698762	1623828	3074934	499759	2575175	9181
4162380	1955684	2206697	495523	1711173	294048
6448379	2437718	4010661	905381	3105280	243056
3180215	1219653	1960561	545997	1414565	80862
5547597	1453655	4093942	597414	3496528	352831
8454340	2371787	6082553	920359	5162194	73417
9837006	4425455	5411551	800124	4611426	173154
3125841	1188502	1937339	319576	1617764	
6041651	3073524	2968127	691216	2276911	212963
6274867	3717060	2557807	969892	1587915	47558
4100728	1861955	2238773	504706	1734067	264095
1447357	448028	999329	227376	771953	17185
2599714	1381632	1218082	401541	816541	150869
6215679	3108055	3107624	753702	2353922	378804
4657031	2360544	2296487	614524	1681963	254927
4685943	2069969	2615974	508299	2107675	182373
537944	189331	348613	28227	320386	122327
3102984	1391780	1711204	314880	1396324	56463
2149354	919864	1229490	327464	902026	147062
752909	280199	472710	87036	385674	330987
684588	295859	388728	145740	242988	12830
2387237	1109933	1277303	486392	790911	506611
238949	124705	114244	103797	10447	
503820	217830	285990	51409	234582	
89909	28109	61800	30861	30939	
583355	157715	425640	55094	370545	

4-36 教育经费支出明细

地区	合计	个人部分	工资福利支出	对个人和家庭的补助支出	#助学金
合计	**390011783**	**277193147**	**204198179**	**72994968**	**18704300**
北京	3928429	2191179	1411241	779939	33432
天津	2317713	1950360	1433694	516666	4050
河北	17337346	12029835	9611763	2418072	397902
山西	8968152	6665432	5432691	1232741	322966
内蒙古	8073965	5563015	4139415	1423600	351512
辽宁	6752685	5390715	3827914	1562801	22759
吉林	6242392	4614741	3192490	1422251	146642
黑龙江	8719990	6339991	4437357	1902633	109446
上海	2740224	2093324	1931359	161965	60254
江苏	19710189	15002246	10978038	4024208	125115
浙江	16446203	11989775	9786814	2202961	498604
安徽	19274279	12582844	8819924	3762919	688385
福建	11380906	8119829	6786832	1332998	247738
江西	14546613	8646184	6658104	1988081	431491
山东	28088783	19561026	15768624	3792402	639510
河南	28763360	18753200	12132641	6620559	1646456
湖北	14031409	10905568	7455706	3449862	499914
湖南	21009254	14754639	10645476	4109163	885341
广东	21985706	15677006	12074379	3602627	340876
广西	15211112	10846289	7186016	3660273	1541842
海南	3689528	2225310	1855143	370167	107062
重庆	9151456	6400873	4563640	1837232	529726
四川	25827553	19233070	14893589	4339481	1741247
贵州	17491965	12580006	8496076	4083930	1976846
云南	19442774	14574458	10016255	4558203	2616186
西藏	2486169	1825898	1231411	594487	370691
陕西	10946650	7787203	5436027	2351176	791785
甘肃	9114248	6818352	4495653	2322699	669804
青海	3185575	2101679	1485986	615693	262684
宁夏	2346147	1648729	1218955	429774	145002
新疆	10801010	8320371	6794966	1525406	499032
大连	865775	626826	504615	122210	5254
宁波	1765493	1261674	1006324	255350	60170
厦门	333004	243095	177808	65287	4357
青岛	2048866	1465511	1116312	349200	10472
深圳					

(地方农村初中)

单位：千元

公用部分	商品和服务支出	其他资本性支出	专项公用支出	专项项目支出	基本建设支出
108311394	**47680528**	**60630866**	**13942378**	**46688488**	**4507241**
1544973	785041	759932	358916	401016	192276
367353	190327	177026	106616	70410	
5145456	2475000	2670457	843806	1826651	162054
2238759	1285393	953366	272256	681111	63961
2424560	952559	1472001	397042	1074959	86390
1334493	877328	457165	270924	186241	27477
1608843	700466	908378	201835	706542	18807
2238188	1139504	1098684	306182	792502	141812
646900	504976	141924	101940	39984	
4698762	1623828	3074934	499759	2575175	9181
4162380	1955684	2206697	495523	1711173	294048
6448379	2437718	4010661	905381	3105280	243056
3180215	1219653	1960561	545997	1414565	80862
5547597	1453655	4093942	597414	3496528	352831
8454340	2371787	6082553	920359	5162194	73417
9837006	4425455	5411551	800124	4611426	173154
3125841	1188502	1937339	319576	1617764	
6041651	3073524	2968127	691216	2276911	212963
6261143	3711608	2549534	968664	1580871	47558
4100728	1861955	2238773	504706	1734067	264095
1447033	447743	999290	227359	771931	17185
2599714	1381632	1218082	401541	816541	150869
6215679	3108055	3107624	753702	2353922	378804
4657031	2360544	2296487	614524	1681963	254927
4685943	2069969	2615974	508299	2107675	182373
537944	189331	348613	28227	320386	122327
3102984	1391780	1711204	314880	1396324	56463
2148834	919668	1229167	327305	901862	147062
752909	280199	472710	87036	385674	330987
684588	295859	388728	145740	242988	12830
2071167	1001787	1069380	425529	643851	409471
238949	124705	114244	103797	10447	
503820	217830	285990	51409	234582	
89909	28109	61800	30861	30939	
583355	157715	425640	55094	370545	

4-37 教育经费支出明细

地区	合计	个人部分	工资福利支出	对个人和家庭的补助支出	#助学金
合计	**694352**	**386403**	**297522**	**88881**	**451**
北京	42122				
天津	28825	28822	20986	7836	
河北	852				
山西	49				
内蒙古					
辽宁					
吉林	3785	3605	1273	2331	
黑龙江					
上海	37186	28132	26073	2059	296
江苏	257748	113082	74214	38868	155
浙江	235283	140675	119872	20803	
安徽					
福建	37	37	37		
江西					
山东	25470	24872	22063	2809	
河南					
湖北	8888	7785	7291	494	
湖南	2884	1588	1395	193	
广东	51222	37807	24319	13488	
广西					
海南					
重庆					
四川					
贵州					
云南					
西藏					
陕西					
甘肃					
青海					
宁夏					
新疆					
大连					
宁波	1693	1252	1088	164	
厦门					
青岛					
深圳					

(成人中学)

单位：千元

公用部分	商品和服务支出	其他资本性支出			基本建设支出
			专项公用支出	专项项目支出	
307948	**175932**	**132017**	**40606**	**91411**	
42122	12564	29557	22150	7407	
4	4				
852	822	30	30		
49	49				
181	173	7	7		
9054	8567	488	488		
144666	74432	70235	8836	61399	
94608	66166	28442	7160	21282	
599	541	57	42	15	
1103	1095	8	8		
1296	1230	67	67		
13415	10290	3126	1817	1309	
442	345	96	96		

4-38 教育经费支出明细

地区	合计	个人部分	工资福利支出	对个人和家庭的补助支出	#助学金
合计	**1083110601**	**752601426**	**523969393**	**228632033**	**33611485**
北京	31763475	17276388	11579050	5697338	156501
天津	12166434	8927867	6009384	2918483	77318
河北	47482315	34298835	24398318	9900517	777888
山西	23450019	17491802	13294853	4196950	433999
内蒙古	24415579	17984079	11836460	6147619	607711
辽宁	23783488	18551974	11978746	6573228	52675
吉林	18712798	13642359	8632589	5009770	189183
黑龙江	23105963	17975713	10548195	7427518	273743
上海	23742477	14685438	13415912	1269527	549152
江苏	70514840	48905187	32182038	16723149	832659
浙江	52521223	37310897	29016188	8294709	1334217
安徽	42353979	28263576	17540822	10722754	935959
福建	31246454	21392258	17077228	4315031	273121
江西	36486284	22458528	15609614	6848914	912630
山东	64953114	44871462	35357695	9513767	855061
河南	58926450	37473732	26435577	11038155	2533989
湖北	36047105	25773514	17356045	8417468	873732
湖南	43413283	28557648	20985428	7572221	1694675
广东	101361107	70465862	48429281	22036581	2052558
广西	38338280	27232326	17151953	10080373	1645207
海南	10229817	6789023	5712587	1076436	231351
重庆	27563850	18335864	11252624	7083241	838048
四川	57890568	41787142	30741291	11045852	3951583
贵州	35841208	27367662	17149598	10218064	2188096
云南	44234954	33257067	21472803	11784264	3896750
西藏	8074367	5147725	3292042	1855683	1131985
陕西	27612653	17921517	11588995	6332522	1500330
甘肃	22607495	16803633	9467342	7336291	1041146
青海	7375634	4861382	3380743	1480639	522953
宁夏	6709968	4373994	3149086	1224908	254188
新疆	30185422	22416971	17926907	4490064	993075
大连	4455141	3106839	2478551	628287	31281
宁波	7639109	5123317	3921370	1201946	187696
厦门	4079201	3091182	2377519	713663	34281
青岛	9346119	6270199	4474958	1795241	91474
深圳	15971763	9678900	6725266	2953635	350899

(小学)

单位：千元

公用部分					基本建设支出
	商品和服务支出	其他资本性支出			
			专项公用支出	专项项目支出	
316659154	**148520074**	**168139080**	**44737517**	**123401563**	**13850021**
12179295	8209490	3969805	2427278	1542526	2307793
3238567	1597563	1641004	403928	1237076	
13029213	6191245	6837968	2324191	4513777	154267
5878792	3302480	2576312	906260	1670052	79425
6255590	2728787	3526803	1002056	2524747	175910
5158554	3274240	1884314	851848	1032467	72959
4990609	2101445	2889164	798559	2090605	79830
4885212	2475529	2409683	689576	1720107	245037
9030017	6125531	2904486	1416175	1488311	27021
21574920	6587234	14987686	2441388	12546298	34733
14570946	6875180	7695765	1708677	5987088	639381
13823431	4969843	8853589	1993126	6860463	266972
9682859	4018274	5664584	1451660	4212924	171336
13485257	3845570	9639686	1649295	7990391	542499
19961630	7181772	12779858	2834812	9945046	120021
20723066	10751564	9971502	1700483	8271019	729651
10273592	4163271	6110321	1256713	4853608	
14540038	6552195	7987843	1939834	6048009	315597
29251013	18568204	10682809	5011614	5671195	1644232
10363796	4336284	6027512	1418195	4609317	742158
3389883	1324574	2065309	712754	1352555	50911
8538291	4408622	4129669	1313127	2816542	689695
15276893	7479060	7797832	2009684	5788148	826533
8172071	4565105	3606967	1160468	2446499	301475
10677421	4904472	5772949	1266343	4506606	300466
2364368	741576	1622792	182581	1440211	562275
9238540	4297124	4941416	1210539	3730877	452596
5453892	2191178	3262715	1045974	2216741	349970
1640196	767351	872845	247437	625408	874056
2247924	935794	1312130	367271	944859	88050
6763278	3049517	3713761	995670	2718091	1005173
1328210	714040	614169	374057	240112	20093
2351843	916107	1435736	228678	1207058	163950
988019	501055	486964	251671	235293	
3075920	1276474	1799446	559579	1239868	
5095420	4059089	1036331	878359	157972	1197443

4-39 教育经费支出明细

地区	合计	个人部分	工资福利支出	对个人和家庭的补助支出	#助学金
合计	**1079264318**	**749937041**	**521917063**	**228019979**	**33513410**
北京	31361852	17040743	11393449	5647294	155762
天津	12133190	8900523	5993044	2907480	77318
河北	47482315	34298835	24398318	9900517	777888
山西	23450019	17491802	13294853	4196950	433999
内蒙古	24415579	17984079	11836460	6147619	607711
辽宁	23783488	18551974	11978746	6573228	52675
吉林	18712798	13642359	8632589	5009770	189183
黑龙江	22921373	17843503	10449749	7393753	273637
上海	23730341	14676958	13408156	1268803	549152
江苏	70514840	48905187	32182038	16723149	832659
浙江	52521223	37310897	29016188	8294709	1334217
安徽	42353979	28263576	17540822	10722754	935959
福建	31246454	21392258	17077228	4315031	273121
江西	36486284	22458528	15609614	6848914	912630
山东	64953114	44871462	35357695	9513767	855061
河南	58914208	37463021	26430953	11032068	2533989
湖北	35943920	25707386	17303915	8403470	873732
湖南	43409899	28556898	20984684	7572214	1694675
广东	101274156	70388816	48357344	22031473	2051859
广西	38338280	27232326	17151953	10080373	1645207
海南	10222754	6783039	5708719	1074319	231250
重庆	27530136	18312645	11234905	7077741	838048
四川	57880988	41779483	30734097	11045386	3951546
贵州	35841208	27367662	17149598	10218064	2188096
云南	44234954	33257067	21472803	11784264	3896750
西藏	8074367	5147725	3292042	1855683	1131985
陕西	27522619	17845661	11520591	6325070	1500330
甘肃	22593613	16792139	9456130	7336010	1041056
青海	7375634	4861382	3380743	1480639	522953
宁夏	6709968	4373994	3149086	1224908	254188
新疆	27330767	20435111	16420551	4014560	896774
大连	4455141	3106839	2478551	628287	31281
宁波	7639109	5123317	3921370	1201946	187696
厦门	4079201	3091182	2377519	713663	34281
青岛	9346119	6270199	4474958	1795241	91474
深圳	15971763	9678900	6725266	2953635	350899

(地方小学)

单位：千元

公用部分	商品和服务支出	其他资本性支出			基本建设支出
			专项公用支出	专项项目支出	
315664701	**148115083**	**167549619**	**44544586**	**123005032**	**13662575**
12013316	8120684	3892632	2391304	1501329	2307793
3232667	1594897	1637770	402644	1235126	
13029213	6191245	6837968	2324191	4513777	154267
5878792	3302480	2576312	906260	1670052	79425
6255590	2728787	3526803	1002056	2524747	175910
5158554	3274240	1884314	851848	1032467	72959
4990609	2101445	2889164	798559	2090605	79830
4839665	2454672	2384993	679778	1705216	238205
9026361	6122619	2903743	1415432	1488311	27021
21574920	6587234	14987686	2441388	12546298	34733
14570946	6875180	7695765	1708677	5987088	639381
13823431	4969843	8853589	1993126	6860463	266972
9682859	4018274	5664584	1451660	4212924	171336
13485257	3845570	9639686	1649295	7990391	542499
19961630	7181772	12779858	2834812	9945046	120021
20721536	10750076	9971460	1700441	8271019	729651
10236534	4135809	6100726	1253214	4847512	
14537404	6550633	7986771	1938762	6048009	315597
29241108	18560928	10680180	5010457	5669723	1644232
10363796	4336284	6027512	1418195	4609317	742158
3388804	1323625	2065179	712698	1352481	50911
8527795	4404800	4122996	1306453	2816542	689695
15274972	7477200	7797772	2009624	5788148	826533
8172071	4565105	3606967	1160468	2446499	301475
10677421	4904472	5772949	1266343	4506606	300466
2364368	741576	1622792	182581	1440211	562275
9224362	4284720	4939642	1208811	3730831	452596
5451503	2190064	3261439	1044948	2216491	349970
1640196	767351	872845	247437	625408	874056
2247924	935794	1312130	367271	944859	88050
6071097	2817706	3253392	865855	2387537	824559
1328210	714040	614169	374057	240112	20093
2351843	916107	1435736	228678	1207058	163950
988019	501055	486964	251671	235293	
3075920	1276474	1799446	559579	1239868	
5095420	4059089	1036331	878359	157972	1197443

4-40 教育经费支出明细

地区	合计	个人部分	工资福利支出	对个人和家庭的补助支出	#助学金
合计	1083094443	752588814	523957375	228631440	33611485
北京	31763475	17276388	11579050	5697338	156501
天津	12166434	8927867	6009384	2918483	77318
河北	47482315	34298835	24398318	9900517	777888
山西	23450019	17491802	13294853	4196950	433999
内蒙古	24415579	17984079	11836460	6147619	607711
辽宁	23783488	18551974	11978746	6573228	52675
吉林	18712798	13642359	8632589	5009770	189183
黑龙江	23105963	17975713	10548195	7427518	273743
上海	23742477	14685438	13415912	1269527	549152
江苏	70514840	48905187	32182038	16723149	832659
浙江	52521223	37310897	29016188	8294709	1334217
安徽	42353979	28263576	17540822	10722754	935959
福建	31236807	21384812	17070203	4314608	273121
江西	36486284	22458528	15609614	6848914	912630
山东	64953114	44871462	35357695	9513767	855061
河南	58926450	37473732	26435577	11038155	2533989
湖北	36047105	25773514	17356045	8417468	873732
湖南	43413283	28557648	20985428	7572221	1694675
广东	101361107	70465862	48429281	22036581	2052558
广西	38334724	27229679	17149306	10080373	1645207
海南	10229817	6789023	5712587	1076436	231351
重庆	27561557	18333975	11250833	7083142	838048
四川	57889906	41786513	30740734	11045779	3951583
贵州	35841208	27367662	17149598	10218064	2188096
云南	44234954	33257067	21472803	11784264	3896750
西藏	8074367	5147725	3292042	1855683	1131985
陕西	27612653	17921517	11588995	6332522	1500330
甘肃	22607495	16803633	9467342	7336291	1041146
青海	7375634	4861382	3380743	1480639	522953
宁夏	6709968	4373994	3149086	1224908	254188
新疆	30185422	22416971	17926907	4490064	993075
大连	4455141	3106839	2478551	628287	31281
宁波	7639109	5123317	3921370	1201946	187696
厦门	4079201	3091182	2377519	713663	34281
青岛	9346119	6270199	4474958	1795241	91474
深圳	15971763	9678900	6725266	2953635	350899

（普通小学）

单位：千元

公用部分	商品和服务支出	其他资本性支出	专项公用支出	专项项目支出	基本建设支出
316655608	**148518263**	**168137345**	**44736658**	**123400687**	**13850021**
12179295	8209490	3969805	2427278	1542526	2307793
3238567	1597563	1641004	403928	1237076	
13029213	6191245	6837968	2324191	4513777	154267
5878792	3302480	2576312	906260	1670052	79425
6255590	2728787	3526803	1002056	2524747	175910
5158554	3274240	1884314	851848	1032467	72959
4990609	2101445	2889164	798559	2090605	79830
4885212	2475529	2409683	689576	1720107	245037
9030017	6125531	2904486	1416175	1488311	27021
21574920	6587234	14987686	2441388	12546298	34733
14570946	6875180	7695765	1708677	5987088	639381
13823431	4969843	8853589	1993126	6860463	266972
9680659	4016950	5663708	1451660	4212048	171336
13485257	3845570	9639686	1649295	7990391	542499
19961630	7181772	12779858	2834812	9945046	120021
20723066	10751564	9971502	1700483	8271019	729651
10273592	4163271	6110321	1256713	4853608	
14540038	6552195	7987843	1939834	6048009	315597
29251013	18568204	10682809	5011614	5671195	1644232
10362887	4336234	6026654	1417337	4609317	742158
3389883	1324574	2065309	712754	1352555	50911
8537887	4408218	4129669	1313127	2816542	689695
15276859	7479027	7797832	2009684	5788148	826533
8172071	4565105	3606967	1160468	2446499	301475
10677421	4904472	5772949	1266343	4506606	300466
2364368	741576	1622792	182581	1440211	562275
9238540	4297124	4941416	1210539	3730877	452596
5453892	2191178	3262715	1045974	2216741	349970
1640196	767351	872845	247437	625408	874056
2247924	935794	1312130	367271	944859	88050
6763278	3049517	3713761	995670	2718091	1005173
1328210	714040	614169	374057	240112	20093
2351843	916107	1435736	228678	1207058	163950
988019	501055	486964	251671	235293	
3075920	1276474	1799446	559579	1239868	
5095420	4059089	1036331	878359	157972	1197443

4-41 教育经费支出明细

地区	合计	个人部分	工资福利支出	对个人和家庭的补助支出	#助学金
合计	**1079248160**	**749924429**	**521905044**	**228019385**	**33513410**
北京	31361852	17040743	11393449	5647294	155762
天津	12133190	8900523	5993044	2907480	77318
河北	47482315	34298835	24398318	9900517	777888
山西	23450019	17491802	13294853	4196950	433999
内蒙古	24415579	17984079	11836460	6147619	607711
辽宁	23783488	18551974	11978746	6573228	52675
吉林	18712798	13642359	8632589	5009770	189183
黑龙江	22921373	17843503	10449749	7393753	273637
上海	23730341	14676958	13408156	1268803	549152
江苏	70514840	48905187	32182038	16723149	832659
浙江	52521223	37310897	29016188	8294709	1334217
安徽	42353979	28263576	17540822	10722754	935959
福建	31236807	21384812	17070203	4314608	273121
江西	36486284	22458528	15609614	6848914	912630
山东	64953114	44871462	35357695	9513767	855061
河南	58914208	37463021	26430953	11032068	2533989
湖北	35943920	25707386	17303915	8403470	873732
湖南	43409899	28556898	20984684	7572214	1694675
广东	101274156	70388816	48357344	22031473	2051859
广西	38334724	27229679	17149306	10080373	1645207
海南	10222754	6783039	5708719	1074319	231250
重庆	27527843	18310756	11233114	7077642	838048
四川	57880326	41778854	30733541	11045314	3951546
贵州	35841208	27367662	17149598	10218064	2188096
云南	44234954	33257067	21472803	11784264	3896750
西藏	8074367	5147725	3292042	1855683	1131985
陕西	27522619	17845661	11520591	6325070	1500330
甘肃	22593613	16792139	9456130	7336010	1041056
青海	7375634	4861382	3380743	1480639	522953
宁夏	6709968	4373994	3149086	1224908	254188
新疆	27330767	20435111	16420551	4014560	896774
大连	4455141	3106839	2478551	628287	31281
宁波	7639109	5123317	3921370	1201946	187696
厦门	4079201	3091182	2377519	713663	34281
青岛	9346119	6270199	4474958	1795241	91474
深圳	15971763	9678900	6725266	2953635	350899

(地方普通小学)

单位：千元

公用部分	商品和服务支出	其他资本性支出	专项公用支出	专项项目支出	基本建设支出
315661156	**148113272**	**167547884**	**44543728**	**123004156**	**13662575**
12013316	8120684	3892632	2391304	1501329	2307793
3232667	1594897	1637770	402644	1235126	
13029213	6191245	6837968	2324191	4513777	154267
5878792	3302480	2576312	906260	1670052	79425
6255590	2728787	3526803	1002056	2524747	175910
5158554	3274240	1884314	851848	1032467	72959
4990609	2101445	2889164	798559	2090605	79830
4839665	2454672	2384993	679778	1705216	238205
9026361	6122619	2903743	1415432	1488311	27021
21574920	6587234	14987686	2441388	12546298	34733
14570946	6875180	7695765	1708677	5987088	639381
13823431	4969843	8853589	1993126	6860463	266972
9680659	4016950	5663708	1451660	4212048	171336
13485257	3845570	9639686	1649295	7990391	542499
19961630	7181772	12779858	2834812	9945046	120021
20721536	10750076	9971460	1700441	8271019	729651
10236534	4135809	6100726	1253214	4847512	
14537404	6550633	7986771	1938762	6048009	315597
29241108	18560928	10680180	5010457	5669723	1644232
10362887	4336234	6026654	1417337	4609317	742158
3388804	1323625	2065179	712698	1352481	50911
8527392	4404396	4122996	1306453	2816542	689695
15274939	7477166	7797772	2009624	5788148	826533
8172071	4565105	3606967	1160468	2446499	301475
10677421	4904472	5772949	1266343	4506606	300466
2364368	741576	1622792	182581	1440211	562275
9224362	4284720	4939642	1208811	3730831	452596
5451503	2190064	3261439	1044948	2216491	349970
1640196	767351	872845	247437	625408	874056
2247924	935794	1312130	367271	944859	88050
6071097	2817706	3253392	865855	2387537	824559
1328210	714040	614169	374057	240112	20093
2351843	916107	1435736	228678	1207058	163950
988019	501055	486964	251671	235293	
3075920	1276474	1799446	559579	1239868	
5095420	4059089	1036331	878359	157972	1197443

4-42 教育经费支出明细

地区	合计	个人部分	工资福利支出	对个人和家庭的补助支出	#助学金
合计	**690677010**	**501459176**	**344598195**	**156860982**	**26503745**
北京	6062908	3549983	2276120	1273863	42183
天津	3044877	2545594	1787116	758478	3622
河北	36226577	26056048	18789442	7266606	394694
山西	16854711	12968514	9777622	3190893	379392
内蒙古	17726501	13573841	8642720	4931121	450332
辽宁	11407139	9461184	5915903	3545281	20373
吉林	12101640	9214738	5943267	3271470	166350
黑龙江	15252433	11991123	7025732	4965391	269454
上海	3834132	2931353	2699271	232082	90875
江苏	36212161	26207544	16718258	9489286	265798
浙江	27906916	20440214	15738262	4701952	763059
安徽	33916310	23196076	14015825	9180251	832593
福建	18880088	13654395	10733393	2921002	216914
江西	28651852	17769410	12516406	5253003	517792
山东	39717625	28337738	22778154	5559584	586099
河南	44921967	29500227	20668310	8831917	2162275
湖北	22000438	15975364	10841223	5134142	758049
湖南	30920932	21676812	16046901	5629911	1289977
广东	40739096	30021292	20313238	9708054	699671
广西	30031846	22627747	13945313	8682434	1576466
海南	7327323	5106086	4258103	847983	194100
重庆	17333633	12414112	7532740	4881372	753157
四川	44858324	33322614	23902730	9419884	3676939
贵州	30001343	23634344	14839914	8794430	2097447
云南	36858060	28807654	18408988	10398666	3653016
西藏	7015317	4451426	2871781	1579646	999299
陕西	19551038	13528989	8485676	5043312	1241831
甘肃	18461956	13966573	7986949	5979624	973870
青海	5940852	3956755	2678771	1277984	506532
宁夏	4487112	3154984	2275787	879197	205494
新疆	22431902	17416442	14184280	3232162	716091
大连	1040917	778810	624280	154530	7484
宁波	3230778	2192604	1687444	505160	89215
厦门	708150	594841	382260	212581	7015
青岛	2766506	2134576	1551531	583045	11341
深圳					

（农村小学）

单位：千元

公用部分	商品和服务支出	其他资本性支出			基本建设支出
			专项公用支出	专项项目支出	
182335892	**82617992**	**99717900**	**23946622**	**75771278**	**6881942**
2244490	1143644	1100846	512518	588328	268435
499283	356883	142400	55873	86526	
10032383	4779123	5253260	1717393	3535867	138146
3833283	2219143	1614141	474352	1139789	52914
4036624	1681320	2355304	630039	1725265	116036
1904698	1298294	606404	252054	354350	41257
2827648	1271261	1556386	473772	1082615	59255
3101897	1570225	1531672	356057	1175616	159412
902779	740503	162276	110678	51599	
9993971	3137591	6856380	1141800	5714581	10646
7075889	3250176	3825713	867749	2957964	390813
10489891	3897035	6592856	1561981	5030876	230343
5105940	2392883	2713058	693446	2019612	119753
10455678	2888850	7566828	1302320	6264508	426765
11273972	3922684	7351288	1595851	5755437	105915
15201156	8117697	7083459	1055630	6027829	220584
6025073	2256907	3768166	589185	3178981	
8979667	4520829	4458838	1034888	3423950	264453
10645632	6154979	4490653	1902986	2587667	72172
6946704	3238344	3708361	904661	2803699	457395
2176168	814100	1362067	441976	920091	45069
4790134	2455667	2334468	663460	1671007	129387
10996390	5319749	5676641	1223511	4453130	539321
6111790	3446637	2665153	852075	1813078	255209
7896086	3591434	4304652	952416	3352236	154320
2081615	585268	1496348	139698	1356650	482275
5694964	2739508	2955456	529970	2425486	327086
4209937	1658899	2551039	872836	1678203	285445
1265534	570203	695331	159235	536096	718563
1299188	578039	721149	226135	495014	32940
4237426	2020118	2217308	652079	1565229	778033
262107	202988	59119	47387	11732	
1038174	367694	670480	87560	582919	
113309	67900	45409	10730	34680	
631930	260514	371416	98494	272922	

4-43 教育经费支出明细

地区	合计	个人部分			
			工资福利支出	对个人和家庭的补助支出	
					#助学金
合计	**687942731**	**499544311**	**343113647**	**156430663**	**26414305**
北京	5988644	3511875	2243183	1268693	42183
天津	3044877	2545594	1787116	758478	3622
河北	36226577	26056048	18789442	7266606	394694
山西	16854711	12968514	9777622	3190893	379392
内蒙古	17726501	13573841	8642720	4931121	450332
辽宁	11407139	9461184	5915903	3545281	20373
吉林	12101640	9214738	5943267	3271470	166350
黑龙江	15126424	11900721	6957633	4943089	269454
上海	3834132	2931353	2699271	232082	90875
江苏	36212161	26207544	16718258	9489286	265798
浙江	27906916	20440214	15738262	4701952	763059
安徽	33916310	23196076	14015825	9180251	832593
福建	18880088	13654395	10733393	2921002	216914
江西	28651852	17769410	12516406	5253003	517792
山东	39717625	28337738	22778154	5559584	586099
河南	44921967	29500227	20668310	8831917	2162275
湖北	22000438	15975364	10841223	5134142	758049
湖南	30920932	21676812	16046901	5629911	1289977
广东	40663964	29954689	20250987	9703702	699041
广西	30031846	22627747	13945313	8682434	1576466
海南	7320260	5100102	4254235	845867	193999
重庆	17333633	12414112	7532740	4881372	753157
四川	44858324	33322614	23902730	9419884	3676939
贵州	30001343	23634344	14839914	8794430	2097447
云南	36858060	28807654	18408988	10398666	3653016
西藏	7015317	4451426	2871781	1579646	999299
陕西	19551038	13528989	8485676	5043312	1241831
甘肃	18448074	13955080	7975737	5979343	973779
青海	5940852	3956755	2678771	1277984	506532
宁夏	4487112	3154984	2275787	879197	205494
新疆	19993972	15714167	12878101	2836066	627472
大连	1040917	778810	624280	154530	7484
宁波	3230778	2192604	1687444	505160	89215
厦门	708150	594841	382260	212581	7015
青岛	2766506	2134576	1551531	583045	11341
深圳					

(地方农村小学)

单位：千元

公用部分	商品和服务支出	其他资本性支出	专项公用支出	专项项目支出	基本建设支出
181651299	**82375257**	**99276042**	**23827024**	**75449018**	**6747121**
2208334	1117278	1091056	509465	581591	268435
499283	356883	142400	55873	86526	
10032383	4779123	5253260	1717393	3535867	138146
3833283	2219143	1614141	474352	1139789	52914
4036624	1681320	2355304	630039	1725265	116036
1904698	1298294	606404	252054	354350	41257
2827648	1271261	1556386	473772	1082615	59255
3066603	1555833	1510769	349005	1161764	159100
902779	740503	162276	110678	51599	
9993971	3137591	6856380	1141800	5714581	10646
7075889	3250176	3825713	867749	2957964	390813
10489891	3897035	6592856	1561981	5030876	230343
5105940	2392883	2713058	693446	2019612	119753
10455678	2888850	7566828	1302320	6264508	426765
11273972	3922684	7351288	1595851	5755437	105915
15201156	8117697	7083459	1055630	6027829	220584
6025073	2256907	3768166	589185	3178981	
8979667	4520829	4458838	1034888	3423950	264453
10637103	6148861	4488242	1902047	2586195	72172
6946704	3238344	3708361	904661	2803699	457395
2175089	813152	1361937	441920	920017	45069
4790134	2455667	2334468	663460	1671007	129387
10996390	5319749	5676641	1223511	4453130	539321
6111790	3446637	2665153	852075	1813078	255209
7896086	3591434	4304652	952416	3352236	154320
2081615	585268	1496348	139698	1356650	482275
5694964	2739508	2955456	529970	2425486	327086
4207549	1657785	2549763	871810	1677953	285445
1265534	570203	695331	159235	536096	718563
1299188	578039	721149	226135	495014	32940
3636281	1826321	1809960	544606	1265353	643525
262107	202988	59119	47387	11732	
1038174	367694	670480	87560	582919	
113309	67900	45409	10730	34680	
631930	260514	371416	98494	272922	

4-44 教育经费支出明细

地区	合计	个人部分	工资福利支出	对个人和家庭的补助支出	#助学金
合计	**16158**	**12612**	**12019**	**593**	
北京					
天津					
河北					
山西					
内蒙古					
辽宁					
吉林					
黑龙江					
上海					
江苏					
浙江					
安徽					
福建	9647	7447	7024	422	
江西					
山东					
河南					
湖北					
湖南					
广东					
广西	3556	2647	2647		
海南					
重庆	2293	1889	1791	98	
四川	662	629	557	72	
贵州					
云南					
西藏					
陕西					
甘肃					
青海					
宁夏					
新疆					
大连					
宁波					
厦门					
青岛					
深圳					

(成人小学)

单位：千元

公用部分	商品和服务支出	其他资本性支出			基本建设支出
			专项公用支出	专项项目支出	
3546	**1811**	**1735**	**859**	**876**	
2200	1324	876		876	
909	50	859	859		
404	404				
33	33				

4-45 教育经费支出明细

地 区	合 计	个人部分	工资福利支出	对个人和家庭的补助支出	#助学金
合 计	**13608963**	**8393306**	**6222372**	**2170934**	**270967**
北 京	512369	358261	232029	126232	2008
天 津	332669	177828	118882	58946	173
河 北	498468	355217	286459	68759	7217
山 西	285288	182779	151481	31299	2735
内蒙古	275920	191753	149504	42249	4725
辽 宁	547067	397587	260781	136807	13992
吉 林	320291	225370	135289	90081	3521
黑龙江	453775	300539	177231	123308	6122
上 海	829132	524874	481858	43016	11314
江 苏	1002430	680837	470739	210098	16594
浙 江	796483	473218	384990	88228	13737
安 徽	414829	191043	136084	54959	9237
福 建	452499	294909	231101	63808	19558
江 西	289013	150726	113085	37641	5161
山 东	1050087	693309	533514	159795	24942
河 南	512416	332865	243524	89341	9941
湖 北	458201	269832	181988	87843	8354
湖 南	421531	246815	194150	52664	12476
广 东	1423432	763139	536684	226456	11184
广 西	292608	156633	117084	39549	7564
海 南	92435	37018	30965	6052	2867
重 庆	223630	137504	93590	43914	10874
四 川	528122	345378	277322	68056	20611
贵 州	417923	218815	155100	63714	9279
云 南	343498	207173	159481	47692	14713
西 藏	89160	46622	35548	11075	4404
陕 西	249767	144563	113889	30673	6244
甘 肃	162451	92326	58540	33785	2647
青 海	79529	32872	26368	6504	2017
宁 夏	80734	41626	33334	8292	2508
新 疆	173209	121874	101777	20097	4247
大 连	108075	84916	65148	19768	6027
宁 波	118426	63777	50441	13335	2106
厦 门	56485	38677	28527	10150	1744
青 岛	200857	144064	99115	44949	6746
深 圳	147737	83439	64256	19182	60

(特殊教育)

单位：千元

公用部分	商品和服务支出	其他资本性支出	专项公用支出	专项项目支出	基本建设支出
5086756	**2497748**	**2589007**	**1037362**	**1551645**	**128901**
154108	89650	64457	41370	23087	
151743	133421	18321	11421	6900	3098
142801	81081	61720	39617	22103	450
96986	48282	48704	27115	21589	5522
84167	51761	32405	15261	17144	
149479	114844	34635	26028	8607	
93243	48400	44843	24974	19869	1678
153237	60252	92984	48248	44737	
292187	176744	115443	45951	69492	12071
321593	127572	194020	51930	142091	
313226	147260	165966	49559	116407	10039
223785	70115	153670	55584	98086	
157590	66283	91307	28992	62315	
135096	54300	80796	25761	55035	3190
356779	139301	217477	61690	155788	
179551	93358	86194	23016	63177	
188369	99102	89267	24572	64695	
160716	74791	85924	63485	22439	14000
649472	312413	337059	148087	188972	10820
129693	55217	74476	24265	50211	6282
46922	13639	33283	4032	29252	8496
86126	58250	27876	15991	11885	
175144	119463	55681	34027	21654	7600
198342	73025	125316	22092	103224	767
136325	60665	75660	23709	51951	
37537	7973	29564	23897	5667	5000
105204	45237	59968	28843	31125	
49503	22446	27058	9604	17453	20622
28934	9814	19120	12668	6452	17722
39109	11715	27394	16371	11023	
49789	31373	18416	9202	9214	1545
23159	21902	1256	1256		
54649	21192	33457	5188	28269	
17808	12819	4989	3215	1774	
56793	34524	22269	11425	10844	
60499	42746	17753	17753		3800

4-46 教育经费支出明细

地区	合计	个人部分	工资福利支出	对个人和家庭的补助支出	#助学金
合计	**12932907**	**7964591**	**5902821**	**2061769**	**266198**
北京	412034	282784	187749	95035	1541
天津	307313	156162	106813	49348	173
河北	498468	355217	286459	68759	7217
山西	266703	171643	141140	30503	2735
内蒙古	275920	191753	149504	42249	4725
辽宁	496949	354897	234879	120019	13992
吉林	308357	219066	131815	87252	3515
黑龙江	448218	297552	174948	122604	6104
上海	683505	416186	381539	34648	9850
江苏	1002430	680837	470739	210098	16594
浙江	733130	461013	375174	85839	13537
安徽	403237	181871	129102	52769	9237
福建	452499	294909	231101	63808	19558
江西	283008	146446	109269	37177	5161
山东	1050087	693309	533514	159795	24942
河南	496327	323124	237485	85640	9926
湖北	442008	261082	176899	84183	7871
湖南	407154	236850	186264	50586	12476
广东	1372567	740713	519106	221606	11184
广西	286013	152053	113711	38342	7562
海南	92435	37018	30965	6052	2867
重庆	216266	132257	90366	41891	10546
四川	470279	316715	252204	64511	20378
贵州	376822	190624	135007	55617	8261
云南	333585	198819	152489	46331	14396
西藏	89160	46622	35548	11075	4404
陕西	236196	137951	110132	27818	6244
甘肃	162451	92326	58540	33785	2647
青海	79529	32872	26368	6504	2017
宁夏	80734	41626	33334	8292	2508
新疆	169527	120294	100660	19634	4030
大连	100187	78107	59683	18424	6027
宁波	118426	63777	50441	13335	2106
厦门	56485	38677	28527	10150	1744
青岛	200857	144064	99115	44949	6746
深圳	140330	79220	60769	18452	60

(特殊教育学校)

单位：千元

公用部分	商品和服务支出	其他资本性支出			基本建设支出
			专项公用支出	专项项目支出	
4845416	**2357459**	**2487957**	**995454**	**1492503**	**122901**
129250	67849	61401	38314	23087	
148053	130328	17725	11197	6528	3098
142801	81081	61720	39617	22103	450
89537	44679	44859	25542	19317	5522
84167	51761	32405	15261	17144	
142052	107972	34080	25571	8509	
87613	47389	40224	21975	18249	1678
150666	58339	92327	47590	44737	
255248	148365	106883	38561	68322	12071
321593	127572	194020	51930	142091	
262078	143665	118413	45930	72483	10039
221366	68309	153056	54970	98086	
157590	66283	91307	28992	62315	
133372	52936	80436	25515	54921	3190
356779	139301	217477	61690	155788	
173203	88513	84690	21512	63177	
180926	92767	88159	23464	64695	
156304	72251	84052	62191	21861	14000
621034	293605	327429	143237	184192	10820
127679	53863	73816	23605	50211	6282
46922	13639	33283	4032	29252	8496
84009	56419	27590	15887	11703	
151964	106888	45076	25034	20042	1600
185432	62378	123053	20115	102938	767
134766	59251	75515	23659	51856	
37537	7973	29564	23897	5667	5000
98245	40605	57640	28555	29085	
49503	22446	27058	9604	17453	20622
28934	9814	19120	12668	6452	17722
39109	11715	27394	16371	11023	
47688	29503	18185	8971	9214	1545
22081	20842	1239	1239		
54649	21192	33457	5188	28269	
17808	12819	4989	3215	1774	
56793	34524	22269	11425	10844	
57309	40179	17130	17130		3800

4-47 教育经费支出明细

地 区	合 计	个人部分	工资福利支出	对个人和家庭的补助支出	#助学金
合 计	**676055**	**428716**	**319551**	**109165**	**4769**
北 京	100335	75477	44280	31197	467
天 津	25356	21667	12069	9598	
河 北					
山 西	18585	11136	10341	796	
内蒙古					
辽 宁	50117	42690	25902	16788	
吉 林	11934	6303	3475	2829	6
黑龙江	5558	2987	2283	704	18
上 海	145627	108688	100319	8369	1464
江 苏					
浙 江	63353	12205	9816	2389	200
安 徽	11592	9172	6982	2190	
福 建					
江 西	6004	4280	3816	464	
山 东					
河 南	16089	9741	6039	3702	14
湖 北	16193	8750	5089	3660	484
湖 南	14377	9965	7887	2078	
广 东	50865	22427	17578	4849	
广 西	6595	4580	3373	1207	2
海 南					
重 庆	7364	5247	3224	2023	327
四 川	57844	28664	25119	3545	234
贵 州	41101	28191	20094	8098	1018
云 南	9913	8354	6993	1361	318
西 藏					
陕 西	13571	6612	3757	2855	
甘 肃					
青 海					
宁 夏					
新 疆	3681	1580	1117	463	217
大 连	7888	6810	5465	1345	
宁 波					
厦 门					
青 岛					
深 圳	7407	4218	3488	730	

(工读学校)

单位：千元

公用部分	商品和服务支出	其他资本性支出	专项公用支出	专项项目支出	基本建设支出
241340	**140289**	**101050**	**41908**	**59142**	**6000**
24857	21801	3056	3056		
3689	3093	596	223	373	
7449	3603	3845	1573	2272	
7427	6872	555	458	98	
5630	1011	4619	3000	1619	
2571	1913	658	658		
36939	28379	8560	7390	1170	
51148	3595	47554	3630	43924	
2420	1806	614	614		
1724	1364	360	247	113	
6349	4845	1504	1504		
7443	6335	1108	1108		
4412	2540	1872	1294	578	
28438	18808	9631	4850	4781	
2015	1354	660	660		
2118	1831	286	105	182	
23180	12575	10605	8993	1612	6000
12910	10647	2263	1978	286	
1559	1414	145	50	96	
6959	4632	2327	288	2039	
2101	1870	231	231		
1078	1060	18	18		
3189	2567	622	622		

4-48 教育经费支出明细

地区	合计	个人部分			
			工资福利支出	对个人和家庭的补助支出	
					#助学金
合 计	**278753875**	**165266370**	**146411211**	**18855160**	**4442880**
北 京	11352857	6442933	5411424	1031508	1704
天 津	3716098	2476697	1921034	555663	3863
河 北	10754065	7058366	6333666	724699	45951
山 西	4628846	2829489	2481436	348052	125516
内蒙古	6334710	3428653	2825234	603418	120422
辽 宁	5684395	3451969	3172454	279515	15547
吉 林	3466347	2110130	1828530	281600	31896
黑龙江	3520809	2285447	1942341	343107	13442
上 海	14404094	8559113	8169302	389810	51248
江 苏	20696020	12832392	11446277	1386115	206289
浙 江	18477955	11380661	10492480	888181	25382
安 徽	7311156	4133520	3708939	424581	104117
福 建	9759928	6003168	5578325	424843	45592
江 西	6982778	3607879	3293614	314265	78501
山 东	15542372	9468771	8627880	840891	285499
河 南	14186259	8277061	7756474	520587	191610
湖 北	8714975	5328082	4804908	523174	75178
湖 南	10499797	5941598	5502504	439094	236479
广 东	31469092	19922010	17941387	1980623	494860
广 西	7156926	4108894	3658374	450521	124920
海 南	2537553	1297497	1185767	111730	50500
重 庆	5293769	2764521	2431405	333117	157469
四 川	14834109	8197270	7230365	966905	495765
贵 州	6598498	4135386	3477910	657476	127985
云 南	6507874	3870525	3299221	571304	120026
西 藏	1825197	982366	554927	427439	282424
陕 西	9586688	5015403	4402602	612801	253788
甘 肃	5426930	3246203	2121589	1124614	490861
青 海	1755878	728062	552312	175750	70927
宁 夏	1424236	704632	590636	113996	35396
新 疆	8303665	4677673	3667891	1009782	79720
大 连	1350604	872674	804613	68061	6711
宁 波	3345070	2125193	1974417	150776	7512
厦 门	1627624	1037142	939931	97211	2925
青 岛	2599321	1489156	1353207	135948	16624
深 圳	6621903	4120610	3368021	752588	260671

(幼儿园)

单位：千元

公用部分	商品和服务支出	其他资本性支出	专项公用支出	专项项目支出	基本建设支出
110321986	**65484791**	**44837196**	**13473216**	**31363979**	**3165518**
4806890	3607555	1199335	720174	479161	103034
1239401	889333	350068	134945	215123	
3658895	2351366	1307530	450552	856977	36804
1784941	1130241	654700	176899	477801	14416
2806790	1507483	1299307	374261	925046	99267
2231576	1725670	505906	302466	203440	850
1344823	777395	567427	173367	394060	11394
1230629	868375	362254	159955	202298	4733
5686855	4229275	1457580	673914	783665	158126
7830688	3407980	4422708	1036845	3385863	32940
7065790	4194739	2871051	785982	2085069	31503
3134283	1381864	1752419	423759	1328660	43353
3690054	1915453	1774601	553004	1221597	66706
3235842	1349062	1886780	356733	1530047	139057
6028833	3522742	2506091	696572	1809520	44767
5902926	4210692	1692234	431154	1261080	6273
3386894	2018917	1367977	410867	957109	
4547460	2781748	1765712	421931	1343781	10740
11466137	8380487	3085651	1471876	1613775	80945
2975257	1569241	1406017	399800	1006217	72774
1228252	574092	654160	253550	400609	11804
2514061	1710473	803588	300984	502604	15187
6514010	3285100	3228911	643901	2585010	122828
2361765	1454232	907533	303234	604299	101347
2569412	1438320	1131093	270379	860713	67937
410007	173834	236173	17856	218316	432825
4336498	2401892	1934606	470603	1464003	234787
2043297	879045	1164252	306516	857736	137430
757994	319986	438007	72213	365794	269822
717204	271423	445781	88723	357058	2400
2814522	1156778	1657745	590199	1067546	811469
477930	389065	88865	69199	19666	
1205327	651502	553825	144804	409022	14550
590481	349374	241107	136939	104168	
1110165	574907	535258	173610	361648	
2445712	2097939	347774	200898	146876	55581

4-49 教育经费支出明细

地 区	合 计	个人部分			
			工资福利支出	对个人和家庭的补助支出	
					#助学金
合 计	**275884663**	**163195785**	**144566327**	**18629458**	**4401079**
北 京	10535999	5807911	4834659	973252	1704
天 津	3643357	2419928	1867581	552347	3863
河 北	10684913	6996121	6272366	723755	45951
山 西	4621212	2823077	2475471	347605	125469
内蒙古	6324593	3420020	2816849	603171	120422
辽 宁	5523552	3319313	3063293	256019	15515
吉 林	3429705	2083337	1802424	280913	31896
黑龙江	3284346	2089014	1764612	324402	13336
上 海	14240772	8471842	8086249	385592	51248
江 苏	20589099	12746150	11369204	1376946	204735
浙 江	18469203	11373008	10486294	886714	25382
安 徽	7287794	4115581	3692406	423175	104117
福 建	9748844	5995116	5570323	424793	45592
江 西	6982778	3607879	3293614	314265	78501
山 东	15542372	9468771	8627880	840891	285499
河 南	14025519	8154175	7639333	514842	191298
湖 北	8640507	5264479	4743877	520602	75178
湖 南	10493355	5936773	5497780	438993	236469
广 东	31443354	19900793	17921444	1979350	494858
广 西	7156926	4108894	3658374	450521	124920
海 南	2508551	1277965	1168667	109298	49025
重 庆	5261380	2742460	2410406	332054	157467
四 川	14791612	8163625	7200551	963074	495765
贵 州	6598498	4135386	3477910	657476	127985
云 南	6496265	3861130	3290019	571111	120026
西 藏	1825197	982366	554927	427439	282424
陕 西	9559509	4993633	4382111	611522	253292
甘 肃	5406005	3227712	2104685	1123027	489833
青 海	1739376	716821	541992	174829	70575
宁 夏	1420656	701421	587855	113566	35396
新 疆	7609415	4291084	3363169	927915	43336
大 连	1311288	841629	776447	65182	6680
宁 波	3345070	2125193	1974417	150776	7512
厦 门	1623096	1034014	936803	97211	2925
青 岛	2599321	1489156	1353207	135948	16624
深 圳	6621903	4120610	3368021	752588	260671

(地方幼儿园)

单位：千元

公用部分	商品和服务支出	其他资本性支出	专项公用支出	专项项目支出	基本建设支出
109654949	**65054196**	**44600753**	**13398065**	**31202688**	**3033929**
4625054	3458756	1166298	702582	463717	103034
1223429	874395	349034	133917	215117	
3651988	2344757	1307231	450253	856977	36804
1783719	1129472	654247	176753	477494	14416
2805306	1506804	1298503	374097	924406	99267
2203389	1706051	497338	297423	199914	850
1334975	769846	565129	171618	393510	11394
1190599	835313	355286	158288	196998	4733
5610804	4192326	1418478	672071	746407	158126
7810009	3394535	4415474	1030907	3384567	32940
7064692	4193809	2870882	785860	2085023	31503
3128861	1380083	1748778	421054	1327724	43353
3687022	1913138	1773884	552740	1221144	66706
3235842	1349062	1886780	356733	1530047	139057
6028833	3522742	2506091	696572	1809520	44767
5865072	4174788	1690283	430212	1260071	6273
3376028	2010410	1365618	408791	956827	
4545842	2780553	1765289	421658	1343631	10740
11461616	8377409	3084207	1471214	1612993	80945
2975257	1569241	1406017	399800	1006217	72774
1218782	570200	648582	253043	395539	11804
2503732	1702997	800735	298178	502558	15187
6505159	3277712	3227447	642666	2584781	122828
2361765	1454232	907533	303234	604299	101347
2567198	1436267	1130931	270218	860713	67937
410007	173834	236173	17856	218316	432825
4331088	2397722	1933367	469757	1463610	234787
2040863	877788	1163075	305894	857181	137430
752732	317596	435137	71609	363528	269822
716835	271055	445781	88723	357058	2400
2638451	1091304	1547147	564343	982804	679880
469660	381785	87874	68323	19552	
1205327	651502	553825	144804	409022	14550
589081	347974	241107	136939	104168	
1110165	574907	535258	173610	361648	
2445712	2097939	347774	200898	146876	55581

4-50 教育经费支出明细

地区	合计	个人部分	工资福利支出	对个人和家庭的补助支出	#助学金
合计	**127010882**	**75101776**	**66044072**	**9057703**	**2967770**
北京	1854250	1115515	921998	193517	266
天津	535296	371680	303537	68143	1074
河北	7064812	4689973	4256508	433465	34016
山西	2510176	1551260	1342140	209120	94541
内蒙古	3625217	2009305	1640677	368628	58317
辽宁	1218553	719163	673100	46063	3928
吉林	1472616	891871	790296	101576	10844
黑龙江	1471093	955447	840205	115242	8618
上海	2144395	1485081	1424124	60957	9396
江苏	8108345	4953145	4488928	464217	128238
浙江	7566143	4571693	4275600	296093	12672
安徽	4654210	2576681	2323693	252988	69229
福建	4575691	2754298	2565088	189210	23164
江西	4749209	2322460	2147665	174796	62401
山东	7221726	4300261	3868616	431646	200746
河南	8467732	4897720	4649840	247880	120127
湖北	3839325	2316522	2125906	190617	52603
湖南	6215104	3634359	3335034	299325	193398
广东	7201725	4706692	4364685	342007	144968
广西	4224421	2437170	2184000	253170	91988
海南	1407959	658753	593265	65488	28836
重庆	2229691	1060906	890610	170296	110556
四川	8050492	4780106	4068937	711169	422835
贵州	4648195	2970785	2486197	484587	109282
云南	3581772	2226092	1865618	360474	100032
西藏	1375804	678564	400021	278543	194517
陕西	5692244	3117950	2679155	438796	179062
甘肃	3829903	2238875	1432539	806336	346520
青海	1243870	473070	327980	145090	62099
宁夏	621958	324579	268335	56244	21197
新疆	5608954	3311801	2509777	802024	72298
大连	120871	81789	75803	5987	953
宁波	1209632	743893	694985	48907	4577
厦门	127845	77999	68472	9527	229
青岛	574796	246183	228298	17885	8147
深圳					

（农村幼儿园）

单位：千元

公用部分	商品和服务支出	其他资本性支出	专项公用支出	专项项目支出	基本建设支出
49679387	**27158511**	**22520877**	**5604406**	**16916471**	**2229718**
698394	416811	281584	168727	112857	40340
163616	108481	55136	10797	44339	
2339107	1461398	877709	263445	614264	35733
948987	544733	404255	84905	319349	9929
1560925	823406	737518	216620	520898	54987
499390	323832	175558	98123	77435	
572932	294890	278041	63849	214193	7813
510914	337146	173768	62471	111298	4733
659314	561434	97880	74963	22917	
3153260	1267899	1885361	403301	1482060	1940
2992260	1701510	1290750	316635	974115	2190
2038105	909820	1128285	230018	898267	39424
1795861	876216	919646	229968	689677	25532
2288145	912865	1375280	235548	1139732	138604
2917865	1536620	1381245	304156	1077089	3600
3567380	2530713	1036667	213441	823226	2633
1522802	768178	754624	176575	578049	
2570005	1759341	810664	225018	585645	10740
2494997	1631660	863337	386391	476946	35
1737615	908817	828798	208128	620670	49636
737402	284642	452760	157133	295627	11804
1161056	687104	473953	144272	329681	7729
3173718	1795011	1378707	278833	1099874	96668
1603897	982579	621317	199737	421580	73514
1305098	677351	627748	145208	482539	50582
264415	104213	160202	9409	150793	432825
2474923	1385682	1089241	237785	851456	99371
1463844	555954	907890	213933	693957	127184
561117	193402	367715	50768	316947	209683
297379	126686	170693	33401	137291	
1604663	690118	914546	160847	753699	692490
39082	30335	8747	6091	2656	
465739	264374	201365	61110	140255	
49846	39207	10638	5048	5590	
328613	70891	257722	56272	201450	

4-51 教育经费支出明细

地区	合计	个人部分	工资福利支出	对个人和家庭的补助支出	#助学金
合计	**126335686**	**74711389**	**65716616**	**8994773**	**2931294**
北京	1844741	1107469	914141	193327	266
天津	529140	367299	299720	67579	1074
河北	7052874	4678976	4245511	433465	34016
山西	2510156	1551240	1342120	209120	94541
内蒙古	3625217	2009305	1640677	368628	58317
辽宁	1218553	719163	673100	46063	3928
吉林	1471324	890911	789396	101516	10844
黑龙江	1445614	936787	823214	113572	8561
上海	2144395	1485081	1424124	60957	9396
江苏	8108345	4953145	4488928	464217	128238
浙江	7566143	4571693	4275600	296093	12672
安徽	4654210	2576681	2323693	252988	69229
福建	4573935	2753156	2563946	189210	23164
江西	4749209	2322460	2147665	174796	62401
山东	7221726	4300261	3868616	431646	200746
河南	8413895	4855685	4609906	245779	120127
湖北	3839073	2316318	2125702	190617	52603
湖南	6214847	3634164	3334838	299325	193398
广东	7192675	4699227	4357347	341880	144966
广西	4224421	2437170	2184000	253170	91988
海南	1407122	658203	592715	65488	28836
重庆	2229691	1060906	890610	170296	110556
四川	8045567	4776363	4065596	710767	422835
贵州	4648195	2970785	2486197	484587	109282
云南	3581772	2226092	1865618	360474	100032
西藏	1375804	678564	400021	278543	194517
陕西	5691903	3117646	2678860	438786	179053
甘肃	3818807	2229204	1423025	806179	346497
青海	1243870	473070	327980	145090	62099
宁夏	621958	324579	268335	56244	21197
新疆	5070503	3029787	2285414	744372	35914
大连	120871	81789	75803	5987	953
宁波	1209632	743893	694985	48907	4577
厦门	127845	77999	68472	9527	229
青岛	574796	246183	228298	17885	8147
深圳					

(地方农村幼儿园)

单位：千元

公用部分					基本建设支出
	商品和服务支出	其他资本性支出			
			专项公用支出	专项项目支出	
49500668	**27084859**	**22415809**	**5585717**	**16830092**	**2123629**
696932	415562	281370	168635	112735	40340
161841	106705	55136	10797	44339	
2338166	1460457	877709	263445	614264	35733
948987	544733	404255	84905	319349	9929
1560925	823406	737518	216620	520898	54987
499390	323832	175558	98123	77435	
572600	294695	277905	63712	214193	7813
504094	333808	170286	61888	108398	4733
659314	561434	97880	74963	22917	
3153260	1267899	1885361	403301	1482060	1940
2992260	1701510	1290750	316635	974115	2190
2038105	909820	1128285	230018	898267	39424
1795247	876061	919186	229838	689347	25532
2288145	912865	1375280	235548	1139732	138604
2917865	1536620	1381245	304156	1077089	3600
3555577	2519115	1036463	213437	823026	2633
1522754	768130	754624	176575	578049	
2569943	1759313	810630	224995	585635	10740
2493412	1630287	863126	386320	476805	35
1737615	908817	828798	208128	620670	49636
737115	284355	452760	157133	295627	11804
1161056	687104	473953	144272	329681	7729
3172536	1793932	1378604	278730	1099874	96668
1603897	982579	621317	199737	421580	73514
1305098	677351	627748	145208	482539	50582
264415	104213	160202	9409	150793	432825
2474886	1385645	1089241	237785	851456	99371
1462419	555558	906861	213409	693452	127184
561117	193402	367715	50768	316947	209683
297379	126686	170693	33401	137291	
1454316	638964	815352	143825	671527	586400
39082	30335	8747	6091	2656	
465739	264374	201365	61110	140255	
49846	39207	10638	5048	5590	
328613	70891	257722	56272	201450	

4-52 教育经费支出明细

地区	合计				
		个人部分			
			工资福利支出	对个人和家庭的补助支出	
					#助学金
合计	**38015107**	**19768299**	**11973873**	**7794426**	
北京	914285	582372	393047	189325	
天津	586352	243136	153885	89250	
河北	869289	550120	336795	213325	
山西	1031284	715101	502751	212350	
内蒙古	1392027	648187	341334	306853	
辽宁	774706	534627	268093	266534	
吉林	547337	230722	126806	103916	
黑龙江	1287661	621744	294584	327160	
上海	307070	225359	173185	52173	
江苏	1682199	958512	570775	387738	
浙江	1272448	780478	592986	187492	
安徽	1199477	600165	324528	275636	
福建	998855	354997	272623	82375	
江西	722481	422303	258473	163830	
山东	2195187	1460146	1068680	391466	
河南	1608051	593215	337499	255716	
湖北	1459821	867510	528636	338874	
湖南	2092814	1264182	831023	433159	
广东	4817419	1936623	847965	1088658	
广西	465497	280632	178662	101970	
海南	474757	249540	152070	97469	
重庆	1033206	380181	195424	184756	
四川	2317870	1180610	758592	422018	
贵州	1862441	1022371	599554	422817	
云南	1793281	705424	420867	284557	
西藏	290027	192851	148687	44164	
陕西	932902	323182	211926	111256	
甘肃	1065862	664226	326556	337670	
青海	539890	302968	136954	166014	
宁夏	225608	127052	89445	37607	
新疆	1255004	749763	531466	218297	
大连	140999	104727	58685	46042	
宁波	135204	95829	72918	22910	
厦门	474619	49910	34116	15794	
青岛	333905	242274	160234	82041	
深圳	1250020	233405	121335	112071	

(教育行政单位)

单位：千元

公用部分	商品和服务支出	其他资本性支出	专项公用支出	专项项目支出	基本建设支出
17117476	**12414146**	**4703330**	**2184473**	**2518857**	**1129332**
331913	302309	29605	27844	1761	
343216	338520	4696	4404	292	
319168	189396	129772	64371	65402	
304086	249566	54520	26110	28409	12097
709606	365412	344194	125411	218783	34234
236765	203342	33424	24810	8613	3314
316615	227422	89193	39981	49212	
642288	419649	222639	119448	103192	23628
81712	78666	3045	3045		
723687	550693	172994	127894	45100	
491969	458119	33851	31751	2100	
599312	361589	237723	76359	161364	
642858	258790	384068	188373	195695	1000
299767	236457	63310	38528	24782	412
735041	525909	209132	116766	92366	
984176	881831	102345	76504	25840	30660
592311	369241	223070	83871	139199	
828632	720950	107682	74553	33130	
2279940	1731671	548269	264102	284166	600856
184672	155739	28933	19831	9103	193
225218	190927	34291	19382	14910	
643725	433192	210533	39047	171486	9300
1126740	803510	323230	131317	191913	10520
824781	693313	131468	64119	67349	15289
1069326	537495	531831	116568	415263	18530
96577	65574	31003	26158	4844	600
509021	327870	181151	141620	39531	100698
308128	231454	76674	43417	33257	93508
118051	83612	34439	20634	13805	118872
98556	58290	40266	2589	37676	
449619	363640	85979	45667	40313	55621
33873	31432	2441	1428	1013	2400
39376	37323	2052	1238	814	
424709	90059	334650	162337	172313	
91630	80445	11185	5937	5248	
440308	385284	55024	48570	6454	576306

4-53 教育经费支出明细

地区	合计	个人部分	工资福利支出	对个人和家庭的补助支出	#助学金
合计	**37681228**	**19580379**	**11826025**	**7754353**	
北京	651437	433873	266918	166955	
天津	586352	243136	153885	89250	
河北	869289	550120	336795	213325	
山西	1031284	715101	502751	212350	
内蒙古	1392027	648187	341334	306853	
辽宁	774706	534627	268093	266534	
吉林	547337	230722	126806	103916	
黑龙江	1279402	616266	290359	325907	
上海	307070	225359	173185	52173	
江苏	1682199	958512	570775	387738	
浙江	1272448	780478	592986	187492	
安徽	1199477	600165	324528	275636	
福建	998855	354997	272623	82375	
江西	722481	422303	258473	163830	
山东	2195187	1460146	1068680	391466	
河南	1608051	593215	337499	255716	
湖北	1459821	867510	528636	338874	
湖南	2092814	1264182	831023	433159	
广东	4817419	1936623	847965	1088658	
广西	465497	280632	178662	101970	
海南	474757	249540	152070	97469	
重庆	1033206	380181	195424	184756	
四川	2317870	1180610	758592	422018	
贵州	1862441	1022371	599554	422817	
云南	1793281	705424	420867	284557	
西藏	290027	192851	148687	44164	
陕西	932902	323182	211926	111256	
甘肃	1065862	664226	326556	337670	
青海	539890	302968	136954	166014	
宁夏	225608	127052	89445	37607	
新疆	1192232	715820	513973	201847	
大连	140999	104727	58685	46042	
宁波	135204	95829	72918	22910	
厦门	474619	49910	34116	15794	
青岛	333905	242274	160234	82041	
深圳	1250020	233405	121335	112071	

(地方教育行政单位)

单位：千元

公用部分	商品和服务支出	其他资本性支出			基本建设支出
			专项公用支出	专项项目支出	
16971518	**12289159**	**4682358**	**2163501**	**2518857**	**1129332**
217564	206631	10933	9173	1761	
343216	338520	4696	4404	292	
319168	189396	129772	64371	65402	
304086	249566	54520	26110	28409	12097
709606	365412	344194	125411	218783	34234
236765	203342	33424	24810	8613	3314
316615	227422	89193	39981	49212	
639508	416909	222599	119407	103192	23628
81712	78666	3045	3045		
723687	550693	172994	127894	45100	
491969	458119	33851	31751	2100	
599312	361589	237723	76359	161364	
642858	258790	384068	188373	195695	1000
299767	236457	63310	38528	24782	412
735041	525909	209132	116766	92366	
984176	881831	102345	76504	25840	30660
592311	369241	223070	83871	139199	
828632	720950	107682	74553	33130	
2279940	1731671	548269	264102	284166	600856
184672	155739	28933	19831	9103	193
225218	190927	34291	19382	14910	
643725	433192	210533	39047	171486	9300
1126740	803510	323230	131317	191913	10520
824781	693313	131468	64119	67349	15289
1069326	537495	531831	116568	415263	18530
96577	65574	31003	26158	4844	600
509021	327870	181151	141620	39531	100698
308128	231454	76674	43417	33257	93508
118051	83612	34439	20634	13805	118872
98556	58290	40266	2589	37676	
420790	337071	83720	43407	40313	55621
33873	31432	2441	1428	1013	2400
39376	37323	2052	1238	814	
424709	90059	334650	162337	172313	
91630	80445	11185	5937	5248	
440308	385284	55024	48570	6454	576306

4-54 教育经费支出明细

地区	合计	个人部分	工资福利支出	对个人和家庭的补助支出	#助学金
合计	**80547451**	**35302894**	**24167618**	**11135277**	
北京	13848382	3291475	2224954	1066522	
天津	2281449	1011403	611886	399517	
河北	2346877	1514676	1069471	445205	
山西	2026875	1165720	771381	394339	
内蒙古	1649010	1083821	732447	351374	
辽宁	2699057	1870231	1195845	674386	
吉林	1571909	893521	521696	371825	
黑龙江	1552266	1012438	524380	488058	
上海	5693454	2118144	1967556	150588	
江苏	4295539	2148801	1404763	744037	
浙江	4988704	2419817	1809645	610173	
安徽	1062179	505130	319351	185779	
福建	2453174	1103776	872588	231188	
江西	1497963	686025	459806	226219	
山东	3492595	1646332	1171880	474452	
河南	2569596	1214091	834836	379255	
湖北	2792977	1454379	959029	495351	
湖南	1354231	628697	460429	168268	
广东	6327857	2233005	1332620	900386	
广西	2070729	941654	574724	366930	
海南	272555	103915	88261	15654	
重庆	1418867	462128	257898	204230	
四川	3218327	1698228	1373515	324712	
贵州	584044	223154	140186	82968	
云南	2549022	597069	399624	197445	
西藏	763396	345733	234397	111336	
陕西	2005084	1271994	766200	505794	
甘肃	572254	323962	192488	131474	
青海	483960	278334	203977	74357	
宁夏	267224	184057	135986	48071	
新疆	1837894	871183	555800	315383	
大连	389647	252610	208115	44495	
宁波	811297	328368	248473	79895	
厦门	569665	186178	146313	39865	
青岛	891003	317680	222346	95334	
深圳	1413788	356490	250499	105991	

(教育事业单位)

单位：千元

公用部分					基本建设支出
	商品和服务支出	其他资本性支出	专项公用支出	专项项目支出	
44032504	**28677565**	**15354939**	**6464911**	**8890028**	**1212053**
10517144	9015456	1501688	813700	687988	39763
1177550	771407	406143	161277	244867	92495
832202	471918	360284	189758	170526	
745753	319683	426070	238254	187816	115402
552056	356917	195139	112232	82908	13133
770818	563845	206973	121003	85970	58008
678388	367684	310704	143773	166932	
539733	369083	170651	104803	65847	94
3561689	2835610	726079	449296	276783	13621
2101848	1557678	544170	307571	236599	44890
2568887	1495363	1073523	322794	750730	
557049	380344	176705	92681	84024	
1338642	803623	535019	142939	392081	10756
746439	383355	363084	127655	235429	65498
1826867	818576	1008291	132601	875690	19396
1328854	694695	634159	244972	389187	26651
1338598	616694	721904	255123	466781	
714397	386343	328054	183531	144523	11137
3698362	2088590	1609773	598049	1011724	396490
1119309	481800	637509	288888	348622	9766
168640	113200	55440	50544	4897	
956740	469175	487565	202965	284599	
1520099	956409	563690	397581	166109	
360890	223736	137154	125036	12119	
1777463	676049	1101415	249118	852296	174489
415003	225637	189366	56032	133334	2660
733090	360489	372601	113439	259162	
213292	168792	44501	25168	19333	35000
186611	127520	59090	26672	32418	19015
83167	74466	8702	8702		
902922	503429	399492	178756	220737	63789
137037	110817	26220	17814	8406	
482929	266614	216315	52901	163414	
383487	305036	78451	38498	39953	
573323	219810	353513	30086	323427	
780482	709983	70499	67299	3200	276816

4-55 教育经费支出明细

地区	合计	个人部分	工资福利支出	对个人和家庭的补助支出	#助学金
合计	**72529259**	**34471012**	**23523805**	**10947208**	
北京	5914257	2525738	1622176	903563	
天津	2281449	1011403	611886	399517	
河北	2346877	1514676	1069471	445205	
山西	2026875	1165720	771381	394339	
内蒙古	1649010	1083821	732447	351374	
辽宁	2699057	1870231	1195845	674386	
吉林	1571909	893521	521696	371825	
黑龙江	1529353	993501	510091	483410	
上海	5693454	2118144	1967556	150588	
江苏	4295539	2148801	1404763	744037	
浙江	4988704	2419817	1809645	610173	
安徽	1062179	505130	319351	185779	
福建	2453174	1103776	872588	231188	
江西	1497963	686025	459806	226219	
山东	3492595	1646332	1171880	474452	
河南	2569596	1214091	834836	379255	
湖北	2792977	1454379	959029	495351	
湖南	1354231	628697	460429	168268	
广东	6327857	2233005	1332620	900386	
广西	2070729	941654	574724	366930	
海南	272555	103915	88261	15654	
重庆	1418867	462128	257898	204230	
四川	3218327	1698228	1373515	324712	
贵州	584044	223154	140186	82968	
云南	2549022	597069	399624	197445	
西藏	763396	345733	234397	111336	
陕西	2005084	1271994	766200	505794	
甘肃	572254	323962	192488	131474	
青海	483960	278334	203977	74357	
宁夏	267224	184057	135986	48071	
新疆	1776740	823975	529054	294921	
大连	389647	252610	208115	44495	
宁波	811297	328368	248473	79895	
厦门	569665	186178	146313	39865	
青岛	891003	317680	222346	95334	
深圳	1413788	356490	250499	105991	

(地方教育事业单位)

单位：千元

公用部分	商品和服务支出	其他资本性支出	专项公用支出	专项项目支出	基本建设支出
36856020	21655218	15200802	6316897	8883905	1202226
3358582	2005253	1353330	668604	684725	29936
1177550	771407	406143	161277	244867	92495
832202	471918	360284	189758	170526	
745753	319683	426070	238254	187816	115402
552056	356917	195139	112232	82908	13133
770818	563845	206973	121003	85970	58008
678388	367684	310704	143773	166932	
535758	365840	169917	104370	65547	94
3561689	2835610	726079	449296	276783	13621
2101848	1557678	544170	307571	236599	44890
2568887	1495363	1073523	322794	750730	
557049	380344	176705	92681	84024	
1338642	803623	535019	142939	392081	10756
746439	383355	363084	127655	235429	65498
1826867	818576	1008291	132601	875690	19396
1328854	694695	634159	244972	389187	26651
1338598	616694	721904	255123	466781	
714397	386343	328054	183531	144523	11137
3698362	2088590	1609773	598049	1011724	396490
1119309	481800	637509	288888	348622	9766
168640	113200	55440	50544	4897	
956740	469175	487565	202965	284599	
1520099	956409	563690	397581	166109	
360890	223736	137154	125036	12119	
1777463	676049	1101415	249118	852296	174489
415003	225637	189366	56032	133334	2660
733090	360489	372601	113439	259162	
213292	168792	44501	25168	19333	35000
186611	127520	59090	26672	32418	19015
83167	74466	8702	8702		
888975	494528	394448	176271	218177	63789
137037	110817	26220	17814	8406	
482929	266614	216315	52901	163414	
383487	305036	78451	38498	39953	
573323	219810	353513	30086	323427	
780482	709983	70499	67299	3200	276816

4-56 教育经费支出明细

地区	合计	个人部分			
			工资福利支出	对个人和家庭的补助支出	
					#助学金
合计	**50231991**	**15635235**	**10047390**	**5587845**	**34214**
北京	7962825	1235393	586218	649175	25730
天津	821421	219478	143162	76317	
河北	957349	565926	370446	195480	
山西	1206418	517264	282351	234913	
内蒙古	767947	428716	268891	159825	
辽宁	1431834	597878	302413	295465	
吉林	710557	401106	231032	170074	
黑龙江	575500	375831	207631	168200	
上海	1357196	428462	365613	62849	2479
江苏	1959493	858718	525673	333044	1049
浙江	3798669	747989	583193	164795	942
安徽	907078	407436	242854	164582	
福建	877537	424453	324618	99835	
江西	789259	373717	207672	166045	
山东	2510044	938788	708938	229850	
河南	1790983	607018	368174	238843	
湖北	4198214	648012	355773	292240	692
湖南	1338081	541176	386374	154802	1257
广东	3319072	1102614	653153	449461	1331
广西	1434572	364392	243416	120976	
海南	288536	66417	50087	16330	
重庆	582279	245624	139695	105929	
四川	2766674	813369	622702	190668	734
贵州	874275	429926	260031	169894	
云南	1564143	643082	434774	208308	
西藏	144966	98390	68291	30099	
陕西	2391646	283884	201485	82400	
甘肃	933142	379482	226042	153440	
青海	358636	162040	119904	42137	
宁夏	262800	115816	84727	31089	
新疆	1350845	612839	482057	130782	
大连	352123	97712	49847	47865	
宁波	490785	115101	98910	16191	
厦门	90399	52985	34876	18108	
青岛	211313	143735	103870	39865	
深圳	720792	107865	69723	38142	

(其他教育机构)

单位：千元

公用部分	商品和服务支出	其他资本性支出	专项公用支出	专项项目支出	基本建设支出
32723123	**20129687**	**12593436**	**3075409**	**9518027**	**1873633**
6695673	6047751	647922	265664	382258	31759
475328	427678	47650	22603	25047	126615
341511	242673	98838	17578	81260	49912
686014	479066	206948	23020	183928	3139
338831	184300	154531	38120	116411	400
799994	577080	222914	53974	168940	33961
308652	137651	171001	72026	98975	800
177485	147575	29911	8933	20977	22184
877889	757717	120172	42570	77602	50845
1098998	636864	462134	84050	378084	1777
2972444	1669577	1302867	117199	1185668	78236
448906	258014	190892	67372	123520	50736
436079	320201	115878	42842	73036	17005
399001	177211	221790	47985	173805	16540
1556256	593331	962925	83108	879818	15000
1045452	538203	507249	224507	282743	138513
3546202	1123732	2422470	312868	2109602	4000
784232	360069	424163	81282	342881	12674
1953680	1110854	842826	420720	422106	262777
1026035	232731	793304	574840	218463	44146
222118	201968	20151	9749	10401	
316155	262616	53540	24762	28778	20500
1364417	1040485	323932	118586	205346	588888
427773	255476	172297	46437	125860	16576
862720	364475	498244	62684	435560	58341
45688	38348	7340	7140	200	888
2107762	1301500	806262	34250	772012	
474546	172344	302201	42193	260009	79114
196583	88986	107597	42436	65160	13
146984	92124	54861	21435	33425	
589715	289088	300627	64475	236152	148291
254411	188826	65585	9603	55982	
315630	63962	251668	15758	235910	60055
37415	34832	2583	2509	74	
67578	60874	6704	3810	2895	
569485	531242	38243	26353	11890	43442

4-57 教育经费支出明细

地 区	合 计	个人部分	工资福利支出	对个人和家庭的补助支出	#助学金
合 计	**45025569**	**15004076**	**9712432**	**5291644**	**6657**
北 京	3736260	827158	408115	419042	
天 津	821421	219478	143162	76317	
河 北	954358	565926	370446	195480	
山 西	1206280	517264	282351	234913	
内蒙古	767439	428716	268891	159825	
辽 宁	1428519	597878	302413	295465	
吉 林	709657	401106	231032	170074	
黑龙江	552253	373879	206011	167868	
上 海	949683	357489	307341	50148	653
江 苏	1940772	858718	525673	333044	1049
浙 江	3795261	747989	583193	164795	942
安 徽	906574	407436	242854	164582	
福 建	733155	395619	300842	94778	
江 西	789259	373717	207672	166045	
山 东	2503368	938788	708938	229850	
河 南	1786579	607018	368174	238843	
湖 北	4182302	648012	355773	292240	692
湖 南	1335929	541176	386374	154802	1257
广 东	3319072	1102614	653153	449461	1331
广 西	1434572	364392	243416	120976	
海 南	288536	66417	50087	16330	
重 庆	582279	245624	139695	105929	
四 川	2743842	813369	622702	190668	734
贵 州	874275	429926	260031	169894	
云 南	1562751	643082	434774	208308	
西 藏	144966	98390	68291	30099	
陕 西	2377222	283884	201485	82400	
甘 肃	927377	379482	226042	153440	
青 海	358636	162040	119904	42137	
宁 夏	262800	115816	84727	31089	
新 疆	1050173	491673	408870	82803	
大 连	352123	97712	49847	47865	
宁 波	490785	115101	98910	16191	
厦 门	90399	52985	34876	18108	
青 岛	211313	143735	103870	39865	
深 圳	720792	107865	69723	38142	

(地方其他教育机构)

单位：千元

公用部分	商品和服务支出	其他资本性支出			基本建设支出
			专项公用支出	专项项目支出	
28201100	**15921880**	**12279220**	**2937538**	**9341682**	**1820393**
2877342	2408011	469332	172233	297098	31759
475328	427678	47650	22603	25047	126615
338520	239682	98838	17578	81260	49912
685876	478928	206948	23020	183928	3139
338323	183792	154531	38120	116411	400
796679	573765	222914	53974	168940	33961
307752	136751	171001	72026	98975	800
156190	126280	29911	8933	20977	22184
541349	458128	83221	27490	55731	50845
1080277	618143	462134	84050	378084	1777
2969036	1666169	1302867	117199	1185668	78236
448402	257510	190892	67372	123520	50736
320530	216057	104473	33610	70863	17005
399001	177211	221790	47985	173805	16540
1549580	586655	962925	83108	879818	15000
1041048	533799	507249	224507	282743	138513
3530290	1107820	2422470	312868	2109602	4000
782079	357916	424163	81282	342881	12674
1953680	1110854	842826	420720	422106	262777
1026035	232731	793304	574840	218463	44146
222118	201968	20151	9749	10401	
316155	262616	53540	24762	28778	20500
1341585	1017653	323932	118586	205346	588888
427773	255476	172297	46437	125860	16576
861328	363083	498244	62684	435560	58341
45688	38348	7340	7140	200	888
2093338	1287076	806262	34250	772012	
468781	166580	302201	42193	260009	79114
196583	88986	107597	42436	65160	13
146984	92124	54861	21435	33425	
463448	250091	213357	44346	169011	95052
254411	188826	65585	9603	55982	
315630	63962	251668	15758	235910	60055
37415	34832	2583	2509	74	
67578	60874	6704	3810	2895	
569485	531242	38243	26353	11890	43442

第五部分

各地区各级各类教育机构财政补助支出明细

5-1 财政补助支出明细

地区	合计	个人部分	工资福利支出	对个人和家庭的补助支出	#助学金
合计	**3010682609**	**1937672456**	**1338215035**	**599457421**	**140503960**
北京	152111356	78270276	44391320	33878957	11351988
天津	47147983	30629269	19897370	10731899	1157823
河北	119170968	81980567	58651068	23329499	4030892
山西	67173950	45136252	34229408	10906844	2609183
内蒙古	65554600	46222766	31042043	15180723	3740082
辽宁	77784246	55279070	35659182	19619888	2113864
吉林	56077596	37514525	23214555	14299970	1863445
黑龙江	69374267	49578352	30182359	19395993	2066963
上海	103954026	57860065	50932210	6927855	3241015
江苏	200617843	132102851	89095164	43007687	5979255
浙江	145582287	96414734	75360628	21054106	4628154
安徽	106143591	64088138	40946577	23141562	4542618
福建	83367870	54389991	43021269	11368722	2027859
江西	87577877	51354758	35359027	15995731	3819557
山东	189036440	126368486	95824424	30544062	5094136
河南	147508361	88140373	58740769	29399604	8026021
湖北	116587525	75718569	49187619	26530950	4975851
湖南	112223738	72072210	52160752	19911458	5810977
广东	250267564	162180168	108320782	53859387	7256481
广西	90244945	56535500	36060139	20475361	5960011
海南	24572974	14147772	11504408	2643364	861770
重庆	73371525	44418026	27752447	16665579	4207558
四川	150677760	102836255	76346883	26489372	10757454
贵州	85658559	60726296	38309501	22416795	6995414
云南	102156421	70680693	47329843	23350850	9225654
西藏	18419021	11388003	7330282	4057721	2307603
陕西	91509012	53481684	34892273	18589411	6196548
甘肃	60757123	41106923	23903089	17203834	3938967
青海	19245015	11713357	8298216	3415141	1149160
宁夏	17901707	11179821	8005987	3173835	923922
新疆	78906457	54156704	42265442	11891263	3643734
大连	12428813	8606850	6800507	1806342	135301
宁波	20870739	13008427	10059707	2948720	521737
厦门	11408480	7299910	5587954	1711956	123402
青岛	25331475	16007662	11685973	4321689	292440
深圳	39928367	20182145	13241442	6940704	985960

（各级各类教育机构）

单位：千元

公用部分	商品和服务支出	其他资本性支出	专项公用支出	专项项目支出	基本建设支出
1013783041	**491286351**	**522496690**	**183289690**	**339206999**	**59227112**
67650368	45909433	21740935	14133551	7607385	6190712
16110469	9107228	7003241	3238811	3764430	408245
36171205	16351544	19819661	7990007	11829654	1019196
21435410	9772150	11663260	3924239	7739021	602288
18470748	9291154	9179594	3568770	5610824	861086
21625942	14116080	7509863	4381005	3128857	879233
17896755	8459212	9437543	4081647	5355897	666316
18845019	10139883	8705136	3406270	5298866	950897
43175707	30253518	12922189	7818417	5103772	2918255
67691617	26152245	41539372	10346608	31192765	823375
46677031	22694142	23982889	6668996	17313893	2490522
39759941	13791250	25968690	8178052	17790639	2295512
28284654	12076655	16207999	5804680	10403319	693225
34510048	10591545	23918503	5343299	18575204	1713071
61649157	21727228	39921928	8484123	31437805	1018798
56775814	28108155	28667659	8210566	20457094	2592174
40265536	17970353	22295183	6069113	16226070	603419
38601919	18197538	20404381	5759198	14645183	1549608
79748817	47073821	32674996	18321603	14353394	8338578
30950668	11617020	19333648	7223370	12110278	2758777
10000740	3985066	6015674	2514603	3501071	424463
27312609	13961497	13351112	5802645	7548467	1640890
44701670	23202103	21499567	7436059	14063508	3139835
23422267	11144239	12278028	4213064	8064964	1509996
30099816	13432150	16667666	4363671	12303995	1375911
5566781	2148798	3417983	776855	2641127	1464237
35784777	18658524	17126253	5494651	11631602	2242551
18240395	7190844	11049551	3097258	7952293	1409805
5378514	2076551	3301963	1184345	2117618	2153144
6391386	2589937	3801449	1489574	2311875	330500
20587261	9496489	11090772	3964639	7126132	4162491
3727365	2201579	1525786	794560	731226	94598
7584749	2931942	4652807	812771	3840036	277564
4083809	2022144	2061666	1044246	1017420	24761
9323813	3327837	5995976	1421610	4574365	
13206192	10091692	3114500	2891628	222872	6540030

5-2 财政补助支出明细

地区	合计	个人部分	工资福利支出	对个人和家庭的补助支出	#助学金
合计	**2831360340**	**1842030411**	**1287931595**	**554098816**	**118340342**
北京	98253624	51613207	33971452	17641755	1268400
天津	43020670	28283380	18737391	9545989	845906
河北	118024291	81316976	58195946	23121031	3960452
山西	67173765	45136205	34229408	10906797	2609136
内蒙古	65553542	46222345	31041622	15180723	3740082
辽宁	72862679	52671468	34167370	18504098	1717198
吉林	51603857	34812119	21796853	13015266	1338685
黑龙江	64407022	46646871	28496221	18150650	1603801
上海	87666492	50077537	45396658	4680879	1827069
江苏	188289821	125455111	85702794	39752317	4707569
浙江	141192514	93764222	73727884	20036338	4118150
安徽	102350602	62114082	39982617	22131465	4031072
福建	80267935	52771950	42094344	10677606	1700742
江西	87577233	51354669	35359027	15995642	3819468
山东	183816114	123519139	94331121	29188018	4619926
河南	147349723	88045119	58671143	29373975	8021802
湖北	102655720	68061691	45441304	22620387	3495612
湖南	107997800	69686986	50873247	18813739	5361800
广东	241763441	157921354	106038218	51883136	6478110
广西	90244945	56535500	36060139	20475361	5960011
海南	24556573	14136258	11497082	2639176	861227
重庆	69457296	42003731	26361007	15642723	3717783
四川	142672439	98014177	73561512	24452665	9878557
贵州	85658559	60726296	38309501	22416795	6995414
云南	102152605	70678670	47327933	23350736	9225654
西藏	18419021	11388003	7330282	4057721	2307603
陕西	80132702	47637841	31554251	16083590	5177960
甘肃	58404752	39713901	23094595	16619306	3687307
青海	19244300	11712863	8298074	3414789	1148808
宁夏	17378712	10910614	7818818	3091796	882280
新疆	71211590	49098126	38463779	10634347	3232759
大连	12424165	8602534	6796224	1806311	135269
宁波	20870739	13008427	10059707	2948720	521737
厦门	11407280	7298760	5586804	1711956	123402
青岛	25331475	16007662	11685973	4321689	292440
深圳	39928367	20182145	13241442	6940704	985960

(地方各级各类教育机构)

单位：千元

公用部分	商品和服务支出	其他资本性支出	专项公用支出	专项项目支出	基本建设支出
935368785	**435359860**	**500008925**	**166042865**	**333966060**	**53961144**
42015803	26132237	15883566	9751618	6131948	4624615
14329045	7799741	6529304	2842649	3686655	408245
35805147	16175418	19629729	7861633	11768096	902167
21435272	9772012	11663260	3924239	7739021	602288
18470111	9290517	9179594	3568770	5610824	861086
19445489	12900539	6544951	3515683	3029268	745721
16187212	7206720	8980492	3658204	5322289	604526
16863599	9053224	7810376	3006830	4803545	896552
35184429	24141607	11042822	6199479	4843343	2404526
62268776	22622105	39646672	8878331	30768341	565933
44967080	21546806	23420274	6139770	17280504	2461212
38066633	12761270	25305362	7516551	17788812	2169887
26873269	11300956	15572314	5320447	10251867	622716
34509493	10590990	23918503	5343299	18575204	1713071
59681657	20389624	39292032	8100642	31191390	615318
56712430	28060244	28652186	8201571	20450615	2592174
34582292	14033981	20548312	4714059	15834252	11736
36897689	16894040	20003649	5401912	14601736	1413125
75571687	43856829	31714858	17415854	14299003	8270400
30950668	11617020	19333648	7223370	12110278	2758777
9995852	3982491	6013361	2514170	3499191	424463
25887825	12854858	13032967	5486301	7546666	1565740
41616880	21136784	20480096	6644110	13835987	3041381
23422267	11144239	12278028	4213064	8064964	1509996
30098024	13430419	16667605	4363610	12303995	1375911
5566781	2148798	3417983	776855	2641127	1464237
30393941	14749118	15644823	4478170	11166654	2100919
17305882	6554882	10750999	2840298	7910701	1384969
5378293	2076330	3301963	1184345	2117618	2153144
6137598	2459463	3678136	1414427	2263708	330500
18747657	8676598	10071059	3542603	6528456	3365807
3727032	2201246	1525786	794560	731226	94598
7584749	2931942	4652807	812771	3840036	277564
4083759	2022094	2061666	1044246	1017420	24761
9323813	3327837	5995976	1421610	4574365	
13206192	10091692	3114500	2891628	222872	6540030

5-3 财政补助支出明细

地区	合计	个人部分	工资福利支出	对个人和家庭的补助支出	#助学金
合计	**567882526**	**309963503**	**184674367**	**125289136**	**58163273**
北京	60301664	33581369	15243587	18337782	10972539
天津	13509787	7045374	4109572	2935801	891995
河北	17651250	9225208	5038015	4187193	1632908
山西	12603930	6258955	4314972	1943983	1138468
内蒙古	10100783	6697020	3809486	2887534	1636471
辽宁	19103478	11320610	6350695	4969916	1629167
吉林	14217436	7995966	4419034	3576933	1198820
黑龙江	15188732	9313867	4902975	4410892	1350517
上海	34481495	16554926	13114040	3440886	2036119
江苏	40119164	22228717	13448467	8780250	3249737
浙江	24676434	13419040	9359560	4059480	2046041
安徽	18419191	8738810	4884422	3854388	1945300
福建	13555932	7326808	4848758	2478050	1234056
江西	12901026	8115587	4947739	3167848	1364134
山东	29117776	18727466	11483033	7244433	2393734
河南	23235067	11736177	6986765	4749412	2141393
湖北	28978954	16485765	8972685	7513080	2910732
湖南	19117544	11321508	7937067	3384441	1800837
广东	42673272	21018305	12610387	8407918	3079462
广西	10831002	4604416	2474106	2130310	1582519
海南	2690276	1118282	732715	385568	287606
重庆	13096035	6450079	3507160	2942918	1673636
四川	22692281	13976702	9450356	4526346	2593529
贵州	8903671	5502595	2835078	2667517	1187125
云南	9227199	5407604	3812262	1595341	1118901
西藏	1647433	852521	567276	285245	154100
陕西	25192908	12969506	7247813	5721694	2672525
甘肃	10751418	4839742	2371011	2468731	1089199
青海	2189153	1077731	733957	343774	122628
宁夏	2986073	1479937	946260	533676	263650
新疆	7722160	4572910	3215115	1357795	765423
大连	690822	449629	327564	122065	34577
宁波	2285299	934675	623232	311444	131812
厦门	1097560	473342	342956	130386	54829
青岛	972463	394719	240857	153862	51391
深圳	8390201	2468061	1980021	488040	196120

（高等学校）

单位：千元

公用部分					基本建设支出
	商品和服务支出	其他资本性支出			
			专项公用支出	专项项目支出	
241079637	**133080236**	**107999401**	**65592707**	**42406694**	**16839386**
24810510	15310434	9500076	6699675	2800402	1909785
6462281	3556870	2905411	2072934	832477	2132
8117052	3701102	4415951	3008104	1407846	308990
6254458	1913372	4341086	1465782	2875304	90517
3264636	1694660	1569976	1022403	547573	139127
7359091	4742688	2616403	2065008	551395	423776
5899185	3484786	2414400	1990949	423451	322284
5581674	3209796	2371877	1418329	953549	293191
15657459	12570075	3087384	2721357	366028	2269110
17453170	9719843	7733327	4071100	3662227	437278
10327130	5302391	5024739	2383853	2640885	930264
8799988	3545363	5254625	3325226	1929398	880394
6110969	3255011	2855959	1961738	894220	118154
4663495	2565497	2097998	1436779	661220	121943
9881871	4610442	5271429	1784263	3487166	508440
11088307	6285787	4802520	3416968	1385552	410583
11898506	7100082	4798423	2371834	2426589	594683
7083079	4006133	3076946	1357250	1719696	712957
18868904	10387097	8481807	6532994	1948813	2786063
5953738	2311748	3641991	2202585	1439405	272848
1380588	701814	678774	545395	133380	191405
6535806	3554207	2981599	2141058	840542	110150
8159063	5057318	3101746	2261653	840093	556516
3207166	1167128	2040038	1007236	1032802	193910
3687486	1914071	1773415	1075964	697451	132110
581912	349691	232221	190221	42000	213000
11365770	6840957	4524814	2501433	2023381	857632
5671106	2168743	3502363	949566	2552797	240570
875081	173743	701338	414719	286619	236341
1486137	620551	865586	532637	332949	20000
2594017	1258838	1335179	663696	671483	555233
235927	117536	118391	87803	30588	5266
1350623	463233	887390	130204	757186	
599457	274549	324907	146156	178751	24761
577744	197032	380712	65568	315145	
3232061	2077436	1154625	1151049	3576	2690079

5-4 财政补助支出明细

地区	合计	个人部分	工资福利支出	对个人和家庭的补助支出	#助学金
合计	**408009404**	**221107956**	**139505736**	**81602220**	**36349498**
北京	17520527	8219120	5667721	2551398	918054
天津	9413213	4723908	2963893	1760015	580498
河北	16516169	8568316	4588869	3979448	1562468
山西	12603930	6258955	4314972	1943983	1138468
内蒙古	10100783	6697020	3809486	2887534	1636471
辽宁	14193704	8720661	4866397	3854265	1232533
吉林	9796097	5328840	3033372	2295468	674066
黑龙江	10823932	6799139	3521195	3277944	892913
上海	18557627	8909536	7701605	1207931	623619
江苏	27831592	15591807	10064888	5526918	1979886
浙江	20290080	10768529	7726816	3041712	1536037
安徽	14628463	6766098	3920463	2845636	1435096
福建	10501840	5716460	3927833	1788628	906940
江西	12901026	8115587	4947739	3167848	1364134
山东	23904125	15878119	9989729	5888390	1919524
河南	23102161	11660130	6926098	4734032	2137486
湖北	15344539	9010150	5364536	3645614	1432756
湖南	14899443	8940556	6653549	2287007	1351843
广东	34350078	16906019	10458892	6447127	2303818
广西	10831002	4604416	2474106	2130310	1582519
海南	2690276	1118282	732715	385568	287606
重庆	9302210	4117188	2180949	1936239	1184566
四川	14746141	9177062	6681448	2495614	1719309
贵州	8903671	5502595	2835078	2667517	1187125
云南	9227199	5407604	3812262	1595341	1118901
西藏	1647433	852521	567276	285245	154100
陕西	14031185	7279299	4035624	3243675	1658760
甘肃	8437386	3476382	1591096	1885286	838556
青海	2189153	1077731	733957	343774	122628
宁夏	2463079	1210729	759092	451638	222008
新疆	6261338	3705200	2654084	1051116	646811
大连	690822	449629	327564	122065	34577
宁波	2285299	934675	623232	311444	131812
厦门	1097560	473342	342956	130386	54829
青岛	972463	394719	240857	153862	51391
深圳	8390201	2468061	1980021	488040	196120

(地方高等学校)

单位：千元

公用部分					基本建设支出
	商品和服务支出	其他资本性支出			
			专项公用支出	专项项目支出	
174592362	**87743763**	**86848599**	**48952372**	**37896227**	**12309086**
8947893	4922265	4025628	2624803	1400825	353515
4687173	2252509	2434664	1678012	756652	2132
7755892	3529873	4226019	2879731	1346288	191961
6254458	1913372	4341086	1465782	2875304	90517
3264636	1694660	1569976	1022403	547573	139127
5182779	3531067	1651712	1199907	451806	290264
4206763	2246884	1959878	1570035	389843	260494
3771099	2228733	1542366	1046485	495881	253695
7892710	6671144	1221566	1115463	106103	1755381
12059950	6215200	5844749	2606775	3237974	179836
8620598	4158474	4462124	1854627	2607497	900954
7107595	2516218	4591377	2663779	1927598	754769
4737735	2516442	2221293	1478525	742768	47645
4663495	2565497	2097998	1436779	661220	121943
7921046	3279513	4641533	1400782	3240751	104960
11031448	6244263	4787185	3408112	1379073	410583
6331389	3255424	3075965	1028827	2047138	3000
5382414	2706200	2676214	999964	1676249	576473
14726175	7191523	7534652	5631607	1903045	2717885
5953738	2311748	3641991	2202585	1439405	272848
1380588	701814	678774	545395	133380	191405
5150022	2467967	2682054	1843313	838742	35000
5111018	3027654	2083364	1470792	612572	458062
3207166	1167128	2040038	1007236	1032802	193910
3687486	1914071	1773415	1075964	697451	132110
581912	349691	232221	190221	42000	213000
6035886	2988164	3047722	1488897	1558825	716000
4745270	1540116	3205154	692998	2512156	215734
875081	173743	701338	414719	286619	236341
1232350	490077	742273	457491	284782	20000
2086598	972329	1114268	450364	663904	469541
235927	117536	118391	87803	30588	5266
1350623	463233	887390	130204	757186	
599457	274549	324907	146156	178751	24761
577744	197032	380712	65568	315145	
3232061	2077436	1154625	1151049	3576	2690079

5-5 财政补助支出明细

地区	合计	个人部分	工资福利支出	对个人和家庭的补助支出	#助学金
合计	**559029103**	**304451699**	**180752745**	**123698955**	**57994071**
北京	59358835	33015518	14900093	18115425	10972539
天津	13257731	6837769	3974350	2863418	888979
河北	17312225	8965065	4842624	4122440	1626774
山西	12414127	6125297	4213194	1912103	1132720
内蒙古	10027895	6637862	3773231	2864631	1631654
辽宁	18834615	11093564	6189114	4904450	1628701
吉林	13733512	7688538	4260430	3428108	1175746
黑龙江	14841958	9022910	4743438	4279472	1348443
上海	33735513	16088484	12684531	3403953	2035165
江苏	39795327	22160606	13395467	8765138	3247521
浙江	23742529	13071932	9069924	4002008	2040284
安徽	18178721	8589094	4785537	3803557	1938127
福建	13364131	7188675	4726953	2461722	1233880
江西	12616945	7930187	4840772	3089415	1337114
山东	28977482	18626665	11415041	7211625	2392977
河南	23131052	11654610	6936604	4718007	2140108
湖北	28881472	16401044	8920611	7480432	2909509
湖南	18851492	11160829	7811761	3349068	1799284
广东	41898755	20493087	12262903	8230184	3069765
广西	10541138	4450248	2370923	2079325	1562320
海南	2652997	1096514	717091	379424	283606
重庆	13070261	6435779	3497303	2938476	1673601
四川	22028890	13618244	9136573	4481671	2591793
贵州	8833631	5447046	2805645	2641400	1178586
云南	9077931	5268196	3694692	1573503	1099877
西藏	1647433	852521	567276	285245	154100
陕西	24941246	12850188	7176089	5674100	2660023
甘肃	10651679	4776717	2332751	2443966	1089179
青海	2173852	1065506	723749	341756	122628
宁夏	2986073	1479937	946260	533676	263650
新疆	7469654	4359069	3037813	1321256	765419
大连	581188	366692	260211	106481	34577
宁波	2132356	828542	537057	291486	129606
厦门	1096286	472204	342130	130074	54829
青岛	941353	370696	224476	146219	51391
深圳	8343624	2442334	1962421	479913	192570

（普通高等学校）

单位：千元

公用部分	商品和服务支出	其他资本性支出	专项公用支出	专项项目支出	基本建设支出
238144903	**131297672**	**106847231**	**65092687**	**41754544**	**16432500**
24436244	15000070	9436174	6655088	2781086	1907072
6417831	3533376	2884455	2052156	832299	2132
8038171	3640044	4398127	2996873	1401254	308990
6198313	1890552	4307761	1432556	2875204	90517
3250905	1682820	1568085	1021912	546173	139127
7317275	4715976	2601299	2057689	543610	423776
5740321	3405264	2335057	1956228	378829	304653
5525857	3166765	2359092	1410440	948652	293191
15377919	12350180	3027738	2679617	348121	2269110
17197444	9697662	7499782	4057597	3442185	437278
10078615	5201278	4877337	2351708	2525629	591982
8709233	3486130	5223103	3318394	1904709	880394
6060301	3210739	2849563	1955413	894150	115154
4564814	2497895	2066919	1412510	654409	121943
9842377	4580430	5261947	1775439	3486508	508440
11065859	6270423	4795435	3411678	1383757	410583
11885745	7088417	4797328	2371241	2426086	594683
6977707	3937868	3039839	1348477	1691362	712957
18619605	10249464	8370140	6467554	1902586	2786063
5858301	2274960	3583341	2147427	1435914	232589
1365078	691774	673304	541667	131637	191405
6529332	3552141	2977191	2136649	840542	105150
7854130	4813653	3040478	2226897	813580	556516
3192675	1160200	2032475	1005502	1026973	193910
3677626	1909090	1768536	1071086	697451	132110
581912	349691	232221	190221	42000	213000
11233427	6784912	4448515	2490803	1957712	857632
5634392	2137479	3496913	945836	2551077	240570
872005	173498	698507	411888	286619	236341
1486137	620551	865586	532637	332949	20000
2555352	1224371	1330981	659498	671483	555233
209230	95304	113926	83338	30588	5266
1303814	433191	870623	126664	743958	
599321	274415	324905	146155	178751	24761
570658	192029	378629	63484	315145	
3211211	2063663	1147547	1145100	2447	2690079

5-6 财政补助支出明细

地 区	合 计	个人部分	工资福利支出	对个人和家庭的补助支出	#助学金
合 计	**399386399**	**215718427**	**135649733**	**80068693**	**36180301**
北 京	16754528	7726945	5351361	2375584	918054
天 津	9161158	4516303	2828671	1687632	577482
河 北	16177144	8308172	4393477	3914695	1556334
山 西	12414127	6125297	4213194	1912103	1132720
内蒙古	10027895	6637862	3773231	2864631	1631654
辽 宁	13924841	8493615	4704816	3788799	1232066
吉 林	9312173	5021411	2874768	2146644	650992
黑龙江	10477158	6508182	3361658	3146524	890838
上 海	17811645	8443094	7272096	1170998	622665
江 苏	27507755	15523695	10011889	5511807	1977671
浙 江	19356175	10421420	7437180	2984240	1530280
安 徽	14387992	6616382	3821578	2794804	1427923
福 建	10310039	5578327	3806028	1772300	906763
江 西	12616945	7930187	4840772	3089415	1337114
山 东	23763831	15777319	9921737	5855581	1918767
河 南	22998145	11578563	6875937	4702626	2136201
湖 北	15247058	8925429	5312462	3612966	1431533
湖 南	14633390	8779876	6528243	2251633	1350290
广 东	33575561	16380801	10111408	6269394	2294120
广 西	10541138	4450248	2370923	2079325	1562320
海 南	2652997	1096514	717091	379424	283606
重 庆	9276436	4102888	2171091	1931797	1184531
四 川	14082751	8818604	6367665	2450939	1717572
贵 州	8833631	5447046	2805645	2641400	1178586
云 南	9077931	5268196	3694692	1573503	1099877
西 藏	1647433	852521	567276	285245	154100
陕 西	13779523	7159981	3963900	3196081	1646257
甘 肃	8337646	3413356	1552836	1860520	838536
青 海	2173852	1065506	723749	341756	122628
宁 夏	2463079	1210729	759092	451638	222008
新 疆	6062421	3539957	2515268	1024689	646811
大 连	581188	366692	260211	106481	34577
宁 波	2132356	828542	537057	291486	129606
厦 门	1096286	472204	342130	130074	54829
青 岛	941353	370696	224476	146219	51391
深 圳	8343624	2442334	1962421	479913	192570

(地方普通高等学校)

单位：千元

公用部分					基本建设支出
	商品和服务支出	其他资本性支出	专项公用支出	专项项目支出	
171765773	**86054104**	**85711668**	**48455288**	**37256380**	**11902200**
8676781	4700107	3976675	2582862	1393813	350802
4642723	2229015	2413708	1657234	756474	2132
7677011	3468815	4208195	2868499	1339696	191961
6198313	1890552	4307761	1432556	2875204	90517
3250905	1682820	1568085	1021912	546173	139127
5140962	3504354	1636608	1192588	444020	290264
4047899	2167363	1880536	1535315	345221	242863
3715282	2185701	1529581	1038596	490985	253695
7613170	6451250	1161921	1073724	88196	1755381
11804224	6193019	5611204	2593272	3017932	179836
8372083	4057360	4314723	1822482	2492240	562672
7016841	2456985	4559856	2656947	1902909	754769
4687066	2472169	2214897	1472200	742697	44645
4564814	2497895	2066919	1412510	654409	121943
7881552	3249501	4632051	1391958	3240093	104960
11009000	6228899	4780100	3402822	1377278	410583
6318629	3243759	3074869	1028234	2046635	3000
5277041	2637935	2639106	991191	1647915	576473
14476875	7053890	7422985	5566167	1856818	2717885
5858301	2274960	3583341	2147427	1435914	232589
1365078	691774	673304	541667	131637	191405
5143548	2465902	2677646	1838905	838742	30000
4806085	2783989	2022096	1436037	586059	458062
3192675	1160200	2032475	1005502	1026973	193910
3677626	1909090	1768536	1071086	697451	132110
581912	349691	232221	190221	42000	213000
5903542	2932119	2971423	1478267	1493156	716000
4708556	1508852	3199704	689269	2510435	215734
872005	173498	698507	411888	286619	236341
1232350	490077	742273	457491	284782	20000
2052923	942562	1110360	446457	663904	469541
209230	95304	113926	83338	30588	5266
1303814	433191	870623	126664	743958	
599321	274415	324905	146155	178751	24761
570658	192029	378629	63484	315145	
3211211	2063663	1147547	1145100	2447	2690079

5-7 财政补助支出明细

地区	合计	个人部分	工资福利支出	对个人和家庭的补助支出	#助学金
合计	**448474205**	**246154374**	**143045413**	**103108961**	**49272887**
北京	56208820	31594062	13883732	17710330	10878041
天津	10689812	5483947	3069384	2414563	777327
河北	13726295	6949833	3582211	3367622	1316263
山西	9919333	4667647	3241020	1426627	904292
内蒙古	6333198	4234339	2355662	1878678	1105031
辽宁	15896761	9199696	5069492	4130205	1441050
吉林	12144046	6772900	3745201	3027699	1076446
黑龙江	12463809	7439455	3938730	3500725	1141885
上海	31378282	15334167	12023536	3310631	1995989
江苏	29944780	17020991	9850068	7170923	2691036
浙江	17937901	10066441	6780733	3285709	1699394
安徽	13208747	6529358	3595820	2933538	1458944
福建	10824395	5882186	3847690	2034497	1012514
江西	9403268	5891632	3581540	2310091	1005002
山东	22331255	14143728	8365587	5778141	1906646
河南	17080593	8606644	4943287	3663357	1706576
湖北	23396545	13528937	7209218	6319719	2499710
湖南	13714344	8246375	5758543	2487833	1400518
广东	31976143	15523676	8968361	6555315	2466288
广西	7708542	3220635	1674920	1545715	1246754
海南	2121785	890100	594218	295882	215382
重庆	10068797	5081420	2794493	2286927	1262001
四川	17734516	11239219	7485352	3753867	2128784
贵州	5797407	3878341	1990580	1887760	830033
云南	7143640	4095068	2894850	1200217	857445
西藏	1343330	686330	436462	249869	137498
陕西	21413933	11129789	6163157	4966631	2313401
甘肃	7722054	3872970	1896410	1976560	908820
青海	1558233	842972	568306	274666	94134
宁夏	2211349	1131602	702787	428816	235876
新疆	5072293	2969912	2034065	935847	559809
大连	412710	259996	180615	79381	26541
宁波	1168862	503885	305549	198336	95147
厦门	913187	376380	288259	88121	38642
青岛	701154	206291	114632	91659	36560
深圳	6778507	1609009	1285964	323045	124271

(普通高等本科学校)

单位：千元

公用部分					基本建设支出
	商品和服务支出	其他资本性支出	专项公用支出	专项项目支出	
188710217	**110619322**	**78090895**	**50373021**	**27717875**	**13609614**
22906720	13997631	8909089	6221477	2687612	1708038
5203732	3024272	2179461	1398978	780483	2132
6467472	3031956	3435516	2471133	964382	308990
5175897	1535169	3640728	1210380	2430348	75789
2004755	1064841	939914	617688	322226	94104
6350560	4099538	2251022	1759228	491794	346505
5067994	3101000	1966993	1758994	207999	303153
4732646	2717688	2014958	1131545	883414	291707
14287091	11411137	2875954	2553070	322884	1757024
12571338	7451907	5119431	3135802	1983630	352451
7337149	4115317	3221832	1736627	1485204	534311
6194098	2772439	3421659	2611701	809958	485290
4836329	2638017	2198312	1604241	594072	105879
3418643	1934743	1483900	1168011	315889	92993
7690516	3625424	4065092	1284994	2780098	497010
8227265	5124897	3102367	2245205	857162	246684
9272924	5989230	3283695	2043952	1239742	594683
4824144	3072661	1751483	949707	801776	643825
13930939	8718166	5212773	3768721	1444052	2521528
4273079	1756348	2516731	1399644	1117087	214828
1069757	557768	511988	417886	94102	161929
4912227	2882328	2029899	1478164	551735	75150
6165829	3954542	2211287	1783964	427323	329469
1735075	823923	911151	751452	159700	183991
2985480	1626745	1358735	901121	457614	63093
451999	283042	168957	136761	32197	205000
9649086	6088899	3560187	2089972	1470215	635058
3657100	1841766	1815334	685721	1129613	191984
557986	121191	436794	250640	186155	157276
1079746	478923	600823	347385	253438	
1672640	777812	894828	458857	435971	429741
147447	56366	91082	73233	17849	5266
664977	320388	344588	75020	269568	
512046	219914	292132	115017	177115	24761
494863	145009	349854	38139	311715	
2731596	1811820	919777	917329	2447	2437902

5-8 财政补助支出明细

地 区	合 计	个人部分	工资福利支出	对个人和家庭的补助支出	#助学金
合 计	**289805373**	**157847115**	**98214570**	**59632546**	**27518371**
北 京	13920403	6353955	4365971	1987985	827486
天 津	6593238	3162481	1923704	1238777	465830
河 北	12591214	6292941	3133064	3159877	1245823
山 西	9919333	4667647	3241020	1426627	904292
内蒙古	6333198	4234339	2355662	1878678	1105031
辽 宁	10986988	6599747	3585193	3014554	1044416
吉 林	7722707	4105774	2359539	1746235	551692
黑龙江	8190769	4972179	2579543	2392636	687287
上 海	15539274	7730188	6642214	1087974	586570
江 苏	17657207	10384080	6466489	3917591	1421186
浙 江	13551547	7415929	5147989	2267940	1189390
安 徽	9418018	4556647	2631861	1924786	948740
福 建	7770303	4271839	2926764	1345075	685398
江 西	9403268	5891632	3581540	2310091	1005002
山 东	17117603	11294381	6872283	4422098	1432436
河 南	16947687	8530597	4882620	3647977	1702669
湖 北	9784123	6073531	3603285	2470246	1039356
湖 南	9537664	5893122	4501724	1391398	952525
广 东	23831248	11477669	6865779	4611891	1696827
广 西	7708542	3220635	1674920	1545715	1246754
海 南	2121785	890100	594218	295882	215382
重 庆	6274972	2748529	1468281	1280248	772931
四 川	9909586	6525371	4773411	1751959	1265550
贵 州	5797407	3878341	1990580	1887760	830033
云 南	7143640	4095068	2894850	1200217	857445
西 藏	1343330	686330	436462	249869	137498
陕 西	10252210	5439582	2950969	2488613	1299635
甘 肃	5408022	2509610	1116495	1393115	658177
青 海	1558233	842972	568306	274666	94134
宁 夏	1688354	862395	515618	346777	194234
新 疆	3783499	2239505	1564216	675289	454644
大 连	412710	259996	180615	79381	26541
宁 波	1168862	503885	305549	198336	95147
厦 门	913187	376380	288259	88121	38642
青 岛	701154	206291	114632	91659	36560
深 圳	6778507	1609009	1285964	323045	124271

(地方普通高等本科学校)

单位：千元

公用部分	商品和服务支出	其他资本性支出			基本建设支出
			专项公用支出	专项项目支出	
122740894	**65654668**	**57086226**	**33830472**	**23255754**	**9217363**
7277844	3822932	3454912	2154572	1300339	288604
3428625	1719911	1708714	1004056	704658	2132
6106311	2860727	3245584	2342759	902825	191961
5175897	1535169	3640728	1210380	2430348	75789
2004755	1064841	939914	617688	322226	94104
4174248	2887917	1286331	894127	392205	212993
3375571	1863099	1512472	1338081	174391	241363
2966379	1749585	1216795	778665	438129	252211
6565792	5537334	1028457	958093	70364	1243295
7178118	3947265	3230853	1671477	1559376	95009
5630617	2971400	2659217	1207401	1451816	505001
4501706	1743295	2758411	1950253	808158	359666
3463094	1899448	1563647	1121027	442619	35370
3418643	1934743	1483900	1168011	315889	92993
5729692	2294495	3435196	901514	2533683	93531
8170406	5083373	3087032	2236349	850683	246684
3707592	2144572	1563020	702729	860291	3000
3137201	1786450	1350750	592421	758329	507342
9899016	5570063	4328953	2914413	1414540	2454563
4273079	1756348	2516731	1399644	1117087	214828
1069757	557768	511988	417886	94102	161929
3526443	1796089	1730354	1180419	549935	
3153200	1958488	1194713	994911	199802	231015
1735075	823923	911151	751452	159700	183991
2985480	1626745	1358735	901121	457614	63093
451999	283042	168957	136761	32197	205000
4319201	2236106	2083095	1077436	1005659	493427
2731263	1213139	1518125	429153	1088972	167148
557986	121191	436794	250640	186155	157276
825959	348449	477510	272239	205272	
1199946	516761	683185	254793	428391	344049
147447	56366	91082	73233	17849	5266
664977	320388	344588	75020	269568	
512046	219914	292132	115017	177115	24761
494863	145009	349854	38139	311715	
2731596	1811820	919777	917329	2447	2437902

5-9 财政补助支出明细

地区	合计	个人部分	工资福利支出	对个人和家庭的补助支出	#助学金
合计	**110554898**	**58297325**	**37707332**	**20589993**	**8721184**
北京	3150015	1421457	1016361	405095	94498
天津	2567920	1353821	904966	448855	111652
河北	3585930	2015231	1260413	754818	310511
山西	2494793	1457650	972174	485476	228427
内蒙古	3694697	2403523	1417570	985954	526623
辽宁	2937853	1893868	1119623	774245	187651
吉林	1589465	915638	515229	400409	99300
黑龙江	2378150	1583455	804708	778747	206557
上海	2357231	754316	660995	93321	39177
江苏	9850547	5139615	3545400	1594215	556485
浙江	5804628	3005491	2289191	716299	340890
安徽	4969974	2059736	1189717	870018	479183
福建	2539736	1306489	879264	427225	221366
江西	3213677	2038556	1259232	779324	332112
山东	6646228	4482937	3049454	1433484	486331
河南	6050459	3047966	1993316	1054650	433532
湖北	5484927	2872106	1711393	1160713	409799
湖南	5137148	2914454	2053219	861235	398766
广东	9922612	4969412	3294542	1674870	603477
广西	2832596	1229613	696003	533610	315566
海南	531212	206414	122872	83542	68224
重庆	3001464	1354359	702810	651549	411600
四川	4294374	2379025	1651221	727804	463009
贵州	3036224	1568705	815065	753640	348554
云南	1934291	1173128	799842	373286	242432
西藏	304104	166191	130815	35376	16603
陕西	3527314	1720399	1012931	707468	346622
甘肃	2929625	903747	436341	467405	180359
青海	615619	222534	155444	67090	28494
宁夏	774725	348334	243474	104861	27774
新疆	2397362	1389157	1003748	385409	205610
大连	168479	106696	79596	27100	8036
宁波	963494	324657	231508	93149	34459
厦门	183099	95824	53871	41953	16187
青岛	240200	164405	109844	54561	14831
深圳	1565117	833326	676458	156868	68299

（普通高职高专学校）

单位：千元

公用部分	商品和服务支出	其他资本性支出	专项公用支出	专项项目支出	基本建设支出
49434686	**20678351**	**28756335**	**14719666**	**14036669**	**2822886**
1529524	1002440	527084	433611	93473	199034
1214098	509104	704994	653178	51816	
1570699	608088	962611	525740	436871	
1022415	355383	667033	222176	444857	14728
1246150	617979	628171	404225	223947	45023
966715	616438	350277	298461	51816	77271
672328	304264	368064	197234	170830	1500
793211	449077	344134	278896	65238	1484
1090828	939043	151784	126547	25238	512087
4626106	2245755	2380351	921796	1458555	84827
2741466	1085960	1655506	615081	1040425	57672
2515135	713690	1801445	706694	1094751	395103
1223972	572721	651250	351172	300078	9275
1146171	563153	583019	244499	338519	28950
2151861	955006	1196855	490444	706410	11430
2838594	1145526	1693068	1166473	526595	163899
2612821	1099188	1513633	327289	1186344	
2153563	865207	1288356	398770	889586	69132
4688666	1531298	3157367	2698833	458534	264535
1585222	518612	1066610	747783	318827	17761
295322	134006	161316	123781	37535	29476
1617105	669813	947292	658486	288807	30000
1688301	859111	829191	442933	386257	227047
1457600	336277	1121324	254050	867273	9919
692146	282345	409801	169965	239837	69017
129913	66648	63264	53461	9803	8000
1584341	696013	888328	400831	487497	222573
1977292	295713	1681579	260116	1421464	48586
314019	52307	261712	161248	100464	79066
406390	141628	264762	185252	79510	20000
882712	446559	436153	200641	235512	125492
61783	38938	22844	10105	12739	
638837	112803	526034	51644	474390	
87275	54502	32774	31137	1636	
75795	47019	28775	25345	3430	
479614	251844	227771	227771		252177

5-10 财政补助支出明细

地区	合计	个人部分	工资福利支出	对个人和家庭的补助支出	#助学金
合计	**109581026**	**57871311**	**37435164**	**20436148**	**8661930**
北京	2834125	1372990	985390	387600	90568
天津	2567920	1353821	904966	448855	111652
河北	3585930	2015231	1260413	754818	310511
山西	2494793	1457650	972174	485476	228427
内蒙古	3694697	2403523	1417570	985954	526623
辽宁	2937853	1893868	1119623	774245	187651
吉林	1589465	915638	515229	400409	99300
黑龙江	2286389	1536003	782116	753887	203551
上海	2272371	712906	629882	83024	36095
江苏	9850547	5139615	3545400	1594215	556485
浙江	5804628	3005491	2289191	716299	340890
安徽	4969974	2059736	1189717	870018	479183
福建	2539736	1306489	879264	427225	221366
江西	3213677	2038556	1259232	779324	332112
山东	6646228	4482937	3049454	1433484	486331
河南	6050459	3047966	1993316	1054650	433532
湖北	5462935	2851898	1709177	1142721	392177
湖南	5095726	2886754	2026519	860235	397766
广东	9744313	4903132	3245629	1657503	597294
广西	2832596	1229613	696003	533610	315566
海南	531212	206414	122872	83542	68224
重庆	3001464	1354359	702810	651549	411600
四川	4173165	2293233	1594254	698980	452022
贵州	3036224	1568705	815065	753640	348554
云南	1934291	1173128	799842	373286	242432
西藏	304104	166191	130815	35376	16603
陕西	3527314	1720399	1012931	707468	346622
甘肃	2929625	903747	436341	467405	180359
青海	615619	222534	155444	67090	28494
宁夏	774725	348334	243474	104861	27774
新疆	2278921	1300452	951052	349400	192167
大连	168479	106696	79596	27100	8036
宁波	963494	324657	231508	93149	34459
厦门	183099	95824	53871	41953	16187
青岛	240200	164405	109844	54561	14831
深圳	1565117	833326	676458	156868	68299

（地方普通高职高专学校）

单位：千元

公用部分	商品和服务支出	其他资本性支出			基本建设支出
			专项公用支出	专项项目支出	
49024878	**20399437**	**28625442**	**14624816**	**14000626**	**2684836**
1398938	877174	521763	428290	93473	62197
1214098	509104	704994	653178	51816	
1570699	608088	962611	525740	436871	
1022415	355383	667033	222176	444857	14728
1246150	617979	628171	404225	223947	45023
966715	616438	350277	298461	51816	77271
672328	304264	368064	197234	170830	1500
748903	436117	312786	259931	52855	1484
1047379	913915	133463	115631	17832	512087
4626106	2245755	2380351	921796	1458555	84827
2741466	1085960	1655506	615081	1040425	57672
2515135	713690	1801445	706694	1094751	395103
1223972	572721	651250	351172	300078	9275
1146171	563153	583019	244499	338519	28950
2151861	955006	1196855	490444	706410	11430
2838594	1145526	1693068	1166473	526595	163899
2611037	1099188	1511849	325505	1186344	
2139840	851484	1288356	398770	889586	69132
4577860	1483827	3094032	2651754	442279	263322
1585222	518612	1066610	747783	318827	17761
295322	134006	161316	123781	37535	29476
1617105	669813	947292	658486	288807	30000
1652885	825501	827383	441126	386257	227047
1457600	336277	1121324	254050	867273	9919
692146	282345	409801	169965	239837	69017
129913	66648	63264	53461	9803	8000
1584341	696013	888328	400831	487497	222573
1977292	295713	1681579	260116	1421464	48586
314019	52307	261712	161248	100464	79066
406390	141628	264762	185252	79510	20000
852977	425802	427175	191663	235512	125492
61783	38938	22844	10105	12739	
638837	112803	526034	51644	474390	
87275	54502	32774	31137	1636	
75795	47019	28775	25345	3430	
479614	251844	227771	227771		252177

5-11 财政补助支出明细

地区	合计	个人部分	工资福利支出	对个人和家庭的补助支出	#助学金
合计	8853423	5511804	3921622	1590181	169201
北京	942829	565851	343494	222357	
天津	252055	207605	135222	72383	3016
河北	339025	260144	195391	64753	6134
山西	189803	133658	101778	31879	5748
内蒙古	72888	59157	36255	22903	4817
辽宁	268863	227046	161581	65466	466
吉林	483924	307429	158604	148825	23074
黑龙江	346774	290957	159537	131421	2075
上海	745982	466442	429509	36933	954
江苏	323837	68111	53000	15112	2215
浙江	933905	347109	289636	57472	5757
安徽	240471	149716	98885	50831	7173
福建	191801	138133	121805	16328	177
江西	284081	185400	106967	78433	27019
山东	140294	100800	67992	32808	757
河南	104015	81567	50161	31406	1285
湖北	97482	84721	52073	32648	1223
湖南	266052	160680	125306	35374	1553
广东	774517	525217	347484	177733	9697
广西	289864	154168	103183	50985	20200
海南	37278	21768	15624	6144	4000
重庆	25774	14300	9857	4442	35
四川	663391	358458	313783	44675	1736
贵州	70040	55550	29433	26117	8539
云南	149268	139408	117570	21838	19024
西藏					
陕西	251662	119318	71724	47594	12502
甘肃	99739	63025	38260	24766	20
青海	15301	12225	10208	2017	
宁夏					
新疆	252506	213841	177302	36539	3
大连	109634	82937	67353	15584	
宁波	152943	106133	86175	19958	2206
厦门	1274	1138	826	312	
青岛	31109	24023	16380	7642	
深圳	46577	25727	17600	8127	3550

(成人高等学校)

单位：千元

公用部分	商品和服务支出	其他资本性支出			基本建设支出
			专项公用支出	专项项目支出	
2934733	**1782563**	**1152170**	**500020**	**652150**	**406886**
374266	310363	63902	44586	19316	2713
44450	23494	20957	20778	178	
78881	61057	17824	11231	6592	
56146	22821	33325	33225	100	
13731	11840	1891	491	1400	
41817	26712	15104	7319	7785	
158864	79522	79342	34720	44622	17631
55817	43031	12786	7889	4897	
279540	219895	59646	41739	17906	
255726	22181	233545	13502	220043	
248515	101113	147401	32145	115257	338282
90755	59233	31521	6832	24689	
50668	44272	6396	6325	71	3000
98681	67601	31079	24268	6811	
39494	30012	9482	8824	658	
22449	15364	7085	5290	1795	
12760	11665	1095	592	503	
105373	68265	37107	8773	28334	
249299	137633	111666	65440	46227	
95437	36788	58649	55158	3491	40259
15510	10040	5470	3727	1743	
6474	2066	4408	4408		5000
304933	243665	61268	34755	26513	
14491	6928	7563	1734	5829	
9860	4982	4878	4878		
132344	56045	76298	10629	65669	
36714	31264	5450	3729	1720	
3076	245	2831	2831		
38665	34467	4198	4198		
26697	22232	4465	4465		
46810	30042	16768	3540	13228	
136	134	2	2		
7086	5003	2083	2083		
20850	13772	7078	5949	1129	

5-12 财政补助支出明细

地区	合计	个人部分	工资福利支出	对个人和家庭的补助支出	#助学金
合计	**8623005**	**5389530**	**3856003**	**1533527**	**169198**
北京	765999	492174	316360	175814	
天津	252055	207605	135222	72383	3016
河北	339025	260144	195391	64753	6134
山西	189803	133658	101778	31879	5748
内蒙古	72888	59157	36255	22903	4817
辽宁	268863	227046	161581	65466	466
吉林	483924	307429	158604	148825	23074
黑龙江	346774	290957	159537	131421	2075
上海	745982	466442	429509	36933	954
江苏	323837	68111	53000	15112	2215
浙江	933905	347109	289636	57472	5757
安徽	240471	149716	98885	50831	7173
福建	191801	138133	121805	16328	177
江西	284081	185400	106967	78433	27019
山东	140294	100800	67992	32808	757
河南	104015	81567	50161	31406	1285
湖北	97482	84721	52073	32648	1223
湖南	266052	160680	125306	35374	1553
广东	774517	525217	347484	177733	9697
广西	289864	154168	103183	50985	20200
海南	37278	21768	15624	6144	4000
重庆	25774	14300	9857	4442	35
四川	663391	358458	313783	44675	1736
贵州	70040	55550	29433	26117	8539
云南	149268	139408	117570	21838	19024
西藏					
陕西	251662	119318	71724	47594	12502
甘肃	99739	63025	38260	24766	20
青海	15301	12225	10208	2017	
宁夏					
新疆	198918	165243	138816	26427	
大连	109634	82937	67353	15584	
宁波	152943	106133	86175	19958	2206
厦门	1274	1138	826	312	
青岛	31109	24023	16380	7642	
深圳	46577	25727	17600	8127	3550

(地方成人高等学校)

单位：千元

公用部分	商品和服务支出	其他资本性支出	专项公用支出	专项项目支出	基本建设支出
2826590	**1689659**	**1136931**	**497084**	**639847**	**406886**
271112	222158	48954	41941	7013	2713
44450	23494	20957	20778	178	
78881	61057	17824	11231	6592	
56146	22821	33325	33225	100	
13731	11840	1891	491	1400	
41817	26712	15104	7319	7785	
158864	79522	79342	34720	44622	17631
55817	43031	12786	7889	4897	
279540	219895	59646	41739	17906	
255726	22181	233545	13502	220043	
248515	101113	147401	32145	115257	338282
90755	59233	31521	6832	24689	
50668	44272	6396	6325	71	3000
98681	67601	31079	24268	6811	
39494	30012	9482	8824	658	
22449	15364	7085	5290	1795	
12760	11665	1095	592	503	
105373	68265	37107	8773	28334	
249299	137633	111666	65440	46227	
95437	36788	58649	55158	3491	40259
15510	10040	5470	3727	1743	
6474	2066	4408	4408		5000
304933	243665	61268	34755	26513	
14491	6928	7563	1734	5829	
9860	4982	4878	4878		
132344	56045	76298	10629	65669	
36714	31264	5450	3729	1720	
3076	245	2831	2831		
33675	29767	3908	3908		
26697	22232	4465	4465		
46810	30042	16768	3540	13228	
136	134	2	2		
7086	5003	2083	2083		
20850	13772	7078	5949	1129	

5-13 财政补助支出明细

地区	合计	个人部分	工资福利支出	对个人和家庭的补助支出	#助学金
合计	**189083275**	**105649693**	**73309529**	**32340164**	**8834776**
北京	6353275	3310816	2186887	1123930	69454
天津	2415034	1710917	1078158	632759	89647
河北	8652914	5615896	4254789	1361106	281470
山西	4988395	2969660	2272911	696749	197090
内蒙古	3899026	2483438	1608375	875062	305422
辽宁	5212058	3107191	1959502	1147689	212096
吉林	3890969	2419578	1391687	1027892	111478
黑龙江	4041776	2499002	1388114	1110888	169554
上海	5883052	2952416	2513467	438948	266854
江苏	14400031	8674488	6271856	2402633	282748
浙江	11509336	6938819	5690468	1248351	217776
安徽	6548395	2917227	1825779	1091448	402947
福建	5555530	3003625	2405237	598388	82657
江西	3650902	1913689	1205984	707705	301666
山东	15633264	8240040	6256027	1984013	307429
河南	9406398	4643270	3159873	1483397	431073
湖北	5829773	3098570	2020705	1077865	268468
湖南	6624984	3427937	2428869	999067	414691
广东	19491613	11035505	7360225	3675280	499166
广西	6209644	2975963	1984166	991797	362027
海南	1782008	789712	623702	166009	87745
重庆	4619366	2430738	1393640	1037098	409368
四川	8039720	4727897	3460463	1267434	662593
贵州	4447012	2349353	1250284	1099069	619474
云南	6885638	3913120	2458230	1454890	686064
西藏	570117	298159	190442	107716	62022
陕西	3371290	2024331	1287683	736649	321270
甘肃	2971852	1941558	1120734	820825	191113
青海	1050773	448123	285647	162475	73291
宁夏	908400	464481	318242	146240	66302
新疆	4240728	2324174	1657381	666793	381821
大连	1185296	571034	454621	116413	17025
宁波	2261961	1373283	1109536	263747	22708
厦门	1058318	574823	436620	138203	9021
青岛	3199922	1656766	1243423	413343	28162
深圳	2364237	1025522	652155	373367	74037

(中等职业学校)

单位：千元

公用部分	商品和服务支出	其他资本性支出	其他资本性支出：专项公用支出	其他资本性支出：专项项目支出	基本建设支出
78440137	**34908847**	**43531289**	**18091494**	**25439796**	**4993445**
2924297	1494951	1429346	1097991	331355	118161
678490	490902	187588	84677	102911	25627
2915965	1273805	1642161	655331	986830	121053
1934638	895236	1039402	438565	600837	84098
1354683	720015	634667	422334	212334	60905
1938828	1250616	688212	380111	308101	166039
1360139	495723	864415	333773	530643	111252
1385733	558420	827313	256467	570846	157040
2922082	1568864	1353218	1186574	166644	8554
5654550	2280191	3374359	1101030	2273328	70993
4400223	2047541	2352682	761638	1591044	170294
3461773	930514	2531259	583546	1947712	169395
2517216	925217	1591999	579277	1012723	34690
1622760	542045	1080715	281033	799682	114453
7317302	2579692	4737611	1233865	3503745	75922
4378070	2001240	2376830	827223	1549608	385058
2726467	980092	1746375	496692	1249682	4736
3063829	1513536	1550293	526190	1024103	133218
7723818	4220189	3503628	2176208	1327420	732291
2664480	902622	1761858	1147338	614520	569200
921082	432481	488601	347991	140610	71215
1925855	1087795	838060	355765	482295	262773
3026908	1593783	1433125	639551	793574	284915
1897939	814669	1083270	374002	709268	199721
2770833	1093124	1677710	564209	1113501	201684
224429	102417	122012	54676	67336	47530
1257050	606609	650440	240279	410161	89909
909210	431853	477357	176396	300961	121084
508856	145496	363360	214386	148973	93795
383919	156856	227062	157918	69144	60000
1668714	772354	896360	396456	499905	247840
596005	339182	256823	67257	189566	18256
873133	466228	406905	156275	250630	15545
483495	199742	283753	113439	170315	
1543156	478323	1064833	298403	766431	
974484	679410	295074	273263	21811	364232

5-14 财政补助支出明细

地区	合计	个人部分	工资福利支出	对个人和家庭的补助支出	#助学金
合计	**188399025**	**105244263**	**73038875**	**32205388**	**8780203**
北京	6258060	3251513	2148168	1103345	65311
天津	2413418	1709559	1077221	632338	89226
河北	8646046	5610788	4250405	1360383	281470
山西	4988395	2969660	2272911	696749	197090
内蒙古	3899026	2483438	1608375	875062	305422
辽宁	5212058	3107191	1959502	1147689	212096
吉林	3890969	2419578	1391687	1027892	111478
黑龙江	3970492	2454100	1362925	1091175	166848
上海	5880822	2950186	2511237	438948	266854
江苏	14393806	8668387	6266760	2401628	281743
浙江	11509336	6938819	5690468	1248351	217776
安徽	6546926	2915885	1825779	1090106	401605
福建	5555530	3003625	2405237	598388	82657
江西	3650258	1913600	1205984	707616	301577
山东	15633264	8240040	6256027	1984013	307429
河南	9406398	4643270	3159873	1483397	431073
湖北	5825120	3093917	2020705	1073212	266467
湖南	6619868	3423898	2424932	998967	414691
广东	19459045	11013496	7343885	3669612	498306
广西	6209644	2975963	1984166	991797	362027
海南	1782008	789712	623702	166009	87745
重庆	4618371	2430050	1392992	1037058	409328
四川	8012654	4712662	3450201	1262461	657948
贵州	4447012	2349353	1250284	1099069	619474
云南	6885638	3913120	2458230	1454890	686064
西藏	570117	298159	190442	107716	62022
陕西	3371290	2024331	1287683	736649	321270
甘肃	2971852	1941558	1120734	820825	191113
青海	1050773	448123	285647	162475	73291
宁夏	908400	464481	318242	146240	66302
新疆	3812427	2085800	1494470	591330	344500
大连	1185296	571034	454621	116413	17025
宁波	2261961	1373283	1109536	263747	22708
厦门	1058318	574823	436620	138203	9021
青岛	3199922	1656766	1243423	413343	28162
深圳	2364237	1025522	652155	373367	74037

(地方中等职业学校)

单位：千元

公用部分	商品和服务支出	其他资本性支出	专项公用支出	专项项目支出	基本建设支出
78202894	**34752835**	**43450059**	**18041690**	**25408369**	**4951868**
2888386	1466837	1421550	1092881	328668	118161
678231	490643	187588	84677	102911	25627
2914205	1272045	1642161	655331	986830	121053
1934638	895236	1039402	438565	600837	84098
1354683	720015	634667	422334	212334	60905
1938828	1250616	688212	380111	308101	166039
1360139	495723	864415	333773	530643	111252
1367367	545872	821495	251649	569846	149025
2922082	1568864	1353218	1186574	166644	8554
5654426	2280068	3374359	1101030	2273328	70993
4400223	2047541	2352682	761638	1591044	170294
3461646	930388	2531259	583546	1947712	169395
2517216	925217	1591999	579277	1012723	34690
1622205	541489	1080715	281033	799682	114453
7317302	2579692	4737611	1233865	3503745	75922
4378070	2001240	2376830	827223	1549608	385058
2726467	980092	1746375	496692	1249682	4736
3062751	1512458	1550293	526190	1024103	133218
7713258	4211672	3501586	2174375	1327211	732291
2664480	902622	1761858	1147338	614520	569200
921082	432481	488601	347991	140610	71215
1925549	1087489	838060	355765	482295	262773
3015077	1582783	1432294	638720	793574	284915
1897939	814669	1083270	374002	709268	199721
2770833	1093124	1677710	564209	1113501	201684
224429	102417	122012	54676	67336	47530
1257050	606609	650440	240279	410161	89909
909210	431853	477357	176396	300961	121084
508856	145496	363360	214386	148973	93795
383919	156856	227062	157918	69144	60000
1512348	680729	831618	359244	472374	214278
596005	339182	256823	67257	189566	18256
873133	466228	406905	156275	250630	15545
483495	199742	283753	113439	170315	
1543156	478323	1064833	298403	766431	
974484	679410	295074	273263	21811	364232

5-15 财政补助支出明细

地区	合计	个人部分			
			工资福利支出	对个人和家庭的补助支出	
					#助学金
合计	**87694386**	**48141797**	**32795538**	**15346258**	**4543587**
北京	1927246	1106804	818768	288036	45049
天津	1198239	869784	565395	304389	48809
河北	2320660	1611445	1152439	459006	141521
山西	2169934	1232276	919998	312279	81459
内蒙古	1477027	875068	518989	356079	173529
辽宁	2648488	1644928	1022595	622333	77916
吉林	1249372	817646	474092	343554	40166
黑龙江	1181751	688679	353489	335190	85070
上海	3661705	1754547	1499193	255354	163038
江苏	9879305	6030586	4379220	1651366	168197
浙江	1776022	1096275	880749	215525	46025
安徽	3874550	1701686	1069832	631854	246760
福建	4134587	2293572	1829901	463671	61689
江西	1719547	964792	568812	395980	194575
山东	7229957	3715664	2785510	930154	152981
河南	3916532	1810611	1087832	722778	256883
湖北	3838057	1852428	1237977	614451	187760
湖南	1385939	749026	499552	249474	117999
广东	9698913	5484645	3659981	1824664	277694
广西	4670266	2221722	1460196	761526	278776
海南	982681	431810	346048	85763	44464
重庆	686590	326835	154391	172445	74876
四川	3046110	1661207	1174883	486323	264665
贵州	2164446	1122486	575144	547342	290894
云南	3084075	1642204	915841	726363	423031
西藏	570117	298159	190442	107716	62022
陕西	738223	463852	265532	198320	81764
甘肃	2199674	1436554	824514	612040	120883
青海	1046100	444472	284249	160222	71742
宁夏	492607	257950	171968	85981	42064
新疆	2725666	1534083	1108003	426080	221288
大连	409896	231160	187761	43399	4132
宁波	532842	315571	253155	62416	2978
厦门	943657	509566	392849	116716	8339
青岛	402591	223277	161278	61999	7395
深圳	553796	242516	164766	77750	9687

(中等专业学校)

单位：千元

公用部分	商品和服务支出	其他资本性支出	专项公用支出	专项项目支出	基本建设支出
37349396	**16504287**	**20845109**	**9303024**	**11542085**	**2203193**
792015	512510	279505	233770	45735	28427
328454	239569	88886	31757	57129	
698442	439045	259397	140806	118591	10773
915353	403036	512316	188998	323318	22305
594670	335024	259647	181196	78450	7288
903738	640744	262994	216218	46776	99822
420626	206720	213906	142228	71678	11100
465738	222139	243598	124357	119241	27334
1900293	887732	1012561	977512	35049	6866
3789726	1570774	2218952	824004	1394949	58993
665191	350103	315088	140503	174585	14556
2040617	554059	1486558	364992	1121566	132247
1806426	695002	1111424	441888	669536	34590
736849	353046	383803	172599	211204	17905
3501933	1219656	2282277	523183	1759094	12360
2010742	853075	1157667	373226	784441	95179
1980893	749117	1231776	367436	864340	4736
634385	373519	260866	70168	190698	2528
3978180	2070050	1908129	1155170	752960	236088
2031094	673336	1357758	835076	522682	417450
484501	250954	233547	144785	88763	66369
303881	168771	135110	85995	49115	55874
1279868	672878	606990	267289	339701	105035
899107	336868	562238	181263	380976	142853
1298625	477473	821153	254438	566714	143246
224429	102417	122012	54676	67336	47530
258883	113466	145416	80896	64520	15488
690857	353135	337722	150343	187379	72264
507834	144474	363360	214386	148973	93795
214657	78329	136328	95767	40561	20000
991391	457268	534123	268100	266023	200191
167041	129088	37954	35198	2756	11695
217270	99080	118191	27930	90261	
434092	166128	267964	104886	163078	
179313	90544	88769	29887	58882	
295826	189965	105861	100441	5420	15453

5-16 财政补助支出明细

地区	合计	个人部分	工资福利支出	对个人和家庭的补助支出	#助学金
合计	**87227397**	**47885700**	**32621628**	**15264072**	**4518808**
北京	1832032	1047500	780049	267451	40906
天津	1198239	869784	565395	304389	48809
河北	2313792	1606337	1148054	458283	141521
山西	2169934	1232276	919998	312279	81459
内蒙古	1477027	875068	518989	356079	173529
辽宁	2648488	1644928	1022595	622333	77916
吉林	1249372	817646	474092	343554	40166
黑龙江	1181751	688679	353489	335190	85070
上海	3659475	1752317	1496963	255354	163038
江苏	9879305	6030586	4379220	1651366	168197
浙江	1776022	1096275	880749	215525	46025
安徽	3874550	1701686	1069832	631854	246760
福建	4134587	2293572	1829901	463671	61689
江西	1718902	964703	568812	395891	194486
山东	7229957	3715664	2785510	930154	152981
河南	3916532	1810611	1087832	722778	256883
湖北	3833405	1847776	1237977	609798	185759
湖南	1385939	749026	499552	249474	117999
广东	9666345	5462637	3643641	1818996	276834
广西	4670266	2221722	1460196	761526	278776
海南	982681	431810	346048	85763	44464
重庆	686590	326835	154391	172445	74876
四川	3037666	1659946	1174883	485062	263404
贵州	2164446	1122486	575144	547342	290894
云南	3084075	1642204	915841	726363	423031
西藏	570117	298159	190442	107716	62022
陕西	738223	463852	265532	198320	81764
甘肃	2199674	1436554	824514	612040	120883
青海	1046100	444472	284249	160222	71742
宁夏	492607	257950	171968	85981	42064
新疆	2409299	1372640	995767	376874	204862
大连	409896	231160	187761	43399	4132
宁波	532842	315571	253155	62416	2978
厦门	943657	509566	392849	116716	8339
青岛	402591	223277	161278	61999	7395
深圳	553796	242516	164766	77750	9687

(地方中等专业学校)

单位：千元

公用部分	商品和服务支出	其他资本性支出			基本建设支出
			专项公用支出	专项项目支出	
37172065	**16394076**	**20777989**	**9266331**	**11511658**	**2169632**
756104	484395	271709	228661	43048	28427
328454	239569	88886	31757	57129	
696682	437285	259397	140806	118591	10773
915353	403036	512316	188998	323318	22305
594670	335024	259647	181196	78450	7288
903738	640744	262994	216218	46776	99822
420626	206720	213906	142228	71678	11100
465738	222139	243598	124357	119241	27334
1900293	887732	1012561	977512	35049	6866
3789726	1570774	2218952	824004	1394949	58993
665191	350103	315088	140503	174585	14556
2040617	554059	1486558	364992	1121566	132247
1806426	695002	1111424	441888	669536	34590
736294	352491	383803	172599	211204	17905
3501933	1219656	2282277	523183	1759094	12360
2010742	853075	1157667	373226	784441	95179
1980893	749117	1231776	367436	864340	4736
634385	373519	260866	70168	190698	2528
3967620	2061533	1906087	1153337	752750	236088
2031094	673336	1357758	835076	522682	417450
484501	250954	233547	144785	88763	66369
303881	168771	135110	85995	49115	55874
1272685	665695	606990	267289	339701	105035
899107	336868	562238	181263	380976	142853
1298625	477473	821153	254438	566714	143246
224429	102417	122012	54676	67336	47530
258883	113466	145416	80896	64520	15488
690857	353135	337722	150343	187379	72264
507834	144474	363360	214386	148973	93795
214657	78329	136328	95767	40561	20000
870029	393187	476842	238349	238493	166630
167041	129088	37954	35198	2756	11695
217270	99080	118191	27930	90261	
434092	166128	267964	104886	163078	
179313	90544	88769	29887	58882	
295826	189965	105861	100441	5420	15453

5-17 财政补助支出明细

地区	合计	个人部分	工资福利支出	对个人和家庭的补助支出	#助学金
合计	**71254179**	**40215336**	**28584534**	**11630802**	**3243955**
北京	3016258	1630711	910409	720302	11603
天津	731880	448380	250092	198288	22985
河北	4775013	2847074	2215724	631350	122069
山西	2056784	1208810	959992	248818	95350
内蒙古	1975174	1228815	836940	391874	128669
辽宁	2111881	1198448	773900	424548	119481
吉林	1518533	819800	509103	310697	19869
黑龙江	1799047	1161250	665386	495864	73992
上海	1896667	1029156	863543	165614	97042
江苏	2654317	1567719	1126571	441148	74076
浙江	8316801	5008486	4164804	843682	147578
安徽	2434062	1053240	663814	389425	135864
福建	767683	330453	268785	61668	11250
江西	1443084	636316	408748	227568	104024
山东	5624061	2934038	2299381	634657	67949
河南	3480541	1761736	1301129	460607	144394
湖北	1555979	1022927	624474	398453	75735
湖南	4282545	2175005	1575890	599115	270060
广东	4334928	2682467	1781517	900950	64828
广西	109472	69926	36242	33684	7964
海南	505524	249902	190984	58917	32291
重庆	2865088	1624087	979854	644233	303919
四川	4315902	2642905	1985859	657046	321859
贵州	2080120	1122095	661175	460920	248230
云南	2584222	1477117	992626	484491	194846
西藏					
陕西	1954701	1109558	770177	339381	138955
甘肃	703824	442971	263661	179310	68700
青海	4673	3651	1398	2253	1549
宁夏	415794	206532	146273	60258	24238
新疆	939622	521762	356082	165680	114587
大连	635422	285030	227144	57885	6646
宁波	1370651	841172	686332	154840	16666
厦门					
青岛	2572387	1304533	977643	326890	16441
深圳	1132324	484322	307064	177258	33915

(职业高中)

单位：千元

公用部分	商品和服务支出	其他资本性支出	专项公用支出	专项项目支出	基本建设支出
28903342	**12302586**	**16600756**	**5767248**	**10833508**	**2135502**
1336812	612317	724495	460078	264418	48734
283500	203949	79551	38171	41379	
1823276	630060	1193216	382628	810588	104663
789339	371582	417757	212952	204805	58635
698953	337557	361396	231671	129726	47407
854004	458074	395929	140217	255712	59430
600372	183568	416804	135514	281290	98361
524636	210318	314317	105745	208572	113162
865822	552633	313189	181595	131595	1688
1074598	298449	776148	155318	620830	12000
3173961	1405855	1768106	498091	1270015	134354
1343674	334764	1008910	202388	806523	37148
437230	109447	327783	59148	268635	
710221	123653	586568	97139	489429	96548
2627660	746222	1881439	501281	1380158	62362
1432622	643884	788739	266186	522553	286182
533052	171721	361331	76869	284462	
1998950	964680	1034271	380408	653863	108590
1407784	881579	526204	363397	162807	244678
33693	7586	26108	13839	12269	5853
251096	135934	115162	95249	19913	4526
1057650	584217	473433	167348	306085	183352
1520916	766994	753922	323169	430753	152081
901158	388143	513015	189988	323027	56868
1071936	415301	656634	201292	455342	35170
775509	369140	406369	116940	289429	69633
212032	73933	138099	26031	112068	48821
1022	1022				
169262	78527	90735	62152	28583	40000
392604	241479	151125	82445	68680	25257
350393	140791	209602	22792	186810	
519318	276734	242584	95842	146742	10160
1267853	335707	932146	248850	683296	
404583	304429	100153	97783	2370	243419

5-18 财政补助支出明细

地区	合计	个人部分	工资福利支出	对个人和家庭的补助支出	#助学金
合计	**71152539**	**40153766**	**28529749**	**11624017**	**3243372**
北京	3016258	1630711	910409	720302	11603
天津	731880	448380	250092	198288	22985
河北	4775013	2847074	2215724	631350	122069
山西	2056784	1208810	959992	248818	95350
内蒙古	1975174	1228815	836940	391874	128669
辽宁	2111881	1198448	773900	424548	119481
吉林	1518533	819800	509103	310697	19869
黑龙江	1782792	1152551	659008	493543	73410
上海	1896667	1029156	863543	165614	97042
江苏	2654317	1567719	1126571	441148	74076
浙江	8316801	5008486	4164804	843682	147578
安徽	2434062	1053240	663814	389425	135864
福建	767683	330453	268785	61668	11250
江西	1443084	636316	408748	227568	104024
山东	5624061	2934038	2299381	634657	67949
河南	3480541	1761736	1301129	460607	144394
湖北	1555979	1022927	624474	398453	75735
湖南	4282545	2175005	1575890	599115	270060
广东	4334928	2682467	1781517	900950	64828
广西	109472	69926	36242	33684	7964
海南	505524	249902	190984	58917	32291
重庆	2865088	1624087	979854	644233	303919
四川	4315902	2642905	1985859	657046	321859
贵州	2080120	1122095	661175	460920	248230
云南	2584222	1477117	992626	484491	194846
西藏					
陕西	1954701	1109558	770177	339381	138955
甘肃	703824	442971	263661	179310	68700
青海	4673	3651	1398	2253	1549
宁夏	415794	206532	146273	60258	24238
新疆	854237	468891	307676	161215	114587
大连	635422	285030	227144	57885	6646
宁波	1370651	841172	686332	154840	16666
厦门					
青岛	2572387	1304533	977643	326890	16441
深圳	1132324	484322	307064	177258	33915

(地方职业高中)

单位：千元

公用部分	商品和服务支出	其他资本性支出			基本建设支出
			专项公用支出	专项项目支出	
28863271	**12272005**	**16591266**	**5758758**	**10832508**	**2135502**
1336812	612317	724495	460078	264418	48734
283500	203949	79551	38171	41379	
1823276	630060	1193216	382628	810588	104663
789339	371582	417757	212952	204805	58635
698953	337557	361396	231671	129726	47407
854004	458074	395929	140217	255712	59430
600372	183568	416804	135514	281290	98361
517080	204898	312182	104610	207572	113162
865822	552633	313189	181595	131595	1688
1074598	298449	776148	155318	620830	12000
3173961	1405855	1768106	498091	1270015	134354
1343674	334764	1008910	202388	806523	37148
437230	109447	327783	59148	268635	
710221	123653	586568	97139	489429	96548
2627660	746222	1881439	501281	1380158	62362
1432622	643884	788739	266186	522553	286182
533052	171721	361331	76869	284462	
1998950	964680	1034271	380408	653863	108590
1407784	881579	526204	363397	162807	244678
33693	7586	26108	13839	12269	5853
251096	135934	115162	95249	19913	4526
1057650	584217	473433	167348	306085	183352
1520916	766994	753922	323169	430753	152081
901158	388143	513015	189988	323027	56868
1071936	415301	656634	201292	455342	35170
775509	369140	406369	116940	289429	69633
212032	73933	138099	26031	112068	48821
1022	1022				
169262	78527	90735	62152	28583	40000
360089	216319	143770	75090	68680	25257
350393	140791	209602	22792	186810	
519318	276734	242584	95842	146742	10160
1267853	335707	932146	248850	683296	
404583	304429	100153	97783	2370	243419

5-19 财政补助支出明细

地区	合计	个人部分	工资福利支出	对个人和家庭的补助支出	#助学金
合计	**32500519**	**18172289**	**13358549**	**4813739**	**1780793**
北京	546226	204975	153469	51506	2203
天津					
河北	2745638	1576273	1242109	334164	85559
山西	1222191	766872	617993	148879	57890
内蒙古	1279948	789741	561100	228641	71272
辽宁	519235	331639	233496	98143	25157
吉林	534421	306476	200202	106274	8423
黑龙江	727717	418704	263745	154959	10609
上海	174052	91931	80068	11863	7796
江苏	1151669	750694	546683	204012	54186
浙江	3417228	2042602	1725729	316873	80346
安徽	1893881	793223	505681	287543	110961
福建	134690	51570	41732	9838	1258
江西	986063	413204	277751	135454	50107
山东	1599709	836930	702018	134912	29643
河南	2193642	1043814	808990	234824	70769
湖北	553606	329178	223841	105337	37511
湖南	2393709	1196425	876376	320050	156987
广东	470365	289393	216307	73087	7535
广西	99895	66021	36242	29779	4059
海南	149434	93935	74152	19783	7730
重庆	1262408	746548	480346	266202	154771
四川	2599467	1636055	1234751	401304	220042
贵州	1385007	745702	467293	278408	145327
云南	1609990	1013788	685939	327849	137369
西藏					
陕西	1412164	793177	572468	220709	77346
甘肃	582938	361452	224046	137406	45690
青海	4673	3651	1398	2253	1549
宁夏	224821	121780	87655	34126	12632
新疆	625732	356536	216972	139564	106065
大连	83907	55039	45526	9513	47
宁波	439991	286270	245296	40975	7857
厦门					
青岛	61457	27942	21327	6615	1018
深圳					

（农村职业高中）

单位：千元

公用部分	商品和服务支出	其他资本性支出			基本建设支出
			专项公用支出	专项项目支出	
13078778	**5237060**	**7841718**	**2531331**	**5310387**	**1249453**
341251	77154	264096	113583	150513	
1068941	359034	709907	183236	526670	100423
401684	216930	184754	104257	80497	53635
446064	204021	242043	167689	74354	44143
141396	90933	50463	33269	17193	46200
208375	71961	136414	49288	87127	19569
222192	92908	129284	32194	97090	86821
82121	35962	46159	2248	43911	
400974	128519	272456	90792	181664	
1257072	572783	684289	214658	469631	117554
1064750	270413	794336	157460	636877	35908
83120	18802	64317	4507	59811	
512710	88859	423851	68828	355023	60149
762779	192742	570037	164431	405606	
886976	348783	538193	132468	405724	262852
224428	63012	161416	24435	136980	
1091694	542083	549611	189806	359805	105590
180262	96311	83950	40984	42966	710
28021	7354	20668	13556	7111	5853
55499	33714	21785	20491	1294	
491923	221630	270293	82151	188142	23937
906001	463405	442596	212850	229746	57412
587968	278430	309538	134966	174573	51338
566532	219435	347097	133329	213768	29670
550949	257992	292957	75862	217095	68038
182237	59027	123209	16880	106329	39250
1022	1022				
83041	39953	43088	33440	9649	20000
248796	183886	64911	33672	31239	20400
28867	26713	2155	552	1603	
143560	73738	69822	23135	46687	10160
33515	3767	29748	15587	14161	

5-20 财政补助支出明细

地区	合计	个人部分	工资福利支出	对个人和家庭的补助支出	#助学金
合计	32487115	18164125	13352171	4811954	1780746
北京	546226	204975	153469	51506	2203
天津					
河北	2745638	1576273	1242109	334164	85559
山西	1222191	766872	617993	148879	57890
内蒙古	1279948	789741	561100	228641	71272
辽宁	519235	331639	233496	98143	25157
吉林	534421	306476	200202	106274	8423
黑龙江	714313	410540	257367	153174	10561
上海	174052	91931	80068	11863	7796
江苏	1151669	750694	546683	204012	54186
浙江	3417228	2042602	1725729	316873	80346
安徽	1893881	793223	505681	287543	110961
福建	134690	51570	41732	9838	1258
江西	986063	413204	277751	135454	50107
山东	1599709	836930	702018	134912	29643
河南	2193642	1043814	808990	234824	70769
湖北	553606	329178	223841	105337	37511
湖南	2393709	1196425	876376	320050	156987
广东	470365	289393	216307	73087	7535
广西	99895	66021	36242	29779	4059
海南	149434	93935	74152	19783	7730
重庆	1262408	746548	480346	266202	154771
四川	2599467	1636055	1234751	401304	220042
贵州	1385007	745702	467293	278408	145327
云南	1609990	1013788	685939	327849	137369
西藏					
陕西	1412164	793177	572468	220709	77346
甘肃	582938	361452	224046	137406	45690
青海	4673	3651	1398	2253	1549
宁夏	224821	121780	87655	34126	12632
新疆	625732	356536	216972	139564	106065
大连	83907	55039	45526	9513	47
宁波	439991	286270	245296	40975	7857
厦门					
青岛	61457	27942	21327	6615	1018
深圳					

(地方农村职业高中)

单位：千元

公用部分	商品和服务支出	其他资本性支出	专项公用支出	专项项目支出	基本建设支出
13073538	**5233955**	**7839583**	**2530196**	**5309387**	**1249453**
341251	77154	264096	113583	150513	
1068941	359034	709907	183236	526670	100423
401684	216930	184754	104257	80497	53635
446064	204021	242043	167689	74354	44143
141396	90933	50463	33269	17193	46200
208375	71961	136414	49288	87127	19569
216952	89803	127149	31059	96090	86821
82121	35962	46159	2248	43911	
400974	128519	272456	90792	181664	
1257072	572783	684289	214658	469631	117554
1064750	270413	794336	157460	636877	35908
83120	18802	64317	4507	59811	
512710	88859	423851	68828	355023	60149
762779	192742	570037	164431	405606	
886976	348783	538193	132468	405724	262852
224428	63012	161416	24435	136980	
1091694	542083	549611	189806	359805	105590
180262	96311	83950	40984	42966	710
28021	7354	20668	13556	7111	5853
55499	33714	21785	20491	1294	
491923	221630	270293	82151	188142	23937
906001	463405	442596	212850	229746	57412
587968	278430	309538	134966	174573	51338
566532	219435	347097	133329	213768	29670
550949	257992	292957	75862	217095	68038
182237	59027	123209	16880	106329	39250
1022	1022				
83041	39953	43088	33440	9649	20000
248796	183886	64911	33672	31239	20400
28867	26713	2155	552	1603	
143560	73738	69822	23135	46687	10160
33515	3767	29748	15587	14161	

5-21 财政补助支出明细

地区	合计	个人部分	工资福利支出	对个人和家庭的补助支出	#助学金
合计	**22100057**	**11623823**	**8097084**	**3526740**	**932346**
北京	1319371	526523	425056	101466	12802
天津	438126	351863	239507	112356	17761
河北	656785	385791	300045	85746	17229
山西	415715	230731	172380	58351	18601
内蒙古	106181	83881	57789	26092	3191
辽宁	413232	234698	145213	89484	13779
吉林	343169	140217	48860	91358	49743
黑龙江	691600	347059	201669	145390	9559
上海	170721	116362	103333	13030	6774
江苏	1510586	826908	609644	217264	36583
浙江	957621	534264	414860	119403	19218
安徽	80332	52009	27805	24205	10146
福建	604754	365628	295269	70359	9718
江西	96175	68379	48225	20155	3063
山东	2408444	1270915	916007	354908	83974
河南	1334088	623414	457642	165772	18928
湖北	279203	184193	131921	52272	3917
湖南	505434	199363	142754	56609	9236
广东	5246350	2724139	1822452	901687	152537
广西	1402224	669971	477687	192284	75248
海南	289272	105043	84064	20979	10990
重庆	481313	190968	95092	95876	30014
四川	560285	336197	240449	95749	58014
贵州	148801	72940		72940	72940
云南	801967	441492	306922	134570	68188
西藏					
陕西	525836	352541	187225	165316	96959
甘肃	4403	4034	970	3065	1530
青海					
宁夏					
新疆	308068	184297	144244	40053	21702
大连	132083	51554	37004	14550	6248
宁波	87422	32705	26639	6066	664
厦门	114661	65257	43771	21487	682
青岛	219313	123754	99991	23763	4044
深圳	627672	275539	164623	110916	26900

(技工学校)

单位：千元

公用部分	商品和服务支出	其他资本性支出			基本建设支出
			专项公用支出	专项项目支出	
9854547	**4658268**	**5196279**	**2744364**	**2451915**	**621687**
751849	344081	407768	386565	21203	41000
60636	42784	17851	13449	4402	25627
265378	106886	158493	114318	44174	5617
181826	78808	103018	32431	70587	3157
22300	14181	8119	6777	1342	
171973	142716	29256	23643	5613	6562
201161	29778	171382	26460	144922	1791
336525	80031	256493	19337	237156	8016
54359	28512	25847	25847		
683678	339315	344362	110223	234139	
401973	167412	234561	109077	125484	21385
28323	10408	17915	10387	7528	
239026	119615	119410	78158	41252	100
27796	11107	16689	1606	15082	
1136329	574499	561830	204475	357354	1200
708345	325001	383344	171035	212309	2329
95010	52522	42488	6074	36414	
286071	62043	224028	61117	162911	20000
2285046	1231694	1053352	648851	404501	237165
586355	209446	376909	297640	79269	145897
183909	44528	139381	107957	31425	320
267070	138016	129053	65793	63260	23276
196288	130649	65639	46733	18906	27799
75861	75861				
337206	144666	192541	104996	87545	23268
168507	108079	60428	35853	24575	4787
369	369				
101380	45259	56121	35560	20561	22391
73967	64732	9235	9235		6562
49333	22973	26360	25627	733	5385
49404	33614	15789	8553	7237	
95559	51641	43918	19666	24252	
261133	176619	84514	70892	13622	91000

5-22 财政补助支出明细

地区	合计	个人部分	工资福利支出	对个人和家庭的补助支出	#助学金
合计	**22013410**	**11562057**	**8059005**	**3503052**	**924030**
北京	1319371	526523	425056	101466	12802
天津	436510	350506	238570	111936	17340
河北	656785	385791	300045	85746	17229
山西	415715	230731	172380	58351	18601
内蒙古	106181	83881	57789	26092	3191
辽宁	413232	234698	145213	89484	13779
吉林	343169	140217	48860	91358	49743
黑龙江	638994	312795	184470	128324	7436
上海	170721	116362	103333	13030	6774
江苏	1504361	820807	604547	216259	35578
浙江	957621	534264	414860	119403	19218
安徽	78863	50667	27805	22862	8803
福建	604754	365628	295269	70359	9718
江西	96175	68379	48225	20155	3063
山东	2408444	1270915	916007	354908	83974
河南	1334088	623414	457642	165772	18928
湖北	279203	184193	131921	52272	3917
湖南	500318	195325	138817	56508	9236
广东	5246350	2724139	1822452	901687	152537
广西	1402224	669971	477687	192284	75248
海南	289272	105043	84064	20979	10990
重庆	480318	190279	94444	95836	29974
四川	541663	322224	230186	92037	54630
贵州	148801	72940		72940	72940
云南	801967	441492	306922	134570	68188
西藏					
陕西	525836	352541	187225	165316	96959
甘肃	4403	4034	970	3065	1530
青海					
宁夏					
新疆	308068	184297	144244	40053	21702
大连	132083	51554	37004	14550	6248
宁波	87422	32705	26639	6066	664
厦门	114661	65257	43771	21487	682
青岛	219313	123754	99991	23763	4044
深圳	627672	275539	164623	110916	26900

(地方技工学校)

单位：千元

公用部分	商品和服务支出	其他资本性支出	专项公用支出	专项项目支出	基本建设支出
9837681	**4645886**	**5191795**	**2739880**	**2451915**	**613672**
751849	344081	407768	386565	21203	41000
60377	42526	17851	13449	4402	25627
265378	106886	158493	114318	44174	5617
181826	78808	103018	32431	70587	3157
22300	14181	8119	6777	1342	
171973	142716	29256	23643	5613	6562
201161	29778	171382	26460	144922	1791
326200	73359	252841	15685	237156	
54359	28512	25847	25847		
683554	339192	344362	110223	234139	
401973	167412	234561	109077	125484	21385
28196	10281	17915	10387	7528	
239026	119615	119410	78158	41252	100
27796	11107	16689	1606	15082	
1136329	574499	561830	204475	357354	1200
708345	325001	383344	171035	212309	2329
95010	52522	42488	6074	36414	
284993	60966	224028	61117	162911	20000
2285046	1231694	1053352	648851	404501	237165
586355	209446	376909	297640	79269	145897
183909	44528	139381	107957	31425	320
266763	137710	129053	65793	63260	23276
191640	126832	64808	45901	18906	27799
75861	75861				
337206	144666	192541	104996	87545	23268
168507	108079	60428	35853	24575	4787
369	369				
101380	45259	56121	35560	20561	22391
73967	64732	9235	9235		6562
49333	22973	26360	25627	733	5385
49404	33614	15789	8553	7237	
95559	51641	43918	19666	24252	
261133	176619	84514	70892	13622	91000

5-23 财政补助支出明细

地区	合计	个人部分	工资福利支出	对个人和家庭的补助支出	#助学金
合计	**8034652**	**5668737**	**3832374**	**1836363**	**114889**
北京	90399	46779	32654	14125	
天津	46788	40889	23163	17726	93
河北	900456	771586	586582	185004	651
山西	345962	297842	220540	77301	1681
内蒙古	340644	295674	194657	101017	33
辽宁	38457	29118	17794	11324	920
吉林	779895	641915	359632	282283	1700
黑龙江	369378	302013	167570	134443	932
上海	153958	52351	47399	4952	
江苏	355823	249275	156421	92854	3892
浙江	458893	299794	230054	69740	4955
安徽	159451	110292	64328	45964	10177
福建	48507	13972	11282	2690	
江西	392096	244202	180199	64003	3
山东	370803	319422	255128	64294	2525
河南	675237	447509	313270	134239	10867
湖北	156534	39021	26333	12688	1056
湖南	451065	304543	210673	93870	17396
广东	211422	144254	96274	47980	4108
广西	27682	14344	10041	4303	39
海南	4532	2957	2606	350	
重庆	586376	288848	164304	124545	560
四川	117422	87587	59272	28315	18054
贵州	53645	31831	13965	17867	7409
云南	415373	352307	242841	109466	
西藏					
陕西	152531	98380	64748	33632	3592
甘肃	63951	57999	31589	26410	
青海					
宁夏					
新疆	267371	84032	49053	34980	24245
大连	7894	3290	2712	579	
宁波	271046	183835	143410	40425	2400
厦门					
青岛	5632	5202	4511	691	281
深圳	50447	23145	15702	7443	3536

(成人中等专业学校)

单位：千元

公用部分	商品和服务支出	其他资本性支出	专项公用支出	专项项目支出	基本建设支出
2332852	**1443706**	**889146**	**276858**	**612288**	**33063**
43621	26044	17577	17577		
5900	4600	1300	1300		
128869	97815	31055	17578	13477	
48120	41810	6310	4184	2126	
38760	33254	5506	2690	2816	6210
9114	9082	32	32		225
137980	75658	62323	29570	32752	
58836	45931	12904	7028	5877	8529
101608	99987	1621	1621		
106548	71652	34896	11486	23410	
159098	124170	34928	13967	20961	
49159	31284	17875	5780	12095	
34535	1152	33383	83	33300	
147894	54239	93655	9688	83967	
51380	39315	12065	4926	7139	
226361	179280	47081	16776	30305	1367
117512	6733	110780	46314	64466	
144423	113294	31129	14497	16631	2100
52808	36866	15942	8790	7152	14360
13338	12254	1083	783	300	
1575	1065	510		510	
297255	196791	100464	36630	63834	272
29835	23262	6573	2360	4213	
21813	13797	8017	2752	5265	
63066	55684	7382	3482	3900	
54151	15924	38227	6590	31637	
5952	4416	1536	23	1513	
183339	28348	154991	10350	144641	
4604	4571	32	32		
87211	67440	19771	6877	12894	
430	430				
12942	8397	4545	4147	398	14360

5-24 财政补助支出明细

地区	合计	个人部分	工资福利支出	对个人和家庭的补助支出	#助学金
合计	**8005680**	**5642740**	**3828493**	**1814247**	**93993**
北京	90399	46779	32654	14125	
天津	46788	40889	23163	17726	93
河北	900456	771586	586582	185004	651
山西	345962	297842	220540	77301	1681
内蒙古	340644	295674	194657	101017	33
辽宁	38457	29118	17794	11324	920
吉林	779895	641915	359632	282283	1700
黑龙江	366954	300076	165958	134118	932
上海	153958	52351	47399	4952	
江苏	355823	249275	156421	92854	3892
浙江	458893	299794	230054	69740	4955
安徽	159451	110292	64328	45964	10177
福建	48507	13972	11282	2690	
江西	392096	244202	180199	64003	3
山东	370803	319422	255128	64294	2525
河南	675237	447509	313270	134239	10867
湖北	156534	39021	26333	12688	1056
湖南	451065	304543	210673	93870	17396
广东	211422	144254	96274	47980	4108
广西	27682	14344	10041	4303	39
海南	4532	2957	2606	350	
重庆	586376	288848	164304	124545	560
四川	117422	87587	59272	28315	18054
贵州	53645	31831	13965	17867	7409
云南	415373	352307	242841	109466	
西藏					
陕西	152531	98380	64748	33632	3592
甘肃	63951	57999	31589	26410	
青海					
宁夏					
新疆	240822	59973	46784	13188	3350
大连	7894	3290	2712	579	
宁波	271046	183835	143410	40425	2400
厦门					
青岛	5632	5202	4511	691	281
深圳	50447	23145	15702	7443	3536

(地方成人中等专业学校)

单位：千元

公用部分	商品和服务支出	其他资本性支出			基本建设支出
			专项公用支出	专项项目支出	
2329877	**1440868**	**889008**	**276720**	**612288**	**33063**
43621	26044	17577	17577		
5900	4600	1300	1300		
128869	97815	31055	17578	13477	
48120	41810	6310	4184	2126	
38760	33254	5506	2690	2816	6210
9114	9082	32	32		225
137980	75658	62323	29570	32752	
58350	45477	12873	6996	5877	8529
101608	99987	1621	1621		
106548	71652	34896	11486	23410	
159098	124170	34928	13967	20961	
49159	31284	17875	5780	12095	
34535	1152	33383	83	33300	
147894	54239	93655	9688	83967	
51380	39315	12065	4926	7139	
226361	179280	47081	16776	30305	1367
117512	6733	110780	46314	64466	
144423	113294	31129	14497	16631	2100
52808	36866	15942	8790	7152	14360
13338	12254	1083	783	300	
1575	1065	510		510	
297255	196791	100464	36630	63834	272
29835	23262	6573	2360	4213	
21813	13797	8017	2752	5265	
63066	55684	7382	3482	3900	
54151	15924	38227	6590	31637	
5952	4416	1536	23	1513	
180850	25965	154885	10244	144641	
4604	4571	32	32		
87211	67440	19771	6877	12894	
430	430				
12942	8397	4545	4147	398	14360

5-25 财政补助支出明细

地区	合计				
		个人部分			
			工资福利支出	对个人和家庭的补助支出	
					#助学金
合计	**927066961**	**646846412**	**473397821**	**173448590**	**36200431**
北京	28822882	16749180	10753654	5995526	130299
天津	13141848	9818267	6653703	3164565	95424
河北	37241459	26633454	20293588	6339866	1304608
山西	20410975	14904639	11971815	2932824	725552
内蒙古	20291304	14325963	10489645	3836317	1069126
辽宁	23371575	18205114	12802094	5403020	199035
吉林	15446585	11044154	7316183	3727971	337610
黑龙江	22027028	16558222	11447604	5110618	260607
上海	24256609	15109964	13884593	1225371	388019
江苏	60988068	44200178	31613851	12586327	1420109
浙江	43977743	32210679	26237347	5973332	1076446
安徽	33505685	21724747	15233318	6491428	1168212
福建	25303244	18237166	15019609	3217557	393284
江西	28939254	16615040	12129408	4485632	1174583
山东	67293621	47606475	37660533	9945942	1244385
河南	50377680	32222294	21443639	10778655	2763807
湖北	35251002	25965638	18014660	7950978	876023
湖南	37533450	25929034	18925077	7003957	1704606
广东	78716233	56974381	40859220	16115161	1343675
广西	29010514	19178172	12882700	6295472	2255107
海南	8277886	4903908	4083224	820683	217782
重庆	23750638	15448030	10648038	4799992	1144980
四川	48461439	36058643	28186754	7871888	3094340
贵州	30280323	21617128	14342021	7275107	2953898
云南	33855758	24236772	16834838	7401935	3459947
西藏	5074723	3448941	2262395	1186546	672668
陕西	24566753	16058001	11519694	4538307	1486967
甘肃	18243153	13639367	8776450	4862918	1130692
青海	6225353	4200892	3116810	1084081	371086
宁夏	6007777	4076278	3029972	1046307	306214
新疆	26416399	18945690	14965383	3980307	1431338
大连	4770699	3642580	2898984	743596	44538
宁波	6213229	4338431	3384178	954253	184172
厦门	3262528	2320504	1732267	588237	25600
青岛	9277934	6315663	4697445	1618218	98776
深圳	10988068	6883400	4524348	2359053	183285

(中学)

单位：千元

公用部分	商品和服务支出	其他资本性支出			基本建设支出
			专项公用支出	专项项目支出	
264185726	**114119458**	**150066268**	**39251085**	**110815183**	**16034823**
10393285	6291230	4102055	2329218	1772837	1680417
3165303	1588412	1576891	455390	1121500	158278
10260286	4480930	5779356	1591236	4188119	347720
5308664	2703335	2605329	760343	1844986	197672
5627230	2827059	2800171	853178	1946993	338111
5046136	3266755	1779381	830222	949159	120325
4263352	1735834	2527518	707678	1819840	139078
5263817	2811046	2452771	715868	1736903	204989
8767738	5025175	3742564	1532680	2209884	378906
16587124	5022590	11564535	1838337	9726198	200765
11136258	5060738	6075521	1327464	4748057	630806
10896276	3513358	7382918	1842003	5540914	884662
6792500	2666338	4126162	1268036	2858125	273578
11614735	2783515	8831221	1529805	7301415	709478
19451895	5665073	13786822	2201746	11585076	235251
17290601	7560828	9729773	1752958	7976815	864785
9285364	3482641	5802724	1217980	4584743	
11265129	4916368	6348760	1545841	4802920	339287
19917747	11659427	8258320	3555099	4703221	1824105
8790932	3195925	5595007	1436949	4158058	1041410
3283346	1050843	2232502	709650	1522852	90633
7769324	3511231	4258093	1581244	2676849	533285
11660762	5938997	5721766	1624079	4097687	742034
7982285	3432900	4549385	1335134	3214251	680910
9196631	3913840	5282791	1046438	4236353	422354
1426323	474042	952281	222953	729328	199459
8001823	3775410	4226413	1011465	3214947	506929
4271278	1672070	2599208	648028	1951180	332507
1500954	592808	908146	172711	735436	523507
1771449	692541	1078907	353906	725002	160050
6197179	2808200	3388979	1253446	2135533	1273530
1079536	646276	433260	227554	205705	48583
1851333	663574	1187760	192481	995279	23464
942024	535125	406899	258892	148007	
2962270	940267	2022004	377876	1644128	
2772337	2092337	680000	578469	101531	1332330

5-26 财政补助支出明细

地区	合计	个人部分	工资福利支出	对个人和家庭的补助支出	#助学金
合计	**922943937**	**644095576**	**471296419**	**172799157**	**36063487**
北京	28071223	16355161	10487484	5867677	129329
天津	13141848	9818267	6653703	3164565	95424
河北	37241459	26633454	20293588	6339866	1304608
山西	20410975	14904639	11971815	2932824	725552
内蒙古	20291304	14325963	10489645	3836317	1069126
辽宁	23371575	18205114	12802094	5403020	199035
吉林	15395085	11008874	7284143	3724731	337604
黑龙江	21777071	16375917	11312753	5063165	257967
上海	24151700	15047877	13825681	1222195	387985
江苏	60988068	44200178	31613851	12586327	1420109
浙江	43977743	32210679	26237347	5973332	1076446
安徽	33505685	21724747	15233318	6491428	1168212
福建	25303244	18237166	15019609	3217557	393284
江西	28939254	16615040	12129408	4485632	1174583
山东	67293621	47606475	37660533	9945942	1244385
河南	50371904	32216975	21442119	10774856	2763807
湖北	35061042	25845071	17921542	7923528	875761
湖南	37532987	25928850	18925077	7003773	1704422
广东	78651920	56924456	40814448	16110008	1342510
广西	29010514	19178172	12882700	6295472	2255107
海南	8272327	4899069	4080097	818972	217700
重庆	23654938	15382362	10594270	4788092	1144315
四川	48461439	36058643	28186754	7871888	3094340
贵州	30280323	21617128	14342021	7275107	2953898
云南	33855758	24236772	16834838	7401935	3459947
西藏	5074723	3448941	2262395	1186546	672668
陕西	24457338	15978260	11460679	4517581	1482330
甘肃	18233454	13630480	8767666	4862813	1130617
青海	6225353	4200892	3116810	1084081	371086
宁夏	6007777	4076278	3029972	1046307	306214
新疆	23932286	17203675	13620055	3583620	1305115
大连	4770699	3642580	2898984	743596	44538
宁波	6213229	4338431	3384178	954253	184172
厦门	3262528	2320504	1732267	588237	25600
青岛	9277934	6315663	4697445	1618218	98776
深圳	10988068	6883400	4524348	2359053	183285

(地方中学)

单位：千元

公用部分	商品和服务支出	其他资本性支出			基本建设支出
			专项公用支出	专项项目支出	
263125527	**113459628**	**149665899**	**39064616**	**110601283**	**15722835**
10035645	6007717	4027928	2257146	1770782	1680417
3165303	1588412	1576891	455390	1121500	158278
10260286	4480930	5779356	1591236	4188119	347720
5308664	2703335	2605329	760343	1844986	197672
5627230	2827059	2800171	853178	1946993	338111
5046136	3266755	1779381	830222	949159	120325
4247132	1722144	2524988	705148	1819840	139078
5196164	2771181	2424983	704241	1720742	204989
8724917	4990185	3734732	1525353	2209380	378906
16587124	5022590	11564535	1838337	9726198	200765
11136258	5060738	6075521	1327464	4748057	630806
10896276	3513358	7382918	1842003	5540914	884662
6792500	2666338	4126162	1268036	2858125	273578
11614735	2783515	8831221	1529805	7301415	709478
19451895	5665073	13786822	2201746	11585076	235251
17290143	7560397	9729747	1752931	7976815	864785
9215971	3428361	5787610	1209136	4578473	
11264850	4916090	6348760	1545841	4802920	339287
19903359	11653513	8249847	3553635	4696212	1824105
8790932	3195925	5595007	1436949	4158058	1041410
3282625	1050228	2232397	709605	1522792	90633
7739291	3494890	4244401	1567552	2676849	533285
11660762	5938997	5721766	1624079	4097687	742034
7982285	3432900	4549385	1335134	3214251	680910
9196631	3913840	5282791	1046438	4236353	422354
1426323	474042	952281	222953	729328	199459
7972149	3747457	4224692	1009745	3214947	506929
4270467	1671753	2598714	647834	1950880	332507
1500954	592808	908146	172711	735436	523507
1771449	692541	1078907	353906	725002	160050
5767069	2626558	3140511	1186520	1953991	961542
1079536	646276	433260	227554	205705	48583
1851333	663574	1187760	192481	995279	23464
942024	535125	406899	258892	148007	
2962270	940267	2022004	377876	1644128	
2772337	2092337	680000	578469	101531	1332330

5-27 财政补助支出明细

地区	合计	个人部分	工资福利支出	对个人和家庭的补助支出	#助学金
合计	**926477962**	**646486401**	**473121990**	**173364411**	**36199979**
北京	28782165	16749180	10753654	5995526	130299
天津	13113023	9789446	6632717	3156729	95424
河北	37240607	26633454	20293588	6339866	1304608
山西	20410926	14904639	11971815	2932824	725552
内蒙古	20291304	14325963	10489645	3836317	1069126
辽宁	23371575	18205114	12802094	5403020	199035
吉林	15442833	11040560	7314910	3725650	337610
黑龙江	22027028	16558222	11447604	5110618	260607
上海	24220446	15082616	13859304	1223312	387723
江苏	60785850	44100107	31549840	12550267	1419954
浙江	43778907	32078302	26124198	5954104	1076446
安徽	33505685	21724747	15233318	6491428	1168212
福建	25303207	18237129	15019572	3217557	393284
江西	28939254	16615040	12129408	4485632	1174583
山东	67268150	47581603	37638470	9943133	1244385
河南	50377680	32222294	21443639	10778655	2763807
湖北	35242115	25957853	18007368	7950485	876023
湖南	37531940	25927587	18923698	7003888	1704606
广东	78674552	56940726	40838868	16101858	1343675
广西	29010514	19178172	12882700	6295472	2255107
海南	8277886	4903908	4083224	820683	217782
重庆	23750638	15448030	10648038	4799992	1144980
四川	48461439	36058643	28186754	7871888	3094340
贵州	30280323	21617128	14342021	7275107	2953898
云南	33855758	24236772	16834838	7401935	3459947
西藏	5074723	3448941	2262395	1186546	672668
陕西	24566753	16058001	11519694	4538307	1486967
甘肃	18243153	13639367	8776450	4862918	1130692
青海	6225353	4200892	3116810	1084081	371086
宁夏	6007777	4076278	3029972	1046307	306214
新疆	26416399	18945690	14965383	3980307	1431338
大连	4770699	3642580	2898984	743596	44538
宁波	6211645	4337179	3383090	954089	184172
厦门	3262528	2320504	1732267	588237	25600
青岛	9277934	6315663	4697445	1618218	98776
深圳	10988068	6883400	4524348	2359053	183285

(普通中学)

单位：千元

公用部分	商品和服务支出	其他资本性支出			基本建设支出
			专项公用支出	专项项目支出	
263956738	**114012959**	**149943779**	**39218386**	**110725393**	**16034823**
10352568	6280066	4072502	2307072	1765431	1680417
3165300	1588409	1576891	455390	1121500	158278
10259433	4480108	5779326	1591206	4188119	347720
5308615	2703286	2605329	760343	1844986	197672
5627230	2827059	2800171	853178	1946993	338111
5046136	3266755	1779381	830222	949159	120325
4263196	1735685	2527511	707670	1819840	139078
5263817	2811046	2452771	715868	1736903	204989
8758924	5016848	3742076	1532193	2209884	378906
16484978	4985501	11499476	1834363	9665114	200765
11069799	5018794	6051005	1323239	4727766	630806
10896276	3513358	7382918	1842003	5540914	884662
6792500	2666338	4126162	1268036	2858125	273578
11614735	2783515	8831221	1529805	7301415	709478
19451296	5664531	13786765	2201704	11585061	235251
17290601	7560828	9729773	1752958	7976815	864785
9284262	3481546	5802716	1217972	4584743	
11265066	4916306	6348760	1545841	4802920	339287
19909721	11654173	8255548	3553320	4702228	1824105
8790932	3195925	5595007	1436949	4158058	1041410
3283346	1050843	2232502	709650	1522852	90633
7769324	3511231	4258093	1581244	2676849	533285
11660762	5938997	5721766	1624079	4097687	742034
7982285	3432900	4549385	1335134	3214251	680910
9196631	3913840	5282791	1046438	4236353	422354
1426323	474042	952281	222953	729328	199459
8001823	3775410	4226413	1011465	3214947	506929
4271278	1672070	2599208	648028	1951180	332507
1500954	592808	908146	172711	735436	523507
1771449	692541	1078907	353906	725002	160050
6197179	2808200	3388979	1253446	2135533	1273530
1079536	646276	433260	227554	205705	48583
1851001	663290	1187711	192432	995279	23464
942024	535125	406899	258892	148007	
2962270	940267	2022004	377876	1644128	
2772337	2092337	680000	578469	101531	1332330

5-28 财政补助支出明细

地区	合计	个人部分	工资福利支出	对个人和家庭的补助支出	#助学金
合 计	**922354938**	**643735565**	**471020587**	**172714978**	**36063035**
北 京	28030506	16355161	10487484	5867677	129329
天 津	13113023	9789446	6632717	3156729	95424
河 北	37240607	26633454	20293588	6339866	1304608
山 西	20410926	14904639	11971815	2932824	725552
内蒙古	20291304	14325963	10489645	3836317	1069126
辽 宁	23371575	18205114	12802094	5403020	199035
吉 林	15391333	11005280	7282870	3722410	337604
黑龙江	21777071	16375917	11312753	5063165	257967
上 海	24115537	15020528	13800392	1220136	387689
江 苏	60785850	44100107	31549840	12550267	1419954
浙 江	43778907	32078302	26124198	5954104	1076446
安 徽	33505685	21724747	15233318	6491428	1168212
福 建	25303207	18237129	15019572	3217557	393284
江 西	28939254	16615040	12129408	4485632	1174583
山 东	67268150	47581603	37638470	9943133	1244385
河 南	50371904	32216975	21442119	10774856	2763807
湖 北	35052154	25837285	17914251	7923035	875761
湖 南	37531477	25927403	18923698	7003704	1704422
广 东	78610239	56890801	40794096	16096705	1342510
广 西	29010514	19178172	12882700	6295472	2255107
海 南	8272327	4899069	4080097	818972	217700
重 庆	23654938	15382362	10594270	4788092	1144315
四 川	48461439	36058643	28186754	7871888	3094340
贵 州	30280323	21617128	14342021	7275107	2953898
云 南	33855758	24236772	16834838	7401935	3459947
西 藏	5074723	3448941	2262395	1186546	672668
陕 西	24457338	15978260	11460679	4517581	1482330
甘 肃	18233454	13630480	8767666	4862813	1130617
青 海	6225353	4200892	3116810	1084081	371086
宁 夏	6007777	4076278	3029972	1046307	306214
新 疆	23932286	17203675	13620055	3583620	1305115
大 连	4770699	3642580	2898984	743596	44538
宁 波	6211645	4337179	3383090	954089	184172
厦 门	3262528	2320504	1732267	588237	25600
青 岛	9277934	6315663	4697445	1618218	98776
深 圳	10988068	6883400	4524348	2359053	183285

（地方普通中学）

单位：千元

公用部分					基本建设支出
	商品和服务支出	其他资本性支出	专项公用支出	专项项目支出	
262896539	**113353129**	**149543410**	**39031917**	**110511493**	**15722835**
9994928	5996553	3998375	2235000	1763375	1680417
3165300	1588409	1576891	455390	1121500	158278
10259433	4480108	5779326	1591206	4188119	347720
5308615	2703286	2605329	760343	1844986	197672
5627230	2827059	2800171	853178	1946993	338111
5046136	3266755	1779381	830222	949159	120325
4246976	1721994	2524981	705141	1819840	139078
5196164	2771181	2424983	704241	1720742	204989
8716103	4981858	3734245	1524865	2209380	378906
16484978	4985501	11499476	1834363	9665114	200765
11069799	5018794	6051005	1323239	4727766	630806
10896276	3513358	7382918	1842003	5540914	884662
6792500	2666338	4126162	1268036	2858125	273578
11614735	2783515	8831221	1529805	7301415	709478
19451296	5664531	13786765	2201704	11585061	235251
17290143	7560397	9729747	1752931	7976815	864785
9214869	3427267	5787602	1209128	4578473	
11264788	4916027	6348760	1545841	4802920	339287
19895333	11648258	8247075	3551856	4695218	1824105
8790932	3195925	5595007	1436949	4158058	1041410
3282625	1050228	2232397	709605	1522792	90633
7739291	3494890	4244401	1567552	2676849	533285
11660762	5938997	5721766	1624079	4097687	742034
7982285	3432900	4549385	1335134	3214251	680910
9196631	3913840	5282791	1046438	4236353	422354
1426323	474042	952281	222953	729328	199459
7972149	3747457	4224692	1009745	3214947	506929
4270467	1671753	2598714	647834	1950880	332507
1500954	592808	908146	172711	735436	523507
1771449	692541	1078907	353906	725002	160050
5767069	2626558	3140511	1186520	1953991	961542
1079536	646276	433260	227554	205705	48583
1851001	663290	1187711	192432	995279	23464
942024	535125	406899	258892	148007	
2962270	940267	2022004	377876	1644128	
2772337	2092337	680000	578469	101531	1332330

5-29 财政补助支出明细

地区	合计	个人部分			
			工资福利支出	对个人和家庭的补助支出	
					#助学金
合计	**317443875**	**219196814**	**163512224**	**55684589**	**11254223**
北京	11914981	6695791	4376556	2319234	27033
天津	5178473	3767296	2574201	1193095	28634
河北	13010065	9287274	7136622	2150651	451472
山西	7862902	5623771	4520317	1103454	341442
内蒙古	7940967	5491083	3930690	1560394	534921
辽宁	7719489	5861356	4269537	1591819	153656
吉林	5169317	3515748	2331850	1183898	176852
黑龙江	6942079	5226027	3735769	1490258	148295
上海	8892025	5226259	4838965	387294	72943
江苏	20990444	15129794	11363308	3766487	242942
浙江	15603604	11226064	9357188	1868876	238573
安徽	11051663	7223759	5318872	1904887	367038
福建	8379019	6391337	5247777	1143561	104444
江西	9905034	5426905	3928608	1498298	371396
山东	21484954	15572273	12463541	3108733	364448
河南	14009598	8808208	6455825	2352383	753399
湖北	12395509	8326951	6100050	2226901	302967
湖南	11227984	7803257	6032616	1770641	412533
广东	30316308	22165003	15864760	6300243	451165
广西	8879821	5777111	3929417	1847694	575407
海南	2988000	1618413	1348367	270045	70168
重庆	8870851	5783074	3952186	1830888	502966
四川	15901860	12074182	9511567	2562614	1121475
贵州	10024390	7017312	4605518	2411794	903108
云南	10061140	7004477	4977009	2027468	622273
西藏	1816069	1135638	751395	384244	176968
陕西	9502095	5822672	4309498	1513175	545704
甘肃	6713804	5081982	3271669	1810313	408673
青海	2061420	1433480	1091042	342438	99791
宁夏	2145495	1567817	1176030	391787	110940
新疆	8484514	6112499	4741477	1371022	572598
大连	1618043	1208928	967644	241284	24193
宁波	2262319	1556141	1219866	336276	62424
厦门	1125957	827150	616931	210219	5334
青岛	3012215	2062403	1568954	493449	33994
深圳	4191375	2649766	1776949	872817	42835

（普通高中）

单位：千元

公用部分					基本建设支出
	商品和服务支出	其他资本性支出	专项公用支出	专项项目支出	
91354234	**37294694**	**54059540**	**14428220**	**39631320**	**6892827**
4149188	2418991	1730197	956177	774020	1070002
1410016	735842	674174	138733	535440	1161
3585060	1327926	2257133	439358	1817775	137732
2130511	976078	1154433	316643	837791	108619
2261112	1227433	1033679	332233	701446	188771
1778180	1151703	626477	215470	411007	79953
1540068	619567	920500	319729	600771	113502
1662520	978609	683912	212084	471828	53531
3368657	1655973	1712685	567367	1145317	297108
5793505	1780787	4012718	698605	3314113	67145
4087420	1692730	2394691	564408	1830282	290120
3215804	822537	2393268	613777	1779490	612101
1950494	837693	1112801	394308	718493	37188
4255349	879881	3375468	711836	2663632	222781
5839844	1700205	4139639	648569	3491070	72836
4865673	2072132	2793541	669554	2123988	335717
4068558	1436083	2632475	475133	2157341	
3336419	1199768	2136650	567318	1569332	88309
7627239	3754072	3873166	1367231	2505935	524067
2686322	802666	1883656	619280	1264376	416387
1314228	366924	947304	332282	615022	55359
2946360	1320042	1626318	557314	1069004	141417
3625699	1948414	1677285	621102	1056183	201980
2672682	789071	1883612	581628	1301984	334395
2899540	1070004	1829535	365435	1464101	157124
603298	150592	452706	114558	338148	77133
3341859	1688987	1652872	426945	1225927	337563
1466490	482807	983683	185619	798064	165333
497670	198528	299141	51779	247362	130271
472679	199389	273290	74855	198435	105000
1901791	1009260	892530	288888	603642	470225
360532	265484	95048	33176	61872	48583
691173	235766	455407	88468	366939	15004
298807	177120	121687	85414	36273	
949812	344747	605065	116576	488489	
1130417	837589	292828	240339	52489	411192

5-30 财政补助支出明细

地区	合计	个人部分	工资福利支出	对个人和家庭的补助支出	#助学金
合计	**315465868**	**217952692**	**162599298**	**55353394**	**11179372**
北京	11378352	6417527	4187484	2230043	26195
天津	5178473	3767296	2574201	1193095	28634
河北	13010065	9287274	7136622	2150651	451472
山西	7862902	5623771	4520317	1103454	341442
内蒙古	7940967	5491083	3930690	1560394	534921
辽宁	7719489	5861356	4269537	1591819	153656
吉林	5169317	3515748	2331850	1183898	176852
黑龙江	6839327	5146698	3682435	1464263	145806
上海	8818041	5184189	4798505	385684	72909
江苏	20990444	15129794	11363308	3766487	242942
浙江	15603604	11226064	9357188	1868876	238573
安徽	11051663	7223759	5318872	1904887	367038
福建	8379019	6391337	5247777	1143561	104444
江西	9905034	5426905	3928608	1498298	371396
山东	21484954	15572273	12463541	3108733	364448
河南	14009598	8808208	6455825	2352383	753399
湖北	12236703	8225788	6022434	2203354	302708
湖南	11227680	7803136	6032616	1770520	412412
广东	30315342	22164172	15864760	6299412	450565
广西	8879821	5777111	3929417	1847694	575407
海南	2984503	1615369	1346400	268969	70117
重庆	8815663	5745205	3921180	1824026	502582
四川	15901860	12074182	9511567	2562614	1121475
贵州	10024390	7017312	4605518	2411794	903108
云南	10061140	7004477	4977009	2027468	622273
西藏	1816069	1135638	751395	384244	176968
陕西	9427209	5768769	4270283	1498485	541368
甘肃	6709518	5078001	3267729	1810272	408632
青海	2061420	1433480	1091042	342438	99791
宁夏	2145495	1567817	1176030	391787	110940
新疆	7517807	5468951	4265159	1203792	506902
大连	1618043	1208928	967644	241284	24193
宁波	2262319	1556141	1219866	336276	62424
厦门	1125957	827150	616931	210219	5334
青岛	3012215	2062403	1568954	493449	33994
深圳	4191375	2649766	1776949	872817	42835

(地方普通高中)

单位：千元

公用部分	商品和服务支出	其他资本性支出			基本建设支出
			专项公用支出	专项项目支出	
90799217	**36897721**	**53901496**	**14328554**	**39572942**	**6713959**
3890823	2214094	1676729	904765	771964	1070002
1410016	735842	674174	138733	535440	1161
3585060	1327926	2257133	439358	1817775	137732
2130511	976078	1154433	316643	837791	108619
2261112	1227433	1033679	332233	701446	188771
1778180	1151703	626477	215470	411007	79953
1540068	619567	920500	319729	600771	113502
1639097	959234	679864	209311	470552	53531
3336744	1629557	1707187	562374	1144813	297108
5793505	1780787	4012718	698605	3314113	67145
4087420	1692730	2394691	564408	1830282	290120
3215804	822537	2393268	613777	1779490	612101
1950494	837693	1112801	394308	718493	37188
4255349	879881	3375468	711836	2663632	222781
5839844	1700205	4139639	648569	3491070	72836
4865673	2072132	2793541	669554	2123988	335717
4010915	1389843	2621071	466999	2154072	
3336235	1199585	2136650	567318	1569332	88309
7627103	3754032	3873071	1367136	2505935	524067
2686322	802666	1883656	619280	1264376	416387
1313775	366537	947238	332254	614984	55359
2929041	1310618	1618422	549419	1069004	141417
3625699	1948414	1677285	621102	1056183	201980
2672682	789071	1883612	581628	1301984	334395
2899540	1070004	1829535	365435	1464101	157124
603298	150592	452706	114558	338148	77133
3320877	1669085	1651792	425865	1225927	337563
1466183	482671	983512	185585	797928	165333
497670	198528	299141	51779	247362	130271
472679	199389	273290	74855	198435	105000
1757498	939287	818212	265670	552542	291357
360532	265484	95048	33176	61872	48583
691173	235766	455407	88468	366939	15004
298807	177120	121687	85414	36273	
949812	344747	605065	116576	488489	
1130417	837589	292828	240339	52489	411192

5-31 财政补助支出明细

地区	合计	个人部分	工资福利支出	对个人和家庭的补助支出	#助学金
合计	**134107317**	**96291177**	**73576847**	**22714330**	**6717589**
北京	1168831	659142	486595	172547	3460
天津	874102	675634	492669	182965	7468
河北	6884839	4752769	3722113	1030656	258135
山西	4030763	2968115	2385761	582353	197453
内蒙古	3812739	2613023	1915937	697086	232900
辽宁	1755640	1414415	1104409	310006	39304
吉林	1635208	1153176	817520	335656	61847
黑龙江	2623901	1908468	1404826	503642	70689
上海	929499	729188	677133	52055	17493
江苏	7293164	5709927	4463099	1246829	111395
浙江	6234083	4797409	4018691	778718	133871
安徽	6570670	4475606	3331800	1143806	234009
福建	4219608	3328180	2755871	572309	64003
江西	5206608	2980488	2261387	719101	191323
山东	7578117	5774169	4916205	857964	169794
河南	7855150	4924134	3724952	1199182	458369
湖北	3549977	2640083	2036917	603166	158049
湖南	6338075	4630026	3660789	969237	297523
广东	7258471	5336769	4139916	1196854	166322
广西	4437197	3228346	2197422	1030924	368312
海南	1137375	672015	572353	99662	28986
重庆	3489188	2397309	1633685	763624	291421
四川	9171238	7070152	5537504	1532649	724770
贵州	6522613	4603793	3060877	1542915	693643
云南	6088533	4464198	3212171	1252027	442925
西藏	1143211	687599	473453	214147	118617
陕西	5872132	3590785	2665805	924980	382647
甘肃	4258572	3336758	2254168	1082590	294375
青海	1304572	952104	719489	232615	79491
宁夏	671844	571324	439088	132235	45054
新疆	4191397	3246074	2494243	751832	373942
大连	161863	134006	110760	23246	181
宁波	781420	595613	466351	129262	40402
厦门	88681	75363	60337	15026	944
青岛	281642	236780	187825	48956	4462
深圳					

(农村高中)

单位：千元

公用部分	商品和服务支出	其他资本性支出	专项公用支出	专项项目支出	基本建设支出
35590159	**13765455**	**21824704**	**4906682**	**16918022**	**2225981**
473782	170818	302963	104971	197992	35908
198468	89471	108997	46540	62456	
2037169	632664	1404505	217714	1186791	94902
962044	513268	448776	129603	319173	100605
1183558	607529	576029	188129	387900	16158
311143	198273	112869	20350	92519	30082
473856	190184	283672	84937	198735	8175
671389	371262	300128	96425	203703	44044
200311	150831	49481	29266	20215	
1583237	550388	1032849	169824	863025	
1252837	607304	645534	148188	497345	183837
2059691	477537	1582154	338463	1243690	35374
857339	335150	522190	153352	368838	34089
2144709	544407	1600302	212552	1387749	81412
1743893	505176	1238717	155917	1082800	60055
2813448	1069477	1743971	367037	1376935	117568
909894	356956	552939	115319	437619	
1645028	647259	997769	255795	741974	63022
1884999	809089	1075911	292304	783607	36702
1006799	409342	597457	198051	399406	202053
444345	137555	306789	59614	247176	21015
1074526	499284	575243	167665	407577	17353
2005251	1038454	966797	333589	633208	95835
1605748	463119	1142629	223587	919043	313072
1562471	462618	1099854	157938	941916	61863
378925	77439	301486	88890	212596	76687
2043911	1046803	997107	221562	775545	237436
858967	275705	583262	118477	464785	62846
262053	111491	150562	27251	123311	90416
100520	54736	45784	15506	30278	
839848	361868	477980	167865	310115	105475
27857	25851	2006	1536	470	
185807	71219	114588	29818	84770	
13319	11127	2191	2182	9	
44861	26526	18335	11935	6400	

5-32 财政补助支出明细

地区	合计	个人部分	工资福利支出	对个人和家庭的补助支出	#助学金
合计	133611475	95933377	73298057	22635319	6692164
北京	1168831	659142	486595	172547	3460
天津	874102	675634	492669	182965	7468
河北	6884839	4752769	3722113	1030656	258135
山西	4030763	2968115	2385761	582353	197453
内蒙古	3812739	2613023	1915937	697086	232900
辽宁	1755640	1414415	1104409	310006	39304
吉林	1635208	1153176	817520	335656	61847
黑龙江	2599234	1889249	1387816	501433	70329
上海	929499	729188	677133	52055	17493
江苏	7293164	5709927	4463099	1246829	111395
浙江	6234083	4797409	4018691	778718	133871
安徽	6570670	4475606	3331800	1143806	234009
福建	4219608	3328180	2755871	572309	64003
江西	5206608	2980488	2261387	719101	191323
山东	7578117	5774169	4916205	857964	169794
河南	7855150	4924134	3724952	1199182	458369
湖北	3467003	2588018	1997332	590686	157793
湖南	6338075	4630026	3660789	969237	297523
广东	7257504	5335938	4139916	1196023	165722
广西	4437197	3228346	2197422	1030924	368312
海南	1133879	668972	570386	98586	28935
重庆	3489188	2397309	1633685	763624	291421
四川	9171238	7070152	5537504	1532649	724770
贵州	6522613	4603793	3060877	1542915	693643
云南	6088533	4464198	3212171	1252027	442925
西藏	1143211	687599	473453	214147	118617
陕西	5872132	3590785	2665805	924980	382647
甘肃	4254285	3332777	2250228	1082549	294334
青海	1304572	952104	719489	232615	79491
宁夏	671844	571324	439088	132235	45054
新疆	3811945	2967412	2277955	689457	349825
大连	161863	134006	110760	23246	181
宁波	781420	595613	466351	129262	40402
厦门	88681	75363	60337	15026	944
青岛	281642	236780	187825	48956	4462
深圳					

（地方农村高中）

单位：千元

公用部分	商品和服务支出	其他资本性支出			基本建设支出
			专项公用支出	专项项目支出	
35489401	**13712819**	**21776582**	**4888747**	**16887835**	**2188697**
473782	170818	302963	104971	197992	35908
198468	89471	108997	46540	62456	
2037169	632664	1404505	217714	1186791	94902
962044	513268	448776	129603	319173	100605
1183558	607529	576029	188129	387900	16158
311143	198273	112869	20350	92519	30082
473856	190184	283672	84937	198735	8175
665941	366793	299148	96231	202917	44044
200311	150831	49481	29266	20215	
1583237	550388	1032849	169824	863025	
1252837	607304	645534	148188	497345	183837
2059691	477537	1582154	338463	1243690	35374
857339	335150	522190	153352	368838	34089
2144709	544407	1600302	212552	1387749	81412
1743893	505176	1238717	155917	1082800	60055
2813448	1069477	1743971	367037	1376935	117568
878985	333019	545966	108347	437619	
1645028	647259	997769	255795	741974	63022
1884864	809048	1075816	292208	783607	36702
1006799	409342	597457	198051	399406	202053
443892	137168	306723	59585	247138	21015
1074526	499284	575243	167665	407577	17353
2005251	1038454	966797	333589	633208	95835
1605748	463119	1142629	223587	919043	313072
1562471	462618	1099854	157938	941916	61863
378925	77439	301486	88890	212596	76687
2043911	1046803	997107	221562	775545	237436
858661	275570	583091	118443	464649	62846
262053	111491	150562	27251	123311	90416
100520	54736	45784	15506	30278	
776342	338200	438142	157254	280888	68191
27857	25851	2006	1536	470	
185807	71219	114588	29818	84770	
13319	11127	2191	2182	9	
44861	26526	18335	11935	6400	

5-33 财政补助支出明细

地区	合计	个人部分	工资福利支出	对个人和家庭的补助支出	#助学金
合计	**609034087**	**427289587**	**309609766**	**117679822**	**24945756**
北京	16867184	10053389	6377097	3676292	103266
天津	7934550	6022149	4058516	1963633	66790
河北	24230541	17346180	13156966	4189214	853136
山西	12548024	9280867	7451498	1829370	384111
内蒙古	12350338	8834880	6558956	2275924	534205
辽宁	15652086	12343758	8532557	3811200	45379
吉林	10273516	7524812	4983060	2541752	160758
黑龙江	15084950	11332195	7711835	3620360	112312
上海	15328421	9856357	9020339	836018	314780
江苏	39795405	28970312	20186533	8783780	1177012
浙江	28175303	20852239	16767011	4085228	837873
安徽	22454021	14500988	9914447	4586541	801174
福建	16924187	11845792	9771796	2073996	288840
江西	19034219	11188135	8200800	2987335	803187
山东	45783196	32009330	25174929	6834400	879937
河南	36368082	23414086	14987814	8426272	2010408
湖北	22846606	17630902	11907319	5723584	573056
湖南	26303955	18124330	12891082	5233247	1292074
广东	48358244	34775723	24974108	9801615	892510
广西	20130693	13401061	8953283	4447778	1679700
海南	5289886	3285495	2734857	550638	147614
重庆	14879787	9664955	6695852	2969103	642014
四川	32559579	23984461	18675187	5309274	1972866
贵州	20255933	14599816	9736503	4863312	2050790
云南	23794617	17232295	11857828	5374467	2837674
西藏	3258655	2313303	1511001	802302	495700
陕西	15064658	10235328	7210196	3025132	941262
甘肃	11529348	8557386	5504781	3052605	722020
青海	4163933	2767412	2025769	741644	271295
宁夏	3862282	2508462	1853942	654520	195275
新疆	17931884	12833190	10223906	2609284	858740
大连	3152656	2433652	1931340	502312	20346
宁波	3949326	2781038	2163224	617814	121748
厦门	2136571	1493354	1115336	378018	20266
青岛	6265719	4253260	3128491	1124769	64782
深圳	6796693	4233634	2747399	1486235	140451

(普通初中)

单位：千元

公用部分	商品和服务支出	其他资本性支出	专项公用支出	专项项目支出	基本建设支出
172602504	**76718265**	**95884239**	**24790166**	**71094073**	**9141996**
6203380	3861075	2342305	1350894	991411	610415
1755284	852567	902717	316657	586060	157117
6674373	3152181	3522192	1151848	2370344	209988
3178104	1727208	1450896	443701	1007196	89053
3366117	1599625	1766492	520946	1245546	149341
3267956	2115052	1152904	614752	538152	40373
2723128	1116117	1607011	387941	1219069	25576
3601297	1832437	1768859	503785	1265075	151458
5390267	3360875	2029391	964825	1064566	81797
10691473	3204715	7486758	1135758	6351000	133620
6982379	3326064	3656314	758831	2897484	340686
7680472	2690822	4989650	1228226	3761424	272561
4842006	1828645	3013361	873728	2139633	236390
7359387	1903634	5455753	817969	4637784	486698
13611452	3964326	9647126	1553135	8093991	162414
12424928	5488696	6936232	1083404	5852828	529069
5215704	2045463	3170241	742839	2427402	
7928647	3716537	4212110	978523	3233587	250978
12282482	7900101	4382382	2186089	2196293	1300038
6104610	2393258	3711351	817670	2893681	625023
1969117	683919	1285198	377368	907830	35274
4822964	2191189	2631775	1023929	1607845	391869
8035064	3990583	4044481	1002977	3041504	540054
5309603	2643830	2665773	753506	1912267	346515
6297091	2843836	3453255	681003	2772252	265231
823025	323450	499575	108394	391180	122327
4659963	2086423	2573540	584520	1989020	169367
2804788	1189264	1615525	462409	1153116	167174
1003284	394279	609005	120932	488073	393237
1298770	493152	805617	279051	526566	55050
4295389	1798940	2496449	964558	1531891	803305
719004	380792	338212	194379	143833	
1159828	427523	732305	103964	628340	8460
643217	358005	285212	173478	111734	
2012459	595520	1416939	261300	1155639	
1641920	1254748	387172	338130	49043	921138

5-34 财政补助支出明细

地区	合计	个人部分			
			工资福利支出	对个人和家庭的补助支出	
					#助学金
合计	**606889070**	**425782873**	**308421290**	**117361584**	**24883663**
北京	16652154	9937634	6300000	3637634	103134
天津	7934550	6022149	4058516	1963633	66790
河北	24230541	17346180	13156966	4189214	853136
山西	12548024	9280867	7451498	1829370	384111
内蒙古	12350338	8834880	6558956	2275924	534205
辽宁	15652086	12343758	8532557	3811200	45379
吉林	10222016	7489532	4951020	2538512	160751
黑龙江	14937744	11229219	7630317	3598902	112160
上海	15297496	9836339	9001886	834453	314780
江苏	39795405	28970312	20186533	8783780	1177012
浙江	28175303	20852239	16767011	4085228	837873
安徽	22454021	14500988	9914447	4586541	801174
福建	16924187	11845792	9771796	2073996	288840
江西	19034219	11188135	8200800	2987335	803187
山东	45783196	32009330	25174929	6834400	879937
河南	36362306	23408767	14986294	8422473	2010408
湖北	22815451	17611497	11891817	5719680	573054
湖南	26303797	18124267	12891082	5233184	1292011
广东	48294897	34726629	24929336	9797293	891944
广西	20130693	13401061	8953283	4447778	1679700
海南	5287824	3283700	2733697	550003	147583
重庆	14839275	9637156	6673090	2964066	641732
四川	32559579	23984461	18675187	5309274	1972866
贵州	20255933	14599816	9736503	4863312	2050790
云南	23794617	17232295	11857828	5374467	2837674
西藏	3258655	2313303	1511001	802302	495700
陕西	15030129	10209491	7190396	3019095	940962
甘肃	11523937	8552479	5499938	3052541	721985
青海	4163933	2767412	2025769	741644	271295
宁夏	3862282	2508462	1853942	654520	195275
新疆	16414479	11734723	9354896	2379828	798213
大连	3152656	2433652	1931340	502312	20346
宁波	3949326	2781038	2163224	617814	121748
厦门	2136571	1493354	1115336	378018	20266
青岛	6265719	4253260	3128491	1124769	64782
深圳	6796693	4233634	2747399	1486235	140451

(地方普通初中)

单位：千元

公用部分					基本建设支出
	商品和服务支出	其他资本性支出			
			专项公用支出	专项项目支出	
172097322	**76455408**	**95641914**	**24703363**	**70938551**	**9008875**
6104105	3782459	2321646	1330235	991411	610415
1755284	852567	902717	316657	586060	157117
6674373	3152181	3522192	1151848	2370344	209988
3178104	1727208	1450896	443701	1007196	89053
3366117	1599625	1766492	520946	1245546	149341
3267956	2115052	1152904	614752	538152	40373
2706908	1102427	1604481	385411	1219069	25576
3557067	1811947	1745119	494930	1250190	151458
5379359	3352301	2027058	962492	1064566	81797
10691473	3204715	7486758	1135758	6351000	133620
6982379	3326064	3656314	758831	2897484	340686
7680472	2690822	4989650	1228226	3761424	272561
4842006	1828645	3013361	873728	2139633	236390
7359387	1903634	5455753	817969	4637784	486698
13611452	3964326	9647126	1553135	8093991	162414
12424470	5488265	6936205	1083378	5852828	529069
5203954	2037423	3166530	742130	2424401	
7928552	3716442	4212110	978523	3233587	250978
12268230	7894226	4374003	2184720	2189283	1300038
6104610	2393258	3711351	817670	2893681	625023
1968850	683691	1285159	377351	907808	35274
4810250	2184271	2625979	1018133	1607845	391869
8035064	3990583	4044481	1002977	3041504	540054
5309603	2643830	2665773	753506	1912267	346515
6297091	2843836	3453255	681003	2772252	265231
823025	323450	499575	108394	391180	122327
4651272	2078371	2572900	583880	1989020	169367
2804284	1189082	1615202	462249	1152953	167174
1003284	394279	609005	120932	488073	393237
1298770	493152	805617	279051	526566	55050
4009571	1687272	2322299	920850	1401450	670185
719004	380792	338212	194379	143833	
1159828	427523	732305	103964	628340	8460
643217	358005	285212	173478	111734	
2012459	595520	1416939	261300	1155639	
1641920	1254748	387172	338130	49043	921138

5-35 财政补助支出明细

地区	合计	个人部分	工资福利支出	对个人和家庭的补助支出	#助学金
合计	**373133107**	**269005638**	**196653785**	**72351853**	**18453424**
北京	3774131	2135173	1356654	778520	32997
天津	2277470	1917091	1406434	510656	3012
河北	16486441	11515145	9134203	2380942	384631
山西	8326733	6257680	5047362	1210318	310990
内蒙古	7668163	5543881	4122778	1421104	350778
辽宁	6626967	5345736	3787448	1558288	21787
吉林	6075114	4549910	3132586	1417324	145645
黑龙江	8608776	6279151	4393532	1885619	107011
上海	2611669	2026248	1866722	159527	59024
江苏	18604282	14325296	10351833	3973464	116479
浙江	14568583	11126880	9006776	2120103	473422
安徽	17785599	11597429	7872009	3725420	667726
福建	10492705	7723461	6420451	1303009	237773
江西	14057028	8312700	6344538	1968162	418630
山东	27070406	19062771	15293057	3769714	635659
河南	26746501	17607684	11011562	6596123	1633636
湖北	13717066	10755509	7317085	3438424	492534
湖南	19573647	14097362	10068266	4029095	869088
广东	20548199	15059823	11534615	3525209	313379
广西	14900959	10693716	7052621	3641095	1529490
海南	3443494	2198356	1833487	364869	105386
重庆	8999113	6333574	4500580	1832995	527689
四川	24760064	18630027	14363182	4266845	1702468
贵州	16838656	12263255	8248351	4014904	1940072
云南	19056052	14447232	9924868	4522363	2602219
西藏	2485143	1825427	1230940	594487	370691
陕西	10764533	7684390	5340691	2343699	786693
甘肃	9024273	6802345	4491974	2310370	669543
青海	3044124	2062971	1481487	581484	249936
宁夏	2288293	1637382	1210581	426801	144657
新疆	11908924	9188033	7507111	1680921	550380
大连	864687	626454	504615	121839	5244
宁波	1614682	1183547	937839	245708	59308
厦门	327896	238810	173830	64980	4086
青岛	2042986	1463290	1114374	348916	10461
深圳					

(农村初中)

单位：千元

公用部分					基本建设支出
	商品和服务支出	其他资本性支出			
			专项公用支出	专项项目支出	
99523088	**43692994**	**55830094**	**12748177**	**43081917**	**4604381**
1446682	700294	746388	348041	398347	192276
360379	183413	176966	106557	70410	
4809242	2295075	2514167	788565	1725602	162054
2005093	1144851	860241	249030	611211	63961
2037891	928913	1108978	292173	816805	86390
1253754	837587	416167	264886	151280	27477
1506397	634997	871399	191258	680141	18807
2187813	1090303	1097509	299858	797651	141812
585421	459801	125619	86351	39268	
4269804	1434098	2835706	436127	2399580	9181
3147656	1592562	1555094	402309	1152786	294048
5945114	2104036	3841078	833431	3007648	243056
2688382	1058942	1629440	480506	1148934	80862
5391497	1360489	4031008	580633	3450375	352831
7934217	2162781	5771436	842452	4928984	73417
8965662	3924087	5041575	665501	4376074	173154
2961558	1135543	1826015	297586	1528429	
5263322	2689337	2573985	572185	2001800	212963
5440817	3377353	2063464	901573	1161891	47558
3943148	1766302	2176847	493741	1683106	264095
1227953	431499	796455	170003	626451	17185
2514669	1320141	1194528	383259	811270	150869
5751233	2875348	2875884	695387	2180497	378804
4320473	2155134	2165339	557444	1607895	254927
4426448	1989927	2436520	493388	1943132	182373
537389	189255	348134	27749	320386	122327
3023680	1344899	1678782	301819	1376962	56463
2074866	898563	1176303	318131	858172	147062
650167	263887	386279	83081	303198	330987
638081	276612	361469	140732	220737	12830
2214280	1066965	1147315	444421	702894	506611
238232	124185	114048	103601	10447	
431135	173463	257672	44974	212697	
89086	27382	61705	30766	30939	
579696	155829	423866	54522	369344	

5-36 财政补助支出明细

地区	合计	个人部分	工资福利支出	对个人和家庭的补助支出	#助学金
合计	**371777789**	**268020329**	**195847408**	**72172921**	**18399541**
北京	3774131	2135173	1356654	778520	32997
天津	2277470	1917091	1406434	510656	3012
河北	16486441	11515145	9134203	2380942	384631
山西	8326733	6257680	5047362	1210318	310990
内蒙古	7668163	5543881	4122778	1421104	350778
辽宁	6626967	5345736	3787448	1558288	21787
吉林	6075114	4549910	3132586	1417324	145645
黑龙江	8532257	6228027	4352539	1875488	107009
上海	2611669	2026248	1866722	159527	59024
江苏	18604282	14325296	10351833	3973464	116479
浙江	14568583	11126880	9006776	2120103	473422
安徽	17785599	11597429	7872009	3725420	667726
福建	10492705	7723461	6420451	1303009	237773
江西	14057028	8312700	6344538	1968162	418630
山东	27070406	19062771	15293057	3769714	635659
河南	26746501	17607684	11011562	6596123	1633636
湖北	13717066	10755509	7317085	3438424	492534
湖南	19573647	14097362	10068266	4029095	869088
广东	20488848	15013919	11492415	3521504	312817
广西	14900959	10693716	7052621	3641095	1529490
海南	3441432	2196561	1832327	364234	105356
重庆	8999113	6333574	4500580	1832995	527689
四川	24760064	18630027	14363182	4266845	1702468
贵州	16838656	12263255	8248351	4014904	1940072
云南	19056052	14447232	9924868	4522363	2602219
西藏	2485143	1825427	1230940	594487	370691
陕西	10764533	7684390	5340691	2343699	786693
甘肃	9018861	6797437	4487131	2310307	669508
青海	3044124	2062971	1481487	581484	249936
宁夏	2288293	1637382	1210581	426801	144657
新疆	10696951	8306455	6789931	1516524	497125
大连	864687	626454	504615	121839	5244
宁波	1614682	1183547	937839	245708	59308
厦门	327896	238810	173830	64980	4086
青岛	2042986	1463290	1114374	348916	10461
深圳					

（地方农村初中）

单位：千元

公用部分	商品和服务支出	其他资本性支出	专项公用支出	专项项目支出	基本建设支出
99250219	43593953	55656266	12711014	42945252	4507241
1446682	700294	746388	348041	398347	192276
360379	183413	176966	106557	70410	
4809242	2295075	2514167	788565	1725602	162054
2005093	1144851	860241	249030	611211	63961
2037891	928913	1108978	292173	816805	86390
1253754	837587	416167	264886	151280	27477
1506397	634997	871399	191258	680141	18807
2162418	1081775	1080643	295175	785468	141812
585421	459801	125619	86351	39268	
4269804	1434098	2835706	436127	2399580	9181
3147656	1592562	1555094	402309	1152786	294048
5945114	2104036	3841078	833431	3007648	243056
2688382	1058942	1629440	480506	1148934	80862
5391497	1360489	4031008	580633	3450375	352831
7934217	2162781	5771436	842452	4928984	73417
8965662	3924087	5041575	665501	4376074	173154
2961558	1135543	1826015	297586	1528429	
5263322	2689337	2573985	572185	2001800	212963
5427371	3372111	2055260	900379	1154882	47558
3943148	1766302	2176847	493741	1683106	264095
1227686	431270	796416	169986	626429	17185
2514669	1320141	1194528	383259	811270	150869
5751233	2875348	2875884	695387	2180497	378804
4320473	2155134	2165339	557444	1607895	254927
4426448	1989927	2436520	493388	1943132	182373
537389	189255	348134	27749	320386	122327
3023680	1344899	1678782	301819	1376962	56463
2074362	898382	1175980	317972	858008	147062
650167	263887	386279	83081	303198	330987
638081	276612	361469	140732	220737	12830
1981024	982104	998920	413312	585608	409471
238232	124185	114048	103601	10447	
431135	173463	257672	44974	212697	
89086	27382	61705	30766	30939	
579696	155829	423866	54522	369344	

5-37 财政补助支出明细

地区	合计	个人部分	工资福利支出	对个人和家庭的补助支出	#助学金
合计	**588999**	**360011**	**275831**	**84179**	**451**
北京	40717				
天津	28825	28822	20986	7836	
河北	852				
山西	49				
内蒙古					
辽宁					
吉林	3751	3595	1273	2321	
黑龙江					
上海	36163	27349	25290	2059	296
江苏	202218	100071	64011	36061	155
浙江	198836	132377	113149	19228	
安徽					
福建	37	37	37		
江西					
山东	25470	24872	22063	2809	
河南					
湖北	8888	7785	7291	494	
湖南	1510	1448	1379	69	
广东	41682	33655	20352	13303	
广西					
海南					
重庆					
四川					
贵州					
云南					
西藏					
陕西					
甘肃					
青海					
宁夏					
新疆					
大连					
宁波	1584	1252	1088	164	
厦门					
青岛					
深圳					

(成人中学)

单位：千元

公用部分	商品和服务支出	其他资本性支出	专项公用支出	专项项目支出	基本建设支出
228988	**106499**	**122489**	**32699**	**89790**	
40717	11164	29553	22146	7407	
3	3				
852	822	30	30		
49	49				
157	149	7	7		
8814	8327	488	488		
102147	37088	65058	3974	61084	
66459	41943	24516	4225	20291	
599	541	57	42	15	
1103	1095	8	8		
63	63				
8026	5254	2772	1779	994	
332	284	48	48		

5-38 财政补助支出明细

地区	合计	个人部分			
			工资福利支出	对个人和家庭的补助支出	
					#助学金
合计	**1027405210**	**723923191**	**497661278**	**226261914**	**32985395**
北京	29703754	16330854	10675307	5655547	153649
天津	11871178	8746856	5844298	2902558	77211
河北	45453929	33142986	23299170	9843816	765715
山西	22689345	17000580	12844252	4156328	422347
内蒙古	23412281	17876833	11736806	6140027	607034
辽宁	23309308	18354799	11810482	6544317	50183
吉林	18109573	13397052	8408803	4988249	182951
黑龙江	22709525	17798402	10420447	7377956	270306
上海	21237247	13374088	12196887	1177201	489102
江苏	67118244	47038935	30471771	16567163	822366
浙江	46884543	34480328	26436867	8043461	1256338
安徽	41140701	27497800	16812668	10685132	919646
福建	29928248	20809213	16551611	4257602	262394
江西	35865004	22053220	15232885	6820335	902389
山东	62512774	43675677	34206421	9469256	850520
河南	54757453	34902897	23911360	10991537	2511165
湖北	34591512	25122858	16751869	8370989	857998
湖南	41368279	27471029	20041372	7429658	1679944
广东	86942626	62801505	41341262	21460242	1900531
广西	37419331	26816215	16766591	10049625	1636845
海南	9571501	6421605	5372655	1048950	221814
重庆	27059084	18108130	11041743	7066387	832032
四川	55711561	40517326	29552977	10964349	3921050
贵州	34937525	26894342	16773776	10120567	2140989
云南	43003927	32852497	21172057	11680440	3851906
西藏	8066357	5142186	3287562	1854624	1131985
陕西	26564000	17327611	11036343	6291268	1476405
甘肃	22347740	16741430	9426982	7314448	1039920
青海	7245131	4797908	3362857	1435052	511026
宁夏	6440820	4331218	3111693	1219525	252554
新疆	29432709	22096811	17761505	4335306	987080
大连	4336671	3057004	2433071	623933	30430
宁波	6916787	4738865	3573662	1165203	176492
厦门	3809284	2930012	2241692	688320	30777
青岛	9018856	6150155	4359839	1790316	91186
深圳	13035573	8096883	5238743	2858140	325614

（小学）

单位：千元

公用部分					基本建设支出
	商品和服务支出	其他资本性支出			
			专项公用支出	专项项目支出	
289631997	**133565978**	**156066019**	**41231203**	**114834816**	**13850021**
11065107	7404181	3660926	2358450	1302477	2307793
3124322	1525566	1598755	370251	1228504	
12156675	5750985	6405690	2208681	4197009	154267
5609340	3113019	2496321	884292	1612029	79425
5359539	2644235	2715305	811113	1904191	175910
4881549	3100457	1781092	817093	963999	72959
4632691	1919428	2713263	722315	1990948	79830
4666086	2368424	2297662	662059	1635603	245037
7836138	5100966	2735173	1328172	1407000	27021
20044577	5801378	14243199	2231515	12011684	34733
11764834	5448498	6316335	1339821	4976515	639381
13375929	4679773	8696155	1934612	6761544	266972
8947699	3627938	5319762	1339961	3979801	171336
13269284	3702304	9566980	1623892	7943088	542499
18717075	6603323	12113752	2647097	9466655	120021
19124905	9739621	9385284	1512351	7872932	729651
9468653	3876970	5591683	1142669	4449014	
13581653	6065622	7516031	1826918	5689113	315597
22496890	14383522	8113368	4153668	3959701	1644232
9860958	4079215	5781743	1355237	4426506	742158
3098985	1142697	1956289	657093	1299195	50911
8261259	4226882	4034377	1272606	2761771	689695
14367702	6963709	7403993	1899096	5504898	826533
7741708	4279748	3461960	1099503	2362456	301475
9850964	4653485	5197480	1203592	3993888	300466
2361897	740318	1621579	181368	1440211	562275
8783793	3992183	4791610	1155002	3636608	452596
5256339	2140788	3115552	1003024	2112528	349970
1573167	734505	838662	243262	595400	874056
2021552	874161	1147392	347922	799469	88050
6330725	2882078	3448647	898567	2550080	1005173
1259574	656276	603298	364860	238439	20093
2013972	731453	1282519	185939	1096580	163950
879272	416432	462840	233113	229727	
2868702	1156872	1711830	519280	1192550	
3741247	2995034	746213	683499	62714	1197443

5-39 财政补助支出明细

地区	合计	个人部分	工资福利支出	对个人和家庭的补助支出	#助学金
合计	**1024133651**	**721598837**	**495802892**	**225795945**	**32888762**
北京	29454844	16182876	10560758	5622118	152910
天津	11842340	8723873	5831018	2892855	77211
河北	45453929	33142986	23299170	9843816	765715
山西	22689345	17000580	12844252	4156328	422347
内蒙古	23412281	17876833	11736806	6140027	607034
辽宁	23309308	18354799	11810482	6544317	50183
吉林	18109573	13397052	8408803	4988249	182951
黑龙江	22524936	17666192	10322001	7344191	270200
上海	21228644	13368076	12191547	1176529	489102
江苏	67118244	47038935	30471771	16567163	822366
浙江	46884543	34480328	26436867	8043461	1256338
安徽	41140701	27497800	16812668	10685132	919646
福建	29928248	20809213	16551611	4257602	262394
江西	35865004	22053220	15232885	6820335	902389
山东	62512774	43675677	34206421	9469256	850520
河南	54748198	34894376	23908925	10985451	2511165
湖北	34506509	25066816	16706821	8359994	857998
湖南	41368245	27471029	20041372	7429658	1679944
广东	86858581	62726912	41271306	21455606	1899831
广西	37419331	26816215	16766591	10049625	1636845
海南	9564626	6415621	5368787	1046834	221713
重庆	27035375	18093081	11030931	7062150	832032
四川	55711367	40517294	29552977	10964316	3921018
贵州	34937525	26894342	16773776	10120567	2140989
云南	43003927	32852497	21172057	11680440	3851906
西藏	8066357	5142186	3287562	1854624	1131985
陕西	26477455	17254561	10970182	6284379	1476405
甘肃	22335113	16730128	9415770	7314358	1039830
青海	7245131	4797908	3362857	1435052	511026
宁夏	6440820	4331218	3111693	1219525	252554
新疆	26940376	20326213	16344225	3981988	892215
大连	4336671	3057004	2433071	623933	30430
宁波	6916787	4738865	3573662	1165203	176492
厦门	3809284	2930012	2241692	688320	30777
青岛	9018856	6150155	4359839	1790316	91186
深圳	13035573	8096883	5238743	2858140	325614

(地方小学)

单位：千元

公用部分	商品和服务支出	其他资本性支出			基本建设支出
			专项公用支出	专项项目支出	
288872239	**133268427**	**155603811**	**41108316**	**114495496**	**13662575**
10964175	7362147	3602028	2334013	1268016	2307793
3118467	1522901	1595565	369011	1226554	
12156675	5750985	6405690	2208681	4197009	154267
5609340	3113019	2496321	884292	1612029	79425
5359539	2644235	2715305	811113	1904191	175910
4881549	3100457	1781092	817093	963999	72959
4632691	1919428	2713263	722315	1990948	79830
4620538	2347566	2272972	652261	1620711	238205
7833546	5098766	2734781	1327780	1407000	27021
20044577	5801378	14243199	2231515	12011684	34733
11764834	5448498	6316335	1339821	4976515	639381
13375929	4679773	8696155	1934612	6761544	266972
8947699	3627938	5319762	1339961	3979801	171336
13269284	3702304	9566980	1623892	7943088	542499
18717075	6603323	12113752	2647097	9466655	120021
19124172	9738930	9385241	1512309	7872932	729651
9439693	3857189	5582505	1139587	4442918	
13581619	6065588	7516031	1826918	5689113	315597
22487438	14376537	8110901	4152604	3958297	1644232
9860958	4079215	5781743	1355237	4426506	742158
3098094	1141936	1956158	657037	1299121	50911
8252599	4223130	4029469	1267699	2761771	689695
14367540	6963547	7403993	1899096	5504898	826533
7741708	4279748	3461960	1099503	2362456	301475
9850964	4653485	5197480	1203592	3993888	300466
2361897	740318	1621579	181368	1440211	562275
8770298	3980417	4789882	1153274	3636608	452596
5255016	2139904	3115111	1002833	2112278	349970
1573167	734505	838662	243262	595400	874056
2021552	874161	1147392	347922	799469	88050
5789604	2697100	3092504	822619	2269886	824559
1259574	656276	603298	364860	238439	20093
2013972	731453	1282519	185939	1096580	163950
879272	416432	462840	233113	229727	
2868702	1156872	1711830	519280	1192550	
3741247	2995034	746213	683499	62714	1197443

5-40 财政补助支出明细

地区	合计	个人部分	工资福利支出	对个人和家庭的补助支出	#助学金
合计	**1027389052**	**723910579**	**497649259**	**226261320**	**32985395**
北京	29703754	16330854	10675307	5655547	153649
天津	11871178	8746856	5844298	2902558	77211
河北	45453929	33142986	23299170	9843816	765715
山西	22689345	17000580	12844252	4156328	422347
内蒙古	23412281	17876833	11736806	6140027	607034
辽宁	23309308	18354799	11810482	6544317	50183
吉林	18109573	13397052	8408803	4988249	182951
黑龙江	22709525	17798402	10420447	7377956	270306
上海	21237247	13374088	12196887	1177201	489102
江苏	67118244	47038935	30471771	16567163	822366
浙江	46884543	34480328	26436867	8043461	1256338
安徽	41140701	27497800	16812668	10685132	919646
福建	29918602	20801766	16544587	4257179	262394
江西	35865004	22053220	15232885	6820335	902389
山东	62512774	43675677	34206421	9469256	850520
河南	54757453	34902897	23911360	10991537	2511165
湖北	34591512	25122858	16751869	8370989	857998
湖南	41368279	27471029	20041372	7429658	1679944
广东	86942626	62801505	41341262	21460242	1900531
广西	37415775	26813568	16763944	10049625	1636845
海南	9571501	6421605	5372655	1048950	221814
重庆	27056791	18106240	11039952	7066288	832032
四川	55710899	40516697	29552421	10964276	3921050
贵州	34937525	26894342	16773776	10120567	2140989
云南	43003927	32852497	21172057	11680440	3851906
西藏	8066357	5142186	3287562	1854624	1131985
陕西	26564000	17327611	11036343	6291268	1476405
甘肃	22347740	16741430	9426982	7314448	1039920
青海	7245131	4797908	3362857	1435052	511026
宁夏	6440820	4331218	3111693	1219525	252554
新疆	29432709	22096811	17761505	4335306	987080
大连	4336671	3057004	2433071	623933	30430
宁波	6916787	4738865	3573662	1165203	176492
厦门	3809284	2930012	2241692	688320	30777
青岛	9018856	6150155	4359839	1790316	91186
深圳	13035573	8096883	5238743	2858140	325614

(普通小学)

单位：千元

公用部分	商品和服务支出	其他资本性支出			基本建设支出
			专项公用支出	专项项目支出	
289628451	**133564167**	**156064284**	**41230344**	**114833940**	**13850021**
11065107	7404181	3660926	2358450	1302477	2307793
3124322	1525566	1598755	370251	1228504	
12156675	5750985	6405690	2208681	4197009	154267
5609340	3113019	2496321	884292	1612029	79425
5359539	2644235	2715305	811113	1904191	175910
4881549	3100457	1781092	817093	963999	72959
4632691	1919428	2713263	722315	1990948	79830
4666086	2368424	2297662	662059	1635603	245037
7836138	5100966	2735173	1328172	1407000	27021
20044577	5801378	14243199	2231515	12011684	34733
11764834	5448498	6316335	1339821	4976515	639381
13375929	4679773	8696155	1934612	6761544	266972
8945499	3626614	5318886	1339961	3978925	171336
13269284	3702304	9566980	1623892	7943088	542499
18717075	6603323	12113752	2647097	9466655	120021
19124905	9739621	9385284	1512351	7872932	729651
9468653	3876970	5591683	1142669	4449014	
13581653	6065622	7516031	1826918	5689113	315597
22496890	14383522	8113368	4153668	3959701	1644232
9860049	4079165	5780884	1354378	4426506	742158
3098985	1142697	1956289	657093	1299195	50911
8260856	4226478	4034377	1272606	2761771	689695
14367669	6963676	7403993	1899096	5504898	826533
7741708	4279748	3461960	1099503	2362456	301475
9850964	4653485	5197480	1203592	3993888	300466
2361897	740318	1621579	181368	1440211	562275
8783793	3992183	4791610	1155002	3636608	452596
5256339	2140788	3115552	1003024	2112528	349970
1573167	734505	838662	243262	595400	874056
2021552	874161	1147392	347922	799469	88050
6330725	2882078	3448647	898567	2550080	1005173
1259574	656276	603298	364860	238439	20093
2013972	731453	1282519	185939	1096580	163950
879272	416432	462840	233113	229727	
2868702	1156872	1711830	519280	1192550	
3741247	2995034	746213	683499	62714	1197443

5-41 财政补助支出明细

地区	合计	个人部分			
			工资福利支出	对个人和家庭的补助支出	
					#助学金
合 计	**1024117493**	**721586225**	**495790873**	**225795352**	**32888762**
北 京	29454844	16182876	10560758	5622118	152910
天 津	11842340	8723873	5831018	2892855	77211
河 北	45453929	33142986	23299170	9843816	765715
山 西	22689345	17000580	12844252	4156328	422347
内蒙古	23412281	17876833	11736806	6140027	607034
辽 宁	23309308	18354799	11810482	6544317	50183
吉 林	18109573	13397052	8408803	4988249	182951
黑龙江	22524936	17666192	10322001	7344191	270200
上 海	21228644	13368076	12191547	1176529	489102
江 苏	67118244	47038935	30471771	16567163	822366
浙 江	46884543	34480328	26436867	8043461	1256338
安 徽	41140701	27497800	16812668	10685132	919646
福 建	29918602	20801766	16544587	4257179	262394
江 西	35865004	22053220	15232885	6820335	902389
山 东	62512774	43675677	34206421	9469256	850520
河 南	54748198	34894376	23908925	10985451	2511165
湖 北	34506509	25066816	16706821	8359994	857998
湖 南	41368245	27471029	20041372	7429658	1679944
广 东	86858581	62726912	41271306	21455606	1899831
广 西	37415775	26813568	16763944	10049625	1636845
海 南	9564626	6415621	5368787	1046834	221713
重 庆	27033083	18091192	11029141	7062051	832032
四 川	55710704	40516664	29552421	10964244	3921018
贵 州	34937525	26894342	16773776	10120567	2140989
云 南	43003927	32852497	21172057	11680440	3851906
西 藏	8066357	5142186	3287562	1854624	1131985
陕 西	26477455	17254561	10970182	6284379	1476405
甘 肃	22335113	16730128	9415770	7314358	1039830
青 海	7245131	4797908	3362857	1435052	511026
宁 夏	6440820	4331218	3111693	1219525	252554
新 疆	26940376	20326213	16344225	3981988	892215
大 连	4336671	3057004	2433071	623933	30430
宁 波	6916787	4738865	3573662	1165203	176492
厦 门	3809284	2930012	2241692	688320	30777
青 岛	9018856	6150155	4359839	1790316	91186
深 圳	13035573	8096883	5238743	2858140	325614

(地方普通小学)

单位：千元

公用部分	商品和服务支出	其他资本性支出	专项公用支出	专项项目支出	基本建设支出
288868693	**133266617**	**155602076**	**41107457**	**114494620**	**13662575**
10964175	7362147	3602028	2334013	1268016	2307793
3118467	1522901	1595565	369011	1226554	
12156675	5750985	6405690	2208681	4197009	154267
5609340	3113019	2496321	884292	1612029	79425
5359539	2644235	2715305	811113	1904191	175910
4881549	3100457	1781092	817093	963999	72959
4632691	1919428	2713263	722315	1990948	79830
4620538	2347566	2272972	652261	1620711	238205
7833546	5098766	2734781	1327780	1407000	27021
20044577	5801378	14243199	2231515	12011684	34733
11764834	5448498	6316335	1339821	4976515	639381
13375929	4679773	8696155	1934612	6761544	266972
8945499	3626614	5318886	1339961	3978925	171336
13269284	3702304	9566980	1623892	7943088	542499
18717075	6603323	12113752	2647097	9466655	120021
19124172	9738930	9385241	1512309	7872932	729651
9439693	3857189	5582505	1139587	4442918	
13581619	6065588	7516031	1826918	5689113	315597
22487438	14376537	8110901	4152604	3958297	1644232
9860049	4079165	5780884	1354378	4426506	742158
3098094	1141936	1956158	657037	1299121	50911
8252196	4222726	4029469	1267699	2761771	689695
14367507	6963514	7403993	1899096	5504898	826533
7741708	4279748	3461960	1099503	2362456	301475
9850964	4653485	5197480	1203592	3993888	300466
2361897	740318	1621579	181368	1440211	562275
8770298	3980417	4789882	1153274	3636608	452596
5255016	2139904	3115111	1002833	2112278	349970
1573167	734505	838662	243262	595400	874056
2021552	874161	1147392	347922	799469	88050
5789604	2697100	3092504	822619	2269886	824559
1259574	656276	603298	364860	238439	20093
2013972	731453	1282519	185939	1096580	163950
879272	416432	462840	233113	229727	
2868702	1156872	1711830	519280	1192550	
3741247	2995034	746213	683499	62714	1197443

5-42 财政补助支出明细

地区	合计				
		个人部分			
			工资福利支出	对个人和家庭的补助支出	
					#助学金
合计	**669637221**	**490739823**	**335083916**	**155655907**	**26217784**
北京	5772384	3445451	2178395	1267056	41647
天津	3041035	2544200	1785748	758452	3622
河北	34774882	25210158	17980873	7229285	385510
山西	16421792	12687290	9532156	3155133	370741
内蒙古	17152652	13545890	8616280	4929610	450193
辽宁	11305671	9424106	5884554	3539552	18916
吉林	11792531	9106915	5843728	3263188	165753
黑龙江	14965265	11857624	6938151	4919473	266202
上海	3462975	2711449	2489651	221799	84117
江苏	34875169	25491004	16058078	9432926	261400
浙江	25752014	19402761	14791141	4611620	730331
安徽	32999324	22612849	13456043	9156806	823120
福建	18303740	13436841	10536839	2900003	211680
江西	28292915	17535027	12297086	5237941	509763
山东	38522354	27756421	22211952	5544468	584244
河南	41912740	27606297	18803841	8802457	2145443
湖北	21559838	15797925	10680062	5117864	746265
湖南	29718332	21035976	15535225	5500752	1277251
广东	38467612	28804641	19285747	9518894	679716
广西	29730425	22485757	13825403	8660353	1570333
海南	7097321	5010746	4173671	837075	188685
重庆	17170080	12360091	7486077	4874013	751196
四川	44100046	32881917	23494561	9387356	3662752
贵州	29461579	23387499	14676605	8710894	2058641
云南	36225045	28626682	18320119	10306562	3614794
西藏	7010776	4448832	2869186	1579646	999299
陕西	19300274	13383995	8356351	5027645	1232481
甘肃	18319870	13935900	7975107	5960793	972857
青海	5839103	3906412	2671378	1235034	495437
宁夏	4369223	3130697	2255364	875333	203991
新疆	21920253	17168469	14074545	3093924	711403
大连	1033440	773868	620230	153639	7443
宁波	3010583	2110796	1613819	496977	87487
厦门	699893	588016	375924	212093	6583
青岛	2750989	2130297	1547433	582864	11337
深圳					

（农村小学）

单位：千元

公用部分	商品和服务支出	其他资本性支出			基本建设支出
			专项公用支出	专项项目支出	
172015457	**77578518**	**94436939**	**22578568**	**71858371**	**6881942**
2058498	1007374	1051124	504459	546665	268435
496836	354520	142315	55789	86526	
9426578	4459629	4966949	1635992	3330957	138146
3681589	2107456	1574133	459953	1114180	52914
3490727	1639845	1850881	538768	1312113	116036
1840309	1257728	582581	245666	336915	41257
2626361	1171064	1455297	423491	1031805	59255
2948228	1519504	1428725	333587	1095138	159412
751526	606793	144732	97063	47669	
9373519	2821926	6551593	1064116	5487477	10646
5958440	2723288	3235151	691342	2543810	390813
10156132	3677538	6478594	1521410	4957184	230343
4747146	2207245	2539900	641239	1898661	119753
10331123	2810528	7520595	1291051	6229544	426765
10660019	3703944	6956075	1501870	5454205	105915
14085858	7451092	6634766	930099	5704667	220584
5761913	2195410	3566503	555294	3011208	
8417903	4228908	4188995	979573	3209422	264453
9590799	5555324	4035476	1783259	2252216	72172
6787274	3157272	3630002	884048	2745954	457395
2041505	739645	1301861	414711	887150	45069
4680602	2393371	2287232	657112	1630119	129387
10678808	5148994	5529814	1180528	4349285	539321
5818871	3259321	2559550	814264	1745285	255209
7444043	3462353	3981690	918519	3063171	154320
2079669	584535	1495135	138485	1356650	482275
5589193	2674888	2914305	518556	2395749	327086
4098524	1630351	2468173	845983	1622190	285445
1214128	549431	664697	157591	507106	718563
1205586	549914	655672	211811	443861	32940
3973750	1929328	2044422	582936	1461486	778033
259571	201268	58303	46874	11429	
899788	319148	580640	70684	509956	
111876	66618	45258	10578	34680	
620691	254573	366118	95988	270131	

5-43 财政补助支出明细

地区	合计	个人部分	工资福利支出	对个人和家庭的补助支出	#助学金
合计	**667288110**	**489048902**	**333706640**	**155342261**	**26128882**
北京	5772384	3445451	2178395	1267056	41647
天津	3041035	2544200	1785748	758452	3622
河北	34774882	25210158	17980873	7229285	385510
山西	16421792	12687290	9532156	3155133	370741
内蒙古	17152652	13545890	8616280	4929610	450193
辽宁	11305671	9424106	5884554	3539552	18916
吉林	11792531	9106915	5843728	3263188	165753
黑龙江	14839256	11767222	6870052	4897171	266202
上海	3462975	2711449	2489651	221799	84117
江苏	34875169	25491004	16058078	9432926	261400
浙江	25752014	19402761	14791141	4611620	730331
安徽	32999324	22612849	13456043	9156806	823120
福建	18303740	13436841	10536839	2900003	211680
江西	28292915	17535027	12297086	5237941	509763
山东	38522354	27756421	22211952	5544468	584244
河南	41912740	27606297	18803841	8802457	2145443
湖北	21559838	15797925	10680062	5117864	746265
湖南	29718332	21035976	15535225	5500752	1277251
广东	38393260	28738414	19223769	9514645	679087
广西	29730425	22485757	13825403	8660353	1570333
海南	7090446	5004762	4169803	834959	188584
重庆	17170080	12360091	7486077	4874013	751196
四川	44100046	32881917	23494561	9387356	3662752
贵州	29461579	23387499	14676605	8710894	2058641
云南	36225045	28626682	18320119	10306562	3614794
西藏	7010776	4448832	2869186	1579646	999299
陕西	19300274	13383995	8356351	5027645	1232481
甘肃	18307244	13924598	7963895	5960702	972767
青海	5839103	3906412	2671378	1235034	495437
宁夏	4369223	3130697	2255364	875333	203991
新疆	19791003	15651463	12842427	2809037	623322
大连	1033440	773868	620230	153639	7443
宁波	3010583	2110796	1613819	496977	87487
厦门	699893	588016	375924	212093	6583
青岛	2750989	2130297	1547433	582864	11337
深圳					

(地方农村小学)

单位：千元

公用部分	商品和服务支出	其他资本性支出	专项公用支出	专项项目支出	基本建设支出
171492087	**77402899**	**94089189**	**22509303**	**71579886**	**6747121**
2058498	1007374	1051124	504459	546665	268435
496836	354520	142315	55789	86526	
9426578	4459629	4966949	1635992	3330957	138146
3681589	2107456	1574133	459953	1114180	52914
3490727	1639845	1850881	538768	1312113	116036
1840309	1257728	582581	245666	336915	41257
2626361	1171064	1455297	423491	1031805	59255
2912934	1505112	1407822	326536	1081286	159100
751526	606793	144732	97063	47669	
9373519	2821926	6551593	1064116	5487477	10646
5958440	2723288	3235151	691342	2543810	390813
10156132	3677538	6478594	1521410	4957184	230343
4747146	2207245	2539900	641239	1898661	119753
10331123	2810528	7520595	1291051	6229544	426765
10660019	3703944	6956075	1501870	5454205	105915
14085858	7451092	6634766	930099	5704667	220584
5761913	2195410	3566503	555294	3011208	
8417903	4228908	4188995	979573	3209422	264453
9582674	5549462	4033212	1782399	2250813	72172
6787274	3157272	3630002	884048	2745954	457395
2040614	738884	1301730	414655	887076	45069
4680602	2393371	2287232	657112	1630119	129387
10678808	5148994	5529814	1180528	4349285	539321
5818871	3259321	2559550	814264	1745285	255209
7444043	3462353	3981690	918519	3063171	154320
2079669	584535	1495135	138485	1356650	482275
5589193	2674888	2914305	518556	2395749	327086
4097200	1629468	2467733	845792	1621940	285445
1214128	549431	664697	157591	507106	718563
1205586	549914	655672	211811	443861	32940
3496015	1775606	1720409	521829	1198580	643525
259571	201268	58303	46874	11429	
899788	319148	580640	70684	509956	
111876	66618	45258	10578	34680	
620691	254573	366118	95988	270131	

5-44 财政补助支出明细

地区	合计	个人部分			
			工资福利支出	对个人和家庭的补助支出	
					#助学金
合计	**16158**	**12612**	**12019**	**593**	
北京					
天津					
河北					
山西					
内蒙古					
辽宁					
吉林					
黑龙江					
上海					
江苏					
浙江					
安徽					
福建	9647	7447	7024	422	
江西					
山东					
河南					
湖北					
湖南					
广东					
广西	3556	2647	2647		
海南					
重庆	2293	1889	1791	98	
四川	662	629	557	72	
贵州					
云南					
西藏					
陕西					
甘肃					
青海					
宁夏					
新疆					
大连					
宁波					
厦门					
青岛					
深圳					

(成人小学)

单位：千元

公用部分	商品和服务支出	其他资本性支出	专项公用支出	专项项目支出	基本建设支出
3546	**1811**	**1735**	**859**	**876**	
2200	1324	876		876	
909	50	859	859		
404	404				
33	33				

5-45 财政补助支出明细

地区	合计	个人部分	工资福利支出	对个人和家庭的补助支出	#助学金
合计	**13250440**	**8277636**	**6141400**	**2136235**	**261279**
北京	510789	357003	230927	126076	2007
天津	324325	173654	118352	55303	173
河北	486797	350065	282158	67907	6655
山西	282169	181810	150612	31198	2709
内蒙古	266919	188858	149245	39613	4655
辽宁	543411	397237	260668	136569	13992
吉林	314022	223623	133998	89625	3132
黑龙江	452414	300027	176976	123052	6120
上海	816806	523705	481121	42584	10908
江苏	976789	668174	460301	207874	16320
浙江	749104	461179	375272	85906	12414
安徽	397609	186526	133303	53223	8795
福建	434333	290586	227651	62935	18950
江西	285279	149230	111755	37475	5096
山东	1030397	684598	525687	158911	24564
河南	508451	330926	241803	89123	9851
湖北	452805	268365	181145	87220	8288
湖南	404348	239453	188772	50682	11599
广东	1372267	740577	517594	222983	9979
广西	288380	155139	116296	38843	7159
海南	91112	36532	30583	5948	2857
重庆	220757	137374	93558	43815	10874
四川	522941	343880	276893	66987	20437
贵州	402496	213838	154500	59338	8704
云南	322044	203724	157898	45826	13971
西藏	89124	46608	35548	11061	4404
陕西	230595	139878	110468	29411	5418
甘肃	147929	91977	58440	33537	2647
青海	79330	32717	26304	6412	2017
宁夏	80062	41460	33225	8235	2451
新疆	166636	118912	100347	18565	4135
大连	106240	84766	65048	19718	6027
宁波	116082	63386	50179	13207	2004
厦门	54404	38549	28417	10132	1744
青岛	198456	143858	99080	44777	6594
深圳	147429	83319	64256	19062	

(特殊教育)

单位：千元

公用部分	商品和服务支出	其他资本性支出	其他资本性支出：专项公用支出	其他资本性支出：专项项目支出	基本建设支出
4843903	**2376655**	**2467248**	**988605**	**1478643**	**128901**
153786	89329	64457	41370	23087	
147573	132673	14900	11244	3656	3098
136281	77925	58356	37243	21113	450
94836	46760	48077	26973	21104	5522
78061	48617	29444	14558	14887	
146174	112055	34119	25662	8457	
88721	46162	42559	23133	19426	1678
152387	59554	92833	48096	44737	
281031	168440	112591	43099	69492	12071
308615	121084	187531	48709	138822	
277887	136767	141120	45936	95185	10039
211083	60777	150305	52219	98086	
143748	58741	85007	23912	61094	
132859	52379	80480	25547	54933	3190
345799	134345	211454	57292	154162	
177525	92397	85128	22950	62177	
184440	96890	87550	23264	64285	
150895	70439	80456	62666	17789	14000
620870	295649	325221	141007	184214	10820
126959	52945	74013	23802	50211	6282
46085	12860	33226	3974	29252	8496
83383	55507	27876	15991	11885	
171461	116946	54515	32973	21543	7600
187892	64126	123766	21388	102377	767
118320	56794	61526	23015	38512	
37516	7951	29564	23897	5667	5000
90716	38542	52174	21756	30418	
35329	19967	15362	9067	6295	20622
28891	9791	19099	12647	6452	17722
38603	11289	27314	16290	11023	
46178	28953	17226	8924	8302	1545
21474	20295	1179	1179		
52697	19665	33032	4910	28121	
15854	11376	4478	2704	1774	
54599	32480	22119	11275	10844	
60310	42569	17741	17741		3800

5-46 财政补助支出明细

地区	合计	个人部分	工资福利支出	对个人和家庭的补助支出	#助学金
合计	**12591710**	**7855493**	**5826188**	**2029305**	**256761**
北京	410454	281526	186647	94879	1540
天津	300674	153318	106282	47036	173
河北	486797	350065	282158	67907	6655
山西	263665	170754	140351	30403	2709
内蒙古	266919	188858	149245	39613	4655
辽宁	493294	354547	234767	119780	13992
吉林	302089	217319	130524	86796	3126
黑龙江	446892	297041	174693	122348	6102
上海	673984	415643	381175	34468	9696
江苏	976789	668174	460301	207874	16320
浙江	685842	449062	365510	83553	12214
安徽	386038	177372	126321	51051	8795
福建	434333	290586	227651	62935	18950
江西	279275	144950	107939	37011	5096
山东	1030397	684598	525687	158911	24564
河南	492582	321185	235764	85421	9836
湖北	436692	259696	176136	83560	7805
湖南	392260	231158	182343	48815	11599
广东	1325293	720387	502253	218134	9979
广西	281971	150560	112924	37636	7157
海南	91112	36532	30583	5948	2857
重庆	213393	132127	90335	41792	10546
四川	465850	315216	251774	63442	20203
贵州	361843	186076	134463	51613	7686
云南	312143	195370	150906	44465	13654
西藏	89124	46608	35548	11061	4404
陕西	221348	133279	106711	26568	5418
甘肃	147929	91977	58440	33537	2647
青海	79330	32717	26304	6412	2017
宁夏	80062	41460	33225	8235	2451
新疆	163335	117332	99230	18102	3917
大连	98352	77956	59583	18373	6027
宁波	116082	63386	50179	13207	2004
厦门	54404	38549	28417	10132	1744
青岛	198456	143858	99080	44777	6594
深圳	140167	79100	60769	18332	

（特殊教育学校）

单位：千元

公用部分	商品和服务支出	其他资本性支出			基本建设支出
			专项公用支出	专项项目支出	
4613316	**2244965**	**2368351**	**948478**	**1419874**	**122901**
128928	67527	61401	38314	23087	
144258	129581	14677	11021	3656	3098
136281	77925	58356	37243	21113	450
87389	43158	44231	25400	18832	5522
78061	48617	29444	14558	14887	
138747	105183	33564	25205	8359	
83092	45152	37940	20133	17807	1678
149852	57677	92175	47438	44737	
246271	141637	104634	36313	68322	12071
308615	121084	187531	48709	138822	
226741	133175	93567	42306	51261	10039
208666	58974	149692	51606	98086	
143748	58741	85007	23912	61094	
131135	51015	80120	25300	54820	3190
345799	134345	211454	57292	154162	
171397	87773	83624	21446	62177	
176996	90555	86442	22156	64285	
147102	68519	78583	61372	17211	14000
594086	278334	315752	136319	179433	10820
125130	51777	73353	23142	50211	6282
46085	12860	33226	3974	29252	8496
81266	53676	27590	15887	11703	
149034	104374	44660	24729	19930	1600
175001	53499	121502	19411	102091	767
116773	55392	61381	22965	38416	
37516	7951	29564	23897	5667	5000
88069	37956	50113	21734	28379	
35329	19967	15362	9067	6295	20622
28891	9791	19099	12647	6452	17722
38603	11289	27314	16290	11023	
44457	27463	16995	8693	8302	1545
20396	19234	1161	1161		
52697	19665	33032	4910	28121	
15854	11376	4478	2704	1774	
54599	32480	22119	11275	10844	
57266	40136	17130	17130		3800

5-47 财政补助支出明细

地区	合计	个人部分	工资福利支出	对个人和家庭的补助支出	#助学金
合计	**658730**	**422143**	**315212**	**106931**	**4517**
北京	100335	75477	44280	31197	467
天津	23651	20336	12069	8267	
河北					
山西	18504	11056	10261	796	
内蒙古					
辽宁	50117	42689	25901	16788	
吉林	11933	6303	3475	2829	6
黑龙江	5522	2987	2283	704	18
上海	142822	108062	99946	8116	1213
江苏					
浙江	63262	12117	9763	2354	200
安徽	11571	9154	6982	2172	
福建					
江西	6004	4280	3816	464	
山东					
河南	15869	9741	6039	3702	14
湖北	16113	8670	5009	3660	484
湖南	12088	8295	6429	1866	
广东	46973	20190	15340	4849	
广西	6408	4580	3372	1207	2
海南					
重庆	7364	5247	3224	2023	327
四川	57091	28664	25119	3545	234
贵州	40653	27762	20037	7725	1018
云南	9901	8354	6993	1361	318
西藏					
陕西	9247	6600	3757	2842	
甘肃					
青海					
宁夏					
新疆	3301	1580	1117	463	217
大连	7888	6810	5465	1345	
宁波					
厦门					
青岛					
深圳	7262	4218	3488	730	

（工读学校）

单位：千元

公用部分	商品和服务支出	其他资本性支出	专项公用支出	专项项目支出	基本建设支出
230587	**131690**	**98897**	**40127**	**58770**	**6000**
24857	21801	3056	3056		
3315	3092	223	223		
7447	3602	3845	1573	2272	
7427	6872	555	458	98	
5630	1010	4619	3000	1619	
2535	1878	658	658		
34760	26803	7957	6787	1170	
51145	3592	47554	3630	43924	
2417	1803	614	614		
1724	1364	360	247	113	
6128	4624	1504	1504		
7443	6335	1108	1108		
3793	1921	1872	1294	578	
26784	17315	9469	4688	4781	
1829	1168	660	660		
2118	1831	286	105	182	
22427	12572	9855	8243	1612	6000
12891	10628	2263	1978	286	
1547	1402	145	50	96	
2647	586	2061	22	2039	
1721	1490	231	231		
1078	1060	18	18		
3044	2433	610	610		

5-48 财政补助支出明细

地区	合计	个人部分	工资福利支出	对个人和家庭的补助支出	#助学金
合计	**131784249**	**74733030**	**58497249**	**16235780**	**4027871**
北京	6559348	3572975	2676922	896053	789
天津	2445080	1705142	1211495	493647	3373
河北	5850329	4433164	3745765	687400	39537
山西	2174958	1444198	1135485	308714	123017
内蒙古	4210438	2510778	1922768	588010	117374
辽宁	1542607	903480	714496	188984	9391
吉林	1462678	936895	676445	260450	29454
黑龙江	1623027	1109603	826955	282648	9859
上海	10878480	6641372	6293146	348226	47948
江苏	10446163	5580582	4538894	1041688	186968
浙江	8719853	5112375	4404707	707668	18218
安徽	3311324	1585726	1213085	372640	97718
福建	4804037	2956670	2592502	364168	36518
江西	3048242	1077684	829127	248556	71690
山东	5924309	3445719	2772331	673388	273504
河南	3540944	1905691	1467945	437746	168732
湖北	3304264	1855930	1436537	419393	53650
湖南	2820172	1363888	1028871	335017	198043
广东	7383706	4414927	2829197	1585730	422656
广西	2824686	1242885	852089	390796	116353
海南	1198637	470189	378212	91977	43966
重庆	1854103	793632	501424	292208	136668
四川	7370174	3589168	2715687	873481	464770
贵州	3672035	2491857	1965304	526552	85225
云南	3457636	2167552	1658334	509218	94864
西藏	1783499	963660	536560	427099	282424
陕西	6368565	3093285	2518648	574637	233964
甘肃	4057851	2528228	1428104	1100125	485396
青海	1253655	489408	324194	165214	69111
宁夏	805354	369545	262885	106660	32751
新疆	7088096	3976824	3039134	937689	73937
大连	483436	347019	304670	42350	2703
宁波	1743027	1028758	905791	122967	4549
厦门	1012782	675795	591978	83817	1431
青岛	1276005	644359	559568	84792	16330
深圳	1738609	933271	341297	591974	206904

(幼儿园)

单位：千元

公用部分	商品和服务支出	其他资本性支出			基本建设支出
			专项公用支出	专项项目支出	
53885701	**21625937**	**32259764**	**7439025**	**24820739**	**3165518**
2883339	1957911	925428	568300	357127	103034
739938	448779	291159	85984	205176	
1380360	409004	971356	245981	725376	36804
716344	238480	477865	72829	405036	14416
1600393	629946	970447	234812	735635	99267
638277	456438	181840	96112	85728	850
514389	167408	346981	66413	280568	11394
508691	240162	268529	94449	174081	4733
4078982	2847442	1231540	566813	664727	158126
4832641	1396299	3436342	586258	2850084	32940
3575974	1738280	1837694	401112	1436582	31503
1682245	280996	1401249	228387	1172862	43353
1780661	504319	1276342	292005	984337	66706
1831501	208853	1622648	239634	1383014	139057
2433823	657407	1776416	294843	1481574	44767
1628980	495739	1133241	159238	974003	6273
1448334	500117	948217	186781	761437	
1445544	401062	1044483	141654	902829	10740
2887834	1754001	1133834	551136	582697	80945
1509028	430668	1078360	199329	879031	72774
716644	195013	521630	173669	347961	11804
1045284	569839	475445	176494	298951	15187
3658178	1037776	2620402	365059	2255343	122828
1078831	470503	608328	154297	454032	101347
1222147	487631	734516	105686	628830	67937
387015	154085	232930	14724	218206	432825
3040493	1504557	1535937	287472	1248465	234787
1392193	356433	1035760	231605	804155	137430
494425	189830	304594	49637	254958	269822
433409	74845	358564	51284	307280	2400
2299803	822116	1477688	517032	960656	811469
136417	111645	24772	22951	1821	
699719	298285	401434	75392	326042	14550
336987	167847	169141	88846	80295	
631646	202465	429181	115483	313698	
749757	687909	61848	48125	13722	55581

5-49 财政补助支出明细

地区	合计	个人部分			
			工资福利支出	对个人和家庭的补助支出	
					#助学金
合计	**131102739**	**74342318**	**58178610**	**16163708**	**3990838**
北京	6543122	3561959	2666993	894966	789
天津	2444795	1705059	1211413	493647	3373
河北	5848592	4431574	3744174	687400	39537
山西	2174911	1444151	1135485	308667	122970
内蒙古	4209888	2510357	1922347	588010	117374
辽宁	1534129	895827	706983	188844	9359
吉林	1462678	936895	676445	260450	29454
黑龙江	1580824	1078634	801218	277416	9754
上海	10832621	6604024	6257412	346612	47948
江苏	10430658	5575854	4535199	1040655	186137
浙江	8719842	5112375	4404707	707668	18218
安徽	3311037	1585724	1213085	372638	97718
福建	4802837	2955520	2591352	364168	36518
江西	3048242	1077684	829127	248556	71690
山东	5924309	3445719	2772331	673388	273504
河南	3534647	1900324	1462941	437383	168420
湖北	3302402	1855930	1436537	419393	53650
湖南	2820100	1363838	1028821	335017	198043
广东	7383703	4414925	2829197	1585728	422654
广西	2824686	1242885	852089	390796	116353
海南	1194670	469499	377882	91617	43606
重庆	1854103	793632	501424	292208	136668
四川	7361085	3581998	2709487	872511	464770
贵州	3672035	2491857	1965304	526552	85225
云南	3455212	2165529	1656424	509104	94864
西藏	1783499	963660	536560	427099	282424
陕西	6364362	3092441	2517990	574451	233779
甘肃	4047601	2518756	1419520	1099237	484545
青海	1252940	488914	324052	164862	68759
宁夏	805354	369545	262885	106660	32751
新疆	6577854	3707231	2829225	878006	39983
大连	478788	342704	300386	42318	2672
宁波	1743027	1028758	905791	122967	4549
厦门	1011582	674645	590828	83817	1431
青岛	1276005	644359	559568	84792	16330
深圳	1738609	933271	341297	591974	206904

(地方幼儿园)

单位：千元

公用部分	商品和服务支出	其他资本性支出			基本建设支出
			专项公用支出	专项项目支出	
53726492	**21559073**	**32167419**	**7419081**	**24748338**	**3033929**
2878128	1953118	925010	567883	357127	103034
739736	448576	291159	85984	205176	
1380214	408858	971356	245981	725376	36804
716344	238480	477865	72829	405036	14416
1600264	629817	970447	234812	735635	99267
637451	455833	181618	95891	85728	850
514389	167408	346981	66413	280568	11394
497458	235107	262350	93571	168780	4733
4070471	2839251	1231220	566493	664727	158126
4821865	1389645	3432219	582306	2849913	32940
3575963	1738269	1837694	401112	1436582	31503
1681960	280791	1401169	228333	1172836	43353
1780611	504269	1276342	292005	984337	66706
1831501	208853	1622648	239634	1383014	139057
2433823	657407	1776416	294843	1481574	44767
1628050	494879	1133171	159168	974003	6273
1446472	498376	948096	186660	761437	
1445522	401040	1044483	141654	902829	10740
2887833	1754000	1133834	551136	582697	80945
1509028	430668	1078360	199329	879031	72774
713368	193815	519553	173338	346215	11804
1045284	569839	475445	176494	298951	15187
3656259	1036115	2620144	364801	2255343	122828
1078831	470503	608328	154297	454032	101347
1221747	487292	734455	105625	628830	67937
387015	154085	232930	14724	218206	432825
3037134	1502087	1535047	286975	1248072	234787
1391415	356063	1035352	231597	803755	137430
494204	189609	304594	49637	254958	269822
433409	74845	358564	51284	307280	2400
2190744	790175	1400568	504276	896292	679880
136084	111312	24772	22951	1821	
699719	298285	401434	75392	326042	14550
336937	167797	169141	88846	80295	
631646	202465	429181	115483	313698	
749757	687909	61848	48125	13722	55581

5-50 财政补助支出明细

地区	合计	个人部分	工资福利支出	对个人和家庭的补助支出	#助学金
合计	**67732001**	**39456977**	**31237799**	**8219178**	**2750830**
北京	1547765	929347	738324	191023	266
天津	376100	277138	212330	64808	772
河北	4204054	3239274	2823546	415728	28852
山西	1416344	952123	752251	199872	92669
内蒙古	2680158	1671408	1307888	363520	56397
辽宁	383462	229286	189835	39451	2850
吉林	708812	455484	363794	91690	9272
黑龙江	827786	575839	475119	100719	5920
上海	1675825	1218077	1159836	58241	8533
江苏	4144501	2126392	1766200	360192	118630
浙江	3601878	2024041	1796786	227255	9500
安徽	2241692	1121400	885720	235681	64733
福建	2377660	1472413	1307702	164711	18502
江西	2206296	704273	556945	147329	57516
山东	3277763	1966415	1570380	396035	194676
河南	2122154	1126966	914742	212224	102827
湖北	1512200	842753	691435	151319	40423
湖南	1723967	981383	746268	235115	169621
广东	1989790	1328903	1024168	304735	137200
广西	1720130	729504	513147	216357	84452
海南	865077	337971	279241	58730	25035
重庆	1043316	409892	255650	154243	98328
四川	4419076	2561302	1893037	668265	407327
贵州	2854813	2004094	1622774	381321	75751
云南	2091258	1415838	1089253	326585	85688
西藏	1375804	678564	400021	278543	194517
陕西	4562477	2430530	2007211	423319	171068
甘肃	3229474	1975761	1182498	793263	342380
青海	1005189	380091	240251	139839	60283
宁夏	366386	196010	143867	52143	19007
新疆	5180795	3094505	2327583	766923	67834
大连	75269	54284	49112	5172	770
宁波	660419	370764	330829	39935	3616
厦门	99012	69401	60737	8664	229
青岛	460568	166234	149160	17074	8092
深圳					

(农村幼儿园)

单位：千元

公用部分	商品和服务支出	其他资本性支出			基本建设支出
			专项公用支出	专项项目支出	
26045305	**8723899**	**17321406**	**3161646**	**14159759**	**2229718**
578078	322858	255220	156100	99120	40340
98962	46794	52169	8733	43436	
929047	242234	686813	140415	546398	35733
454292	124309	329983	33333	296650	9929
953763	401151	552612	143075	409537	54987
154176	63341	90835	33684	57151	
245515	58331	187184	22806	164378	7813
247215	104968	142247	40829	101418	4733
457748	390073	67674	58010	9664	
2016169	547286	1468883	219135	1249748	1940
1575647	702317	873330	167699	705631	2190
1080868	178701	902167	110799	791368	39424
879715	210121	669594	109298	560296	25532
1363418	156002	1207416	172128	1035288	138604
1307748	235488	1072259	130817	941442	3600
992555	252900	739655	85083	654573	2633
669447	112449	556997	92931	464066	
731843	261130	470713	75828	394885	10740
660852	239895	420956	139036	281920	35
940990	254546	686444	111975	574469	49636
515301	134138	381163	113262	267901	11804
625695	286240	339456	103411	236045	7729
1761106	656706	1104400	176527	927873	96668
777204	326140	451065	102975	348090	73514
624839	203802	421036	58710	362326	50582
264415	104213	160202	9409	150793	432825
2032576	1072807	959770	183125	776644	99371
1126529	281160	845368	175464	669905	127184
415415	146565	268850	45950	222901	209683
170375	36992	133383	16570	116812	
1393800	570240	823560	124529	699031	692490
20985	18154	2831	2208	622	
289655	145651	144004	29131	114873	
29610	25636	3975	3708	267	
294333	44457	249876	50349	199528	

5-51 财政补助支出明细

地区	合计	个人部分	工资福利支出	对个人和家庭的补助支出	#助学金
合计	**67280114**	**39218760**	**31048382**	**8170378**	**2716793**
北京	1547089	929235	738212	191023	266
天津	376100	277138	212330	64808	772
河北	4204054	3239274	2823546	415728	28852
山西	1416344	952123	752251	199872	92669
内蒙古	2680158	1671408	1307888	363520	56397
辽宁	383462	229286	189835	39451	2850
吉林	708812	455484	363794	91690	9272
黑龙江	803036	557437	458381	99056	5862
上海	1675825	1218077	1159836	58241	8533
江苏	4144501	2126392	1766200	360192	118630
浙江	3601878	2024041	1796786	227255	9500
安徽	2241692	1121400	885720	235681	64733
福建	2377660	1472413	1307702	164711	18502
江西	2206296	704273	556945	147329	57516
山东	3277763	1966415	1570380	396035	194676
河南	2122154	1126966	914742	212224	102827
湖北	1512200	842753	691435	151319	40423
湖南	1723915	981333	746218	235115	169621
广东	1989787	1328901	1024168	304733	137198
广西	1720130	729504	513147	216357	84452
海南	864463	337641	278911	58730	25035
重庆	1043316	409892	255650	154243	98328
四川	4419076	2561302	1893037	668265	407327
贵州	2854813	2004094	1622774	381321	75751
云南	2091258	1415838	1089253	326585	85688
西藏	1375804	678564	400021	278543	194517
陕西	4562424	2430513	2007203	423310	171059
甘肃	3220170	1967127	1173914	793213	342367
青海	1005189	380091	240251	139839	60283
宁夏	366386	196010	143867	52143	19007
新疆	4764361	2883835	2163988	719848	33880
大连	75269	54284	49112	5172	770
宁波	660419	370764	330829	39935	3616
厦门	99012	69401	60737	8664	229
青岛	460568	166234	149160	17074	8092
深圳					

(地方农村幼儿园)

单位：千元

公用部分	商品和服务支出	其他资本性支出			基本建设支出
			专项公用支出	专项项目支出	
25937725	**8691516**	**17246209**	**3151943**	**14094266**	**2123629**
577513	322307	255206	156086	99120	40340
98962	46794	52169	8733	43436	
929047	242234	686813	140415	546398	35733
454292	124309	329983	33333	296650	9929
953763	401151	552612	143075	409537	54987
154176	63341	90835	33684	57151	
245515	58331	187184	22806	164378	7813
240866	102102	138765	40246	98518	4733
457748	390073	67674	58010	9664	
2016169	547286	1468883	219135	1249748	1940
1575647	702317	873330	167699	705631	2190
1080868	178701	902167	110799	791368	39424
879715	210121	669594	109298	560296	25532
1363418	156002	1207416	172128	1035288	138604
1307748	235488	1072259	130817	941442	3600
992555	252900	739655	85083	654573	2633
669447	112449	556997	92931	464066	
731841	261128	470713	75828	394885	10740
660851	239894	420956	139036	281920	35
940990	254546	686444	111975	574469	49636
515018	133855	381163	113262	267901	11804
625695	286240	339456	103411	236045	7729
1761106	656706	1104400	176527	927873	96668
777204	326140	451065	102975	348090	73514
624839	203802	421036	58710	362326	50582
264415	104213	160202	9409	150793	432825
2032540	1072771	959770	183125	776644	99371
1125859	280891	844968	175464	669505	127184
415415	146565	268850	45950	222901	209683
170375	36992	133383	16570	116812	
1294126	541866	752259	115423	636837	586400
20985	18154	2831	2208	622	
289655	145651	144004	29131	114873	
29610	25636	3975	3708	267	
294333	44457	249876	50349	199528	

5-52 财政补助支出明细

地区	合计	个人部分	工资福利支出	对个人和家庭的补助支出	#助学金
合计	**36080183**	**19464569**	**11874152**	**7590417**	
北京	911361	581859	393047	188811	
天津	581801	242698	153449	89250	
河北	854266	549516	336563	212953	
山西	991377	709980	498848	211131	
内蒙古	1252289	646337	341064	305273	
辽宁	757142	534116	268093	266023	
吉林	524736	229535	126583	102952	
黑龙江	1268257	619052	292445	326606	
上海	280162	223560	171851	51710	
江苏	1605890	948869	563731	385137	
浙江	1199824	769535	585730	183806	
安徽	1107638	584574	314062	270512	
福建	956210	342994	265358	77636	
江西	698640	413447	255722	157725	
山东	2110064	1455607	1066849	388757	
河南	1592933	592404	336896	255508	
湖北	1410653	856597	521055	335542	
湖南	1933827	1219985	811911	408075	
广东	4620133	1920115	841249	1078866	
广西	443308	279767	178232	101535	
海南	461672	245418	151384	94034	
重庆	946377	372049	192613	179435	
四川	2242430	1172267	755800	416467	
贵州	1721887	1011238	594226	417012	
云南	1633320	699177	419896	279281	
西藏	286371	192835	148687	44148	
陕西	918251	322977	211764	111213	
甘肃	992406	653447	326283	327165	
青海	445789	243499	134499	109000	
宁夏	212855	126009	89036	36973	
新疆	1118312	705109	527228	177881	
大连	136607	104667	58685	45982	
宁波	129357	95607	72877	22730	
厦门	469490	49251	33497	15753	
青岛	324323	241814	160086	81728	
深圳	1230057	230954	121125	109829	

(教育行政单位)

单位：千元

公用部分	商品和服务支出	其他资本性支出	专项公用支出	专项项目支出	基本建设支出
15486282	**11206737**	**4279545**	**2016126**	**2263419**	**1129332**
329503	299898	29605	27844	1761	
339103	334508	4595	4302	292	
304750	176411	128339	62937	65402	
269300	216074	53226	25000	28226	12097
571719	339064	232655	108631	124024	34234
219712	187636	32076	23462	8613	3314
295201	207956	87245	38283	48962	
625577	408989	216588	113435	103153	23628
56602	53649	2953	2953		
657022	489547	167474	122761	44714	
430288	402921	27367	25481	1886	
523064	308842	214222	72049	142172	
612216	234381	377836	185629	192206	1000
284782	225826	58956	34508	24449	412
654457	454399	200058	107966	92092	
969869	871572	98297	72853	25444	30660
554056	336602	217454	82440	135014	
713842	611103	102739	70783	31956	
2099163	1645548	453614	233801	219814	600856
163348	138371	24977	18557	6420	193
216254	181977	34277	19367	14910	
565029	358175	206854	35421	171433	9300
1059643	750191	309452	119123	190329	10520
695359	574071	121288	53939	67349	15289
915614	425030	490584	100095	390489	18530
92936	61933	31003	26158	4844	600
494576	319539	175038	135507	39531	100698
245450	174812	70639	37964	32675	93508
83418	68026	15393	13251	2142	118872
86846	47220	39626	1950	37676	
357582	302464	55118	39676	15442	55621
29540	27562	1979	966	1013	2400
33750	31847	1903	1089	814	
420239	88877	331363	162337	169026	
82509	71558	10951	5702	5248	
422797	370474	52323	47533	4789	576306

5-53 财政补助支出明细

地区	合计	个人部分	工资福利支出	对个人和家庭的补助支出	#助学金
合计	**35758656**	**19281408**	**11727215**	**7554193**	
北京	648513	433359	266918	166442	
天津	581801	242698	153449	89250	
河北	854266	549516	336563	212953	
山西	991377	709980	498848	211131	
内蒙古	1252289	646337	341064	305273	
辽宁	757142	534116	268093	266023	
吉林	524736	229535	126583	102952	
黑龙江	1259999	613573	288220	325354	
上海	280162	223560	171851	51710	
江苏	1605890	948869	563731	385137	
浙江	1199824	769535	585730	183806	
安徽	1107638	584574	314062	270512	
福建	956210	342994	265358	77636	
江西	698640	413447	255722	157725	
山东	2110064	1455607	1066849	388757	
河南	1592933	592404	336896	255508	
湖北	1410653	856597	521055	335542	
湖南	1933827	1219985	811911	408075	
广东	4620133	1920115	841249	1078866	
广西	443308	279767	178232	101535	
海南	461672	245418	151384	94034	
重庆	946377	372049	192613	179435	
四川	2242430	1172267	755800	416467	
贵州	1721887	1011238	594226	417012	
云南	1633320	699177	419896	279281	
西藏	286371	192835	148687	44148	
陕西	918251	322977	211764	111213	
甘肃	992406	653447	326283	327165	
青海	445789	243499	134499	109000	
宁夏	212855	126009	89036	36973	
新疆	1067892	675925	510645	165279	
大连	136607	104667	58685	45982	
宁波	129357	95607	72877	22730	
厦门	469490	49251	33497	15753	
青岛	324323	241814	160086	81728	
深圳	1230057	230954	121125	109829	

(地方教育行政单位)

单位：千元

公用部分	商品和服务支出	其他资本性支出			基本建设支出
			专项公用支出	专项项目支出	
15347916	**11089329**	**4258586**	**1995168**	**2263419**	**1129332**
215154	204220	10933	9173	1761	
339103	334508	4595	4302	292	
304750	176411	128339	62937	65402	
269300	216074	53226	25000	28226	12097
571719	339064	232655	108631	124024	34234
219712	187636	32076	23462	8613	3314
295201	207956	87245	38283	48962	
622797	406250	216547	113394	103153	23628
56602	53649	2953	2953		
657022	489547	167474	122761	44714	
430288	402921	27367	25481	1886	
523064	308842	214222	72049	142172	
612216	234381	377836	185629	192206	1000
284782	225826	58956	34508	24449	412
654457	454399	200058	107966	92092	
969869	871572	98297	72853	25444	30660
554056	336602	217454	82440	135014	
713842	611103	102739	70783	31956	
2099163	1645548	453614	233801	219814	600856
163348	138371	24977	18557	6420	193
216254	181977	34277	19367	14910	
565029	358175	206854	35421	171433	9300
1059643	750191	309452	119123	190329	10520
695359	574071	121288	53939	67349	15289
915614	425030	490584	100095	390489	18530
92936	61933	31003	26158	4844	600
494576	319539	175038	135507	39531	100698
245450	174812	70639	37964	32675	93508
83418	68026	15393	13251	2142	118872
86846	47220	39626	1950	37676	
336345	283474	52871	37430	15442	55621
29540	27562	1979	966	1013	2400
33750	31847	1903	1089	814	
420239	88877	331363	162337	169026	
82509	71558	10951	5702	5248	
422797	370474	52323	47533	4789	576306

5-54 财政补助支出明细

地区	合计	个人部分	工资福利支出	对个人和家庭的补助支出	#助学金
合计	**71151415**	**33802345**	**23009858**	**10792487**	
北京	11444009	2716069	1722166	993903	
天津	2058786	980339	594570	385770	
河北	2067615	1473894	1039633	434261	
山西	1880950	1151601	759920	391681	
内蒙古	1466425	1067797	718501	349296	
辽宁	2567091	1864773	1191772	673002	
吉林	1437036	873330	515519	357811	
黑龙江	1495519	1007628	522202	485426	
上海	5060642	2097320	1950150	147169	
江苏	3281263	1961052	1248194	712858	
浙江	4353461	2323490	1729097	594393	
安徽	917879	471239	298632	172607	
福建	2149441	1045580	827564	218015	
江西	1435032	665302	449884	215418	
山东	3074566	1605399	1150960	454439	
河南	2328694	1204867	828151	376716	
湖北	2603350	1419956	934938	485018	
湖南	1164589	581280	421167	160113	
广东	5889688	2194857	1314785	880073	
广西	1830653	927379	567457	359922	
海南	220613	96030	82154	13876	
重庆	1267311	434944	236982	197962	
四川	2971048	1663129	1346151	316979	
贵州	501657	219701	137333	82368	
云南	2301671	571985	388213	183772	
西藏	757725	345024	233841	111183	
陕西	1918161	1263094	758992	504102	
甘肃	466116	306552	179268	127284	
青海	421403	262790	195032	67758	
宁夏	225255	179136	133249	45888	
新疆	1593766	826807	533381	293427	
大连	372020	252438	208017	44420	
宁波	725029	320542	241562	78980	
厦门	555588	184942	145943	38999	
青岛	858814	316602	221814	94788	
深圳	1345420	354202	250033	104168	

(教育事业单位)

单位：千元

公用部分					基本建设支出
	商品和服务支出	其他资本性支出			
			专项公用支出	专项项目支出	
36137017	**21990539**	**14146478**	**5834763**	**8311715**	**1212053**
8688178	7227808	1460369	772521	687849	39763
985951	609509	376443	131576	244867	92495
593721	269917	323804	164121	159682	
613947	204551	409396	228677	180719	115402
385496	257973	127523	66457	61065	13133
644310	450558	193751	108670	85081	58008
563705	280981	282725	127809	154916	
487797	339498	148299	89221	59078	94
2949701	2364943	584758	407214	177544	13621
1275320	815223	460097	268103	191994	44890
2029971	1046396	983575	289415	694160	
446640	281772	164868	86936	77932	
1093105	597139	495966	124865	371101	10756
704232	344274	359958	125378	234580	65498
1449771	500884	948887	87506	861381	19396
1097175	544881	552294	223821	328473	26651
1183394	492749	690645	236295	454349	
572173	282476	289697	158281	131416	11137
3298341	1726791	1571550	564384	1007166	396490
893508	304567	588942	269617	319325	9766
124583	72707	51876	47746	4130	
832367	356357	476010	199632	276379	
1307919	768583	539336	380741	158595	
281956	157224	124732	124732		
1555197	574324	980873	184849	796024	174489
410041	220964	189077	55743	133334	2660
655066	290215	364852	108504	256348	
124565	94342	30223	12524	17699	35000
139597	84453	55144	23053	32091	19015
46118	38082	8037	8037		
703170	390398	312772	158337	154435	63789
119583	97241	22342	14230	8112	
404487	204291	200196	50722	149474	
370647	294196	76450	36999	39452	
542212	194527	347685	24258	323427	
714401	645880	68521	65683	2838	276816

5-55 财政补助支出明细

地区	合计	个人部分	工资福利支出	对个人和家庭的补助支出	#助学金
合计	**65226687**	**33486061**	**22809196**	**10676865**	
北京	5587875	2455101	1562025	893076	
天津	2058786	980339	594570	385770	
河北	2067615	1473894	1039633	434261	
山西	1880950	1151601	759920	391681	
内蒙古	1466425	1067797	718501	349296	
辽宁	2567091	1864773	1191772	673002	
吉林	1437036	873330	515519	357811	
黑龙江	1472606	988691	507913	480778	
上海	5060642	2097320	1950150	147169	
江苏	3281263	1961052	1248194	712858	
浙江	4353461	2323490	1729097	594393	
安徽	917879	471239	298632	172607	
福建	2149441	1045580	827564	218015	
江西	1435032	665302	449884	215418	
山东	3074566	1605399	1150960	454439	
河南	2328694	1204867	828151	376716	
湖北	2603350	1419956	934938	485018	
湖南	1164589	581280	421167	160113	
广东	5889688	2194857	1314785	880073	
广西	1830653	927379	567457	359922	
海南	220613	96030	82154	13876	
重庆	1267311	434944	236982	197962	
四川	2971048	1663129	1346151	316979	
贵州	501657	219701	137333	82368	
云南	2301671	571985	388213	183772	
西藏	757725	345024	233841	111183	
陕西	1918161	1263094	758992	504102	
甘肃	466116	306552	179268	127284	
青海	421403	262790	195032	67758	
宁夏	225255	179136	133249	45888	
新疆	1548087	790429	507149	283280	
大连	372020	252438	208017	44420	
宁波	725029	320542	241562	78980	
厦门	555588	184942	145943	38999	
青岛	858814	316602	221814	94788	
深圳	1345420	354202	250033	104168	

(地方教育事业单位)

单位：千元

公用部分	商品和服务支出	其他资本性支出	专项公用支出	专项项目支出	基本建设支出
30538400	**16516700**	**14021700**	**5716108**	**8305592**	**1202226**
3102838	1763253	1339584	654999	684586	29936
985951	609509	376443	131576	244867	92495
593721	269917	323804	164121	159682	
613947	204551	409396	228677	180719	115402
385496	257973	127523	66457	61065	13133
644310	450558	193751	108670	85081	58008
563705	280981	282725	127809	154916	
483821	336256	147565	88788	58778	94
2949701	2364943	584758	407214	177544	13621
1275320	815223	460097	268103	191994	44890
2029971	1046396	983575	289415	694160	
446640	281772	164868	86936	77932	
1093105	597139	495966	124865	371101	10756
704232	344274	359958	125378	234580	65498
1449771	500884	948887	87506	861381	19396
1097175	544881	552294	223821	328473	26651
1183394	492749	690645	236295	454349	
572173	282476	289697	158281	131416	11137
3298341	1726791	1571550	564384	1007166	396490
893508	304567	588942	269617	319325	9766
124583	72707	51876	47746	4130	
832367	356357	476010	199632	276379	
1307919	768583	539336	380741	158595	
281956	157224	124732	124732		
1555197	574324	980873	184849	796024	174489
410041	220964	189077	55743	133334	2660
655066	290215	364852	108504	256348	
124565	94342	30223	12524	17699	35000
139597	84453	55144	23053	32091	19015
46118	38082	8037	8037		
693869	384357	309512	157637	151875	63789
119583	97241	22342	14230	8112	
404487	204291	200196	50722	149474	
370647	294196	76450	36999	39452	
542212	194527	347685	24258	323427	
714401	645880	68521	65683	2838	276816

5-56 财政补助支出明细

地区	合计	个人部分	工资福利支出	对个人和家庭的补助支出	#助学金
合计	**46978351**	**15012078**	**9649380**	**5362698**	**30936**
北京	7504275	1070151	508823	561329	23250
天津	800145	206021	133774	72247	
河北	912409	556383	361386	194997	
山西	1151851	514830	280594	234236	
内蒙古	655135	425743	266152	159591	
辽宁	1377576	591750	301379	290371	
吉林	674562	394391	226304	168086	
黑龙江	567989	372548	204641	167907	
上海	1059533	382714	326954	55760	2065
江苏	1682231	801855	478098	323757	1008
浙江	3511989	699287	541579	157708	920
安徽	795170	381490	231307	150182	
福建	680894	377351	282979	94372	
江西	754498	351559	196522	155037	
山东	2339670	927507	702583	224924	
河南	1760741	601846	364337	237510	
湖北	4165213	644890	354025	290865	692
湖南	1256544	518095	377647	140449	1257
广东	3178025	1079996	646863	433133	1012
广西	1387427	355563	238501	117062	
海南	279269	66096	49778	16318	
重庆	557854	243052	137288	105765	
四川	2666165	787243	601803	185441	734
贵州	791951	426245	256979	169265	
云南	1469228	628263	428116	200147	
西藏	143671	98070	67971	30099	
陕西	2378488	282999	200869	82130	
甘肃	778659	364621	215819	148802	
青海	334430	160291	118916	41375	
宁夏	235111	111758	81426	30332	
新疆	1127651	589468	465968	123500	
大连	347021	97712	49847	47865	
宁波	479969	114881	98690	16191	
厦门	88526	52693	34584	18108	
青岛	204702	143727	103862	39865	
深圳	688774	106534	69464	37070	

(其他教育机构)

单位：千元

公用部分	商品和服务支出	其他资本性支出	专项公用支出	专项项目支出	基本建设支出
30092641	**18411964**	**11680677**	**2844683**	**8835995**	**1873633**
6402364	5833691	568673	238183	330490	31759
467509	420010	47500	22452	25047	126615
306114	211465	94649	16373	78276	49912
633881	441323	192559	21779	170780	3139
228992	129586	99406	35284	64122	400
751864	548876	202988	34665	168323	33961
279371	120934	158437	71294	87143	800
173257	143993	29263	8346	20917	22184
625973	553964	72009	29555	42454	50845
878599	506090	372509	78795	293714	1777
2734466	1510611	1223855	94276	1129579	78236
362944	189854	173090	53074	120016	50736
286539	207571	78968	29256	49712	17005
386399	166852	219547	46723	172823	16540
1397162	521663	875500	69546	805954	15000
1020382	516089	504293	222204	282089	138513
3516323	1104210	2412113	311157	2100956	4000
725775	330799	394976	69616	325361	12674
1835251	1001597	833654	413306	420348	262777
987718	200959	786759	569957	216802	44146
213173	194674	18499	9718	8781	
294302	241505	52796	24434	28362	20500
1290034	974801	315232	113785	201447	588888
349130	183869	165261	42832	122429	16576
782624	313852	468772	59824	408948	58341
44713	37398	7315	7115	200	888
2095489	1290513	804976	33233	771743	
334924	131836	203088	29085	174003	79114
174125	77899	96226	40679	55547	13
123353	74392	48961	19630	29332	
389892	231089	158803	28506	130297	148291
249309	185566	63743	7761	55982	
305034	53366	251668	15758	235910	60055
35834	33999	1835	1761	74	
60975	54314	6661	3767	2895	
538798	500643	38156	26266	11890	43442

5-57 财政补助支出明细

地区	合计	个人部分	工资福利支出	对个人和家庭的补助支出	#助学金
合计	**42535801**	**14596356**	**9431253**	**5165103**	**6275**
北京	3658672	797114	380457	416657	
天津	800145	206021	133774	72247	
河北	909418	556383	361386	194997	
山西	1151713	514830	280594	234236	
内蒙古	654627	425743	266152	159591	
辽宁	1374261	591750	301379	290371	
吉林	673662	394391	226304	168086	
黑龙江	544748	370596	203021	167576	
上海	857467	353253	306052	47201	653
江苏	1663510	801855	478098	323757	1008
浙江	3508581	699287	541579	157708	920
安徽	794666	381490	231307	150182	
福建	636251	370807	278129	92678	
江西	754498	351559	196522	155037	
山东	2332994	927507	702583	224924	
河南	1756337	601846	364337	237510	
湖北	4149301	644890	354025	290865	692
湖南	1254392	518095	377647	140449	1257
广东	3178025	1079996	646863	433133	1012
广西	1387427	355563	238501	117062	
海南	279269	66096	49778	16318	
重庆	557854	243052	137288	105765	
四川	2643333	787243	601803	185441	734
贵州	791951	426245	256979	169265	
云南	1467836	628263	428116	200147	
西藏	143671	98070	67971	30099	
陕西	2364064	282999	200869	82130	
甘肃	772894	364621	215819	148802	
青海	334430	160291	118916	41375	
宁夏	235111	111758	81426	30332	
新疆	904695	484741	403579	81162	
大连	347021	97712	49847	47865	
宁波	479969	114881	98690	16191	
厦门	88526	52693	34584	18108	
青岛	204702	143727	103862	39865	
深圳	688774	106534	69464	37070	

(地方其他教育机构)

单位：千元

公用部分	商品和服务支出	其他资本性支出	专项公用支出	专项项目支出	基本建设支出
26119052	**14593449**	**11525603**	**2756910**	**8768693**	**1820393**
2829799	2363351	466447	169351	297096	31759
467509	420010	47500	22452	25047	126615
303123	208474	94649	16373	78276	49912
633743	441185	192559	21779	170780	3139
228484	129078	99406	35284	64122	400
748549	545561	202988	34665	168323	33961
278471	120034	158437	71294	87143	800
151968	122705	29263	8346	20917	22184
453368	386365	67004	24550	42454	50845
859878	487369	372509	78795	293714	1777
2731058	1507203	1223855	94276	1129579	78236
362440	189350	173090	53074	120016	50736
248439	170491	77948	28236	49712	17005
386399	166852	219547	46723	172823	16540
1390487	514987	875500	69546	805954	15000
1015978	511685	504293	222204	282089	138513
3500411	1088298	2412113	311157	2100956	4000
723623	328646	394976	69616	325361	12674
1835251	1001597	833654	413306	420348	262777
987718	200959	786759	569957	216802	44146
213173	194674	18499	9718	8781	
294302	241505	52796	24434	28362	20500
1267201	951969	315232	113785	201447	588888
349130	183869	165261	42832	122429	16576
781232	312460	468772	59824	408948	58341
44713	37398	7315	7115	200	888
2081065	1276089	804976	33233	771743	
329159	126071	203088	29085	174003	79114
174125	77899	96226	40679	55547	13
123353	74392	48961	19630	29332	
324903	212923	111980	15590	96389	95052
249309	185566	63743	7761	55982	
305034	53366	251668	15758	235910	60055
35834	33999	1835	1761	74	
60975	54314	6661	3767	2895	
538798	500643	38156	26266	11890	43442

第六部分

各地区各级各类教育机构公共财政预算教育事业费和基本建设支出明细

6-1 公共财政预算教育事业费和

地 区	合 计				
		个人部分			
			工资福利支 出	对个人和家庭的补助支出	
					#助学金
合 计	**2589381621**	**1706727581**	**1268570529**	**438157052**	**135750610**
北 京	118059777	64763521	42071658	22691864	11121413
天 津	42928726	28579958	18559310	10020648	1138887
河 北	107476554	75665976	57191529	18474447	3929215
山 西	57817759	41069045	33029816	8039229	2496388
内蒙古	51404916	35064863	29365056	5699807	3679416
辽 宁	63545998	45027182	34240182	10787000	2011853
吉 林	50029659	34332097	22587911	11744186	1835824
黑龙江	62418405	44872136	28755997	16116139	2003045
上 海	77327124	44300921	40131665	4169256	2858284
江 苏	175958366	126319275	87576556	38742720	5824460
浙 江	123761344	86645609	70288086	16357523	3977049
安 徽	88481558	53357056	39255635	14101421	4382412
福 建	73434835	50045634	40344576	9701057	1964754
江 西	80998482	48564615	34881691	13682924	3796991
山 东	173108951	123581950	94432156	29149794	4957992
河 南	118119226	65929342	55109220	10820122	7974627
湖 北	108986870	70356404	48001972	22354431	4861722
湖 南	100034572	67686850	50948637	16738213	5727811
广 东	211463755	139945334	104009579	35935755	6539179
广 西	81848679	51291580	34821240	16470340	5919185
海 南	20517805	11120113	9714379	1405734	795485
重 庆	56804855	32086093	25712722	6373371	4078219
四 川	127592122	88155902	68463643	19692259	10405459
贵 州	78591255	57318735	37368336	19950399	6841302
云 南	82913017	56560002	44725898	11834104	8831318
西 藏	17330496	10796969	7029072	3767897	2247025
陕 西	83064485	50260807	34235642	16025165	6028046
甘 肃	53417272	35594195	23825360	11768835	3886558
青 海	16459908	9699905	7165111	2534794	1128996
宁 夏	14624272	8620621	7089471	1531150	910133
新 疆	70860576	49114893	37638425	11476469	3597563
大 连	10036048	7086628	6313433	773195	84199
宁 波	17315169	11689774	9630102	2059672	399016
厦 门	8542735	6078077	4670882	1407194	121730
青 岛	21849615	15832769	11537958	4294811	281531
深 圳	31965084	17142732	12980449	4162283	509721

基本建设支出明细(各级各类教育机构)

单位：千元

公用部分	商品和服务支出	其他资本性支出	专项公用支出	专项项目支出	基本建设支出
829332374	**429840227**	**399492146**	**145705727**	**253786419**	**53321667**
48954624	33869376	15085248	9914152	5171096	4341631
14008577	8494809	5513768	2668787	2844981	340191
30870562	14941545	15929017	6957332	8971685	940017
16204009	8784686	7419323	3107349	4311975	544705
15576556	8095809	7480747	3189881	4290866	763497
17746536	12304393	5442143	3260144	2181999	772280
15094947	7635336	7459611	3480470	3979141	602615
16633039	9185305	7447734	3020173	4427560	913231
30107948	23984230	6123719	4938843	1184875	2918255
48856986	23075478	25781507	7622661	18158847	782106
35118732	18723643	16395089	4882713	11512376	1997003
33050576	12466802	20583774	6655687	13928087	2073926
22730406	10442800	12287605	4460175	7827430	658796
30764385	10052218	20712167	4440931	16271236	1669482
48594584	19497227	29097357	6104276	22993080	932417
50263583	26579743	23683840	6988957	16694883	1926301
38030047	17364192	20665855	5810066	14855788	600419
31100226	16478589	14621637	4281841	10339796	1247496
63243446	38234650	25008796	14509190	10499605	8274975
27882508	11184641	16697867	6186290	10511577	2674592
8983255	3614620	5368634	2219781	3148854	414437
23257887	13137258	10120629	4801577	5319051	1460876
36970505	21174503	15796002	5360987	10435015	2465715
19857178	10382758	9474420	3442272	6032147	1415342
25063455	12241580	12821875	3632192	9189684	1289560
5069290	2083152	2986138	639089	2347049	1464237
30583674	16102985	14480689	4591010	9889679	2220004
16469102	6759840	9709262	2834419	6874843	1353975
4727832	1957180	2770651	1086183	1684468	2032171
5673151	2351189	3321962	1344041	1977921	330500
17844768	8639688	9205079	3274256	5930823	3900915
2905971	1792422	1113549	612108	501441	43449
5362996	2175867	3187129	539688	2647441	262399
2464659	1641895	822763	481066	341697	
6016846	2666206	3350640	695239	2655401	
8292119	6666352	1625767	1549678	76089	6530233

6-2 公共财政预算教育事业费和

地 区	合 计	个人部分	工资福利支出	对个人和家庭的补助支出	#助学金
合 计	**2439609226**	**1620419760**	**1220490373**	**399929387**	**114185893**
北 京	76031305	40371032	32046065	8324967	1217357
天 津	39338515	26550323	17425150	9125173	832690
河 北	106369993	75031727	56736407	18295320	3858775
山 西	57817712	41068998	33029816	8039182	2496341
内蒙古	51404916	35064863	29365056	5699807	3679416
辽 宁	59181457	42576327	32767816	9808511	1623320
吉 林	45895899	31818612	21191846	10626766	1318750
黑龙江	58138176	42034168	27076792	14957377	1550603
上 海	62803513	37029377	34703607	2325769	1473243
江 苏	165097599	120233260	84229895	36003365	4572635
浙 江	119963766	84243786	68773471	15470316	3493138
安 徽	85851334	51646695	38367875	13278820	3941707
福 建	70723102	48601372	39458186	9143186	1649018
江 西	80997838	48564526	34881691	13682835	3796902
山 东	168403661	121152902	92963165	28189738	4483782
河 南	117975997	65844980	55039594	10805386	7970407
湖 北	96845179	64016178	44582268	19433910	3449292
湖 南	96329536	65449153	49664891	15784262	5278881
广 东	205520555	136311666	101962237	34349429	5792433
广 西	81848679	51291580	34821240	16470340	5919185
海 南	20501405	11108600	9707054	1401546	794942
重 庆	53101133	29807948	24335076	5472872	3588444
四 川	120292577	83769856	65708744	18061112	9529088
贵 州	78591255	57318735	37368336	19950399	6841302
云 南	82910593	56557979	44723988	11833991	8831318
西 藏	17330496	10796969	7029072	3767897	2247025
陕 西	75026368	45473622	31387206	14086415	5136021
甘 肃	51199111	34312093	23027854	11284239	3635841
青 海	16459193	9699411	7164969	2534442	1128644
宁 夏	14114242	8364378	6902303	1462075	868491
新 疆	63544120	44308644	34048706	10259937	3186902
大 连	10031400	7082313	6309149	773164	84167
宁 波	17315169	11689774	9630102	2059672	399016
厦 门	8541535	6076927	4669732	1407194	121730
青 岛	21849615	15832769	11537958	4294811	281531
深 圳	31965084	17142732	12980449	4162283	509721

基本建设支出明细(地方各级各类教育机构)

单位：千元

公用部分	商品和服务支出	其他资本性支出	专项公用支出	专项项目支出	基本建设支出
770862259	**389634239**	**381228020**	**131363509**	**249864511**	**48327207**
32789214	22622997	10166216	6115434	4050782	2871059
12448001	7326243	5121757	2335382	2786375	340191
30508480	14769395	15739085	6828958	8910127	829786
16204009	8784686	7419323	3107349	4311975	544705
15576556	8095809	7480747	3189881	4290866	763497
15966362	11151279	4815083	2716555	2098528	638768
13536463	6476013	7060450	3114916	3945533	540825
15245122	8347053	6898068	2727093	4170975	858886
23369610	18871969	4497642	3563182	934460	2404526
44298955	19970382	24328574	6288616	18039957	565383
33747573	17830368	15917205	4438218	11478988	1972407
32160132	11827821	20332312	6404251	13928060	2044506
21533443	9769452	11763991	4044465	7719526	588287
30763830	10051662	20712167	4440931	16271236	1669482
46721821	18235861	28485961	5734390	22751570	528937
50204716	26536349	23668367	6979963	16688404	1926301
32820265	13717504	19102761	4610843	14491918	8736
29769370	15468078	14301292	4004943	10296349	1111012
61002093	36709680	24292413	13830475	10461937	8206797
27882508	11184641	16697867	6186290	10511577	2674592
8978368	3612046	5366322	2219348	3146974	414437
21902460	12077481	9824979	4507727	5317251	1390726
34155460	19289347	14866113	4638899	10227214	2367261
19857178	10382758	9474420	3442272	6032147	1415342
25063055	12241241	12821814	3632130	9189684	1289560
5069290	2083152	2986138	639089	2347049	1464237
27451827	14009637	13442190	3770208	9671982	2100919
15557879	6141822	9416057	2582806	6833251	1329139
4727611	1956960	2770651	1086183	1684468	2032171
5419364	2220715	3198649	1268895	1929754	330500
16131246	7871838	8259407	2913817	5345590	3104231
2905638	1792089	1113549	612108	501441	43449
5362996	2175867	3187129	539688	2647441	262399
2464609	1641845	822763	481066	341697	
6016846	2666206	3350640	695239	2655401	
8292119	6666352	1625767	1549678	76089	6530233

6-3 公共财政预算教育事业费和

地区	合计	个人部分	工资福利支出	对个人和家庭的补助支出	#助学金
合计	**503896856**	**277398313**	**173820268**	**103578044**	**56727923**
北京	55425441	31346424	14935953	16410471	10789178
天津	12314299	6425203	3879349	2545854	878376
河北	16277020	8271874	4810359	3461514	1603795
山西	9643226	5859004	4127438	1731567	1113254
内蒙古	8461834	5451811	3630163	1821649	1615587
辽宁	15988454	8910228	6025919	2884308	1616175
吉林	13319396	7591877	4377001	3214876	1182478
黑龙江	13657887	8676633	4603493	4073140	1304780
上海	29961056	13472075	10875036	2597039	1989995
江苏	36922294	21152836	13327263	7825573	3193442
浙江	20102679	10969090	7960224	3008866	1816532
安徽	15607277	7226267	4569555	2656712	1848332
福建	11922273	6564964	4379679	2185285	1211550
江西	12116238	7948527	4929592	3018936	1352124
山东	27822142	18158626	11378667	6779959	2372958
河南	20226874	9483502	6729202	2754300	2132563
湖北	26547836	14752861	8424162	6328700	2813132
湖南	16785057	10696818	7867659	2829159	1757353
广东	36924321	19413371	12115064	7298307	2965388
广西	10285309	4264578	2357581	1906997	1575600
海南	2397596	952266	646335	305931	268608
重庆	12522660	5985727	3432732	2552995	1671511
四川	19762204	11885806	8268587	3617218	2565042
贵州	7846625	5132859	2797249	2335610	1165718
云南	8404579	5073401	3681365	1392036	1058542
西藏	1465971	741435	555970	185465	93912
陕西	20547538	11063719	6710117	4353601	2541369
甘肃	9521907	4007394	2357937	1649457	1088257
青海	1854890	791548	572926	218622	120346
宁夏	2530802	1163435	829704	333731	260396
新疆	6731171	3964153	2663987	1300166	761630
大连	590421	373444	290719	82725	34577
宁波	1979599	826095	616565	209530	130571
厦门	930672	405860	289039	116821	54824
青岛	925379	393998	240256	153742	51391
深圳	7146175	2096093	1895895	200198	140681

基本建设支出明细(高等学校)

单位：千元

公用部分	商品和服务支出	其他资本性支出	专项公用支出	专项项目支出	基本建设支出
210722486	**116993118**	**93729368**	**58965114**	**34764254**	**15776058**
22264757	13755144	8509613	6121274	2388339	1814260
5886964	3230307	2656657	1881108	775549	2132
7732966	3426402	4306564	2951347	1355217	272180
3713712	1710290	2003422	1261089	742333	70510
2901640	1396142	1505498	993618	511880	108382
6664280	4514242	2150039	1643186	506852	413946
5416269	3238038	2178230	1865815	312415	311250
4712521	2797094	1915427	1234019	681408	268733
14219871	11482221	2737650	2440334	297316	2269110
15373450	8853451	6519999	3689841	2830158	396008
8266664	4286399	3980265	1931260	2049004	866924
7608887	2946305	4662582	2843190	1819393	772123
5268889	2800284	2468605	1804771	663834	88420
4054046	2405280	1648766	1020352	628414	113664
9155075	4168436	4986639	1661383	3325256	508440
10442176	5903310	4538866	3254509	1284357	301196
11203292	6657506	4545786	2174958	2370828	591683
5676730	3352472	2324258	1084352	1239906	411509
14724900	7285018	7439882	5753367	1686514	2786051
5759129	2220939	3538190	2143918	1394272	261602
1259659	654031	605628	472260	133368	185671
6436783	3488631	2948152	2109840	838312	100150
7355622	4589933	2765689	2027357	738332	520776
2536918	1106008	1430909	936365	494545	176848
3199068	1717813	1481255	860902	620353	132110
511536	309550	201986	164545	37441	213000
8648735	4843530	3805205	2227760	1577445	835085
5288543	2126931	3161613	937023	2224590	225970
827001	139187	687814	406369	281445	236341
1347366	560890	786476	474373	312104	20000
2265035	1027334	1237701	594629	643072	501983
214277	107616	106661	87007	19654	2700
1153504	378565	774939	117488	657451	
524812	273682	251130	130610	120520	
531381	160936	370445	55300	315145	
2360002	1461791	898211	896762	1450	2690079

6-4 公共财政预算教育事业费和

地 区	合 计	个人部分	工资福利支 出	对个人和家庭的补助支出	#助学金
合 计	**365873259**	**197608538**	**130693791**	**66914747**	**35511170**
北 京	17019210	8017447	5615381	2402066	912658
天 津	8753756	4418973	2758469	1660504	572601
河 北	15179064	7644323	4361212	3283111	1533355
山 西	9643226	5859004	4127438	1731567	1113254
内蒙古	8461834	5451811	3630163	1821649	1615587
辽 宁	11628603	6463688	4557837	1905851	1227673
吉 林	9237136	5113671	3012976	2100695	665411
黑龙江	9953917	6250629	3225257	3025373	857895
上 海	15730795	6319588	5559289	760298	606400
江 苏	26083253	15077651	9989394	5088257	1943454
浙 江	16305111	8567267	6445608	2121659	1332621
安 徽	12978810	5517251	3681795	1835456	1408970
福 建	9252319	5126702	3499288	1627414	895813
江 西	12116238	7948527	4929592	3018936	1352124
山 东	23116852	15729579	9909675	5819903	1898748
河 南	20104972	9418347	6668535	2749812	2128655
湖 北	14687625	8593899	5142623	3451276	1402965
湖 南	13085705	8463393	6587901	1875493	1308607
广 东	31162051	15926230	10198790	5727441	2221369
广 西	10285309	4264578	2357581	1906997	1575600
海 南	2397596	952266	646335	305931	268608
重 庆	8938095	3787739	2120314	1667426	1182441
四 川	12497516	7521469	5529423	1992046	1693349
贵 州	7846625	5132859	2797249	2335610	1165718
云 南	8404579	5073401	3681365	1392036	1058542
西 藏	1465971	741435	555970	185465	93912
陕 西	12709584	6430169	3987515	2442654	1654166
甘 肃	7336223	2754934	1589009	1165924	838556
青 海	1854890	791548	572926	218622	120346
宁 夏	2020771	907192	642536	264656	218754
新 疆	5615624	3342967	2312347	1030620	643018
大 连	590421	373444	290719	82725	34577
宁 波	1979599	826095	616565	209530	130571
厦 门	930672	405860	289039	116821	54824
青 岛	925379	393998	240256	153742	51391
深 圳	7146175	2096093	1895895	200198	140681

基本建设支出明细(地方高等学校)

单位：千元

公用部分	商品和服务支出	其他资本性支出	专项公用支出	专项项目支出	基本建设支出
156747455	**80028168**	**76719287**	**45154655**	**31564632**	**11517266**
8648249	4736340	3911910	2571287	1340622	353515
4332651	2064815	2267836	1548943	718894	2132
7372791	3256158	4116632	2822973	1293659	161949
3713712	1710290	2003422	1261089	742333	70510
2901640	1396142	1505498	993618	511880	108382
4884481	3361502	1522979	1099598	423381	280434
3874004	2092406	1781599	1502791	278807	249460
3474052	2043396	1430655	968240	462416	229236
7655826	6531222	1124604	1077200	47404	1755381
10826316	5755128	5071188	2359748	2711440	179286
6895516	3393135	3502381	1486765	2015616	842328
6718855	2307655	4411201	2591808	1819393	742703
4107706	2161695	1946011	1390080	555931	17911
4054046	2405280	1648766	1020352	628414	113664
7282313	2907070	4375243	1291497	3083746	104960
10385429	5861898	4523531	3245652	1277878	301196
6093725	3086620	3007105	987781	2019324	
4347287	2343373	2003913	807454	1196459	275025
12517948	5781466	6736482	5079014	1657469	2717873
5759129	2220939	3538190	2143918	1394272	261602
1259659	654031	605628	472260	133368	185671
5120356	2449254	2671102	1834590	836512	30000
4553724	2716835	1836889	1306358	530532	422322
2536918	1106008	1430909	936365	494545	176848
3199068	1717813	1481255	860902	620353	132110
511536	309550	201986	164545	37441	213000
5563415	2792371	2771044	1410902	1360142	716000
4380155	1510405	2869750	685802	2183948	201134
827001	139187	687814	406369	281445	236341
1093579	430416	663163	399226	263937	20000
1856366	785769	1070597	427525	643072	416291
214277	107616	106661	87007	19654	2700
1153504	378565	774939	117488	657451	
524812	273682	251130	130610	120520	
531381	160936	370445	55300	315145	
2360002	1461791	898211	896762	1450	2690079

6-5 公共财政预算教育事业费和

地 区	合 计	个人部分	工资福利支 出	对个人和家庭的补助支出	#助学金
合 计	**496800112**	**272877872**	**170339024**	**102538848**	**56570006**
北 京	54751310	30909472	14603879	16305593	10789178
天 津	12090044	6241967	3761706	2480260	875360
河 北	15969950	8030661	4619647	3411014	1597662
山 西	9495716	5736229	4030668	1705561	1107505
内蒙古	8408926	5411696	3596646	1815049	1610769
辽 宁	15782931	8729568	5872509	2857060	1615708
吉 林	12898451	7307571	4226081	3081489	1159404
黑龙江	13369589	8433479	4464897	3968581	1302705
上 海	29334715	13121020	10536600	2584420	1989041
江 苏	36648079	21085615	13274313	7811302	3191226
浙 江	19316569	10658783	7687089	2971695	1810931
安 徽	15422746	7124311	4479470	2644841	1841236
福 建	11773729	6445151	4271721	2173431	1211438
江 西	11855511	7776854	4823140	2953714	1335977
山 东	27684862	18058400	11311207	6747194	2372201
河 南	20153144	9431525	6681195	2750329	2131277
湖 北	26456865	14674284	8373982	6300302	2811909
湖 南	16568351	10549786	7746723	2803063	1755800
广 东	36275200	18981400	11780859	7200541	2955785
广 西	10012823	4127724	2258577	1869147	1555420
海 南	2364494	934633	632845	301789	264608
重 庆	12509917	5976157	3423630	2552527	1671476
四 川	19475354	11742364	8137254	3605110	2563306
贵 州	7780784	5081509	2768229	2313279	1157179
云 南	8257385	4935869	3564185	1371684	1039518
西 藏	1465971	741435	555970	185465	93912
陕 西	20374763	10964965	6639272	4325693	2528867
甘 肃	9433335	3954018	2319962	1634056	1088237
青 海	1839589	779323	562718	216604	120346
宁 夏	2530802	1163435	829704	333731	260396
新 疆	6498207	3768670	2504345	1264325	761626
大 连	502569	306315	230683	75632	34577
宁 波	1845313	731469	532551	198918	128381
厦 门	929695	405008	288420	116587	54824
青 岛	896710	369975	223876	146099	51391
深 圳	7113582	2074241	1878432	195810	137131

基本建设支出明细(普通高等学校)

单位：千元

公用部分	商品和服务支出	其他资本性支出	专项公用支出	专项项目支出	基本建设支出
208509786	**115614213**	**92895573**	**58576246**	**34319327**	**15412454**
22030292	13559889	8470402	6088173	2382229	1811546
5845945	3207001	2638944	1863573	775371	2132
7667109	3377155	4289954	2941330	1348625	272180
3688977	1687750	2001227	1258994	742233	70510
2888849	1385242	1503607	993128	510480	108382
6639416	4493849	2145567	1638714	506852	413946
5297261	3174608	2122653	1845002	277652	293619
4667378	2760584	1906793	1230136	676657	268733
13944585	11266473	2678112	2398702	279410	2269110
15166456	8834236	6332220	3677250	2654970	396008
8090861	4198237	3892624	1904065	1988560	566924
7526311	2892782	4633530	2838826	1794704	772123
5243158	2780914	2462244	1798480	663764	85420
3964993	2346939	1618055	996452	621603	113664
9118022	4140864	4977157	1652559	3324598	508440
10420424	5888643	4531781	3249219	1282562	301196
11190899	6645841	4545057	2174733	2370325	591683
5607057	3300290	2306767	1080807	1225960	411509
14507749	7166509	7341241	5699748	1641492	2786051
5663756	2184215	3479541	2088760	1390781	221343
1244190	644032	600158	468533	131625	185671
6433610	3486628	2946982	2108670	838312	100150
7212213	4490097	2722117	2005729	716387	520776
2522427	1099081	1423346	934631	488715	176848
3189407	1713017	1476389	856037	620353	132110
511536	309550	201986	164545	37441	213000
8574713	4790807	3783907	2217130	1566776	835085
5253347	2095784	3157563	933293	2224270	225970
823925	138942	684983	403538	281445	236341
1347366	560890	786476	474373	312104	20000
2227554	993366	1234188	591116	643072	501983
193554	91358	102196	82542	19654	2700
1113844	354835	759009	114448	644561	
524687	273559	251128	130608	120520	
526735	158373	368361	53217	315145	
2349261	1452897	896365	894995	1370	2690079

6-6 公共财政预算教育事业费和

地区	合计	个人部分	工资福利支出	对个人和家庭的补助支出	#助学金
合计	**358932223**	**193195168**	**127278167**	**65917001**	**35353257**
北京	16447200	7638967	5310440	2328527	912658
天津	8529501	4235736	2640826	1594910	569585
河北	14871994	7403111	4170500	3232611	1527222
山西	9495716	5736229	4030668	1705561	1107505
内蒙古	8408926	5411696	3596646	1815049	1610769
辽宁	11423080	6283028	4404426	1878602	1227207
吉林	8816192	4829365	2862056	1967309	642337
黑龙江	9665620	6007475	3086661	2920814	855820
上海	15104454	5968532	5220853	747680	605446
江苏	25809037	15010430	9936444	5073986	1941238
浙江	15519001	8256960	6172473	2084487	1327020
安徽	12794278	5415295	3591710	1823585	1401875
福建	9103775	5006889	3391330	1615560	895702
江西	11855511	7776854	4823140	2953714	1335977
山东	22979572	15629353	9842215	5787138	1897991
河南	20031242	9366370	6620528	2745842	2127370
湖北	14596653	8515321	5092443	3422878	1401742
湖南	12869000	8316361	6466964	1849397	1307054
广东	30512930	15494259	9864584	5629675	2211765
广西	10012823	4127724	2258577	1869147	1555420
海南	2364494	934633	632845	301789	264608
重庆	8925351	3778169	2111212	1666957	1182406
四川	12210665	7378027	5398089	1979938	1691613
贵州	7780784	5081509	2768229	2313279	1157179
云南	8257385	4935869	3564185	1371684	1039518
西藏	1465971	741435	555970	185465	93912
陕西	12536809	6331415	3916670	2414745	1641664
甘肃	7247650	2701558	1551035	1150523	838536
青海	1839589	779323	562718	216604	120346
宁夏	2020771	907192	642536	264656	218754
新疆	5436248	3196082	2191191	1004891	643018
大连	502569	306315	230683	75632	34577
宁波	1845313	731469	532551	198918	128381
厦门	929695	405008	288420	116587	54824
青岛	896710	369975	223876	146099	51391
深圳	7113582	2074241	1878432	195810	137131

基本建设支出明细(地方普通高等学校)

单位：千元

公用部分	商品和服务支出	其他资本性支出	专项公用支出	专项项目支出	基本建设支出
154583393	**78697609**	**75885784**	**44766079**	**31119705**	**11153662**
8457432	4584731	3872701	2538189	1334512	350802
4291632	2041509	2250124	1531408	718715	2132
7306933	3206911	4100023	2812956	1287067	161949
3688977	1687750	2001227	1258994	742233	70510
2888849	1385242	1503607	993128	510480	108382
4859617	3341109	1518507	1095126	423381	280434
3754997	2028976	1726022	1481978	244044	231829
3428909	2006887	1422022	964356	457665	229236
7380540	6315474	1065066	1035569	29498	1755381
10619321	5735912	4883409	2347157	2536252	179286
6719713	3304972	3414741	1459569	1955171	542328
6636280	2254132	4382148	2587444	1794704	742703
4081975	2142325	1939649	1383789	555860	14911
3964993	2346939	1618055	996452	621603	113664
7245259	2879498	4365761	1282673	3083088	104960
10363677	5847231	4516446	3240363	1276083	301196
6081332	3074955	3006377	987556	2018821	
4277613	2291192	1986422	803908	1182513	275025
12300798	5662957	6637841	5025395	1612447	2717873
5663756	2184215	3479541	2088760	1390781	221343
1244190	644032	600158	468533	131625	185671
5117182	2447250	2669932	1833420	836512	30000
4410316	2616999	1793317	1284729	508587	422322
2522427	1099081	1423346	934631	488715	176848
3189407	1713017	1476389	856037	620353	132110
511536	309550	201986	164545	37441	213000
5489394	2739648	2749746	1400273	1349472	716000
4344958	1479258	2865700	682072	2183628	201134
823925	138942	684983	403538	281445	236341
1093579	430416	663163	399226	263937	20000
1823875	756500	1067375	424303	643072	416291
193554	91358	102196	82542	19654	2700
1113844	354835	759009	114448	644561	
524687	273559	251128	130608	120520	
526735	158373	368361	53217	315145	
2349261	1452897	896365	894995	1370	2690079

6-7 公共财政预算教育事业费和

地区	合计	个人部分	工资福利支出	对个人和家庭的补助支出	#助学金
合计	**398943961**	**220744241**	**134936642**	**85807599**	**48117219**
北京	51920426	29580651	13626864	15953787	10696598
天津	9781478	4968016	2913760	2054256	763728
河北	12571417	6123867	3390996	2732870	1303975
山西	7556053	4419305	3124610	1294695	882174
内蒙古	5367164	3536297	2302984	1233313	1093925
辽宁	13503703	7383995	4872320	2511675	1428308
吉林	11519511	6454134	3723564	2730570	1068759
黑龙江	11262804	7023350	3712801	3310550	1096148
上海	27231338	12588333	10051525	2536808	1949865
江苏	27594413	16163228	9780296	6382932	2661620
浙江	14905060	8311371	5827912	2483458	1508370
安徽	10898739	5358696	3362389	1996307	1367919
福建	9612030	5307581	3508117	1799463	996052
江西	8701141	5771397	3571171	2200226	1003900
山东	21379921	13668989	8294699	5374291	1898903
河南	14980934	6915438	4754103	2161335	1704400
湖北	21130241	11911428	6702049	5209379	2402850
湖南	12082469	7848271	5754756	2093515	1392544
广东	27371366	14464528	8649691	5814837	2394273
广西	7407063	3004690	1602300	1402390	1243698
海南	1941024	750978	519244	231734	202942
重庆	9651499	4750018	2747194	2002825	1261668
四川	15651910	9652758	6666896	2985862	2106233
贵州	5408399	3627770	1973880	1653889	828458
云南	6498487	3889151	2827383	1061768	808516
西藏	1173347	586058	428867	157191	77309
陕西	17218561	9422094	5653051	3769043	2183395
甘肃	6996754	3199922	1883706	1316216	907878
青海	1294902	611770	435094	176676	94134
宁夏	1922756	917725	626136	291589	232622
新疆	4409050	2532431	1648285	884147	556056
大连	357364	218978	160167	58811	26541
宁波	1017528	433603	301044	132559	94005
厦门	775337	325765	246155	79610	38642
青岛	681133	205570	114032	91539	36560
深圳	5900496	1384727	1224531	160196	107659

基本建设支出明细(普通高等本科学校)

单位：千元

公用部分	商品和服务支出	其他资本性支出	专项公用支出	专项项目支出	基本建设支出
165401201	**96685712**	**68715490**	**45425534**	**23289956**	**12798519**
20727262	12698779	8028483	5680426	2348057	1612513
4811330	2731159	2080171	1318857	761314	2132
6175370	2806348	3369022	2422577	946445	272180
3079098	1378197	1700901	1124843	576058	57649
1745086	826286	918800	603910	314890	85781
5776391	3918844	1857546	1395871	461675	343317
4773259	2897139	1876120	1674121	201999	292119
3972205	2358957	1613248	982239	631009	267249
12885982	10342277	2543705	2281373	262331	1757024
11120003	6709843	4410161	2863507	1546653	311181
6075383	3352632	2722751	1521143	1201608	518306
5156508	2226551	2929957	2144126	785831	383536
4226116	2327143	1898973	1479473	419500	78333
2845030	1797560	1047470	762674	284796	84714
7213921	3264309	3949612	1210771	2738841	497010
7853839	4814970	3038869	2181707	857162	211657
8627130	5565850	3061280	1851055	1210225	591683
3891821	2533331	1358490	762912	595578	342377
10385310	5848263	4537047	3278836	1258211	2521528
4198791	1713035	2485756	1381439	1104317	203582
1028118	524310	503807	409718	94090	161929
4831331	2824031	2007300	1455565	551735	70150
5676118	3658121	2017997	1620507	397490	323035
1613700	787856	825843	734468	91375	166929
2546244	1446060	1100183	694588	405595	63093
382289	243567	138722	111085	27638	205000
7183955	4134859	3049096	1830281	1218815	612512
3619447	1811535	1807913	678299	1129613	177384
525857	89163	436694	250566	186128	157276
1005032	429304	575727	322989	252738	
1449278	625432	823846	395608	428238	427341
135686	56334	79352	72437	6915	2700
583926	247213	336713	67579	269134	
449572	219814	229758	109692	120066	
475563	126709	348854	37139	311715	
2077867	1293151	784716	783346	1370	2437902

6-8 公共财政预算教育事业费和

地 区	合 计	个人部分	工资福利支出	对个人和家庭的补助支出	#助学金
合 计	**261855366**	**141441758**	**92147953**	**49293805**	**26959724**
北 京	13844609	6347903	4364396	1983507	824009
天 津	6220935	2961786	1792880	1168906	457953
河 北	11473460	5496316	2941849	2554467	1233535
山 西	7556053	4419305	3124610	1294695	882174
内蒙古	5367164	3536297	2302984	1233313	1093925
辽 宁	9143852	4937455	3404238	1533217	1039806
吉 林	7437252	3975928	2359539	1616390	551692
黑龙江	7650595	4644799	2357158	2287642	652269
上 海	13066732	5470237	4766891	703346	569350
江 苏	16755371	10088043	6442427	3645616	1411633
浙 江	11107492	5909548	4313297	1596251	1024459
安 徽	8270272	3649680	2474629	1175051	928557
福 建	6942076	3869319	2627727	1241592	680316
江 西	8701141	5771397	3571171	2200226	1003900
山 东	16674631	11239942	6825707	4414235	1424693
河 南	14859032	6850283	4693436	2156848	1700493
湖 北	9292022	5772674	3422726	2349948	1010305
湖 南	8424539	5642546	4501697	1140850	944798
广 东	21716499	11032484	6782330	4250154	1656437
广 西	7407063	3004690	1602300	1402390	1243698
海 南	1941024	750978	519244	231734	202942
重 庆	6066934	2552031	1434776	1117255	772598
四 川	8491550	5357333	3984699	1372634	1245526
贵 州	5408399	3627770	1973880	1653889	828458
云 南	6498487	3889151	2827383	1061768	808516
西 藏	1173347	586058	428867	157191	77309
陕 西	9380606	4788544	2930449	1858096	1296192
甘 肃	4811070	1947462	1114779	832683	658177
青 海	1294902	611770	435094	176676	94134
宁 夏	1412726	661481	438968	222514	190980
新 疆	3465531	2048548	1387826	660722	450891
大 连	357364	218978	160167	58811	26541
宁 波	1017528	433603	301044	132559	94005
厦 门	775337	325765	246155	79610	38642
青 岛	681133	205570	114032	91539	36560
深 圳	5900496	1384727	1224531	160196	107659

基本建设支出明细(地方普通高等本科学校)

单位：千元

公用部分	商品和服务支出	其他资本性支出	专项公用支出	专项项目支出	基本建设支出
111735831	**59967610**	**51768221**	**31665504**	**20102717**	**8677777**
7208101	3772070	3436032	2135692	1300339	288604
3257017	1565667	1691350	986692	704658	2132
5815194	2636104	3179090	2294203	884888	161949
3079098	1378197	1700901	1124843	576058	57649
1745086	826286	918800	603910	314890	85781
3996591	2766104	1230487	852283	378204	209805
3230994	1751506	1479488	1311097	168391	230329
2778044	1618220	1159824	735425	424399	227752
6353201	5415903	937298	924878	12419	1243295
6572869	3611519	2961350	1533415	1427935	94459
4704235	2459367	2244867	1076648	1168220	493710
4266476	1587901	2678575	1892744	785831	354116
3064933	1688554	1376379	1064782	311597	7824
2845030	1797560	1047470	762674	284796	84714
5341158	2002942	3338216	840885	2497331	93531
7797092	4773558	3023534	2172851	850683	211657
3519348	1994964	1524383	665662	858722	
2576100	1537955	1038145	486014	552131	205893
8229452	4389090	3840362	2611198	1229165	2454563
4198791	1713035	2485756	1381439	1104317	203582
1028118	524310	503807	409718	94090	161929
3514903	1784653	1730250	1180315	549935	
2909637	1818632	1091004	901315	189689	224581
1613700	787856	825843	734468	91375	166929
2546244	1446060	1100183	694588	405595	63093
382289	243567	138722	111085	27638	205000
4098636	2083701	2014935	1013424	1001512	493427
2711059	1195009	1516050	427078	1088972	152548
525857	89163	436694	250566	186128	157276
751245	298830	452414	247843	204572	
1075334	409324	666010	237772	428238	341649
135686	56334	79352	72437	6915	2700
583926	247213	336713	67579	269134	
449572	219814	229758	109692	120066	
475563	126709	348854	37139	311715	
2077867	1293151	784716	783346	1370	2437902

6-9 公共财政预算教育事业费和

地区	合计	个人部分			
			工资福利支出	对个人和家庭的补助支出	
					#助学金
合计	**97856151**	**52133631**	**35402382**	**16731249**	**8452788**
北京	2830884	1328820	977015	351806	92580
天津	2308566	1273950	847946	426004	111632
河北	3398534	1906794	1228651	678144	293687
山西	1939663	1316924	906058	410866	225331
内蒙古	3041763	1875398	1293663	581736	516844
辽宁	2279228	1345573	1000188	345385	187401
吉林	1378940	853437	502518	350919	90645
黑龙江	2106785	1410128	752096	658032	206557
上海	2103376	532687	485075	47612	39177
江苏	9053666	4922387	3494017	1428370	529606
浙江	4411509	2347413	1859176	488236	302561
安徽	4524007	1765615	1117082	648534	473318
福建	2161700	1137571	763603	373967	215387
江西	3154370	2005457	1251970	753487	332077
山东	6304941	4389411	3016508	1372903	473298
河南	5172210	2516087	1927093	588994	426877
湖北	5326624	2762856	1671933	1090922	409059
湖南	4485882	2701514	1991967	709547	363256
广东	8903834	4516872	3131167	1385704	561512
广西	2605760	1123035	656277	466757	311722
海南	423470	183656	113601	70055	61667
重庆	2858417	1226138	676436	549702	409808
四川	3823443	2089606	1470357	619248	457074
贵州	2372385	1453739	794349	659390	328722
云南	1758898	1046718	736801	309916	231002
西藏	292624	155377	127104	28274	16603
陕西	3156203	1542871	986221	556650	345472
甘肃	2436580	754096	436256	317839	180359
青海	544687	167553	127625	39928	26211
宁夏	608045	245710	203568	42143	27774
新疆	2089157	1236239	856060	380179	205570
大连	145205	87337	70516	16821	8036
宁波	827785	297867	231508	66359	34375
厦门	154358	79242	42265	36977	16182
青岛	215577	164405	109844	54561	14831
深圳	1213085	689514	653901	35613	29472

基本建设支出明细(普通高职高专学校)

单位：千元

公用部分	商品和服务支出	其他资本性支出			基本建设支出
			专项公用支出	专项项目支出	
43108585	**18928501**	**24180084**	**13150713**	**11029371**	**2613935**
1303030	861110	441919	407747	34173	199034
1034615	475842	558774	544716	14057	
1491739	570807	920932	518753	402179	
609879	309553	300326	134151	166175	12860
1143763	558956	584807	389218	195589	22601
863026	575005	288020	242843	45177	70629
524003	277469	246534	170881	75652	1500
695173	401627	293546	247897	45649	1484
1058603	924196	134407	117329	17078	512087
4046452	2124393	1922059	813743	1108317	84827
2015478	845605	1169873	382922	786952	48618
2369804	666231	1703573	694700	1008873	388587
1017042	453772	563271	319007	244263	7087
1119963	549378	570585	233778	336807	28950
1904101	876555	1027546	441788	585757	11430
2566584	1073672	1492912	1067512	425400	89539
2563768	1079991	1483778	323678	1160100	
1715236	766959	948277	317895	630382	69132
4122440	1318246	2804194	2420912	383282	264523
1464965	471180	993785	707321	286463	17761
216072	119722	96350	58815	37535	23742
1602279	662597	939682	653105	286577	30000
1536096	831976	704120	385222	318898	197742
908728	311224	597503	200163	397340	9919
643163	266957	376206	161449	214757	69017
129247	65983	63264	53461	9803	8000
1390758	655948	734810	386850	347961	222573
1633899	284249	1349650	254994	1094656	48586
298068	49779	248290	152972	95318	79066
342335	131586	210749	151383	59365	20000
778276	367933	410342	195508	214834	74642
57869	35024	22844	10105	12739	
529918	107622	422296	46869	375426	
75115	53745	21371	20917	454	
51172	31664	19508	16078	3430	
271394	159746	111649	111649		252177

6-10 公共财政预算教育事业费和

地区	合计	个人部分	工资福利支出	对个人和家庭的补助支出	#助学金
合计	**97076857**	**51753409**	**35130213**	**16623196**	**8393533**
北京	2602592	1291064	946044	345020	88649
天津	2308566	1273950	847946	426004	111632
河北	3398534	1906794	1228651	678144	293687
山西	1939663	1316924	906058	410866	225331
内蒙古	3041763	1875398	1293663	581736	516844
辽宁	2279228	1345573	1000188	345385	187401
吉林	1378940	853437	502518	350919	90645
黑龙江	2015025	1362676	729503	633172	203551
上海	2037722	498296	453962	44334	36095
江苏	9053666	4922387	3494017	1428370	529606
浙江	4411509	2347413	1859176	488236	302561
安徽	4524007	1765615	1117082	648534	473318
福建	2161700	1137571	763603	373967	215387
江西	3154370	2005457	1251970	753487	332077
山东	6304941	4389411	3016508	1372903	473298
河南	5172210	2516087	1927093	588994	426877
湖北	5304631	2742647	1669717	1072930	391437
湖南	4444460	2673815	1965268	708547	362256
广东	8796431	4461776	3082255	1379521	555329
广西	2605760	1123035	656277	466757	311722
海南	423470	183656	113601	70055	61667
重庆	2858417	1226138	676436	549702	409808
四川	3719115	2020694	1413390	607304	446087
贵州	2372385	1453739	794349	659390	328722
云南	1758898	1046718	736801	309916	231002
西藏	292624	155377	127104	28274	16603
陕西	3156203	1542871	986221	556650	345472
甘肃	2436580	754096	436256	317839	180359
青海	544687	167553	127625	39928	26211
宁夏	608045	245710	203568	42143	27774
新疆	1970716	1147534	803364	344169	192127
大连	145205	87337	70516	16821	8036
宁波	827785	297867	231508	66359	34375
厦门	154358	79242	42265	36977	16182
青岛	215577	164405	109844	54561	14831
深圳	1213085	689514	653901	35613	29472

基本建设支出明细(地方普通高职高专学校)

单位：千元

公用部分	商品和服务支出	其他资本性支出			基本建设支出
			专项公用支出	专项项目支出	
42847562	**18729999**	**24117563**	**13100575**	**11016988**	**2475885**
1249330	812661	436669	402496	34173	62197
1034615	475842	558774	544716	14057	
1491739	570807	920932	518753	402179	
609879	309553	300326	134151	166175	12860
1143763	558956	584807	389218	195589	22601
863026	575005	288020	242843	45177	70629
524003	277469	246534	170881	75652	1500
650865	388667	262198	228931	33266	1484
1027340	899571	127769	110690	17078	512087
4046452	2124393	1922059	813743	1108317	84827
2015478	845605	1169873	382922	786952	48618
2369804	666231	1703573	694700	1008873	388587
1017042	453772	563271	319007	244263	7087
1119963	549378	570585	233778	336807	28950
1904101	876555	1027546	441788	585757	11430
2566584	1073672	1492912	1067512	425400	89539
2561984	1079991	1481994	321894	1160100	
1701514	753237	948277	317895	630382	69132
4071346	1273867	2797479	2414197	383282	263310
1464965	471180	993785	707321	286463	17761
216072	119722	96350	58815	37535	23742
1602279	662597	939682	653105	286577	30000
1500679	798367	702312	383415	318898	197742
908728	311224	597503	200163	397340	9919
643163	266957	376206	161449	214757	69017
129247	65983	63264	53461	9803	8000
1390758	655948	734810	386850	347961	222573
1633899	284249	1349650	254994	1094656	48586
298068	49779	248290	152972	95318	79066
342335	131586	210749	151383	59365	20000
748541	347176	401365	186531	214834	74642
57869	35024	22844	10105	12739	
529918	107622	422296	46869	375426	
75115	53745	21371	20917	454	
51172	31664	19508	16078	3430	
271394	159746	111649	111649		252177

6-11 公共财政预算教育事业费和

地 区	合 计	个人部分	工资福利支 出	对个人和家庭的补助支出	#助学金
合 计	**7096745**	**4520441**	**3481244**	**1039196**	**157916**
北 京	674131	436952	332075	104877	
天 津	224255	183236	117642	65594	3016
河 北	307070	241213	190712	50500	6134
山 西	147511	122775	96769	26006	5748
内蒙古	52907	40116	33516	6599	4817
辽 宁	205523	180660	153411	27249	466
吉 林	420944	284306	150920	133386	23074
黑龙江	288298	243155	138596	104559	2075
上 海	626341	351055	338436	12619	954
江 苏	274215	67221	52950	14271	2215
浙 江	786110	310307	273135	37172	5601
安 徽	184531	101956	90085	11871	7096
福 建	148543	119812	107958	11854	111
江 西	260727	171674	106452	65222	16147
山 东	137280	100226	67460	32766	757
河 南	73730	51978	48007	3970	1285
湖 北	90971	78578	50180	28398	1223
湖 南	216705	147032	120936	26096	1553
广 东	649121	431971	334205	97766	9604
广 西	272486	136854	99004	37850	20180
海 南	33101	17633	13491	4142	4000
重 庆	12744	9570	9102	468	35
四 川	286850	143442	131334	12108	1736
贵 州	65841	51351	29020	22331	8539
云 南	147194	137533	117180	20352	19024
西 藏					
陕 西	172775	98753	70845	27909	12502
甘 肃	88573	53376	37974	15402	20
青 海	15301	12225	10208	2017	
宁 夏					
新 疆	232964	195483	159643	35840	3
大 连	87852	67129	60035	7094	
宁 波	134286	94626	84014	10612	2191
厦 门	977	852	618	234	
青 岛	28669	24023	16380	7642	
深 圳	32593	21852	17464	4389	3550

基本建设支出明细(成人高等学校)

单位：千元

公用部分	商品和服务支出	其他资本性支出			基本建设支出
			专项公用支出	专项项目支出	
2212700	**1378905**	**833795**	**388868**	**444926**	**363604**
234465	195255	39211	33101	6110	2713
41019	23306	17713	17535	178	
65857	49248	16610	10017	6592	
24735	22540	2195	2095	100	
12792	10901	1891	491	1400	
24864	20392	4472	4472		
119007	63430	55577	20813	34764	17631
45143	36510	8634	3883	4750	
275286	215748	59538	41631	17906	
206994	19215	187779	12591	175188	
175803	88163	87640	27195	60445	300000
82576	53523	29053	4364	24689	
25731	19369	6362	6291	71	3000
89053	58341	30712	23901	6811	
37054	27572	9482	8824	658	
21753	14668	7085	5290	1795	
12393	11665	728	225	503	
69673	52182	17492	3546	13946	
217150	118509	98641	53619	45022	
95373	36724	58649	55158	3491	40259
15469	9998	5470	3727	1743	
3174	2003	1170	1170		
143409	99836	43573	21628	21945	
14491	6928	7563	1734	5829	
9661	4796	4865	4865		
74022	52723	21298	10629	10669	
35197	31147	4050	3729	320	
3076	245	2831	2831		
37481	33969	3512	3512		
20723	16258	4465	4465		
39660	23730	15931	3040	12890	
125	123	2	2		
4646	2563	2083	2083		
10741	8894	1847	1767	80	

6-12 公共财政预算教育事业费和

地 区	合 计	个人部分	工资福利支出	对个人和家庭的补助支出	#助学金
合 计	**6941036**	**4413371**	**3415625**	**997746**	**157913**
北 京	572010	378480	304941	73539	
天 津	224255	183236	117642	65594	3016
河 北	307070	241213	190712	50500	6134
山 西	147511	122775	96769	26006	5748
内蒙古	52907	40116	33516	6599	4817
辽 宁	205523	180660	153411	27249	466
吉 林	420944	284306	150920	133386	23074
黑龙江	288298	243155	138596	104559	2075
上 海	626341	351055	338436	12619	954
江 苏	274215	67221	52950	14271	2215
浙 江	786110	310307	273135	37172	5601
安 徽	184531	101956	90085	11871	7096
福 建	148543	119812	107958	11854	111
江 西	260727	171674	106452	65222	16147
山 东	137280	100226	67460	32766	757
河 南	73730	51978	48007	3970	1285
湖 北	90971	78578	50180	28398	1223
湖 南	216705	147032	120936	26096	1553
广 东	649121	431971	334205	97766	9604
广 西	272486	136854	99004	37850	20180
海 南	33101	17633	13491	4142	4000
重 庆	12744	9570	9102	468	35
四 川	286850	143442	131334	12108	1736
贵 州	65841	51351	29020	22331	8539
云 南	147194	137533	117180	20352	19024
西 藏					
陕 西	172775	98753	70845	27909	12502
甘 肃	88573	53376	37974	15402	20
青 海	15301	12225	10208	2017	
宁 夏					
新 疆	179376	146885	121156	25729	
大 连	87852	67129	60035	7094	
宁 波	134286	94626	84014	10612	2191
厦 门	977	852	618	234	
青 岛	28669	24023	16380	7642	
深 圳	32593	21852	17464	4389	3550

基本建设支出明细(地方成人高等学校)

单位：千元

公用部分	商品和服务支出	其他资本性支出	专项公用支出	专项项目支出	基本建设支出
2164062	**1330559**	**833503**	**388576**	**444926**	**363604**
190817	151608	39209	33099	6110	2713
41019	23306	17713	17535	178	
65857	49248	16610	10017	6592	
24735	22540	2195	2095	100	
12792	10901	1891	491	1400	
24864	20392	4472	4472		
119007	63430	55577	20813	34764	17631
45143	36510	8634	3883	4750	
275286	215748	59538	41631	17906	
206994	19215	187779	12591	175188	
175803	88163	87640	27195	60445	300000
82576	53523	29053	4364	24689	
25731	19369	6362	6291	71	3000
89053	58341	30712	23901	6811	
37054	27572	9482	8824	658	
21753	14668	7085	5290	1795	
12393	11665	728	225	503	
69673	52182	17492	3546	13946	
217150	118509	98641	53619	45022	
95373	36724	58649	55158	3491	40259
15469	9998	5470	3727	1743	
3174	2003	1170	1170		
143409	99836	43573	21628	21945	
14491	6928	7563	1734	5829	
9661	4796	4865	4865		
74022	52723	21298	10629	10669	
35197	31147	4050	3729	320	
3076	245	2831	2831		
32491	29269	3222	3222		
20723	16258	4465	4465		
39660	23730	15931	3040	12890	
125	123	2	2		
4646	2563	2083	2083		
10741	8894	1847	1767	80	

6-13 公共财政预算教育事业费和

地区	合计	个人部分			
			工资福利支出	对个人和家庭的补助支出	
					#助学金
合计	**155548623**	**92142928**	**68651725**	**23491203**	**8222768**
北京	4292687	2520957	2021680	499277	60442
天津	2232904	1594944	996324	598620	89190
河北	7488373	5209431	4105928	1103503	267932
山西	4393036	2664754	2162593	502161	182590
内蒙古	3163367	1925728	1502255	423473	300433
辽宁	3950867	2349971	1836431	513540	168668
吉林	3150252	2131494	1314070	817424	108660
黑龙江	3600994	2219090	1328715	890376	160681
上海	3015350	2049015	1922664	126351	76281
江苏	11733805	7937278	5997212	1940066	261663
浙江	9536167	6217820	5300886	916934	191266
安徽	5315448	2445457	1728650	716807	389725
福建	4270788	2640425	2181949	458476	76592
江西	3315452	1810857	1178082	632775	297686
山东	12737806	7982124	6080686	1901438	289563
河南	7189870	3603419	2988816	614603	418035
湖北	5528880	2866136	1958015	908122	261691
湖南	5921270	3209863	2354807	855056	394639
广东	15829153	9399675	6750608	2649067	401979
广西	5589900	2714078	1901187	812891	361840
海南	1560705	661331	543693	117638	84298
重庆	3674680	1764608	1299556	465053	396645
四川	6865232	4107411	3095556	1011856	637033
贵州	4004743	2214492	1214242	1000250	606841
云南	5649235	3173605	2303154	870451	664609
西藏	553288	290004	186665	103340	62022
陕西	3075059	1922477	1279484	642993	317000
甘肃	2578405	1651432	1116521	534911	180314
青海	937317	367417	242887	124529	72411
宁夏	797452	381192	287957	93235	66010
新疆	3596139	2116444	1470455	645988	376027
大连	976680	471218	419995	51222	4922
宁波	1850205	1212415	1041447	170968	19580
厦门	630743	453102	344069	109033	8459
青岛	2167941	1612467	1214989	397478	21885
深圳	1796428	879529	638658	240871	53883

基本建设支出明细(中等职业学校)

单位：千元

公用部分	商品和服务支出	其他资本性支出	专项公用支出	专项项目支出	基本建设支出
59242619	**29588074**	**29654545**	**12472826**	**17181718**	**4163076**
1717919	1061278	656641	570595	86046	53811
612333	480484	131849	51506	80343	25627
2159492	1103882	1055610	462330	593280	119450
1648445	821969	826476	363286	463191	79837
1177977	614909	563069	388461	174607	59661
1459374	897537	561836	282707	279130	141522
960174	412070	548105	232785	315320	58584
1237271	494137	743134	221416	521718	144633
957782	821023	136758	111108	25651	8554
3725534	1856398	1869136	620264	1248872	70993
3257823	1663741	1594081	511854	1082228	60524
2704459	864155	1840304	435192	1405113	165533
1596274	716890	879384	353130	526254	34090
1394141	515061	879080	217448	661632	110453
4729522	2209707	2519814	789002	1730812	26160
3481237	1848590	1632647	645024	987623	105214
2658007	937694	1720314	484805	1235508	4736
2578717	1370528	1208189	389587	818602	132690
5704571	3407679	2296893	1472099	824794	724907
2319830	845935	1473896	990353	483543	555992
828160	409986	418174	298342	119832	71215
1719927	1012473	707454	296236	411218	190144
2496231	1479310	1016921	533469	483451	261590
1605582	737916	867666	257572	610094	184669
2313065	981038	1332027	454133	877894	162566
215754	100964	114790	52852	61938	47530
1062672	545752	516921	198042	318879	89909
805889	400406	405483	147875	257608	121084
479309	136462	342847	207935	134912	90592
356260	143275	212985	151090	61895	60000
1278889	696827	582062	282329	299733	200806
487206	265776	221430	33754	187676	18256
637405	344987	292418	99833	192585	385
177641	132379	45262	26128	19134	
555474	354513	200961	107567	93395	
552667	474836	77832	76578	1254	364232

6-14 公共财政预算教育事业费和

地区	合计	个人部分	工资福利支出	对个人和家庭的补助支出	#助学金
合计	154878029	91744414	68382739	23361675	8169761
北京	4203192	2466750	1982961	483789	57865
天津	2232275	1594523	996324	598199	88769
河北	7481504	5204322	4101543	1102780	267932
山西	4393036	2664754	2162593	502161	182590
内蒙古	3163367	1925728	1502255	423473	300433
辽宁	3950867	2349971	1836431	513540	168668
吉林	3150252	2131494	1314070	817424	108660
黑龙江	3529970	2174188	1303526	870663	157975
上海	3013120	2046785	1920434	126351	76281
江苏	11727581	7931177	5992116	1939061	260658
浙江	9536167	6217820	5300886	916934	191266
安徽	5313979	2444114	1728650	715464	388382
福建	4270788	2640425	2181949	458476	76592
江西	3314807	1810768	1178082	632686	297597
山东	12737806	7982124	6080686	1901438	289563
河南	7189870	3603419	2988816	614603	418035
湖北	5524227	2861483	1958015	903469	259690
湖南	5916154	3205824	2350869	854955	394639
广东	15796585	9377666	6734268	2643398	401119
广西	5589900	2714078	1901187	812891	361840
海南	1560705	661331	543693	117638	84298
重庆	3673685	1763920	1298908	465012	396605
四川	6839660	4092906	3086022	1006883	632389
贵州	4004743	2214492	1214242	1000250	606841
云南	5649235	3173605	2303154	870451	664609
西藏	553288	290004	186665	103340	62022
陕西	3075059	1922477	1279484	642993	317000
甘肃	2578405	1651432	1116521	534911	180314
青海	937317	367417	242887	124529	72411
宁夏	797452	381192	287957	93235	66010
新疆	3173032	1878224	1307548	570676	338706
大连	976680	471218	419995	51222	4922
宁波	1850205	1212415	1041447	170968	19580
厦门	630743	453102	344069	109033	8459
青岛	2167941	1612467	1214989	397478	21885
深圳	1796428	879529	638658	240871	53883

基本建设支出明细(地方中等职业学校)

单位：千元

公用部分	商品和服务支出	其他资本性支出	专项公用支出	专项项目支出	基本建设支出
59012116	**29433438**	**29578678**	**12428386**	**17150292**	**4121499**
1682631	1033627	649005	565645	83360	53811
612124	480276	131849	51506	80343	25627
2157732	1102122	1055610	462330	593280	119450
1648445	821969	826476	363286	463191	79837
1177977	614909	563069	388461	174607	59661
1459374	897537	561836	282707	279130	141522
960174	412070	548105	232785	315320	58584
1219164	481589	737575	216857	520718	136617
957782	821023	136758	111108	25651	8554
3725411	1856275	1869136	620264	1248872	70993
3257823	1663741	1594081	511854	1082228	60524
2704332	864028	1840304	435192	1405113	165533
1596274	716890	879384	353130	526254	34090
1393586	514506	879080	217448	661632	110453
4729522	2209707	2519814	789002	1730812	26160
3481237	1848590	1632647	645024	987623	105214
2658007	937694	1720314	484805	1235508	4736
2577639	1369450	1208189	389587	818602	132690
5694012	3399162	2294850	1470266	824585	724907
2319830	845935	1473896	990353	483543	555992
828160	409986	418174	298342	119832	71215
1719621	1012167	707454	296236	411218	190144
2485165	1469075	1016090	532638	483451	261590
1605582	737916	867666	257572	610094	184669
2313065	981038	1332027	454133	877894	162566
215754	100964	114790	52852	61938	47530
1062672	545752	516921	198042	318879	89909
805889	400406	405483	147875	257608	121084
479309	136462	342847	207935	134912	90592
356260	143275	212985	151090	61895	60000
1127564	605300	522264	250061	272203	167245
487206	265776	221430	33754	187676	18256
637405	344987	292418	99833	192585	385
177641	132379	45262	26128	19134	
555474	354513	200961	107567	93395	
552667	474836	77832	76578	1254	364232

6-15 公共财政预算教育事业费和

地 区	合 计				
		个人部分			
			工资福利支 出	对个人和家庭的补助支出	
					#助学金
合 计	**72228040**	**41835476**	**30401805**	**11433671**	**4241898**
北 京	1666997	979971	728821	251150	40123
天 津	1111575	822297	528279	294018	48444
河 北	2089599	1482512	1101643	380869	132809
山 西	1839092	1070119	854315	215804	71258
内蒙古	1230806	688732	469170	219562	170425
辽 宁	1903959	1168671	951144	217527	63720
吉 林	1018880	702380	433845	268535	37646
黑龙江	1058338	606876	334186	272690	85070
上 海	1751118	1215208	1160493	54715	38627
江 苏	7895799	5507073	4180109	1326964	152636
浙 江	1425464	918831	780421	138410	36327
安 徽	3101193	1397430	1006166	391264	234610
福 建	3177634	1995292	1646967	348325	55960
江 西	1628314	932553	552314	380239	194575
山 东	6028148	3552860	2680933	871928	141164
河 南	2992997	1402470	1040212	362258	253742
湖 北	3614194	1678320	1185656	492664	181039
湖 南	1278913	704062	490576	213486	108164
广 东	7686808	4600759	3300407	1300352	248494
广 西	4181454	2012223	1397333	614890	278593
海 南	897285	365635	302764	62871	44415
重 庆	579694	230144	142226	87918	73854
四 川	2577086	1426787	1038247	388540	256535
贵 州	2009464	1061760	563397	498363	287231
云 南	2703866	1399251	859647	539604	417742
西 藏	553288	290004	186665	103340	62022
陕 西	638427	422650	259743	162908	81764
甘 肃	1897179	1210659	823156	387504	116491
青 海	932854	363975	241628	122347	70862
宁 夏	425076	205075	151424	53651	41773
新 疆	2332538	1420897	1009920	410977	215783
大 连	327643	191316	170305	21011	3231
宁 波	436504	271015	232623	38392	2933
厦 门	547818	402873	310393	92481	7777
青 岛	245504	185496	136370	49126	1729
深 圳	309841	202363	163194	39169	3953

基本建设支出明细(中等专业学校)

单位：千元

公用部分	商品和服务支出	其他资本性支出	专项公用支出	专项项目支出	基本建设支出
28354144	**13956532**	**14397612**	**6381346**	**8016265**	**2038421**
683930	433960	249969	215949	34020	3095
289278	231992	57286	16915	40371	
597711	411602	186109	118089	68019	9376
746667	363817	382850	155245	227605	22305
534786	297580	237206	168155	69051	7288
659982	464991	194992	158286	36706	75306
305400	161519	143881	85046	58835	11100
424128	207826	216301	108132	108170	27334
529044	434672	94372	75853	18519	6866
2329733	1237551	1092181	431805	660376	58993
495594	260098	235495	101922	133574	11039
1574138	520225	1053913	261079	792834	129625
1148352	551022	597329	264660	332669	33990
681856	337281	344576	149155	195420	13905
2462928	1038817	1424111	356067	1068043	12360
1513652	789566	724086	280456	443630	76876
1931138	714848	1216290	356808	859481	4736
572852	335566	237286	59535	177751	2000
2857285	1564434	1292851	785586	507266	228764
1764989	632635	1132354	735006	397348	404242
465281	238097	227184	141616	85568	66369
293677	162680	130996	85170	45826	55874
1046481	624392	422089	221426	200663	103818
819903	329682	490221	117786	372435	127801
1186677	458081	728596	214573	514024	117938
215754	100964	114790	52852	61938	47530
200289	96134	104155	59782	44373	15488
614257	329309	284947	126960	157987	72264
478287	135440	342847	207935	134912	90592
200001	69368	130632	93223	37409	20000
730096	422382	307714	176274	131440	181546
124632	104364	20268	17837	2430	11695
165489	63373	102116	25365	76751	
144945	111092	33853	21907	11946	
60008	50689	9319	6295	3024	
92025	81786	10239	10182	57	15453

6-16 公共财政预算教育事业费和

地区	合计	个人部分	工资福利支出	对个人和家庭的补助支出	#助学金
合计	**71771966**	**41584629**	**30227898**	**11356731**	**4218685**
北京	1577502	925764	690102	235662	37546
天津	1111575	822297	528279	294018	48444
河北	2082731	1477404	1097258	380146	132809
山西	1839092	1070119	854315	215804	71258
内蒙古	1230806	688732	469170	219562	170425
辽宁	1903959	1168671	951144	217527	63720
吉林	1018880	702380	433845	268535	37646
黑龙江	1058338	606876	334186	272690	85070
上海	1748888	1212978	1158263	54715	38627
江苏	7895799	5507073	4180109	1326964	152636
浙江	1425464	918831	780421	138410	36327
安徽	3101193	1397430	1006166	391264	234610
福建	3177634	1995292	1646967	348325	55960
江西	1627670	932464	552314	380150	194486
山东	6028148	3552860	2680933	871928	141164
河南	2992997	1402470	1040212	362258	253742
湖北	3609541	1673667	1185656	488011	179038
湖南	1278913	704062	490576	213486	108164
广东	7654240	4578750	3284067	1294684	247634
广西	4181454	2012223	1397333	614890	278593
海南	897285	365635	302764	62871	44415
重庆	579694	230144	142226	87918	73854
四川	2568643	1425526	1038247	387279	255274
贵州	2009464	1061760	563397	498363	287231
云南	2703866	1399251	859647	539604	417742
西藏	553288	290004	186665	103340	62022
陕西	638427	422650	259743	162908	81764
甘肃	1897179	1210659	823156	387504	116491
青海	932854	363975	241628	122347	70862
宁夏	425076	205075	151424	53651	41773
新疆	2021366	1259607	897686	361921	199358
大连	327643	191316	170305	21011	3231
宁波	436504	271015	232623	38392	2933
厦门	547818	402873	310393	92481	7777
青岛	245504	185496	136370	49126	1729
深圳	309841	202363	163194	39169	3953

基本建设支出明细(地方中等专业学校)

单位：千元

公用部分	商品和服务支出	其他资本性支出			基本建设支出
			专项公用支出	专项项目支出	
28182477	**13846882**	**14335595**	**6349756**	**7985839**	**2004859**
648642	406309	242333	210999	31334	3095
289278	231992	57286	16915	40371	
595951	409842	186109	118089	68019	9376
746667	363817	382850	155245	227605	22305
534786	297580	237206	168155	69051	7288
659982	464991	194992	158286	36706	75306
305400	161519	143881	85046	58835	11100
424128	207826	216301	108132	108170	27334
529044	434672	94372	75853	18519	6866
2329733	1237551	1092181	431805	660376	58993
495594	260098	235495	101922	133574	11039
1574138	520225	1053913	261079	792834	129625
1148352	551022	597329	264660	332669	33990
681301	336725	344576	149155	195420	13905
2462928	1038817	1424111	356067	1068043	12360
1513652	789566	724086	280456	443630	76876
1931138	714848	1216290	356808	859481	4736
572852	335566	237286	59535	177751	2000
2846726	1555917	1290809	783753	507056	228764
1764989	632635	1132354	735006	397348	404242
465281	238097	227184	141616	85568	66369
293677	162680	130996	85170	45826	55874
1039298	617209	422089	221426	200663	103818
819903	329682	490221	117786	372435	127801
1186677	458081	728596	214573	514024	117938
215754	100964	114790	52852	61938	47530
200289	96134	104155	59782	44373	15488
614257	329309	284947	126960	157987	72264
478287	135440	342847	207935	134912	90592
200001	69368	130632	93223	37409	20000
613774	358398	255377	151466	103910	147985
124632	104364	20268	17837	2430	11695
165489	63373	102116	25365	76751	
144945	111092	33853	21907	11946	
60008	50689	9319	6295	3024	
92025	81786	10239	10182	57	15453

6-17 公共财政预算教育事业费和

地区	合计	个人部分	工资福利支出	对个人和家庭的补助支出	#助学金
合计	**57659629**	**35279179**	**27032062**	**8247117**	**3033106**
北京	1357912	977104	839554	137550	7626
天津	670490	403685	221288	182397	22985
河北	4016374	2663756	2154462	509294	117243
山西	1869029	1121911	929061	192850	94407
内蒙古	1613300	970971	789455	181516	126783
辽宁	1702778	987636	737084	250553	95218
吉林	1251349	729398	490082	239316	19593
黑龙江	1592305	1047282	637832	409451	71641
上海	1035349	716591	647958	68632	37536
江苏	2327280	1514493	1115072	399421	73859
浙江	6975862	4557580	3910083	647497	134482
安徽	2011210	914677	639224	275453	134792
福建	554838	308051	252037	56013	11250
江西	1223707	588077	399571	188506	100045
山东	4072103	2890858	2272293	618565	64290
河南	2545313	1403320	1233549	169770	135363
湖北	1507218	977711	617093	360618	75685
湖南	3768544	2057676	1526887	530790	259904
广东	3601818	2278559	1664937	613622	47313
广西	90533	63229	35030	28199	7959
海南	439412	200813	162302	38511	28893
重庆	2299122	1243096	916397	326699	292238
四川	3680372	2305462	1787201	518261	306375
贵州	1798603	1051319	638458	412862	239498
云南	2043903	1174364	929451	244913	189652
西藏					
陕西	1796632	1083274	769905	313368	136093
甘肃	628492	392970	263346	129624	62293
青海	4463	3442	1259	2182	1549
宁夏	372376	176117	136533	39585	24238
新疆	808939	475757	314658	161098	114302
大连	524495	237966	213313	24653	120
宁波	1130552	752219	648725	103495	15530
厦门					
青岛	1698486	1298857	974759	324098	16000
深圳	947794	406249	303719	102530	20355

基本建设支出明细(职业高中)

单位：千元

公用部分	商品和服务支出	其他资本性支出	专项公用支出	专项项目支出	基本建设支出
20840918	**10191062**	**10649855**	**3747285**	**6902570**	**1539532**
371093	294946	76147	39851	36297	9715
266806	202622	64184	27670	36514	
1247955	520386	727569	239899	487670	104663
692383	349287	343096	177912	165184	54735
596166	279852	316314	212099	104215	46163
655712	315974	339738	102927	236811	59430
475188	156199	318989	106726	212263	46763
444268	181840	262428	87650	174778	100754
317070	277177	39893	32762	7132	1688
800787	277917	522870	97539	425331	12000
2369182	1155195	1213988	333321	880666	49100
1060626	309108	751518	157949	593568	35908
246787	64654	182133	44666	137467	
539081	112913	426169	57762	368406	96548
1168645	591458	577187	234150	343036	12600
1115345	584042	531303	191610	339693	26649
529507	171176	358331	76869	281462	
1602277	876627	725650	257693	467956	108590
1078582	711272	367310	261352	105959	244678
21451	5553	15898	5853	10044	5853
234072	131152	102920	83052	19869	4526
941303	554803	386500	119330	267171	114723
1240214	709622	530592	268875	261718	134695
690417	320857	369560	137166	232394	56868
834369	357547	476822	147324	329498	35170
643725	329346	314379	95848	218532	69633
186702	67093	119609	20892	98718	48821
1022	1022				
156259	73906	82353	57867	24486	40000
313923	207519	106404	70672	35733	19260
286529	93051	193477	8231	185246	
378332	211248	167084	63586	103498	
399629	251898	147731	81606	66125	
298126	245161	52964	52964		243419

6-18 公共财政预算教育事业费和

地区	合计	个人部分	工资福利支出	对个人和家庭的补助支出	#助学金
合计	57558249	35217609	26977278	8240331	3032524
北京	1357912	977104	839554	137550	7626
天津	670490	403685	221288	182397	22985
河北	4016374	2663756	2154462	509294	117243
山西	1869029	1121911	929061	192850	94407
内蒙古	1613300	970971	789455	181516	126783
辽宁	1702778	987636	737084	250553	95218
吉林	1251349	729398	490082	239316	19593
黑龙江	1576310	1038583	631453	407130	71059
上海	1035349	716591	647958	68632	37536
江苏	2327280	1514493	1115072	399421	73859
浙江	6975862	4557580	3910083	647497	134482
安徽	2011210	914677	639224	275453	134792
福建	554838	308051	252037	56013	11250
江西	1223707	588077	399571	188506	100045
山东	4072103	2890858	2272293	618565	64290
河南	2545313	1403320	1233549	169770	135363
湖北	1507218	977711	617093	360618	75685
湖南	3768544	2057676	1526887	530790	259904
广东	3601818	2278559	1664937	613622	47313
广西	90533	63229	35030	28199	7959
海南	439412	200813	162302	38511	28893
重庆	2299122	1243096	916397	326699	292238
四川	3680372	2305462	1787201	518261	306375
贵州	1798603	1051319	638458	412862	239498
云南	2043903	1174364	929451	244913	189652
西藏					
陕西	1796632	1083274	769905	313368	136093
甘肃	628492	392970	263346	129624	62293
青海	4463	3442	1259	2182	1549
宁夏	372376	176117	136533	39585	24238
新疆	723554	422886	266252	156634	114302
大连	524495	237966	213313	24653	120
宁波	1130552	752219	648725	103495	15530
厦门					
青岛	1698486	1298857	974759	324098	16000
深圳	947794	406249	303719	102530	20355

基本建设支出明细(地方职业高中)

单位：千元

公用部分	商品和服务支出	其他资本性支出	专项公用支出	专项项目支出	基本建设支出
20801108	**10160482**	**10640626**	**3739056**	**6901570**	**1539532**
371093	294946	76147	39851	36297	9715
266806	202622	64184	27670	36514	
1247955	520386	727569	239899	487670	104663
692383	349287	343096	177912	165184	54735
596166	279852	316314	212099	104215	46163
655712	315974	339738	102927	236811	59430
475188	156199	318989	106726	212263	46763
436973	176420	260553	86775	173778	100754
317070	277177	39893	32762	7132	1688
800787	277917	522870	97539	425331	12000
2369182	1155195	1213988	333321	880666	49100
1060626	309108	751518	157949	593568	35908
246787	64654	182133	44666	137467	
539081	112913	426169	57762	368406	96548
1168645	591458	577187	234150	343036	12600
1115345	584042	531303	191610	339693	26649
529507	171176	358331	76869	281462	
1602277	876627	725650	257693	467956	108590
1078582	711272	367310	261352	105959	244678
21451	5553	15898	5853	10044	5853
234072	131152	102920	83052	19869	4526
941303	554803	386500	119330	267171	114723
1240214	709622	530592	268875	261718	134695
690417	320857	369560	137166	232394	56868
834369	357547	476822	147324	329498	35170
643725	329346	314379	95848	218532	69633
186702	67093	119609	20892	98718	48821
1022	1022				
156259	73906	82353	57867	24486	40000
281408	182359	99050	63317	35733	19260
286529	93051	193477	8231	185246	
378332	211248	167084	63586	103498	
399629	251898	147731	81606	66125	
298126	245161	52964	52964		243419

6-19　公共财政预算教育事业费和

地　区	合　计	个人部分	工资福利支　出	对个人和家庭的补助支出	#助学金
合　计	**27256239**	**16319101**	**12711282**	**3607819**	**1720941**
北　京	220099	155325	135855	19469	761
天　津					
河　北	2313308	1483123	1229760	253363	85027
山　西	1090282	710681	599834	110847	57176
内蒙古	1094155	657949	544480	113469	70066
辽　宁	446399	297854	230114	67740	24059
吉　林	482881	288097	196667	91429	8422
黑龙江	650351	388723	253613	135109	10609
上　海	89078	64405	62382	2022	1832
江　苏	1068976	726866	538573	188293	54099
浙　江	2787059	1841175	1569992	271184	73789
安　徽	1553931	685363	490385	194977	109940
福　建	74359	51281	41443	9838	1258
江　西	816022	382734	271594	111141	50038
山　东	1279895	818639	691423	127216	26486
河　南	1537296	859002	769860	89142	70769
湖　北	541623	320195	222294	97900	37511
湖　南	2095852	1121975	846056	275919	149725
广　东	395336	251456	210955	40500	7506
广　西	80956	59324	35030	24294	4054
海　南	118610	72498	60179	12319	6679
重　庆	1098260	623694	454871	168823	149256
四　川	2268839	1424136	1101401	322735	207370
贵　州	1239513	696086	450608	245478	138609
云　南	1327314	809441	641169	168273	134746
西　藏					
陕　西	1313394	773796	572196	201601	75788
甘　肃	531926	327320	223833	103488	45208
青　海	4463	3442	1259	2182	1549
宁　夏	203656	104094	80621	23472	12632
新　疆	532406	320428	184834	135594	105979
大　连	61449	50365	44363	6003	47
宁　波	336218	241404	214665	26740	7215
厦　门					
青　岛	50812	27942	21327	6615	1018
深　圳					

基本建设支出明细(农村职业高中)

单位：千元

公用部分	商品和服务支出	其他资本性支出			基本建设支出
			专项公用支出	专项项目支出	
10054402	**4605074**	**5449328**	**1806746**	**3642582**	**882737**
64775	31265	33510	3547	29963	
729762	301248	428514	133398	295116	100423
329866	199464	130401	80453	49948	49735
392064	174172	217892	153710	64182	44143
102345	61595	40750	28615	12135	46200
175215	67443	107771	37318	70453	19569
187215	81548	105667	29023	76644	74414
24673	23272	1401	1401		
342110	120125	221985	67965	154019	
913584	469465	444119	138508	305611	32300
832660	251862	580799	122604	458194	35908
23078	14760	8317	4507	3811	
373139	79513	293626	36845	256781	60149
461256	168446	292809	100595	192215	
668175	322153	346022	80335	265686	10119
221428	63012	158416	24435	133980	
868287	487944	380343	124104	256239	105590
143171	86419	56752	30955	25797	710
15779	5321	10458	5571	4887	5853
46112	29949	16163	14913	1250	
453779	206623	247155	69803	177352	20787
791423	434709	356714	175317	181397	53280
492090	233458	258631	103748	154884	51338
488203	203543	284660	104342	180318	29670
471560	239277	232283	59480	172803	68038
165355	54352	111003	13742	97262	39250
1022	1022				
79562	37794	41768	33440	8328	20000
196718	155318	41400	28071	13329	15260
11083	10721	362	323	39	
94813	53320	41494	9710	31784	
22870	3767	19103	15587	3516	

6-20 公共财政预算教育事业费和

地区	合计	个人部分	工资福利支出	对个人和家庭的补助支出	#助学金
合计	**27243095**	**16310937**	**12704903**	**3606034**	**1720894**
北京	220099	155325	135855	19469	761
天津					
河北	2313308	1483123	1229760	253363	85027
山西	1090282	710681	599834	110847	57176
内蒙古	1094155	657949	544480	113469	70066
辽宁	446399	297854	230114	67740	24059
吉林	482881	288097	196667	91429	8422
黑龙江	637208	380559	247235	133324	10561
上海	89078	64405	62382	2022	1832
江苏	1068976	726866	538573	188293	54099
浙江	2787059	1841175	1569992	271184	73789
安徽	1553931	685363	490385	194977	109940
福建	74359	51281	41443	9838	1258
江西	816022	382734	271594	111141	50038
山东	1279895	818639	691423	127216	26486
河南	1537296	859002	769860	89142	70769
湖北	541623	320195	222294	97900	37511
湖南	2095852	1121975	846056	275919	149725
广东	395336	251456	210955	40500	7506
广西	80956	59324	35030	24294	4054
海南	118610	72498	60179	12319	6679
重庆	1098260	623694	454871	168823	149256
四川	2268839	1424136	1101401	322735	207370
贵州	1239513	696086	450608	245478	138609
云南	1327314	809441	641169	168273	134746
西藏					
陕西	1313394	773796	572196	201601	75788
甘肃	531926	327320	223833	103488	45208
青海	4463	3442	1259	2182	1549
宁夏	203656	104094	80621	23472	12632
新疆	532406	320428	184834	135594	105979
大连	61449	50365	44363	6003	47
宁波	336218	241404	214665	26740	7215
厦门					
青岛	50812	27942	21327	6615	1018
深圳					

基本建设支出明细(地方农村职业高中)

单位：千元

公用部分	商品和服务支出	其他资本性支出	专项公用支出	专项项目支出	基本建设支出
10049422	**4601969**	**5447453**	**1805871**	**3641582**	**882737**
64775	31265	33510	3547	29963	
729762	301248	428514	133398	295116	100423
329866	199464	130401	80453	49948	49735
392064	174172	217892	153710	64182	44143
102345	61595	40750	28615	12135	46200
175215	67443	107771	37318	70453	19569
182235	78443	103792	28148	75644	74414
24673	23272	1401	1401		
342110	120125	221985	67965	154019	
913584	469465	444119	138508	305611	32300
832660	251862	580799	122604	458194	35908
23078	14760	8317	4507	3811	
373139	79513	293626	36845	256781	60149
461256	168446	292809	100595	192215	
668175	322153	346022	80335	265686	10119
221428	63012	158416	24435	133980	
868287	487944	380343	124104	256239	105590
143171	86419	56752	30955	25797	710
15779	5321	10458	5571	4887	5853
46112	29949	16163	14913	1250	
453779	206623	247155	69803	177352	20787
791423	434709	356714	175317	181397	53280
492090	233458	258631	103748	154884	51338
488203	203543	284660	104342	180318	29670
471560	239277	232283	59480	172803	68038
165355	54352	111003	13742	97262	39250
1022	1022				
79562	37794	41768	33440	8328	20000
196718	155318	41400	28071	13329	15260
11083	10721	362	323	39	
94813	53320	41494	9710	31784	
22870	3767	19103	15587	3516	

6-21 公共财政预算教育事业费和

地区	合计	个人部分	工资福利支出	对个人和家庭的补助支出	#助学金
合计	**18890351**	**10292487**	**7590243**	**2702244**	**836706**
北京	1212856	522509	421225	101284	12693
天津	407305	330823	225242	105581	17761
河北	565193	352456	275978	76478	17229
山西	377156	203354	164741	38613	15244
内蒙古	86351	65743	54631	11113	3191
辽宁	326167	182916	140986	41930	8811
吉林	181477	125405	41794	83611	49740
黑龙江	629010	298025	195517	102508	3054
上海	91106	80038	78292	1746	117
江苏	1188793	687727	559987	127740	31300
浙江	751296	474424	393287	81137	17233
安徽	64108	40431	21920	18511	10146
福建	490575	323615	271922	51693	9382
江西	96019	68223	48225	19999	3063
山东	2287252	1229208	878129	351079	81752
河南	1149119	490302	424911	65391	18063
湖北	252744	172894	128933	43961	3917
湖南	470808	176775	132618	44157	9174
广东	4386631	2422455	1709407	713048	102962
广西	1302949	626934	461365	165569	75248
海南	220183	92632	76389	16243	10990
重庆	360924	125013	91638	33375	29994
四川	504892	300265	218748	81517	56945
贵州	148031	72703		72703	72703
云南	618723	361005	287396	73609	57215
西藏					
陕西	491449	322154	185323	136831	95552
甘肃	4403	4034	970	3065	1530
青海					
宁夏					
新疆	224829	140423	100670	39753	21697
大连	117378	39313	33976	5337	1571
宁波	57025	29131	26639	2492	448
厦门	82926	50229	33677	16552	682
青岛	219306	123754	99991	23763	4044
深圳	494258	252771	158411	94360	26895

基本建设支出明细(技工学校)

单位：千元

公用部分	商品和服务支出	其他资本性支出			基本建设支出
			专项公用支出	专项项目支出	
8045804	**4185778**	**3860026**	**2114931**	**1745095**	**552060**
649347	320196	329150	313421	15729	41000
50855	41744	9111	5653	3458	25627
207326	89320	118006	91659	26347	5411
171006	75462	95544	26997	68547	2797
20607	13557	7051	5709	1342	
136689	109615	27074	21461	5613	6562
55351	23931	31419	18531	12888	721
322969	66475	256493	19337	237156	8016
11068	10197	872	872		
501067	278767	222299	82036	140263	
276487	154672	121815	68068	53746	385
23678	6145	17533	10383	7150	
166860	100321	66539	43721	22818	100
27796	11107	16689	1606	15082	
1056845	548357	508487	194298	314189	1200
658496	309098	349398	160722	188676	322
79851	44937	34914	4815	30099	
274033	52867	221165	58254	162911	20000
1727071	1105823	621248	416649	204599	237105
530118	205158	324960	248810	76150	145897
127231	39672	87559	73675	13885	320
216635	107280	109356	55536	53819	19276
181551	123194	58357	41026	17331	23076
75328	75328				
248259	127033	121226	89855	31371	9458
164508	104348	60160	35822	24337	4787
369	369				
84405	40804	43601	26014	17587	
71503	63851	7653	7653		6562
27510	20808	6702	5969	733	385
32697	21287	11409	4221	7188	
95553	51641	43911	19666	24246	
150487	140307	10180	9381	799	91000

6-22 公共财政预算教育事业费和

地区	合计	个人部分	工资福利支出	对个人和家庭的补助支出	#助学金
合计	**18806184**	**10232386**	**7553829**	**2678557**	**828390**
北京	1212856	522509	421225	101284	12693
天津	406675	330402	225242	105160	17340
河北	565193	352456	275978	76478	17229
山西	377156	203354	164741	38613	15244
内蒙古	86351	65743	54631	11113	3191
辽宁	326167	182916	140986	41930	8811
吉林	181477	125405	41794	83611	49740
黑龙江	576405	263761	178319	85442	930
上海	91106	80038	78292	1746	117
江苏	1182569	681625	554890	126735	30295
浙江	751296	474424	393287	81137	17233
安徽	62639	39088	21920	17169	8803
福建	490575	323615	271922	51693	9382
江西	96019	68223	48225	19999	3063
山东	2287252	1229208	878129	351079	81752
河南	1149119	490302	424911	65391	18063
湖北	252744	172894	128933	43961	3917
湖南	465692	172737	128680	44057	9174
广东	4386631	2422455	1709407	713048	102962
广西	1302949	626934	461365	165569	75248
海南	220183	92632	76389	16243	10990
重庆	359929	124325	90990	33335	29954
四川	487764	287020	209215	77805	53561
贵州	148031	72703		72703	72703
云南	618723	361005	287396	73609	57215
西藏					
陕西	491449	322154	185323	136831	95552
甘肃	4403	4034	970	3065	1530
青海					
宁夏					
新疆	224829	140423	100670	39753	21697
大连	117378	39313	33976	5337	1571
宁波	57025	29131	26639	2492	448
厦门	82926	50229	33677	16552	682
青岛	219306	123754	99991	23763	4044
深圳	494258	252771	158411	94360	26895

基本建设支出明细(地方技工学校)

单位：千元

公用部分	商品和服务支出	其他资本性支出	专项公用支出	专项项目支出	基本建设支出
8029753	**4174210**	**3855543**	**2110448**	**1745095**	**544044**
649347	320196	329150	313421	15729	41000
50646	41536	9111	5653	3458	25627
207326	89320	118006	91659	26347	5411
171006	75462	95544	26997	68547	2797
20607	13557	7051	5709	1342	
136689	109615	27074	21461	5613	6562
55351	23931	31419	18531	12888	721
312644	59803	252841	15685	237156	
11068	10197	872	872		
500943	278644	222299	82036	140263	
276487	154672	121815	68068	53746	385
23551	6018	17533	10383	7150	
166860	100321	66539	43721	22818	100
27796	11107	16689	1606	15082	
1056845	548357	508487	194298	314189	1200
658496	309098	349398	160722	188676	322
79851	44937	34914	4815	30099	
272955	51790	221165	58254	162911	20000
1727071	1105823	621248	416649	204599	237105
530118	205158	324960	248810	76150	145897
127231	39672	87559	73675	13885	320
216329	106973	109356	55536	53819	19276
177668	120142	57526	40195	17331	23076
75328	75328				
248259	127033	121226	89855	31371	9458
164508	104348	60160	35822	24337	4787
369	369				
84405	40804	43601	26014	17587	
71503	63851	7653	7653		6562
27510	20808	6702	5969	733	385
32697	21287	11409	4221	7188	
95553	51641	43911	19666	24246	
150487	140307	10180	9381	799	91000

6-23 公共财政预算教育事业费和

地区	合计	个人部分			
			工资福利支出	对个人和家庭的补助支出	#助学金
合计	**6770603**	**4735786**	**3627614**	**1108172**	**111058**
北京	54922	41373	32079	9294	
天津	43534	38140	21515	16625	
河北	817207	710706	573845	136861	651
山西	307759	269370	214476	54893	1681
内蒙古	232910	200282	188999	11283	33
辽宁	17963	10747	7216	3531	920
吉林	698545	574310	348348	225962	1681
黑龙江	321341	266907	161180	105727	916
上海	137777	37178	35920	1258	
江苏	321933	227986	142044	85942	3868
浙江	383545	266985	217095	49890	3223
安徽	138937	92919	61341	31578	10177
福建	47742	13467	11022	2444	
江西	367412	222004	177972	44032	3
山东	350302	309198	249332	59866	2356
河南	502440	307328	290145	17183	10867
湖北	154724	37212	26333	10879	1051
湖南	403004	271349	204726	66623	17396
广东	153896	97902	75857	22045	3211
广西	14964	11692	7459	4232	39
海南	3826	2251	2238	12	
重庆	434940	166356	149295	17061	560
四川	102881	74897	51359	23538	17179
贵州	48644	28709	12387	16322	7409
云南	282743	238984	226659	12325	
西藏					
陕西	148550	94399	64513	29886	3592
甘肃	48329	43768	29050	14718	
青海					
宁夏					
新疆	229833	79367	45207	34160	24245
大连	7164	2623	2402	221	
宁波	226124	160050	133460	26590	669
厦门					
青岛	4644	4360	3870	490	112
深圳	44536	18146	13333	4812	2680

基本建设支出明细(成人中等专业学校)

单位：千元

公用部分	商品和服务支出	其他资本性支出	专项公用支出	专项项目支出	基本建设支出
2001754	**1254702**	**747051**	**229263**	**517788**	**33063**
13549	12175	1374	1374		
5394	4126	1268	1268		
106500	82574	23927	12683	11243	
38389	33403	4986	3132	1855	
26417	23920	2498	2498		6210
6990	6958	32	32		225
124235	70420	53815	22481	31334	
45906	37995	7911	6297	1614	8529
100599	98978	1621	1621		
93948	62163	31785	8884	22901	
116560	93776	22784	8542	14241	
46017	28677	17340	5780	11560	
34275	892	33383	83	33300	
145408	53761	91647	8924	82723	
41104	31074	10030	4486	5543	
193745	165885	27860	12236	15624	1367
117512	6733	110780	46314	64466	
129555	105467	24088	14105	9983	2100
41634	26150	15484	8512	6971	14360
3272	2589	683	683		
1575	1065	510		510	
268312	187710	80601	36199	44402	272
27984	22102	5883	2143	3739	
19935	12050	7885	2620	5265	
43759	38377	5382	2382	3000	
54151	15924	38227	6590	31637	
4561	3635	926	23	903	
150465	26123	124343	9369	114973	
4542	4509	32	32		
66074	49558	16516	4913	11603	
284	284				
12030	7582	4448	4050	398	14360

6-24 公共财政预算教育事业费和

地区	合计	个人部分	工资福利支出	对个人和家庭的补助支出	#助学金
合计	**6741630**	**4709789**	**3623734**	**1086055**	**90163**
北京	54922	41373	32079	9294	
天津	43534	38140	21515	16625	
河北	817207	710706	573845	136861	651
山西	307759	269370	214476	54893	1681
内蒙古	232910	200282	188999	11283	33
辽宁	17963	10747	7216	3531	920
吉林	698545	574310	348348	225962	1681
黑龙江	318917	264969	159568	105401	916
上海	137777	37178	35920	1258	
江苏	321933	227986	142044	85942	3868
浙江	383545	266985	217095	49890	3223
安徽	138937	92919	61341	31578	10177
福建	47742	13467	11022	2444	
江西	367412	222004	177972	44032	3
山东	350302	309198	249332	59866	2356
河南	502440	307328	290145	17183	10867
湖北	154724	37212	26333	10879	1051
湖南	403004	271349	204726	66623	17396
广东	153896	97902	75857	22045	3211
广西	14964	11692	7459	4232	39
海南	3826	2251	2238	12	
重庆	434940	166356	149295	17061	560
四川	102881	74897	51359	23538	17179
贵州	48644	28709	12387	16322	7409
云南	282743	238984	226659	12325	
西藏					
陕西	148550	94399	64513	29886	3592
甘肃	48329	43768	29050	14718	
青海					
宁夏					
新疆	203284	55308	42939	12369	3350
大连	7164	2623	2402	221	
宁波	226124	160050	133460	26590	669
厦门					
青岛	4644	4360	3870	490	112
深圳	44536	18146	13333	4812	2680

基本建设支出明细(地方成人中等专业学校)

单位：千元

公用部分	商品和服务支出	其他资本性支出			基本建设支出
			专项公用支出	专项项目支出	
1998779	1251865	746914	229126	517788	33063
13549	12175	1374	1374		
5394	4126	1268	1268		
106500	82574	23927	12683	11243	
38389	33403	4986	3132	1855	
26417	23920	2498	2498		6210
6990	6958	32	32		225
124235	70420	53815	22481	31334	
45420	37541	7879	6266	1614	8529
100599	98978	1621	1621		
93948	62163	31785	8884	22901	
116560	93776	22784	8542	14241	
46017	28677	17340	5780	11560	
34275	892	33383	83	33300	
145408	53761	91647	8924	82723	
41104	31074	10030	4486	5543	
193745	165885	27860	12236	15624	1367
117512	6733	110780	46314	64466	
129555	105467	24088	14105	9983	2100
41634	26150	15484	8512	6971	14360
3272	2589	683	683		
1575	1065	510		510	
268312	187710	80601	36199	44402	272
27984	22102	5883	2143	3739	
19935	12050	7885	2620	5265	
43759	38377	5382	2382	3000	
54151	15924	38227	6590	31637	
4561	3635	926	23	903	
147976	23739	124236	9263	114973	
4542	4509	32	32		
66074	49558	16516	4913	11603	
284	284				
12030	7582	4448	4050	398	14360

6-25 公共财政预算教育事业费和

地区	合计				
		个人部分	工资福利支出	对个人和家庭的补助支出	#助学金
合计	**796938234**	**573979462**	**449844913**	**124134549**	**34788337**
北京	20790132	12208282	9996424	2211858	116561
天津	12008102	9273796	6221263	3052533	93526
河北	33398467	24912051	19812852	5099199	1261224
山西	18132214	13707143	11563575	2143568	683094
内蒙古	16515928	11503383	9863347	1640036	1044302
辽宁	19222664	15373052	12362977	3010076	179369
吉林	13604996	10022039	7087152	2934887	329541
黑龙江	19733981	14938756	10916259	4022497	255077
上海	16594837	11355221	10778272	576949	311031
江苏	52754982	42119442	31015777	11103665	1373753
浙江	37963977	29391176	24801358	4589818	884423
安徽	27875682	18557077	14637772	3919305	1137307
福建	22221650	16833177	14075968	2757209	369856
江西	26614995	15694000	11927378	3766623	1168594
山东	61530253	46646518	37088275	9558243	1196744
河南	39188945	23611654	20053592	3558062	2741089
湖北	32823354	24503615	17728979	6774636	871347
湖南	33367699	24308270	18393664	5914606	1690437
广东	67182840	49501509	39334836	10166673	1176607
广西	26032535	17539422	12453754	5085668	2227816
海南	6801602	3825455	3433606	391849	202520
重庆	17559336	11291940	9817195	1474745	1056851
四川	41075389	31028065	25361043	5667022	2955398
贵州	27799141	20436016	13998761	6437255	2860234
云南	27908317	20106447	15891383	4215064	3289197
西藏	4666878	3289532	2166821	1122710	672668
陕西	23102409	15561733	11472184	4089549	1464365
甘肃	16463543	12420509	8746319	3674191	1106902
青海	5248803	3488138	2703374	784764	357377
宁夏	4931639	3236497	2691712	544785	298127
新疆	23822945	17295546	13449042	3846505	1412999
大连	3756193	3001434	2702381	299053	29088
宁波	5215952	3957060	3283229	673831	127512
厦门	2261844	1851246	1376059	475187	24494
青岛	8167473	6269864	4655812	1614051	96702
深圳	8897355	5886342	4478548	1407795	65833

基本建设支出明细(中学)

单位：千元

公用部分	商品和服务支出	其他资本性支出	其他资本性支出：专项公用支出	其他资本性支出：专项项目支出	基本建设支出
208002191	**101522637**	**106479554**	**28108810**	**78370745**	**14956581**
7087470	5047229	2040241	1029501	1010740	1494381
2583062	1502347	1080715	270378	810337	151244
8170774	4083304	4087471	1262352	2825118	315642
4239909	2404027	1835883	527067	1308816	185162
4679572	2492356	2187216	736282	1450934	332973
3779442	2718306	1061136	523703	537433	70170
3443879	1507567	1936312	556913	1379400	139078
4591035	2555997	2035039	616493	1418546	204189
4860710	3435634	1425076	997691	427385	378906
10434775	4310221	6124554	1116186	5008368	200765
8091080	4191238	3899843	914478	2985365	481721
8537645	3273578	5264067	1366190	3897877	780960
5115638	2253976	2861663	823793	2037869	272834
10231497	2633756	7597741	1299639	6298103	689498
14655506	5032688	9622818	1424492	8198326	228230
14870544	7081666	7788878	1305670	6483208	706746
8319739	3436064	4883674	1194000	3689674	
8720142	4402547	4317595	1036229	3281366	339287
15881472	10141509	5739963	2689285	3050678	1799859
7499859	3090242	4409617	930242	3479375	993254
2885805	972913	1912891	648890	1264001	90341
5755524	3218489	2537035	1021596	1515439	511872
9353570	5462681	3890889	974279	2916610	693754
6696508	3274505	3422003	1008374	2413629	666617
7399850	3612777	3787073	906210	2880863	402019
1177887	469212	708675	140315	568360	199459
7033747	3592333	3441414	815271	2626143	506929
3741585	1563771	2177814	520702	1657112	301448
1257733	555171	702562	144559	558003	502932
1535092	624441	910651	327167	583484	160050
5371140	2582095	2789045	980862	1808184	1156258
754759	489049	265710	149128	116583	
1235432	471719	763713	119008	644705	23460
410598	346962	63635	39801	23835	
1897609	769868	1127742	173932	953810	
1680365	1379543	300821	262206	38615	1330648

6-26 公共财政预算教育事业费和

地区	合计	个人部分	工资福利支出	对个人和家庭的补助支出	#助学金
合计	**792930736**	**571241848**	**447748490**	**123493357**	**34651706**
北京	20123858	11818194	9730254	2087940	115590
天津	12008102	9273796	6221263	3052533	93526
河北	33398467	24912051	19812852	5099199	1261224
山西	18132214	13707143	11563575	2143568	683094
内蒙古	16515928	11503383	9863347	1640036	1044302
辽宁	19222664	15373052	12362977	3010076	179369
吉林	13553496	9986759	7055112	2931647	329535
黑龙江	19487442	14759840	10784796	3975044	252437
上海	16504272	11295737	10719514	576223	310997
江苏	52754982	42119442	31015777	11103665	1373753
浙江	37963977	29391176	24801358	4589818	884423
安徽	27875682	18557077	14637772	3919305	1137307
福建	22221650	16833177	14075968	2757209	369856
江西	26614995	15694000	11927378	3766623	1168594
山东	61530253	46646518	37088275	9558243	1196744
河南	39183169	23606336	20052072	3554263	2741089
湖北	32633393	24383047	17635861	6747186	871086
湖南	33367236	24308086	18393664	5914422	1690253
广东	67118527	49451584	39290064	10161520	1175441
广西	26032535	17539422	12453754	5085668	2227816
海南	6796043	3820617	3430479	390138	202438
重庆	17463635	11226272	9763427	1462845	1056186
四川	41075389	31028065	25361043	5667022	2955398
贵州	27799141	20436016	13998761	6437255	2860234
云南	27908317	20106447	15891383	4215064	3289197
西藏	4666878	3289532	2166821	1122710	672668
陕西	22992995	15481993	11413170	4068823	1459728
甘肃	16453849	12411622	8737536	3674086	1106827
青海	5248803	3488138	2703374	784764	357377
宁夏	4931639	3236497	2691712	544785	298127
新疆	21351206	15556830	12105152	3451678	1287089
大连	3756193	3001434	2702381	299053	29088
宁波	5215952	3957060	3283229	673831	127512
厦门	2261844	1851246	1376059	475187	24494
青岛	8167473	6269864	4655812	1614051	96702
深圳	8897355	5886342	4478548	1407795	65833

基本建设支出明细(地方中学)

单位：千元

公用部分	商品和服务支出	其他资本性支出			基本建设支出
			专项公用支出	专项项目支出	
207044297	**100958950**	**106085347**	**27926505**	**78158841**	**14644592**
6811284	4845170	1966114	957429	1008685	1494381
2583062	1502347	1080715	270378	810337	151244
8170774	4083304	4087471	1262352	2825118	315642
4239909	2404027	1835883	527067	1308816	185162
4679572	2492356	2187216	736282	1450934	332973
3779442	2718306	1061136	523703	537433	70170
3427659	1493876	1933783	554383	1379400	139078
4523413	2516132	2007281	604895	1402385	204189
4829629	3411885	1417744	990863	426881	378906
10434775	4310221	6124554	1116186	5008368	200765
8091080	4191238	3899843	914478	2985365	481721
8537645	3273578	5264067	1366190	3897877	780960
5115638	2253976	2861663	823793	2037869	272834
10231497	2633756	7597741	1299639	6298103	689498
14655506	5032688	9622818	1424492	8198326	228230
14870087	7081234	7788852	1305644	6483208	706746
8250346	3381785	4868561	1185156	3683404	
8719864	4402269	4317595	1036229	3281366	339287
15867084	10135594	5731490	2687821	3043669	1799859
7499859	3090242	4409617	930242	3479375	993254
2885084	972298	1912786	648845	1263941	90341
5725491	3202148	2523343	1007904	1515439	511872
9353570	5462681	3890889	974279	2916610	693754
6696508	3274505	3422003	1008374	2413629	666617
7399850	3612777	3787073	906210	2880863	402019
1177887	469212	708675	140315	568360	199459
7004073	3564379	3439693	813550	2626143	506929
3740779	1563459	2177320	520508	1656812	301448
1257733	555171	702562	144559	558003	502932
1535092	624441	910651	327167	583484	160050
4950106	2403897	2546209	917570	1628639	844270
754759	489049	265710	149128	116583	
1235432	471719	763713	119008	644705	23460
410598	346962	63635	39801	23835	
1897609	769868	1127742	173932	953810	
1680365	1379543	300821	262206	38615	1330648

6-27 公共财政预算教育事业费和

地区	合计	个人部分			
			工资福利支出	对个人和家庭的补助支出	
					#助学金
合计	**796425674**	**573639911**	**449577738**	**124062173**	**34787886**
北京	20784679	12208282	9996424	2211858	116561
天津	11979706	9245403	6200701	3044702	93526
河北	33397985	24912051	19812852	5099199	1261224
山西	18132165	13707143	11563575	2143568	683094
内蒙古	16515928	11503383	9863347	1640036	1044302
辽宁	19222664	15373052	12362977	3010076	179369
吉林	13601485	10018685	7085999	2932686	329541
黑龙江	19733981	14938756	10916259	4022497	255077
上海	16562709	11331247	10754787	576460	310735
江苏	52566205	42021865	30952987	11068878	1373598
浙江	37776781	29263949	24692734	4571215	884423
安徽	27875682	18557077	14637772	3919305	1137307
福建	22221612	16833140	14075931	2757209	369856
江西	26614995	15694000	11927378	3766623	1168594
山东	61504793	46621646	37066212	9555434	1196744
河南	39188945	23611654	20053592	3558062	2741089
湖北	32814466	24495830	17721687	6774143	871347
湖南	33366189	24306822	18392285	5914537	1690437
广东	67152168	49476626	39315048	10161578	1176607
广西	26032535	17539422	12453754	5085668	2227816
海南	6801602	3825455	3433606	391849	202520
重庆	17559336	11291940	9817195	1474745	1056851
四川	41075389	31028065	25361043	5667022	2955398
贵州	27799141	20436016	13998761	6437255	2860234
云南	27908317	20106447	15891383	4215064	3289197
西藏	4666878	3289532	2166821	1122710	672668
陕西	23102409	15561733	11472184	4089549	1464365
甘肃	16463543	12420509	8746319	3674191	1106902
青海	5248803	3488138	2703374	784764	357377
宁夏	4931639	3236497	2691712	544785	298127
新疆	23822945	17295546	13449042	3846505	1412999
大连	3756193	3001434	2702381	299053	29088
宁波	5214372	3955812	3282142	673670	127512
厦门	2261844	1851246	1376059	475187	24494
青岛	8167473	6269864	4655812	1614051	96702
深圳	8897355	5886342	4478548	1407795	65833

基本建设支出明细(普通中学)

单位：千元

公用部分	商品和服务支出	其他资本性支出	其他资本性支出：专项公用支出	其他资本性支出：专项项目支出	基本建设支出
207829182	**101432466**	**106396716**	**28100287**	**78296429**	**14956581**
7082017	5041889	2040128	1029388	1010740	1494381
2583059	1502344	1080715	270378	810337	151244
8170292	4082851	4087441	1262322	2825118	315642
4239860	2403978	1835883	527067	1308816	185162
4679572	2492356	2187216	736282	1450934	332973
3779442	2718306	1061136	523703	537433	70170
3443722	1507417	1936305	556905	1379400	139078
4591035	2555997	2035039	616493	1418546	204189
4852556	3427968	1424588	997204	427385	378906
10343576	4276966	6066610	1113311	4953299	200765
8031111	4153830	3877280	911040	2966241	481721
8537645	3273578	5264067	1366190	3897877	780960
5115638	2253976	2861663	823793	2037869	272834
10231497	2633756	7597741	1299639	6298103	689498
14654917	5032157	9622761	1424450	8198311	228230
14870544	7081666	7788878	1305670	6483208	706746
8318636	3434970	4883666	1193992	3689674	
8720080	4402485	4317595	1036229	3281366	339287
15875684	10137349	5738334	2687764	3050570	1799859
7499859	3090242	4409617	930242	3479375	993254
2885805	972913	1912891	648890	1264001	90341
5755524	3218489	2537035	1021596	1515439	511872
9353570	5462681	3890889	974279	2916610	693754
6696508	3274505	3422003	1008374	2413629	666617
7399850	3612777	3787073	906210	2880863	402019
1177887	469212	708675	140315	568360	199459
7033747	3592333	3441414	815271	2626143	506929
3741585	1563771	2177814	520702	1657112	301448
1257733	555171	702562	144559	558003	502932
1535092	624441	910651	327167	583484	160050
5371140	2582095	2789045	980862	1808184	1156258
754759	489049	265710	149128	116583	
1235100	471435	763665	118959	644705	23460
410598	346962	63635	39801	23835	
1897609	769868	1127742	173932	953810	
1680365	1379543	300821	262206	38615	1330648

6-28 公共财政预算教育事业费和

地区	合计	个人部分	工资福利支出	对个人和家庭的补助支出	#助学金
合计	**792418176**	**570902297**	**447481316**	**123420981**	**34651255**
北京	20118405	11818194	9730254	2087940	115590
天津	11979706	9245403	6200701	3044702	93526
河北	33397985	24912051	19812852	5099199	1261224
山西	18132165	13707143	11563575	2143568	683094
内蒙古	16515928	11503383	9863347	1640036	1044302
辽宁	19222664	15373052	12362977	3010076	179369
吉林	13549985	9983405	7053958	2929446	329535
黑龙江	19487442	14759840	10784796	3975044	252437
上海	16472144	11271763	10696028	575735	310701
江苏	52566205	42021865	30952987	11068878	1373598
浙江	37776781	29263949	24692734	4571215	884423
安徽	27875682	18557077	14637772	3919305	1137307
福建	22221612	16833140	14075931	2757209	369856
江西	26614995	15694000	11927378	3766623	1168594
山东	61504793	46621646	37066212	9555434	1196744
河南	39183169	23606336	20052072	3554263	2741089
湖北	32624505	24375262	17628570	6746692	871086
湖南	33365726	24306638	18392285	5914353	1690253
广东	67087855	49426700	39270276	10156425	1175441
广西	26032535	17539422	12453754	5085668	2227816
海南	6796043	3820617	3430479	390138	202438
重庆	17463635	11226272	9763427	1462845	1056186
四川	41075389	31028065	25361043	5667022	2955398
贵州	27799141	20436016	13998761	6437255	2860234
云南	27908317	20106447	15891383	4215064	3289197
西藏	4666878	3289532	2166821	1122710	672668
陕西	22992995	15481993	11413170	4068823	1459728
甘肃	16453849	12411622	8737536	3674086	1106827
青海	5248803	3488138	2703374	784764	357377
宁夏	4931639	3236497	2691712	544785	298127
新疆	21351206	15556830	12105152	3451678	1287089
大连	3756193	3001434	2702381	299053	29088
宁波	5214372	3955812	3282142	673670	127512
厦门	2261844	1851246	1376059	475187	24494
青岛	8167473	6269864	4655812	1614051	96702
深圳	8897355	5886342	4478548	1407795	65833

基本建设支出明细(地方普通中学)

单位：千元

公用部分	商品和服务支出	其他资本性支出			基本建设支出
			专项公用支出	专项项目支出	
206871288	**100868779**	**106002508**	**27917983**	**78084525**	**14644592**
6805830	4839830	1966001	957316	1008685	1494381
2583059	1502344	1080715	270378	810337	151244
8170292	4082851	4087441	1262322	2825118	315642
4239860	2403978	1835883	527067	1308816	185162
4679572	2492356	2187216	736282	1450934	332973
3779442	2718306	1061136	523703	537433	70170
3427502	1493727	1933775	554376	1379400	139078
4523413	2516132	2007281	604895	1402385	204189
4821475	3404219	1417257	990376	426881	378906
10343576	4276966	6066610	1113311	4953299	200765
8031111	4153830	3877280	911040	2966241	481721
8537645	3273578	5264067	1366190	3897877	780960
5115638	2253976	2861663	823793	2037869	272834
10231497	2633756	7597741	1299639	6298103	689498
14654917	5032157	9622761	1424450	8198311	228230
14870087	7081234	7788852	1305644	6483208	706746
8249243	3380691	4868553	1185148	3683404	
8719801	4402206	4317595	1036229	3281366	339287
15861295	10131435	5729861	2686300	3043561	1799859
7499859	3090242	4409617	930242	3479375	993254
2885084	972298	1912786	648845	1263941	90341
5725491	3202148	2523343	1007904	1515439	511872
9353570	5462681	3890889	974279	2916610	693754
6696508	3274505	3422003	1008374	2413629	666617
7399850	3612777	3787073	906210	2880863	402019
1177887	469212	708675	140315	568360	199459
7004073	3564379	3439693	813550	2626143	506929
3740779	1563459	2177320	520508	1656812	301448
1257733	555171	702562	144559	558003	502932
1535092	624441	910651	327167	583484	160050
4950106	2403897	2546209	917570	1628639	844270
754759	489049	265710	149128	116583	
1235100	471435	763665	118959	644705	23460
410598	346962	63635	39801	23835	
1897609	769868	1127742	173932	953810	
1680365	1379543	300821	262206	38615	1330648

6-29 公共财政预算教育事业费和

地区	合计	个人部分	工资福利支出	对个人和家庭的补助支出	#助学金
合 计	**269546731**	**194783440**	**155169620**	**39613820**	**10695703**
北 京	8710719	4936063	4072214	863849	25179
天 津	4750182	3543363	2399084	1144279	28634
河 北	11282932	8677703	6925295	1752408	424345
山 西	6898725	5184095	4361287	822807	320717
内蒙古	6582125	4457213	3689057	768156	519966
辽 宁	6294337	5012993	4097572	915421	149037
吉 林	4518171	3140162	2241458	898704	170148
黑龙江	6150671	4701251	3543420	1157832	144071
上 海	5810270	3892466	3737839	154627	44435
江 苏	17778102	14229493	11100266	3129227	216033
浙 江	13413370	10237687	8786742	1450944	190971
安 徽	9065388	6191348	5065464	1125885	352992
福 建	7293045	5828474	4871140	957335	95506
江 西	8930378	5154296	3869371	1284924	367022
山 东	19584202	15255103	12257732	2997370	349216
河 南	11275151	7039483	6054550	984933	749989
湖 北	11048487	7884279	5993197	1891082	299783
湖 南	9665787	7344714	5863725	1480989	402909
广 东	25674630	19400753	15434449	3966304	394035
广 西	7753256	5200814	3780258	1420555	571445
海 南	2440058	1260842	1137590	123252	64087
重 庆	6673996	4259514	3631510	628003	465932
四 川	13272778	10396887	8507243	1889644	1063420
贵 州	9066876	6611020	4494004	2117016	835600
云 南	7886433	5569592	4670329	899263	569230
西 藏	1631948	1085030	728045	356985	176968
陕 西	8963685	5652478	4294782	1357696	533631
甘 肃	5961144	4572749	3267343	1305406	400415
青 海	1718092	1165451	934223	231228	92150
宁 夏	1747652	1249596	1039370	210227	108450
新 疆	7704140	5648529	4321061	1327468	569386
大 连	1245873	995113	897529	97583	20763
宁 波	1846419	1409641	1181364	228277	34658
厦 门	791537	633947	464850	169097	5219
青 岛	2703250	2057109	1565052	492056	32730
深 圳	3419633	2259643	1755318	504325	6788

基本建设支出明细(普通高中)

单位：千元

公用部分	商品和服务支出	其他资本性支出	专项公用支出	专项项目支出	基本建设支出
68572541	**32601059**	**35971482**	**9828321**	**26143161**	**6190750**
2840982	1967669	873313	416499	456814	933674
1205658	712466	493192	101381	391812	1161
2499574	1136216	1363358	303731	1059627	105654
1613178	843932	769246	197690	571556	101452
1939238	1114851	824387	310744	513642	185675
1250118	928693	321425	115880	205544	31226
1264506	511241	753265	258063	495202	113502
1395888	873985	521904	167647	354257	53531
1620696	1097138	523558	360173	163385	297108
3481464	1456321	2025143	378309	1646834	67145
2952638	1431670	1520967	423934	1097033	223046
2361239	754969	1606270	426659	1179610	512801
1427726	700950	726776	223948	502828	36845
3558394	803443	2754951	582532	2172419	217689
4256318	1449983	2806335	319126	2487209	72782
4005238	1901391	2103847	433737	1670109	230431
3164208	1410482	1753726	471851	1281875	
2232764	1033353	1199411	322465	876946	88309
5771281	3179321	2591960	986433	1605527	502596
2163101	779606	1383495	344801	1038694	389342
1124149	351337	772811	322765	450046	55067
2278688	1241205	1037483	439508	597975	135795
2691906	1746638	945268	316168	629100	183985
2124392	713303	1411090	423575	987515	331463
2160359	937244	1223115	311467	911648	156483
469786	148280	321506	53373	268133	77133
2973644	1605412	1368232	352810	1015422	337563
1243062	448403	794659	135188	659471	145333
433131	185346	247785	44818	202966	119510
393055	170441	222614	60418	162196	105000
1676162	965770	710392	222627	487764	379449
250760	198330	52430	12405	40026	
421777	158336	263441	68955	194487	15000
157590	137835	19754	10265	9489	
646142	253634	392508	47119	345389	
750073	580719	169354	136816	32538	409916

6-30 公共财政预算教育事业费和

地区	合计	个人部分			
			工资福利支出	对个人和家庭的补助支出	
					#助学金
合计	**267656894**	**193544789**	**154257706**	**39287083**	**10620852**
北京	8245915	4660010	3883142	776868	24340
天津	4750182	3543363	2399084	1144279	28634
河北	11282932	8677703	6925295	1752408	424345
山西	6898725	5184095	4361287	822807	320717
内蒙古	6582125	4457213	3689057	768156	519966
辽宁	6294337	5012993	4097572	915421	149037
吉林	4518171	3140162	2241458	898704	170148
黑龙江	6047919	4621922	3490086	1131836	141583
上海	5747625	3851616	3697414	154203	44401
江苏	17778102	14229493	11100266	3129227	216033
浙江	13413370	10237687	8786742	1450944	190971
安徽	9065388	6191348	5065464	1125885	352992
福建	7293045	5828474	4871140	957335	95506
江西	8930378	5154296	3869371	1284924	367022
山东	19584202	15255103	12257732	2997370	349216
河南	11275151	7039483	6054550	984933	749989
湖北	10889682	7783116	5915582	1867535	299524
湖南	9665483	7344593	5863725	1480868	402788
广东	25673664	19399922	15434449	3965473	393435
广西	7753256	5200814	3780258	1420555	571445
海南	2436561	1257799	1135623	122176	64036
重庆	6618808	4221645	3600504	621141	465549
四川	13272778	10396887	8507243	1889644	1063420
贵州	9066876	6611020	4494004	2117016	835600
云南	7886433	5569592	4670329	899263	569230
西藏	1631948	1085030	728045	356985	176968
陕西	8888799	5598575	4255568	1343007	529294
甘肃	5956860	4568768	3263403	1305365	400374
青海	1718092	1165451	934223	231228	92150
宁夏	1747652	1249596	1039370	210227	108450
新疆	6742437	5007021	3845723	1161299	503689
大连	1245873	995113	897529	97583	20763
宁波	1846419	1409641	1181364	228277	34658
厦门	791537	633947	464850	169097	5219
青岛	2703250	2057109	1565052	492056	32730
深圳	3419633	2259643	1755318	504325	6788

基本建设支出明细(地方普通高中)

单位：千元

公用部分	商品和服务支出	其他资本性支出			基本建设支出
			专项公用支出	专项项目支出	
68100223	**32285508**	**35814715**	**9729424**	**26085291**	**6011882**
2652231	1832386	819845	365087	454758	933674
1205658	712466	493192	101381	391812	1161
2499574	1136216	1363358	303731	1059627	105654
1613178	843932	769246	197690	571556	101452
1939238	1114851	824387	310744	513642	185675
1250118	928693	321425	115880	205544	31226
1264506	511241	753265	258063	495202	113502
1372465	854609	517856	164875	352981	53531
1598900	1080827	518073	355193	162881	297108
3481464	1456321	2025143	378309	1646834	67145
2952638	1431670	1520967	423934	1097033	223046
2361239	754969	1606270	426659	1179610	512801
1427726	700950	726776	223948	502828	36845
3558394	803443	2754951	582532	2172419	217689
4256318	1449983	2806335	319126	2487209	72782
4005238	1901391	2103847	433737	1670109	230431
3106565	1364243	1742323	463717	1278606	
2232581	1033170	1199411	322465	876946	88309
5771145	3179280	2591865	986338	1605527	502596
2163101	779606	1383495	344801	1038694	389342
1123695	350950	772745	322737	450008	55067
2261369	1231782	1029587	431612	597975	135795
2691906	1746638	945268	316168	629100	183985
2124392	713303	1411090	423575	987515	331463
2160359	937244	1223115	311467	911648	156483
469786	148280	321506	53373	268133	77133
2952661	1585510	1367151	351729	1015422	337563
1242758	448270	794488	135153	659335	145333
433131	185346	247785	44818	202966	119510
393055	170441	222614	60418	162196	105000
1534834	897497	637337	200165	437172	200581
250760	198330	52430	12405	40026	
421777	158336	263441	68955	194487	15000
157590	137835	19754	10265	9489	
646142	253634	392508	47119	345389	
750073	580719	169354	136816	32538	409916

6-31　公共财政预算教育事业费和

地　区	合　计	个人部分	工资福利支　出	对个人和家庭的补助支出	#助学金
合　计	**118523291**	**87465591**	**70476233**	**16989358**	**6402571**
北　京	878067	534151	452842	81310	2786
天　津	837596	668510	486542	181968	7468
河　北	6152924	4515459	3668923	846536	252313
山　西	3593039	2764071	2310039	454032	181156
内蒙古	3221925	2180021	1833808	346213	225523
辽　宁	1564425	1280013	1086590	193423	38597
吉　林	1511549	1088196	802091	286105	60318
黑龙江	2456502	1791071	1366234	424838	68033
上　海	679435	553973	543525	10448	9368
江　苏	6508787	5459788	4381172	1078616	97656
浙　江	5414082	4408702	3763075	645627	96247
安　徽	5569746	3937604	3175866	761737	222086
福　建	3867600	3137003	2634984	502020	58464
江　西	4816475	2815492	2220707	594785	187253
山　东	7102096	5683941	4868104	815837	165346
河　南	6600432	4075472	3511525	563947	458258
湖　北	3452487	2563473	2022382	541091	156336
湖　南	5757622	4345611	3560294	785317	289791
广　东	6252598	4790861	4069013	721847	151960
广　西	4100908	2986035	2132744	853291	364548
海　南	929905	522126	471533	50593	27229
重　庆	2783246	1854539	1510303	344236	270287
四　川	7698444	6118264	4990815	1127449	697554
贵　州	6017811	4351374	2979257	1372116	642004
云　南	4783761	3610889	3013390	597500	397541
西　藏	998886	659512	460631	198881	118617
陕　西	5647870	3501043	2662489	838554	374378
甘　肃	3873879	3045438	2251280	794158	289516
青　海	1093139	770649	606217	164433	74580
宁　夏	558485	475670	395144	80526	45054
新　疆	3799568	2976640	2244717	731923	372304
大　连	140466	113115	105043	8072	176
宁　波	652927	514509	440145	74364	13384
厦　门	69473	63334	49486	13848	828
青　岛	270235	236753	187825	48929	4462
深　圳					

基本建设支出明细(农村高中)

单位：千元

公用部分	商品和服务支出	其他资本性支出	专项公用支出	专项项目支出	基本建设支出
28936832	**12607441**	**16329391**	**3763354**	**12566037**	**2120868**
308008	152915	155093	40440	114652	35908
169086	86963	82123	26609	55514	
1544564	541048	1003516	172543	830972	92902
735531	415090	320441	85627	234814	93437
1025760	558056	467704	175860	291844	16144
254330	184242	70088	18246	51843	30082
415178	163015	252164	71624	180539	8175
621386	346720	274666	85332	189335	44044
125462	109314	16148	15178	970	
1048999	473763	575237	118267	456970	
885853	527258	358595	91460	267135	119527
1596768	440449	1156319	292384	863936	35374
696508	298306	398202	112255	285947	34089
1919571	509042	1410530	174274	1236255	81412
1358154	456316	901838	113495	788344	60000
2408632	1013325	1395307	249015	1146292	116328
889014	355267	533747	114761	418986	
1348990	600479	748511	214472	534040	63022
1425036	748411	676624	264398	412226	36702
934075	393715	540360	165358	375002	180797
387056	133569	253487	59016	194472	20724
911646	478324	433322	146838	286484	17062
1489062	934219	554844	170679	384164	91119
1356297	439535	916762	151702	765061	310140
1111650	418699	692951	121003	571948	61222
262687	77081	185606	37938	147668	76687
1909391	1014057	895334	203949	691384	237436
765595	257584	508011	94862	413149	62846
232073	105197	126876	21727	105149	90416
82815	47435	35380	13316	22065	
717653	328048	389604	140727	248878	105275
27352	25346	2006	1536	470	
138418	57391	81027	15007	66020	
6140	5603	537	527	9	
33481	24739	8742	5482	3260	

6-32 公共财政预算教育事业费和

地区	合计	个人部分	工资福利支出	对个人和家庭的补助支出	#助学金
合计	**118028137**	**87107790**	**70197443**	**16910347**	**6377146**
北京	878067	534151	452842	81310	2786
天津	837596	668510	486542	181968	7468
河北	6152924	4515459	3668923	846536	252313
山西	3593039	2764071	2310039	454032	181156
内蒙古	3221925	2180021	1833808	346213	225523
辽宁	1564425	1280013	1086590	193423	38597
吉林	1511549	1088196	802091	286105	60318
黑龙江	2431835	1771853	1349223	422629	67673
上海	679435	553973	543525	10448	9368
江苏	6508787	5459788	4381172	1078616	97656
浙江	5414082	4408702	3763075	645627	96247
安徽	5569746	3937604	3175866	761737	222086
福建	3867600	3137003	2634984	502020	58464
江西	4816475	2815492	2220707	594785	187253
山东	7102096	5683941	4868104	815837	165346
河南	6600432	4075472	3511525	563947	458258
湖北	3369513	2511408	1982797	528611	156080
湖南	5757622	4345611	3560294	785317	289791
广东	6251632	4790030	4069013	721016	151360
广西	4100908	2986035	2132744	853291	364548
海南	926409	519082	469566	49517	27177
重庆	2783246	1854539	1510303	344236	270287
四川	7698444	6118264	4990815	1127449	697554
贵州	6017811	4351374	2979257	1372116	642004
云南	4783761	3610889	3013390	597500	397541
西藏	998886	659512	460631	198881	118617
陕西	5647870	3501043	2662489	838554	374378
甘肃	3869595	3041457	2247340	794117	289475
青海	1093139	770649	606217	164433	74580
宁夏	558485	475670	395144	80526	45054
新疆	3420803	2697978	2028430	669548	348187
大连	140466	113115	105043	8072	176
宁波	652927	514509	440145	74364	13384
厦门	69473	63334	49486	13848	828
青岛	270235	236753	187825	48929	4462
深圳					

基本建设支出明细(地方农村高中)

单位：千元

公用部分	商品和服务支出	其他资本性支出			基本建设支出
			专项公用支出	专项项目支出	
28836764	**12555467**	**16281297**	**3745446**	**12535851**	**2083584**
308008	152915	155093	40440	114652	35908
169086	86963	82123	26609	55514	
1544564	541048	1003516	172543	830972	92902
735531	415090	320441	85627	234814	93437
1025760	558056	467704	175860	291844	16144
254330	184242	70088	18246	51843	30082
415178	163015	252164	71624	180539	8175
615938	342251	273687	85138	188549	44044
125462	109314	16148	15178	970	
1048999	473763	575237	118267	456970	
885853	527258	358595	91460	267135	119527
1596768	440449	1156319	292384	863936	35374
696508	298306	398202	112255	285947	34089
1919571	509042	1410530	174274	1236255	81412
1358154	456316	901838	113495	788344	60000
2408632	1013325	1395307	249015	1146292	116328
858105	331331	526774	107788	418986	
1348990	600479	748511	214472	534040	63022
1424900	748371	676529	264303	412226	36702
934075	393715	540360	165358	375002	180797
386603	133182	253421	58987	194434	20724
911646	478324	433322	146838	286484	17062
1489062	934219	554844	170679	384164	91119
1356297	439535	916762	151702	765061	310140
1111650	418699	692951	121003	571948	61222
262687	77081	185606	37938	147668	76687
1909391	1014057	895334	203949	691384	237436
765291	257451	507841	94827	413013	62846
232073	105197	126876	21727	105149	90416
82815	47435	35380	13316	22065	
654834	305039	349795	130144	219651	67991
27352	25346	2006	1536	470	
138418	57391	81027	15007	66020	
6140	5603	537	527	9	
33481	24739	8742	5482	3260	

6-33 公共财政预算教育事业费和

地 区	合 计	个人部分	工资福利支出	对个人和家庭的补助支出	#助学金
合 计	**526878943**	**378856471**	**294408118**	**84448353**	**24092183**
北 京	12073960	7272219	5924210	1348009	91382
天 津	7229524	5702040	3801617	1900423	64892
河 北	22115053	16234348	12887557	3346790	836879
山 西	11233441	8523048	7202288	1320760	362377
内蒙古	9933803	7046171	6174290	871881	524336
辽 宁	12928327	10360059	8265404	2094655	30332
吉 林	9083315	6878523	4844540	2033982	159393
黑龙江	13583310	10237505	7372839	2864666	111006
上 海	10752438	7438781	7016948	421833	266300
江 苏	34788103	27792372	19852721	7939651	1157565
浙 江	24363411	19026262	15905991	3120271	693452
安 徽	18810294	12365729	9572309	2793420	784315
福 建	14928568	11004666	9204791	1799875	274350
江 西	17684617	10539705	8058006	2481698	801573
山 东	41920591	31366543	24808480	6558063	847528
河 南	27913794	16572171	13999042	2573129	1991100
湖 北	21765979	16611551	11728490	4883061	571564
湖 南	23700401	16962108	12528560	4433548	1287528
广 东	41477538	30075872	23880598	6195274	782572
广 西	18279279	12338608	8673495	3665113	1656371
海 南	4361544	2564614	2296016	268597	138432
重 庆	10885339	7032426	6185685	846741	590919
四 川	27802611	20631178	16853800	3777378	1891978
贵 州	18732265	13824996	9504757	4320239	2024634
云 南	20021884	14536856	11221054	3315802	2719967
西 藏	3034930	2204502	1438777	765725	495700
陕 西	14138725	9909255	7177402	2731853	930735
甘 肃	10502399	7847761	5478976	2368785	706487
青 海	3530711	2322687	1769151	553535	265226
宁 夏	3183987	1986901	1652343	334558	189677
新 疆	16118805	11647017	9127981	2519036	843613
大 连	2510320	2006321	1804851	201469	8325
宁 波	3367953	2546171	2100778	445393	92854
厦 门	1470307	1217299	911209	306091	19276
青 岛	5464223	4212755	3090760	1121995	63972
深 圳	5477722	3626699	2723230	903470	59045

基本建设支出明细(普通初中)

单位：千元

公用部分	商品和服务支出	其他资本性支出	专项公用支出	专项项目支出	基本建设支出
139256641	**68831407**	**70425234**	**18271966**	**52153268**	**8765831**
4241035	3074220	1166815	612889	553926	560706
1377401	789878	587523	168998	418525	150083
5670718	2946635	2724083	958591	1765492	209988
2626682	1560046	1066637	329377	737260	83710
2740334	1377505	1362830	425537	937292	147298
2529324	1789613	739711	407822	331889	38944
2179216	996176	1183040	298842	884198	25576
3195147	1682012	1513135	448846	1064289	150658
3231860	2330830	901030	637030	264000	81797
6862112	2820645	4041467	735002	3306465	133620
5078473	2722160	2356313	487106	1869207	258675
6176406	2518608	3657797	939531	2718266	268159
3687912	1553026	2134886	599845	1535041	235990
6673103	1830313	4842790	717107	4125683	471809
10398600	3582174	6816426	1105324	5711102	155448
10865307	5180275	5685032	871933	4813099	476316
5154428	2024488	3129941	722141	2407800	
6487315	3369131	3118184	713764	2404419	250978
10104403	6958029	3146375	1701331	1445043	1297263
5336759	2310636	3026122	585442	2440681	603913
1761656	621576	1140080	326125	813955	35274
3476836	1977284	1499552	582089	917464	376077
6661664	3716043	2945620	658111	2287509	509769
4572116	2561202	2010914	584800	1426114	335154
5239491	2675533	2563958	594743	1969215	245537
708101	320932	387169	86942	300227	122327
4060103	1986921	2073182	462461	1610721	169367
2498523	1115368	1383155	385514	997640	156115
824602	369824	454778	99740	355037	383422
1142037	454000	688037	266749	421288	55050
3694978	1616325	2078654	758234	1320419	776809
503999	290719	213280	136723	76557	
813322	313099	500223	50005	450218	8460
253008	209127	43881	29535	14345	
1251467	516234	735233	126813	608421	
930291	798824	131467	125390	6077	920732

6-34 公共财政预算教育事业费和

地区	合计	个人部分			
			工资福利支出	对个人和家庭的补助支出	
					#助学金
合计	**524761282**	**377357508**	**293223610**	**84133898**	**24030402**
北京	11872490	7158184	5847113	1311071	91250
天津	7229524	5702040	3801617	1900423	64892
河北	22115053	16234348	12887557	3346790	836879
山西	11233441	8523048	7202288	1320760	362377
内蒙古	9933803	7046171	6174290	871881	524336
辽宁	12928327	10360059	8265404	2094655	30332
吉林	9031815	6843243	4812500	2030743	159387
黑龙江	13439523	10137918	7294710	2843208	110854
上海	10724520	7420147	6998615	421532	266300
江苏	34788103	27792372	19852721	7939651	1157565
浙江	24363411	19026262	15905991	3120271	693452
安徽	18810294	12365729	9572309	2793420	784315
福建	14928568	11004666	9204791	1799875	274350
江西	17684617	10539705	8058006	2481698	801573
山东	41920591	31366543	24808480	6558063	847528
河南	27908018	16566853	13997523	2569330	1991100
湖北	21734824	16592146	11712988	4879158	571562
湖南	23700243	16962045	12528560	4433485	1287465
广东	41414191	30026778	23835826	6190952	782006
广西	18279279	12338608	8673495	3665113	1656371
海南	4359481	2562818	2294856	267962	138402
重庆	10844827	7004627	6162923	841704	590638
四川	27802611	20631178	16853800	3777378	1891978
贵州	18732265	13824996	9504757	4320239	2024634
云南	20021884	14536856	11221054	3315802	2719967
西藏	3034930	2204502	1438777	765725	495700
陕西	14104196	9883418	7157601	2725817	930434
甘肃	10496989	7842854	5474132	2368721	706453
青海	3530711	2322687	1769151	553535	265226
宁夏	3183987	1986901	1652343	334558	189677
新疆	14608769	10549809	8259429	2290379	783400
大连	2510320	2006321	1804851	201469	8325
宁波	3367953	2546171	2100778	445393	92854
厦门	1470307	1217299	911209	306091	19276
青岛	5464223	4212755	3090760	1121995	63972
深圳	5477722	3626699	2723230	903470	59045

基本建设支出明细(地方普通初中)

单位：千元

公用部分	商品和服务支出	其他资本性支出	专项公用支出	专项项目支出	基本建设支出
138771064	**68583271**	**70187793**	**18188559**	**51999234**	**8632710**
4153600	3007444	1146156	592229	553926	560706
1377401	789878	587523	168998	418525	150083
5670718	2946635	2724083	958591	1765492	209988
2626682	1560046	1066637	329377	737260	83710
2740334	1377505	1362830	425537	937292	147298
2529324	1789613	739711	407822	331889	38944
2162996	982485	1180510	296312	884198	25576
3150947	1661522	1489425	440021	1049404	150658
3222575	2323392	899184	635183	264000	81797
6862112	2820645	4041467	735002	3306465	133620
5078473	2722160	2356313	487106	1869207	258675
6176406	2518608	3657797	939531	2718266	268159
3687912	1553026	2134886	599845	1535041	235990
6673103	1830313	4842790	717107	4125683	471809
10398600	3582174	6816426	1105324	5711102	155448
10864849	5179844	5685005	871907	4813099	476316
5142678	2016448	3126230	721432	2404798	
6487220	3369036	3118184	713764	2404419	250978
10090150	6952154	3137996	1699962	1438034	1297263
5336759	2310636	3026122	585442	2440681	603913
1761389	621348	1140041	326108	813933	35274
3464123	1970366	1493756	576292	917464	376077
6661664	3716043	2945620	658111	2287509	509769
4572116	2561202	2010914	584800	1426114	335154
5239491	2675533	2563958	594743	1969215	245537
708101	320932	387169	86942	300227	122327
4051411	1978869	2072542	461821	1610721	169367
2498020	1115189	1382832	385355	997477	156115
824602	369824	454778	99740	355037	383422
1142037	454000	688037	266749	421288	55050
3415272	1506400	1908872	717405	1191467	643689
503999	290719	213280	136723	76557	
813322	313099	500223	50005	450218	8460
253008	209127	43881	29535	14345	
1251467	516234	735233	126813	608421	
930291	798824	131467	125390	6077	920732

6-35 公共财政预算教育事业费和

地区	合计	个人部分	工资福利支出	对个人和家庭的补助支出	#助学金
合计	**331773989**	**241242154**	**188615151**	**52627004**	**17949150**
北京	2622270	1616986	1277938	339048	27104
天津	2118473	1883492	1374947	508545	2858
河北	15293334	10872958	8982099	1890859	371293
山西	7572359	5815770	4887259	928511	294124
内蒙古	6267688	4501995	3963397	538598	347346
辽宁	5704373	4627011	3728288	898722	13570
吉林	5547059	4215450	3064901	1150549	145245
黑龙江	8095208	5833558	4260978	1572580	106541
上海	1894840	1474682	1423443	51239	47656
江苏	16909542	13916456	10214348	3702108	107614
浙江	12962190	10355681	8614120	1741562	388678
安徽	15199678	9975059	7603650	2371409	663082
福建	9720263	7354942	6181195	1173746	227667
江西	13198510	7783213	6219295	1563918	417928
山东	25484150	18754369	15142644	3611725	613502
河南	20629220	12351076	10321192	2029885	1627368
湖北	13096722	10158806	7207700	2951106	491596
湖南	18033843	13188523	9829872	3358651	867682
广东	18354216	13331265	11316038	2015227	304958
广西	13721688	9904008	6844658	3059351	1507323
海南	2808409	1705908	1526200	179708	97924
重庆	7216699	4837955	4178284	659672	483751
四川	21424642	16040560	13030785	3009776	1652474
贵州	15560777	11648685	8053026	3595659	1916294
云南	16292099	12354675	9414186	2940489	2497017
西藏	2294928	1727402	1163299	564104	370691
陕西	10222126	7409368	5315137	2094232	776424
甘肃	8339271	6263621	4477075	1786545	656241
青海	2602108	1748947	1293327	455620	244046
宁夏	1924206	1336375	1090942	245433	144379
新疆	10663102	8253357	6614927	1638431	536773
大连	703913	525755	492722	33033	20
宁波	1364500	1042484	895476	147008	40237
厦门	231902	211314	150780	60534	4018
青岛	1934147	1454689	1106359	348330	10179
深圳					

基本建设支出明细(农村初中)

单位：千元

公用部分	商品和服务支出	其他资本性支出			基本建设支出
			专项公用支出	专项项目支出	
86114272	**40999495**	**45114778**	**10559207**	**34555570**	**4417562**
843252	580029	263223	115348	147875	162032
234980	181138	53843	30321	23522	
4258321	2168914	2089407	697647	1391760	162054
1697971	1029458	668514	220117	448396	58618
1679341	817938	861402	248489	612913	86352
1050906	730780	320126	199325	120801	26457
1312802	584580	728222	161182	567041	18807
2120637	1059050	1061587	287091	774496	141012
420158	357710	62449	57445	5004	
2983904	1263221	1720683	292712	1427971	9181
2372040	1349638	1022402	298385	724016	234469
4981563	1989658	2991905	732904	2259002	243056
2284859	967584	1317275	385611	931663	80462
5065486	1323229	3742256	525209	3217048	349811
6657375	2037672	4619702	684940	3934762	72407
8115264	3827853	4287411	579386	3708025	162879
2937915	1128717	1809199	294481	1514718	
4632357	2515383	2116974	498847	1618127	212963
4975393	3251448	1723946	838256	885690	47558
3573407	1711546	1861862	414401	1447461	244272
1085316	381906	703409	148892	554517	17185
2230002	1215420	1014582	352041	662541	148742
5023243	2723228	2300015	496631	1803384	360838
3668525	2093612	1574913	430404	1144509	243566
3772148	1913354	1858794	446159	1412635	165276
445199	186915	258283	25349	232935	122327
2756294	1295156	1461138	235801	1225337	56463
1928589	859174	1069415	284535	784880	147062
523492	253559	269933	73408	196524	329669
575001	259970	315032	134887	180144	12830
1908531	941655	966877	369003	597874	501213
178158	78822	99336	96049	3287	
322017	123728	198288	24721	173568	
20588	17267	3321	3286	35	
479458	149332	330126	36834	293292	

6-36 公共财政预算教育事业费和

地区	合计	个人部分	工资福利支出	对个人和家庭的补助支出	#助学金
合计	**330423929**	**240256859**	**187808774**	**52448085**	**17895267**
北京	2622270	1616986	1277938	339048	27104
天津	2118473	1883492	1374947	508545	2858
河北	15293334	10872958	8982099	1890859	371293
山西	7572359	5815770	4887259	928511	294124
内蒙古	6267688	4501995	3963397	538598	347346
辽宁	5704373	4627011	3728288	898722	13570
吉林	5547059	4215450	3064901	1150549	145245
黑龙江	8018719	5782434	4219985	1562449	106539
上海	1894840	1474682	1423443	51239	47656
江苏	16909542	13916456	10214348	3702108	107614
浙江	12962190	10355681	8614120	1741562	388678
安徽	15199678	9975059	7603650	2371409	663082
福建	9720263	7354942	6181195	1173746	227667
江西	13198510	7783213	6219295	1563918	417928
山东	25484150	18754369	15142644	3611725	613502
河南	20629220	12351076	10321192	2029885	1627368
湖北	13096722	10158806	7207700	2951106	491596
湖南	18033843	13188523	9829872	3358651	867682
广东	18294866	13285360	11273838	2011522	304397
广西	13721688	9904008	6844658	3059351	1507323
海南	2806346	1704113	1525040	179073	97894
重庆	7216699	4837955	4178284	659672	483751
四川	21424642	16040560	13030785	3009776	1652474
贵州	15560777	11648685	8053026	3595659	1916294
云南	16292099	12354675	9414186	2940489	2497017
西藏	2294928	1727402	1163299	564104	370691
陕西	10222126	7409368	5315137	2094232	776424
甘肃	8333862	6258713	4472232	1786482	656207
青海	2602108	1748947	1293327	455620	244046
宁夏	1924206	1336375	1090942	245433	144379
新疆	9456354	7371793	5897747	1474047	483518
大连	703913	525755	492722	33033	20
宁波	1364500	1042484	895476	147008	40237
厦门	231902	211314	150780	60534	4018
青岛	1934147	1454689	1106359	348330	10179
深圳					

基本建设支出明细(地方农村初中)

单位：千元

公用部分	商品和服务支出	其他资本性支出			基本建设支出
			专项公用支出	专项项目支出	
85846647	**40901826**	**44944822**	**10524651**	**34420171**	**4320422**
843252	580029	263223	115348	147875	162032
234980	181138	53843	30321	23522	
4258321	2168914	2089407	697647	1391760	162054
1697971	1029458	668514	220117	448396	58618
1679341	817938	861402	248489	612913	86352
1050906	730780	320126	199325	120801	26457
1312802	584580	728222	161182	567041	18807
2095272	1050522	1044750	282437	762313	141012
420158	357710	62449	57445	5004	
2983904	1263221	1720683	292712	1427971	9181
2372040	1349638	1022402	298385	724016	234469
4981563	1989658	2991905	732904	2259002	243056
2284859	967584	1317275	385611	931663	80462
5065486	1323229	3742256	525209	3217048	349811
6657375	2037672	4619702	684940	3934762	72407
8115264	3827853	4287411	579386	3708025	162879
2937915	1128717	1809199	294481	1514718	
4632357	2515383	2116974	498847	1618127	212963
4961947	3246206	1715742	837061	878680	47558
3573407	1711546	1861862	414401	1447461	244272
1085048	381678	703370	148875	554495	17185
2230002	1215420	1014582	352041	662541	148742
5023243	2723228	2300015	496631	1803384	360838
3668525	2093612	1574913	430404	1144509	243566
3772148	1913354	1858794	446159	1412635	165276
445199	186915	258283	25349	232935	122327
2756294	1295156	1461138	235801	1225337	56463
1928086	858994	1069092	284376	784716	147062
523492	253559	269933	73408	196524	329669
575001	259970	315032	134887	180144	12830
1680487	858164	822323	340471	481852	404073
178158	78822	99336	96049	3287	
322017	123728	198288	24721	173568	
20588	17267	3321	3286	35	
479458	149332	330126	36834	293292	

6-37 公共财政预算教育事业费和

地区	合计	个人部分	工资福利支出	对个人和家庭的补助支出	#助学金
合计	**512560**	**339551**	**267175**	**72376**	**451**
北京	5454				
天津	28396	28393	20562	7831	
河北	482				
山西	49				
内蒙古					
辽宁					
吉林	3510	3354	1153	2200	
黑龙江					
上海	32128	23974	23485	489	296
江苏	188777	97577	62790	34787	155
浙江	187196	127227	108624	18603	
安徽					
福建	37	37	37		
江西					
山东	25460	24872	22063	2809	
河南					
湖北	8888	7785	7291	494	
湖南	1510	1448	1379	69	
广东	30672	24884	19788	5095	
广西					
海南					
重庆					
四川					
贵州					
云南					
西藏					
陕西					
甘肃					
青海					
宁夏					
新疆					
大连					
宁波	1580	1248	1088	160	
厦门					
青岛					
深圳					

基本建设支出明细(成人中学)

单位：千元

公用部分	商品和服务支出	其他资本性支出			基本建设支出
			专项公用支出	专项项目支出	
173009	**90171**	**82838**	**8522**	**74316**	
5454	5341	113	113		
3	3				
482	452	30	30		
49	49				
157	149	7	7		
8154	7666	488	488		
91199	33255	57944	2875	55069	
59969	37407	22562	3438	19124	
589	531	57	42	15	
1103	1095	8	8		
63	63				
5789	4159	1629	1521	108	
332	284	48	48		

6-38 公共财政预算教育事业费和

地区	合计	个人部分	工资福利支出	对个人和家庭的补助支出	#助学金
合计	**883477900**	**631673879**	**474282616**	**157391263**	**31768738**
北京	21167404	12167923	10029839	2138084	129336
天津	10766986	8265340	5454762	2810578	74759
河北	41034599	30408958	22820567	7588391	751255
山西	19974436	15312798	12450772	2862025	393826
内蒙古	17155341	12626269	11171681	1454588	599590
辽宁	19054777	14981714	11434008	3547707	24386
吉林	16074758	12222232	8186999	4035234	182695
黑龙江	20548092	16037027	9972277	6064750	266913
上海	14780176	10060524	9423384	637140	422072
江苏	59345324	45691267	30102785	15588482	802123
浙江	40785694	31678541	25121173	6557368	1057536
安徽	34186173	22501810	16213517	6288293	901109
福建	27124308	19386550	15730803	3655746	252853
江西	33213701	20609132	15030785	5578347	902058
山东	57361881	42832377	33760360	9072017	806989
河南	43543298	25788303	22306856	3481447	2504807
湖北	33007129	23681974	16541076	7140899	853479
湖南	37386873	25755973	19561740	6194233	1676163
广东	72807372	52754614	39914952	12839661	1571239
广西	33645568	24123044	16233607	7889437	1630887
海南	7944616	4993374	4522828	470546	196729
重庆	19231125	11673837	10097036	1576801	807470
四川	47821311	34752038	26674317	8077720	3777935
贵州	32529791	25462289	16354557	9107732	2117675
云南	33409691	24942201	20025561	4916639	3712512
西藏	7702685	4901906	3135713	1766193	1131640
陕西	25059660	16748746	11008730	5740016	1466997
甘肃	18958445	13943483	9402921	4540562	1024332
青海	6288470	4058355	2932874	1125481	507736
宁夏	5135888	3228972	2752005	476967	251958
新疆	26432329	20082308	15914128	4168180	969682
大连	3534032	2515898	2263495	252402	6987
宁波	5868181	4272205	3450093	822112	116413
厦门	2960815	2488691	1911588	577103	30777
青岛	7848226	6081854	4296574	1785280	88638
深圳	9947203	6778030	5172597	1605433	43189

基本建设支出明细(小学)

单位：千元

公用部分	商品和服务支出	其他资本性支出		基本建设支出

公用部分	商品和服务支出	其他资本性支出	专项公用支出	专项项目支出	基本建设支出
240006618	**120977481**	**119029137**	**31333958**	**87695179**	**11797404**
8157153	6272684	1884469	1144307	740161	842328
2501646	1435091	1066555	248039	818516	
10472866	5288555	5184310	1826976	3357334	152775
4601836	2784939	1816896	637167	1179729	59803
4377266	2337734	2039532	669202	1370330	151806
4015544	2727755	1287789	628907	658882	57518
3772695	1723483	2049213	550484	1498728	79830
4266028	2231462	2034566	607605	1426961	245037
4692632	3673342	1019290	789586	229705	27021
13619324	5145652	8473672	1435706	7037966	34733
8622949	4563701	4059249	920313	3138936	484204
11421851	4383770	7038081	1627854	5410227	262512
7568328	3242208	4326120	999413	3326706	169431
12073400	3583515	8489885	1507373	6982513	531169
14439081	5969214	8469867	1756667	6713200	90423
17065519	9394100	7671420	1205525	6465894	689476
9325155	3856814	5468341	1126639	4341702	
11315303	5766735	5548569	1409981	4138587	315597
18432396	12270505	6161891	3148969	3012922	1620363
8791776	3930047	4861729	1094817	3766912	730748
2904331	1069264	1835068	580319	1254749	46911
6934264	3934110	3000154	1056864	1943290	623023
12323417	6494720	5828697	1247259	4581437	745856
6812907	3983982	2828925	894325	1934600	254595
8184428	4263722	3920705	1025477	2895228	283062
2238504	733392	1505112	164767	1340345	562275
7858318	3791834	4066485	859211	3207273	452596
4667415	1960395	2707020	930453	1776567	347547
1378052	712984	665068	197756	467312	852063
1818866	805563	1013303	326184	687119	88050
5353369	2646209	2707160	715813	1991347	996652
998042	539397	458645	310709	147935	20093
1432026	554385	877642	106463	771179	163950
472125	330917	141208	91459	49748	
1766372	864982	901391	218639	682751	
1971753	1754505	217248	208888	8360	1197420

6-39 公共财政预算教育事业费和

地区	合计				
		个人部分			
			工资福利支出	对个人和家庭的补助支出	
					#助学金
合计	**880223183**	**629354725**	**472424776**	**156929948**	**31672105**
北京	20919944	12021395	9915290	2106106	128597
天津	10738148	8242357	5441482	2800875	74759
河北	41034599	30408958	22820567	7588391	751255
山西	19974436	15312798	12450772	2862025	393826
内蒙古	17155341	12626269	11171681	1454588	599590
辽宁	19054777	14981714	11434008	3547707	24386
吉林	16074758	12222232	8186999	4035234	182695
黑龙江	20364139	15905363	9873831	6031532	266807
上海	14772176	10055069	9418169	636900	422072
江苏	59345324	45691267	30102785	15588482	802123
浙江	40785694	31678541	25121173	6557368	1057536
安徽	34186173	22501810	16213517	6288293	901109
福建	27124308	19386550	15730803	3655746	252853
江西	33213701	20609132	15030785	5578347	902058
山东	57361881	42832377	33760360	9072017	806989
河南	43534043	25779781	22304421	3475360	2504807
湖北	32922127	23625932	16496028	7129904	853479
湖南	37386839	25755973	19561740	6194233	1676163
广东	72723327	52680021	39844996	12835025	1570539
广西	33645568	24123044	16233607	7889437	1630887
海南	7937740	4987389	4518960	468430	196628
重庆	19208663	11660036	10086225	1573811	807470
四川	47821116	34752005	26674317	8077688	3777903
贵州	32529791	25462289	16354557	9107732	2117675
云南	33409691	24942201	20025561	4916639	3712512
西藏	7702685	4901906	3135713	1766193	1131640
陕西	24973116	16675696	10942569	5733127	1466997
甘肃	18945818	13932181	9391709	4540471	1024242
青海	6288470	4058355	2932874	1125481	507736
宁夏	5135888	3228972	2752005	476967	251958
新疆	23952901	18313110	14497270	3815840	874818
大连	3534032	2515898	2263495	252402	6987
宁波	5868181	4272205	3450093	822112	116413
厦门	2960815	2488691	1911588	577103	30777
青岛	7848226	6081854	4296574	1785280	88638
深圳	9947203	6778030	5172597	1605433	43189

基本建设支出明细(地方小学)

单位：千元

公用部分	商品和服务支出	其他资本性支出			基本建设支出
			专项公用支出	专项项目支出	
239258501	**120682510**	**118575991**	**31217206**	**87358785**	**11609958**
8056221	6230650	1825571	1119870	705700	842328
2495791	1432426	1063364	246799	816566	
10472866	5288555	5184310	1826976	3357334	152775
4601836	2784939	1816896	637167	1179729	59803
4377266	2337734	2039532	669202	1370330	151806
4015544	2727755	1287789	628907	658882	57518
3772695	1723483	2049213	550484	1498728	79830
4220570	2210629	2009941	597812	1412129	238205
4690086	3671170	1018916	789211	229705	27021
13619324	5145652	8473672	1435706	7037966	34733
8622949	4563701	4059249	920313	3138936	484204
11421851	4383770	7038081	1627854	5410227	262512
7568328	3242208	4326120	999413	3326706	169431
12073400	3583515	8489885	1507373	6982513	531169
14439081	5969214	8469867	1756667	6713200	90423
17064786	9393409	7671377	1205483	6465894	689476
9296195	3837032	5459162	1123557	4335606	
11315269	5766701	5548569	1409981	4138587	315597
18422943	12263520	6159423	3147905	3011518	1620363
8791776	3930047	4861729	1094817	3766912	730748
2903441	1068503	1834937	580263	1254675	46911
6925604	3930358	2995246	1051956	1943290	623023
12323255	6494558	5828697	1247259	4581437	745856
6812907	3983982	2828925	894325	1934600	254595
8184428	4263722	3920705	1025477	2895228	283062
2238504	733392	1505112	164767	1340345	562275
7844824	3780068	4064756	857483	3207273	452596
4666091	1959511	2706579	930263	1776317	347547
1378052	712984	665068	197756	467312	852063
1818866	805563	1013303	326184	687119	88050
4823753	2463757	2359996	645977	1714019	816038
998042	539397	458645	310709	147935	20093
1432026	554385	877642	106463	771179	163950
472125	330917	141208	91459	49748	
1766372	864982	901391	218639	682751	
1971753	1754505	217248	208888	8360	1197420

6-40 公共财政预算教育事业费和

地 区	合 计				
		个人部分			
			工资福利支出	对个人和家庭的补助支出	
					#助学金
合 计	**883462934**	**631661600**	**474270780**	**157390819**	**31768738**
北 京	21167404	12167923	10029839	2138084	129336
天 津	10766986	8265340	5454762	2810578	74759
河 北	41034599	30408958	22820567	7588391	751255
山 西	19974436	15312798	12450772	2862025	393826
内蒙古	17155341	12626269	11171681	1454588	599590
辽 宁	19054777	14981714	11434008	3547707	24386
吉 林	16074758	12222232	8186999	4035234	182695
黑龙江	20548092	16037027	9972277	6064750	266913
上 海	14780176	10060524	9423384	637140	422072
江 苏	59345324	45691267	30102785	15588482	802123
浙 江	40785694	31678541	25121173	6557368	1057536
安 徽	34186173	22501810	16213517	6288293	901109
福 建	27114662	19379103	15723779	3655324	252853
江 西	33213701	20609132	15030785	5578347	902058
山 东	57361881	42832377	33760360	9072017	806989
河 南	43543298	25788303	22306856	3481447	2504807
湖 北	33007129	23681974	16541076	7140899	853479
湖 南	37386873	25755973	19561740	6194233	1676163
广 东	72807372	52754614	39914952	12839661	1571239
广 西	33642871	24120397	16230960	7889437	1630887
海 南	7944616	4993374	4522828	470546	196729
重 庆	19229001	11672117	10095316	1576801	807470
四 川	47820812	34751572	26673874	8077699	3777935
贵 州	32529791	25462289	16354557	9107732	2117675
云 南	33409691	24942201	20025561	4916639	3712512
西 藏	7702685	4901906	3135713	1766193	1131640
陕 西	25059660	16748746	11008730	5740016	1466997
甘 肃	18958445	13943483	9402921	4540562	1024332
青 海	6288470	4058355	2932874	1125481	507736
宁 夏	5135888	3228972	2752005	476967	251958
新 疆	26432329	20082308	15914128	4168180	969682
大 连	3534032	2515898	2263495	252402	6987
宁 波	5868181	4272205	3450093	822112	116413
厦 门	2960815	2488691	1911588	577103	30777
青 岛	7848226	6081854	4296574	1785280	88638
深 圳	9947203	6778030	5172597	1605433	43189

基本建设支出明细(普通小学)

单位：千元

公用部分	商品和服务支出	其他资本性支出	专项公用支出	专项项目支出	基本建设支出
240003931	**120975670**	**119028261**	**31333958**	**87694303**	**11797404**
8157153	6272684	1884469	1144307	740161	842328
2501646	1435091	1066555	248039	818516	
10472866	5288555	5184310	1826976	3357334	152775
4601836	2784939	1816896	637167	1179729	59803
4377266	2337734	2039532	669202	1370330	151806
4015544	2727755	1287789	628907	658882	57518
3772695	1723483	2049213	550484	1498728	79830
4266028	2231462	2034566	607605	1426961	245037
4692632	3673342	1019290	789586	229705	27021
13619324	5145652	8473672	1435706	7037966	34733
8622949	4563701	4059249	920313	3138936	484204
11421851	4383770	7038081	1627854	5410227	262512
7566128	3240884	4325243	999413	3325830	169431
12073400	3583515	8489885	1507373	6982513	531169
14439081	5969214	8469867	1756667	6713200	90423
17065519	9394100	7671420	1205525	6465894	689476
9325155	3856814	5468341	1126639	4341702	
11315303	5766735	5548569	1409981	4138587	315597
18432396	12270505	6161891	3148969	3012922	1620363
8791726	3929997	4861729	1094817	3766912	730748
2904331	1069264	1835068	580319	1254749	46911
6933861	3933707	3000154	1056864	1943290	623023
12323384	6494687	5828697	1247259	4581437	745856
6812907	3983982	2828925	894325	1934600	254595
8184428	4263722	3920705	1025477	2895228	283062
2238504	733392	1505112	164767	1340345	562275
7858318	3791834	4066485	859211	3207273	452596
4667415	1960395	2707020	930453	1776567	347547
1378052	712984	665068	197756	467312	852063
1818866	805563	1013303	326184	687119	88050
5353369	2646209	2707160	715813	1991347	996652
998042	539397	458645	310709	147935	20093
1432026	554385	877642	106463	771179	163950
472125	330917	141208	91459	49748	
1766372	864982	901391	218639	682751	
1971753	1754505	217248	208888	8360	1197420

6-41 公共财政预算教育事业费和

地区	合计	个人部分	工资福利支出	对个人和家庭的补助支出	#助学金
合计	**880208217**	**629342446**	**472412941**	**156929504**	**31672105**
北京	20919944	12021395	9915290	2106106	128597
天津	10738148	8242357	5441482	2800875	74759
河北	41034599	30408958	22820567	7588391	751255
山西	19974436	15312798	12450772	2862025	393826
内蒙古	17155341	12626269	11171681	1454588	599590
辽宁	19054777	14981714	11434008	3547707	24386
吉林	16074758	12222232	8186999	4035234	182695
黑龙江	20364139	15905363	9873831	6031532	266807
上海	14772176	10055069	9418169	636900	422072
江苏	59345324	45691267	30102785	15588482	802123
浙江	40785694	31678541	25121173	6557368	1057536
安徽	34186173	22501810	16213517	6288293	901109
福建	27114662	19379103	15723779	3655324	252853
江西	33213701	20609132	15030785	5578347	902058
山东	57361881	42832377	33760360	9072017	806989
河南	43534043	25779781	22304421	3475360	2504807
湖北	32922127	23625932	16496028	7129904	853479
湖南	37386839	25755973	19561740	6194233	1676163
广东	72723327	52680021	39844996	12835025	1570539
广西	33642871	24120397	16230960	7889437	1630887
海南	7937740	4987389	4518960	468430	196628
重庆	19206540	11658316	10084504	1573811	807470
四川	47820618	34751540	26673874	8077666	3777903
贵州	32529791	25462289	16354557	9107732	2117675
云南	33409691	24942201	20025561	4916639	3712512
西藏	7702685	4901906	3135713	1766193	1131640
陕西	24973116	16675696	10942569	5733127	1466997
甘肃	18945818	13932181	9391709	4540471	1024242
青海	6288470	4058355	2932874	1125481	507736
宁夏	5135888	3228972	2752005	476967	251958
新疆	23952901	18313110	14497270	3815840	874818
大连	3534032	2515898	2263495	252402	6987
宁波	5868181	4272205	3450093	822112	116413
厦门	2960815	2488691	1911588	577103	30777
青岛	7848226	6081854	4296574	1785280	88638
深圳	9947203	6778030	5172597	1605433	43189

基本建设支出明细(地方普通小学)

单位：千元

公用部分	商品和服务支出	其他资本性支出	专项公用支出	专项项目支出	基本建设支出
239255814	**120680699**	**118575115**	**31217206**	**87357908**	**11609958**
8056221	6230650	1825571	1119870	705700	842328
2495791	1432426	1063364	246799	816566	
10472866	5288555	5184310	1826976	3357334	152775
4601836	2784939	1816896	637167	1179729	59803
4377266	2337734	2039532	669202	1370330	151806
4015544	2727755	1287789	628907	658882	57518
3772695	1723483	2049213	550484	1498728	79830
4220570	2210629	2009941	597812	1412129	238205
4690086	3671170	1018916	789211	229705	27021
13619324	5145652	8473672	1435706	7037966	34733
8622949	4563701	4059249	920313	3138936	484204
11421851	4383770	7038081	1627854	5410227	262512
7566128	3240884	4325243	999413	3325830	169431
12073400	3583515	8489885	1507373	6982513	531169
14439081	5969214	8469867	1756667	6713200	90423
17064786	9393409	7671377	1205483	6465894	689476
9296195	3837032	5459162	1123557	4335606	
11315269	5766701	5548569	1409981	4138587	315597
18422943	12263520	6159423	3147905	3011518	1620363
8791726	3929997	4861729	1094817	3766912	730748
2903441	1068503	1834937	580263	1254675	46911
6925201	3929955	2995246	1051956	1943290	623023
12323222	6494525	5828697	1247259	4581437	745856
6812907	3983982	2828925	894325	1934600	254595
8184428	4263722	3920705	1025477	2895228	283062
2238504	733392	1505112	164767	1340345	562275
7844824	3780068	4064756	857483	3207273	452596
4666091	1959511	2706579	930263	1776317	347547
1378052	712984	665068	197756	467312	852063
1818866	805563	1013303	326184	687119	88050
4823753	2463757	2359996	645977	1714019	816038
998042	539397	458645	310709	147935	20093
1432026	554385	877642	106463	771179	163950
472125	330917	141208	91459	49748	
1766372	864982	901391	218639	682751	
1971753	1754505	217248	208888	8360	1197420

6-42 公共财政预算教育事业费和

地区	合计	个人部分	工资福利支出	对个人和家庭的补助支出	#助学金
合计	**587385802**	**429111147**	**321252231**	**107858916**	**25612417**
北京	4128837	2561455	2061359	500096	27917
天津	2914037	2483998	1729469	754529	3449
河北	31508757	23045915	17668042	5377872	372522
山西	14659473	11474690	9291140	2183549	347730
内蒙古	12320257	9365111	8311405	1053706	444978
辽宁	9433914	7776659	5781281	1995377	9336
吉林	10741911	8335124	5697060	2638065	165521
黑龙江	13957177	10948488	6710609	4237879	263267
上海	2577766	1987710	1910731	76979	70491
江苏	31830247	24955867	15911039	9044829	247886
浙江	22736872	18073393	14116978	3956414	619809
安徽	27769587	18472769	12953780	5518988	819938
福建	16975735	12707047	10191781	2515266	202761
江西	26438156	16309216	12113304	4195911	509608
山东	36115113	27310911	22017142	5293769	548513
河南	33779673	20413580	17599548	2814032	2141806
湖北	20726138	15007849	10561280	4446569	744218
湖南	27340339	19621790	15163909	4457881	1274189
广东	32834168	23937597	18834968	5102629	661692
广西	26990379	20217812	13385107	6832705	1565787
海南	5866114	3891482	3500842	390640	164441
重庆	12504062	8158260	6895435	1262825	727423
四川	38321870	28219398	21260265	6959133	3568232
贵州	27760002	22179367	14306414	7872953	2039000
云南	28131188	21746772	17363745	4383027	3490410
西藏	6679818	4227091	2724012	1503079	999299
陕西	18338884	12891994	8339419	4552574	1223418
甘肃	15605368	11522409	7952574	3569836	959119
青海	5138317	3345504	2358368	987137	492458
宁夏	3519624	2396713	2024400	372313	203926
新疆	19742021	15525177	12516822	3008355	703275
大连	845316	652663	602931	49732	184
宁波	2402557	1847256	1540228	307028	64570
厦门	580829	529259	337971	191288	6583
青岛	2593648	2121448	1539374	582074	11161
深圳					

基本建设支出明细(农村小学)

单位：千元

公用部分	商品和服务支出	其他资本性支出			基本建设支出
			专项公用支出	专项项目支出	
151806634	**73166380**	**78640254**	**19059562**	**59580692**	**6468020**
1380112	846616	533496	235314	298181	187270
430038	347868	82171	33720	48450	
8326189	4178955	4147234	1407045	2740189	136654
3145548	1896113	1249435	385064	864371	39235
2852387	1465274	1387113	447716	939397	102758
1624929	1129940	494990	202097	292893	32326
2347531	1082336	1265196	367736	897460	59255
2849276	1475195	1374081	319702	1054379	159412
590056	495321	94735	74358	20377	
6863734	2562818	4300916	749375	3551542	10646
4411312	2342060	2069252	510299	1558952	252168
9066476	3492876	5573600	1378455	4195144	230343
4150840	2006878	2143962	520805	1623157	117847
9713506	2728747	6984759	1205544	5779215	415435
8716779	3471639	5245140	1119310	4125830	87423
13162503	7306027	5856476	817879	5038597	203590
5718289	2183086	3535204	550395	2984808	
7454097	4100122	3353975	774374	2579601	264453
8832139	5341330	3490809	1597334	1893476	64432
6324980	3072209	3252771	779802	2472969	447587
1933562	693617	1239945	383236	856709	41069
4232026	2274379	1957647	575211	1382436	113776
9602504	4834669	4767835	919925	3847910	499967
5343469	3138273	2205196	713533	1491663	237167
6230898	3174527	3056371	804187	2252185	153517
1970453	577885	1392567	129393	1263175	482275
5119804	2542880	2576924	414632	2162292	327086
3797664	1562313	2235351	805932	1429419	285295
1082206	537043	545164	151443	393721	710606
1089971	512328	577644	201677	375967	32940
3443355	1793059	1650297	484070	1166227	773488
192653	145851	46802	39463	7339	
555301	236934	318368	43582	274785	
51570	46166	5404	3987	1418	
472200	198710	273490	72684	200806	

6-43 公共财政预算教育事业费和

地区	合计	个人部分			
			工资福利支出	对个人和家庭的补助支出	
					#助学金
合计	**585047266**	**427420789**	**319874956**	**107545833**	**25523516**
北京	4128837	2561455	2061359	500096	27917
天津	2914037	2483998	1729469	754529	3449
河北	31508757	23045915	17668042	5377872	372522
山西	14659473	11474690	9291140	2183549	347730
内蒙古	12320257	9365111	8311405	1053706	444978
辽宁	9433914	7776659	5781281	1995377	9336
吉林	10741911	8335124	5697060	2638065	165521
黑龙江	13831804	10858632	6642510	4216123	263267
上海	2577766	1987710	1910731	76979	70491
江苏	31830247	24955867	15911039	9044829	247886
浙江	22736872	18073393	14116978	3956414	619809
安徽	27769587	18472769	12953780	5518988	819938
福建	16975735	12707047	10191781	2515266	202761
江西	26438156	16309216	12113304	4195911	509608
山东	36115113	27310911	22017142	5293769	548513
河南	33779673	20413580	17599548	2814032	2141806
湖北	20726138	15007849	10561280	4446569	744218
湖南	27340339	19621790	15163909	4457881	1274189
广东	32759816	23871371	18772990	5098381	661063
广西	26990379	20217812	13385107	6832705	1565787
海南	5859238	3885498	3496974	388523	164340
重庆	12504062	8158260	6895435	1262825	727423
四川	38321870	28219398	21260265	6959133	3568232
贵州	27760002	22179367	14306414	7872953	2039000
云南	28131188	21746772	17363745	4383027	3490410
西藏	6679818	4227091	2724012	1503079	999299
陕西	18338884	12891994	8339419	4552574	1223418
甘肃	15592742	11511107	7941362	3569745	959029
青海	5138317	3345504	2358368	987137	492458
宁夏	3519624	2396713	2024400	372313	203926
新疆	17622710	14008187	11284704	2723483	615194
大连	845316	652663	602931	49732	184
宁波	2402557	1847256	1540228	307028	64570
厦门	580829	529259	337971	191288	6583
青岛	2593648	2121448	1539374	582074	11161
深圳					

基本建设支出明细(地方农村小学)

单位：千元

公用部分	商品和服务支出	其他资本性支出		基本建设支出
			专项公用支出	专项项目支出	
151293277	**72992764**	**78300513**	**18995817**	**59304696**	**6333200**
1380112	846616	533496	235314	298181	187270
430038	347868	82171	33720	48450	
8326189	4178955	4147234	1407045	2740189	136654
3145548	1896113	1249435	385064	864371	39235
2852387	1465274	1387113	447716	939397	102758
1624929	1129940	494990	202097	292893	32326
2347531	1082336	1265196	367736	897460	59255
2814072	1460828	1353244	312656	1040588	159100
590056	495321	94735	74358	20377	
6863734	2562818	4300916	749375	3551542	10646
4411312	2342060	2069252	510299	1558952	252168
9066476	3492876	5573600	1378455	4195144	230343
4150840	2006878	2143962	520805	1623157	117847
9713506	2728747	6984759	1205544	5779215	415435
8716779	3471639	5245140	1119310	4125830	87423
13162503	7306027	5856476	817879	5038597	203590
5718289	2183086	3535204	550395	2984808	
7454097	4100122	3353975	774374	2579601	264453
8824013	5335468	3488546	1596474	1892072	64432
6324980	3072209	3252771	779802	2472969	447587
1932671	692856	1239815	383180	856635	41069
4232026	2274379	1957647	575211	1382436	113776
9602504	4834669	4767835	919925	3847910	499967
5343469	3138273	2205196	713533	1491663	237167
6230898	3174527	3056371	804187	2252185	153517
1970453	577885	1392567	129393	1263175	482275
5119804	2542880	2576924	414632	2162292	327086
3796340	1561429	2234910	805742	1429169	285295
1082206	537043	545164	151443	393721	710606
1089971	512328	577644	201677	375967	32940
2975543	1641315	1334228	428478	905751	638980
192653	145851	46802	39463	7339	
555301	236934	318368	43582	274785	
51570	46166	5404	3987	1418	
472200	198710	273490	72684	200806	

6-44 公共财政预算教育事业费和

地区	合计	个人部分	工资福利支出	对个人和家庭的补助支出	#助学金
合计	**14966**	**12279**	**11835**	**444**	
北京					
天津					
河北					
山西					
内蒙古					
辽宁					
吉林					
黑龙江					
上海					
江苏					
浙江					
安徽					
福建	9647	7447	7024	422	
江西					
山东					
河南					
湖北					
湖南					
广东					
广西	2697	2647	2647		
海南					
重庆	2124	1720	1720		
四川	499	465	444	22	
贵州					
云南					
西藏					
陕西					
甘肃					
青海					
宁夏					
新疆					
大连					
宁波					
厦门					
青岛					
深圳					

基本建设支出明细(成人小学)

单位：千元

公用部分	商品和服务支出	其他资本性支出			基本建设支出
			专项公用支出	专项项目支出	
2687	**1811**	**876**		**876**	
2200	1324	876		876	
50	50				
404	404				
33	33				

6-45 公共财政预算教育事业费和

地区	合计	个人部分	工资福利支出	对个人和家庭的补助支出	#助学金
合计	**11300192**	**7265534**	**5769089**	**1496445**	**244769**
北京	368147	263156	219387	43769	1861
天津	313074	163684	110914	52770	173
河北	451659	331969	276872	55098	6325
山西	263594	168028	146037	21991	2618
内蒙古	225623	153411	139253	14158	4655
辽宁	435114	327127	241656	85471	13961
吉林	267386	194718	128848	65870	3132
黑龙江	405086	264809	169728	95081	6030
上海	598749	413105	390410	22695	9408
江苏	825221	629848	449443	180406	14868
浙江	637663	411968	355705	56263	9530
安徽	353921	158234	126469	31765	8672
福建	371480	268853	213008	55845	17951
江西	263543	143443	110143	33300	5096
山东	947413	673346	519554	153792	23479
河南	392436	238743	223087	15656	9523
湖北	423570	246084	174375	71709	8269
湖南	337124	228826	186555	42272	11146
广东	1168361	614794	469300	145494	9644
广西	257940	145173	113576	31597	6796
海南	70263	27003	25258	1744	1288
重庆	175858	98548	85097	13451	10471
四川	457129	294537	252071	42466	18652
贵州	295056	199071	149679	49392	8014
云南	283713	174049	149579	24471	13133
西藏	87468	44953	34761	10192	4404
陕西	198969	134453	108540	25913	4997
甘肃	130382	85686	58340	27346	2634
青海	74349	27736	22634	5102	2017
宁夏	69887	33409	29066	4343	2381
新疆	150013	106769	89745	17024	3641
大连	92086	71160	59139	12021	5997
宁波	105348	58765	49924	8842	1180
厦门	44430	31988	23568	8421	1744
青岛	173227	143033	98264	44769	6586
深圳	118371	75008	62990	12019	

基本建设支出明细(特殊教育)

单位：千元

公用部分	商品和服务支出	其他资本性支出			基本建设支出
			专项公用支出	专项项目支出	
3911757	**2138527**	**1773230**	**764820**	**1008410**	**122901**
104991	74336	30656	24221	6435	
146292	132417	13875	10219	3656	3098
119239	73034	46206	32672	13534	450
90044	45605	44439	25413	19025	5522
72212	45823	26389	14434	11955	
107988	91197	16790	13164	3626	
70990	41049	29941	13374	16567	1678
140277	56616	83661	44721	38940	
173574	140470	33104	33037	67	12071
195373	103675	91698	26024	65673	
215656	121301	94355	34398	59956	10039
195687	53351	142336	47053	95283	
102627	50394	52233	20650	31583	
116910	46236	70674	18878	51796	3190
274067	120821	153246	36269	116977	
153693	84080	69613	18144	51468	
177486	93284	84202	20827	63375	
94297	64880	29417	19452	9965	14000
542746	254127	288619	122095	166524	10820
106485	50551	55934	22334	33601	6282
34765	12380	22385	3906	18479	8496
77310	51586	25724	15569	10155	
154991	110018	44974	28036	16938	7600
95218	59370	35848	18565	17283	767
109664	54391	55273	22242	33031	
37516	7951	29564	23897	5667	5000
64516	32010	32506	12121	20385	
30074	19070	11004	8887	2117	14622
28891	9791	19099	12647	6452	17722
36478	10805	25673	14650	11023	
41699	27907	13792	6920	6873	1545
20926	20259	667	667		
46583	18470	28113	2029	26084	
12441	9215	3226	1949	1277	
30195	24205	5990	2808	3182	
39563	30162	9401	9401		3800

6-46 公共财政预算教育事业费和

地区	合计	个人部分	工资福利支出	对个人和家庭的补助支出	#助学金
合计	**10770807**	**6921196**	**5479944**	**1441252**	**240259**
北京	300876	214958	177700	37258	1393
天津	290395	144320	99338	44982	173
河北	451659	331969	276872	55098	6325
山西	246783	157354	136159	21195	2618
内蒙古	225623	153411	139253	14158	4655
辽宁	395897	294623	216799	77824	13961
吉林	260934	189210	125765	63445	3126
黑龙江	401633	262754	167695	95059	6012
上海	480300	324374	305890	18484	8200
江苏	825221	629848	449443	180406	14868
浙江	596577	400953	346103	54849	9330
安徽	346089	151454	119792	31662	8672
福建	371480	268853	213008	55845	17951
江西	258003	139627	106327	33300	5096
山东	947413	673346	519554	153792	23479
河南	382329	233161	217571	15590	9509
湖北	408292	238250	169786	68464	7786
湖南	325091	220587	180126	40461	11146
广东	1124543	595356	454273	141084	9644
广西	252205	140771	110295	30476	6794
海南	70263	27003	25258	1744	1288
重庆	170732	95358	82244	13113	10144
四川	404012	267404	227995	39409	18418
贵州	258787	174456	131288	43168	7000
云南	274481	166364	142593	23772	12816
西藏	87468	44953	34761	10192	4404
陕西	192390	128460	105389	23071	4997
甘肃	130382	85686	58340	27346	2634
青海	74349	27736	22634	5102	2017
宁夏	69887	33409	29066	4343	2381
新疆	146712	105189	88629	16561	3423
大连	85424	65576	54238	11338	5997
宁波	105348	58765	49924	8842	1180
厦门	44430	31988	23568	8421	1744
青岛	173227	143033	98264	44769	6586
深圳	112203	71184	59570	11615	

基本建设支出明细(特殊教育学校)

单位：千元

公用部分	商品和服务支出	其他资本性支出			基本建设支出
			专项公用支出	专项项目支出	
3732710	**2020024**	**1712686**	**735809**	**976877**	**116901**
85918	56552	29366	22931	6435	
142977	129325	13652	9996	3656	3098
119239	73034	46206	32672	13534	450
83906	42003	41903	24850	17053	5522
72212	45823	26389	14434	11955	
101274	84837	16437	12810	3626	
70047	40139	29908	13341	16567	1678
138879	55221	83657	44718	38940	
143855	116624	27230	27164	67	12071
195373	103675	91698	26024	65673	
185586	117712	67874	32429	35445	10039
194635	52333	142302	47019	95283	
102627	50394	52233	20650	31583	
115186	44872	70314	18631	51683	3190
274067	120821	153246	36269	116977	
149168	80498	68670	17202	51468	
170042	86948	83094	19719	63375	
90504	62960	27545	18158	9387	14000
518367	237498	280868	117440	163428	10820
105152	49519	55633	22033	33601	6282
34765	12380	22385	3906	18479	8496
75374	49754	25619	15465	10155	
135009	98708	36301	20257	16043	1600
83564	49945	33619	16609	17011	767
108116	52989	55128	22193	32935	
37516	7951	29564	23897	5667	5000
63930	31425	32506	12121	20385	
30074	19070	11004	8887	2117	14622
28891	9791	19099	12647	6452	17722
36478	10805	25673	14650	11023	
39978	26417	13561	6689	6873	1545
19848	19198	650	650		
46583	18470	28113	2029	26084	
12441	9215	3226	1949	1277	
30195	24205	5990	2808	3182	
37219	28400	8819	8819		3800

6-47 公共财政预算教育事业费和

地区	合计	个人部分	工资福利支出	对个人和家庭的补助支出	#助学金
合计	**529385**	**344338**	**289145**	**55193**	**4509**
北京	67271	48198	41687	6511	467
天津	22679	19364	11576	7788	
河北					
山西	16812	10674	9878	796	
内蒙古					
辽宁	39217	32504	24857	7647	
吉林	6452	5508	3083	2425	6
黑龙江	3453	2055	2033	22	18
上海	118449	88731	84520	4211	1209
江苏					
浙江	41086	11015	9602	1414	200
安徽	7832	6780	6678	103	
福建					
江西	5540	3816	3816		
山东					
河南	10107	5582	5516	66	14
湖北	15277	7834	4589	3245	484
湖南	12033	8240	6429	1811	
广东	43817	19438	15027	4411	
广西	5735	4402	3281	1121	2
海南					
重庆	5126	3190	2853	337	327
四川	53116	27134	24076	3057	234
贵州	36269	24615	18391	6224	1014
云南	9232	7685	6986	699	318
西藏					
陕西	6579	5993	3151	2842	
甘肃					
青海					
宁夏					
新疆	3301	1580	1117	463	217
大连	6662	5584	4901	683	
宁波					
厦门					
青岛					
深圳	6168	3824	3420	404	

基本建设支出明细(工读学校)

单位：千元

公用部分	商品和服务支出	其他资本性支出	专项公用支出	专项项目支出	基本建设支出
179047	**118503**	**60544**	**29011**	**31533**	**6000**
19073	17783	1290	1290		
3315	3092	223	223		
6138	3602	2536	563	1972	
6714	6360	354	354		
944	910	33	33		
1398	1394	4	4		
29719	23845	5873	5873		
30070	3590	26481	1970	24511	
1052	1018	34	34		
1724	1364	360	247	113	
4525	3583	943	943		
7443	6335	1108	1108		
3793	1921	1872	1294	578	
24380	16629	7750	4655	3096	
1333	1032	301	301		
1936	1831	105	105		
19983	11310	8673	7779	894	6000
11654	9425	2229	1956	273	
1547	1402	145	50	96	
586	586				
1721	1490	231	231		
1078	1060	18	18		
2344	1762	582	582		

6-48 公共财政预算教育事业费和

地区	合计	个人部分	工资福利支出	对个人和家庭的补助支出	#助学金
合计	**114580090**	**67202844**	**54573370**	**12629474**	**3967139**
北京	5543124	3005010	2501129	503880	786
天津	2164378	1540581	1079976	460605	2863
河北	5480925	4234977	3673568	561408	38683
山西	2018267	1352369	1090778	261591	121008
内蒙古	3492843	2049338	1816052	233286	114850
辽宁	1278324	801978	679582	122396	9294
吉林	1330386	866799	654381	212419	29317
黑龙江	1508258	1016011	804918	211093	9564
上海	7330227	4873357	4741682	131675	47433
江苏	8644051	5347932	4456186	891746	177604
浙江	7179850	4594050	4073399	520651	16842
安徽	2865192	1407558	1173002	234556	97267
福建	4412841	2803010	2490918	312092	35952
江西	2878759	1039540	819665	219875	71433
山东	5583824	3386661	2732180	654481	268259
河南	3037767	1587616	1375550	212066	168610
湖北	3188389	1751433	1404967	346465	53112
湖南	2371652	1319931	1007669	312262	196815
广东	6598155	4038221	2737382	1300839	413311
广西	2660719	1149375	827471	321903	116246
海南	1056754	393233	328887	64346	42041
重庆	1636605	617847	464506	153342	135271
四川	5886669	3187033	2486187	700847	450663
贵州	3449517	2346917	1913483	433434	82820
云南	2891396	1760726	1557031	203694	93324
西藏	1740418	922681	509659	413022	282380
陕西	6118270	3034285	2488528	545757	233317
甘肃	3847715	2396154	1424077	972077	484119
青海	1090650	442848	301711	141137	69110
宁夏	656779	288303	235154	53149	31261
新疆	6637390	3647071	2723691	923380	73585
大连	441316	316853	289699	27154	2628
宁波	1320472	890212	799850	90361	3759
厦门	937875	630706	557895	72812	1431
青岛	1225119	636131	552133	83998	16329
深圳	1579730	872634	317110	555525	206136

基本建设支出明细(幼儿园)

单位：千元

公用部分	商品和服务支出	其他资本性支出			基本建设支出
			专项公用支出	专项项目支出	
44303732	**18953751**	**25349981**	**5993077**	**19356904**	**3073514**
2449522	1801896	647626	385765	261861	88591
623797	429846	193950	75678	118272	
1216340	368517	847823	209276	638547	29608
651683	217901	433782	65882	367899	14216
1364406	583041	781365	212630	568735	79098
475904	345624	130281	77285	52996	441
452193	141732	310460	62186	248275	11394
487514	228804	258710	93229	165481	4733
2298744	1890200	408544	325069	83474	158126
3263179	1212752	2050427	405594	1644832	32940
2561375	1364802	1196573	283628	912945	24424
1414281	256103	1158178	177851	980327	43353
1544571	454009	1090562	244855	845706	65260
1700162	204232	1495930	202995	1292935	139057
2152395	620988	1531407	243857	1287550	44767
1443878	457290	986588	128524	858064	6273
1436956	493040	943917	184333	759583	
1040981	380473	660508	119386	541123	10740
2478990	1490180	988810	456811	531999	80944
1438569	422552	1016018	193540	822478	72774
651716	158173	493543	154454	339089	11804
1003571	547983	455588	172038	283551	15187
2584685	989011	1595674	227696	1367978	114951
1001417	440750	560667	139120	421547	101183
1067334	454949	612385	94456	517929	63337
384912	153611	231300	14194	217106	432825
2849198	1449310	1399888	254154	1145735	234787
1314346	340158	974188	214950	759238	137216
406068	186964	219104	48559	170545	241734
366076	71877	294199	37517	256682	2400
2178967	796981	1381986	487565	894421	811352
124462	102685	21778	20506	1272	
415710	186066	229645	44254	185391	14550
307169	152896	154273	85368	68905	
588989	199472	389516	107942	281575	
651515	601238	50277	40607	9671	55581

6-49 公共财政预算教育事业费和

地区	合计	个人部分	工资福利支出	对个人和家庭的补助支出	#助学金
合计	**113926468**	**66835442**	**54274724**	**12560719**	**3930107**
北京	5536907	3000123	2496243	503880	786
天津	2164177	1540581	1079976	460605	2863
河北	5479188	4233386	3671978	561408	38683
山西	2018220	1352322	1090778	261544	120961
内蒙古	3492843	2049338	1816052	233286	114850
辽宁	1273634	797663	675298	122365	9262
吉林	1330386	866799	654381	212419	29317
黑龙江	1466584	985571	779182	206390	9458
上海	7296495	4848097	4716476	131620	47433
江苏	8628550	5343203	4452491	890713	176773
浙江	7179839	4594050	4073399	520651	16842
安徽	2864905	1407556	1173002	234554	97267
福建	4411641	2801860	2489768	312092	35952
江西	2878759	1039540	819665	219875	71433
山东	5583824	3386661	2732180	654481	268259
河南	3031470	1582249	1370546	211704	168297
湖北	3186527	1751433	1404967	346465	53112
湖南	2371580	1319881	1007619	312262	196815
广东	6598152	4038219	2737382	1300837	413309
广西	2660719	1149375	827471	321903	116246
海南	1052787	392543	328557	63986	41681
重庆	1636605	617847	464506	153342	135271
四川	5877580	3179863	2479986	699877	450663
贵州	3449517	2346917	1913483	433434	82820
云南	2888972	1758702	1555121	203581	93324
西藏	1740418	922681	509659	413022	282380
陕西	6114066	3033441	2487870	545571	233132
甘肃	3837559	2386702	1415493	971209	483268
青海	1089935	442354	301569	140785	68758
宁夏	656779	288303	235154	53149	31261
新疆	6127851	3378181	2514472	863710	39631
大连	436668	312538	285416	27122	2597
宁波	1320472	890212	799850	90361	3759
厦门	936675	629556	556745	72812	1431
青岛	1225119	636131	552133	83998	16329
深圳	1579730	872634	317110	555525	206136

基本建设支出明细(地方幼儿园)

单位：千元

公用部分	商品和服务支出	其他资本性支出	其他资本性支出：专项公用支出	其他资本性支出：专项项目支出	基本建设支出
44149101	**18890921**	**25258180**	**5973676**	**19284503**	**2941925**
2448192	1800661	647532	385670	261861	88591
623596	429646	193950	75678	118272	
1216194	368371	847823	209276	638547	29608
651683	217901	433782	65882	367899	14216
1364406	583041	781365	212630	568735	79098
475530	345250	130280	77284	52996	441
452193	141732	310460	62186	248275	11394
476280	223749	252531	92351	160180	4733
2290272	1882049	408224	324749	83474	158126
3252406	1206102	2046304	401643	1644661	32940
2561364	1364791	1196573	283628	912945	24424
1413996	255898	1158098	177797	980300	43353
1544521	453959	1090562	244855	845706	65260
1700162	204232	1495930	202995	1292935	139057
2152395	620988	1531407	243857	1287550	44767
1442948	456429	986519	128454	858064	6273
1435094	491298	943796	184213	759583	
1040959	380451	660508	119386	541123	10740
2478989	1490179	988810	456811	531999	80944
1438569	422552	1016018	193540	822478	72774
648440	156974	491466	154122	337344	11804
1003571	547983	455588	172038	283551	15187
2582766	987350	1595417	227439	1367978	114951
1001417	440750	560667	139120	421547	101183
1066933	454609	612324	94394	517929	63337
384912	153611	231300	14194	217106	432825
2845838	1446840	1398998	253657	1145341	234787
1313641	339861	973780	214942	758838	137216
405847	186743	219104	48559	170545	241734
366076	71877	294199	37517	256682	2400
2069907	765041	1304866	474809	830057	679762
124130	102352	21778	20506	1272	
415710	186066	229645	44254	185391	14550
307119	152846	154273	85368	68905	
588989	199472	389516	107942	281575	
651515	601238	50277	40607	9671	55581

6-50 公共财政预算教育事业费和

地 区	合 计	个人部分			
			工资福利支 出	对个人和家庭的补助支出	
					#助学金
合 计	**61799660**	**36488953**	**29766632**	**6722321**	**2709980**
北 京	1357926	833179	700683	132496	266
天 津	364786	276526	211724	64803	772
河 北	3990796	3112338	2776466	335872	28592
山 西	1317512	897973	725514	172459	91064
内蒙古	2241562	1397245	1269425	127820	53993
辽 宁	332164	212334	186278	26055	2836
吉 林	667635	433456	356966	76490	9254
黑龙江	784292	539750	462862	76887	5738
上 海	1189724	870264	860095	10169	8332
江 苏	3451083	2061316	1733803	327514	114209
浙 江	2995949	1829145	1632521	196624	8520
安 徽	2003348	1016457	855329	161128	64448
福 建	2242372	1419464	1274913	144551	18108
江 西	2096360	678975	549248	129727	57504
山 东	3126027	1944820	1557988	386833	193185
河 南	1900193	982348	860801	121547	102770
湖 北	1484944	817310	684257	133053	39954
湖 南	1667621	962809	735889	226920	169611
广 东	1867390	1253338	1009520	243817	129838
广 西	1622912	683065	499440	183626	84345
海 南	776960	278422	239993	38430	23193
重 庆	969126	349728	241811	107917	97322
四 川	3894225	2290181	1739413	550768	396248
贵 州	2688741	1895201	1585074	310126	73446
云 南	1802652	1174353	1033814	140539	84432
西 藏	1340809	644743	375367	269376	194517
陕 西	4437900	2389193	1987716	401478	170424
甘 肃	3112845	1893289	1179908	713381	341254
青 海	877342	346206	221296	124909	60282
宁 夏	330060	161569	132619	28950	18042
新 疆	4864403	2843956	2085897	758058	67482
大 连	73492	52514	48454	4061	769
宁 波	500092	317578	292066	25512	3020
厦 门	91080	64184	56446	7738	229
青 岛	445572	166232	149160	17072	8092
深 圳					

基本建设支出明细(农村幼儿园)

单位：千元

公用部分					基本建设支出
	商品和服务支出	其他资本性支出			
			专项公用支出	专项项目支出	
23133371	**8083188**	**15050183**	**2762985**	**12287198**	**2177336**
498849	299338	199511	116729	82782	25898
88259	46794	41466	7570	33896	
849922	223666	626257	134555	491701	28536
409809	115018	294791	28741	266050	9729
795191	378205	416986	130429	286558	49125
119830	55095	64736	27045	37691	
226367	55882	170485	21252	149233	7813
239810	98562	141248	40298	100950	4733
319460	278920	40540	39726	814	
1387826	485177	902649	150732	751917	1940
1164773	556765	608009	139306	468703	2030
947467	163405	784062	92128	691934	39424
797376	196912	600465	90885	509580	25532
1278782	153076	1125706	137700	988006	138604
1177607	221620	955987	110936	845051	3600
915213	237483	677730	77973	599756	2633
667634	111328	556306	92930	463377	
694072	252581	441492	69492	372000	10740
614017	224227	389790	129216	260574	35
890210	251917	638292	110017	528275	49636
486734	116994	369741	102230	267510	11804
611670	283133	328537	101430	227107	7729
1511926	625950	885976	143475	742502	92118
720191	309918	410272	93131	317141	73349
577716	192487	385229	56214	329015	50582
263242	103749	159492	9299	150193	432825
1949336	1033210	916126	167039	749087	99371
1092373	274754	817618	166266	651353	127184
341142	144256	196886	44972	151914	189995
168491	36502	131989	16002	115987	
1328075	556265	771810	115269	656541	692372
20977	18146	2831	2208	622	
182515	96562	85953	20302	65651	
26896	23864	3032	2997	34	
279339	44451	234888	50057	184831	

6-51 公共财政预算教育事业费和

地区	合计	个人部分	工资福利支出	对个人和家庭的补助支出	#助学金
合计	**61348649**	**36251538**	**29577904**	**6673634**	**2675944**
北京	1357249	833067	700571	132496	266
天津	364786	276526	211724	64803	772
河北	3990796	3112338	2776466	335872	28592
山西	1317512	897973	725514	172459	91064
内蒙古	2241562	1397245	1269425	127820	53993
辽宁	332164	212334	186278	26055	2836
吉林	667635	433456	356966	76490	9254
黑龙江	759635	521441	446124	75317	5680
上海	1189724	870264	860095	10169	8332
江苏	3451083	2061316	1733803	327514	114209
浙江	2995949	1829145	1632521	196624	8520
安徽	2003348	1016457	855329	161128	64448
福建	2242372	1419464	1274913	144551	18108
江西	2096360	678975	549248	129727	57504
山东	3126027	1944820	1557988	386833	193185
河南	1900193	982348	860801	121547	102770
湖北	1484944	817310	684257	133053	39954
湖南	1667569	962759	735839	226920	169611
广东	1867387	1253336	1009520	243815	129836
广西	1622912	683065	499440	183626	84345
海南	776347	278092	239663	38430	23193
重庆	969126	349728	241811	107917	97322
四川	3894225	2290181	1739413	550768	396248
贵州	2688741	1895201	1585074	310126	73446
云南	1802652	1174353	1033814	140539	84432
西藏	1340809	644743	375367	269376	194517
陕西	4437847	2389176	1987708	401468	170415
甘肃	3103635	1884675	1171324	713351	341241
青海	877342	346206	221296	124909	60282
宁夏	330060	161569	132619	28950	18042
新疆	4448659	2633975	1922992	710983	33527
大连	73492	52514	48454	4061	769
宁波	500092	317578	292066	25512	3020
厦门	91080	64184	56446	7738	229
青岛	445572	166232	149160	17072	8092
深圳					

基本建设支出明细(地方农村幼儿园)

单位：千元

公用部分	商品和服务支出	其他资本性支出	专项公用支出	专项项目支出	基本建设支出
23025864	**8050877**	**14974987**	**2753282**	**12221705**	**2071246**
498284	298787	199497	116715	82782	25898
88259	46794	41466	7570	33896	
849922	223666	626257	134555	491701	28536
409809	115018	294791	28741	266050	9729
795191	378205	416986	130429	286558	49125
119830	55095	64736	27045	37691	
226367	55882	170485	21252	149233	7813
233461	95696	137765	39715	98050	4733
319460	278920	40540	39726	814	
1387826	485177	902649	150732	751917	1940
1164773	556765	608009	139306	468703	2030
947467	163405	784062	92128	691934	39424
797376	196912	600465	90885	509580	25532
1278782	153076	1125706	137700	988006	138604
1177607	221620	955987	110936	845051	3600
915213	237483	677730	77973	599756	2633
667634	111328	556306	92930	463377	
694070	252579	441492	69492	372000	10740
614016	224226	389790	129216	260574	35
890210	251917	638292	110017	528275	49636
486450	116710	369741	102230	267510	11804
611670	283133	328537	101430	227107	7729
1511926	625950	885976	143475	742502	92118
720191	309918	410272	93131	317141	73349
577716	192487	385229	56214	329015	50582
263242	103749	159492	9299	150193	432825
1949300	1033174	916126	167039	749087	99371
1091776	274558	817218	166266	650953	127184
341142	144256	196886	44972	151914	189995
168491	36502	131989	16002	115987	
1228401	527891	700510	106163	594347	586283
20977	18146	2831	2208	622	
182515	96562	85953	20302	65651	
26896	23864	3032	2997	34	
279339	44451	234888	50057	184831	

6-52 公共财政预算教育事业费和

地区	合计	个人部分			
			工资福利支出	对个人和家庭的补助支出	
					#助学金
合计	**30009767**	**15957934**	**11137703**	**4820231**	
北京	577442	349846	303489	46357	
天津	498918	230531	143923	86608	
河北	755634	470799	326417	144382	
山西	861236	610875	475903	134972	
内蒙古	870879	365394	318482	46912	
辽宁	549761	357717	243481	114236	
吉林	473451	206761	123020	83741	
黑龙江	1147473	524086	270296	253790	
上海	211195	155197	150251	4947	
江苏	1478818	886267	556925	329342	
浙江	1018913	679644	548583	131061	
安徽	885458	424423	298398	126025	
福建	627471	308118	250169	57949	
江西	618582	370593	251230	119363	
山东	1968573	1415944	1043291	372653	
河南	1261076	367980	311593	56388	
湖北	1291256	745621	509167	236455	
湖南	1798347	1122345	795705	326639	
广东	3624691	1446398	807364	639034	
广西	403241	243973	168961	75012	
海南	364899	175789	127218	48570	
重庆	707947	215533	173302	42232	
四川	1673950	923119	661582	261537	
贵州	1473902	921332	557008	364324	
云南	1300466	486853	393021	93832	
西藏	280091	188506	147535	40971	
陕西	894336	312273	211441	100832	
甘肃	867636	549398	326146	223252	
青海	337287	189887	110823	79065	
宁夏	173148	88705	78032	10673	
新疆	1013687	624027	454950	169078	
大连	75618	54518	51501	3017	
宁波	106457	85143	69676	15467	
厦门	218056	37429	28047	9382	
青岛	319488	240923	159196	81728	
深圳	1034954	178348	110120	68228	

基本建设支出明细(教育行政单位)

单位：千元

公用部分	商品和服务支出	其他资本性支出			基本建设支出
			专项公用支出	专项项目支出	
13010524	**9802714**	**3207810**	**1547835**	**1659974**	**1041309**
227596	219937	7659	5898	1761	
268387	264508	3878	3586	292	
284836	167297	117538	59414	58124	
238264	189731	48533	20466	28067	12097
487200	288111	199088	93020	106068	18286
189644	166857	22788	15337	7450	2400
266690	193621	73069	33899	39171	
599759	386541	213218	112099	101120	23628
55997	53045	2953	2953		
592550	441631	150919	114237	36682	
339269	318588	20681	18938	1744	
461035	273662	187374	52534	134839	
318353	195853	122499	89975	32525	1000
247578	207362	40216	25144	15072	412
552629	428106	124523	53862	70661	
862436	798077	64359	50626	13732	30660
545635	331348	214287	80101	134186	
676002	577902	98101	68858	29243	
1582077	1303875	278202	139812	138390	596216
159076	136150	22926	16506	6420	193
189111	161393	27718	15045	12673	
492414	320208	172206	25893	146313	
748431	616843	131588	83039	48549	2400
538482	469000	69482	48710	20772	14088
795083	363646	431437	78237	353199	18530
90985	60616	30370	25525	4844	600
481365	315595	165770	130973	34797	100698
225220	155175	70044	37385	32660	93018
75641	66696	8945	8945		71758
84443	44927	39517	1840	37676	
334334	286413	47921	34978	12944	55326
18700	17477	1223	210	1013	2400
21314	19655	1660	846	814	
180627	88875	91753	72727	19026	
78564	70581	7983	3911	4072	
284939	268472	16467	14082	2386	571666

6-53　公共财政预算教育事业费和

地　区	合　计	个人部分	工资福利支　出	对个人和家庭的补助支出	#助学金
合　计	**29828052**	**15857042**	**11052417**	**4804625**	
北　京	454078	283525	239011	44514	
天　津	498918	230531	143923	86608	
河　北	755634	470799	326417	144382	
山　西	861236	610875	475903	134972	
内蒙古	870879	365394	318482	46912	
辽　宁	549761	357717	243481	114236	
吉　林	473451	206761	123020	83741	
黑龙江	1139215	518607	266071	252537	
上　海	211195	155197	150251	4947	
江　苏	1478818	886267	556925	329342	
浙　江	1018913	679644	548583	131061	
安　徽	885458	424423	298398	126025	
福　建	627471	308118	250169	57949	
江　西	618582	370593	251230	119363	
山　东	1968573	1415944	1043291	372653	
河　南	1261076	367980	311593	56388	
湖　北	1291256	745621	509167	236455	
湖　南	1798347	1122345	795705	326639	
广　东	3624691	1446398	807364	639034	
广　西	403241	243973	168961	75012	
海　南	364899	175789	127218	48570	
重　庆	707947	215533	173302	42232	
四　川	1673950	923119	661582	261537	
贵　州	1473902	921332	557008	364324	
云　南	1300466	486853	393021	93832	
西　藏	280091	188506	147535	40971	
陕　西	894336	312273	211441	100832	
甘　肃	867636	549398	326146	223252	
青　海	337287	189887	110823	79065	
宁　夏	173148	88705	78032	10673	
新　疆	963595	594935	438367	156568	
大　连	75618	54518	51501	3017	
宁　波	106457	85143	69676	15467	
厦　门	218056	37429	28047	9382	
青　岛	319488	240923	159196	81728	
深　圳	1034954	178348	110120	68228	

基本建设支出明细(地方教育行政单位)

单位：千元

公用部分	商品和服务支出	其他资本性支出	专项公用支出	专项项目支出	基本建设支出
12929701	**9725013**	**3204688**	**1544714**	**1659974**	**1041309**
170553	163798	6755	4994	1761	
268387	264508	3878	3586	292	
284836	167297	117538	59414	58124	
238264	189731	48533	20466	28067	12097
487200	288111	199088	93020	106068	18286
189644	166857	22788	15337	7450	2400
266690	193621	73069	33899	39171	
596979	383802	213177	112058	101120	23628
55997	53045	2953	2953		
592550	441631	150919	114237	36682	
339269	318588	20681	18938	1744	
461035	273662	187374	52534	134839	
318353	195853	122499	89975	32525	1000
247578	207362	40216	25144	15072	412
552629	428106	124523	53862	70661	
862436	798077	64359	50626	13732	30660
545635	331348	214287	80101	134186	
676002	577902	98101	68858	29243	
1582077	1303875	278202	139812	138390	596216
159076	136150	22926	16506	6420	193
189111	161393	27718	15045	12673	
492414	320208	172206	25893	146313	
748431	616843	131588	83039	48549	2400
538482	469000	69482	48710	20772	14088
795083	363646	431437	78237	353199	18530
90985	60616	30370	25525	4844	600
481365	315595	165770	130973	34797	100698
225220	155175	70044	37385	32660	93018
75641	66696	8945	8945		71758
84443	44927	39517	1840	37676	
313335	267589	45745	32801	12944	55326
18700	17477	1223	210	1013	2400
21314	19655	1660	846	814	
180627	88875	91753	72727	19026	
78564	70581	7983	3911	4072	
284939	268472	16467	14082	2386	571666

6-54 公共财政预算教育事业费和

地 区	合 计	个人部分	工资福利支出	对个人和家庭的补助支出	#助学金
合 计	**55147053**	**28722518**	**21501906**	**7220612**	
北 京	4691823	1892351	1572769	319582	
天 津	1906569	894022	548323	345700	
河 北	1794247	1330433	1013423	317010	
山 西	1622694	1044110	744270	299841	
内蒙古	1026471	719649	671574	48075	
辽 宁	1995314	1496041	1130912	365129	
吉 林	1214714	780351	499111	281240	
黑龙江	1355447	901025	502298	398727	
上 海	3959008	1608494	1556208	52286	
江 苏	2850942	1821183	1205795	615388	
浙 江	3596485	2087635	1628124	459511	
安 徽	730894	362054	285383	76671	
福 建	1881118	923228	765106	158122	
江 西	1301624	624485	442964	181520	
山 东	2913266	1578155	1139012	439144	
河 南	1824940	822354	781373	40981	
湖 北	2475284	1304937	919300	385637	
湖 南	1033657	551610	412187	139423	
广 东	4777283	1894898	1265265	629633	
广 西	1678723	803344	536593	266752	
海 南	171228	68179	65850	2329	
重 庆	865399	300189	217349	82840	
四 川	2351740	1383599	1187039	196560	
贵 州	450932	208965	134777	74187	
云 南	1838730	415431	359630	55801	
西 藏	694976	324832	223975	100857	
陕 西	1768831	1224230	756495	467735	
甘 肃	384480	257741	178402	79338	
青 海	349079	211951	169308	42642	
宁 夏	166468	125395	116112	9282	
新 疆	1474685	761647	472978	288669	
大 连	280811	210757	191576	19182	
宁 波	591469	289483	233768	55715	
厦 门	485361	140705	115101	25604	
青 岛	818988	311618	217717	93901	
深 圳	888451	290971	236861	54110	

基本建设支出明细(教育事业单位)

单位：千元

公用部分	商品和服务支出	其他资本性支出			基本建设支出
			专项公用支出	专项项目支出	
25244471	14722515	10521956	4118927	6403029	1180065
2759710	2016041	743669	394579	349089	39763
920052	601259	318793	105824	212969	92495
463814	241174	222640	139875	82765	
463181	179500	283682	196734	86947	115402
293931	211705	82226	48552	33674	12891
441355	358681	82674	51750	30924	57918
434364	258521	175843	93720	82123	
454328	319483	134846	82245	52600	94
2336893	2048558	288336	209511	78824	13621
984869	704834	280035	183572	96463	44890
1508850	785624	723226	183696	539530	
368839	235767	133072	58783	74289	
947134	539062	408071	94758	313314	10756
611641	302430	309211	107875	201336	65498
1315714	442465	873250	75373	797877	19396
980816	511399	469416	194724	274693	21770
1170348	486927	683421	233991	449430	
471047	255981	215067	96892	118174	11000
2489347	1212255	1277092	439145	837947	393038
865613	291691	573922	260808	313114	9766
103050	61329	41721	39071	2649	
565211	341499	223712	79155	144556	
968141	656557	311584	208856	102727	
241967	141775	100192	100192		
1253090	492435	760656	143596	617060	170209
367484	210459	157025	45878	111147	2660
544601	265998	278603	67606	210996	
91739	69427	22312	8086	14227	35000
118113	77016	41097	19779	21318	19015
41073	33956	7117	7117		
668155	368707	299448	147185	152263	44883
70054	65146	4908	2366	2542	
301986	149932	152053	34078	117975	
344656	274124	70532	31281	39252	
507370	167420	339951	21375	318576	
324115	284322	39793	37308	2485	273364

6-55 公共财政预算教育事业费和

地区	合计	个人部分	工资福利支出	对个人和家庭的补助支出	#助学金
合计	**54280860**	**28539083**	**21373533**	**7165550**	
北京	3893473	1763907	1484917	278990	
天津	1906569	894022	548323	345700	
河北	1794247	1330433	1013423	317010	
山西	1622694	1044110	744270	299841	
内蒙古	1026471	719649	671574	48075	
辽宁	1995314	1496041	1130912	365129	
吉林	1214714	780351	499111	281240	
黑龙江	1332859	882413	488009	394404	
上海	3959008	1608494	1556208	52286	
江苏	2850942	1821183	1205795	615388	
浙江	3596485	2087635	1628124	459511	
安徽	730894	362054	285383	76671	
福建	1881118	923228	765106	158122	
江西	1301624	624485	442964	181520	
山东	2913266	1578155	1139012	439144	
河南	1824940	822354	781373	40981	
湖北	2475284	1304937	919300	385637	
湖南	1033657	551610	412187	139423	
广东	4777283	1894898	1265265	629633	
广西	1678723	803344	536593	266752	
海南	171228	68179	65850	2329	
重庆	865399	300189	217349	82840	
四川	2351740	1383599	1187039	196560	
贵州	450932	208965	134777	74187	
云南	1838730	415431	359630	55801	
西藏	694976	324832	223975	100857	
陕西	1768831	1224230	756495	467735	
甘肃	384480	257741	178402	79338	
青海	349079	211951	169308	42642	
宁夏	166468	125395	116112	9282	
新疆	1429431	725269	446747	278522	
大连	280811	210757	191576	19182	
宁波	591469	289483	233768	55715	
厦门	485361	140705	115101	25604	
青岛	818988	311618	217717	93901	
深圳	888451	290971	236861	54110	

基本建设支出明细(地方教育事业单位)

单位：千元

公用部分	商品和服务支出	其他资本性支出			基本建设支出
			专项公用支出	专项项目支出	
24571540	**14130831**	**10440709**	**4040540**	**6400169**	**1170238**
2099630	1433404	666227	317138	349089	29936
920052	601259	318793	105824	212969	92495
463814	241174	222640	139875	82765	
463181	179500	283682	196734	86947	115402
293931	211705	82226	48552	33674	12891
441355	358681	82674	51750	30924	57918
434364	258521	175843	93720	82123	
450353	316240	134112	81812	52300	94
2336893	2048558	288336	209511	78824	13621
984869	704834	280035	183572	96463	44890
1508850	785624	723226	183696	539530	
368839	235767	133072	58783	74289	
947134	539062	408071	94758	313314	10756
611641	302430	309211	107875	201336	65498
1315714	442465	873250	75373	797877	19396
980816	511399	469416	194724	274693	21770
1170348	486927	683421	233991	449430	
471047	255981	215067	96892	118174	11000
2489347	1212255	1277092	439145	837947	393038
865613	291691	573922	260808	313114	9766
103050	61329	41721	39071	2649	
565211	341499	223712	79155	144556	
968141	656557	311584	208856	102727	
241967	141775	100192	100192		
1253090	492435	760656	143596	617060	170209
367484	210459	157025	45878	111147	2660
544601	265998	278603	67606	210996	
91739	69427	22312	8086	14227	35000
118113	77016	41097	19779	21318	19015
41073	33956	7117	7117		
659279	362904	296376	146672	149703	44883
70054	65146	4908	2366	2542	
301986	149932	152053	34078	117975	
344656	274124	70532	31281	39252	
507370	167420	339951	21375	318576	
324115	284322	39793	37308	2485	273364

6-56 公共财政预算教育事业费和

地区	合计	个人部分	工资福利支出	对个人和家庭的补助支出	#助学金
合计	**38482905**	**12384171**	**8988941**	**3395230**	**30936**
北京	5203577	1009573	490987	518586	23250
天津	723497	191856	124476	67380	
河北	795631	495485	351543	143942	
山西	909055	349964	268450	81514	
内蒙古	492631	269880	252250	17630	
辽宁	1070722	429354	285217	144136	
吉林	594320	315827	217330	98497	
黑龙江	461187	294698	188013	106685	
上海	876526	313934	293758	20176	2065
江苏	1402929	733221	465169	268052	1008
浙江	2939917	615685	498633	117051	920
安徽	661512	274175	222889	51286	
福建	602906	317309	256977	60332	
江西	675587	324038	191853	132184	
山东	2243793	908199	690131	218068	
河南	1454021	425770	339150	86621	
湖北	3701171	503742	341931	161810	692
湖南	1032893	493215	368652	124563	1257
广东	2551579	881855	614808	267047	1012
广西	1294742	308593	228510	80083	
海南	150142	23484	20704	2780	
重庆	431245	137863	125950	11913	
四川	1698498	594294	477261	117034	734
贵州	741549	396794	248579	148215	
云南	1226890	427289	365174	62115	
西藏	138720	93119	67971	25148	
陕西	2299412	258890	200124	58767	
甘肃	664760	282398	214698	67701	
青海	279063	122026	108574	13451	
宁夏	162211	74714	69729	4984	
新疆	1002217	516927	399447	117480	
大连	288891	71347	44928	26420	
宁波	277485	98396	85550	12846	
厦门	72939	38349	25518	12830	
青岛	203773	142882	103018	39865	
深圳	556416	85775	67670	18105	

基本建设支出明细(其他教育机构)

单位：千元

公用部分	商品和服务支出	其他资本性支出	专项公用支出	专项项目支出	基本建设支出
24887975	**15141410**	**9746566**	**2400359**	**7346207**	**1210759**
4185505	3620831	564674	238011	326663	8498
466045	418549	47496	22449	25047	65596
250234	189380	60854	13089	47766	49912
556935	430724	126211	10245	115966	2156
222351	125987	96364	33681	62683	400
613005	484195	128810	24106	104704	28364
277693	119256	158437	71294	87143	800
144305	115171	29134	8346	20788	22184
511746	439737	72009	29555	42454	50845
667931	446863	221068	31236	189832	1777
2255065	1428248	826817	84149	742668	69167
337892	180113	157779	47039	110740	49445
268592	190124	78469	28830	49638	17005
335009	154345	180664	41227	139437	16540
1320594	504802	815792	63371	752421	15000
963284	501231	462053	186210	275843	64966
3193429	1071516	2121913	310412	1811501	4000
527005	307072	219934	57103	162831	12674
1406946	869502	537444	287608	249836	262777
942170	196534	745636	533773	211863	43980
126658	115152	11506	7493	4014	
272882	222278	50604	24386	26217	20500
985416	775429	209986	30993	178993	118788
328179	169452	158727	39050	119677	16576
741875	300809	441065	46938	394128	57726
44713	37398	7315	7115	200	888
2040522	1266623	773899	25874	748025	
304291	124507	179784	29059	150726	78070
157025	72910	84115	39635	44480	13
87497	55456	32041	4103	27938	
353179	207215	145964	23978	121987	132111
217544	185018	32526	7761	24765	
119034	52088	66946	15689	51257	60055
34590	32846	1744	1744		
60891	54230	6661	3767	2895	
427199	411483	15716	3846	11870	43442

6-57 公共财政预算教育事业费和

地 区	合 计	个人部分	工资福利支 出	对个人和家庭的补助支出	#助学金
合 计	**36368447**	**11973135**	**8770814**	**3202321**	**6275**
北 京	3512495	736535	362622	373914	
天 津	723497	191856	124476	67380	
河 北	795631	495485	351543	143942	
山 西	909055	349964	268450	81514	
内蒙古	492631	269880	252250	17630	
辽 宁	1070722	429354	285217	144136	
吉 林	594320	315827	217330	98497	
黑龙江	458964	292747	186393	106354	
上 海	717702	287306	272857	14449	653
江 苏	1402929	733221	465169	268052	1008
浙 江	2939917	615685	498633	117051	920
安 徽	661512	274175	222889	51286	
福 建	562327	312460	252127	60332	
江 西	675587	324038	191853	132184	
山 东	2243793	908199	690131	218068	
河 南	1454021	425770	339150	86621	
湖 北	3701171	503742	341931	161810	692
湖 南	1032893	493215	368652	124563	1257
广 东	2551579	881855	614808	267047	1012
广 西	1294742	308593	228510	80083	
海 南	150142	23484	20704	2780	
重 庆	431245	137863	125950	11913	
四 川	1698498	594294	477261	117034	734
贵 州	741549	396794	248579	148215	
云 南	1226890	427289	365174	62115	
西 藏	138720	93119	67971	25148	
陕 西	2299412	258890	200124	58767	
甘 肃	664760	282398	214698	67701	
青 海	279063	122026	108574	13451	
宁 夏	162211	74714	69729	4984	
新 疆	780467	412359	337058	75301	
大 连	288891	71347	44928	26420	
宁 波	277485	98396	85550	12846	
厦 门	72939	38349	25518	12830	
青 岛	203773	142882	103018	39865	
深 圳	556416	85775	67670	18105	

基本建设支出明细(地方其他教育机构)

单位：千元

公用部分	商品和服务支出	其他资本性支出	专项公用支出	专项项目支出	基本建设支出
23237793	**13645880**	**9591912**	**2313007**	**7278906**	**1157519**
2767461	2305013	462448	169179	293269	8498
466045	418549	47496	22449	25047	65596
250234	189380	60854	13089	47766	49912
556935	430724	126211	10245	115966	2156
222351	125987	96364	33681	62683	400
613005	484195	128810	24106	104704	28364
277693	119256	158437	71294	87143	800
144034	114900	29134	8346	20788	22184
379551	312548	67004	24550	42454	50845
667931	446863	221068	31236	189832	1777
2255065	1428248	826817	84149	742668	69167
337892	180113	157779	47039	110740	49445
232862	155414	77449	27810	49638	17005
335009	154345	180664	41227	139437	16540
1320594	504802	815792	63371	752421	15000
963284	501231	462053	186210	275843	64966
3193429	1071516	2121913	310412	1811501	4000
527005	307072	219934	57103	162831	12674
1406946	869502	537444	287608	249836	262777
942170	196534	745636	533773	211863	43980
126658	115152	11506	7493	4014	
272882	222278	50604	24386	26217	20500
985416	775429	209986	30993	178993	118788
328179	169452	158727	39050	119677	16576
741875	300809	441065	46938	394128	57726
44713	37398	7315	7115	200	888
2040522	1266623	773899	25874	748025	
304291	124507	179784	29059	150726	78070
157025	72910	84115	39635	44480	13
87497	55456	32041	4103	27938	
289237	189675	99562	11483	88079	78871
217544	185018	32526	7761	24765	
119034	52088	66946	15689	51257	60055
34590	32846	1744	1744		
60891	54230	6661	3767	2895	
427199	411483	15716	3846	11870	43442

第七部分

各地区教育和其他部门各级各类学校生均教育经费支出

7-1 生均教育经费支出(高等学校)

单位：元

地区	教育经费支出	个人和公用部分支出			基本建设支出
			个人部分	公用部分	
合计	**29991.48**	**29409.40**	**15446.41**	**13962.98**	**582.08**
北京	64849.64	63570.72	31825.96	31744.76	1278.93
天津	37741.71	37737.64	20086.74	17650.90	4.07
河北	23468.22	23181.38	13370.65	9810.73	286.85
山西	23440.78	23314.34	11778.57	11535.77	126.44
内蒙古	27076.73	26789.27	15668.47	11120.80	287.45
辽宁	27028.07	26634.59	14892.87	11741.72	393.48
吉林	28252.72	27793.86	14375.97	13417.89	458.86
黑龙江	27744.62	27473.06	13628.31	13844.75	271.56
上海	57437.12	54874.54	25529.80	29344.73	2562.58
江苏	34488.13	34300.34	18133.45	16166.89	187.79
浙江	39252.83	38340.06	19752.84	18587.21	912.78
安徽	22021.69	21243.02	10510.43	10732.60	778.66
福建	29209.10	29040.75	15827.33	13213.42	168.35
江西	18983.76	18850.68	11483.09	7367.59	133.08
山东	22026.10	21759.75	12467.04	9292.70	266.35
河南	19379.98	19128.63	9607.58	9521.05	251.35
湖北	30943.90	30516.98	16978.61	13538.37	426.92
湖南	22333.03	22011.23	12013.21	9998.02	321.80
广东	33633.28	32100.19	16304.98	15795.21	1533.09
广西	21363.83	21038.19	10198.57	10839.62	325.64
海南	26521.63	25119.67	13170.08	11949.60	1401.95
重庆	27436.21	27287.31	12886.57	14400.74	148.90
四川	26736.63	26341.98	14927.59	11414.39	394.65
贵州	21677.51	21326.43	12315.11	9011.32	351.08
云南	21984.97	21782.60	12629.94	9152.66	202.37
西藏	37126.29	32413.76	19225.69	13188.07	4712.53
陕西	29871.43	29133.58	14800.37	14333.21	737.85
甘肃	27524.99	27063.93	12887.29	14176.64	461.06
青海	42525.34	39148.15	17546.74	21601.41	3377.19
宁夏	34365.25	34162.11	16419.35	17742.76	203.14
新疆	26491.95	24988.07	14620.74	10367.33	1503.88
大连	29876.68	29714.21	16618.00	13096.21	162.47
宁波	39724.81	39724.81	17544.37	22180.44	
厦门	39200.91	38520.86	19013.79	19507.06	680.06
青岛	56369.26	56369.26	22750.85	33618.40	
深圳	87415.44	64226.63	25705.51	38521.12	23188.80

7-2 生均公共财政预算教育经费支出(高等学校)

单位：元

地区	公共财政预算教育经费支出	事业费支出	个人部分	公用部分	基本建设支出
合计	**19535.20**	**18914.80**	**10802.13**	**8112.67**	**620.39**
北京	43416.30	41993.57	24539.33	17454.23	1422.73
天津	22437.13	22432.83	11879.49	10553.35	4.30
河北	16800.90	16513.09	8497.99	8015.09	287.81
山西	14035.09	13931.28	8463.48	5467.80	103.81
内蒙古	18649.09	18409.29	12004.76	6404.53	239.80
辽宁	15408.34	15004.88	8512.01	6492.87	403.46
吉林	20746.79	20255.23	11770.48	8484.74	491.56
黑龙江	17528.35	17253.78	11230.53	6023.25	274.57
上海	37117.40	34248.01	17027.59	17220.43	2869.38
江苏	21165.36	20984.87	12151.79	8833.07	180.49
浙江	22022.05	21038.12	12157.16	8880.96	983.93
安徽	14811.19	14068.08	6753.76	7314.32	743.11
福建	18242.39	18104.21	10033.11	8071.10	138.18
江西	14503.05	14363.20	9441.25	4921.95	139.85
山东	14556.25	14263.40	10204.96	4058.44	292.86
河南	12880.22	12681.67	5877.12	6804.56	198.55
湖北	20271.87	19815.21	11173.15	8642.06	456.65
湖南	14361.33	14003.78	9091.19	4912.59	357.55
广东	23625.37	21774.13	12703.64	9070.49	1851.24
广西	14806.35	14423.20	6058.22	8364.98	383.15
海南	18545.35	17077.08	7115.82	9961.26	1468.27
重庆	17171.66	17020.28	8465.57	8554.71	151.37
四川	15810.88	15382.70	9405.81	5976.90	428.17
贵州	15969.55	15604.97	10414.08	5190.90	364.58
云南	15205.86	14961.17	9078.51	5882.65	244.69
西藏	39059.35	33384.17	19754.80	13629.37	5675.17
陕西	18871.95	18080.04	10129.94	7950.10	791.91
甘肃	20556.15	20065.43	8581.02	11484.40	490.73
青海	28020.63	24442.49	11921.96	12520.53	3578.13
宁夏	26860.41	26637.08	12455.52	14181.56	223.33
新疆	19982.23	18478.48	11954.73	6523.76	1503.74
大连	20581.31	20487.19	13017.78	7469.41	94.12
宁波	23310.75	23310.75	9297.09	14013.66	
厦门	27569.11	27569.11	11920.51	15648.61	
青岛	59477.37	59477.37	24540.99	34936.38	
深圳	67896.27	42337.16	19914.19	22422.97	25559.11

7-3 生均教育经费支出(中央属高等学校)

单位：元

地区	教育经费支出				基本建设支出
		个人和公用部分支出			
			个人部分	公用部分	
合 计	**54835.82**	**53928.15**	**27206.04**	**26722.11**	**907.68**
北 京	66212.25	64852.51	32717.27	32135.23	1359.74
天 津	67180.77	67180.77	34171.38	33009.39	
河 北	29553.23	27446.52	16721.90	10724.63	2106.71
山 西					
内蒙古					
辽 宁	47541.57	46760.65	22511.42	24249.22	780.92
吉 林	47176.91	46775.34	23374.04	23401.29	401.57
黑龙江	56468.44	56205.30	22789.50	33415.80	263.14
上 海	65671.58	64381.27	29978.18	34403.09	1290.32
江 苏	46445.21	45869.37	24839.70	21029.67	575.84
浙 江	78716.36	78454.02	34150.87	44303.15	262.34
安 徽	51046.94	49906.82	21754.78	28152.04	1140.12
福 建	56637.17	55890.52	29128.28	26762.24	746.66
江 西					
山 东	51019.13	48676.69	23736.31	24940.38	2342.44
河 南	35863.42	35863.42	21813.40	14050.02	
湖 北	45866.83	44615.19	24595.60	20019.60	1251.64
湖 南	42143.94	41250.15	24016.95	17233.20	893.80
广 东	65137.84	64830.04	31372.88	33457.15	307.80
广 西					
海 南					
重 庆	35065.98	34670.83	17725.85	16944.98	395.15
四 川	47961.50	47657.47	26898.14	20759.34	304.02
贵 州	3019.00	3019.00	1250.00	1769.00	
云 南					
西 藏					
陕 西	48355.94	47890.01	23847.70	24042.31	465.94
甘 肃	44964.01	44638.24	23487.72	21150.51	325.77
青 海					
宁 夏	27451.36	27451.36	13303.90	14147.46	
新 疆					
大 连					
宁 波					
厦 门					
青 岛					
深 圳					

7-4 生均公共财政预算教育经费支出(中央属高等学校)

单位：元

地 区	公共财政预算教育经费支出	事业费支出			基本建设支出
			个人部分	公用部分	
合 计	**31023.73**	**30076.58**	**17937.45**	**12139.13**	**947.14**
北 京	38954.96	37473.34	23662.29	13811.05	1481.62
天 津	29695.36	29695.36	16732.20	12963.16	
河 北	20653.03	18579.54	11804.49	6775.05	2073.49
山 西					
内蒙古					
辽 宁	26048.07	25250.40	14616.93	10633.47	797.67
吉 林	27763.82	27343.58	16854.50	10489.08	420.24
黑龙江	26307.09	26019.44	17322.58	8696.87	287.65
上 海	38478.41	37089.30	19340.22	17749.08	1389.12
江 苏	27466.54	26917.36	15394.75	11522.61	549.18
浙 江	40433.11	40171.23	25572.47	14598.76	261.88
安 徽	24826.06	24548.19	16141.78	8406.41	277.87
福 建	29715.13	28930.40	16007.07	12923.33	784.73
江 西					
山 东	29827.85	27270.10	15398.26	11871.85	2557.75
河 南	30610.65	30610.65	16360.94	14249.71	
湖 北	26822.70	25482.11	13909.22	11572.88	1340.60
湖 南	25377.50	24441.23	15321.26	9119.97	936.27
广 东	28463.09	28126.32	17224.95	10901.37	336.77
广 西					
海 南					
重 庆	24050.37	23579.70	14747.23	8832.47	470.67
四 川	25126.47	24780.98	15073.11	9707.88	345.49
贵 州					
云 南					
西 藏					
陕 西	29939.29	29484.42	17699.16	11785.25	454.88
甘 肃	29826.98	29488.05	17091.72	12396.34	338.92
青 海					
宁 夏	24534.45	24534.45	12326.31	12208.15	
新 疆					
大 连					
宁 波					
厦 门					
青 岛					
深 圳					

7-5 生均教育经费支出(地方高等学校)

单位：元

地区	教育经费支出	个人和公用部分支出			基本建设支出
			个人部分	公用部分	
合计	**24725.29**	**24212.22**	**12953.76**	**11258.47**	**513.07**
北京	60377.66	59363.96	28900.73	30463.23	1013.70
天津	28832.94	28827.63	15824.49	13003.15	5.31
河北	23137.36	22949.46	13188.43	9761.03	187.90
山西	23440.78	23314.34	11778.57	11535.77	126.44
内蒙古	27076.73	26789.27	15668.47	11120.80	287.45
辽宁	23157.15	22836.77	13455.23	9381.54	320.37
吉林	22943.74	22468.80	11851.65	10617.15	474.94
黑龙江	21367.13	21093.69	11594.27	9499.42	273.43
上海	50709.77	47107.79	21895.60	25212.19	3601.98
江苏	30749.26	30682.81	16036.47	14646.34	66.45
浙江	34388.51	33395.56	17978.12	15417.43	992.95
安徽	18887.64	18148.01	9296.30	8851.71	739.64
福建	24944.85	24866.41	13759.43	11106.98	78.44
江西	18983.76	18850.68	11483.09	7367.59	133.08
山东	19150.46	19090.02	11349.31	7740.70	60.44
河南	19338.82	19086.85	9577.10	9509.74	251.98
湖北	23277.97	23274.71	13065.76	10208.95	3.26
湖南	19710.00	19463.93	10423.88	9040.06	246.06
广东	29260.32	27557.16	14213.49	13343.66	1703.16
广西	21363.83	21038.19	10198.57	10839.62	325.64
海南	26521.63	25119.67	13170.08	11949.60	1401.95
重庆	24795.89	24732.20	11211.91	13520.29	63.69
四川	20409.39	19987.72	11359.10	8628.62	421.66
贵州	21685.63	21334.39	12319.92	9014.47	351.23
云南	21984.97	21782.60	12629.94	9152.66	202.37
西藏	37126.29	32413.76	19225.69	13188.07	4712.53
陕西	23325.51	22491.37	11596.45	10894.92	834.14
甘肃	24540.97	24056.76	11073.44	12983.33	484.20
青海	42525.34	39148.15	17546.74	21601.41	3377.19
宁夏	36215.81	35958.30	17253.23	18705.07	257.51
新疆	26491.95	24988.07	14620.74	10367.33	1503.88
大连	29876.68	29714.21	16618.00	13096.21	162.47
宁波	39724.81	39724.81	17544.37	22180.44	
厦门	39200.91	38520.86	19013.79	19507.06	680.06
青岛	56369.26	56369.26	22750.85	33618.40	
深圳	87415.44	64226.63	25705.51	38521.12	23188.80

7-6 生均公共财政预算教育经费支出(地方高等学校)

单位：元

地区	公共财政预算教育经费支出	事业费支出			基本建设支出
			个人部分	公用部分	
合计	**17084.22**	**16533.54**	**9279.88**	**7253.67**	**550.68**
北京	58621.40	57399.34	27528.46	29870.88	1222.06
天津	20122.99	20117.32	10332.30	9785.03	5.67
河北	16571.45	16390.00	8301.05	8088.95	181.45
山西	14035.09	13931.28	8463.48	5467.80	103.81
内蒙古	18649.09	18409.29	12004.76	6404.53	239.80
辽宁	13334.24	13007.63	7321.92	5685.70	326.61
吉林	18624.50	18111.37	10232.83	7878.53	513.13
黑龙江	15597.97	15326.27	9890.93	5435.34	271.70
上海	35921.75	31751.97	14995.96	16756.01	4169.78
江苏	19294.98	19223.93	11189.19	8034.74	71.05
浙江	19825.28	18755.19	10556.47	8198.72	1070.09
安徽	13674.92	12879.02	5688.61	7190.41	795.90
福建	16368.25	16335.69	9057.23	7278.46	32.56
江西	14503.05	14363.20	9441.25	4921.95	139.85
山东	13029.98	12963.48	9685.93	3277.55	66.50
河南	12833.56	12634.48	5849.52	6784.96	199.07
湖北	16887.63	16887.63	9759.67	7127.97	
湖南	12763.67	12490.05	8187.65	4302.39	273.62
广东	22873.46	20786.83	12000.91	8785.93	2086.62
广西	14806.35	14423.20	6058.22	8364.98	383.15
海南	18545.35	17077.08	7115.82	9961.26	1468.27
重庆	15171.47	15112.94	6638.99	8473.95	58.53
四川	12960.37	12506.90	7671.65	4835.24	453.47
贵州	15969.55	15604.97	10414.08	5190.90	364.58
云南	15205.86	14961.17	9078.51	5882.65	244.69
西藏	39059.35	33384.17	19754.80	13629.37	5675.17
陕西	15216.97	14313.75	7630.21	6683.54	903.22
甘肃	18801.63	18282.18	6970.36	11311.82	519.45
青海	28020.63	24442.49	11921.96	12520.53	3578.13
宁夏	27563.56	27272.72	12494.58	14778.14	290.84
新疆	19982.23	18478.48	11954.73	6523.76	1503.74
大连	20581.31	20487.19	13017.78	7469.41	94.12
宁波	23310.75	23310.75	9297.09	14013.66	
厦门	27569.11	27569.11	11920.51	15648.61	
青岛	59477.37	59477.37	24540.99	34936.38	
深圳	67896.27	42337.16	19914.19	22422.97	25559.11

7-7 生均教育经费支出(普通高等学校)

单位：元

地区	教育经费支出	个人和公用部分支出			基本建设支出
			个人部分	公用部分	
合计	**30505.15**	**29917.98**	**15707.67**	**14210.30**	**587.17**
北京	65789.12	64472.46	32246.83	32225.63	1316.66
天津	38186.87	38182.68	20216.98	17965.71	4.19
河北	23765.22	23468.68	13487.83	9980.85	296.54
山西	23494.91	23365.89	11772.55	11593.34	129.02
内蒙古	27226.12	26934.18	15753.46	11180.72	291.94
辽宁	26688.73	26293.28	14719.05	11574.23	395.44
吉林	28479.33	28028.56	14412.60	13615.95	450.78
黑龙江	28248.69	27966.28	13749.26	14217.02	282.41
上海	58382.03	55723.34	25868.73	29854.61	2658.69
江苏	34421.92	34233.35	18153.86	16079.49	188.57
浙江	39839.23	39228.40	20237.90	18990.50	610.83
安徽	22246.66	21447.06	10599.34	10847.72	799.60
福建	29917.96	29746.75	16229.94	13516.81	171.22
江西	19561.83	19421.35	11851.04	7570.31	140.48
山东	22205.03	21935.13	12564.32	9370.81	269.90
河南	19430.22	19176.44	9622.01	9554.43	253.78
湖北	31101.43	30670.61	17057.14	13613.47	430.82
湖南	23280.70	22938.38	12602.95	10335.43	342.32
广东	35125.98	33490.35	16965.71	16524.64	1635.64
广西	21898.76	21608.44	10421.04	11187.40	290.32
海南	26998.98	25545.77	13366.13	12179.65	1453.21
重庆	27542.10	27399.08	12938.92	14460.17	143.02
四川	27028.71	26618.95	15110.58	11508.37	409.77
贵州	23401.53	23016.66	13343.63	9673.04	384.87
云南	23474.89	23253.31	13458.81	9794.50	221.58
西藏	37126.29	32413.76	19225.69	13188.07	4712.53
陕西	30592.74	29824.09	15212.59	14611.50	768.65
甘肃	29013.17	28519.72	13611.19	14908.53	493.45
青海	42837.00	39393.94	17598.26	21795.67	3443.07
宁夏	34365.25	34162.11	16419.35	17742.76	203.14
新疆	27614.75	25987.82	15105.88	10881.94	1626.94
大连	26344.24	26170.57	14738.52	11432.06	173.67
宁波	41870.16	41870.16	18082.76	23787.40	
厦门	39165.92	38485.86	18982.53	19503.33	680.06
青岛	64297.58	64297.58	25175.07	39122.50	
深圳	88621.64	64873.36	25750.84	39122.52	23748.28

7-8 生均公共财政预算教育经费支出(普通高等学校)

单位：元

地 区	公共财政预算教育经费支出	事业费支出			基本建设支出
			个人部分	公用部分	
合 计	**19356.74**	**18747.65**	**10680.39**	**8067.26**	**609.08**
北 京	43048.45	41622.52	24287.40	17335.12	1425.93
天 津	22033.61	22029.31	11546.68	10482.63	4.30
河 北	16578.45	16288.86	8294.09	7994.77	289.60
山 西	14015.33	13910.03	8401.05	5508.98	105.30
内蒙古	18538.22	18298.34	11919.98	6378.36	239.88
辽 宁	15208.03	14804.57	8335.93	6468.64	403.46
吉 林	20291.54	19822.99	11439.62	8383.37	468.56
黑龙江	17223.19	16947.45	10957.96	5989.48	275.74
上 海	36343.67	33472.84	16592.02	16880.82	2870.83
江 苏	21039.96	20859.19	12132.21	8726.97	180.78
浙 江	21285.55	20637.72	11888.70	8749.01	647.83
安 徽	14742.12	13993.50	6704.99	7288.50	748.63
福 建	18087.82	17953.76	9888.28	8065.48	134.07
江 西	14446.14	14303.69	9401.76	4901.92	142.45
山 东	14493.12	14199.94	10158.40	4041.54	293.18
河 南	12847.29	12648.50	5849.99	6798.51	198.79
湖 北	20229.43	19772.15	11127.78	8644.37	457.28
湖 南	14180.48	13822.74	8968.14	4854.59	357.74
广 东	23302.60	21442.70	12474.72	8967.98	1859.90
广 西	14705.04	14374.16	5978.85	8395.30	330.88
海 南	18283.57	16815.30	6976.38	9838.93	1468.27
重 庆	17157.37	17005.95	8453.55	8552.40	151.42
四 川	15612.05	15182.86	9309.95	5872.91	429.19
贵 州	15953.45	15586.11	10386.10	5200.02	367.34
云 南	15180.55	14931.80	8969.91	5961.89	248.75
西 藏	39059.35	33384.17	19754.80	13629.37	5675.17
陕 西	19022.97	18217.73	10205.21	8012.52	805.24
甘 肃	20363.76	19873.03	8465.09	11407.94	490.72
青 海	28344.12	24694.50	11971.34	12723.16	3649.62
宁 夏	26860.41	26637.08	12455.52	14181.56	223.33
新 疆	19722.30	18188.38	11653.41	6534.96	1533.92
大 连	17519.12	17425.00	10677.88	6747.13	94.12
宁 波	22454.03	22454.03	8410.81	14043.23	
厦 门	27539.10	27539.10	11894.32	15644.78	
青 岛	57449.17	57449.17	22842.10	34607.07	
深 圳	67586.45	42027.39	19706.53	22320.87	25559.05

7-9 生均教育经费支出(中央属普通高等学校)

单位：元

地区	教育经费支出	个人和公用部分支出			基本建设支出
			个人部分	公用部分	
合计	**54777.28**	**53868.48**	**27187.55**	**26680.93**	**908.80**
北京	65915.13	64550.62	32617.98	31932.64	1364.50
天津	67180.77	67180.77	34171.38	33009.39	
河北	29553.23	27446.52	16721.90	10724.63	2106.71
山西					
内蒙古					
辽宁	47968.80	47179.44	22688.98	24490.46	789.36
吉林	47176.91	46775.34	23374.04	23401.29	401.57
黑龙江	56468.44	56205.30	22789.50	33415.80	263.14
上海	65671.58	64381.27	29978.18	34403.09	1290.32
江苏	46445.21	45869.37	24839.70	21029.67	575.84
浙江	78716.36	78454.02	34150.87	44303.15	262.34
安徽	51046.94	49906.82	21754.78	28152.04	1140.12
福建	56637.17	55890.52	29128.28	26762.24	746.66
江西					
山东	51019.13	48676.69	23736.31	24940.38	2342.44
河南	35863.42	35863.42	21813.40	14050.02	
湖北	45866.83	44615.19	24595.60	20019.60	1251.64
湖南	42143.94	41250.15	24016.95	17233.20	893.80
广东	65137.84	64830.04	31372.88	33457.15	307.80
广西					
海南					
重庆	35065.98	34670.83	17725.85	16944.98	395.15
四川	47961.50	47657.47	26898.14	20759.34	304.02
贵州					
云南					
西藏					
陕西	48355.94	47890.01	23847.70	24042.31	465.94
甘肃	44964.01	44638.24	23487.72	21150.51	325.77
青海					
宁夏	27451.36	27451.36	13303.90	14147.46	
新疆					
大连					
宁波					
厦门					
青岛					
深圳					

7-10 生均公共财政预算教育经费支出(中央属普通高等学校)

单位：元

地区	公共财政预算教育经费支出	事业费支出			基本建设支出
			个人部分	公用部分	
合计	**31024.71**	**30076.83**	**17938.16**	**12138.68**	**947.88**
北京	38987.09	37500.29	23685.43	13814.87	1486.79
天津	29695.36	29695.36	16732.20	12963.16	
河北	20653.03	18579.54	11804.49	6775.05	2073.49
山西					
内蒙古					
辽宁	26048.09	25250.42	14616.94	10633.48	797.67
吉林	27763.82	27343.58	16854.50	10489.08	420.24
黑龙江	26307.09	26019.44	17322.58	8696.87	287.65
上海	38478.41	37089.30	19340.22	17749.08	1389.12
江苏	27466.54	26917.36	15394.75	11522.61	549.18
浙江	40433.11	40171.23	25572.47	14598.76	261.88
安徽	24826.06	24548.19	16141.78	8406.41	277.87
福建	29715.13	28930.40	16007.07	12923.33	784.73
江西					
山东	29827.85	27270.10	15398.26	11871.85	2557.75
河南	30610.65	30610.65	16360.94	14249.71	
湖北	26822.70	25482.11	13909.22	11572.88	1340.60
湖南	25377.50	24441.23	15321.26	9119.97	936.27
广东	28463.09	28126.32	17224.95	10901.37	336.77
广西					
海南					
重庆	24050.37	23579.70	14747.23	8832.47	470.67
四川	25126.47	24780.98	15073.11	9707.88	345.49
贵州					
云南					
西藏					
陕西	29939.29	29484.42	17699.16	11785.25	454.88
甘肃	29826.98	29488.05	17091.72	12396.34	338.92
青海					
宁夏	24534.45	24534.45	12326.31	12208.15	
新疆					
大连					
宁波					
厦门					
青岛					
深圳					

7-11 生均教育经费支出(地方普通高等学校)

单位：元

地区	教育经费支出	个人和公用部分支出			基本建设支出
			个人部分	公用部分	
合计	**25151.20**	**24634.97**	**13175.44**	**11459.53**	**516.22**
北京	65322.32	64182.90	30871.90	33311.00	1139.42
天津	29079.68	29074.17	15833.80	13240.37	5.51
河北	23439.27	23244.66	13305.70	9938.96	194.60
山西	23494.91	23365.89	11772.55	11593.34	129.02
内蒙古	27226.12	26934.18	15753.46	11180.72	291.94
辽宁	22700.63	22379.01	13225.41	9153.60	321.62
吉林	22967.48	22502.19	11770.86	10731.33	465.28
黑龙江	21674.37	21387.46	11643.17	9744.29	286.90
上海	52007.99	48152.79	22275.40	25877.38	3855.20
江苏	30641.96	30575.15	16051.93	14523.22	66.81
浙江	34764.40	34108.09	18421.77	15686.32	656.32
安徽	19043.99	18282.25	9358.82	8923.43	761.74
福建	25553.65	25476.43	14123.12	11353.30	77.22
江西	19561.83	19421.35	11851.04	7570.31	140.48
山东	19305.20	19243.87	11439.98	7803.90	61.33
河南	19388.79	19134.37	9591.28	9543.09	254.42
湖北	23410.92	23407.61	13130.76	10276.86	3.31
湖南	20601.22	20337.23	10981.61	9355.61	263.99
广东	30639.92	28805.80	14812.17	13993.63	1834.12
广西	21898.76	21608.44	10421.04	11187.40	290.32
海南	26998.98	25545.77	13366.13	12179.65	1453.21
重庆	24916.77	24861.73	11268.60	13593.13	55.04
四川	20474.66	20031.78	11419.89	8611.89	442.87
贵州	23401.53	23016.66	13343.63	9673.04	384.87
云南	23474.89	23253.31	13458.81	9794.50	221.58
西藏	37126.29	32413.76	19225.69	13188.07	4712.53
陕西	23941.36	23059.36	11979.20	11080.16	882.00
甘肃	26056.45	25531.92	11780.43	13751.49	524.54
青海	42837.00	39393.94	17598.26	21795.67	3443.07
宁夏	36215.81	35958.30	17253.23	18705.07	257.51
新疆	27614.75	25987.82	15105.88	10881.94	1626.94
大连	26344.24	26170.57	14738.52	11432.06	173.67
宁波	41870.16	41870.16	18082.76	23787.40	
厦门	39165.92	38485.86	18982.53	19503.33	680.06
青岛	64297.58	64297.58	25175.07	39122.50	
深圳	88621.64	64873.36	25750.84	39122.52	23748.28

7-12 生均公共财政预算教育经费支出(地方普通高等学校)

单位：元

地区	公共财政预算教育经费支出	事业费支出			基本建设支出
			个人部分	公用部分	
合 计	**16853.87**	**16317.47**	**9123.55**	**7193.92**	**536.41**
北 京	56905.97	55687.68	26341.35	29346.33	1218.29
天 津	19587.13	19581.45	9890.88	9690.57	5.68
河 北	16334.16	16151.52	8083.62	8067.89	182.64
山 西	14015.33	13910.03	8401.05	5508.98	105.30
内蒙古	18538.22	18298.34	11919.98	6378.36	239.88
辽 宁	13094.88	12768.27	7111.52	5656.75	326.61
吉 林	18000.76	17517.39	9779.57	7737.82	483.37
黑龙江	15215.27	14942.16	9551.12	5391.04	273.11
上 海	34466.54	30292.80	14175.47	16117.34	4173.73
江 苏	19128.40	19057.20	11161.78	7895.42	71.20
浙 江	18983.44	18289.20	10243.50	8045.70	694.24
安 徽	13588.55	12786.08	5625.46	7160.62	802.48
福 建	16178.92	16151.67	8883.73	7267.94	27.25
江 西	14446.14	14303.69	9401.76	4901.92	142.45
山 东	12958.68	12892.11	9634.09	3258.02	66.58
河 南	12800.48	12601.16	5822.29	6778.87	199.32
湖 北	16816.17	16816.17	9687.86	7128.30	
湖 南	12555.61	12281.82	8046.20	4235.62	273.79
广 东	22496.18	20398.26	11732.41	8665.85	2097.92
广 西	14705.04	14374.16	5978.85	8395.30	330.88
海 南	18283.57	16815.30	6976.38	9838.93	1468.27
重 庆	15152.27	15093.72	6622.80	8470.93	58.55
四 川	12691.66	12236.78	7540.98	4695.80	454.88
贵 州	15953.45	15586.11	10386.10	5200.02	367.34
云 南	15180.55	14931.80	8969.91	5961.89	248.75
西 藏	39059.35	33384.17	19754.80	13629.37	5675.17
陕 西	15336.70	14413.14	7674.62	6738.53	923.56
甘 肃	18572.83	18053.38	6832.49	11220.89	519.45
青 海	28344.12	24694.50	11971.34	12723.16	3649.62
宁 夏	27563.56	27272.72	12494.58	14778.14	290.84
新 疆	19722.30	18188.38	11653.41	6534.96	1533.92
大 连	17519.12	17425.00	10677.88	6747.13	94.12
宁 波	22454.03	22454.03	8410.81	14043.23	
厦 门	27539.10	27539.10	11894.32	15644.78	
青 岛	57449.17	57449.17	22842.10	34607.07	
深 圳	67586.45	42027.39	19706.53	22320.87	25559.05

7-13 生均教育经费支出(普通高等本科学校)

单位：元

地区	教育经费支出	个人和公用部分支出	个人部分	公用部分	基本建设支出
合 计	**34094.73**	**33435.10**	**17636.09**	**15799.01**	**659.63**
北 京	66079.88	64849.21	32489.73	32359.48	1230.67
天 津	41563.48	41558.43	21714.71	19843.72	5.05
河 北	26052.87	25638.65	14843.11	10795.54	414.22
山 西	26799.25	26643.68	13122.52	13521.16	155.57
内蒙古	25836.23	25542.52	15397.70	10144.82	293.71
辽 宁	28858.97	28452.90	15843.19	12609.70	406.08
吉 林	30033.25	29506.43	15047.34	14459.10	526.81
黑龙江	30944.08	30584.15	14655.14	15929.01	359.93
上 海	59188.00	56988.76	26437.41	30551.35	2199.24
江 苏	39148.50	38875.89	20798.62	18077.27	272.61
浙 江	45148.68	44334.02	23166.33	21167.69	814.66
安 徽	25184.03	24519.00	12304.66	12214.35	665.02
福 建	33468.87	33256.09	18315.49	14940.60	212.78
江 西	21970.31	21811.55	13406.22	8405.33	158.76
山 东	24923.12	24545.13	14243.17	10301.96	377.99
河 南	21290.30	21069.54	10664.51	10405.03	220.75
湖 北	35142.52	34557.94	19666.82	14891.12	584.58
湖 南	25939.82	25503.64	14447.53	11056.11	436.18
广 东	41471.24	39257.80	19420.90	19836.90	2213.44
广 西	22965.73	22587.17	11039.21	11547.96	378.55
海 南	27932.48	26344.39	14197.46	12146.93	1588.10
重 庆	28595.79	28459.36	14283.25	14176.12	136.42
四 川	29653.39	29339.06	16719.20	12619.86	314.33
贵 州	26688.91	26079.93	16076.08	10003.84	608.98
云 南	24367.46	24233.49	13999.17	10234.32	133.97
西 藏	39092.90	33194.30	20021.04	13173.26	5898.60
陕 西	34069.27	33332.04	17043.49	16288.55	737.23
甘 肃	28999.65	28470.10	15059.26	13410.84	529.54
青 海	48118.39	44750.28	20330.86	24419.43	3368.10
宁 夏	37232.00	37232.00	18035.68	19196.33	
新 疆	28523.97	26658.97	15839.49	10819.48	1865.00
大 连	30280.38	30003.77	17660.72	12343.04	276.62
宁 波	44778.86	44778.86	21677.73	23101.13	
厦 门	42457.46	41594.34	20186.35	21407.99	863.12
青 岛	186811.00	186811.00	51006.35	135804.65	
深 圳	118468.48	82940.55	28792.61	54147.94	35527.92

7-14　生均公共财政预算教育经费支出(普通高等本科学校)

单位：元

地　区	公共财政预算教育经费支出	事业费支出			基本建设支出
			个人部分	公用部分	
合　计	21701.43	20998.13	12030.60	8967.53	703.30
北　京	42720.37	41392.40	24328.63	17063.77	1327.97
天　津	23779.05	23773.84	12064.39	11709.45	5.21
河　北	19041.36	18619.91	9252.37	9367.54	421.45
山　西	16426.82	16300.36	9546.00	6754.36	126.46
内蒙古	17904.11	17616.68	11792.48	5824.20	287.43
辽　宁	16509.41	16085.08	8945.61	7139.47	424.33
吉　林	21536.61	20982.36	12008.83	8973.54	554.24
黑龙江	18874.89	18520.61	11877.90	6642.70	354.28
上　海	36574.84	34193.44	17053.86	17139.58	2381.41
江　苏	23321.18	23056.40	13651.16	9405.24	264.78
浙　江	24597.65	23706.79	13944.51	9762.28	890.86
安　徽	16282.71	15704.52	7930.95	7773.57	578.19
福　建	20074.82	19909.06	11056.57	8852.49	165.76
江　西	16283.83	16120.11	10695.66	5424.45	163.72
山　东	16427.37	16002.17	11441.49	4560.68	425.20
河　南	14027.05	13821.86	6221.37	7600.49	205.19
湖　北	22388.09	21755.27	12528.46	9226.81	632.83
湖　南	16257.15	15790.33	10491.09	5299.24	466.82
广　东	28075.20	25467.22	14752.18	10715.04	2607.98
广　西	16136.18	15685.33	6458.55	9226.78	450.85
海　南	19671.47	17997.06	7365.90	10631.17	1674.41
重　庆	18730.58	18586.81	9415.04	9171.77	143.77
四　川	16922.55	16568.00	10340.86	6227.14	354.55
贵　州	19098.35	18504.32	12769.49	5734.83	594.04
云　南	15566.13	15411.82	9213.73	6198.09	154.31
西　藏	41878.16	34561.46	20917.11	13644.36	7316.70
陕　西	21300.01	20517.66	11629.84	8887.81	782.36
甘　肃	20522.00	19998.21	9310.60	10687.62	523.79
青　海	29776.21	26148.22	14017.92	12130.30	3627.99
宁　夏	30352.44	30352.44	14625.75	15726.69	
新　疆	20164.65	18173.28	11912.63	6260.64	1991.37
大　连	20535.92	20380.77	12583.59	7797.17	155.16
宁　波	20605.69	20605.69	8009.01	12596.68	
厦　门	28724.07	28724.07	12012.41	16711.66	
青　岛	219966.52	219966.52	60249.46	159717.07	
深　圳	93060.37	54609.81	21837.72	32772.09	38450.56

7-15 生均教育经费支出(中央属普通高等本科学校)

单位：元

地区	教育经费支出	个人和公用部分支出			基本建设支出
			个人部分	公用部分	
合计	**54933.24**	**54047.05**	**27272.33**	**26774.72**	**886.19**
北京	65826.10	64577.51	32672.25	31905.26	1248.60
天津	67180.77	67180.77	34171.38	33009.39	
河北	29553.23	27446.52	16721.90	10724.63	2106.71
山西					
内蒙古					
辽宁	47968.80	47179.44	22688.98	24490.46	789.36
吉林	47176.91	46775.34	23374.04	23401.29	401.57
黑龙江	56468.44	56205.30	22789.50	33415.80	263.14
上海	66320.48	65010.24	30219.54	34790.70	1310.24
江苏	46445.21	45869.37	24839.70	21029.67	575.84
浙江	78716.36	78454.02	34150.87	44303.15	262.34
安徽	51046.94	49906.82	21754.78	28152.04	1140.12
福建	56637.17	55890.52	29128.28	26762.24	746.66
江西					
山东	51019.13	48676.69	23736.31	24940.38	2342.44
河南	35863.42	35863.42	21813.40	14050.02	
湖北	45875.11	44622.99	24599.97	20023.02	1252.11
湖南	43760.72	42809.90	24782.77	18027.13	950.82
广东	67437.64	67118.15	32332.00	34786.15	319.49
广西					
海南					
重庆	35065.98	34670.83	17725.85	16944.98	395.15
四川	47961.50	47657.47	26898.14	20759.34	304.02
贵州					
云南					
西藏					
陕西	48355.94	47890.01	23847.70	24042.31	465.94
甘肃	44964.01	44638.24	23487.72	21150.51	325.77
青海					
宁夏	27451.36	27451.36	13303.90	14147.46	
新疆					
大连					
宁波					
厦门					
青岛					
深圳					

7-16 生均公共财政预算教育经费支出(中央属普通高等本科学校)

单位：元

地 区	公共财政预算教育经费支出	事业费支出	个人部分	公用部分	基本建设支出
合 计	**31143.45**	**30220.42**	**18029.90**	**12190.52**	**923.03**
北 京	38901.90	37549.27	23736.80	13812.47	1352.63
天 津	29695.36	29695.36	16732.20	12963.16	
河 北	20653.03	18579.54	11804.49	6775.05	2073.49
山 西					
内蒙古					
辽 宁	26048.09	25250.42	14616.94	10633.48	797.67
吉 林	27763.82	27343.58	16854.50	10489.08	420.24
黑龙江	26307.09	26019.44	17322.58	8696.87	287.65
上 海	38938.48	37526.24	19567.63	17958.60	1412.24
江 苏	27466.54	26917.36	15394.75	11522.61	549.18
浙 江	40433.11	40171.23	25572.47	14598.76	261.88
安 徽	24826.06	24548.19	16141.78	8406.41	277.87
福 建	29715.13	28930.40	16007.07	12923.33	784.73
江 西					
山 东	29827.85	27270.10	15398.26	11871.85	2557.75
河 南	30610.65	30610.65	16360.94	14249.71	
湖 北	26833.08	25491.94	13914.39	11577.54	1341.14
湖 南	26775.55	25776.51	16145.61	9630.90	999.04
广 东	29676.85	29325.41	18011.43	11313.98	351.43
广 西					
海 南					
重 庆	24050.37	23579.70	14747.23	8832.47	470.67
四 川	25126.47	24780.98	15073.11	9707.88	345.49
贵 州					
云 南					
西 藏					
陕 西	29939.29	29484.42	17699.16	11785.25	454.88
甘 肃	29826.98	29488.05	17091.72	12396.34	338.92
青 海					
宁 夏	24534.45	24534.45	12326.31	12208.15	
新 疆					
大 连					
宁 波					
厦 门					
青 岛					
深 圳					

7-17 生均教育经费支出(地方普通高等本科学校)

单位：元

地区	教育经费支出	个人和公用部分支出			基本建设支出
			个人部分	公用部分	
合计	**27378.97**	**26792.35**	**14530.55**	**12261.80**	**586.61**
北京	67228.94	66079.44	31663.30	34416.14	1149.50
天津	31198.75	31191.65	16674.75	14516.90	7.09
河北	25771.23	25493.19	14691.95	10801.25	278.04
山西	26799.25	26643.68	13122.52	13521.16	155.57
内蒙古	25836.23	25542.52	15397.70	10144.82	293.71
辽宁	24134.65	23823.33	14150.78	9672.55	311.32
吉林	23775.95	23203.42	12008.16	11195.27	572.53
黑龙江	22776.63	22385.72	12052.25	10333.47	390.90
上海	52314.11	49258.10	22792.40	26465.71	3056.01
江苏	35291.57	35179.23	18662.56	16516.68	112.33
浙江	38241.99	37313.69	20906.22	16407.47	928.30
安徽	20584.35	20003.82	10623.97	9379.85	580.53
福建	28042.08	27954.35	15782.78	12171.57	87.73
江西	21970.31	21811.55	13406.22	8405.33	158.76
山东	20989.25	20907.40	12812.12	8095.28	81.85
河南	21237.05	21015.49	10623.77	10391.71	221.56
湖北	25832.20	25826.69	15387.41	10439.28	5.51
湖南	22072.69	21748.19	12204.79	9543.40	324.50
广东	35616.37	32975.88	16509.72	16466.16	2640.48
广西	22965.73	22587.17	11039.21	11547.96	378.55
海南	27932.48	26344.39	14197.46	12146.93	1588.10
重庆	25184.10	25184.10	12467.98	12716.12	
四川	21468.08	21149.15	12168.34	8980.81	318.94
贵州	26688.91	26079.93	16076.08	10003.84	608.98
云南	24367.46	24233.49	13999.17	10234.32	133.97
西藏	39092.90	33194.30	20021.04	13173.26	5898.60
陕西	26278.73	25393.57	13333.14	12060.42	885.16
甘肃	24748.72	24164.92	12814.97	11349.95	583.80
青海	48118.39	44750.28	20330.86	24419.43	3368.10
宁夏	41633.26	41633.26	20164.96	21468.30	
新疆	28523.97	26658.97	15839.49	10819.48	1865.00
大连	30280.38	30003.77	17660.72	12343.04	276.62
宁波	44778.86	44778.86	21677.73	23101.13	
厦门	42457.46	41594.34	20186.35	21407.99	863.12
青岛	186811.00	186811.00	51006.35	135804.65	
深圳	118468.48	82940.55	28792.61	54147.94	35527.92

7-18 生均公共财政预算教育经费支出(地方普通高等本科学校)

单位：元

地区	公共财政预算教育经费支出	事业费支出			基本建设支出
			个人部分	公用部分	
合计	**18670.83**	**18038.06**	**10105.01**	**7933.05**	**632.77**
北京	58590.10	57364.63	26788.33	30576.30	1225.47
天津	21329.74	21322.38	10131.95	11190.42	7.36
河北	18896.79	18623.53	9023.44	9600.09	273.26
山西	16426.82	16300.36	9546.00	6754.36	126.46
内蒙古	17904.11	17616.68	11792.48	5824.20	287.43
辽宁	14021.41	13694.46	7466.34	6228.12	326.95
吉林	19127.23	18521.14	10133.98	8387.16	606.09
黑龙江	16601.31	16226.64	10212.33	6014.32	374.67
上海	34276.12	30952.16	14609.11	16343.05	3323.96
江苏	21225.54	21104.53	12769.71	8334.82	121.01
浙江	21549.17	20537.23	11706.01	8831.21	1011.94
安徽	14660.13	14024.90	6371.52	7653.38	635.23
福建	17811.47	17791.02	9894.29	7896.73	20.44
江西	16283.83	16120.11	10695.66	5424.45	163.72
山东	14336.77	14244.27	10824.20	3420.07	92.50
河南	13962.78	13756.80	6182.08	7574.72	205.98
湖北	18416.81	18416.81	11290.22	7126.59	
湖南	13849.38	13504.39	9196.71	4307.68	344.99
广东	27682.07	24520.21	13952.18	10568.03	3161.85
广西	16136.18	15685.33	6458.55	9226.78	450.85
海南	19671.47	17997.06	7365.90	10631.17	1674.41
重庆	16391.00	16391.00	7070.01	9320.99	
四川	13188.78	12830.11	8187.13	4642.99	358.67
贵州	19098.35	18504.32	12769.49	5734.83	594.04
云南	15566.13	15411.82	9213.73	6198.09	154.31
西藏	41878.16	34561.46	20917.11	13644.36	7316.70
陕西	16959.83	16012.96	8580.76	7432.21	946.87
甘肃	17952.63	17377.80	7162.01	10215.79	574.83
青海	29776.21	26148.22	14017.92	12130.30	3627.99
宁夏	33470.79	33470.79	15858.21	17612.58	
新疆	20164.65	18173.28	11912.63	6260.64	1991.37
大连	20535.92	20380.77	12583.59	7797.17	155.16
宁波	20605.69	20605.69	8009.01	12596.68	
厦门	28724.07	28724.07	12012.41	16711.66	
青岛	219966.52	219966.52	60249.46	159717.07	
深圳	93060.37	54609.81	21837.72	32772.09	38450.56

7-19 生均教育经费支出(地方普通高职高专学校)

单位：元

地 区	教育经费支出	个人和公用部分支出			基本建设支出
			个人部分	公用部分	
合 计	**20414.95**	**20048.37**	**10294.46**	**9753.91**	**366.58**
北 京	56895.76	55800.89	27374.23	28426.66	1094.87
天 津	21724.18	21724.18	12914.75	8809.43	
河 北	18000.21	18000.21	10072.43	7927.78	
山 西	15987.16	15918.47	8705.30	7213.17	68.69
内蒙古	30077.79	29789.48	16483.38	13306.10	288.31
辽 宁	18207.21	17853.31	10325.80	7527.51	353.90
吉 林	19572.57	19557.63	10774.43	8783.20	14.94
黑龙江	18723.32	18714.85	10547.94	8166.91	8.47
上 海	49439.67	38879.44	17937.95	20941.49	10560.23
江 苏	23817.58	23817.58	12220.22	11597.36	
浙 江	28729.43	28545.12	14110.28	14434.84	184.31
安 徽	16473.77	15409.67	7247.82	8161.85	1064.10
福 建	19820.29	19767.28	10299.27	9468.02	53.01
江 西	14564.99	14462.45	8624.54	5837.92	102.54
山 东	15922.77	15902.68	8684.02	7218.65	20.09
河 南	15276.69	14949.18	7294.13	7655.05	327.51
湖 北	19776.17	19776.17	9743.14	10033.03	
湖 南	18247.31	18080.12	9024.91	9055.21	167.18
广 东	22263.35	21786.54	11954.79	9831.76	476.81
广 西	19337.77	19259.22	8937.26	10321.96	78.54
海 南	23799.33	22808.46	10516.67	12291.79	990.87
重 庆	24393.79	24231.06	8922.19	15308.87	162.72
四 川	18153.22	17420.73	9670.92	7749.81	732.49
贵 州	18477.43	18428.25	9250.73	9177.53	49.18
云 南	20119.12	19568.13	11427.23	8140.90	550.98
西 藏	30582.51	29816.57	16579.22	13237.35	765.94
陕 西	18818.72	17943.65	9011.86	8931.79	875.07
甘 肃	29052.42	28663.66	9410.34	19253.32	388.77
青 海	31600.04	27997.47	11784.24	16213.23	3602.57
宁 夏	28263.38	27627.87	12979.02	14648.85	635.51
新 疆	26003.96	24798.78	13806.18	10992.61	1205.17
大 连	19704.02	19704.02	9808.79	9895.23	
宁 波	37923.54	37923.54	13204.97	24718.57	
厦 门	26938.19	26938.19	14510.46	12427.72	
青 岛	28125.26	28125.26	17548.34	10576.92	
深 圳	42757.70	37110.52	21076.72	16033.80	5647.18

7-20 生均公共财政预算教育经费支出(地方普通高职高专学校)

单位：元

地区	公共财政预算教育经费支出	事业费支出			基本建设支出
			个人部分	公用部分	
合计	**13269.62**	**12923.31**	**7187.45**	**5735.85**	**346.32**
北京	49343.01	48156.99	24334.11	23822.89	1186.01
天津	13710.22	13710.22	9077.87	4632.36	
河北	11169.06	11169.06	6189.38	4979.68	
山西	8872.50	8812.34	5959.30	2853.04	60.16
内蒙古	19772.01	19624.66	12168.07	7456.59	147.35
辽宁	10353.86	10028.24	6061.82	3966.42	325.62
吉林	13702.23	13687.16	8427.16	5260.00	15.06
黑龙江	11605.30	11596.69	7828.99	3767.69	8.61
上海	35996.98	24993.27	10690.09	14303.18	11003.70
江苏	16130.75	16130.75	8863.41	7267.34	
浙江	14715.59	14549.83	7810.76	6739.07	165.76
安徽	11965.51	10909.71	4495.46	6414.25	1055.80
福建	12382.89	12339.83	6533.96	5805.87	43.06
江西	11055.92	10952.71	7014.75	3937.96	103.22
山东	10493.91	10473.70	7505.51	2968.19	20.22
河南	10330.74	10145.58	5057.79	5087.79	185.16
湖北	14612.94	14612.94	7482.27	7130.66	
湖南	10661.84	10492.28	6362.14	4130.14	169.56
广东	14742.36	14235.22	8413.46	5821.76	507.14
广西	11732.28	11650.58	4982.41	6668.16	81.70
海南	13771.63	12973.52	5710.09	7263.43	798.11
重庆	12732.31	12559.38	5749.13	6810.25	172.94
四川	11661.89	11007.71	6202.52	4805.19	654.18
贵州	11544.11	11494.62	7044.44	4450.18	49.49
云南	13890.74	13326.08	8154.30	5171.78	564.66
西藏	30757.94	29917.05	16331.80	13585.25	840.89
陕西	12008.63	11132.88	5816.67	5316.21	875.75
甘肃	19923.86	19525.04	6114.69	13410.35	398.81
青海	25444.07	21750.66	7826.93	13923.73	3693.41
宁夏	19921.44	19254.34	8143.09	11111.25	667.10
新疆	18962.05	18214.32	11207.91	7006.42	747.73
大连	12867.11	12867.11	7739.19	5127.91	
宁波	24777.79	24777.79	8915.94	15861.85	
厦门	22091.40	22091.40	11351.45	10739.95	
青岛	17881.41	17881.41	13734.61	4146.80	
深圳	28989.28	22962.98	16477.42	6485.55	6026.30

7-21 生均教育经费支出(地方中等职业学校)

单位：元

地 区	教育经费支出	个人和公用部分支出			基本建设支出
			个人部分	公用部分	
合 计	**16969.29**	**16556.78**	**9144.60**	**7412.18**	**412.50**
北 京	63024.91	61893.93	32957.77	28936.16	1130.98
天 津	31134.39	30760.15	21653.78	9106.37	374.23
河 北	16812.79	16595.82	10692.28	5903.54	216.97
山 西	16764.02	16488.21	9726.56	6761.65	275.81
内蒙古	23230.12	22897.52	13408.03	9489.49	332.61
辽 宁	17833.17	17307.86	10286.91	7020.95	525.31
吉 林	29683.68	28883.30	17575.13	11308.17	800.38
黑龙江	19637.55	18944.92	11927.64	7017.27	692.63
上 海	61156.69	61073.57	29353.56	31720.00	83.13
江 苏	18938.75	18854.62	10934.96	7919.66	84.13
浙 江	25848.95	25499.88	14702.05	10797.83	349.07
安 徽	14924.59	14583.39	6215.41	8367.98	341.20
福 建	20415.16	20294.74	10645.68	9649.06	120.42
江 西	11126.82	10816.85	5746.09	5070.76	309.97
山 东	17978.81	17894.21	9326.78	8567.43	84.60
河 南	10628.06	10211.56	5128.91	5082.65	416.50
湖 北	18031.50	18018.11	9364.41	8653.70	13.40
湖 南	13078.61	12844.41	6594.35	6250.06	234.20
广 东	16691.95	16103.96	9319.94	6784.02	587.99
广 西	13313.46	12199.44	6249.05	5950.39	1114.03
海 南	17307.01	16656.56	7395.14	9261.42	650.45
重 庆	16011.05	15200.53	8346.84	6853.69	810.52
四 川	12410.78	11972.53	7126.02	4846.52	438.25
贵 州	9779.72	9435.74	4427.66	5008.08	343.97
云 南	15416.37	15004.59	8435.39	6569.21	411.78
西 藏	34290.06	31449.29	17825.44	13623.85	2840.78
陕 西	13263.64	12971.97	7676.03	5295.94	291.67
甘 肃	15898.36	15295.88	9912.72	5383.16	602.48
青 海	17692.45	16236.19	7088.81	9147.38	1456.26
宁 夏	14093.61	13216.61	6874.80	6341.81	877.00
新 疆	19646.54	18692.90	9906.13	8786.77	953.64
大 连	22356.86	22024.46	10676.57	11347.89	332.40
宁 波	34985.06	34759.67	20039.13	14720.53	225.39
厦 门	32422.52	32422.52	16929.08	15493.44	
青 岛	37759.93	37759.93	19373.71	18386.21	
深 圳	48317.24	41107.30	19503.53	21603.77	7209.94

7-22 生均公共财政预算教育经费支出(地方中等职业学校)

单位：元

地 区	公共财政预算教育经费支出	事业费支出			基本建设支出
			个人部分	公用部分	
合 计	**12559.37**	**12216.26**	**7441.77**	**4774.48**	**343.11**
北 京	39176.55	38661.50	23074.17	15587.33	515.05
天 津	27025.93	26651.70	19439.32	7212.38	374.23
河 北	13737.98	13524.02	9580.48	3943.54	213.96
山 西	13944.10	13682.26	8466.70	5215.56	261.84
内蒙古	16715.80	16389.99	10148.14	6241.84	325.81
辽 宁	12453.22	12005.48	7410.39	4595.09	447.74
吉 林	22533.69	22112.22	15245.75	6866.47	421.47
黑龙江	16369.40	15734.44	10081.88	5652.56	634.97
上 海	28385.41	28302.29	19332.42	8969.86	83.13
江 苏	13752.26	13668.13	9347.55	4320.58	84.13
浙 江	18913.63	18789.57	12373.49	6416.07	124.06
安 徽	10448.45	10115.03	4722.00	5393.03	333.42
福 建	14534.74	14416.41	8980.43	5435.98	118.33
江 西	8826.91	8527.77	4812.59	3715.17	299.14
山 东	13790.22	13761.07	8691.10	5069.97	29.15
河 南	7489.37	7375.56	3765.14	3610.42	113.81
湖 北	15411.81	15398.42	8005.20	7393.21	13.40
湖 南	9956.04	9722.77	5453.20	4269.57	233.27
广 东	12180.32	11598.22	7268.43	4329.79	582.10
广 西	10842.30	9754.12	5248.70	4505.42	1088.18
海 南	13707.38	13056.93	5737.62	7319.31	650.45
重 庆	11028.11	10441.61	5269.40	5172.21	586.50
四 川	9746.87	9344.50	5755.15	3589.35	402.37
贵 州	6743.08	6425.03	3699.62	2725.41	318.05
云 南	11547.75	11220.00	6432.42	4787.58	327.75
西 藏	33068.97	30228.19	17333.00	12895.19	2840.78
陕 西	9555.96	9264.29	5941.52	3322.77	291.67
甘 肃	12685.83	12083.35	8111.91	3971.43	602.48
青 海	14274.05	12867.51	5451.87	7415.64	1406.54
宁 夏	11438.81	10561.81	5433.42	5128.39	877.00
新 疆	14077.23	13332.91	8324.45	5008.46	744.32
大 连	17782.50	17450.11	8579.51	8870.60	332.40
宁 波	26526.00	26520.42	17383.77	9136.65	5.58
厦 门	18366.42	18366.42	13205.50	5160.92	
青 岛	24709.78	24709.78	18411.04	6298.74	
深 圳	34344.57	27134.63	16442.91	10691.72	7209.94

7-23 生均教育经费支出(地方中等专业学校)

单位：元

地区	教育经费支出	个人和公用部分支出	个人部分	公用部分	基本建设支出
合计	**16313.41**	**15944.25**	**8658.45**	**7285.80**	**369.17**
北京	44033.58	43402.43	26144.04	17258.38	631.16
天津	23163.19	23163.19	17185.29	5977.90	
河北	15196.88	15130.75	10320.09	4810.65	66.13
山西	17368.61	17202.26	9535.04	7667.22	166.35
内蒙古	17841.72	17763.27	9430.06	8333.20	78.45
辽宁	18016.43	17405.03	10851.26	6553.77	611.40
吉林	22618.08	22439.92	13302.33	9137.59	178.17
黑龙江	14036.55	13745.00	8100.00	5645.00	291.55
上海	61362.12	61253.28	27885.33	33367.94	108.84
江苏	20790.64	20679.65	12130.96	8548.69	111.00
浙江	24009.25	23830.51	14204.48	9626.03	178.74
安徽	16449.05	15971.41	6618.78	9352.62	477.64
福建	18870.24	18723.09	10083.69	8639.40	147.14
江西	8438.20	8363.58	4671.30	3692.28	74.62
山东	16242.34	16215.42	8301.86	7913.56	26.92
河南	9470.58	9257.14	4351.51	4905.63	213.44
湖北	17619.26	17599.63	8320.54	9279.09	19.64
湖南	9640.35	9625.93	5219.85	4406.08	14.41
广东	16776.76	16396.14	9383.16	7012.98	380.62
广西	14169.52	12992.40	6648.23	6344.18	1177.11
海南	14036.56	13212.54	5988.19	7224.35	824.03
重庆	14647.51	13699.66	7195.09	6504.57	947.85
四川	11763.80	11371.05	6354.86	5016.19	392.75
贵州	11139.03	10559.04	5192.58	5366.46	579.99
云南	15035.96	14415.07	7559.13	6855.94	620.89
西藏	34290.06	31449.29	17825.44	13623.85	2840.78
陕西	19531.16	19192.63	11836.02	7356.61	338.53
甘肃	15192.86	14738.33	9470.96	5267.36	454.53
青海	17616.63	16159.04	7016.42	9142.61	1457.59
宁夏	15003.57	14425.32	7517.91	6907.42	578.25
新疆	19618.70	18455.02	10406.08	8048.93	1163.69
大连	21842.85	21247.42	12001.73	9245.69	595.43
宁波	34841.72	34841.72	19663.79	15177.93	
厦门	33546.07	33546.07	17397.75	16148.32	
青岛	49688.63	49688.63	26840.51	22848.12	
深圳	59587.37	57994.84	25080.67	32914.17	1592.53

7-24 生均公共财政预算教育经费支出(地方中等专业学校)

单位：元

地 区	公共财政预算教育经费支出	事业费支出	个人部分	公用部分	基本建设支出
合 计	**11923.07**	**11582.06**	**6899.82**	**4682.24**	**341.00**
北 京	32635.39	32566.67	19361.91	13204.75	68.73
天 津	20168.73	20168.73	15475.67	4693.06	
河 北	12173.23	12115.68	8726.94	3388.74	57.55
山 西	13525.47	13359.12	7868.69	5490.42	166.35
内蒙古	12626.59	12548.14	7056.88	5491.26	78.45
辽 宁	11658.07	11196.83	7156.90	4039.93	461.24
吉 林	16281.99	16103.83	11217.82	4886.00	178.17
黑龙江	11234.61	10943.07	6446.37	4496.69	291.55
上 海	26265.52	26156.68	18319.66	7837.02	108.84
江 苏	14800.58	14689.59	10338.44	4351.15	111.00
浙 江	16777.72	16642.16	10734.90	5907.26	135.56
安 徽	10965.14	10496.97	4843.11	5653.86	468.17
福 建	13407.20	13262.61	8429.76	4832.85	144.59
江 西	6685.05	6627.10	3832.03	2795.07	57.95
山 东	12790.88	12763.96	7570.75	5193.20	26.92
河 南	6539.79	6367.40	3085.19	3282.21	172.40
湖 北	14754.36	14734.72	6868.21	7866.51	19.64
湖 南	7088.71	7077.31	3903.87	3173.44	11.40
广 东	11888.96	11520.15	7151.33	4368.82	368.81
广 西	11649.75	10509.88	5583.30	4926.58	1139.87
海 南	11101.19	10277.16	4514.53	5762.63	824.03
重 庆	9644.60	8696.74	3842.75	4853.99	947.85
四 川	8753.86	8365.66	4768.20	3597.46	388.20
贵 州	8114.36	7595.48	4271.52	3323.96	518.88
云 南	11805.32	11302.36	5893.31	5409.05	502.96
西 藏	33068.97	30228.19	17333.00	12895.19	2840.78
陕 西	13726.35	13387.82	9032.00	4355.82	338.53
甘 肃	11932.68	11478.15	7614.83	3863.32	454.53
青 海	14274.89	12867.07	5444.67	7422.40	1407.82
宁 夏	11860.23	11281.98	5655.61	5626.37	578.25
新 疆	14067.40	13033.93	8753.27	4280.66	1033.48
大 连	16681.87	16086.44	9740.83	6345.61	595.43
宁 波	26873.92	26873.92	16685.38	10188.54	
厦 门	18458.97	18458.97	13594.22	4864.75	
青 岛	28411.55	28411.55	21466.94	6944.61	
深 圳	31931.38	30338.85	20855.02	9483.83	1592.53

7-25 生均教育经费支出(地方职业高中)

单位：元

地区	教育经费支出	个人和公用部分支出			基本建设支出
			个人部分	公用部分	
合计	**17984.58**	**17465.90**	**9777.92**	**7687.98**	**518.68**
北京	106768.63	105080.55	57079.17	48001.38	1688.07
天津	41578.14	41578.14	24892.21	16685.93	
河北	15514.66	15182.46	9138.57	6043.89	332.19
山西	14254.33	13833.00	8303.00	5530.01	421.32
内蒙古	25156.90	24596.48	14150.96	10445.52	560.42
辽宁	20627.87	20079.18	11217.95	8861.23	548.69
吉林	27440.72	25701.06	14446.42	11254.64	1739.66
黑龙江	22975.52	21556.60	14486.23	7070.37	1418.92
上海	58131.90	58083.51	30664.91	27418.60	48.39
江苏	17062.13	16988.71	9817.05	7171.67	73.42
浙江	25644.88	25259.22	14524.38	10734.85	385.66
安徽	12915.22	12726.07	5451.95	7274.12	189.15
福建	30249.33	30249.33	12780.60	17468.73	
江西	13646.10	12780.27	5917.95	6862.32	865.83
山东	23958.85	23698.83	12426.56	11272.27	260.03
河南	11582.11	10637.25	5619.40	5017.85	944.86
湖北	18668.09	18668.09	11964.04	6704.05	
湖南	13288.35	12976.48	6541.74	6434.74	311.87
广东	21467.92	20299.64	12925.15	7374.49	1168.28
广西	24266.42	22985.94	15395.50	7590.44	1280.48
海南	28829.84	28546.52	13679.22	14867.30	283.32
重庆	15537.13	14571.59	8653.63	5917.96	965.55
四川	12875.93	12416.50	7610.22	4806.27	459.43
贵州	10637.06	10408.83	4461.85	5946.98	228.23
云南	16881.67	16648.15	9709.79	6938.36	233.52
西藏					
陕西	13166.10	12695.95	7300.96	5394.99	470.15
甘肃	18442.53	17161.81	11129.31	6032.50	1280.72
青海	25753.86	25753.86	16917.03	8836.82	
宁夏	13163.23	11980.78	6217.27	5763.51	1182.45
新疆	16051.81	15601.42	8488.65	7112.78	450.38
大连	23689.61	23689.61	10758.27	12931.34	
宁波	29299.62	29090.72	17283.13	11807.58	208.91
厦门					
青岛	40611.84	40611.84	20536.00	20075.83	
深圳	56576.88	44711.86	23506.38	21205.47	11865.02

7-26　生均公共财政预算教育经费支出(地方职业高中)

单位：元

地　区	公共财政预算教育经费支出	事业费支出			基本建设支出
			个人部分	公用部分	
合　计	**13619.63**	**13245.70**	**8339.66**	**4906.04**	**373.93**
北　京	47035.95	46699.44	33845.34	12854.09	336.52
天　津	36538.43	36538.43	22038.73	14499.70	
河　北	12725.18	12392.99	8442.40	3950.59	332.19
山　西	12653.37	12260.07	7625.99	4634.08	393.30
内蒙古	18570.86	18025.14	11085.88	6939.26	545.72
辽　宁	15643.34	15094.65	9048.95	6045.71	548.69
吉　林	21908.96	21081.89	12754.64	8327.25	827.07
黑龙江	19728.57	18465.22	12991.56	5473.66	1263.35
上　海	29676.26	29627.87	20540.62	9087.25	48.39
江　苏	14197.31	14123.89	9241.45	4882.45	73.42
浙　江	19357.20	19216.26	12720.95	6495.32	140.94
安　徽	9974.80	9791.97	4480.07	5311.91	182.83
福　建	21551.47	21551.47	11846.42	9705.05	
江　西	10686.55	9820.71	5086.83	4733.89	865.83
山　东	16747.43	16694.89	11951.76	4743.14	52.54
河　南	8032.32	7944.33	4367.67	3576.66	87.98
湖　北	16879.39	16879.39	10940.27	5939.12	
湖　南	10302.48	9990.60	5727.69	4262.92	311.87
广　东	16956.54	15788.27	10725.87	5062.40	1168.28
广　西	19805.95	18525.48	13832.70	4692.78	1280.48
海　南	23952.25	23668.93	10622.46	13046.47	283.32
重　庆	11905.47	11301.33	6395.38	4905.95	604.14
四　川	10526.99	10120.08	6486.47	3633.61	406.91
贵　州	7012.06	6783.84	4100.99	2682.85	228.23
云　南	12967.14	12733.61	7562.45	5171.16	233.52
西　藏					
陕　西	11522.51	11052.35	6931.47	4120.88	470.15
甘　肃	15753.51	14472.78	9776.43	4696.35	1280.72
青　海	13353.78	13353.78	13353.78		
宁　夏	11007.93	9825.48	5206.26	4619.22	1182.45
新　疆	12850.70	12507.26	7513.48	4993.78	343.44
大　连	18937.57	18937.57	8592.08	10345.50	
宁　波	22984.36	22984.36	15294.81	7689.55	
厦　门					
青　岛	26074.49	26074.49	19986.92	6087.57	
深　圳	45975.29	34110.26	19578.66	14531.60	11865.02

7-27 生均教育经费支出(地方农村职业高中)

单位：元

地区	教育经费支出	个人和公用部分支出			基本建设支出
			个人部分	公用部分	
合计	**14816.39**	**14265.68**	**8000.38**	**6265.30**	**550.71**
北京	149377.57	149377.57	55921.74	93455.83	
天津					
河北	15096.95	14556.33	8580.42	5975.91	540.62
山西	13570.15	12973.93	8391.41	4582.52	596.22
内蒙古	26053.48	25192.68	14850.87	10341.80	860.80
辽宁	15123.97	13926.81	8907.14	5019.66	1197.16
吉林	23310.55	22462.46	13151.70	9310.76	848.09
黑龙江	21993.24	19371.20	12470.21	6900.99	2622.04
上海	66222.87	66222.87	34555.84	31667.03	
江苏	13857.48	13857.48	8824.06	5033.42	
浙江	22195.49	21450.92	12877.30	8573.62	744.57
安徽	12917.85	12682.13	5271.49	7410.64	235.72
福建	30681.63	30681.63	11465.83	19215.80	
江西	13688.16	12876.35	5600.82	7275.54	811.81
山东	16834.94	16834.94	8713.48	8121.47	
河南	11784.59	10402.13	5342.28	5059.84	1382.47
湖北	15734.83	15734.83	9105.51	6629.32	
湖南	13584.12	13026.41	6627.36	6399.05	557.71
广东	12130.37	12112.69	7376.79	4735.90	17.68
广西	22171.21	20890.74	14541.15	6349.59	1280.48
海南	25497.67	25497.67	15967.53	9530.13	
重庆	13671.64	13421.53	7869.39	5552.13	250.12
四川	12373.34	12094.19	7532.17	4562.02	279.15
贵州	8794.75	8520.29	4061.12	4459.18	274.46
云南	17350.18	17042.91	10513.61	6529.30	307.27
西藏					
陕西	12312.60	11727.09	6783.16	4943.93	585.52
甘肃	17425.31	16287.40	10354.63	5932.77	1137.91
青海	25753.86	25753.86	16917.03	8836.82	
宁夏	13247.72	12133.97	6888.14	5245.83	1113.75
新疆	13571.70	13140.82	7567.00	5573.82	430.88
大连	14402.91	14402.91	9447.72	4955.19	
宁波	25239.01	24677.26	15748.97	8928.29	561.75
厦门					
青岛	42359.46	42359.46	19413.30	22946.15	
深圳					

7-28 生均公共财政预算教育经费支出(地方农村职业高中)

单位：元

地区	公共财政预算教育经费支出	事业费支出			基本建设支出
			个人部分	公用部分	
合计	**11725.33**	**11336.25**	**7017.92**	**4318.33**	**389.08**
北京	59994.30	59994.30	42338.14	17656.16	
天津					
河北	12437.17	11896.55	7969.34	3927.21	540.62
山西	11811.48	11258.61	7712.73	3545.89	552.86
内蒙古	20667.20	19806.39	12278.41	7527.99	860.80
辽宁	11567.34	10370.18	7718.15	2652.03	1197.16
吉林	20742.01	19893.92	12344.21	7549.70	848.09
黑龙江	19244.01	16996.67	11493.07	5503.60	2247.34
上海	32918.64	32918.64	23800.63	9118.01	
江苏	12269.24	12269.24	8346.18	3923.06	
浙江	16728.60	16524.02	11229.81	5294.21	204.58
安徽	9937.92	9702.20	4329.20	5373.00	235.72
福建	16394.43	16394.43	11255.03	5139.40	
江西	10699.04	9887.23	4963.78	4923.44	811.81
山东	13174.07	13174.07	8437.58	4736.49	
河南	7786.66	7733.45	4310.67	3422.78	53.22
湖北	14379.41	14379.41	8492.71	5886.70	
湖南	10653.10	10095.39	5789.26	4306.13	557.71
广东	9828.91	9811.23	6260.90	3550.32	17.68
广西	17710.75	16430.27	12978.34	3451.93	1280.48
海南	20074.60	20074.60	12254.91	7819.69	
重庆	11314.43	11097.22	6380.94	4716.28	217.20
四川	10395.83	10136.77	6411.04	3725.73	259.07
贵州	6561.20	6286.74	3702.02	2584.72	274.46
云南	13580.26	13273.00	8246.87	5026.13	307.27
西藏					
陕西	11119.09	10533.58	6582.67	3950.91	585.52
甘肃	15176.81	14038.90	9325.30	4713.60	1137.91
青海	13353.78	13353.78	13353.78		
宁夏	11341.10	10227.35	5796.73	4430.62	1113.75
新疆	11245.25	10922.93	6767.95	4154.99	322.31
大连	10547.93	10547.93	8645.43	1902.49	
宁波	17953.35	17953.35	12927.47	5025.89	
厦门					
青岛	34766.84	34766.84	19413.30	15353.54	
深圳					

7-29 生均教育经费支出(地方技工学校)

单位：元

地区	教育经费支出	个人和公用部分支出			基本建设支出
			个人部分	公用部分	
合计	**14452.25**	**14098.48**	**7359.18**	**6739.30**	**353.77**
北京	47783.17	46402.52	19133.07	27269.44	1380.66
天津	40800.10	38260.57	30850.18	7410.39	2539.52
河北	14971.31	14966.52	8357.18	6609.34	4.80
山西	14751.47	14646.70	7752.02	6894.68	104.77
内蒙古	39732.05	39732.05	29757.72	9974.34	
辽宁	22197.95	21850.02	12384.12	9465.89	347.94
吉林	36638.37	36457.10	15258.95	21198.15	181.27
黑龙江	27908.89	27908.89	13536.55	14372.34	
上海	71538.14	71538.14	43924.59	27613.55	
江苏	14880.75	14880.75	7764.68	7116.07	
浙江	21688.72	21278.91	11921.02	9357.88	409.82
安徽	14447.19	14447.19	7741.63	6705.56	
福建	23462.22	23458.47	13338.10	10120.37	3.75
江西	11712.51	11712.51	7578.48	4134.03	
山东	13475.44	13469.05	6674.65	6794.39	6.40
河南	9022.01	9007.62	4103.78	4903.84	14.38
湖北	18228.42	18228.42	11733.29	6495.13	
湖南	20893.92	20233.09	7961.49	12271.61	660.82
广东	14177.96	13581.20	7339.47	6241.73	596.75
广西	12181.80	11096.36	5576.79	5519.57	1085.44
海南	22826.60	22801.93	8161.62	14640.31	24.67
重庆	12569.86	12137.66	5750.82	6386.84	432.20
四川	13294.40	12630.52	8065.46	4565.06	663.88
贵州	2779.83	2779.83	1832.47	947.35	
云南	9836.04	9601.80	4910.96	4690.84	234.24
西藏					
陕西	10455.02	10406.83	6282.07	4124.76	48.19
甘肃	6296.04	6296.04	5665.40	630.65	
青海					
宁夏					
新疆	25329.61	24090.23	10975.04	13115.18	1239.39
大连	34618.04	32932.23	12695.65	20236.58	1685.82
宁波	23948.25	22518.46	8292.31	14226.16	1429.79
厦门	25395.02	25395.02	13997.69	11397.33	
青岛	16704.96	16704.96	9022.52	7682.44	
深圳	41700.23	35825.98	15069.41	20756.56	5874.25

7-30 生均公共财政预算教育经费支出(地方技工学校)

单位：元

地区	公共财政预算教育经费支出	事业费支出			基本建设支出
			个人部分	公用部分	
合计	**10413.55**	**10100.27**	**5655.53**	**4444.74**	**313.28**
北京	40842.40	39461.74	17595.27	21866.47	1380.66
天津	34343.91	31804.39	27959.88	3844.51	2539.52
河北	11948.22	11948.22	7318.73	4629.49	
山西	12256.83	12164.02	6497.41	5666.61	92.81
内蒙古	30163.91	30163.91	23198.45	6965.46	
辽宁	16993.64	16645.70	9699.15	6946.55	347.94
吉林	18279.97	18206.98	12643.94	5563.04	72.99
黑龙江	23633.80	23633.80	10814.74	12819.06	
上海	30713.32	30713.32	26981.99	3731.33	
江苏	9621.36	9621.36	5751.25	3870.11	
浙江	14061.05	14053.68	8885.25	5168.43	7.37
安徽	7370.80	7370.80	4570.43	2800.37	
福建	16574.79	16571.04	10951.01	5620.03	3.75
江西	8119.07	8119.07	5768.77	2350.31	
山东	11454.12	11447.72	6156.16	5291.56	6.40
河南	7054.73	7052.74	3021.95	4030.79	1.99
湖北	14756.66	14756.66	10072.02	4684.64	
湖南	15105.39	14444.57	5508.01	8936.56	660.82
广东	10286.67	9689.91	5713.60	3976.31	596.75
广西	9692.55	8607.11	4663.18	3943.94	1085.44
海南	16978.06	16953.39	7142.74	9810.65	24.67
重庆	5777.36	5419.44	1876.78	3542.66	357.92
四川	10516.38	9965.30	6317.30	3648.00	551.08
贵州	1520.99	1520.99	573.63	947.35	
云南	6103.49	6008.28	3539.59	2468.69	95.22
西藏					
陕西	4656.89	4608.70	2992.90	1615.80	48.19
甘肃	5504.34	5504.34	5042.90	461.45	
青海					
宁夏					
新疆	12444.61	12444.61	7772.64	4671.98	
大连	30156.13	28470.31	10100.06	18370.25	1685.82
宁波	13009.11	12906.99	6375.15	6531.84	102.12
厦门	17787.54	17787.54	10774.13	7013.41	
青岛	15832.86	15832.86	8934.42	6898.44	
深圳	28236.98	22362.73	13458.14	8904.59	5874.25

7-31 生均教育经费支出(地方普通中学)

单位：元

地区	教育经费支出	个人和公用部分支出	个人部分	公用部分	基本建设支出
合计	**16263.97**	**15997.82**	**11076.27**	**4921.55**	**266.15**
北京	73007.12	68723.81	41939.31	26784.49	4283.31
天津	34599.09	34189.79	25561.45	8628.34	409.30
河北	12412.49	12299.46	8707.50	3591.96	113.03
山西	13838.95	13709.52	9867.81	3841.70	129.44
内蒙古	20850.57	20526.22	13821.44	6704.77	324.36
辽宁	16150.19	16069.39	12322.85	3746.54	80.80
吉林	17611.80	17458.24	12316.34	5141.90	153.56
黑龙江	16356.33	16207.56	12079.49	4128.06	148.77
上海	50519.85	49751.42	30736.36	19015.06	768.43
江苏	25716.50	25634.60	18311.02	7323.57	81.90
浙江	25064.68	24721.96	17999.80	6722.16	342.72
安徽	14691.17	14336.93	9368.03	4968.90	354.25
福建	17240.69	17064.67	12093.69	4970.98	176.02
江西	12378.79	12085.44	7000.18	5085.26	293.35
山东	15912.91	15858.56	10989.76	4868.80	54.35
河南	10239.95	10068.23	6339.95	3728.28	171.72
湖北	18279.87	18279.87	13233.14	5046.72	
湖南	13911.58	13795.48	9261.32	4534.16	116.10
广东	17562.74	17168.20	12312.68	4855.53	394.54
广西	11453.30	11058.71	7392.96	3665.74	394.60
海南	19611.40	19409.12	11105.23	8303.88	202.29
重庆	17236.02	16868.68	11154.62	5714.06	367.34
四川	13994.56	13787.55	10250.06	3537.49	207.01
贵州	11895.85	11643.57	8126.32	3517.25	252.28
云南	13746.09	13580.35	9601.65	3978.69	165.74
西藏	29126.58	27985.84	19743.32	8242.52	1140.74
陕西	14932.72	14631.69	9482.43	5149.26	301.03
甘肃	12931.28	12704.89	9338.18	3366.71	226.39
青海	20127.65	18513.82	13162.75	5351.08	1613.82
宁夏	15378.81	14989.45	10039.47	4949.98	389.36
新疆	19786.87	19014.17	13972.51	5041.66	772.70
大连	23655.02	23420.05	17820.76	5599.28	234.98
宁波	28364.11	28259.89	19623.25	8636.64	104.22
厦门	25994.46	25994.46	18273.44	7721.02	
青岛	29265.14	29265.14	19681.17	9583.97	
深圳	40536.66	35618.70	24110.76	11507.94	4917.96

7-32 生均公共财政预算教育经费支出(地方普通中学)

单位：元

地区	公共财政预算教育经费支出	事业费支出			基本建设支出
			个人部分	公用部分	
合计	**13264.44**	**13016.00**	**9587.98**	**3428.02**	**248.43**
北京	51264.80	47455.69	30117.84	17337.85	3809.11
天津	30924.57	30533.46	23888.75	6644.71	391.11
河北	10743.37	10640.76	8033.97	2606.79	102.60
山西	11724.28	11603.13	8902.61	2700.52	121.15
内蒙古	15782.72	15463.30	11010.10	4453.20	319.43
辽宁	12906.16	12859.04	10322.46	2536.58	47.12
吉林	14920.41	14766.85	11007.56	3759.30	153.56
黑龙江	14141.47	13993.28	10711.06	3282.22	148.19
上海	33241.88	32473.45	22840.92	9632.53	768.43
江苏	21256.13	21174.23	17087.41	4086.82	81.90
浙江	19999.74	19738.01	15593.22	4144.79	261.72
安徽	11377.71	11052.41	7622.23	3430.18	325.30
福建	14240.53	14064.99	10799.12	3265.87	175.54
江西	10899.35	10614.26	6427.16	4187.09	285.09
山东	13945.96	13893.23	10606.11	3287.12	52.73
河南	7487.31	7346.97	4520.56	2826.41	140.34
湖北	16100.77	16100.77	12024.92	4075.85	
湖南	11280.18	11164.07	8269.53	2894.54	116.10
广东	14017.01	13627.71	10423.02	3204.69	389.30
广西	9830.06	9453.71	6628.08	2825.63	376.35
海南	15141.96	14940.33	8513.10	6427.23	201.64
重庆	11871.06	11518.47	7651.14	3867.33	352.59
四川	11320.81	11127.27	8578.96	2548.30	193.54
贵州	10214.13	9967.15	7522.19	2444.95	246.98
云南	10849.57	10691.81	7838.20	2853.61	157.76
西藏	26667.69	25526.96	18796.97	6729.99	1140.74
陕西	13433.88	13132.85	9058.30	4074.55	301.03
甘肃	11174.19	10968.95	8427.63	2541.32	205.24
青海	16167.37	14616.97	10742.01	3874.96	1550.40
宁夏	11942.83	11553.46	7830.91	3722.56	389.36
新疆	17150.15	16471.69	12500.00	3971.69	678.46
大连	18167.13	18167.13	14516.79	3650.34	
宁波	22458.96	22354.75	17271.04	5083.71	104.20
厦门	16416.75	16416.75	13477.80	2938.94	
青岛	24965.79	24965.79	19272.92	5692.87	
深圳	31700.31	26788.56	20757.06	6031.49	4911.75

7-33 生均教育经费支出(地方普通高中)

单位：元

地区	教育经费支出	个人和公用部分支出			基本建设支出
			个人部分	公用部分	
合计	**16726.95**	**16409.35**	**10883.40**	**5525.96**	**317.59**
北京	82045.51	74611.18	44997.22	29613.96	7434.32
天津	36085.26	36077.57	25581.70	10495.88	7.69
河北	13823.26	13688.21	9327.30	4360.91	135.05
山西	13709.25	13538.10	9229.01	4309.09	171.15
内蒙古	19744.01	19318.92	12550.41	6768.51	425.10
辽宁	15141.98	14996.40	10894.53	4101.86	145.59
吉林	15020.49	14716.83	9770.78	4946.05	303.66
黑龙江	14265.58	14162.92	10227.68	3935.24	102.66
上海	65282.26	63221.93	36736.72	26485.22	2060.32
江苏	27687.61	27606.84	19006.25	8600.59	80.77
浙江	29863.62	29369.86	20614.33	8755.53	493.76
安徽	13908.44	13297.29	8618.24	4679.05	611.15
福建	17059.83	16993.27	12253.27	4740.00	66.56
江西	13788.24	13507.87	7261.89	6245.98	280.37
山东	15462.19	15414.60	10427.04	4987.56	47.58
河南	9765.24	9562.50	5501.51	4060.99	202.75
湖北	18325.48	18325.48	11892.99	6432.50	
湖南	14591.04	14500.59	9128.43	5372.16	90.46
广东	18666.88	18381.65	12506.55	5875.09	285.23
广西	12649.47	12119.92	7746.60	4373.32	529.55
海南	20972.98	20609.06	11013.58	9595.48	363.92
重庆	17441.98	17201.35	11268.25	5933.10	240.63
四川	13167.86	13018.81	9542.57	3476.24	149.05
贵州	12991.62	12619.93	8184.78	4435.15	371.69
云南	14863.34	14649.43	9822.57	4826.86	213.91
西藏	32245.58	30881.67	20148.70	10732.97	1363.92
陕西	14287.94	13814.35	8177.70	5636.65	473.58
甘肃	12529.98	12248.53	8754.76	3493.76	281.46
青海	19456.67	18308.81	12878.46	5430.35	1147.87
宁夏	15909.75	15209.68	10797.34	4412.34	700.07
新疆	17952.06	17293.91	12712.90	4581.00	658.15
大连	23556.02	22885.95	17170.77	5715.18	670.06
宁波	36668.87	36448.83	24013.29	12435.54	220.03
厦门	31006.02	31006.02	21871.43	9134.59	
青岛	31711.43	31711.43	20934.64	10776.79	
深圳	47508.64	43120.63	27671.14	15449.49	4388.01

7-34 生均公共财政预算教育经费支出(地方普通高中)

单位：元

地区	公共财政预算教育经费支出	事业费支出	个人部分	公用部分	基本建设支出
合计	**12583.68**	**12297.86**	**9108.75**	**3189.10**	**285.83**
北京	57289.69	50802.57	32377.48	18425.09	6487.12
天津	31432.70	31425.02	23447.94	7977.08	7.69
河北	10962.55	10858.95	8430.99	2427.95	103.60
山西	10812.92	10653.32	8126.15	2527.16	159.60
内蒙古	14751.78	14333.65	10004.89	4328.76	418.13
辽宁	11459.37	11402.50	9126.14	2276.37	56.86
吉林	12064.66	11760.99	8388.04	3372.95	303.66
黑龙江	11597.16	11494.50	8863.28	2631.22	102.66
上海	39829.31	37768.99	26707.53	11061.46	2060.32
江苏	21215.02	21134.25	17026.71	4107.54	80.77
浙江	22121.64	21742.03	16970.50	4771.53	379.61
安徽	9466.66	8924.35	6483.95	2440.40	542.31
福建	13013.08	12947.13	10414.10	2533.03	65.95
江西	11094.30	10820.34	6384.25	4436.09	273.96
山东	12593.59	12546.04	9834.87	2711.17	47.55
河南	6536.92	6397.76	4093.37	2304.39	139.16
湖北	14174.22	14174.22	10110.81	4063.41	
湖南	9829.98	9739.52	7485.70	2253.82	90.46
广东	13752.26	13478.72	10385.92	3092.79	273.54
广西	9821.85	9326.70	6591.24	2735.46	495.15
海南	15991.74	15629.73	8253.53	7376.20	362.01
重庆	11163.05	10931.98	7121.12	3810.87	231.07
四川	9723.49	9587.72	7627.77	1959.95	135.77
贵州	10006.17	9637.74	7300.22	2337.53	368.43
云南	10583.24	10370.21	7485.13	2885.07	213.03
西藏	28818.16	27454.25	19156.72	8297.53	1363.92
陕西	12213.62	11740.03	7691.74	4048.29	473.58
甘肃	10087.36	9839.95	7728.75	2111.20	247.41
青海	15115.55	14062.50	10246.84	3815.66	1053.05
宁夏	11599.15	10899.08	8284.70	2614.39	700.07
新疆	15225.29	14772.19	11309.14	3463.06	453.10
大连	17183.18	17183.18	13724.75	3458.43	
宁波	26476.18	26256.21	20279.10	5977.11	219.97
厦门	17924.06	17924.06	14354.54	3569.52	
青岛	26377.04	26377.04	20087.10	6289.94	
深圳	35886.68	31512.28	23589.39	7922.89	4374.40

7-35 生均教育经费支出(地方农村高中)

单位：元

地 区	教育经费支出	个人和公用部分支出	个人部分	公用部分	基本建设支出
合 计	**13359.69**	**13165.26**	**8907.04**	**4258.22**	**194.43**
北 京	70787.04	68666.12	38984.67	29681.46	2120.92
天 津	25684.72	25684.72	19404.81	6279.91	
河 北	12646.52	12485.66	8189.32	4296.34	160.86
山 西	12262.08	11984.97	8466.88	3518.10	277.10
内蒙古	18869.65	18797.82	11745.59	7052.22	71.83
辽 宁	10529.77	10368.11	7793.24	2574.87	161.66
吉 林	14078.12	14011.77	9518.22	4493.55	66.35
黑龙江	12660.08	12468.80	8707.55	3761.25	191.28
上 海	46837.43	46837.43	35133.62	11703.82	
江 苏	21888.92	21888.92	16091.48	5797.44	
浙 江	26435.61	25738.68	19412.55	6326.12	696.93
安 徽	12711.65	12654.31	8057.42	4596.89	57.34
福 建	15428.59	15316.63	11480.64	3836.00	111.95
江 西	12141.20	11969.97	6529.68	5440.29	171.23
山 东	11862.12	11777.56	8261.94	3515.62	84.56
河 南	8623.44	8512.14	4726.08	3786.06	111.31
湖 北	13342.75	13342.75	9335.33	4007.42	
湖 南	12924.61	12825.84	8347.72	4478.12	98.77
广 东	13516.38	13457.87	8882.72	4575.15	58.51
广 西	10302.27	9882.93	6993.98	2888.95	419.34
海 南	18900.30	18571.27	10935.47	7635.80	329.03
重 庆	14364.56	14302.96	9607.41	4695.55	61.61
四 川	12164.09	12050.98	8885.12	3165.86	113.11
贵 州	11850.32	11361.34	7441.45	3919.89	488.99
云 南	13225.95	13101.69	9137.03	3964.66	124.26
西 藏	32234.89	30073.04	19337.15	10735.89	2161.85
陕 西	13938.94	13412.48	7915.18	5497.29	526.46
甘 肃	11196.02	11043.92	8092.35	2951.57	152.10
青 海	18770.06	17563.22	12898.14	4665.07	1206.85
宁 夏	12226.10	12226.10	9728.50	2497.60	
新 疆	15579.96	15310.75	11875.28	3435.46	269.21
大 连	20455.56	20455.56	16605.14	3850.42	
宁 波	32370.16	32370.16	24080.55	8289.62	
厦 门	22764.53	22764.53	18768.64	3995.88	
青 岛	24592.39	24592.39	20078.89	4513.50	
深 圳					

7-36 生均公共财政预算教育经费支出(地方农村高中)

单位：元

地 区	公共财政预算教育经费支出	事业费支出			基本建设支出
			个人部分	公用部分	
合 计	**10340.98**	**10155.90**	**7643.12**	**2512.78**	**185.08**
北 京	51863.52	49742.61	31549.96	18192.65	2120.92
天 津	23391.84	23391.84	18670.07	4721.78	
河 北	10298.62	10141.15	7550.82	2590.33	157.47
山 西	9878.65	9621.77	7589.74	2032.02	256.88
内蒙古	14297.58	14225.81	9686.31	4539.50	71.77
辽 宁	8405.99	8244.33	6877.54	1366.79	161.66
吉 林	12258.48	12192.13	8830.46	3361.67	66.35
黑龙江	10561.42	10370.14	7695.13	2675.01	191.28
上 海	32095.34	32095.34	26205.03	5890.32	
江 苏	17522.66	17522.66	14698.49	2824.17	
浙 江	19721.48	19268.35	16219.91	3048.44	453.13
安 徽	8873.07	8815.73	6305.76	2509.97	57.34
福 建	12676.35	12564.40	10283.00	2281.40	111.95
江 西	9947.99	9776.76	5797.69	3979.06	171.23
山 东	9707.33	9622.84	7795.60	1827.24	84.48
河 南	5862.39	5752.26	3638.41	2113.84	110.13
湖 北	11017.48	11017.48	8167.84	2849.64	
湖 南	8941.58	8842.81	6765.27	2077.55	98.77
广 东	9867.37	9808.86	7591.34	2217.52	58.51
广 西	8466.29	8091.06	6170.68	1920.38	375.23
海 南	14499.82	14175.35	8126.28	6049.07	324.47
重 庆	9752.53	9691.96	6492.38	3199.58	60.57
四 川	9049.93	8942.39	7188.30	1754.09	107.54
贵 州	9340.17	8855.76	6747.16	2108.61	484.41
云 南	9476.06	9353.09	7146.30	2206.79	122.97
西 藏	28097.21	25935.36	18545.34	7390.02	2161.85
陕 西	12250.93	11724.47	7573.83	4150.63	526.46
甘 肃	9330.61	9178.51	7330.21	1848.30	152.10
青 海	14590.88	13384.03	10286.38	3097.64	1206.85
宁 夏	9390.84	9390.84	7995.47	1395.37	
新 疆	13504.93	13236.51	10651.30	2585.21	268.42
大 连	16900.58	16900.58	13609.68	3290.90	
宁 波	24137.09	24137.09	19032.75	5104.35	
厦 门	16563.65	16563.65	15099.78	1463.87	
青 岛	21928.70	21928.70	19211.79	2716.91	
深 圳					

7-37 生均教育经费支出(地方普通初中)

单位：元

地　区	教育经费支出	个人和公用部分支出			基本建设支出
			个人部分	公用部分	
合　计	**16007.22**	**15769.60**	**11183.22**	**4586.37**	**237.62**
北　京	67769.90	65312.41	40167.43	25144.98	2457.49
天　津	33646.29	32979.51	25548.46	7431.05	666.78
河　北	11712.87	11610.76	8400.14	3210.62	102.11
山　西	13929.61	13829.32	10314.28	3515.04	100.29
内蒙古	21671.81	21422.22	14764.75	6657.47	249.59
辽　宁	16739.24	16696.29	13157.36	3538.93	42.95
吉　林	19432.62	19384.54	14105.01	5279.52	48.08
黑龙江	17629.29	17452.44	13206.98	4245.46	176.85
上　海	44418.16	44183.71	28256.26	15927.45	234.45
江　苏	24705.01	24622.53	17954.26	6668.27	82.48
浙　江	22814.31	22542.42	16773.77	5768.65	271.89
安　徽	15199.81	15012.50	9855.25	5157.25	187.31
福　建	17342.18	17104.75	12004.15	5100.60	237.43
江　西	11689.14	11389.43	6872.12	4517.31	299.71
山　东	16159.50	16101.45	11297.63	4803.82	58.05
河　南	10472.49	10315.97	6750.67	3565.30	156.52
湖　北	18252.14	18252.14	14047.86	4204.27	
湖　南	13570.72	13441.75	9327.99	4113.77	128.97
广　东	16834.58	16367.95	12184.82	4183.13	466.63
广　西	10945.68	10608.35	7242.89	3365.47	337.33
海　南	18911.49	18792.29	11152.35	7639.95	119.20
重　庆	17095.93	16642.42	11077.34	5565.09	453.51
四　川	14497.04	14254.81	10680.08	3574.72	242.24
贵　州	11347.97	11155.40	8097.08	3058.32	192.58
云　南	13293.60	13147.36	9512.18	3635.18	146.24
西　藏	27635.55	26601.50	19549.53	7051.97	1034.05
陕　西	15405.93	15231.54	10439.98	4791.56	174.39
甘　肃	13198.75	13009.07	9727.05	3282.02	189.69
青　海	20488.71	18624.15	13315.73	5308.42	1864.56
宁　夏	15073.79	14862.93	9604.07	5258.85	210.86
新　疆	20800.03	19964.08	14668.05	5296.03	835.95
大　连	23708.49	23708.49	18171.80	5536.69	
宁　波	24755.68	24701.77	17715.77	6986.00	53.91
厦　门	23609.68	23609.68	16561.32	7048.37	
青　岛	28140.99	28140.99	19105.16	9035.83	
深　圳	36849.76	31651.54	22227.97	9423.57	5198.21

7-38 生均公共财政预算教育经费支出(地方普通初中)

单位：元

地 区	公共财政预算教育经费支出	事业费支出	个人部分	公用部分	基本建设支出
合 计	**13641.95**	**13414.26**	**9853.75**	**3560.51**	**227.70**
北 京	47773.73	45516.37	28808.51	16707.86	2257.37
天 津	30598.79	29961.87	24171.36	5790.51	636.92
河 北	10634.67	10532.56	7837.08	2695.48	102.11
山 西	12361.23	12266.96	9445.29	2821.68	94.27
内蒙古	16547.85	16301.67	11756.12	4545.55	246.18
辽 宁	13751.46	13710.03	11021.43	2688.60	41.43
吉 林	16927.04	16878.96	12848.19	4030.77	48.08
黑龙江	15690.59	15514.68	11836.10	3678.59	175.91
上 海	30519.12	30284.67	21242.75	9041.92	234.45
江 苏	21277.22	21194.74	17118.56	4076.18	82.48
浙 江	19004.71	18798.27	14947.38	3850.89	206.44
安 徽	12619.54	12435.26	8361.90	4073.36	184.28
福 建	14929.32	14692.28	11015.17	3677.11	237.03
江 西	10803.95	10513.42	6448.16	4065.25	290.54
山 东	14685.84	14630.28	11028.06	3602.23	55.56
河 南	7952.87	7811.96	4729.83	3082.13	140.91
湖 北	17271.97	17271.97	13188.56	4083.41	
湖 南	12007.69	11878.72	8662.75	3215.97	128.97
广 东	14191.61	13725.98	10447.49	3278.49	465.63
广 西	9833.55	9507.61	6643.71	2863.90	325.93
海 南	14705.14	14585.94	8646.53	5939.41	119.20
重 庆	12352.60	11917.36	8011.62	3905.74	435.24
四 川	12291.68	12063.03	9157.11	2905.91	228.65
贵 州	10318.11	10131.84	7633.18	2498.66	186.26
云 南	10957.44	10822.06	7981.19	2840.87	135.38
西 藏	25639.67	24605.62	18624.99	5980.63	1034.05
陕 西	14329.44	14155.05	10061.23	4093.82	174.39
甘 肃	11898.60	11721.46	8893.46	2828.00	177.14
青 海	16733.37	14915.34	11008.47	3906.87	1818.03
宁 夏	12140.27	11929.40	7570.21	4359.20	210.86
新 疆	18213.03	17410.13	13157.58	4252.55	802.90
大 连	18698.54	18698.54	14944.55	3753.99	
宁 波	20713.47	20659.56	15964.03	4695.53	53.91
厦 门	15699.49	15699.49	13060.60	2638.88	
青 岛	24317.28	24317.28	18898.78	5418.50	
深 圳	29486.48	24290.57	19259.28	5031.29	5195.91

7-39 生均教育经费支出(地方农村初中)

单位：元

地区	教育经费支出	个人和公用部分支出	个人部分	公用部分	基本建设支出
合 计	**14391.64**	**14217.30**	**10331.13**	**3886.16**	**174.34**
北 京	87001.05	82595.84	48957.11	33638.73	4405.21
天 津	26522.19	26522.19	22324.24	4197.95	
河 北	10808.81	10701.91	7557.16	3144.75	106.90
山 西	14130.08	14019.61	10627.41	3392.20	110.48
内蒙古	22415.66	22175.06	15455.15	6719.91	240.60
辽 宁	14382.93	14323.54	11565.16	2758.38	59.39
吉 林	20159.02	20097.09	14987.99	5109.10	61.93
黑龙江	18169.76	17872.27	13222.68	4649.59	297.49
上 海	39368.83	39368.83	30304.92	9063.91	
江 苏	22812.35	22801.11	17567.47	5233.64	11.24
浙 江	21997.39	21561.03	16619.60	4941.43	436.36
安 徽	15459.31	15244.95	10131.65	5113.29	214.36
福 建	17147.51	17017.82	12479.43	4538.39	129.69
江 西	11360.81	11074.61	6720.52	4354.09	286.20
山 东	15508.90	15466.48	10907.53	4558.95	42.42
河 南	10059.06	9991.84	6633.81	3358.03	67.22
湖 北	17840.61	17840.61	13951.83	3888.78	
湖 南	12902.04	12762.42	9258.94	3503.48	139.62
广 东	13672.61	13640.59	10046.57	3594.02	32.01
广 西	10036.66	9859.52	7170.73	2688.78	177.15
海 南	20739.43	20642.00	12506.43	8135.57	97.43
重 庆	15604.10	15341.38	10954.66	4386.72	262.72
四 川	14313.47	14093.49	10773.79	3319.70	219.97
贵 州	11070.93	10905.02	7974.00	2931.02	165.91
云 南	12493.13	12375.19	9369.22	3005.97	117.94
西 藏	25171.15	23931.53	18486.26	5445.27	1239.62
陕 西	15636.36	15553.74	11143.33	4410.41	82.62
甘 肃	13257.32	13043.19	9918.70	3124.48	214.13
青 海	21256.74	19046.83	14021.79	5025.03	2209.91
宁 夏	14316.73	14238.13	10078.00	4160.14	78.60
新 疆	19145.94	18420.02	14748.95	3671.07	725.92
大 连	29885.22	29885.22	21637.06	8248.17	
宁 波	24272.14	24272.14	17553.38	6718.75	
厦 门	31300.61	31300.61	22795.92	8504.69	
青 岛	29509.60	29509.60	21114.48	8395.12	
深 圳					

7-40 生均公共财政预算教育经费支出(地方农村初中)

单位：元

地区	公共财政预算教育经费支出	事业费支出			基本建设支出
			个人部分	公用部分	
合计	**12644.58**	**12477.47**	**9220.20**	**3257.27**	**167.11**
北京	60076.56	56364.27	37045.37	19318.89	3712.30
天津	24667.52	24667.52	21934.47	2733.05	
河北	9978.61	9871.71	7112.17	2759.53	106.90
山西	12755.81	12654.56	9855.68	2798.88	101.25
内蒙古	17434.65	17194.15	12533.21	4660.94	240.50
辽宁	12328.49	12271.30	10001.49	2269.80	57.19
吉林	18247.58	18185.65	13876.20	4309.44	61.93
黑龙江	16819.78	16523.96	12128.48	4395.48	295.82
上海	28155.34	28155.34	21926.08	6229.26	
江苏	20548.51	20537.27	16998.53	3538.74	11.24
浙江	18870.91	18522.97	15153.47	3369.50	347.94
安徽	13132.02	12917.66	8688.76	4228.91	214.36
福建	15564.94	15435.90	11783.93	3651.97	129.05
江西	10625.26	10341.51	6276.31	4065.20	283.75
山东	14524.84	14483.00	10704.32	3778.68	41.84
河南	7684.40	7621.17	4601.57	3019.60	63.23
湖北	16961.31	16961.31	13157.13	3804.18	
湖南	11693.79	11554.17	8604.60	2949.56	139.62
广东	12079.41	12047.40	8844.88	3202.52	32.01
广西	9177.27	9013.42	6628.68	2384.73	163.85
海南	15899.01	15801.58	9655.28	6146.31	97.43
重庆	12385.46	12126.45	8339.03	3787.41	259.01
四川	12338.93	12129.39	9255.20	2874.18	209.54
贵州	10064.36	9905.84	7537.37	2368.48	158.51
云南	10512.51	10405.63	7972.59	2433.04	106.88
西藏	23237.95	21998.33	17492.92	4505.41	1239.62
陕西	14799.20	14716.57	10731.73	3984.84	82.62
甘肃	12132.65	11918.51	9112.44	2806.07	214.13
青海	17365.64	15164.53	11670.61	3493.92	2201.11
宁夏	11786.20	11707.60	8187.13	3520.47	78.60
新疆	16764.29	16047.94	13068.85	2979.08	716.35
大连	24298.01	24298.01	18148.25	6149.75	
宁波	19821.87	19821.87	15189.88	4631.99	
厦门	22136.53	22136.53	20171.26	1965.27	
青岛	27883.97	27883.97	20971.74	6912.23	
深圳					

7-41 生均教育经费支出(地方普通小学)

单位：元

地区	教育经费支出	个人和公用部分支出			基本建设支出
			个人部分	公用部分	
合计	**11397.25**	**11245.57**	**7999.95**	**3245.62**	**151.68**
北京	38119.95	35154.02	20858.87	14295.15	2965.92
天津	20252.48	20252.48	14895.05	5357.43	
河北	8163.54	8135.88	5944.83	2191.05	27.66
山西	10848.84	10810.79	8128.09	2682.70	38.05
内蒙古	18730.47	18594.42	13830.57	4763.85	136.05
辽宁	12032.53	11995.13	9432.01	2563.13	37.39
吉林	15006.19	14940.82	10986.70	3954.13	65.37
黑龙江	15954.20	15787.71	12433.46	3354.25	166.50
上海	31756.07	31715.24	20068.19	11647.05	40.83
江苏	14330.21	14322.86	9999.24	4323.62	7.35
浙江	15584.56	15376.87	11292.83	4084.04	207.69
安徽	10445.29	10377.38	6986.31	3391.07	67.91
福建	10937.69	10876.21	7506.57	3369.64	61.47
江西	8792.96	8659.85	5402.15	3257.71	133.11
山东	9664.08	9645.49	6744.84	2900.65	18.59
河南	6492.32	6403.97	4160.05	2243.91	88.36
湖北	10630.18	10630.18	7700.44	2929.74	
湖南	8925.66	8858.26	5916.23	2942.03	67.40
广东	12365.37	12123.64	8974.79	3148.85	241.73
广西	8795.50	8621.74	6283.78	2337.96	173.77
海南	13954.92	13881.43	9271.36	4610.07	73.50
重庆	13456.79	13115.07	8962.13	4152.94	341.72
四川	10711.35	10551.98	7782.30	2769.68	159.37
贵州	10556.66	10466.06	8092.34	2373.72	90.61
云南	11828.18	11746.88	8932.38	2814.50	81.30
西藏	27399.33	25488.57	17462.96	8025.61	1910.76
陕西	12124.72	11916.85	7897.30	4019.55	207.87
甘肃	12523.78	12329.48	9310.29	3019.19	194.30
青海	16197.13	14274.28	10672.11	3602.16	1922.85
宁夏	11528.69	11376.54	7526.64	3849.90	152.15
新疆	14300.52	13867.96	10695.22	3172.74	432.56
大连	14733.19	14665.98	10305.71	4360.27	67.21
宁波	17309.92	16902.83	11664.27	5238.57	407.09
厦门	16241.65	16241.65	12436.29	3805.37	
青岛	17248.88	17248.88	11693.69	5555.19	
深圳	24718.05	22314.55	14620.78	7693.77	2403.50

7-42　生均公共财政预算教育经费支出(地方普通小学)

单位：元

地　区	公共财政预算教育经费支出	事业费支出	个人部分	公用部分	基本建设支出
合　计	**9686.16**	**9557.19**	**6946.86**	**2610.34**	**128.96**
北　京	26879.21	25793.55	15484.85	10308.69	1085.66
天　津	18284.41	18284.41	14039.75	4244.66	
河　北	7327.54	7300.16	5438.20	1861.95	27.39
山　西	9479.25	9450.60	7291.12	2159.49	28.65
内蒙古	13226.73	13109.32	9757.02	3352.30	117.41
辽　宁	9765.26	9735.78	7678.67	2057.11	29.48
吉　林	13153.10	13087.73	10006.74	3080.98	65.37
黑龙江	14232.99	14066.49	11116.84	2949.65	166.50
上　海	22165.96	22125.13	15140.00	6985.13	40.83
江　苏	12510.38	12503.03	9658.80	2844.23	7.35
浙　江	13065.83	12908.55	10167.09	2741.46	157.28
安　徽	8640.34	8573.56	5702.07	2871.49	66.78
福　建	9697.25	9636.46	6931.38	2705.08	60.79
江　西	8119.87	7989.54	5040.43	2949.11	130.33
山　东	8804.81	8790.76	6598.76	2192.00	14.05
河　南	5119.81	5036.31	3055.43	1980.88	83.49
湖　北	10076.72	10076.72	7233.83	2842.89	
湖　南	7928.70	7861.30	5483.44	2377.86	67.40
广　东	10235.53	9997.31	7508.04	2489.27	238.22
广　西	7861.54	7690.45	5641.23	2049.22	171.10
海　南	11420.75	11353.02	7181.25	4171.77	67.72
重　庆	9488.79	9180.10	5763.37	3416.73	308.69
四　川	9147.00	9003.19	6665.69	2337.49	143.82
贵　州	9735.69	9659.17	7634.72	2024.45	76.52
云　南	9007.94	8931.35	6743.50	2187.85	76.59
西　藏	26148.23	24237.46	16637.00	7600.47	1910.76
陕　西	11379.93	11172.06	7617.79	3554.27	207.87
甘　肃	10514.89	10321.93	7733.46	2588.47	192.96
青　海	13823.28	11948.81	8920.59	3028.22	1874.47
宁　夏	8872.06	8719.91	5579.50	3140.41	152.15
新　疆	12561.50	12133.41	9604.76	2528.65	428.09
大　连	11821.46	11754.25	8415.81	3338.44	67.21
宁　波	14277.29	13870.20	10427.79	3442.40	407.09
厦　门	12247.63	12247.63	10307.11	1940.52	
青　岛	14870.53	14870.53	11551.15	3319.38	
深　圳	18828.64	16425.18	12591.99	3833.19	2403.45

7-43 生均教育经费支出(地方农村小学)

单位：元

地区	教育经费支出	个人和公用部分支出	个人部分	公用部分	基本建设支出
合计	**10766.04**	**10657.71**	**7863.93**	**2793.78**	**108.33**
北京	44313.65	42324.01	26192.92	16131.09	1989.65
天津	15242.61	15242.61	12749.32	2493.29	
河北	8021.41	7989.57	5814.64	2174.93	31.85
山西	12170.17	12130.89	9399.80	2731.10	39.28
内蒙古	22167.93	22022.50	16983.82	5038.68	145.43
辽宁	12671.77	12625.71	10533.12	2092.59	46.06
吉林	16079.17	15999.21	12295.72	3703.50	79.95
黑龙江	18276.13	18083.67	14379.42	3704.25	192.46
上海	28208.45	28208.45	21900.01	6308.43	
江苏	13012.90	13008.95	9485.87	3523.08	3.95
浙江	15593.84	15363.49	11587.23	3776.27	230.34
安徽	10559.01	10485.03	7246.87	3238.16	73.98
福建	10834.79	10765.13	7857.64	2907.50	69.66
江西	8860.15	8726.47	5488.95	3237.52	133.69
山东	9008.83	8984.05	6490.86	2493.19	24.78
河南	6304.57	6270.50	4184.35	2086.15	34.06
湖北	10372.08	10372.08	7587.00	2785.07	
湖南	8319.73	8246.60	5874.01	2372.59	73.14
广东	10989.47	10968.69	8262.20	2706.50	20.78
广西	8647.89	8515.29	6523.82	1991.47	132.60
海南	15739.20	15640.26	11000.51	4639.75	98.94
重庆	13086.48	12988.32	9373.46	3614.87	98.16
四川	10841.68	10708.89	8075.17	2633.72	132.79
贵州	10564.73	10473.89	8339.40	2134.50	90.83
云南	11811.18	11761.67	9233.97	2527.70	49.52
西藏	27663.96	25759.13	17547.74	8211.39	1904.83
陕西	13048.83	12827.06	9040.56	3786.50	221.77
甘肃	13191.71	12987.50	9979.54	3007.96	204.21
青海	17374.95	15270.66	11567.11	3703.54	2104.29
宁夏	11505.02	11420.43	8090.54	3329.89	84.59
新疆	14009.77	13558.56	11011.22	2547.34	451.22
大连	20372.00	20372.00	15259.44	5112.57	
宁波	16408.63	16408.63	11238.16	5170.47	
厦门	18763.28	18763.28	15760.93	3002.35	
青岛	18452.98	18452.98	14263.40	4189.58	
深圳					

7-44 生均公共财政预算教育经费支出(地方农村小学)

单位：元

地区	公共财政预算教育经费支出	事业费支出			基本建设支出
			个人部分	公用部分	
合计	**9348.05**	**9246.26**	**6843.97**	**2402.29**	**101.79**
北京	31324.19	29900.99	19464.14	10436.85	1423.20
天津	14598.79	14598.79	12448.17	2150.62	
河北	7237.22	7205.72	5299.77	1905.95	31.50
山西	10780.60	10751.47	8462.68	2288.80	29.13
内蒙古	15430.21	15301.42	11735.43	3565.99	128.79
辽宁	10529.95	10493.87	8681.46	1812.41	36.09
吉林	14489.29	14409.33	11244.90	3164.43	79.95
黑龙江	16730.62	16538.16	13134.56	3403.61	192.46
上海	20773.10	20773.10	16017.93	4755.17	
江苏	11773.60	11769.65	9250.32	2519.33	3.95
浙江	13286.26	13137.63	10571.17	2566.47	148.63
安徽	8856.29	8782.31	5908.96	2873.35	73.98
福建	9868.02	9799.46	7388.96	2410.51	68.55
江西	8261.01	8130.87	5099.36	3031.51	130.14
山东	8412.12	8391.59	6380.74	2010.84	20.53
河南	5047.15	5015.71	3075.58	1940.13	31.44
湖北	9937.89	9937.89	7197.29	2740.60	
湖南	7521.43	7448.30	5413.24	2035.05	73.14
广东	9276.29	9257.73	6808.53	2449.20	18.55
广西	7814.54	7684.79	5856.12	1828.67	129.75
海南	12837.15	12746.99	8514.34	4232.65	90.16
重庆	9459.62	9373.30	6174.82	3198.48	86.31
四川	9386.82	9263.72	6923.00	2340.72	123.10
贵州	9857.96	9773.55	7878.45	1895.10	84.41
云南	9022.46	8973.20	6975.85	1997.35	49.26
西藏	26351.78	24446.95	16671.94	7775.02	1904.83
陕西	12356.55	12134.78	8699.33	3435.45	221.77
甘肃	11154.10	10950.00	8234.82	2715.18	204.10
青海	15036.26	12955.27	9787.53	3167.74	2080.99
宁夏	9036.31	8951.72	6155.05	2796.68	84.59
新疆	12354.11	11906.08	9821.26	2084.82	448.03
大连	16572.12	16572.12	12795.23	3776.89	
宁波	12658.88	12658.88	9748.91	2909.97	
厦门	15568.06	15568.06	14185.83	1382.23	
青岛	17363.56	17363.56	14202.39	3161.16	
深圳					

7-45 生均教育经费支出(地方特殊教育学校)

单位：元

地区	教育经费支出	个人和公用部分支出			基本建设支出
			个人部分	公用部分	
合计	**61394.72**	**60806.12**	**37817.02**	**22989.10**	**588.60**
北京	150003.29	150003.29	102928.93	47074.36	
天津	120122.15	118911.32	61040.34	57870.98	1210.83
河北	48145.46	48101.15	34437.12	13664.03	44.30
山西	52484.39	51358.86	33774.67	17584.19	1125.54
内蒙古	72475.72	72475.72	50455.52	22020.19	
辽宁	68212.28	68212.28	48713.94	19498.34	
吉林	72226.56	71832.61	51346.13	20486.48	393.95
黑龙江	61081.72	61081.72	40549.46	20532.26	
上海	144027.14	141483.65	87698.20	53785.45	2543.49
江苏	76377.96	76377.96	51919.44	24458.52	
浙江	71407.89	70420.06	44901.38	25518.69	987.83
安徽	45616.45	45616.45	20540.76	25075.69	
福建	51383.32	51383.32	33488.24	17895.08	
江西	38572.52	38135.50	19956.51	18178.99	437.02
山东	67962.27	67962.27	45086.82	22875.45	
河南	38977.90	38977.90	25518.07	13459.83	
湖北	60420.35	60420.35	35670.38	24749.96	
湖南	45337.58	43772.52	26382.98	17389.54	1565.06
广东	90129.61	89405.42	48201.96	41203.46	724.20
广西	38452.16	37601.70	20521.46	17080.24	850.46
海南	94579.22	85886.68	37876.06	48010.63	8692.53
重庆	48270.01	48270.01	29519.47	18750.53	
四川	37799.71	37671.11	25456.66	12214.45	128.60
贵州	42081.02	41995.42	21287.62	20707.81	85.60
云南	45747.26	45747.26	27269.18	18478.07	
西藏	119838.17	113117.74	62664.58	50453.16	6720.43
陕西	66247.40	66247.40	38766.41	27481.00	
甘肃	53827.26	46994.29	30591.64	16402.65	6832.97
青海	71347.43	55448.13	29490.27	25957.86	15899.30
宁夏	57023.39	57023.39	29392.96	27630.43	
新疆	58433.08	57896.77	41536.75	16360.02	536.30
大连	76517.61	76517.61	59653.68	16863.93	
宁波	116599.24	116599.24	62792.84	53806.41	
厦门	118915.63	118915.63	81425.01	37490.61	
青岛	119676.40	119676.40	85837.58	33838.82	
深圳	106768.93	103877.73	60274.28	43603.45	2891.20

7-46 生均公共财政预算教育经费支出(地方特殊教育学校)

单位：元

地 区	公共财政预算教育经费支出	事业费支出	个人部分	公用部分	基本建设支出
合 计	**51346.91**	**50787.05**	**33040.52**	**17746.53**	**559.86**
北 京	109662.11	109662.11	78346.93	31315.18	
天 津	113509.39	112298.56	56411.82	55886.74	1210.83
河 北	44326.70	44282.39	32608.89	11673.50	44.30
山 西	48689.84	47564.30	31068.53	16495.77	1125.54
内蒙古	59318.81	59318.81	40412.07	18906.74	
辽 宁	54341.66	54341.66	40440.55	13901.11	
吉 林	61146.20	60752.25	44389.94	16362.31	393.95
黑龙江	54733.33	54733.33	35807.36	18925.96	
上 海	101208.04	98664.55	68351.66	30312.90	2543.49
江 苏	63304.41	63304.41	48304.67	14999.74	
浙 江	58382.07	57394.24	39221.89	18172.35	987.83
安 徽	39310.58	39310.58	17278.62	22031.96	
福 建	42183.24	42183.24	30529.49	11653.76	
江 西	35161.37	34724.35	19035.97	15688.39	437.02
山 东	61850.21	61850.21	44275.55	17574.66	
河 南	30049.17	30049.17	18492.88	11556.29	
湖 北	55834.89	55834.89	32558.44	23276.46	
湖 南	36266.06	34701.00	24638.51	10062.49	1565.06
广 东	74911.28	74187.08	39563.98	34623.10	724.20
广 西	34039.53	33189.07	19050.69	14138.38	850.46
海 南	71892.94	63200.41	27629.00	35571.41	8692.53
重 庆	38106.89	38106.89	21283.61	16823.28	
四 川	32473.40	32344.80	21493.16	10851.64	128.60
贵 州	28899.68	28814.09	19482.14	9331.95	85.60
云 南	37693.60	37693.60	22881.67	14811.93	
西 藏	117565.08	110844.65	60420.55	50424.10	6720.43
陕 西	54709.45	54709.45	37009.78	17699.67	
甘 肃	43201.50	38356.60	28391.70	9964.90	4844.90
青 海	66700.61	50801.31	24882.62	25918.69	15899.30
宁 夏	49390.03	49390.03	23610.66	25779.37	
新 疆	50742.76	50206.46	36466.70	13739.75	536.30
大 连	65242.60	65242.60	50083.71	15158.89	
宁 波	103723.46	103723.46	57858.92	45864.54	
厦 门	93536.00	93536.00	67344.07	26191.93	
青 岛	103213.84	103213.84	85222.99	17990.85	
深 圳	85368.98	82477.78	54160.04	28317.74	2891.20

7-47 生均教育经费支出(地方幼儿园)

单位：元

地区	教育经费支出	个人和公用部分支出			基本建设支出
			个人部分	公用部分	
合计	**8595.97**	**8433.48**	**4844.14**	**3589.34**	**162.49**
北京	36516.40	35986.70	20793.58	15193.11	529.71
天津	19159.05	19159.05	12893.13	6265.92	
河北	5329.04	5301.86	3529.52	1772.34	27.18
山西	5317.82	5291.15	3182.12	2109.04	26.67
内蒙古	16604.71	16257.31	8892.41	7364.90	347.40
辽宁	8321.53	8318.64	4586.59	3732.06	2.89
吉林	10538.00	10473.44	6167.72	4305.72	64.56
黑龙江	10176.55	10152.87	6465.55	3687.32	23.68
上海	32091.75	31657.88	19197.57	12460.31	433.88
江苏	8962.76	8943.53	5432.91	3510.62	19.23
浙江	15349.67	15305.53	9203.76	6101.77	44.14
安徽	6088.53	6023.68	2911.47	3112.21	64.85
福建	9260.05	9157.14	5332.88	3824.25	102.92
江西	8117.89	7804.85	3027.47	4777.38	313.04
山东	6262.60	6233.65	3665.96	2567.69	28.95
河南	3983.20	3978.51	1907.82	2070.70	4.68
湖北	7132.63	7132.63	3999.32	3133.31	
湖南	6520.02	6501.66	3102.65	3399.01	18.36
广东	7499.52	7439.84	5018.18	2421.66	59.68
广西	4579.68	4486.50	2214.22	2272.28	93.18
海南	17917.81	17756.30	7118.34	10637.97	161.50
重庆	6800.89	6753.28	2908.07	3845.21	47.61
四川	7797.17	7682.59	3622.88	4059.70	114.58
贵州	6175.01	6028.83	3787.61	2241.22	146.17
云南	6654.38	6538.92	3901.95	2636.97	115.46
西藏	21913.88	16074.13	11590.91	4483.22	5839.75
陕西	10171.49	9752.59	4997.67	4754.92	418.90
甘肃	9094.08	8787.70	5175.21	3612.49	306.38
青海	13197.33	10336.45	5182.15	5154.30	2860.88
宁夏	10717.73	10690.07	4511.91	6178.15	27.67
新疆	10392.68	9350.08	5758.05	3592.03	1042.60
大连	11341.27	11341.27	7026.79	4314.48	
宁波	20202.98	20060.88	11798.97	8261.91	142.11
厦门	16975.38	16975.38	10754.11	6221.27	
青岛	12904.97	12904.97	7288.29	5616.68	
深圳	35725.51	33669.40	22048.84	11620.57	2056.11

7-48 生均公共财政预算教育经费支出(地方幼儿园)

单位：元

地 区	公共财政预算教育经费支出	事业费支出			基本建设支出
			个人部分	公用部分	
合 计	**5663.11**	**5505.56**	**3374.52**	**2131.04**	**157.56**
北 京	27504.37	27048.92	15421.41	11627.50	455.46
天 津	14224.03	14224.03	10161.20	4062.83	
河 北	4009.55	3987.68	3110.25	877.44	21.87
山 西	3567.73	3541.43	2365.92	1175.51	26.30
内蒙古	11790.99	11514.21	6934.52	4579.69	276.77
辽 宁	4197.04	4195.54	2628.59	1566.95	1.50
吉 林	7319.39	7254.83	4828.83	2426.00	64.56
黑龙江	7309.54	7285.86	4917.81	2368.05	23.68
上 海	19949.45	19515.57	13299.38	6216.19	433.88
江 苏	4811.06	4791.84	3036.10	1755.73	19.23
浙 江	9019.54	8985.31	5898.35	3086.97	34.22
安 徽	4001.71	3936.87	2020.72	1916.14	64.85
福 建	6529.47	6428.79	4145.93	2282.85	100.69
江 西	6113.00	5799.97	2212.03	3587.94	313.04
山 东	3413.05	3384.10	2088.16	1295.93	28.95
河 南	2139.75	2135.07	1131.65	1003.42	4.68
湖 北	4855.44	4855.44	2704.68	2150.75	
湖 南	3388.66	3370.30	1980.72	1389.59	18.36
广 东	3435.51	3375.83	2291.08	1084.75	59.68
广 西	3128.02	3034.84	1367.72	1667.11	93.18
海 南	13826.48	13664.98	5051.88	8613.10	161.50
重 庆	3927.47	3879.86	1515.18	2364.68	47.61
四 川	5045.82	4938.59	2708.13	2230.47	107.23
贵 州	4891.02	4745.09	3338.41	1406.68	145.94
云 南	4674.71	4567.06	2908.13	1658.93	107.65
西 藏	21291.18	15451.43	11006.17	4445.26	5839.75
陕 西	8956.34	8537.44	4548.64	3988.80	418.90
甘 肃	7789.76	7483.85	4713.25	2770.60	305.90
青 海	9915.91	7354.98	4021.68	3333.30	2560.93
宁 夏	7460.53	7432.87	3239.41	4193.46	27.67
新 疆	9297.70	8255.28	5124.81	3130.47	1042.42
大 连	6664.40	6664.40	4765.19	1899.20	
宁 波	10897.12	10755.01	7163.28	3591.73	142.11
厦 门	13186.01	13186.01	8685.31	4500.70	
青 岛	8513.33	8513.33	4555.42	3957.91	
深 圳	18522.72	16466.61	9761.42	6705.19	2056.11

7-49 生均教育经费支出(地方农村幼儿园)

单位：元

地区	教育经费支出	个人和公用部分支出	个人部分	公用部分	基本建设支出
合计	**6070.76**	**5915.07**	**3390.79**	**2524.28**	**155.69**
北京	30168.48	29430.23	18145.65	11284.58	738.25
天津	7616.74	7616.74	5298.58	2318.16	
河北	4534.91	4503.88	3016.17	1487.72	31.02
山西	4365.16	4342.07	2621.94	1720.13	23.10
内蒙古	14887.95	14614.96	8242.95	6372.01	272.99
辽宁	3922.28	3922.28	2160.49	1761.79	
吉林	8416.71	8339.03	4868.60	3470.43	77.67
黑龙江	8182.17	8144.36	5258.65	2885.71	37.81
上海	28491.69	28491.69	20142.81	8348.88	
江苏	6282.03	6280.16	3717.16	2563.00	1.87
浙江	13426.21	13419.50	7805.85	5613.65	6.72
安徽	4917.12	4847.11	2344.49	2502.62	70.01
福建	6921.16	6863.81	3963.72	2900.10	57.35
江西	6883.67	6517.07	2353.09	4163.99	366.60
山东	5053.88	5050.43	2881.73	2168.70	3.45
河南	2927.44	2925.11	1314.47	1610.64	2.34
湖北	4814.14	4814.14	2660.33	2153.81	
湖南	4905.46	4884.04	2533.58	2350.46	21.42
广东	4234.09	4234.09	2778.21	1455.88	
广西	3380.25	3307.65	1600.52	1707.12	72.60
海南	16290.62	16083.68	6273.25	9810.43	206.95
重庆	5178.20	5145.78	2036.92	3108.86	32.42
四川	5749.34	5640.00	3049.85	2590.16	109.34
贵州	5305.38	5189.48	3304.55	1884.93	115.90
云南	4773.15	4671.33	2944.47	1726.87	101.81
西藏	21593.35	14725.29	10577.09	4148.20	6868.06
陕西	8886.46	8668.62	4692.67	3975.95	217.83
甘肃	8487.95	8156.93	4758.49	3398.44	331.02
青海	12899.56	10227.48	4845.37	5382.11	2672.08
宁夏	6251.96	6251.96	2967.02	3284.94	
新疆	8679.95	7637.50	5157.81	2479.69	1042.45
大连	6499.90	6499.90	4436.51	2063.39	
宁波	18358.89	18358.89	10328.13	8030.75	
厦门	8195.54	8195.54	5402.36	2793.18	
青岛	11044.89	11044.89	4553.93	6490.96	
深圳					

7-50 生均公共财政预算教育经费支出(地方农村幼儿园)

单位：元

地 区	公共财政预算教育经费支出	事业费支出			基本建设支出
			个人部分	公用部分	
合 计	**4231.20**	**4079.35**	**2525.18**	**1554.17**	**151.85**
北 京	24826.44	24352.50	15245.54	9106.95	473.94
天 津	6188.57	6188.57	4761.65	1426.93	
河 北	3437.30	3412.52	2685.98	726.54	24.77
山 西	2916.85	2894.22	1966.80	927.42	22.63
内蒙古	10785.97	10542.09	6762.05	3780.04	243.88
辽 宁	1991.29	1991.29	1265.32	725.97	
吉 林	6496.48	6418.81	4261.52	2157.29	77.67
黑龙江	6043.26	6005.44	4157.07	1848.37	37.81
上 海	18662.11	18662.11	13656.24	5005.88	
江 苏	3236.43	3234.55	1950.25	1284.30	1.87
浙 江	8126.29	8120.06	5122.61	2997.45	6.23
安 徽	3359.60	3289.58	1735.79	1553.79	70.01
福 建	4928.73	4871.38	3143.13	1728.25	57.35
江 西	5173.64	4807.03	1665.56	3141.48	366.60
山 东	2911.94	2908.48	1812.59	1095.90	3.45
河 南	1581.26	1578.93	827.99	750.93	2.34
湖 北	3202.33	3202.33	1771.92	1430.41	
湖 南	2770.35	2748.93	1675.66	1073.27	21.42
广 东	1992.40	1992.40	1412.01	580.39	
广 西	2172.98	2100.38	922.49	1177.88	72.60
海 南	13264.47	13057.53	4713.05	8344.47	206.95
重 庆	3148.85	3116.42	1134.08	1982.34	32.42
四 川	4035.04	3930.85	2338.74	1592.11	104.19
贵 州	4179.24	4063.60	2953.76	1109.84	115.64
云 南	3465.66	3363.85	2281.58	1082.27	101.81
西 藏	21038.05	14169.99	10040.42	4129.57	6868.06
陕 西	8092.61	7874.77	4425.91	3448.86	217.83
甘 肃	7513.61	7182.59	4470.44	2712.14	331.02
青 海	9839.88	7421.03	3867.47	3553.56	2418.86
宁 夏	4770.43	4770.43	2295.89	2474.54	
新 疆	7853.60	6811.35	4647.57	2163.78	1042.25
大 连	4747.39	4747.39	3390.39	1357.00	
宁 波	10159.92	10159.92	6320.40	3839.53	
厦 门	6923.83	6923.83	4789.93	2133.90	
青 岛	9073.10	9073.10	3383.16	5689.94	
深 圳					

附 录

简要说明

简要说明

为了便于参考和使用教育经费统计年鉴，现就教育经费统计指标、统计范围、统计时间等作简要说明。

一、教育经费来源主要指标

教育经费来源包括国家财政性教育经费，民办学校中举办者投入，捐赠收入，事业收入及其他教育经费。

1. **国家财政性教育经费**：指学校（单位）取得的所有属于财政性质的经费。包括公共财政预算安排的教育经费，政府性基金预算安排的教育经费，企业办学中的企业拨款，校办产业和社会服务收入用于教育的经费，其他属于国家财政性教育经费。

（1）**公共财政预算安排的教育经费**：指学校（单位）从同级财政部门取得的公共财政预算拨款。包括教育事业费、基本建设经费、教育费附加、科研经费和其他经费。

① **教育事业费**：指学校（单位）从同级财政部门取得的、列《政府收支分类科目》公共财政预算 205 类“教育支出”的拨款，不含基本建设经费和教育费附加。

② **基本建设经费**：指学校（单位）从同级发展与改革部门取得的、列《政府收支分类科目》309 类“基本建设支出”的拨款。

③ **教育费附加**：指学校（单位）从同级财政部门取得的、列《政府收支分类科目》205 类 09 款“教育费附加安排的教育支出”的拨款。

④ **科研经费**：指学校（单位）从同级财政部门取得的、列《政府收支分类科目》206 类“科学技术支出”的拨款。

⑤ **其他**：指学校（单位）从同级财政部门取得的《政府收支分类科目》205 类“教育支出”、206 类“科学技术支出”以外（如 208 类“社会保障和就业”、210 类“医疗卫生”、219 类“援助其他地区支出”、221 类“住房保障支出”等）的其他公共财政预算拨款。

（2）**政府性基金预算安排的教育经费**：指学校（单位）从同级财政部门取得的政府性基金预算拨款。包括城市基础设施配套费收入、彩票公益金收入等安排用于学校（单位）的支出。

（3）**企业办学中的企业拨款**：指中央和地方所属企业在企业营业外资金列支或企业自有资金列支，并实际拨付所属学校的办学经费。

（4）**校办产业和社会服务收入用于教育的经费**：指非民办学校举办的校办产业和各种经营取得的收益及投资收益中用于补充教育经费的部分。

（5）**其他属于国家财政性教育经费**：指学校（单位）取得的除上述财政性收入以外的其他属于财政性质的经费。

2. **民办学校中举办者投入**：指民办学校举办者投入给民办学校的办学经费。

3. **捐赠收入**：指境内外社会各界及个人对教育的资助和捐赠资金。

4. **事业收入**：指学校（单位）开展教学、科研及其辅助活动依法取得的、经财政部门核准留用的资金和从财政专户核拨回的资金。

其中，学费：指学校经财政部门核准留用或经财政专户核拨回的学费金额。

5．**其他教育经费**：指学校（单位）取得的除上述各项收入以外的其他收入。

二、教育经费支出主要指标

教育经费支出包括个人部分支出、公用部分支出和基本建设支出三部分。

1．**个人部分支出**：包括工资福利支出、对个人和家庭的补助支出。

（1）**工资福利支出**：指学校（单位）开支的在职教职工和编制外长期聘用人员的各类劳动报酬，以及为上述人员缴纳的各项社会保险费等。

（2）**对个人和家庭的补助支出**：指学校（单位）对个人和家庭的补助支出。

2．**公用部分支出**：包括商品和服务支出、其他资本性支出。

（1）**商品和服务支出**：指学校（单位）购买商品和服务的支出（不包括用于购置固定资产的支出）。

（2）**其他资本性支出**：指非发展与改革部门集中安排用于学校（单位）购置固定资产、土地、无形资产和大型修缮等所发生的支出。包括专项公用支出和专项项目支出。

① **专项公用支出**：指非发展与改革部门集中安排用于学校（单位）购置办公设备、专用设备、交通工具和无形资产等所发生的支出。

② **专项项目支出**：指非发展与改革部门集中安排用于学校（单位）房屋建筑物构建、大型修缮所发生的支出。

3．**基本建设支出**：指各级发展与改革部门集中安排的公共财政预算（不包括政府性基金以及各类拼盘自筹资金等）用于学校（单位）购置固定资产、土地、无形资产和大型修缮所发生的支出。

财政补助支出：指学校（单位）取得的公共财政预算安排的教育经费和政府性基金预算安排的教育经费列支的支出。

公共财政预算教育事业费和基本建设支出：指学校（单位）取得的公共财政预算教育事业费和基本建设列支的支出。

三、统计范围

1．教育部门办各级各类学校、幼儿园、教育事业单位；其他部门办各级各类学校、幼儿园；县级及以上人民政府教育行政单位（部门）；独立师资并按学校体制管理的中央、省（自治区、直辖市）、地（市）、县各级党委举办的党校，各级政府举办的社会主义学院、行政学院（不含行业、部门办的党校和行政学院）；财政部举办的国家会计学院。

2．国有及国有控股企业举办的各级各类学校、幼儿园和经过教育主管部门批准承认学历的成人高校、成人中等专业学校、成人中学、成人小学等。

3．由国家机构以外的社会组织或者个人，利用非国家财政性经费，面向社会举办的，经政府部门按照国家规定的权限审批的各级各类学校、幼儿园等。

香港、澳门和台湾省的教育经费统计资料暂缺。

四、统计时间

2016年1月1日至2016年12月31日。

五、其他

1. 本年鉴 1-1（续）表和第二部分所有表中央和地方教育经费按经费来源划分。其余表中央和地方教育经费按学校与其他教育机构隶属关系划分，即中央教育经费指中央属学校及其他教育机构的经费，地方教育经费支出指地方属学校及其他教育机构的经费。

2. 本年鉴中部分数据合计数或相对数由于单位取舍不同而产生的误差，均未做机械调整。